KB125678

세종연구소 세종정책총서 2005-2

러시아 국가와 사회

새 질서의 모색, 1985-2005

정한구 저

한울
아카데미

러시아어의 한글 표기에 관하여:

이 책에서 러시아 인명과 지명 등을 한글로 옮기는 데 있어서 ① '철자대로' 표기하는 것을 기본으로 하되 (구개음화 등 회피), 필요할 경우 '실제 발음대로' 적는다 (예컨대 글라스노스찌, 프리마코프); ② 국내외 주요 신문과 잡지에서 널리 쓰이는 표기를 따른다 (예컨대 고르바초프, Yeltsin). ③ 러시아어로 된 고유 명칭과 인용구(引用句)는 가능한 한 독자의 편의를 위해 이들 용어의 한글 표기 바로 뒤에 키릴 문자를 괄호 속에 병기(倂記)하거나 이를 로마자(字)로 바꾸어 넣는다.

국립중앙도서관 출판시도서목록(CIP)

러시아 국가와 사회 : 새 질서의 모색, 1985-2005 / 정한구 지음. -- 파주 : 한울, 2005
    p. ; cm. -- (한울아카데미 ; 767) (세종연구소 세종정책총서 ; 2005-2)

권말부록으로 '러시아 연보(年報), 1994-2004' 수록
색인수록
ISBN 89-460-3415-7 94300
ISBN 89-460-3405-X(세트)

340.929-KDC4
320.947-DDC21   CIP2005001270

책머리에

"사회주의 소련"이 붕괴되고 러시아가 그 뒤를 잇고 있다. 필자는 이러한 변화를 따라가며 그동안 틈틈이 집필한 논문을 엮어 이번에 책으로 내게 되었다.

책의 구성에서 보는 바와 같이 상당한 부분을 소련 사회주의를 구명하는데 할애하고 있다. 이는 구 질서가 비록 사라졌음에도 불구하고 러시아에서 진행되고 있는 변화를 파악하기 위해서는 이에 대한 이해가 필수적이라는 판단에 따른 것이다.

필자의 논문 중 서로 중복되거나 내용이 비슷한 글은 대부분 솎아냈으나, 그럼에도 불구하고 게재된 글 중에서도 여전히 중복되는 부분이 적지 않음을 고백하고자 한다. 그것은 무엇보다도 비슷한 시기의 같은 대상을 — 전환기의 소련/러시아 — 다루고 있는 독립된 논문들 상호간에 불가피하게 수반되는 것으로서 이에 대해 독자의 양해를 구하고자 한다.

원문을 정리하면서 한자는 대부분 한글로 고쳤고, 오식을 바로잡는 한편, 아주 어색한 표현은 새 말로 바꾸었다. 그럼에도 불구하고 여전히 잘못이 있을 수 있음을 너그러이 양지하시기 바란다.

이 책이 나올 수 있기까지 실로 많은 도움이 있었음에 감사를 드리고자 한다. 무엇보다도 필자가 몸담고 있는 세종연구소의 지원이 없었다면 이 책의 출판은 불가능했을 것이다. 세종연구소에서 수행한 연구가 이

4

책의 바탕을 이루고 있음을 필자는 자랑스럽게 생각한다.

이와 함께 세종연구소 밖에서 집필의 기회를 주신 분들에게 감사 드린다. 특히 평화연구원의 연례보고서 『동북아와 남북한』에 기고할 기회가 주어지지 않았다면 부록 "러시아 연보(年報)"는 마련할 수 없었을 것이다.

끝으로 수록된 글을 정리하는데 수고를 마다하지 않은 김민지 양과 이 책의 출판에 노고를 아끼지 않은 '도서출판 한울' 여러분께 충심으로 사의를 표하는 바이다.

2005년 6월
정한구

차 례

제1편 : 사회주의에서 민주주의로

제1장 : 소련 사회주의 체제의 종말

제2장 : 러시아의 민주화 실험

6

제2편 : 계획경제에서 시장경제로

제1장 : 소련 계획경제의 파산

제2장 : 러시아의 시장경제화

서언

러시아에서 체제 변화라는 거대한 지각(地殼) 변동이 시작된 지 스무
해가 다가오고 있다. 이제 공산당 독재에 대신해서 선거로 지도자를 뽑
고, 사회주의 국영기업에 대체하여 수많은 사기업이 경제를 이끌게 되었
다. 그 사이 사회주의 소련이 와해되고 러시아 연방이 뒤를 잇고 있다.
이제 변화는 끝났는가? 한편에서는 러시아가 그동안의 변화를 뒤로 하
고 중위권 소득 수준의 "보통(普通) 국가"로서 정치적으로 다른 중위권
국가들과 비슷하게 민주주의와 권위주의의 중간적인 체제로 정착하고 있
다고 관찰한다.[1] 그러나 아직도 많은 이들이 러시아에서 체제 변화가 끝
났다는 데 유보적인 입장을 취하고 있다.

소련/러시아의 체제 변화는 역사 발전에 — 역사에 "발전"이라는 것이 있
다면 — 흥미로운 사례를 추가하고 있다. 역사는 되풀이되는가, 아니면 어
떤 목표를 지향하여 나아가고 — 다시 말해서, 발전하고 — 있는가? 독일
철학자 쇼펜하우어(Schopenhauer)에 따르면, 역사는 모습만 달리한 채 같
은 일이 반복되어 일어나는 것에 불과하다.[2] 그렇다면, 우리 장래에 발

[1] Andrei Shleifer and Daniel Treisman, "A Normal Country," *Foreign Affairs*, Vol.
83, No. 2, pp. 20-38; Thomas Carothers, "The End of the Transition
Paradigm," *Journal of Democracy*, Vol. 13, No. 1 (2002), pp. 5-21.
[2] Charles Larmore, "History and Truth," *Daedalus*, Vol. 133, No. 3 (Summer
2004), pp. 46-55에서 재인용.

8

전이나 진보란 한낱 허구(虛構)에 불과한 것인가?[3]

사회주의 소련이 이른바 "위로부터의 혁명"으로 세워졌음은 다 아는 일이다. 소련은 레닌(Lenin)을 비롯하여 권력을 잡은 소수의 혁명가들이 그들이 추구하는 이상(理想)을 위에서 러시아 사회(국민)에 강요하여 세운 것이다. 소련은 밑으로부터 — 시민 주도 하에 — 세워진 나라가 아니었다. 소련이 붕괴된 지금, 러시아의 한 역사가에 따르면, 러시아는 '사회주의 건설'이라는 실험을 뒤로 하고 이제 또 한 차례 "역사상 전례가 없는 대대적인 실험"을 벌이고 있다: "자본주의와 유산계급(bourgeoisie)을 만들어 내는 이러한 실험은 그러나 수백 년에 걸쳐 진행된 (서방의 경우와는 달리) …… 사회주의에서 육성된 이념가(理念家)와 (사회주의 체제를 지키던) 관리들에 의해 주도되고 있으며, 이들은 이를 단시일 내에 이룩하려 하고 있다."[4] 또다시 위로부터 혁명이 시도된 것이다. 위로부터의 혁명은 이미 제정(帝政) 러시아 시대에 표트르(Petr) 대제(大帝)가 자신의 신민(臣民)에게 서구화, 즉 "위로부터의 개혁"을 강제했듯이 러시아 역사에 연면하고 있는 현상이다.[5]

위로부터의 혁명에서 보듯 러시아 역사는 모습만 바뀐 채 되풀이되고 있는가? 아마도 이를 가늠할 잣대의 하나는 러시아에 궁극적으로 어떠한 체제가 자리잡게 될 것인가를 살피는 일일 것이다. 제정 러시아가 전제정치(專制政治)로 특징된다면, 소련은 전체주의 내지는 잘해야 권위주의 체제로 분류되어 왔다. 이제 소련의 뒤를 잇고 있는 러시아는 민주화를 이룩하게 될 것인가, 아니면 전제정치-전체주의-권위주의라는 익숙한 과거로 되돌아가게 될 것인가? 옛날로 돌아간다면 러시아 역사는 역시 "되

3) John Gray, "An Illusion with A Future," *Daedalus*, Vol. 133, No. 3 (Summer 2004), pp. 10-17.
4) 이 책의 "5. 지배 엘리트의 변신," 각주 2 참조. ( )는 필자 삽입.
5) Peter Reddaway and Dmitri Glinski, *The Tragedy of Russia's Reforms. Market Bolshevism Against Democracy* (Washington, D.C.: United States Institute of Peace, 2001), 특히 Chapter 1 참조.

풀이되는 것"이란 주장이 힘을 얻게 될 것이다.

이 책이 이상에서 제기된 문제에 대한 해답을 구하는 데 조금이라도 도움이 된다면 다행일 것이다.

제1편: 사회주의에서 민주주의로

제1장: 소련 사회주의 체제의 종말

1. 사회주의 체제: 붕괴 이전

I. 머리말

동유럽과 소련에서 사회주의 체제가 붕괴함으로써 이들 체제에 관한 연구가 중대한 전환점을 맞고 있다.[1] 이제까지 사회주의 체제 연구는 주로 이들 체제의 "체제 내 변화"에 초점을 맞추어 왔으나 이제 체제 자체의 붕괴(regime breakdown)와 나아가 이 지역에서 사회주의 이후의 체제까지를 분석 대상에 포함하게 된 것이다.[2] 사회주의 체제의 붕괴에 대한

이 글은 1992년에 출판된 것으로서 이 책에서는 원문의 한자를 한글로 바꾸고 책의 통일된 서식에 맞추었다: 「사회주의 체제의 변화와 붕괴에 관한 이론적 고찰: 소련 연구를 중심으로」, 『남강 김갑철 교수 화갑 기념 논문집』 (서울: 형설출판사, 1992), pp. 3-16.

[1] 이 글에서 "사회주의 체제"는 마르크스-레닌주의를 공식 이념으로 유지하고 있는 국가에서 행해지는 모든 정치적 행위의 유기적 총화(有機的 總和)라는 의미로 사용한다.

[2] "체제 변화"는 체제의 기본적 속성을 변경하지 않는 범위에서 이루어지는, 다시 말해서 "체제 내 변화"를 지칭하며, "체제 붕괴"는 글자 그대로 체제 자체의 해체를 뜻할 것이다. 이제까지 체제 붕괴에 관한 연구는 주로 남미, 남유럽 등지에서 민주정(民主政)의 와해 및 권위주의 체제의 해체에 국한되어 왔다. 체제 붕괴에 관한 대표적인 연구로는 Juan J. Linz and Alfred Stepan (eds.), *The Breakdown of Democratic Regimes* (Baltimore: The Johns Hopkins University Press, 1978); Guillermo O'Donnell and Philippe C. Schmitter, *Transitions from Authoritarian Rule: Tentative Conclusions about Uncertain Democracies* (Baltimore: The Johns Hopkins University Press, 1986).

이해는 북한 등 잔존 사회주의 체제의 변화를 전망하는 데 도움을 줄 수 있다는 점에서 현실적으로도 큰 의의가 있을 것이다.

사회주의 체제의 붕괴에 관한 이론화는 여러 각도에서 시도될 수 있을 것이나 그중 가장 기본적인 과제는 우선 이들 체제의 변화에 관한 이제까지의 이론적 접근들을 정리해 보는 일일 것이다.[3] 이러한 견지에서 이 글은 주로 소련 사회주의 체제의 변화를 중심으로 이에 관한 종전의 접근들을 검토하는 데 목적이 있다. 서방의 소련연구(Soviet studies, Sovietology)는 1917년 사회주의 혁명 이래 소련 체제의 변화를 규명하는 데 많은 성과를 거두었고 이를 토대로 전문가들은 1960년대에 시도되고 있던 체제 개혁이 "체제의 성격을 변경"하는 정도로 심화되어야 할 필요성에 관해 역설한바 있으며, 1960년대 말엽 브레진스키(Brzezinski)는 소련 체제가 대폭적으로 변혁(transformation)되지 않는 한 체제의 쇠퇴(degeneration)가 불가피하다는 진단을 내린바 있다.[4] 그러나 1980년대 중반 이후 전문가들간에는 소련연구가 개혁 지도자 고르바초프(Gorbachev)의 등장은 물론 소련 체제의 궁극적인 붕괴를 예측하거나 이를 분석하는 데 무력했다는 자성의 목소리가 높아왔다.[5] 소련 정치에 관한 종전의 접근들이 이와 같이 체제 붕괴를 설명하고 예측하는 데 무력했다면 그 이유는 무엇인가? 이들 접근을 토대로 사회주의 체제의 와해를 설명할 수 있는 새로운 분석틀을 만들 수

---

[3] 사회주의 체제의 해체에 관한 최근의 이론화 시도로는 S. N. Eisenstadt, "The Breakdown of Communist Regimes and the Vicissitude of Modernity," *Daedalus*, Vol. 121, No. 2 (Spring 1992), pp. 21-41.

[4] Robert C. Tucker, "The Image of Dual Russia," in Cyril E. Black (ed.), *The Transformation of Russian Society: Aspects of Social Change Since 1861* (Cambridge, Mass.: Harvard University Press, 1960), p. 605; Zbigniew Brzezinski, "The Soviet Political System: Transformation or Degeneration," in Zbigniew Brzezinski (ed.), *Dilemmas of Change in Soviet Politics* (New York: Columbia University Press, 1969), p. 33.

[5] 예컨대 Ronald Amann, "Searching for An Appropriate Concept of Soviet Politics: The Politics of Hesitant Modernization?," *British Journal of Political Science*, Vol. 16, No. 4 (October 1986), pp. 475-476.

는 없을 것인가? 이에 대한 답을 찾기 위해 우선 소련 체제의 변화를 살필 필요가 있을 것이다.

II. 소련 사회주의 체제의 변화

여느 정치체제와 마찬가지로 소련의 사회주의 체제도 붕괴되기 직전까지 부단한 변화를 경험해 왔다. 지난 70여 년에 걸친 소련 체제의 변화는 크게 세 단계로 나누어 고찰할 수 있을 것이다.[6]

체제 건설기 (1917-53): 소련의 사회주의 체제는 러시아에서 10월 혁명 이후 레닌에 의해 정초(定礎)된 뒤 1930년대 초반 스탈린 치하에서 완성되었으며 1937-38년에 걸친 대숙청에서 그 진면목을 보여주었다. 이 체제는 스탈린주의(Stalinism) 혹은 전체주의 체제(totalitarianism)로도 지칭되었는바, 순수한 이념형(ideal types)으로서의 전체주의 모델과 거의 비슷한 속성을 나타냈다. 당시 체제의 특징으로서는 ① 여타의 이념이나 종교를 용인하지 않는 가운데 자신의 이상에 따라 사회를 개조하려는 구세적(救世的, Messianic) 이념으로서의 공산주의의 강요, ② 다른 정당이나 정치집단을 용인하지 않고 오로지 독재자(스탈린) 일인의 영도 하에 공산주의 이념의 구현을 명분으로 한 공산당의 권력 독점, ③ 공산주의 일당독재(一黨獨裁)에 대한 사회의 절대적 복종을 확보하기 위한 비밀경찰 주도 하의 테러 자행, ④ 모든 정보와 통신매체 및 무기의 독점적 통제, ⑤ 중앙통제경제의 도입을 들 수 있다.[7] 다시 말해서 이 기간 중 사회주의

---

[6] 소련 체제의 변화를 조망한다는 것 자체가 이미 일정한 시각을 상정하는 것으로서 서술자의 특정한 입장 내지 이론적 접근을 불가피하게 전제하지 않을 수 없다는 어려움에도 불구하고 소련 정치에 관한 독자의 이해를 위해 나름대로 소련 체제의 변화를 소개하고자 한다.

[7] 이러한 체제의 속성들에 관해서는 Carl J. Friedrich and Zbigniew K. Brzezinski,

체제는 공산주의 이상을 실현한다는 명분 하에 국가(공산당)의 사회에 대한 전체적 통제 및 동원을 주된 특징으로 하고 있다.

체제 관리기 (1953-85): 스탈린 사후 소련 지도자 흐루시초프(Khrushchev)와 브레즈네프(Brezhnev)는 전체주의적 요소를 다소 완화한 가운데 스탈린이 완성한 체제를 유지, 관리하는 데 주력했다. 흐루시초프 집권 중 테러의 행사가 포기되었으며 독재자의 출현을 막기 위한 집단지도제 원칙이 확립되었고 브레즈네프 집권기로 들어서서는 공산주의 이념의 구현을 위한 사회동원이 사실상 포기되었다. 학자들은 브레즈네프 집권 중 소련 체제가 전체주의에서 권위주의 체제로 이행하여 왔음을 지적하고 그의 집권기를 신 스탈린주의(neo-Stalinism)로도 지칭하고 있다.[8]

이 기간 중 소련 체제의 특징은 다음과 같다: 공산당의 일당독재와 통제경제는 그대로 유지된 가운데 ① 지도부: 일인독재(一人獨裁)에서 안정적 과두제(寡頭制)로 전환; ② 권력 구조: 계서적 관료조직(군부, 경제부서 등)의 권력 안배－당은 이들 관료조직의 상충하는 이해를 조정하는 역할 담당; ③ 테러의 폐지: 비밀경찰의 정치적 역할 대폭 축소; ④ 체제-사회 관계: 사회동원의 포기와 복지국가의 실현 지향, 대내 정책에 주요 사회집단 및 계층의 이해 반영.[9] 다시 말해서 소련 체제는 스탈린 이후 사회(소련 국민)가 체제를 인정하는 대가로 체제는 국민들에게 생활수준의 지속적이며 균등한 향상(소비재 생산 증가, 평균주의적 임금정책) 및 생활의 안

Totalitarian Dictatorship and Autocracy, Rev. ed. (New York: Praeger, 1965), pp. 21-23; Carl J. Friedrich, "The Evolving Theory and Practice of Totalitarian Regimes," in C. Friedrich, Michael Curtis, and Benjamin R. Barber (eds.), *Totalitarianism in Perspective: Three Views* (New York: Praeger, 1969), p. 126.

[8] Seweryn Bialer, *Stalin's Successors: Leadership Stability and Change in the Soviet Union* (Cambridge: Cambridge University Press, 1980), pp. 50-52.

[9] 권위주의의 정의에 관해서는 Juan J. Linz, "Totalitarian and Authoritarian Regimes," in Fred I. Greenstein and Nelson W. Polsby (eds.), *Handbook of Political Science*, Vol. 3 (Reading, Mass.: Addison-Wesley, 1975), pp. 264-274.

정(직업 보장과 기본 생필품 가격의 안정 등)을 보장하고 개인적 자유의 확대를 용인한다는 일종의 묵시적 사회계약을 통해 장기간의 사회평화를 유지한 것으로 서방 학자들은 설명하고 있다.10)

체제 개혁기 (1985-91): 이 시기는 고르바초프 집권 하에 이제까지의 소위 신(新) 스탈린주의를 배격하고 체제 개혁이 시도된 때로서 이러한 개혁 노력은 체제가 붕괴됨으로써 중단되고 말았다. 고르바초프의 개혁은 다음 세 단계로 진행되었다: ① 탈(脫) 브레즈네프화: 개혁 초기에는 "체제 내 개혁"을 위해 우선 경제침체로 인해 더 이상 이행하기가 어렵게 된 국민에 대한 종전의 약속(생활수준의 향상 등)을 철회하고 대신 생산성의 향상과 이에 따른 혜택의 배분을 연계하는 새로운 사회계약의 수립 시도; ② 탈 스탈린화: 흐루시초프가 시작했으나 브레즈네프 시기에 제자리로 돌아갔던 탈 스탈린 운동을 재개함으로써 체제의 잔존 전체주의적 요소 제거 시도; ③ 탈 레닌화: 고르바초프는 1988년 이래 중앙과 지방 소비에트(의회) 선거를 통한 서구식 의회 및 대통령제의 도입을 통해 당에서 국가기구로의 권력 이전을 도모했으나, 이러한 개혁에 고무되어 등장한 각종 정치집단의 압력 하에 공산당이 1990년 헌법상에 보장된 "지도적 역할"(권력 독점)을 박탈당하고 다당제(多黨制) 하의 일개 정당으로 전락하게 됨으로써 기존의 사회주의 체제는 사실상 종언을 고하게 되었다. 고르바초프는 공산당 주도 하의 일원적 레닌주의(monism)를 부인하는 수준으로까지 개혁을 확대하는 것은 원치 않았던 것으로 관찰되고 있다.

소련 체제는 1991년 8월의 보수 쿠데타 실패를 분기점으로 급속히 와해되기 시작했으며 1991년 말 소련의 해체와 더불어 공식적으로 종언을

---

10) George W. Breslauer, "On the Adaptability of Soviet Welfare-State Authoritarianism," in Karl W. Ryavec (ed.), *Soviet Society and the Communist Party* (Amherst, Mass.: University of Massachusetts Press, 1978), pp. 3-25; Bialer, Chapter. 8; Peter Hauslohner, "Gorbachev's Social Contract," *Soviet Economy*, Vol. 3, No. 1 (1987), pp. 56-60.

고하게 되었다. 소련의 해체는 체제 붕괴 및 다민족 제국(多民族 帝國)의
와해라는 두 개의 혁명이 동시에 진행되었음을 의미하는 것이다.[11] 아이
젠스타트(Eisenstadt)에 의하면, 소련 혁명이 급격하고도 극적인 체제 변화
라는 점에서 프랑스 대혁명이나 러시아 혁명과 맥을 같이하고 있으나,
반면에 이들과는 달리 소련 혁명에서는 혁명의 계급적 성격이 모호하며,
새로운 사회에 대한 이상향적인(utopian, Jacobin) 비전도 없었고, 특히 과
거의 혁명들과 비교할 때 상대적으로 비폭력, 무혈 혁명이라는 점에서
큰 차이를 보이고 있다.[12] 소련 혁명에서 집권 엘리트들은 체제를 전복
하려는 세력에 맞서 싸운 것이 아니라 스스로 자폭했으며 체제 붕괴는
기존 제도의 테두리 안에서 이루어졌다.

III. 소련 체제의 변화와 분석틀

소련 사회주의 체제에 관한 이론적 접근은 이상에서 살핀 체제 변화에
발맞추어 다양하게 전개되어 왔다. 서방의 소련연구는 처음 전체주의 모
델(totalitarianism)이 주종을 이루었으나 이 분석틀이 스탈린 사후 소련 체
제의 변화를 설명하는 데 많은 문제점을 보이게 되자 새로운 분석틀이
나타나기 시작했는바, 이러한 이론화에 있어서 특징의 하나는 소련연구
고유의 분석틀이 개발되기 보다는 인류학, 구미(歐美) 지역연구 등 다른
사회과학 부문의 이론이나 모델을 빌려오는 일종의 잡탕주의적(雜湯主義
的) 경향이 주류를 이루어 온 것이다.[13] 이러한 이유로 전체주의 모델을

---

11) 소련 체제의 붕괴에 관해서는 정한구, 「사회주의 체제의 변화와 권위의 위기: 고
르바초프 집권 하의 소련, 1985-1991」, 『러시아 연구』, 제1권 (1992), 서울대학
교 소련·동구연구소, pp. 225-246 참조.

12) Eisenstadt, pp. 21-27.

13) Chalmers Johnson, "Comparing Communist Nations," in C. Johnson (ed.),
Change in Communist Systems (Stanford: Stanford University Press, 1970), pp. 1-3.

제외하고는 이제까지 소련 체제를 포함한 사회주의 체제 연구에서 자체적으로 개발된 분석틀은 없는 실정이며, 이와 관련하여 또 다른 특징으로 지난 70여 년에 걸친 소련 체제의 변화를 꿰뚫어 설명하고 있는 이론이나 모델도 없는 상태이다.[14]

소련연구는 몇 개의 주요 경향으로 나뉘며, 그중 체제 와해를 분석하는 데 적절한 연구 경향으로 일원주의(一元主義)와 다원주의(monism-pluralism)의 대립을 들 수 있을 것이다. 일원주의는 국가와 시민사회(state-civil society)를 대비시킬 경우 소련 사회를 통제하고 이끌어 나갈 수 있는 국가(공산당, 집권 엘리트)의 능력(정치 권력)을 강조하는 데 반해 다원주의 접근은 근대화에 따른 소련 사회의 분화와 다원화 추세에 초점을 맞춘다.[15] 사회주의 체제의 변화를 설명하는 데 있어서 전자가 일차적으로 체제의 능력에 관심을 갖는 데 대해 후자는 체제에 대한 사회의 다양한 정치적 요구 등 사회 변화와 이에 대한 체제의 대응을 중시한다. 소련 체제의 변화를 다룸에 있어서 이들 접근의 유용성을 가늠하기 앞서 이들의 이론적 정향(定向)을 정리해 보고자 한다.[16]

---

14) Gabriel A. Almond and Laura Roselle, "Model Fitting in Communist Studies," in Thomas F. Remington (ed.), *Politics and the Soviet System* (London: Macmillan, 1989), pp. 204-206.

15) 이와 비슷하게 아만(Amann)은 소련 정치에 관한 이론을 두 집단으로 분류하고 있다. 그에 의하면 그룹 A에 속하는 접근들은 집권 엘리트의 권력 및 특권 극대화 현상을 강조하는 반면, 그룹 B에 소속하는 이론화 노력들은 스탈린 사후 소련의 복지국가화에 주목하며 권력을 사회와의 관계라는 맥락에서 접근하고자 한다. Amann, pp. 477-479.

16) 소련 정치에 관한 다음의 이론화 소개는 주로 아만의 분류에 따른 것이다. Amann, pp. 475-494. 이 곳에 소개되지 않은 다른 접근들에 관해서는 Almond and Roselle, pp. 170-224. 이 글에서는 "이론적 접근", "이론", "모델"이라는 용어를 엄밀히 구분하지 않고 편의상 동의어로 사용하기로 한다.

1. 일원주의적 접근

가. 전체주의(totalitarianism)

전체주의 이론은 한마디로 독재(dictatorship)에 관한 이론이다. 전체주의 체제는 앞에서 언급한 바와 같이 배타적 국가 이념, 일당독재, 비밀경찰의 테러 주도, 국가의 무력(武力) 독점 및 정보와 사상의 통제, 중앙통제경제를 특징적 증후군으로 구비하고 있으며, 지배자 및 집권 엘리트가 국가의 이름 하에 사회의 모든 부문을 장악하고 통제하려는 점에서 단순한 독재를 넘어서 절대주의(absolutism)의 단계로까지 들어서고 있는 것이다. 전체주의 체제는 공산주의와 같이 계급 없는 사회의 실현이라는 이상을 내세우는 구세적 이념으로 무장한 소명감에 찬 엘리트들이 그들의 이상에 따라 사회를 변혁하기 위해 사회의 모든 자원을 동원(mobilization)하는 과정에서 생성되고 있다.17) 이러한 전체주의 이론에 입각한 소련연구는 소련에서 주로 공산당의 중심적 역할과 스탈린의 독재 및 테러를 강조하여 왔다.18) 그러나 지노비에프(Zinoviev) 같은 이는 전체주의를 러시아와 같이 집단주의 성향이 강한 사회에서 나타나는 밑으로부터의 정치·문화적 현상으로 파악할 것을 주장하고 있다. 그는 이러한 견지에서 소련을 "자생적 집단수용소"라고까지 규정한다.19)

---

17) 대부분의 전체주의 이론은 이와 같이 "위로부터의 혁명"에 초점을 맞추어 왔다. 대표적 저서로는 Hannah Arendt, *The Origins of Totalitarianism* (New York: Harcourt, Brace, 1951, 1966); Friedrich and Brzezinski, *Totalitarian Dictatorship and Autocracy*.

18) 소련 정치에 대한 전체주의적 접근으로는 Merle Fainsod, *How Russia Is Ruled* (Cambridge, Mass.: Harvard University Press, 1953); Leonard Schapiro, *The Communist Party of the Soviet Union* (New York: Vintage, 1960); Zbigniew Brzezinski, *The Permanent Purge — Politics in Soviet Totalitarianism* (Cambridge, Mass.: Harvard University Press, 1956).

19) Alexander Zinoviev, *The Yawning Heights* (Harmondsworth: Penguin, 1981), p. 258; Alexander Zinoviev, *The Reality of Communism* (London: Gollancz, 1983).

소련 체제에 관한 전체주의 모델의 강점은 앞에서 언급한 체제 건설기를 가장 잘 설명할 뿐만 아니라, 그 이후에도 샤피로(Schapiro)의 주장과 같이 공산당의 권력 독점 및 반체제 운동에 대한 탄압 등 체제의 기본적 속성이 상당한 부분 그대로 유지되고 있다는 점에서 여전히 제한된 범위에서 설명력을 갖고 있다는 점이다.[20] 그럼에도 불구하고 이 이론은 사회에 대한 국가의 절대적 지배가 지속되는 것을 당연시하고 정치적 갈등과 변화의 여지를 허용하지 않음으로써 스탈린 사후의 체제 변화를 설명하는 데 근본적인 취약성을 보이고 있다.

이에 따라 전체주의 모델은 1960년대 이래 소련 연구에서 주도적 지위는 상실했으나 1980년대 중반이래 소련과 동유럽에서, 그리고 일부 서방 학자들간에 새롭게 관심을 모으고 있다.[21] 소련과 동유럽 지식인들은 붕괴 이전의 사회주의 체제를 전체주의 혹은 이와 같은 맥락의 국가주의(etatisme) 내지는 국가사회주의(administrative, etatist socialism)라고 공공연히 지칭하고 있으며, 서방에서도 무어(Moore)와 호프(Hough) 같은 학자들은 전체주의 모델의 유용성에 대한 새로운 인식과 이를 토대로 한 이론적 발전의 필요성을 역설하고 있다.[22]

---

[20] Leonard Schapiro, *Totalitarianism* (London: Pall Mall, 1972).

[21] 전체주의 모델을 수정하려던 대표적인 노력의 하나로 Allen Kassof, "The Administered Society: Totalitarianism Without Terror," *World Politics*, Vol. XVI, No. 4 (July 1964), pp. 558-575. 린즈(Linz)는 스탈린 치하의 전체주의를 "동원 전단계(前段階, pre-mobilizational)의 전체주의" 및 "전체주의 이후(post-totalitarian) 체제"(스탈린 사후의 소련 등)와 구분함으로써 전체주의 이론의 유용성을 살리려 노력하고 있다. Linz, pp. 175-411.

[22] 동유럽 지식인들의 입장에 관해서는 John Keane (ed.), *Civil Society and the State: New European Perspectives* (London: Verso, 1988), Part Three. 소련 학자들의 경우, V. Tishkov, "Narody i gosudarstvo" (인민과 국가), *Kommunist*, No. 1 (1989), pp. 49-59; G. Arbatov and E. Balatov, "Politicheskaya reforma I evolyutsiya sovetskogo gosudarstva" (정치개혁과 소련 국가의 변화), *Kommunist*, No. 4 (1989), pp. 35-46; Andranik Migranyan, "Gorbachev's Leadership: A Soviet View," *Soviet Economy*, Vol. 6, No. 2 (April-June 1990), p. 155; L. Shevtsova, "Kuda idet Vostochnaya Yevropa?" (동유럽은 어디로?), *Mirovaya ekonomika i mezhdunarodnye otnosheniya* (세계경제와 국제관계), No. 4 (1990), pp. 86-105. 한

나. 국가 자본주의(state capitalism)

이 모델에 따르면 사회주의 체제 하에서 집권 엘리트가 정치권력의 독
점과 함께 경제적으로 국유재산의 사실상의 "사유화"를 통해 "신흥 지배
계급"으로 등장함으로써 사회주의 체제는 기능상으로 국가 자본주의의
속성을 나타내고 있다. 이들 신흥 지배계급은 자본주의 하에서 유산계급
과 마찬가지로 착취라는 역할을 수행한다. 러시아 혁명을 이끌었던 트로
츠키(Trotsky)는 이미 오래 전 국유화와 당(共産黨)의 관료화가 야기하는
이러한 부정적 결과를 비판한바 있으며 유고의 전 공산당 지도자 질라스
(Djilas)도 국유화된 생산수단의 관리와 관련한 신흥 관료계급의 등장을 경
고하여 왔다.23) 노브(Nove)는 관료화된 이들 엘리트가 브레즈네프 집권기
로 들어서면서 스스로 일종의 배타적 계급의식까지 보이기 시작하고 있던
것으로 관찰하고 있으며 보슬렌스키(Voslensky)는 "특권적 착취자"로서의
이들 노멘클라투라(nomenklatura, 당관료) 계층이 득세함으로써 소련에서
"새로운 적대적 계급사회"가 출현하게 되었다고 주장하고 있다.24)
　국가 자본주의 모델은 사회주의 체제에서 정치권력의 경제적 기반, 다
시 말해서 계획경제 하에서 정치권력과 경제력이 어떻게 밀착되고 있는
지를 밝히는 데 도움을 주고 있다. 다만 이 분석틀에 따를 경우 착취나
계급을 어떻게 정의하며, 현실적으로 이러한 현상을 입증하는 데에는 적

편 서방 전문가들의 견해로는 Barrington Moore, Jr., *Authority and Inequality under Capitalism and Socialism* (Oxford: Clarendon, 1987), p. 36; Jerry Hough의 Kennan 연구소 강연 (1989. 4. 24.), "Totalitarianism Revisited," *Meeting Report*, (Kennan Institute for Advanced Russian Studies.); Z, "To the Stalin Mausoleum," *Daedalus*, Vol. 119, No. 1 (Winter 1990), pp. 295-344.

23) Leon Trotsky, *The Revolution Betrayed*, 5th ed., (New York: Pathfinder, 1972); Milovan Djilas, *The New Class: An Analysis of the Communist System* (New York: Praeger, 1957).

24) Alec Nove, "Is There a Ruling Class in the USSR?," *Soviet Studies*, Vol. 27, No. 4 (October 1975), pp. 615-638; Michael Voslensky, *Nomenklatura: The Soviet Ruling Class* (New York: Doubleday, 1984), p. 11.

지 않은 어려움이 따를 것으로 지적되고 있다. 그럼에도 불구하고 1980
년대 중반 이래 현저히 나타나기 시작한 당 및 정부 관료들에 대한 일반
국민의 적대감은 이 모델이 체제 와해를 설명하는 데 유용성이 있음을
보여주는 것이다.

다. 신 전통주의(neo-traditionalism)

이 모델은 스탈린 이후 사회주의 체제의 침체와 부패를 정치발전의 각
도에서 접근하고 있다. 소련 체제는 특히 브레즈네프 집권 중 뇌물 수수
등 집권 엘리트의 지위를 이용한 부패가 만연하여 온 것으로 관찰되고
있다.[25] 조위트(Jowitt)는 정치적 부패(political corruption)를 조직의 일반
이익과 이 조직에 소속하는 성원의 개별 이익을 동일시하거나 혼동하는
행위를 통해 조직의 과업 수행 능력을 저하시키는 현상으로 정의한 가운
데 소련에서 이러한 부패가 만연하고 있음은 일차적으로 사회주의 체제
의 카리스마적(charisma) 속성이 약화되는 데 기인하는 것으로 풀이한
다.[26] 그는 공산당이 무엇보다도 레닌의 이상에 따라 "영웅적 위업(偉
業)"을 수행하는 카리스마적 조직으로 기능하여 왔으며 이것이야말로 공
산당을 절차적— 베버(Max Weber)의 "합리적-법적"— 합리성에 기초하고
있는 근대 조직과 구분하는 주요한 특징이라고 지적한다. 카리스마적 당
(黨)은 수훈을 세울 수 있는 "전투"(과업)를 필요로 하며 이러한 위업은
소명감에 충만한 당원들에 의해 수행되는 것이다. 그러나 이러한 위업을
수행하는 과정에서 당원은 불가피하게 일반 국민에 비해 우월한 신분자
로 받아들여지고 당도 배타적인 비밀결사의 성격을 나타내게 됨으로써

---

25) Hedrick Smith, *The Russians* (New York: Quadrangle, 1976); Konstantin Simis,
   USSR: The Corrupt Society (New York: Simon & Schuster, 1982).
26) Ken Jowitt, "Soviet Neotraditionalism: The Political Corruption of a Leninist
   Regime," *Soviet Studies*, Vol. 35, No. 3 (July 1983), pp. 275-297.

신분과 파당(派黨)이라는 전통적 요소가 모습만을 달리하여 잔존하게 되
는 것이다. 조위트에 의하면 공산당은 체제 건설기 중 "사회주의 사회"
의 건설이라는 "전투적" 과업에 매진할 수 있었으나 체제 건설이 이루어
지고 더 이상 새로운 사회적 투쟁 과업을 찾지 못하게 되자 당의 카리스
마는 일상화(日常化, routinazation) 되고, 당료(黨僚)는 조직으로서의 당이
지향하는 목표가 명확하지 않은데 따라 신분을 이용한 개인적, 물질적
이익 추구에 몰두하게 됨으로써 소위 신분사회의 부활 등 전통적 요소가
다시 머리를 들게 되는 것이다.

넓은 의미에서 사회주의 체제의 신 보수화(新 保守化) 이론은 이와 같
이 체제 정통성(legitimacy)의 기반이 베버의 전통적 권위로 퇴행하고 있
다고 분석함으로써 제정(帝政) 러시아와 소련의 정치문화적 연속성을 강
조한다. 이 모델은 또한 사회주의 체제에서 집권 엘리트가 부패하는 이
유에 대해 적절히 설명하고 있으나, 다만 부패란 정도의 차이가 있을 뿐
어느 체제에나 편재(遍在)하고 있음에 비추어 부패를 사회주의 체제의 주
된 특징으로 규정하는 데에는 문제가 있다.

2. 다원주의적 접근

가. 정치발전(political development)

정치발전론은 사회주의 체제의 변화를 공업화, 도시화 등 근대화에 따
르는 사회변동의 소산으로 파악한다. 이 이론에 따르면 근대화는 20세기
의 전세계적 현상으로서 사회주의 혁명과 뒤 이어 수립된 사회주의 체제
가 위로부터의 공업화를 강행한 것은 서구의 근대화와 형태를 달리하고
있음에도 불구하고 본질적으로 이러한 근대화 노력의 하나인 것이다.

일부 발전론자들은 사회주의 체제가 사회동원(social mobilization)을 통
해 후진적 러시아 사회와 소련 내 다른 슬라브 및 소수민족 사회에 공업

화를 강요하는 데에서 그 존립의 이유를 찾았으나, 이로써 사회가 점차
발전을 이룩하게 되자 체제는 사회발전에 따른 각종 압력에 거꾸로 노정
되고 점차 이에 대응하는 데 급급하는 등 체제와 사회간에 변화 주도자
로서의 역할이 뒤바뀌게 되어 온 것으로 관찰하고 있다.[27] 한편 헌팅턴
(Huntington)과 브레진스키 같은 이는 미국과 소련 사회가 역사와 이념상
의 차이를 갖고 있음을 인정하면서도 기본적으로 공업화와 근대화 측면
에서 같은 성격의 충격을 받고 있다는 점에서 이들 두 체제가 궁극적으
로 서로 수렴하여 비슷하게 될 가능성을 언급하기도 했다.[28]

정치발전론은 환경(사회) 변화에 대한 체제의 적응이라는 각도에서 사
회주의 체제의 관리기(管理期) 중 장기간에 걸친 정치적 안정을 이해하는
데 유용할 것이다. 브레슬라우어(Breslauer)에 의하면 브레즈네프 집권기
의 주요한 특징의 하나는 사회의 요구에 부응한 복지국가의 지향이었으
며 이것이 정치적 안정의 바탕이 되었던 것이다.[29] 발전론은 또한 사회
변동과 관련하여 고르바초프 개혁의 불가피성도 적절히 설명할 수 있을
것으로 보인다. 그러나 이 이론이 안고 있는 문제점은 어느 정도의 근대
화가 체제의 변화를 유발할 수 있을 정도로 충분한 것인지, 그리고 사회
변화가 어떻게 정치변화로 연결되고 있는지에 대해 만족한 설명을 하고
있지 않으며, 또한 소련 체제가 근대화에도 불구하고 붕괴 마지막까지도
법치주의의 부재 등 전근대적 요소를 적지 않게 보유하고 있었던 데 대
한 설명이 없는 것이다.

[27] Samuel P. Huntington, "Social and Institutional Dynamics of One-Party Systems," in S. Huntington and Clement Moore, *Authoritarian Politics in Modern Society* (New York: Basic Books, 1970), pp. 3-47; Richard Lowenthal, "Development vs. Utopia in Communist Policy," in Chalmers Johnson, pp. 33-116.
[28] Zbigniew Brzezinski and Samuel P. Huntington, *Political Power, USA/USSR* (New York: Viking, 1965); Archie Brown, *Soviet Politics and Political Science* (London: Macmillan, 1974).
[29] Breslauer, pp. 3-32.

나. 집단주의(pluralist models)

집단주의 내지 다원화(多元化) 모델들은 근대화의 결과로 소련 정치과
정에 일종의 집단(groupings) 중심의 참여가 확대되고 있음에 주목한다.
이들 모델은 주로 미국과 서유럽 지역의 이론들을 빌려 온 것으로서 그
중 대표적인 것으로는 이익집단(interest group) 모델과 국가조합주의(組合
主義, state corporatism)가 있다. 소련에서 서방의 이익집단과 같은 일종의
집단들이 정책결정에 참여하고 있음은 처음 스킬링(Skilling)을 비롯한 일
부 학자들에 의해 관찰되었으며 호프 같은 이는 이러한 현상을 제도권
내 다원주의(institutional pluralism)로 지칭하고 있다.30) 이 모델은 지배 엘
리트의 기능 분화 및 정책결정에 있어서 고도의 전문성 요청에 따른 전
문가 집단의 영입 등 제도권 내 정책집단의 등장과 정책과정에서 이들
사이에 나타나고 있는 이해 갈등 및 경쟁에 초점을 맞춘다. 이로써 이 모
델은 소련 정치에 관한 전체주의적 접근에 반대해서 체제와 사회가 영향
을 주고받는 상호의존의 관계를 강조하고 있다.

이익집단에 관한 이론은 소련에서 집권 엘리트가 점차 각종 이해관계
에 의해 제약을 받고 있음에 주목함으로써 주로 브레즈네프 집권 중 체
제 유지 내지 체제 쇠퇴를 설명하는 데 유용한 틀을 제공하고 있다. 그러
나 각종의 정치집단이 체제 개혁이 시도되기 오래 전부터 자생적으로 출
현했던 동유럽에서와는 달리 소련의 정책집단들은 자주성을 결여하고 있

---

30) H. Gordon Skilling, "Interest Groups and Communist Politics," *World Politics*,
Vol. 18, No. 3 (April 1966), pp. 435-451; H. Gordon Skilling and Franklyn
Griffiths (eds.), *Interest Groups in Soviet Politics* (Princeton, N.J.: Princeton
University Press, 1971); Jerry Hough and Merle Fainsod, *How the Soviet Union Is
Governed* (Cambridge, Mass.: Harvard University Press, 1979), pp. 528ff; Peter
Solomon, *Soviet Criminologists and Criminal Policy: Specialists in Policy Making* (New
York: Columbia University Press, 1978); Thane Gustafson, *Reform in Soviet
Politics: Lessons of Recent Policies on Land and Water* (Cambridge: Cambridge
University Press, 1981).

었으며 이들 집단이라는 것이 대부분 제도권 내 관료조직을 기반으로 하고 있던데 따라 이들간의 관료주의적 암투를 서방국가에서 관찰되고 있는 관료적 이해 갈등 및 경쟁 현상과는 다른 소련 정치의 특유한 현상으로 취급하는 데에 어려움이 있으며, 이와 함께 이들 집단이 과연 "집단"으로서의 자격을 갖추고 있는지에 대해서도 의문이 제기되어 왔다.[31]

한편 이익집단 모델이 주로 제도권 내 정책집단의 대두에 초점을 맞춘 데 반해 국가조합주의 모델은 주요 사회집단들이 제도권으로 인입되고, 이들간에 이해 갈등과 경쟁보다는 상호간의 합의(consensus)와 이해의 조화를 이룩함을 강조한다.[32] 이 이론은 또한 지배 엘리트와 대중간의 묵시적인 계약 내지는 양해를 상정함으로써 주로 브레즈네프 집권 중 복지 정책 및 기타 정책상의 점진주의(漸進主義, incrementalism)를 설명하는 데 유용한 틀을 제시하고 있다. 그러나 묵시적 양해를 경험적으로 관찰하는 데 따르는 어려움 및 브레즈네프의 집권 이전과 이후의 소련 정치를 이해하는 데에는 한계를 보이고 있다.

IV. 소련 체제의 붕괴와 분석틀

소련 체제의 변화에 관한 분석틀은 이 체제의 붕괴를 설명하는 데 어느 정도의 유용성을 갖고 있는가? 앞에서 지적한 바와 같이 기존의 접근

---

31) 이익집단 이론에 관한 비판으로는 William Odom, "A Dissenting View on the Group Approach to Soviet Politics," *World Politics*, Vol. 28, No. 4 (July 1976), pp. 542-567; Andrew Janos, "Interest Groups and the Structure of Power: Critiques and Comparisons," *Studies in Comparative Communism*, Vol. 12, No. 1 (Spring 1979), pp. 6-20.

32) Valerie Bunce and John M. Echols, "Soviet Politics in the Brezhnev Era: 'Pluralism' or 'Corporatism'?," in Donald R. Kelley (ed.), *Soviet Politics in the Brezhnev Era* (New York: Praeger, 1980); Valerie Bunce, *Do Leaders Make a Difference?* (Princeton, Princeton University Press, 1981).

들이 소련 체제의 붕괴를 예측하는 데에는 일반적으로 미흡했던 것으로 나타나고 있다. 소련 체제가 붕괴되기 앞서 일원주의적 접근들은 사회에 대한 통제 약화 및 사회변동에 대한 적응 미흡 등 체제의 부동화(不動化, immobility) 현상에 주목하고 체제의 통제력에 대해 비관적이었던 반면, 다원주의적 접근들은 사회변화에 상응하여 장기적으로 체제가 보다 개방적이고 적응적으로 변화될 가능성에 낙관적인 입장을 견지하여 왔다.33) 그러나 체제 붕괴를 예측했던 일원주의 접근들조차도 이에 관한 충분한 이론화 작업은 미진했던 것이 실정이다.

이와 같이 종전의 접근들이 체제 붕괴를 설명하는 데 무력했던 이유는 무엇인가? 아마도 가장 중요한 이유로 사회주의 체제의 형성 및 유지 단계와 개혁 단계간에는 상이한 논리가 작용하며 체제 붕괴는 주로 개혁 단계에서 나타나는 병리현상일 수 있다는 주장을 들 수 있을 것이다. 다시 말해서 체제 유지의 단계에서 관찰될 수 있는 체제의 부동화 내지 쇠퇴 현상은 체제 와해의 필요조건은 될 수 있을지 몰라도 와해의 충분조건은 구성하지 않을지도 모르는 것이다. 이것이 사실이라면 소련 체제에 관한 기존의 접근들은 체제 와해의 필요조건으로서 체제 기능의 변화 및 쇠퇴를 다룸으로써 그 역할을 충분히 한 것으로 생각된다. 실제로 오도넬(O'Donnell)과 슈미터(Schmitter)는 남미 등지의 권위주의 체제가 와해되는 전환기에 국내경제, 국제환경, 사회계급 구성 등 소위 체제의 구조적 요소들(macrostructural factors)이 체제에 미치는 충격은 확실한 것이 못되며 영향을 미치더라도 그 효과가 그렇게 크지는 않은 것으로 주장하고 있다.34) 이들에 의하면 체제 와해는 단기적으로 지배 엘리트가 어떠한 이유에서건 사회에 대한 통제를 완화한 틈을 타서 체제와 대면한 시민사회가 정치화되는— 불만의 표출, 정치참여의 확대 등— 정도에 보다 직접적으로 좌우되고 있다.35) 아마도 사회주의 체제의 와해를 설명하는 데

---

33) Amann, pp. 479-480.
34) O'Donnell and Schmitter, pp. 4-5.

있어서도 이들 체제의 변화에 관한 종전의 접근과 별도로 새로운 이론화
가 필요할지도 모른다.

그럼에도 불구하고 체제 변화에 관한 종전의 접근들은 체제 붕괴에 이
르는 과정을 이해하는 데 여전히 유용한 틀을 제공하는 것으로 보인다.
이들 접근은 예컨대 고르바초프가 체제 붕괴의 위험을 수반하고 있는 개
혁에 착수하게 된 이유를 설명할 수 있을 것이다. 오도넬과 슈미터는 권
위주의 체제가 자유화 등 체제의 기반을 잠식할 수 있는 조치를 취하게
되는 배경에는 대외적으로 패전을 제외하면 주로 대내적 요인이 도사리
고 있으며 이들 요인은 궁극적으로 체제 정통화(正統化, legitimation)의 문
제와 연관되고 있는 것으로 지적하고 있는바, 이는 소련의 경우에도 타
당한 것으로 보인다.[36] 레밍턴(Remington)은 소련에서 브레즈네프의 집권
중 두드러지기 시작한 경제난 및 심각한 공해 문제 등과 관련한 국민들
의 불만의 누적과 이로 인한 체제에 대한 지지 저하를 지적하고 있다.[37]
소련 체제의 변화에 관한 분석틀은 이와 같이 체제 정통성의 문제에 초
점을 맞추는 방향으로 재정립될 수 있을 것이다. 구체적으로 앞에서 살
핀 일원주의와 다원주의 접근 사이의 갈등은 사회변동과 체제 적응의 상
호작용을 통해 체제 권위의 구축과 유지라는 각도에서 종합되는 것이 바
람직할 것이다.

끝으로 소련 체제의 변화에 관한 분석틀은 체제 와해 이후의 구(舊) 소
련지역 정치를 이해하는 데 도움을 줄 수 있을 것인가? 이에 대한 답 역

---

35) 소련에서 시민사회의 등장에 관해서는 Frederick S. Starr, "The USSR: A Civil
Society," *Foreign Policy*, No. 70 (1989), pp. 26-41; Moshe Lewin, *The Gorbachev
Phenomenon: A Historical Interpretation* (Berkeley, CA: University of California
Press, 1988); Gail Lapidus, "State and Society: Toward the Emergence of Civil
Society in the Soviet Union," in Seweryn Bialer (ed.), *Politics, Society, and
Nationality Inside Gorbachev's Russia* (Boulder, CO: Westview Press, 1989), pp.
121-147.

36) O'Donnell and Schmitter, Ch. 3.

37) Thomas F. Remington, "Regime Transition in Communist Systems: The Soviet
Case," *Soviet Economy*, Vol. 6, No. 2 (April-June 1990), pp. 160-190.

시 긍정적인 것으로 보인다. 러시아의 경우 사회주의 체제의 와해에도 불구하고 여전히 정치문화적 연면성과 함께 구 소련으로부터 물려받은 권위의 위기를 극복하는 것을 과제로 안고 있다. 사회주의 이념의 경우, 체제 이념으로서의 사회주의가 공식적으로 포기되었음에도 불구하고 평균주의(平均主義, egalitarianism)와 집단주의(collectivism) 등 여러 사회주의적 가치들은 국민들의 의식에 깊숙이 내재화(內在化) 되고 있는 것으로 관찰되고 있다.[38] 이러한 견지에서 사회주의 체제 이후의 구 소련 정치를 이해함에 있어서 여전히 유망한 접근으로는 일찍이 무어가 권고한바 있는 발전론적 입장과 역사-문화적 접근, 그리고 제한된 범위에서 이념적 접근을 조화한 것일 것이다.[39]

---

[38] Seweryn Bialer, "Is Socialism Dead?," in Robert Jervis and Seweryn Bialer (eds.), *Soviet-American Relations After the Cold War* (Durham: Duke University Press, 1991), pp. 98-106, 324.

[39] Barrington Moore, *Terror and Progress, USSR* (Cambridge, Mass.: Harvard University Press, 1954).

2. 사회주의 체제와 권위의 위기[*]

소련 사회주의 체제가 1991년 8월의 강경 보수 쿠데타 실패 이후 급속히 와해되고 있다. 공산당의 활동이 정지되는가 하면 소련방(蘇聯邦)이 해체 일로에 있는 것이다. "실제로 존재하는 사회주의 체제"가 사회에 대한 국가의 "전체주의적" 지배를 특징으로 한다면 사실상 국가의 이름 하에 권력을 독점해 온 공산당의 해체는 다름아닌 체제의 붕괴를 뜻할 것이다.[1] 그럼에도 불구하고 쿠데타 이후 소련의 국내 정정(政情)은 여전

이 글은 1991년 말 소련이 붕괴되기 직전 작성되었다. 이 책에서는 원문의 한자를 한글로 고치고 책의 통일된 서식에 맞추었다. 「사회주의 체제의 변화와 권위의 위기: 고르바초프 집권 하의 소련, 1985-1991」, 『러시아 연구』, 제1권 (1992, 서울대학교 소련·동구연구소), pp. 225-246.

* 이 논문은 1989년도 문교부 학술연구조성비에 의하여 연구되었습니다. 아울러 초고를 읽어주신 하용출, 이춘근 두 분에게 감사 드립니다.

1) 소련을 비롯하여 소위 "실제로 존재하는 사회주의 체제"의 속성을 규명하려는 노력은 전체주의(totalitarianism) 모델을 효시로 하고 있으며 이후 체제 변화에 맞추어 이를 수정하려는 이론적 접근이 이루어지고 있다. 서방의 소련 연구는 스탈린 사후(死後) 소련의 변화에 발 맞추어 전체주의 대신 각종의 권위주의 모델을 발전시켜 왔으나, 이와 대조적으로 고르바초프 집권 이후 소련과 동유럽 지식인들 간에는 그들의 정치체제를 설명함에 있어서 전체주의 모델이 뒤늦게 관심을 모으고 있다. 예컨대 소련 정치학자 미그라난(Andranik Migranyan)은 소련의 정치체제가 여전히 "전체주의적"이라고 규정하고 있으며 다른 소련 학자인 릴리야 셰프쪼바(Liliya Shevtsova)는 이와 같은 맥락에서 소련을 포함한 1989년 이전의 동유럽 체제를 "국가 사회주의"(administrative, etatist socialism)로 지칭하고 있다. Andranik Migranyan, "Gorbachev's Leadership: A Soviet View," *Soviet Economy*,

히 혼미를 거듭하고 있으며 아직도 보수반동으로의 회귀 가능성을 배제
하지 못하고 있는바, 소련이 새 헌법을 채택하고 새로운 정치질서를 확
고히 다진 연후에 소련 사회주의 체제가 붕괴되었음을 진단해도 늦지는
않을 것이다.

이와 같이 소련 정국이 불투명함을 감안하여 이 글은 고르바초프 집권
하 소련에서 사회주의 체제가 와해되고 있다면 이러한 체제 와해가 체제
의 권위와 어떠한 관계에 놓여 왔는지를 살피는 데 초점을 좁히고자 한
다. 어떠한 정치체제에 있어서나 정치권위(political authority)가 체제 유지
의 불가결한 지주라는 점에서 특히 소련과 같이 고도로 중앙집권적인 체
제가 와해될 경우 무엇보다도 체제의 권위 약화가 선행될 것임을 예상하
기는 어려운 일이 아니다. 그렇지 않아도 고르바초프 집권 이후 그를 정
점으로 하는 소련의 권력체제는 서서히 마비 상태에 빠져 온 것으로 관
찰되고 있다. 공산당을 주축으로 하는 구 질서가 해체되고 있는가 하면
이에 대신할 새로운 질서는 아직 정착되지 못한 상황에서 한편으로는 보
수-혁신 갈등과 다른 한편으로는 중앙(모스크바)-지방(공화국) 대립이 격화
되어 온 것이다. 이를 배경으로 고르바초프는 급기야 보수세력의 쿠데타
로 실각 직전까지 가는 위기를 가까스로 모면하고 있다. 이와 같이 소련
이 통치권의 부재 내지는 권위의 위기로 빠져들고 있음은 그의 다음과
같은 자탄에서도 잘 드러나고 있다: "(내가 대통령으로서) 법령을 포고할
때마다 (의회 등에서) 논쟁이 시작된다. '이 법령은 무엇 하자는 것이냐?
이것을 집행해야 할 것이냐, 아니면 그만 둘 것이냐?' 이런 식으로 해서
는 어떠한 일도 결코 제대로 처리될 수는 없을 것이다."[2] 역설적인 것은

Vol. 6, No. 2 (April-June 1990), p. 155; L. Shevtsova, "Kuda idet Vostochnaya
Yevropa?," *Mirovaya ekonomika i mezhdunarodnye otnosheniya*, No. 4 (1990), pp.
86-105. 사회주의 체제에 대한 서방의 이론적 접근을 소개한 글로는 Gabriel A.
Almond and Laura Roselle, "Model Fitting in Communism Studies," in Thomas
F. Remington (ed.), *Politics and the Soviet System* (London: Macmillan, 1989), pp.
170-224.

[2] *Izvestiya*, 1990. 11. 17, p. 2. ( ) 부분은 필자 삽입.

고르바초프가 공산당 서기장 직에 더해 스스로 신설 대통령의 지위에 오름으로써 이전의 어느 소련 지도자보다도 공식적으로 막강한 권력을 장악하고 있었음에도 불구하고 실제로는 그의 선임자 중 그 누구보다도 무력함을 감추지 못했다는 점일 것이다.

고르바초프가 표방하고 있는 "사회주의 체제의 근본적 개혁"이 성공적으로 추진되려면 무엇보다도 개혁자의 확고한 지도력이 필요할 것이다. 이러한 요청에도 불구하고 왜 권위의 위기가 도래하고 있는가? 이러한 위기는 사회주의 체제의 와해에 따르는 불가피한 현상인가, 아니면 개혁에 수반하는 일시적인 현상인가? 다시 말해서 이러한 위기는 체제의 와해에 수반되는 병리현상인가, 아니면 단순히 고르바초프의 개혁으로 비롯된 것인가? 권위의 위기는 궁극적으로 사회주의 체제의 개혁 가능성을 부인하는 것인가?

소련이 당면하고 있는 권위의 위기는 여러 요인들이 복합적으로 작용한 결과일 것이다. 여기서는 우선 위기와 관련한 "거시적 요인"으로서 체제에 압박을 가하는 사회·경제적 요인을 살필 것이다. 그러나 이들 요인은 정치위기를 조성하는 데 충분조건은 되지 않는다는 점에서 고르바초프의 집권을 전후하여 이러한 압박 요인에 대처하려는 노력을 — 이는 개혁을 비롯하여 주로 집권자와 그의 추종자들에 의한 제반 결정 또는 무결정(nondecisions) — "미시적(微視的) 요인"으로 검토할 것이다. 결론을 앞세운다면, 고르바초프 집권 이후 소련이 경험하고 있는 위기는 체제와 이 체제를 대변하는 지도자의 권력이 적었다기 보다는 정치 권위를 획득하거나 효과적으로 행사할 수 없었던 데 기인하는 것으로 보인다. 이와 같은 권위의 약화는 개혁의 소산이라기 보다는 기본적으로 장기간에 걸쳐 진행되어 온 체제의 와해와 연관되고 있으며 이러한 추세를 "체제 내 개혁"으로 역전시키기는 불가능한 것으로 생각된다. 더 나아가 앞으로 개혁이 보다 민주화를 지향한다 할지라도 소련에서 사회주의 체제 이후의 정치질서도 조만간 새로운 권위를 확립하지 못할 경우 서구 민주주의보다는 권위주의적 체제로 정착될 가능성이 적지 않을 것이다. 소련이 처한 위기를 검토하기 앞서 우선 사회주의 체제 하에서 권력과 권위의 관계를 살필 필요가 있을 것이다.

I. 사회주의 체제와 정치권위

왜 사회주의 체제에서 권위라는 것이 중요한가? 넬슨(Daniel Nelson)의 표현을 빌자면 다른 정치체제와 마찬가지로 사회주의 체제에서도 "권위가 없을 경우 비능률적이고 값비싼 강제력을 동원하지 않고는 지배자의 정책을 집행하는 것이 어렵거나 불가능해 진다는 점에서 결국 통치 권력이 와해될 것"이기 때문이다.[3] 그러면 권위란 무엇인가? 리그비(T. Rigby)는 권위를 "특정한 권력구조와 결부된 특정한 정통성(legitimacy)의 유형"으로 정의한다.[4] 권위는 다름아닌 "권력을 행사할 수 있는 자격"(power plus the right to use it)인 것이다.[5]

사회주의 체제의 권위는 다른 정치체제의 권위와 비교하여 어떠한 특성을 갖고 있는가? 다시 말해서 사회주의 권위의 기반은 무엇인가? 베버(Max Weber)가 권위를 합리적-법적 권위, 전통적 권위, 카리스마적 권위 체계의 세 이념형(理念型)으로 구분하고 있음은 다 아는 일이다. 그러나 리그비에 의하면 이러한 틀을 사회주의 체제, 특히 소련 체제에 적용하

3) D. N. Nelson, "Charisma, Control and Coercion: The Dilemma of Communist Leadership," *Comparative Politics*, Vol. 17, No. 1 (1984), p. 12.
4) T. H. Rigby, "A Conceptual Approach to Authority, Power and Policy in the Soviet Union," in T. H. Rigby, Archie Brown and Peter Reddaway (eds.), *Authority, Power and Policy in the USSR* (London: Macmillan, 1983), p. 10. 립세트(Lipset)에 따르면 정통성은 "기존의 정치제도가 사회를 위해 가장 적절한 것이라는 믿음을 이끌어내고 이러한 신념을 지탱할 수 있는 체제의 능력이다." Seymour M. Lipset, *Political Man: The Social Bases of Politics* (New York: Anchor Books, 1963, 1959), p. 64.
5) Barry Barnes, *The Nature of Power* (Cambridge: Polity Press, 1988), p. 74.

는 데에는 많은 문제점이 있다.[6] 베버의 합리적-법적 권위는 주어진 규준(規準, rules)을 충실히 적용한다는 의미에서의 형식적 합리성인 데 비해 소련 등 사회주의 체제에서의 합리성은 일정한 목표 혹은 과업 달성(task-achieving)에 일차적인 중요성을 부여하는 본질적 합리성(substantive rationality)인 것이다. 한편 사회주의 체제는 이제까지 그 존립의 근거를 전통의 부인에서 찾고 있으며, 또한 레닌과 스탈린 이후 개인적 권위의 중요성도 감소되고 있다. 리그비는 여기서 사회주의 체제의 권위 유형으로 합목적적(goal-rational) 권위라는 용어를 만들고 있다. 그에 의하면 체제의 목표는 공산주의의 건설이며 사회주의 체제의 정통성은 바로 이러한 목표 달성을 약속한 데 기초하고 있다. 이러한 목표가 구체적으로 어떠한 것인지, 그리고 이러한 목표의 달성을 위해 권력을 어떻게 배분해야 할 것인지는 두말할 나위 없이 공산당, 보다 정확히는 그 지도부에 독점되어 온 것이다.

그러나 공산주의 사회의 건설이라는 이상에서 권위의 근거를 찾는다는 것 또한 많은 문제점을 안고 있다. 우선 이러한 권위는 사회의 상당한 부분이 이러한 이상을 받아들여야 함을 전제로 하는 것이다. 그러나 공산주의 이상이 장기간의 공산당 집권에도 불구하고 동유럽과 소련 시민들 사이에 충분히 내재화(內在化) 되고 있지 못함은 1989년의 동유럽 혁명이 웅변하고 있다. 사회주의 체제는 이 체제 이외에 현실적으로 다른 체제 선택의 여지가 없었던 데 따른 시민들의 소극적인 현실 수용 및 보다 적극적으로는 기존의 사회주의 체제가 경제발전 등을 통해 사회의 요구를 충족시킬 수 있다는 소위 체제의 능력을 강조함으로써 스스로의 권위를 합리화하여 온 것이 실상인 것이다.[7] 이와 비슷한 맥락에서 브레슬라

---

[6] Rigby, pp. 11-28.

[7] 소극적인 의미의 체제 수용과 관련하여 메이어(Meyer)는 전후 베를린 장벽 구축과 헝가리 민중봉기(1956) 이후 "공산주의 정치체제의 권위는 일부 시민들이 품고있던 이의 대안(代案)에 대한 희망이 무산된 뒤 현저히 증가된" 것으로 관찰하고 있다. A. G. Meyer, "Authority in Communist Political Systems," in L. J.

우어(George Breslauer)는 흐루시초프와 브레즈네프 두 소련 지도자가 그들의 권위를 구축하는 데 있어서 무엇보다도 문제 해결자(problem-solver)로서 "전통적인 제반 (공산주의) 가치를 저버리지 않은 가운데" 국민의 경제적 욕구 충족과 정치참여의 확대 등을 통해 정치적 기량을 발휘하려 노력한 것으로 관찰하고 있다.[8] 한편 체제 엘리트로부터의 권위 확보를 위해 이들 지도자는 국민적 열망을 고취할 수 있는 국가의 진로에 대한 비전(national élan)을 제시하려 노력했다. 이로써 이들은 체제 엘리트로부터 자신이 불가결한 지도자라는 믿음을 심을 수 있도록 바랐던 것이다. 여기서 권위의 구축(authority-building)에 관한 브레슬라우어의 접근이 갖는 한계는 이것이 주로 체제 엘리트간의 정치행태에 초점을 맞추고 있으며 사회와 대면한 권위의 문제는 부차적인 것으로 취급하고 있다는 점일 것이다. 또 하나의 약점은 그가 관심을 갖는 권위는 제도로서의 당이나 체제가 아니라 지도자로 부상한 한 개인의 권위라는 점이다. 이 글은 소련 등 실제로 존재하는 사회주의 체제의 권위를 일차적으로 사회와 대면한 체제의 권위로 파악할 것이다. 이러한 권위는 스탈린 이후 무엇보다도 사회의 요구를 충족시킬 수 있는 능력 내지는 업적(performances)에 기초하는 권위가 될 것이다. 그러나 체제의 권위는 미시적인 차원에서 체제 관리자인 지도자의 정책에도 영향을 받는다는 점에서 체제 엘리트와 대면한 그의 권위도 살피고자 한다.

사회주의 체제의 변화와 그 권위는 어떠한 관계에 있는가? 우선 체제 변화를 살필 필요가 있을 것이다. 체계론(systems approach)의 입장에 선다면 사회주의 정치체제도 다른 정치체제와 마찬가지로 환경요인으로서의 사회 변화에 적응하거나 아니면 와해될 수밖에 없을 것이다. 여기서 개

Edinger (ed.), *Political Leadership in Industrialized Societies* (New York: John Wiley, 1967), p. 100.

[8] George W. Breslauer, *Khrushchev and Brezhnev as Leaders: Building Authority in Soviet Politics* (London: George Allen & Unwin, 1982), pp. 4-6. ( ) 부분은 필자 삽입.

혁은 사회 변화에 적응하려는 노력의 하나로 이해할 수 있을 것이다. 동
유럽의 사회주의 체제는 1989년 혁명으로 와해되기 오래 전부터 권위의
위기에 놓여 왔다.9) 이들 체제는 집권 초기부터 이미 사회를 공산주의의
이상에 따라 개조하려는 노력을 사실상 포기했으며 오히려 사회 변화에
적응하는 데 보다 급급했던 것이다. 권위의 위기는 무엇보다도 경제성장
의 둔화, 사회분화(分化, social differentiation)의 심화, 세대교체 등 여러 가
지 사회 변화가 작용한 데 기인하고 있다. 이들 체제는 이러한 변화를 수
용하기 위해 주기적으로 개혁에 착수해 왔으나 이러한 노력은 예외 없이
실패로 끝나고 만 것이다. 체제 개혁과 관련하여 문제가 되는 것은 개혁
의 범위이다. 앞서 언급한 바와 같이 개혁은 체제가 독점적으로 소유하
고 있는 권력과 권위를 불가피하게 사회에 공여(供與)할 것이 요구되는
바, 이는 쉽사리 보다 많은 몫을 주장하는 사회의 요구를 촉발할 수 있을
뿐만 아니라 이에 대한 체제 엘리트의 저항을 유발할 가능성이 높은 것
이다. 여기서 후자의 경우 이들 엘리트와 대면한 지도자의 권위가 약화
될 수 있을 것이며 이러한 이유로 동유럽과 소련에서 실제로 개혁은 번
번히 중도에서 포기되었던 것이다. 이는 마치 역사적으로 제국(帝國)의
통치자가 개혁의 비용을 감수할 여유가 있을 때에만 적응적 변화
(accommodable change) 혹은 "체제 내 개혁"에 착수했던 것과 다를바 없
을 것이다.10) 그러나 이러한 체제 내 개혁은 많은 경우 환경 변화에 대한
본격적인 적응이라기 보다는 미봉책에 불과한 것으로서 궁극적으로 권위
의 약화 내지 와해를 피할 수 없을 것이다. 물론 권위의 위기가 도래하였
다고 해서 당장 체제가 붕괴되지는 않을 것이다. 그러나 앞서 지적한 바
와 같이 권위의 약화는 점차 권력의 행사를 어렵게 만들고 급기야는 체

9) Zvi Gitelman, "Power and Authority in Eastern Europe," in Chalmers Johnson
(ed.), *Change in Communist Systems* (Stanford, Cal.: Stanford University Press,
1970), pp. 235-263.
10) S. N. Eisenstadt, *The Political Systems of Empires* (New York: The Free Press,
1963), pp. 317-323.

제의 붕괴까지도 유발하게 만들 것이다. 이러한 견지에서 권위의 약화는
체제 위기가 도래하고 있다는 위험신호인 것이다.

II. 소련 사회주의 체제와 사회·경제적 변화

고르바초프가 소위 "사회주의 체제에 대한 근본적 개혁"에 착수하게
된 배경에는 그의 집권 이전부터 진행되어 온 소련 내의 사회·경제적 변
화 및 이와 관련하여 사회 전반에 팽배한 위기의식이 도사리고 있었다.
이와 같이 체제에 대해 압박을 가하는 변화들은 다음과 같이 고르바초프
집권 중 현재화(顯在化) 되기 시작했다: ① 체제에 대한 경제적 요구의
— 생활고의 해소 요구 포함— 증가, ② 경제성장 둔화로 인해 이러한 요
구를 수용할 수 있는 체제의 능력 감소, ③ 체제에 대한 지지 저하 및
반체제 세력의 대두. 고르바초프는 이러한 상황을 단적으로 "위기"라고
진단한바 있다.11)

1. 경제 침체

소련에서 체제의 위기가 현재화되기 시작한 것은 무엇보다도 경제 침
체와 때를 같이 하고 있다. 소련경제는 이미 브레즈네프 집권기인 1970
년대부터 성장이 둔화되기 시작, 특히 1980년대 중반 이후 둔화가 가속
화되고 있으며 1991년에는 10퍼센트 이상의 마이너스 성장이 불가피한
것으로 예상되고 있다. 소련의 공식통계가 안고 있는 문제점들을 — 물가
상승률의 하향 적용 등 — 일단 무시할 경우에도 소련 경제는 다음 표에서
보는 바와 같이 둔화세를 보이고 있다.

---

11) *Izvestiya*, 1990. 12. 26.

그러면 1980년대 후반에 비해 브레즈네프 집권(1964-1982) 중 소련이
경제 둔화에도 불구하고 정치적 안정을 도모할 수 있었던 이유는 어디
에 있었는가? 브레슬라우어에 따르면 브레즈네프 집권기를 그 이전의
기간과 구분하는 가장 중요한 특징은 민생중시(民生重視) 정책이었다.
브레즈네프 정권은 소비재 생산 증가, 생필품에 대한 가격 보조, 사회
보장의 확대, 취업 보장, 교육과 보건 등 사회복지의 증진을 위해 노력
했으며 이를 위해서는 "경제적 비능률까지도 상당한 정도 감수하여"
왔다. 브레슬라우어는 당시 사회주의 정권이 이의 대가로 국민들에게
체제의 수용을 요구하는 이른바 국민과의 묵시적 계약을 맺고 있었다
고 지적, 이러한 맥락에서 당시 브레즈네프 정권의 특징을 "복지국가
지향의 권위주의"(welfare-state authoritarianism)라고 규정하고 있다.[12] 이
러한 복지정책은 특히 공산주의 이상에 따라 임금 평준화 등 균등주의
를 기반으로 이루어졌다.[13] 소련 경제가 브레즈네프 집권 중 둔화되기
시작한 데에는 체제적 모순과 지도력의 표류 등 많은 요인이 있을 것
이나 여하튼 브레즈네프는 둔화의 속도가 그나마 완만했던 데 힘입어
말년까지 기존의 정책을 고수할 수 있었던 것이다.

그러면 고르바초프는 그의 선임자의 정책을 그대로 유지할 수 있었
는가? 불행히도 답변은 부정적인 것이었다. 표1에서 보는 바와 같이

표1: 소련 경제성장 지표 (연평균 증감, %, 대비가격[對比價格] 기준)

	1971-75	1976-80	1981-85	1986-89	1990
生産國民所得	5.7	4.3	3.2	2.7	-4.0

출처: *Narodnoe khozyaistvo SSSR* (소련국민경제 연감) (Moskva, Finansy i statistika, 每年號;
Ekonomika i zhizn'(경제생활), No. 5 (1991), pp. 9-13.

12) George W. Breslauer, "On the Adaptability of Soviet Welfare-State
Authoritarianism," in Karl W. Ryavec (ed.), *Soviet Society and the Communist Party*
(Amherst, Ma.: University of Massachusetts Press, 1978), pp. 3-32, 178-182.
13) Peter Wiles, *Distribution of Income East and West* (Amsterdam: North Holland,
1974), p. 25.

소련경제는 고르바초프가 집권 중인 1980년대 중반 이후, 특히 1989-90년 사이에 급격히 악화되고 있다. 민생과 관련한 소비재 부문은 이미 브레즈네프 집권 말기부터 경제둔화로 인해 압박을 받기 시작해 왔으나 고르바초프 집권 이후 생필품 품귀 현상이 두드러지게 나타난 것이다.[14] 소련의 한 경제연구소 조사에 따르면 기초 식료품의 경우 그 수량과 종류에 있어서 1983년에는 수요의 90퍼센트가 충족되었으나 1989년과 1990년 중반에는 각각 22퍼센트와 11퍼센트로 떨어지고 있으며, 또 다른 조사에 의하면 1990년 현재 기본 소비재 1,200품목 중 96-97퍼센트가 전혀 공급되고 있지 않은 것으로 나타나고 있다.[15] 이러한 생필품의 품귀는 표2에서 보는 바와 같이 억압된 구매력으로서의 가계의 저축 증가로 나타나고 있다. 고르바초프의 경제개혁은 예기치 않게 임금 상승과 이에 따른 가계 소득의 증가를 초래했으나 이로 인한 구매력의 증대는 상품 기근으로 인해 국민경제로 적절히 흡수되지를 못하고 극심한 물가상승(inflation)과 재정적자 증가 요인으로 전환되는 악순환이 되풀이되어 온 것이다. 소련의 공식 통계는 물가상승률이 1989년과 1990년 중 각각 2퍼센트와 5퍼센트 수준인 것으로 발표하고 있으나 실제로는 6퍼센트와 18퍼센트에 이르고 있는 것으로 추정되고 있다.[16]

이와 같이 일반 국민이 겪고 있는 생활고는 소련 신문에 보도되고 있는 생필품 구입을 위한 장사진의 확대, 비상대책으로서 당국의 구매 전표 발행 등에서 잘 나타나고 있으며 이는 급기야 시민과 노동자들의 항의 및 파업 등으로 발전하기 시작했던 것이다. 국민들은 또한 주택 부

---

14) 브레즈네프 집권 후기의 소비재 정책에 관해서는 Jane P. Shapiro, "Soviet Consumer Policy in the 1970s: Plan and Performance," in Donald R. Kelley (ed.), *Soviet Politics in the Brezhnev Era* (New York: Praeger, 1980), pp. 104-128.

15) Anders Aslund, "Gorbachev, Perestroyka, and Economic Crisis," *Problems of Communism,* Vol. 40, Nos. 1-2 (January-April 1991), p. 19에서 인용.

16) 위의 글, p. 20.

표2: 소련경제: 소득과 물가 (연평균 증감, %)

	1986	1987	1988	1989	1990
소매물가 지수	2.0	1.3	0.6	2.0	5.0
가계 화폐소득	3.6	3.9	9.2	13.1	16.9
가계 재화/용역 구매	2.8	3.1	7.2	9.5	13.5

출처: IMF, IBRD, OECD and EBRD, *The Economy of the USSR* (Washington, D.C., 1990), p. 49; *Ekonomika i zhizn'*, No. 5 (1991), pp. 9-13.

족, 환경 오염, 범죄 증가 등에 대해서도 점차 조직적인 항의를 벌임으로써 경제·사회문제의 정치문제화 현상이 대두되기 시작했다.[17]

2. 체제 밖 정치세력의 대두

고르바초프가 "글라스노스찌"(glasnost, 정보 공개)와 "민주화"(demokratizatsiya)의 구호 아래 추진해 온 정치개혁은 공산주의 혁명이래 처음으로 시민사회(civil society)를 소련 정치의 주역으로— 비록 단일한 목소리는 아니지만— 등장시켰다는 점에서 의의가 있을 것이다.[18] 소련 사회는 스탈린 이후, 특히 브레즈네프 집권 중 그 구성과 성향에 있어서 상당한 변화를 거쳐 왔다. 흐루시초프가 집권 중인 1959년만 해도 소련의 도시-농촌 간 인구 구성은 47.9 대 52.1퍼센트였으나 브레즈네프 집권 말기인 1981년과 고르바초프 정권이 출범한 1986년에는 각각 63.4 대 36.6퍼센트, 65.6

---

17) 매튜즈(Matthews)는 소련 시민의 경제적 기대가 충족되지 못하는 데 따른 가치 박탈(deprivation)의 정도를 측정하고자 노력하고 있다. Mervyn Matthews, *Patterns of Deprivation in the Soviet Union Under Brezhnev and Gorbachev* (Stanford, Cal.: Hoover Institution Press, 1989). 환경문제의 정치문제화에 관해서는 Joan DeBardeleben, "Economic Reform and Environmental Protection in the USSR," *Soviet Geography*, Vol. 31, No. 4 (April 1990), pp. 237-256. 1960년대 이래 생활 수준의 저하에 관한 소련학자의 분석으로는 N. M. Rimashevskaya, "Narodnoe blagosostoyanie: Mify i real'nost'," *EKO*, No. 7 (1988), pp. 3-19.

18) Gail W. Lapidus, "State and Society: Toward the Emergence of Civil Society in the Soviet Union," in Seweryn Bialer (ed.), *Politics, Society, and Nationality Inside Gorbachev's Russia* (Boulder, Co.: Westview, 1989), p. 142.

대 34.4퍼센트로 도시화가 진행되고 있다.[19] 소련의 취업인구 중 농업(임산업 포함) 종사자는 1960년 39퍼센트에서 1980년에는 20퍼센트로 줄어들고 있다. 한편 교육 수준에 있어서도 10세 이상의 소련 인구 중 중등교육 이상의 학력자가 1959년 36.1퍼센트에서 1979년과 1987년에는 각각 63.8퍼센트와 70.8퍼센트로 증가하고 있다.[20] 다시 말해서 소련 사회는 스탈린 치하의 농업사회에서 이후 산업사회로 탈바꿈하여 온 것이다.

이로써 1980년대 중반까지 소련 사회는 전문직 종사자를 주축으로 하는 도시 중산계층이 등장한 가운데 서방과 비슷하게 소비사회(consumerism)를 지향하고 있는 것으로 관찰되고 있다.[21] 특히 중요한 것은 이들 중산층을 주축으로 하는 소련 사회가 사회주의적 가치와 체제에 환멸을 느끼고 있다 는 점일 것이다. 체제에 대한 지지도는 젊은 세대일수록, 그리고 교육 수준 이 높을수록 더 낮은 것으로 나타나고 있다.[22] 소련 사회는 경제 침체와 지배층의 특권 및 부패, 환경 오염 등 생활수준의 질적 저하에 아무런 대응 책도 마련하지 않은 채 표류해 온 브레즈네프 정권 하에서 알코올 중독과 범죄의 만연 등 일탈(逸脫) 현상을 보여왔다.[23]

---

19) *Narodnoe khozyaistvo SSSR v 1987 g.* (소련 국민경제 연감, 1987) (Moskva: Finansy i statistika, 1988), p. 343.

20) 위의 글, pp. 360, 476.

21) Lapidus, p. 126; Vladimir Shlapentokh, "Social Values and Daily Life in the Soviet Union," Kennan Institute, *Contemporary Soviet Society: Values and Lifestyles*, A special report, (1986), pp. 6-7.

22) James R. Millar (ed.), *Politics, Work, and Daily Life in the USSR: A Survey of Former Soviet Citizens* (Cambridge: Cambridge University Press, 1987), 특히 Chs. 3, 4.

23) 브레즈네프 집권 하의 소위 "지도력의 표류"(leadership drift)에 관해서는 Paul Shoup, "Leadership Drift in the Soviet Union and Yugoslavia," *Studies in Comparative Communism*, Vol. 22, No. 1 (Spring 1989), pp. 43-55. 알코올 중독 등 사회문제에 관해서는 David E. Powell, "Soviet Society Today," in Uri Ra'anan and Charles M. Perry (eds.), *The USSR Today and Tomorrow: Problems and Challenges* (Lexington, Mass.: Lexington Books, 1987), pp. 49-61. 범죄와 관련하 여 소련 내무부는 1933년 이래 처음으로 1989년 범죄 수치를 발표한바 있다. *Izvestiya*, 1989. 2. 14.

그러나 체제에 대한 국민의 불만이 반드시 사회적 일탈 행위 등 소극적인 반응으로만 나타난 것은 아니었다. 소위 "비공식 집단"들이 표면적으로 고적 보존, 자연 보호 등 비정치적 목적을 표방한 가운데 1960년대부터 자생적으로 나타나기 시작한 것이다.[24] 이들 집단은 1980년대 중반 현재 소련 전역으로 확산되고 있으며 고르바초프 집권 중 점차 정치단체로 탈바꿈을 시작했다. 예컨대 1988년 5월에는 이중 100여 개의 집단이 "민주동맹"이라는 정치단체를 결성하기 위해 모인바 있으며 1990년 초에는 "시민행동"(Grazhdanskoe deistvie)이라는 단체가 다당제(多黨制)의 도입 등 일련의 정치적 요구를 담은 선언을 발표한바 있다.[25] 이들 집단 중에는 "파먀찌"(Pamyat') 같은 보수 집단도 있으나 상당수는 개혁세력에 속하고 있으며 이러한 분파 현상은 소련방 의회인 인민대의원 대회에서 "소유스"(Soyuz, 연맹)와 "지역간 그룹"(Mezhregional'naya deputatskaya gruppa) 등으로 갈리는가 하면 공산당도 이러한 내부 분열에 휘말려 왔다. 예컨대 1990년 11월 결성된 러시아 공화당은 1987년 모스크바에서 첫 정치 토론의 모임으로 시작된 "페레스트로이카" 클럽이란 비공식 집단에서 연원하고 있다.[26] 이외에 풀뿌리 운동으로서 1989년 7월 50여 만 탄광 노동자들의 파업을 주도한 파업위원회의 결성 및 뒤이은 독립노조의 대두와 소련방을 구성하는 민족 공화국들의 주권운동이 체제에 도전적인 정치세력으로 대두되어 온 것이다. 다만 노동운동은 고르바초프의 퇴진을 요구하는 등 한때 정치적 색채를 강하게 나타내기도 했으나 기본적으로는 생활고와 관련한 불만이 가장 중요한 관심사로서 보수-혁신 대립에서 어느 편을 지지하고 있는지는 분명하지 않다.

소련 사회학자 레바다(Yuri Levada)에 의하면 1990년 초 현재 소련 전

---

24) *Pravda*, 1987. 3. 30.
25) *Ogonek*, No. 8 (1990. 2.), p. 5.
26) Igor' Chubais, "The Democratic Opposition: An Insider's View," RFE/RL, *Report on the USSR*, Vol. 3, No. 18 (1991), pp. 4-15.

역에 걸친 여론 조사에서 참여자 중 30-40퍼센트가 고르바초프의 중도
노선을 지지하고 있으며 약 20퍼센트가 우익 민족주의적, 강경보수 입장
을 취하고 나머지 20퍼센트 정도가 자유주의적 입장을, 그리고 약 15퍼
센트가 주로 발틱 공화국들을 중심으로 한 소수민족의 자주권 운동을 지
지하는 것으로 나타나고 있다.27) 그는 그러나 점차 중도세력이 약화되고
있으며 소련사회는 보수-혁신의 양극화로 치닫고 있다고 덧붙이고 있다.
문제는 이들 양대 세력, 특히 혁신세력이 비록 국민의 20퍼센트 지지를
받고 있다 할지라도 분열된 상태이어서 한 소련 논평자가 지적한 대로
고르바초프가 이들과 손을 잡고 싶어도 "제휴할 상대가 없었던 것"이 보
수 쿠데타 직전의 상황이었던 것이다.28) 전국적인 기반을 갖추고 있는
정치단체는 공산당을 제외하고는 단 하나도 없었던 것이 실정이었다.29)
    결론적으로 소련에서는 고르바초프 집권 오래 전부터 서서히 시민사회
가 대두되기 시작했으며 그의 "민주화" 개혁에 힘입어 소련 정치에 있어
서 주역의 하나로 급속히 부상했으나 이들 체제 밖 세력은 불행히도 구
심점을 잃은 채 주로 경제적 어려움을 배경으로 반체제화되고 있었던 것
이다.

3. 소수민족 공화국의 도전

    소련에서 이와 같이 "인민"이 점차 변화의 주역을 담당하고 있는 것과
함께 "민족"의 역할도 경시되어서는 아니 될 것이다. 특정한 문화와 역
사, 정치적 일체성을 갖추고 있는 민족 내지 인종은 다민족(多民族) 국가
인 소련 사회의 주요한 구성 부분으로서 이들 민족의 자주권 요구는 체

27) Yuri Levada의 Kennan Institute 초청 강연, "Soviet Society At A Crossroads,"
    Kennan Institute, *Meeting Report*, Vol. 7, No. 10.
28) Igor' Klyamkin, *Komsomol'skaya pravda*, 1991. 1. 23.
29) "Without Democracy, Democracy Is Impossible," *Moscow News*, No. 50 (1990),
    p. 9.

제에 대한 또 하나의 심각한 도전으로 되어왔다. 소련에는 1979년의 인구조사에 따르면 101개의 인종이 있으나 이중 절반 이상은 전체 인구의 0.5퍼센트 이하로서 정작 정치적으로 중요한 민족은 민족 공화국 및 그 밑 자치 공화국의 칭호에 그들 민족의 명칭이 붙고 있는 10여 개이다. 이들 소수민족은 일부의 경우 아르메니아인과 아제르바이잔인 사이의 인종갈등뿐만 아니라 중앙, 즉 소련방으로부터 자주권의 확대를, 더 나아가서는 발틱 공화국들과 같이 독립을 요구하여 왔다. 소련에서 소수민족 운동은 이미 1960년대 말 모스크바의 러시아화 정책에 반발하여 이들 민족 고유의 언어와 종교를 지키거나 다른 민족의 이입을 막는 등의 형태로 전개되었으며 이는 급기야 고르바초프 집권 하에 민족 자결을 요구하는 데까지 발전하고 있는 것이다.[30]

이와 같이 민족 자결 운동이 고르바초프 집권 이후 가열되고 있는 이유는 무엇인가? 잠재화되어 있던 민족주의의 열망이 무엇보다도 "민주화" 개혁에 고무되었을 가능성이 클 것이다. 고르바초프는 지금까지 이러한 기대를 고취하여 왔으나 소수민족의 열망을 충족시킬 수 있는 방안을 제도화(institutionalize) 하지 못함으로써 지금과 같은 소수민족의 이반을 촉진시키게 된 것으로 풀이되고 있다.[31] 이와 비슷한 맥락에서 로더 (Philip Roeder)는 민족 공화국들의 중앙에 대한 도전을 기본적으로 이들 소수민족을 소련방에 머무르도록 하기 위해 제공되었던 사회·경제적 유인(誘引)이 고갈됨에 따라 민족이 갖는 원초적인(primordial) 자주와 자결의 열망을 통제하는 데 무력하게 된 것으로 풀이하고 있다.[32] 소련은 이제까지 이들 소수민족 공화국을 통치함에 있어서 토착 민족 엘리트에 의존하여 왔고 이들로 하여금 민족적 열망이 분출되는 것을 막도록 한 가

---

[30] Stephan Kux, *Soviet Federalism: A Comparative Perspective* (Boulder, CO.: Westview, 1990), pp. 20-23.

[31] 위의 글, pp. 1-5, 77-92.

[32] Philip G. Roeder, "Soviet Federalism and Ethnic Mobilization," *World Politics*, Vol. 43, No. 2 (January 1991), pp. 196-232.

운데 공업화를 추진하여 왔으나 이들 집권 엘리트들도 경제침체 등으로 같은 민족 내의 민족적 열망을 막고 잠재적 대항 엘리트들을 체제로 인입하는 데 필요한 자원을 조달하는 것이 한계에 도달하자 스스로 중앙에 대해 소속 민족의 대변자로서 그들의 역할을 바꾸게 되었던 것이다.

요컨대 고르바초프가 집권 여섯 해를 맞는 1991년 소련 정치는 점차 구심점을 상실한 채 경제위기와 이에 따른 국민의 불만을 배경으로 한편으로는 보수-개혁, 다른 한편으로는 중앙-지방 간의 대립이 점차 과격화 양상을 나타내기 시작한 것이다. 개혁을 지지하던 세력은 체제와 이의 관리를 맡고 있는 기존 지도체제의 권위를 부인하는 방향으로 나아갔으며 소수민족 공화국들은 경제적으로 중앙에 의존적인 중앙아시아 공화국들을 제외하고는 다수가 독립을 선언하고 나서게 되었다. 이에 대한 대응으로 중앙은 의회와 대통령제의 신설, 당·정기구(黨·政機構)의 빈번한 통폐합, 경제개혁안의 개폐, 새로운 연방조약의 제안 등 소련 정치에 있어서 소위 경기의 규칙(rules of the game)을 부단히 바꾸어 나감으로써 마치 린즈(Juan Linz)가 기술하고 있는 민주주의 체제의 와해 직전 상황을 방불하게 했던 것이다.[33]

III. 고르바초프의 대응

이상으로 소련 사회주의 체제의 권위를 와해시키는 데 기여할지도 모를 체제 연관(system-immanent) 요인들을 살폈다. 이에 대한 소련 지도부의 대응은 어떠한 것이었나? 고르바초프는 권위의 약화를 만회하기 위해 적절히 대처했는가? 보수세력이 1991년 8월 고르바초프에 대한 쿠데타를 일으키기 전까지도 그는 체제 유지에 필요한 최소한의 권위를 갖고

---

[33] Juan J. Linz, *The Breakdown of Democratic Regimes: Crisis, Breakdown, & Reequilibration* (Baltimore: The Johns Hopkins University Press, 1978), Ch. 4.

있었던 것으로 보인다. 우선 그는 1986년 이래 소련의 최고 지도자로서 권력을 유지하여 왔으며 1990년 비록 직접 선거를 통하지는 않았을 망정 적어도 기존의 헌법에 따라 합법적으로 대통령에 취임함으로써 "기득권으로서의 권위"를 구비하고 있었다. 이와 함께 보수와 개혁 세력 모두 상호간에 힘의 균형을 고려하여 고르바초프가 적어도 당분간은 더 필요하다는 계산이 있었을 가능성이 크며, 한편 일부에서는 그의 개혁으로 얻은 지위를 유지하는 데 관심을 갖는 출세주의적(careerist) 성향의 지지도 무시할 수 없었을 것이다. 나아가 보수세력의 기반인 공산당과 군대는 이미 개혁에 대한 입장 차이 및 세대차(世代差) 등으로 분열되어 있었던 것이다. 그럼에도 불구하고 쿠데타와 그 이후의 사태 진전에 비추어 볼 때 이와 같은 체제 지지적 요인이 권위에 대한 도전을 상쇄하기에는 미흡했던 것으로 보인다. 이 장은 이상의 체제가 안고 있는 부담과 함께 아직도 다소의 정치적 자산을 갖고 있던 고르바초프가 지도자로서 권위의 위기에 어떻게 대처하여 왔는지를 살필 것이다.

1. '체제 내 개혁자'로서의 고르바초프

고르바초프가 1985년 3월 공산당 서기장으로 취임 이후 소위 "근본적 개혁"(radikal'naya reforma)을 선언했을 때 그는 경제개혁만을 염두에 두었던 것으로 보인다. 고르바초프는 1986년 2월 제27차 공산당 전당대회에서 소련이 당면한 최대의 과제는 경제침체를 막고 발전을 가속화하는 일이라고 강조했으며 1987년 6월 당 중앙위원회 전원회의에서 경제개혁이 자신의 "페레스트로이카"(perestroika, 개조) 정책의 핵심을 이루고 있다고 역설했다.[34] 그가 경제개혁을 뒤로 미루고 개혁을 정치부문으로 확대하기 시작한 것은 1988년 제19차 공산당 대회(Party conference) 이후의

---

[34] *Pravda*, 1986. 2. 26; 1987. 6. 26.

일이었던 것이다.

개혁, 특히 경제개혁은 소련의 체제뿐만 아니라 고르바초프 자신의 권위를 구축하는 데 주요한 관건이었다. 이는 무엇보다도 문제 해결자로서의 고르바초프의 권위와 연계되는 것이었다.[35] 그러면 그는 개혁을 통해 자신과 체제의 권위를 고양하는 데 성공했는가? 고르바초프는 집권 초기 개혁을 들고 나와 소위 의제 상정(agenda-setting)에 있어서 기선을 제압함으로써 그의 추종자 및 국민 일반으로부터 상당한 기대와 지지를 모을 수 있었다. 그러나 개혁이 시간의 경과와 함께 무엇보다도 경제부문에서 좌초해 감에 따라 그 자신 및 체제에 대한 신뢰는 급속히 사라져 버린 것이다.

경제개혁의 성과와 함께 문제가 되고 있는 것은 고르바초프가 말하는 근본적 개혁은 어디까지가 "근본적"이냐 하는 것이다. 개혁세력은 이제까지의 개혁 조치는 전반적으로 체제 내 개혁의 범위를 벗어나고 있지 못하다고 주장, 고르바초프가 실제로 시장화(市場化) 개혁의 의지를 갖고 있는 지에 대해 의문을 제기하고 있는가 하면, 역설적이지만 보수세력은 그가 개혁을 통해 기존 사회주의 체제를 파괴할 의도를 갖고 있는 것으로 의심하여 온 것이 실정이다. 다시 말해서 그는 개혁의 범위와 관련하여 보수-혁신 모두로부터 신임을 상실했던 것이다. 고르바초프는 1985-87년 중 "근본적 개혁"이란 수사에도 불구하고 실제로는 기존 체제의 완벽화 내지는 개선에 주력하여 왔다. 당시 주요한 조치로는 노동 규율의 강화, 경제조직의 통폐합, 자동차 정비와 가옥 수리 등 불법적으로 행해지던 소규모 근무시간 외 영리행위의 합법화 및 1987년 6월 국영기업의 자주성 확대를 겨냥한 국영기업법의 채택으로 이어지고 있다. 시장 요소를 도입하는 방향으로 경제개혁이 수정되기 시작한 것은 1987년 이후의 일이었다.[36] 무엇보다도 1988년 6월 협동조합법이 발효됨으

[35] Thane Gustafson and Dawn Mann, "Gorbachev's First Year: Building Power and Authority," *Problems of Communism*, Vol. 35, No. 3 (May-June 1986), p. 11.

로써 모든 경제 부문에서 사기업(私企業) 활동이 허용된 것이다. 뒤이어
임대기본법(1989. 11.)과 토지법(1990. 3.), 소유권법(1990. 3.)이 채택됨으
로써 소련 역사상 처음으로 사실상 생산수단의 부분적 사유화가 허용되
었다.[37] 그러나 이상의 조치는 오히려 예외적인 것으로서 소련방 최고회
의는 1989년 10월 협동조합법을 개정하여 조합 생산품의 가격 통제 등
영업행위를 규제하기 시작했으며 노동쟁의법을 통과하여 사상 처음으로
노동자에게 파업권을 부여했으나 기간산업 관련 파업은 금지함으로써 사
실상 이 법을 무의미한 것으로 만들었다. 특히 국영기업법의 개정으로
기업에 부여되었던 각종 권한은 대부분 다시 중앙의 계획 및 경제 관리
부서로 회수되었다. 끝으로 1989년은 가격 규제와 자본재 공급 등에 있
어서 중앙의 통제가 실질적으로 강화된 해로서 개혁은 구호와는 달리 퇴
행을 경험했던 것이다. 이어 1990-91년 중 소련에서는 처음 아발킨
(Abalkin) 개혁안에 이어 리슈코프(Ryzhkov) 총리의 경제안정화 계획과 샤
탈린(Shatalin)의 일명 500일 개혁안, 파블로프(Pavlov) 총리의 안정화 시
책, 야블린스키(Yavlinskii)의 서방 지원 하의 개혁안 등 일련의 경제개혁
안들이 명멸하듯 나왔다가 사라지고 있다.[38]

이와 같이 경제개혁이 파행을 거듭하고 있는 데는 개혁에 따른 부작용,
물가상승과 방만한 재정적자를 줄이고 경제를 안정시켜야 할 필요성, 시
장화 개혁에 대한 반대 및 실업 등 개혁에 따르는 문제들이 정치 안정에
미칠 역효과에 대한 우려 등 많은 이유가 있을 것이다. 반대자 또는 반대
로 돌아설 수 있는 계층은 널리 지적되고 있는 바와 같이 개혁으로 권력
을 상실하게 될 당·정 관료뿐만 아니라 미숙련 노동자, 농민, 연금생활

---

36) 상품-화폐관계의 강조는 1987년 6월 채택된 "경제운영의 근본적 개조를 위한 기
   본지침"에 잘 나타나고 있다. *Pravda*, 1987. 6. 27.

37) *Izvestiya*, 1989. 11. 24; 1990. 3. 6; 1990. 3. 10.

38) 경제개혁에 관해서는 Aslund, "Gorbachev, Perestroyka, and Economic Crisis,"
   pp. 18-41; Anders Aslund, *Gorbachev's Struggle for Economic Reform: The Soviet
   Reform Process, 1985-88* (London: Pinter Publishers, 1989).

자, 감군(減軍)을 앞둔 군인 등 소련 국민의 대다수를 차지하고 있다 해
도 과언이 아니었던 것이다.[39] 경제개혁이 근본적이지 못했던 또 하나의
이유로 고르바초프가 과연 사회주의를 포기하고 자본주의 시장경제의 도
입을 지지하고 있었는지도 의문인 것이다. 그는 쿠데타를 전후하여 "혼
합경제"라는 용어를 쓰는가 하면 자신이 사회주의를 포기한 것이 아님을
분명히 한바 있었다. 그가 설령 시장화 개혁을 선호했다 할지라도 물가
폭등과 실업 등 개혁의 후유증에 어떻게 대처했을지는 의문으로 남아있
다. 폴란드의 신 정부는 무엇보다도 국민의 절대적 지지를 배경으로 과
감한 가격개혁 등 시장화를 위한 "충격요법"을 쓸 수 있었던 것이다. 고
르바초프가 소련 국민으로부터 이러한 지지를 받을 수 있었을지는 의심
스럽다. 이유야 여하튼 분명한 것은 지금까지의 개혁 부진은 고르바초프
의 권위 구축을 어렵게 만들고 있었던 것이다.

2. 고르바초프의 권력 집중

앞에서 언급한 바와 같이 고르바초프는 1988년 이후 경제개혁을 뒤로
미루고 정치개혁을 시작했다. 그는 이미 1987년 봄부터 경제개혁이 소기
의 성과를 거두는 데 실패하자 이를 중앙 경제부서의 관료 저항 때문인
것으로 비판했으며 이와 함께 새로운 경영체제의 도입을 통해 공산당의
경제적 역할을— 간섭— 축소할 필요성에 대해 언급한바 있다.[40] 이를
배경으로 고르바초프는 1988년 6월 제19차 특별 당대회에서 서구식 의
회 및 강력한 권한을 갖춘 대통령제의 도입을 골자로 하는 정치개혁안을
제시했다. 이와 함께 지방 소비에트(지방의회)도 민의를 대표하는 기구로
변신할 것이다. 다시 말해서 고르바초프는 공산당에 대신한 국가기구로

---

[39] L. Palei and K. Radzivanovich, "How To Carry Out Economic Reform: Points of
View and Reality," *Soviet Studies*, Vol. 42, No. 1 (January 1990), pp. 30-31.
[40] *Pravda*, 1987. 4. 17; 1987. 10. 17.

의 통치권 이전 및 이로써 행정조직에 대한 통제를 보다 강화할 수 있도록 바랐던 것이다. 공산당은 대중 정치운동 내지는 대중정당으로 변신하도록 요구되었다.[41]

이후 소련에서는 "정치개혁"으로 지칭될 수 있는 변화가 발 빠르게 전개되었다. 소련 역사상 처음으로 1989년 3월 2,250명의 인민 대의원 중 2/3가 비밀투표로 선출되었고 곧 이어 인민대의원 대회에서 상설 의회로서의 소련방 최고회의가 구성되었으며 지방 소비에트 선거가 실시되었다. 이어 1990년 3월에는 고르바초프가 인민대의원 대회에서 간접선거로 연방 대통령에 선출되었다. 그는 같은 해 7월 제28차 공산당 전당대회에서 서기장에 재선됨으로써 적어도 표면상으로는 소련의 양대 권력지주를 장악하게 되었던 것이다. 고르바초프는 당 내 보수세력의 도전에도 불구하고 당의 권력 중추인 410석의 신임 중앙위원회를 그의 지지세력인 중도파로 충원할 수 있었다. 그러나 공산당은 제28차 당대회를 전후하여 보다 약화되었는바, 우선 당대회에서 신임 정치국이 종전의 12명 성원에서 23-24명으로 확대됨으로써 종전의 결정기구에서 일종의 심의기구로 격하되었으며 그 해 소련방 최고회의에서 헌법상에 보장된 공산당의 "지도적 역할"(권력 독점)을 박탈당하고 다당제 하의 일개 정당으로 전락하게 되었다. 이로써 소련의 정치체제는 1990년 가을까지에는 당에서 국가기구로의 권력 이전이 공식적으로 이루어지게 되었던 것이다.

흥미 있는 것은 이러한 정치개혁이 고르바초프의 권력 강화와 연관되고 있다는 점이다. 그는 집권 직후부터 공산당 중앙당부(中央黨部)의 대대적인 인사와 1988-89년 중 14개 공화국 공산당 제1서기 중 10명을 교체했으며 정부와 군부, 국가안전위원회(KGB) 등 권부를 대폭 인사 개편함으로써 요직을 자신의 지지자로 충원하는 소위 "권력의 순환"(circular flow of power) 방법을 동원하여 입지를 공고히 하는 데 주력하여 왔다.[42]

41) 위의 글, 1988. 6. 29-7. 2.
42) R. Judson Mitchell, *Getting to the Top in the USSR: Cyclical Patterns in the*

그는 또한 28차 당대회를 통해 마침내는 보수세력의 지도자인 리가초프 (Yegor Ligachev)를 제거하는 데 성공했다. 이를 배경으로 고르바초프는 대통령의 지위를 추가함으로써 정치개혁이 서방의 권력 분리(separation of power) 체제의 도입을 지향한다는 그의 주장과는 달리 사실상 그를 정점으로 한 권력의 융합(fusion of power)을 지향하여 왔던 것이다.[43] 대통령은 5년 임기로서 총리를 비롯한 주요 직책의 임면권뿐만 아니라 그의 결정을 번복하는 데 최고회의 2/3 이상의 다수 결의를 요건으로 하며, 국가 비상시 독재권을 행사할 수 있고, 구성 공화국 의회의 기능 정지 및 공화국 법령을 무효화 할 수 있는 등 대권을 구비하게 되었다. 고르바초프는 이에 더해 1990년 9월 최고회의로부터 1992년 3월까지의 시한부 경제 대권까지 얻어냄으로써 의회는 점차 유명무실화되었고 그는 공식적으로 스탈린을 비롯하여 그의 선임자 중 가장 강력한 통치권을 장악하게 되었던 것이다.[44]

고르바초프가 이와 같이 권력을 집중하려 한 이유는 어디에 있었는가? 권력의 집중화(centralization of power)는 그가 내세워온 민주화 개혁과 상치되는 것이 아닌가? 민주화는 권력의 분산을 전제로 할 것이기 때문이다. 미첼(R. Judson Mitchell)은 고르바초프의 권력 집중을 사회주의 체제하에서 권력 승계(承繼) 과정의 일환인 것으로 파악하고 있다. 이에 따르면 고르바초프는 집권 이후 새로운 정책의 제시를 통해 소련 정치에서 의제(議題) 상정의 기선을 쥐고 이를 기반으로 권력의 집중화를 재개하고

Leadership Succession Process (Stanford, Cal.: Hoover Institution Press, 1990), Ch. 7. "권력의 순환"에 관해서는 Robert V. Daniels, "Soviet Politics since Khrushchev," in John W. Strong (ed.), *The Soviet Union under Brezhnev and Kosygin* (New York, Van Nostrand-Reinhold, 1971), pp. 22-23.

43) Elizabeth Taegue and Dawn Mann, "Gorbachev's Dual Role," *Problems of Communism*, Vol. 39, No. 1 (January-February 1990), p. 4; "Power Structure Reform: Supreme Soviet Upstaged?," *Moscow News*, No. 50 (1990), p. 8.

44) *Pravda*, 1990. 9. 26; "Power Structure Reform," *Moscow News*, No. 50 (1990), p. 8.

있다.[45] 이는 흐루시초프와 브레즈네프의 권력 승계(leadership succession) 와 마찬가지로 처음 승계에 따른 권력 기반의 약화가 서서히 새로운 지도자의 권력 집중으로 주기적인 행태를 보이며 진행된 것과 일치하고 있는 것이다.[46] 한편 비알러(Seweryn Bialer)는 브레즈네프 집권 말기에 지도자에게 집중되어 있던 권력이 하부조직 및 지방으로 지나치게 누수되어 온 데 따라 고르바초프로서는 민주화를 지향하여 권력분산을 하기 위해서는 먼저 권력의 집중이 필요하다고 주장, "그 누구도 갖고 있지 못한 것을 나누어 줄(분권) 수는 없다"는 입장을 취하고 있다.[47]

그러나 미첼과 비알러의 주장은 고르바초프의 집권 초기에나 타당한 것으로 보인다. 그가 초기에 권력기반을 강화하려 노력한 것은 무엇보다도 권력 승계와 무관하지 않을 것이다. 이후 고르바초프는 반대세력에 맞서 개혁의 추진자로서 자신의 권력을 강화할 필요를 느꼈을 가능성이 클 것이다. 어느 체제에서나 개혁이 성공하기 위해서는 강력한 지도력이 필요한 것이다. 이와 관련, 고르바초프는 전후 서독의 아데나우어(Konrad Adenauer) 수상과 비슷하게 개혁 이후 체제를 자신이 대권을 보유하는 일종의 "교도(教導) 민주주의"를 염두에 두고 있었는지도 모른다.[48] 그러나 집권 중반 이후 고르바초프의 권력 집중은 오히려 체제 위기와 보다 연관되고 있는 것으로 보인다. 이미 권력은 공화국 등으로 누출이 가속화되고 사회 전체적으로 소위 "권력의 난립"(mnogovlastie) 현상이 심화됨으로써 체제 자체가 와해될 지도 모른다는 위기 의식이 팽배하고 있었다.[49] 이에 더해 고르바초프는 그동안 인사정책을 통한 자파(自派) 기용에도 불구하고 기존의 권력 핵심인 당과 군부에서도 생각보다는 확고한

---

[45] Mitchell, pp. 183-198.

[46] 위의 글, p. 197.

[47] Seweryn Bialer, "The Changing Soviet Political System: The Nineteenth Party Conference and After," in Seweryn Bialer (ed.), *Politics, Society, and Nationality*, pp. 239-240. ( )는 필자 삽입.

[48] Mitchell, p. 188.

[49] *Literaturnaya gazeta*, No. 44 (1990. 10. 31.), p. 1.

기반을 구축하지 못한 것으로 보인다. 린즈(Linz)에 따르면, 민주주의 체제가 이와 비슷한 상황에 놓일 경우 일반적으로 헌법 개정, 비상대권의 부여, 의회 기능 정지, 지방 정부에의 개입 등을 통해 통치권자의 권력을 강화하려는 노력이 나타나고 있다.[50] 집권 중반 이후 고르바초프의 권력 집중화 노력도 체제에 대한 지지가 저하되고 있는 데 대한 비상책으로 그의 개인적 권력을 강화하려던 노력의 일환이었던 것으로 이해하는 것이 보다 적절할 것으로 보인다.

위기에 대한 대응으로서의 권력 집중화 노력은 고르바초프가 그의 집권 중반 이후 보다 뚜렷하게 중도노선을 표방한 것과도 유관한 것으로 보인다. 그가 개혁 정책과 관련한 논쟁에 있어서 "혁명적인" 수사를 늘어놓아 온 데 불구하고 막상 구체적인 문제에 당면하면 중도적 입장으로 돌아섰음은 잘 알려진 일이다. 중도(中道) 회귀의 일환으로 고르바초프는 1990년 가을 소위 500일 경제개혁안을 받아들이지 않은데 이어 보수 선회를 시작했는바, 이의 배경으로 당시 그에 대한 국민의 지지가 여론조사에 따르면 1989년 12월의 52퍼센트에서 1990년 10월까지에는 21퍼센트로 저하되어 왔고, 개혁으로 자신이 의지할 수 있는 개혁세력이 성장하기 보다는 오히려 이로 인해 자신의 입지가 점점 위태롭게 되어간다는 인식을 들 수 있을 것이다.[51] 1990년 말까지에 그는 보수와 개혁 모두로부터 지지의 상실을 경험하게 되었다. 최고회의 내 보수 강경파 지도자인 알크스니스(Viktor Alksnis)는 1990년 11월 고르바초프에게 개혁을 중단하거나 아니면 실각될 것임을 경고하는가 하면 개혁파 인사들은 같은 달 공개서한을 통해 그에게 개혁을 본격화하던가 아니면 사임하라고 압력을 가하고는 했던 것이다.[52] 이에 따라 그는 1990년 12월 내무

---

[50] Linz, Ch. 4.

[51] 고르바초프의 지지도에 관한 여론 조사에 대해서는 *Moscow News*, No. 45 (1990. 11. 18-25.), p. 7.

[52] *Izvestiya*, 1990. 12. 8; "Open letter by the co-founders of the new Moscow News," *Moscow News*, No. 46 (1990), pp. 1, 4.

장관에 보수파인 푸고(Boris Pugo)와 다음 해 1월 총리에 파블로프 (Valentin Pavlov)를 임명하는 등 보수 선회를 시작하게 되었다. 그러나 고 르바초프는 1991년 4월 옐친 등 공화국 지도자들과 협상을 갖고 새로운 연방조약에 합의하는 등 다시 개혁으로 선회할 조짐을 보였으며 8월 쿠 데타는 이를 계기로 보수세력이 그에 대한 기대를 포기한 데서 발단된 것이다. 결론적으로 고르바초프는 집권 중반 이래 체제 위기와 자신에 대한 권위의 증발을 막기 위해 권력의 집중화를 도모했으나 이것이 무위 로 끝나자 보수-개혁의 중간에서 곡예를 본격화하게 되었다. 그러나 이 는 역설적이지만 권위의 위기를 더욱 심화시켰던 것이다.

IV. 맺는 말

이제까지 고르바초프 집권 이후 보수 쿠데타에 이르기까지 소련 정국 에 영향을 미친 주요 요인을 살폈다.[53] 이 글은 이들 요인이 소련의 사회 주의 체제 및 그 관리자로서의 지도자의 권위에 어떠한 영향을 미쳤으며, 나아가 이것이 체제의 불안정과 — 또는 안정 — 어떠한 관계에 있는가를 살핌으로써 사회주의 체제의 변화에 관한 접근을 다음과 같이 시도했다.

첫째로, 고르바초프 집권 하에 소련 사회주의 체제가 경험하고 있는 권위의 위기는 개혁에 따르는 일시적 현상이라기보다는 체제 와해의 불 가피한 소산인 것으로 보인다. 그는 집권 초기 비록 공고한 권력 기반은 조성하지 못했을 망정 브레즈네프의 장기 집권 중 비롯된 경제 침체와 소련 사회의 쇠퇴를 막는 데 결정적인 역할을 할 수 있으리라는 기대를 기반으로 상당한 정치적 권위를 창출할 수 있었다. 그러나 고르바초프는 이러한 기대를 충족시키는 데 관건이 되고 있는 경제 회복에 실패한 것

[53] 이 글은 고르바초프의 인사정책, 보수-혁신세력의 인적 구성 및 정국에 영향을 미친 대외적 요인 등에 관해서는 다루지 않았다.

이다. 그러면 그는 여섯 해에 걸친 집권 기간 중 소련경제를 회복시킬 수 있었는가? 학자들에 따라서는 그가 중국과 같이 개혁을 공업 대신 농업에서부터 시작했어야 했으며 또한 금주(禁酒) 캠페인 등 실책을 범하지 않고 보다 과감하게 시장화 조치를 취했어야 했을 것이라고 진단하고 있으나 개혁에 대한 저항 등 여러 제약 하에서 정책을 집행해야 하는 고르바초프로서 단기간에 개혁의 성과를 기대한다는 것은 어려운 일이었던 것으로 보인다.

이와 함께 소련 정치학자 미그라냔은 고르바초프의 개혁이 정치적으로 앞뒤가 뒤바뀌어 추진된 데 문제가 있다고 지적한다. 그는 고르바초프가 사회의 원심적인 세력들을 풀어놓기 앞서 이들의 요구를 수렴하고 조절할 수 있는 갈등 해소(conflict resolution) 장치를 제도화했어야 한다고 진단하고 있다. 그는 소련 사회주의 체제가 여전히 공산당이 사회를 지배하는 "전체주의" 속성에서 벗어나지 못하고 있으므로 우선 경제개혁을 통해 사회의 제반 이해관계를 창출하고 이를 기반으로 정치적으로 민주화 개혁이 추진되었어야 했을 것이라고 주장하고 있다.[54] 이와 관련하여 그는 일부에서 스페인이 프랑코(Franco) 총통 치하의 후기 전체주의적 권위주의 체제가 그의 퇴진 후 민주화되었던 것과 비슷하게 소련에서도 민주화가 가능할 것이라는 주장이 있으나 이러한 기대는 프랑코 치하에서 스페인 사회가 국가와 독립된 이해관계를 발전시켜 온 사실을 간과한 것이라고 지적하고 있다. 실제로 고르바초프는 1987년 초까지 만해도 강력한 중앙정부와 제한된 권한을 갖는 공화국 정부, 중앙 통제 하의 시장 사회주의 구현, 제한된 자유 허용 및 법치주의의 기반 마련, 사회정의의 구현을 골자로 하는 새로운 체제의 구상을 갖고 있었다.[55] 그러나 불행히도 그는 이러한 구상을 실현하는 데 필요한 에너지로서의 충분한 권위를

---

54) Migranyan, pp. 155-156.
55) Peter Reddaway, "The Quality of Gorbachev's Leadership," *Soviet Economy*, Vol. 6, No. 2 (April-June 1990), pp. 127-130.

결여하고 있었으며, 이에 따라 사태는 점차 그가 손을 쓸 수 없을 정도로 악화되어 왔던 것이다.

소련에서 나타나고 있는 권위의 위기 현상은 사회주의 체제의 개혁 가능성을 부인하는 것인가? 이제까지 사회주의 체제의 전체주의적 속성을 강조하는 학자들은 개혁 가능성에 비관적인 반면 주로 발전론적 입장에서 사회주의 체제의 변화를 이해하려는 논자들은 소련에서 진행되어 온 도시화, 교육 확대 등 사회변동에 따른 민주화 개혁의 가능성에 낙관적인 태도를 취하고 있다.[56] 그러나 소련이 쿠데타를 비롯하여 개혁 과정에서 경험하고 있는 체제 위기는 보다 비관론을 지지하는 것으로 보인다.[57] 여하튼 소련의 체제 불안정은 사회주의 체제의 와해에 관한 좋은 사례를 제공하는 것으로 보인다. 동유럽은 1989년 사회주의 체제의 붕괴를 경험했으나 동유럽 혁명이 무엇보다도 이 지역에 사회주의 체제를 강요해 온 소련이 더 이상 간섭을 하지 않을 것임을 분명히 한 데서 촉진되었음을 상기할 때 사회주의 체제의 원조(元祖)인 소련이 패전 등 대외적인 요인이 아니라 자체의 문제점으로 인해 와해된다면 이는 전체주의 내지는 전체주의적 권위주의 체제가 내부 요인으로 붕괴되는 첫 사례가 될 것이다.

끝으로 소련에서 사회주의 체제의 와해 이후 등장할 새로운 체제는 권위의 위기라는 부담을 덜 수 있을 것인가? 대답은 부정적인 것으로 보인다. 새로운 체제는 베버에 따른다면 권위의 바탕을 이루는 전통적 기반을 결여하고 있으며 비록 옐친이 국민의 지지를 향유하고 있으나 그가 카리스마적 권위를 갖고 있는지는 아직 확실하지 않다. 그렇다고 권위의

---

56) Thomas Remington은 사회주의 체제의 개혁 가능성에 관한 이상의 두 입장을 절충하려는 노력을 보이고 있다. Thomas F. Remington, "Regime Transition in Communist Systems: The Soviet Case," *Soviet Economy*, Vol. 6, No. 2 (April-June 1990), pp. 160-190.

57) 이제까지 서방의 대표적인 비관론으로는 Z, "To the Stalin Mausoleum," *Daedalus*, Vol. 119, No. 1 (Winter 1990), pp. 295-344.

합리적-법적 기반이 조속한 시일 내에 확립될지도 극히 의심스럽다. 끝
으로 소련방이 해체될 경우 러시아에서 옐친이 중·단기적으로 경제부흥
의 기적을 일으키지 않는 한 업적 위주의 권위 확립도 어려울 것으로 예
상된다. 소련사회의 분열과 원심화(遠心化)는 보다 가속화 될 가능성이
적지 않은바, 이 경우 집권 세력의 정치 불안정에 ― 권위의 위기 ― 대처
하려는 노력은 자칫 러시아와 소련을 연면하고 있는 전체주의적 내지는
권위주의적 정치문화와 결부하여 또 다른 독재 내지 권위주의적 체제를
탄생시킬 가능성이 큰 것으로 보인다. 이미 동유럽과 소련의 많은 학자
들은 사회주의 와해 이후의 체제가 서방의 다원적 민주주의 대신에 남미
와 같은 관료주의적 자본주의 내지는 민중주의(populism)에 기초한 독재
혹은 우익(비사회주의) 권위주의 체제로 이어질 가능성이 높은 것으로 예
측하고 있다.[58]

---

58) Alexei Pushkov, "Where is Eastern Europe Headed?," *Moscow News*, No. 46
(1990), p. 12; Shevtsova, pp. 86-105.

3. 사회주의 체제의 붕괴

　동유럽과 소련에서 소위 "실제로 존재하던 사회주의 체제"가 와해됨으로써 정치체제의 붕괴(regime breakdown)에 관해 흥미 있는 사례가 추가되고 있다.[1] 이제까지 체제 붕괴에 관한 연구 대상은 혁명적 변환(revolutionary transformation)을 제외하면 주로 남미와 남유럽 등지에서 되풀이되어 온 민주정이나 권위주의 체제의 와해 사례에 국한되고 있었다.[2] 동유럽 사회주의 체제 붕괴의 성격에 관해 아이젠스타트(S. N. Eisenstadt)는 와해가 지배 엘리트의 분열 — 보수-개혁 대립과 지식인의 이반 — 및 민

　이 글은 1993년 출판된 것으로 이 책에서는 원문의 한문을 한글로 바꾸고 책의 통일된 서식에 맞추었다: 「사회주의 체제의 붕괴와 그 원인: 소련의 경험을 중심으로」, 『향원 이용필 교수 화갑기념 논문집』 (서울: 형설출판사, 1993), pp. 171-186.
[1] 이 글에서 체제(regime)라 함은 한 사회의 공식적, 비공식적인 권력 중추를 의미한다. 체제는 누가 권력을 차지하며 권력자와 비권력자간의 관계는 어떠할 것인지를 규정한다.
[2] 패전이나 혁명에 의한 체제 변환에 관한 연구로는 Theda Skocpol, *States and Social Revolutions* (Cambridge: Cambridge University Press, 1979); Charles Tilly, *From Mobilization to Revolution* (Reading: Addison-Wesley, 1978); Crane Brinton, *Anatomy of Revolution* (New York: Vintage Books, 1965). 한편 1970년대 이래 남미와 남유럽의 성치 체제를 중심으로 한 소위 진화적 체세 변환(evolutionary transformation)에 관한 연구로는 Juan J. Linz and Alfred Stepan (eds.), *The Breakdown of Democratic Regimes* (Baltimore: The Johns Hopkins University Press, 1978); Guillermo O'Donnell and Philippe C. Schmitter, *Transitions from Authoritarian Rule: Prospects for Democracy* (Baltimore: The Johns Hopkins University Press, 1986).

중봉기와 결부되고 있다는 점에서 "근본적이고 극적인 체제 변환"을 가져온 "고전적" 혁명들과 맥을 같이하는 것이라고 설명한다.[3] 그러나 그는 "동유럽 혁명"이 지향하는 바가 부르주아 주도 하의 프랑스 혁명 및 프롤레타리아를 전면에 내세운 1917년 러시아 혁명과는 달리 계급적 성격을 결여하고 있으며, 그 과정에 있어서 루마니아를 제외하고는 비교적 무혈, 비폭력적이었고, 대부분의 경우 지배 엘리트가 체제 수호를 스스로 "포기"한 가운데 기존의 헌법과 제도의 테두리 내에서 진행되었다는 점에서 과거의 대혁명들과 차이를 보이고 있다고 지적한다.[4] 스코치폴(Theda Skocpol)의 정의에 따라 혁명을 국가뿐만 아니라 사회계급 구조의 급격하고도 근본적인 변화로 규정한다면, 계급성이 결여된 "동유럽 혁명"을 과거의 대혁명과 동일하게 취급하는 것은 개념의 무리한 확대라는 비난을 면치 못할 것으로 보인다.[5] 이와 함께 이들 사회주의 체제의 붕괴가 혁명에 버금가는 것이라면 이러한 변화는 아마도 프랑스 혁명과 같이 보다 본격적인 혁명의 첫 과정에 불과할 수도 있을 것이다.[6]

이 글은 "동유럽 혁명"의 성격을 규명하기 위한 노력의 첫 단계로 사회주의 체제의 붕괴를 연구함에 있어서 제기될 수 있는 다음 두 문제점을 소련의 경험을 중심으로 살피고자 한다. 첫째로 일부 학자들은 체제 속성상 소련을 비롯한 사회주의 체제의 붕괴는 필연적이라는 결정론으로 흐르는 경향이 적지 않다는 점이다. 브레진스키(Zbigniew Brzezinski) 같은 이는 동유럽에서 사회주의 체제가 붕괴되기 직전 소련을 비롯하여 이들

[3] S. N. Eisenstadt, "The Breakdown of Communist Regimes and the Vicissitudes of Modernity," *Daedalus,* Vol. 121, No. 2 (Spring 1992), pp. 21-22.
[4] 위의 글, pp. 23-25.
[5] Skocpol, pp. 4-5.
[6] 사회주의 체제의 붕괴에 관한 최근의 연구로는 John Gooding, "Perestroika as Revolution from Within: An Interpretation," *The Russian Review*, Vol. 51, No. 1 (January 1992), pp. 36-57; *World Politics*, Vol. 44, No. 1 (October 1991)에 수록된 "소련 및 동유럽의 자유화와 민주화"에 관한 특집 논문들; *Daedalus*, Vol. 121, No. 2 (Spring 1992)에 게재된 "공산주의로부터 퇴장" 제하의 특집 논문들 참조.

체제가 사회·경제적 변화에 직면하여 "종말적 위기"에 처해 왔으며 체제의 구조적 속성으로 인해 이들의 와해는 되돌릴 수 없는 것으로 진단하였다.[7] 과연 사회주의 체제는 이와 같이 와해가 불가피했던 것인지를 살피는 것은 이론상으로 뿐만 아니라 북한과 중국 등 잔존 사회주의 체제의 장래를 전망하는 데 도움을 줄 수 있다는 점에서 현실적으로도 적지 않은 의의가 있을 것이다.

둘째로 많은 학자들은 동유럽 사회주의 체제의 붕괴를 그동안 체제의 중압에 눌려 있던 시민사회의 대두와 연관시키고 있다. 실제로 폴란드의 자유노조 및 다른 동유럽 국가들의 반체제 지식인 집단들, 그리고 일반 시민의 정치참여는 사회주의 체제의 붕괴에 중요한 역할을 담당하였다. 그러면 소련의 경우에도 시민사회의 대두가 체제 붕괴에 결정적인 역할을 했는가? 아이젠스타트에 따른다면, 사회주의 체제의 와해는 시민사회가 성장해서라기보다는 지배 엘리트가 스스로 분열을 일으키고 체제를 수호하려는 의지를 상실하게 된 것과 더 관련이 있는 것은 아닌가? 다시 말하면 사회주의 체제의 와해에 있어서 체제 내적 요인이 보다 중요한 역할을 담당했을 가능성을 배제할 수 없는 것이다.

I. 소련의 붕괴는 불가피했는가?: 사회·경제적 요인의 역할

소련의 붕괴를 다룬 연구들은 대부분이 환경 변화에 대한 체제의 적응 실패라는 전제에서 출발하고 있다. 이들에 의하면, 지난 70여 년에 걸쳐 진행되어 온 소련의 사회·경제적 변화는 점차 체제를 압박하는 요인으로 작용하기 시작했다. 그동안의 산업화와 도시화 등에 부응하여 사회의 체제에 대한 요구가 — 생활수준의 향상 등 — 증가한 데도 불구하고 경제둔

---

[7] Zbigniew Brzezinski, *The Grand Failure: The Birth and Death of Communism in the Twentieth Century* (New York: Charles Scribner's Sons, 1989), p. 1.

화로 인해 이러한 요구를 수용할 수 있는 체제의 능력은 상대적으로 감소됨으로써 궁극적으로 체제는 정통성의 저하를 감수할 수밖에 없었던 것이다.

학자들은 소련체제 붕괴의 근인(近因)으로서 무엇보다도 경제위기를 들고 있다. 이들은 소련경제가 1970년대 이래 계속해서 성장 둔화를 경험하여 왔으며 특히 고르바초프가 개혁에 착수한 1980년대 중반 이후 침체가 가속화되기 시작한 데 주목하고 있다. 민생과 직접적으로 연관되고 있는 소비재 부문의 침체는 이미 브레즈네프 집권 말기부터 현재화(顯在化)되기 시작했으며 고르바초프 집권 중 급격히 악화되었다. 소련측 조사에 따르면, 기초 식료품의 경우 그 수량과 종류에 있어서 1983년까지만 해도 소련 전체 수요의 90퍼센트가 충족되었으나 1989년과 1990년 중반까지에는 각각 수요의 22퍼센트와 11퍼센트 정도만을 충족할 수 있는 수준으로 떨어지고 있으며, 1990년 현재 기본 소비재 1,200 품목 중 96-97퍼센트가 전혀 공급되고 있지 않은 것으로 집계되고 있다.[8] 이와 같이 일반 시민이 겪고 있는 생활고는 생필품 구입을 위한 장사진(長蛇陣)의 확대 및 급기야는 시민과 노동자들의 항의와 파업으로 발전하기 시작했던 것이다. 국민들은 또한 주택 부족과 환경 오염, 범죄 증가 등에 대해서도 점차 조직적인 항의를 벌임으로써 경제·사회문제가 정치적 문제로 확산되는 현상이 나타나기 시작했다.[9]

학자들은 이러한 경제위기가 소련 사회와 체제간의 잠재적 갈등을 전면에 부각시킨 것으로 풀이하고 있다. 다시 말해서 사회 변동이 체제 붕괴의 원인(遠因)으로 작용했던 것이다. 이들에 따르면 소련은 공산주의의

[8] Anders Aslund, "Gorbachev, Perestroyka, and Economic Crisis," *Problems of Communism*, Vol. 40, Nos. 1-2 (January-April 1991), p. 19에서 인용.

[9] Mervyn Matthews는 소련 시민의 경제적 기대가 충족되지 못하는 데 따른 가치박탈(deprivation)의 정도를 측정하고자 노력하고 있다. Mervyn Matthews, *Patterns of Deprivation in the Soviet Union Under Brezhnev and Gorbachev* (Standord, Cal.: Hoover Institution Press, 1989).

이상을 실현한다는 명분 하에 수립되었으며 공산주의 사회의 건설을 위한 사회 개조를 체제 정통성의 기반으로 삼아왔다. 그러나 사회주의 체제는 소련 사회가 공업화와 도시화 등 근대화를 거치는 과정에서 역으로 근대화된 사회에 적응하지 않으면 안되는 부담을 안게 되었던 것이다. 라피두스(Gail Lapidus)는 소련 사회가 스탈린 이후, 특히 브레즈네프 집권 중 그 구성과 성향에 있어서 상당한 변화를 거친데 주목한다.[10] 흐루시초프가 집권 중인 1959년만 해도 소련의 도시-농촌간 인구 구성은 47.9 대 52.1의 비율이었으나 브레즈네프 집권 말기인 1981년과 고르바초프 정권이 출범한 1986년에는 각각 63.4 대 36.6과 65.6 대 34.4로 도시화가 진척되고 있었다. 한편 교육수준에 있어서도 10세 이상의 소련 인구 중 중등교육 이상의 학력자가 1959년의 36.1퍼센트에서 1979년과 1987년에는 각각 63.8퍼센트와 70.8퍼센트로 증가되었다. 소련 사회는 스탈린 치하의 농업사회에서 산업사회로 탈바꿈하게 되었던 것이다. 이로써 1980년대 중반까지 소련 사회는 전문직 종사자를 주축으로 하는 도시 중산계층이 등장한 가운데 서방과 비슷하게 소비사회(consumerism)를 지향하여 온 것으로 관찰되고 있다.[11]

구조적 요인을 중시하는 학자들은 이와 같이 변화된 사회가 점차 체제와 갈등의 관계를 노정하여 온 것으로 지적한다. 밀라(James R. Millar)와 그의 동료들은 서방에 정착한 소련 이민자들을 상대로 한 조사를 통해 중산계층을 주축으로 하는 소련 사회가 사회주의적 가치와 이에 기반을 둔 체제에 환멸을 느끼고 있다는 사실을 발견하였다. 이들에 의하면 젊은 세대일수록, 그리고 교육수준이 높을수록 체제에 대한 지지도는 낮은

---

10) Gail W. Lapidus, "State and Society: Toward the Emergence of Civil Society in the Soviet Union," in Seweryn Bialer (ed.), *Politics, Society, and Nationality Inside Gorbachev's Russia* (Boulder, CO.: Westview, 1989), p. 142.

11) 위의 글, p. 126; Vladimir Shlapentokh, "Social Vaules and Daily Life in the Soviet Union," Kennan Institute, *Contemporary Soviet Society: Values and Lifestyles*, A special report (1986), pp. 6-7.

것으로 나타나고 있다.[12] 이러한 현상은 주로 브레즈네프 집권 중 체제
가 환경 변화에 대한 적극적 대응보다는 소극적으로 정책상의 표류를 해
온 결과로 풀이되고 있다. 소련 사회는 고르바초프가 집권하기 이미 오
래 전부터 체제에 대한 일종의 소극적 저항으로 알코올 중독과 범죄의
만연 등 일탈 현상을 노정하여 왔던 것이다.[13]

궁극적으로 이와 같이 사회 변화 및 특히 경제 침체에 따른 사회와 체제간의
괴리는 체제의 정통성 저하를 촉진하게 되었다. 일반적으로 소련과 같은
체제에 있어서 체제의 정통성은 이 체제만이 공산주의 사회의 건설이라는
이상을 실현할 수 있다거나, 아니면 체제 수립 당시의 위기를 이 체제만이
극복할 수 있다는 주장에 기초하든가, 또는 새로운 위기에 대처할 수 있음을
과시함으로써 유지될 수 있을 것이다. 그렇다면 이러한 체제가 약속한 이상을
실현하지 못하거나 새로운 위기에 적절히 대처하지 못하든가(crises of failure),
아니면 체제가 이미 수립 당시의 목표(이상)를 실현했거나, 또는 위기를
극복했으므로 이 체제는 역사적으로 존립의 근거를 상실했다는 주장이 제기
될 때(crises of historical obsolescence) 정통성의 위기가 야기될 것이다. 소련
체제의 붕괴와 관련하여 구조적 요인의 중요성을 강조하는 학자들의 입장을
종합하면 체제가 바로 이러한 두 경우, 특히 이상사회(理想社會)의 실현은
고사하고 경제위기와 같은 새로운 위기를 해결하는 데 무력함을 드러냄으로
써 촉발된 것이라고 할 수 있다.

소련의 붕괴에 대한 이상의 사회·경제적 요인 분석은 만족할 만한 것
인가? 무릇 어느 체제 변환에 있어서나 사회·경제적 변화라는 구조적 요
인의 중요성을 과소평가해서는 안 될 것이다. 그러나 어느 특정한 구조

12) James R. Millar (ed.), *Politics, Work, and Daily Life in the USSR: A Survey of Former Soviet Citizens* (Cambridge: Cambridge University Press, 1987), 특히 Chs. 3 & 4.
13) 알코올 중독 등 사회문제에 관해서는 David E. Powell, "Soviet Society Today," in Uri Ra'anan and Charles M. Perry (eds.), *The USSR Today and Tomorrow: Problems and Challenges* (Lexington, Mass.: Lexington Books, 1987), pp. 49-61.

적 요인이 곧 체제 붕괴의 원인이라고 주장하는 데에는 적지 않은 무리
가 있는 것으로 보인다. 남미와 남유럽에서 권위주의 체제에 불안정을
야기하는 원인은 일견하여 경제적인 것으로 보이나 체제가 더 이상 기능
을 하지 못하도록 만드는 요인은 일차적으로 반대세력의 득세 등 정치적
인 것으로 관찰되고 있다.[14] 이와 비슷한 맥락에서 오도넬(Guillermo
O'Donnell)과 슈미터(Philippe Schmitter)는 체제 변동과 관련된 조치들이
"민주정의 와해에서 보다는 (권위주의 체제의 붕괴 중) '거시' 구조적 요인
들의 영향을 덜 받는" 것으로 관찰하고 있다.[15] 이들은 권위주의 체제의
변화에 있어서 "구조적 요인들이 (체제 변환에 미치는 충격의) 불확정
성"(structural indeterminacy)을 강조한다. 많은 경우 구조적 요인들은 체제
변환의 충분조건을 구성하기보다는 필요조건을 충족시키는 것으로 이들
은 주장하고 있는 것이다. 나아가 셰보르스키(Adam Przeworski) 같은 이는
경제위기뿐만 아니라 정통성의 저하조차도 체제 붕괴의 충분조건은 아니
라고 주장한다. 그는 "어느 체제에서나 그 안정에 관건이 되는 것은 이
체제에 특유한 지배 양식에 대한 정통성이 아니라 이보다 선호되는 대안
(代案)의 존재 여부"라고 말한다.[16]

그렇다면 소련의 붕괴와 관련하여서도 이러한 구조적 요인들에 기초한
분석의 한계를 찾을 수 있는가? 소련의 붕괴와 관련한 구조적 요인 분석
에 있어서 다음과 같은 문제점들이 지적될 수 있을 것이다. 첫째로 구조
적 요인을 중시하는 학자들은 소련과 동유럽 등지의 사회주의 체제들이
상이한 사회·경제적 여건에도 불구하고 비슷한 정치·경제상의 특징을
공유하고 경제침체 등 비슷한 문제점들을 안고 있었으며 급기야는 이들

---

14) Jean Grugel, "Transitions from Authoritarian Rule: Lessons from Latin America,"
   Political Studies, Vol. 39, No. 2 (1991), pp. 363-364.
15) Guillermo O'Donnell and Philippe Schmitter, "Tentative Conclusions about
   Uncertain Democracies," in O'Donnell and Schmitter, and Whitehead, Part IV,
   p. 19.
16) Adam Przeworski, "Some Problems in the Study of the Transition to
   Democracy," in O'Donnell, Schmitter, and Whitehead, Part III, p. 52.

의 대부분이 1980년대 말 이래 연쇄적으로 붕괴된 점을 들어 사회주의
체제에 내재하는 보편적 모순을 주장할 수 있을 것이다. 그러나 동유럽
에서 사회주의 체제가 붕괴된 배경에는 이 지역에서 패자의 위치를 차지
하고 자신의 체제를 강요해 온 소련의 약화라는 외적 요인이 무엇보다도
중요한 역할을 한 점에서 소련의 체제 붕괴와 중요한 차이점을 지니고
있으며, 이와 함께 사회주의 체제의 몰락이 전세계적인 추세라고 할지라
도 아직 중국과 북한 등지에서 이러한 체제가 잔존하고 있음에 비추어
구조적 요인을 들어 사회주의 체제 몰락의 필연성을 주장하는 데에는 문
제가 있을 것이다. 둘째로 소련경제와 같은 중앙계획경제는 내재적 모순
으로 인해 경제적 합리성을 기하기 어렵다는 논의가 나온 것은 이미 오
래 전의 일이며 실제로 이러한 주장은 타당한 것으로 받아들여지고 있
다.17) 그러나 이로 인해 사회주의 체제가 불가피하게 경제위기에 놓이게
될 것이라는 이론상의 예측과 현실적으로 특정한 사회주의 경제가 어느
특정한 시기에 이와 같은 돌이킬 수 없는 경제위기에 놓였음을 입증한다
는 것은 별개의 문제인 것이다. 다시 말해서 소련의 붕괴가 소련 경제가
회복 불능의 위기에 빠지게 되었기 때문에 비롯된 것인지를 증명하기란
사실상 불가능한 일이 아닐 수 없다. 소련 경제는 고르바초프의 경제개
혁이 없었다면 아마도 침체의 골이 계속해서 깊어졌을 망정 생각보다 오
래 지탱되었을지도 모를 일인 것이다. 소련 경제를 연구하는 이들은 소
련 경제가 고르바초프 집권 중 급속히 위기로 빠져 든 것은 계획경제가
개혁 과정에서 점차 기능을 상실하기 시작한 데도 불구하고 이를 대체할
새로운 경제질서가 — 그것이 시장경제이건 다른 형태의 계획경제이건 관계없
이 — 확립되지 못한데 직접적으로 연유하는 것으로 관찰하고 있다.18) 끝

---

17) Ludwig von Mises, "Economic Calculation in Socialism," in M. Bornstein (ed.),
   Comparative Economic Systems, Third edition (Homewood, IL.: Irwin, 1974), pp.
   125-126.
18) Marshall I. Goldman, *What Went Wrong with Perestroika* (New York: W. W.
   Norton, 1991).

으로 사회주의 체제 하의 소련과 동유럽에서 경제위기나 사회변동의 정도가 어느 수준에 도달하면 이것이 정치체제에 영향을 미치게 되는지에 관해 누구도 확실한 답을 제시할 수 없다는 점이다. 어느 체제에 있어서나 사회·경제적 변화가 곧바로 정치적 변화를 유도하는 것은 아닌 것이다. 비교적 높은 경제 성장과 안정을 유지하고 있던 동독과 체코슬로바키아는 와해되기 이미 오래 전부터 체제의 불안정을 부담으로 안고 있었던 데 반해 극심한 경제적 어려움에 시달리고 있는 쿠바와 북한은 무슨 이유로 아직도 건재한가? 이상의 문제점들은 사회주의 체제의 변동 요인을 사회·경제적 요인에서 뿐만 아니라 다른 곳에서도 찾아야 할 필요가 있음을 시사하는 것으로 보인다. 구조적 요인이 곧 체제 붕괴를 유발하는 것은 아닌 것이다.

II. 소련의 붕괴는 누가 주도했는가?: 시민사회 혹은 지배 엘리트

앞에서 언급한 바와 같이 동유럽에서 사회주의 체제의 붕괴를 주도하는데 시민사회가 정도의 차이는 있으나 중요한 역할을 한 것으로 관찰되고 있다.[19] 일부 학자들은 소련에서도 오래 전부터 시민사회가 체제 변혁에 중요한 역할을 담당하게 될 가능성을 강조하여 왔다.[20] 이들은 주로 소련 사회의 변화와 이를 배경으로 한 체제 밖 집단들의 정치단체로의 탈바꿈에 주목하여 왔다.[21] 그러면 소련에서 조직화된 시민 활동과

---

19) Z. A. Pelczynski, "Solidarity and 'The Rebirth of Civil Society' in Poland, 1976-81," in John Keane (ed.), *Civil Society and the State: New European Perspectives* (London: Verso, 1988), pp. 361-380; Laszlo Bruszt and David Stark, "Remaking the Political Field in Hungary: From the Politics of Confrontation to the Politics of Competition," in Ivo Banac (ed.), *Eastern Europe in Revolution* (Ithaca, N.Y.: Cornell University Press, 1992), pp. 13-55, esp. pp. 15-21.

20) 예컨대 Lapidus, pp. 121-147.

체제 밖 집단들은 실제로 사회주의 체제의 붕괴에 어떠한 역할을 담당했는가? 이에 대한 답을 찾기 위해 우선 고르바초프의 집권을 전후하여 사회주의 체제의 붕괴에 이르기까지 과정을 살필 필요가 있을 것이다.

브레즈네프가 1982년 11월 사망한 이후 1991년 12월 소련이 해체될 때까지 소련 정치는 크게 네 단계로 나눌 수 있을 것이다. 첫 단계는 권력 승계의 과도기로서 1985년 3월 고르바초프가 공산당 서기장으로 취임하기 전 안드로포프(Yurii Andropov)와 체르넨코(Konstantin Chernenko)가 각각 15개월과 13개월이라는 짧은 기간을 지도자로서 권좌를 차지했던 기간이었다. 둘째 단계는 고르바초프 집권 이후 1988년 6-7월의 제19차 특별 당대회 전까지 경제개혁 위주의 소위 체제 내 개혁이 시도되었던 시기이며, 셋째는 이후 1990년 중반까지 고르바초프의 개혁이 정치부문으로 옮겨가면서 점차 과격화되었던 시기이다. 끝으로 1990년 후반으로 들어서서 체제에 대한 정통성의 위기가 현재화되었으며 그 해 8월 보수 쿠데타의 실패로 체제가 사실상 붕괴되고 연말까지 소련의 해체가 공식화되었던 시기이다.

고르바초프는 집권 직후 소위 "근본적 개혁"을 표방하고 나섰으나 실제로 개혁의 범위와 성격은 극히 제한적인 것이었다. 그는 경제 둔화와 이로 인한 초강대국으로서의 소련의 장래에 우려를 나타내고 이러한 침체를 반전시키는 데 노력을 기울였다. 고르바초프는 처음 사회주의 체제 자체에는 아무런 문제점이 없으며 단지 브레즈네프 집권기의 잘못된 점을 시정하는 것으로 충분할 것으로 생각했다. 이에 따라 그는 선임자 안드로포프가 추진했던 노동규율과 사회기강의 강화에 역점을 두었으며 그의 초기 경제개혁은 생산 증대를 위한 조직 개편과 투자 증대에 한정되고 있었다. 그러나 이러한 정책은 조만간 한계를 드러내게 되었던 것이다. 초기의 생산성 향상은 다시 종전의 불만족한 상태로 되돌아가게 되

---

21) 이 글에서 사회주의 체제 하의 시민사회는 국가와 비교적 독립된 행동 영역에서 사회의 자립적 조직화를 지칭한다.

었기 때문이다.

이러한 제한된 개혁은 점차 일반 국민들의 실망을 불러 일으켰지만 적어도 당분간 지배 엘리트간에는 폭넓은 지지를 받을 수 있었다. 고르바초프는 소련 역사상 어느 전임자보다도 빠른 속도로 자신의 권력을 강화할 수 있었으나, 적어도 집권 초기에는 개혁을 추진함에 있어서 지배 엘리트의 전반적인 지지를 필요로 했었다.

고르바초프가 자신의 체제 내 개혁이 갖는 한계를 인식하게 된 것은 대략 1986년 제27차 당대회 이후인 것으로 관찰되고 있다. 그는 점차 급진적인 내용의 경제개혁 조치를 도입하기 시작했다. 말단 생산단위의 권한을 확대하는 것으로부터 시작하여 고르바초프는 협동조합과 합작기업 활동의 법제화, 토지의 50년 임대차, 중앙은행(Gosbank)의 재정·금융상의 독점적 지위 폐기, 중앙 경제부서의 권한 제한, 루블화의 태환화(兌換化) 및 가격개혁의 가능성 언급, 그리고 사유재산제 및 궁극적으로 시장경제의 도입에 관해 관심을 보이게 되었다.

보다 중요한 것으로 경제부문에서의 새로운 사고는 정치부문에 대한 개혁의 급진화와 병행하게 되었으며 시간이 경과하면서 경제보다는 정치부문에서 일대 변혁이 가시화되기 시작했다. 고르바초프는 제19차 특별 당대회까지에는 정치개혁이 선행되지 않고는 경제개혁이 불가능함을 인식하게 되었던 것으로 학자들은 풀이하고 있다.

실제로 정치권력의 독점 및 생산수단의 국유화(경제의 독점화)에 기초한 사회주의 체제에서 권력 엘리트는 곧 경제 엘리트이기 때문에 경제를 경제 외적 속박에서 해방하여 시장의 원리에 따라 기능하도록 할 경우 이들 엘리트는 경제에 대한 통제력의 상실뿐만 아니라 궁극적으로 정치권력의 상실을 감수해야 할 곤경에 놓이게 되는 것이다. 경제를 담당하는 중앙의 당·정 관료는 말할 것도 없고 지방에서 사실상 전권을 장악하고 있는 지방당 서기장의 경우에도 지방 경제운용에 관한 권한의 박탈은 이들의 특권 유지에 치명적일 수 있었던 것이다. 이에 더해 지배 엘리트 중에는 지도부에서 하부에 이르기까지 아직 공산주의 신봉자가 적지 않았다. 개혁의 기수였던 고르바초프 자신도 소련이 붕괴된 이후까지 스스로가 공산주의자임을 분명히 해왔던 것이다. 그는 체제 개혁을 통해 사회주의의 참된 이상을 실현할 수 있다는 입장을 역설했으나 지배 엘리트 내에서는 그의 개혁에 반대하는 세력이 대두하게 되었다.

고르바초프는 반대 세력에 맞서 공개주의(glasnost') 운동의 확대와 인사 교체를 계속하는 한편 당과 국가기구의 개편을 단행했다. 그는 집권 직후부터 공산당 중앙당부의 대대적인 인사를 단행했고 지방에서는 1988-89년 중 14개 공화국 공산당 제1서기 중 10명을 교체했으며 정부와 군부, 국가안전위원회(KGB) 등 권부를 대폭 개편함으로써 요직을 자신의 지지자로 충원하는 소위 "권력의 순환"(circular flow of power) 방법을 동원하여 입지를 공고히 하는 데 주력하였다. 고르바초프는 이를 바탕으로 제28차 당대회에서 마침내는 보수세력의 지도자인 리가초프(Yegor Ligachev)를 제거하는 데 성공했던 것이다. 그는 이와 함께 신임 정치국을 종전의 12명 성원에서 23-24명으로 확대함으로써 이를 종전의 최고 결정기구에서 일종의 심의기구로 격하시켰다. 당대회에 이어 소련방 최고회의는 헌법상에 보장된 공산당의 "지도적 역할"(권력 독점)을 박탈함으로써 공산당은 마침내 다당제(多黨制) 하의 일개 정당으로 전락하게 되었다. 한편 고르바초프의 구상에 따라 소련 역사상 처음으로 1989년 3월 2,250명의 인민대의원 중 2/3가 비밀투표로 선출되었으며 곧 이어 인민대의원 대회에서 상설 의회로서의 소련방 최고회의가 구성되었고 지방 소비에트 선거가 실시되었으며 1990년 3월에는 고르바초프가 인민대의원 대회에서 간접선거로 연방 대통령에 선출되었던 것이다. 이로써 소련의 정치체제는 1990년 가을까지에는 당에서 국가기구로의 권력 이전을 특징으로 하게 되었다.

그러나 인사 및 조직 개편에 따른 권력의 집중에도 불구하고 고르바초프의 권위는 그의 집권 중반 이후 경제위기와 이에 따른 체제 불안정이 심화됨에 따라 급속히 약화되어 왔다. 권력은 연방을 구성하던 공화국으로 유출이 가속화되고 이러한 현상은 각급 정부기관에도 파급되는 등 사회 전체적으로 소위 "권력의 난립"(mnogovlastie) 현상이 현저해짐으로써 체제 자체가 와해될지도 모른다는 위기의식이 팽배하게 되었던 것이다.

위기에 대한 대응으로서 고르바초프는 집권 후반으로 접어들면서 개혁에서 후퇴하여 개혁-보수세력 사이에서 중도노선을 표방하기 시작했다. 그가 개혁정책과 관련한 논쟁에 있어서 "혁명적인" 수사(修辭)를 늘어놓음에도 불구하고 막상 구체적인 문제에 당면하면 중도적 입장으로 돌아섰음은 잘 알려진 일이다. 고르바초프는 1990년 가을 소위 500일(日) 급진 경제 개혁안을 받아들이지 않은 데 이어 보수 선회를 서둘렀는바, 이의 배경으로 당시 그에 대한 국민의 지지가 여론조사에 따르면 1989년 12월의 52퍼센트에서 1990년 10월까지에는 21퍼센트로 저하되어 왔고, 자신이 의지할 수 있는 개혁세력이 기대했던 만큼 강화되지를 못하고 오히려 개혁으로 인해 자신의 입지가 점차 위태롭게 되어간다는 판단을 들 수 있을 것이다. 그러나 1990년 말까지에 고르바초프는 개혁세력은 물론 보수파로부터도 지지를 상실하게 되었다. 최고회의 내 보수강경파 지도자인 알크스니스(Viktor Alksnis)는 1990년 11월 고르바초프에게 개혁을 중단하거나 아니면 실각될 것임을 경고하는가 하면 개혁파 인사들은 같은 달 공개서한을 통해 그에게 개혁을 본격화하던가 아니면 사임하라고 압력을 가하곤 했다. 고르바초프는 1990년 12월 내무장관에 보수파인 푸고(Boris Pugo)와 다음 해 1월 수상에 파블로프(Valentin Pavlov)를 임명하는 등 보수 선회를 계속하게 되었다. 그러나 그는 1991년 4월 옐친(Boris Yeltsin)을 비롯한 소련방을 구성하는 공화국 지도자들과 협상을 갖고 새로운 연방조약에 합의하는 등 다시 개혁으로 선회할 조짐을 보이기 시작하였는바, 이 해 8월 쿠데타는 이를 계기로 보수세력이 그에 대한 기대를 완전히 포기한 데서 비롯된 것이었다.

보수세력에 의한 쿠데타는 소련 사회주의 체제의 붕괴에 결정적인 계기가 되었다. 쿠데타가 실패로 돌아간 직후 체제의 중추인 공산당이 사실상 불법화되었으며 이어 같은 해 연말까지에는 소련 자체가 해체되었던 것이다. 당시 쿠데타는 성공할 많은 요인들을 갖추고 있었다. 경제 위기는 심화되어 일반 시민의 고르바초프와 그의 개혁에 대한 지지는 거의 완전히 증발된 상태였으며 동유럽의 상실과 나아가 소련마저 해체될지 모른다는 긴박감은 특히 군부의 불만과 경악을 자아내게 되었고, 한편 소위 민주세력은 분열되어 있었다.[22] 이에 더해 쿠데타가 일어나자 아제르바이잔과 타지키스탄 등 일부 공화국 지도자들은 이를 지지하고 나섰던 것이다. 그럼에도 불구하고 쿠데타는 왜 실패했는가? 러시아 학자 셰프쪼바(Lilia Shevtsova)에 의하면, 이는 옐친이 이끄는 반대 세력의 효과적인 저항에도 기인하지만, 보다 근본적으로는 쿠데타 지도자들의 거사 준비의 부족과 우유부단에 기인하고 있다.[23] 또 다른 주요한 이유로 쿠데타의 성패를 좌우하는 군부와 비밀경찰(KGB)이 내부적으로 분열되었던 것이다. 다시 말해서 지배 엘리트가 분열되어 있었던 것이다. 끝으로 옐친과 그의 지지자들이 쿠데타에 맞서 저항을 벌였지만 이는 국지적인 현상에 불과했고 쿠데타에 항거하는 전국적 규모의 "민중봉기"는 없었다는 점을 지적할 필요가 있을 것이다. 쿠데타 주동자들에 의해 "비상사태"가 선포된 지 수 시간 내에 행해진 여론조사에 따르면 응답자의 40퍼센트가 "법과 질서"의 회복을 위해 쿠데타를 지지한 것으로 나타나고 있다.[24]

이제까지 고르바초프 집권 이후 소련의 해체에 이르기까지 소련 사회주의 체제의 붕괴 과정을 살폈다. 이상의 관찰에 기초할 때 체제 관리를 담당하는 지도부를 포함한 지배 엘리트의 대응은 다음과 같은 특징을 보이고 있다. 첫째로, 체제 적응의 이니셔티브는 체제 자체, 즉 지배 엘리

---

[22] Lilia Shevtsova, "The August Coup and the Soviet Collapse," *Survival*, Vol. 34, No. 1 (Spring 1992), p. 6.

[23] 위의 글, pp. 6-7.

[24] 위의 글, p. 7.

트로부터 나오고 있다는 점이다. 안드로포프가 권좌에 오를 당시 소련의
지배 엘리트간에는 체제의 활력을 재충전하기 위해 무엇인가 조치가 강
구되어야 한다는 데 의견의 일치가 있었으며 고르바초프에게 체제의 쇠
퇴를 막기 위해 개혁이 추진되어야 한다는 일종의 위임이 이들 엘리트로
부터 부과되었던 것으로 학자들은 풀이하고 있다.[25] 고르바초프는 자신
의 개혁(perestroika) 정책은 이미 집권 공산당과 정부 관료들에 의해 자신
의 집권 이전에 합의되었던 것으로 밝히고 있다.[26] 그러나 무엇인가 해
야 한다는 긴박감에도 불구하고 막상 무엇을 해야 한다는 뚜렷한 방침이
제시되지 못한데 따라 개혁은 처음 "주저 끝에" 시작되었으며 경제회복
만을 염두에 둔 체제 내 개혁이 채택되었던 것이다.[27]

둘째로 이와 같이 주저하며 시작된 개혁에서 쉽사리 유추할 수 있는
것으로서 고르바초프 집권 중 체제 대응(개혁)을 놓고 지배 엘리트가 분
열되기 시작했다는 점이다. 고르바초프를 중심으로 한 소위 체제 내 개
혁 세력은 점차 개혁이 단순히 경제부문에만 국한되기는 어려우며 개혁
의 성공을 위해서는 체제 자체의 변혁이 요청된다는 입장을 취하게 된
반면 보수세력은 체제 내 개혁을 끝까지 고수했던 것이다. 특히 지도부
내의 분열은 개혁의 추진력을 결정적으로 약화시켰는바, 고르바초프와
리가초프의 대립은 바로 이러한 체제 대응의 범위를 둘러싼 갈등이었던
것이다. 이러한 과정에서 고르바초프는 선거와 대통령제의 도입 등 제도

---

[25] 예컨대 Seweryn Bialer, "The Changing Soviet Political System: The Nineteenth Party Conference and After," in Seweryn Bialer (ed.), *Politics, Society, and Nationality Inside Gorbachev's Russia*, p. 193.

[26] Mikhail Gorbachev, *Perestroika: New Thinking for Our Country and the World* (New York: Harper & Row, 1987), pp. 24, 27. 그는 1990년 12월 한 연설에서 셰바르드나제(Eduard Shevardnadze)와 1985년 초 함께 휴가 중 곧 외무장관으로 신임을 앞두고 있던 셰바르드나제가 "모든 것이 철저히 썩었다"고 말한 데 대해 "우리가 이제까지 살아 온 식으로는 더 이상 살 수 없다"고 동조했던 것으로 상기하고 있다. *Pravda*, 1990. 12. 1.

[27] Stephen White, "The Soviet Union: Gorbachev, Perestroika and Socialism," *The Journal of Communist Studies*, Vol. 8, No. 1 (March 1992), p. 36.

상의 개편을 통해 보수세력의 기반인 공산당의 약화를 꾀하는 한편 공개
주의(公開主義)의 정책을 통해 개혁에 반대하거나 이에 미온적인 당료 및
정부 관료들에 대한 압력을 강화했다. 그러나 경제는 아직 새로운 경제
질서가 정착되지 못한 과도적 상황에서 급격히 악화되고, 이에 따른 국
민의 불만을 배경으로 공화국들을 중심으로 연방의 주변이 해체되기 시
작했으며, 중앙에서는 당에서 축출된 옐친을 중심으로 개혁세력의 급진
화가 진행되었던 것이다. 고르바초프는 개혁과 보수세력 사이에서 줄타
기를 시작하게 되었고 개혁은 더욱 파행을 거듭했다. 이러한 견지에서 8
월 쿠데타는 개혁과 보수의 마지막 결전이었으며 이와 같이 프랑코
(Francisco Franco) 사후의 스페인과는 달리 소련에서는 지배 엘리트의 분
열이 체제의 해체를 앞당기게 되었던 것이다.

셋째로 소련 해체의 전 과정을 통해 체제 밖 엘리트와 일반 시민의 역
할은 미미했다는 점이다. 물론 사하로프(Andrei Sakharov)를 위시한 반체
제 인사들이 오래 전부터 체제 개혁을 요구하여 왔고 개혁이 진전되는
과정에서 1989년 7월 50여 만 광부 파업과 같이 독립노조의 주도 하에
노동자들의 파업이 조직되었으며 시민들이 생활고에 항의하여 반정부 시
위에 참여한 것이 사실이다. 그러나 전반적으로 이들은 영향력 있는 세
력으로 조직화되기보다는 주로 정부의 실정과 무능에 대한 불만의 표출
이라는 반사적(反射的, reactive) 반응의 수준을 벗어나지 못했다. 고적 보
존과 자연 보호 등 비정치적 목적을 표방한 가운데 1960년대부터 자생
적으로 나타나기 시작했던 소위 "비공식 집단"들이 고르바초프 집권 이
래 정치단체로 탈바꿈하여 우후죽순 격으로 등장했으나 이들의 기반은
취약하여 폴란드의 자유노조가 담당했던 수준의 정치적 역할은 수행하지
못했으며 1991년 보수 쿠데타에 대한 항의에 참여한 시민 또한 극소수
에 불과했다. 이러한 점에서 동유럽에서와는 달리 소련에서 체제와 독립
된 소위 시민사회의 대두는 개혁의 부산물일 뿐이지, 결코 그 반대는 아
니었던 것이다. 고르바초프의 개혁은 일관하여 일종의 사회주의 공동체

(Gemeinschaft) 구현을 목표로 국민의 정치참여 확대를 통해 직접민주정을
지향한 것이며 결코 이해관계에 기초한 분파적 성격의 시민사회
(buergerliche Gesellschaft)의 발전을 의도한 것은 아니었다.[28] 고르바초프
는 이러한 발상 하에 소위 "위로부터의 개혁"을 시도했으나 시민사회의
육성을 통해 지지를 창출하고 제도화하여 나아가는 데에는 실패했던 것
이다. 결론적으로 소련의 붕괴는 체제, 즉 지배 엘리트의 분열과 자폭의
결과였다고 해도 과언이 아니다.

III. 체제 변환에 관한 소련의 경험은 남미, 남유럽의 경험과 일치하는가?

이상으로 소련 사회주의 체제의 붕괴 요인들을 살폈다. 이들 요인은
크게 두 가지로 나뉘고 있는바, 그 하나는 구조적 요인이고 다른 하나는
지배 엘리트의 대응이다. 전자가 사회·경제적 요인들의 중요성을 강조하
는 데 대해 후자는 체제의 관리를 담당하는 지도부를 중심으로 한 지배
엘리트의 대응에 관심을 갖는다. 다른 정치체제에서와 마찬가지로 사회
주의 체제의 변환 또한 복잡하여 어느 특정한 요인만을 변환의 결정적인
요인으로 꼽을 수는 없을 것이며 이러한 견지에서 소련 체제의 붕괴와
관련한 두 요인도 보완의 관계가 강한 것으로 보인다.

소련 사회주의 체제의 변환과 관련한 이상의 두 요인을 중심으로 한 연
구 경향은 남미와 남유럽 등지에서의 체제 변환에 관한 접근에서도 비슷
하게 나타나고 있다. 예컨대 슈미터는 권위주의적 체제에 관한 그의 초기
연구에서 조합주의(corporatism)가 구조석으로 자본주의의 기본적 요청 내
지는 필요와 연관되고 있다는 전제 하에 체제 변환을 다루고 있으며 오도

---

[28] 국가와 시민사회간의 관계에 대해서는 Keane (ed.), *Civil Society and the State* 참조.

넬도 이와 비슷하게 사회·경제적 변화와 정치 변동 간에 중요한 상관 관계가 있다는 가정 하에 경제발전과 계급투쟁을 체제 변환의 주된 요인으로 분석한바 있다.[29] 그러나 린즈(Juan Linz)와 스테판(Alfred Stepan)은 남미 등지에서 민주정의 와해를 설명함에 있어서 구조적 요인이 자주 체제붕괴와 "유일하고도 불가피하게" 연관되고 있는 듯한 인상을 주는 데 반대하여 붕괴의 요인으로 지도력(leadership)의 부재(不在)에 보다 큰 비중을 두어 왔으며, 후에 오도넬과 슈미터 역시 권위주의 체제의 변환에 있어서 지도자를 비롯한 지배계급의 대응을 주된 변수로 받아들이고 있다.[30]

지배 엘리트의 대응이라는 측면에서 체제 변환에 관한 소련의 경험은 남미 및 남유럽의 경험과 일치하는가? 체제의 개방 ─ 자유화와 민주화 ─ 과정에 있어서 이들 두 경험간에 별다른 차이는 발견할 수 없다. 소련에서는 처음 페루와 그리스, 아르헨티나의 경우와 같이 체제의 실적 부진을 우려한 지배 엘리트에 의해 체제의 개방이 시도되었다. 또한 개방 과정에서 소련의 지배 엘리트는 남미 및 남유럽의 경우에서와 같이 체제의 유지를 주장하는 강경파와 ─ 소련에서는 보수파로 호칭 ─ 자유화를 지지하는 온건파로 ─ 개혁파 ─ 분열되었으며 과도기 중 끊임없이 강경파에 의한 쿠데타의 우려가 팽배하고 있었던 것이다. 이와 함께 사회의 정치화가 가속화되고 "시민사회의 부활"(resurrection of civil society)을 예고하는 조짐들이 나타나기 시작했으며 비록 유동적이기는 했으나 체제와 사회간에 권력 행사에 관한 일종의 묵시적인 양해(pact)가 성립되기 시작했

29) Philippe Schmitter, "Still the Century of Corporatism?," in Philippe Schmitter and Gerhard Lehmbruch (eds.), *Trends Toward Corporatist Intermediation* (Beverly Hills: SAGE, 1979), p. 24; Guillermo O'Donnell, *Modernization and Bureaucratic Authoritarianism: Studies in South American Politics* (Berkeley: Institute of International Studies, University of California, 1979), p. xiv.
30) Juan J. Linz, *The Breakdown of Democratic Regimes: Crisis, Breakdown, and Reequilibration* (Baltimore: The Johns Hopkins University Press, 1978), pp. 11-13; Guillermo O'Donnell and Philippe Schmitter, "Tentative Conclusions about Uncertain Democracies," in O'Donnell, Schmitter, and Whitehead, Part IV, p. 19.

던 것이다.

그러나 이러한 과정상의 유사점에도 불구하고 소련이 남미 및 남유럽의 경험과 구별되는 점은 전자의 경우 지배 엘리트의 분열이 보다 현저했으며 둘째로 시민사회가 충분히 성숙하지 못했다는 것이다. 소련에서 체제 붕괴는 보수 세력 — 중도 회귀의 고르바초프 — 급진 개혁을 표방하는 옐친 진영으로 지배 엘리트가 분열되는 과정에서 발생했으며, 시민사회가 민중 봉기 등의 형태로 체제 붕괴에 주도적 역할은 수행하지 못했던 것이다. 체제 밖 세력은 허약했고 특히 이들과 체제 간의 관계를 규정하는 양해조차 기껏해야 묵시적인 것에 불과했던 데 따라 이들이 체제 내 보수세력에 대한 견제력으로 작용하기에는 미약했던 것이다.

이와 같이 체제 붕괴에 있어서 소련이 남미, 남유럽과 차이를 보이는 데에는 많은 이유가 있을 것이나 그중에서도 체제의 성격이 결정적인 작용을 한 것으로 보인다. 소련 체제는 스탈린 시후 전체주의적 속성을 탈피하고 권위주의 체제로 이행하여 온 것으로 관찰되어 왔다. 체제가 사회와 국가에 완전히 침투하여 있는 경우를 전체주의로 지칭한다면 권위주의적 체제는 극히 제한적이나마 "다원주의"가 용인되고 공식적 이념은 없으나 나름대로의 독특한 준(準) 이념적 정향(定向)을 갖고 이에 기초하여 소(小) 지배집단의 지도자가 막연하나마 예측 가능한 범위 안에서 권력을 행사함을 특징으로 한다.[31] 스탈린 사후의 소련 체제를 "전체주의 체제"로 분류하는 데 반대한다고 할지라도 소련에서는 마지막까지 유일 정당의 권력 독점과 공산주의 이념의 편재(遍在), 국가의 경제 관리 및 언론과 문화 통제, 그리고 비밀경찰의 역할 등 전체주의적 속성이 여전히 연면하여 왔다. 현실적으로 어떠한 전체주의 체제도 사회에 대한 "전체적 통제"(total control over society)를 실현한 경우는 극히 드물 것이다.

---

[31] Juan J. Linz, "Totalitarian and Authoritarian Regimes," in Fred I. Greenstein and Nelson W. Polsby (eds.), *Handbook of Political Science*, Vol. 3 (Reading, Mass.: Addison-Wesley, 1975), pp. 175-411.

다만 체제가 전체주의적 성향이 강한가의 여부는 이 체제가 사회에 대한 전체적 통제를 지향하고 있는가에 좌우될 것이다. 이렇게 본다면 소련 체제는 스탈린 사후 권위주의로 이행하여 왔음에도 불구하고 붕괴 직전까지 여전히 전체주의적 성향을 견지하고 있었으며, 이러한 체제의 특성이 붕괴 과정에서 남미 및 남유럽의 경우와 편차를 보이게 만든 것으로 생각된다. 이러한 소련 체제의 특성은 붕괴 이후의 러시아에서 구(舊) 지배 엘리트가 분열상을 보이면서도 여전히 정치의 중심에서 도태되지 않는 상황으로 이어지도록 하고 있는 것으로 보인다. 소련 체제의 붕괴를 "동유럽 혁명"과 같이 "혁명"으로 지칭한다면 "소련 혁명"의 성격을 규명함에 있어서 이러한 체제의 특성이 간과되어서는 아니 될 것이다.

제2장: 러시아의 민주화 실험

4. 사회주의 체제의 민주화

　러시아를 비롯하여 구 사회주의권 국가들은 사회주의 체제의 붕괴 이후 정치적 민주화와 시장경제화를 표방하고 있다. 이들 중 일부에서는 권위주의 체제 내지는 전체주의적 지배에서 탈피해서 계획경제를 청산하고 새로운 질서를 지향하려는 노력이 비교적 순탄하게 이루어지고 있는가 하면, 다른 일부에서는 이러한 정치적 이행이 경제질서의 정착과 제대로 맞물리고 있지 못한 경우가 적지 않다.

　이와 같이 나라에 따라 체제 이행이 차이를 보이고 있는 이유는 어디에 있는가? 무릇 민주화를 촉진하거나 저해하는 요인은 적지 않을 것이나, 이 글은 민주화와 경제 관계에 초점을 맞춘 가운데 구 사회주의권 국가들의 체제 이행을 살피고자 한다. 특히 이들 국가가 대부분 계획경제를 뒤로하고 시장경제의 도입을 추구하고 있다는 점에서 체제의 이행뿐만 아니라 새로운 체제의 공고화라는 견지에서 경제적 요인의 중요성을 간과해서는 안될 것이다. 민주화가 시민사회의 성장을 전제로 한다면 사유재산제의 회복과 재산권의 보호는 민주화의 불가결한 전제가 될 것이며, 나아가 민주정의 공고화가 일정한 수준의 경제적 풍요를 필요로 하

　이 글은 1999년도 세종연구소 연구보고서로 작성한 것이다. 「제2장: 체제 이행의 정치경제」, 양운철, 정한구 (공저),『러시아·동유럽의 정치발전과 경제성장과의 상관관계: 북한에 주는 교훈』, 연구총서 99-03 (성남: 세종연구소, 1999), pp. 13-47.

는 것이라면 경제개혁의 성패는 민주정의 장래에 적지 않은 영향을 미칠
수 있을 것이다. 우선 구 사회주의권 국가들의 민주화가 어느 수준에 있
는지를 검토하기 앞서 민주정의 요건을 살필 필요가 있다.

I. 민주화의 단계: 개념적 접근

구 사회주의권 국가들의 민주화를 거론함에 있어서 무엇보다도 민주화
란 무엇을 지칭하는지를 분명히 할 필요가 있을 것이다. 민주정이 특정
한 정치 질서 내지는 체제를 지칭한다는 데 이의를 제기할 사람은 없을
것이나, 막상 "민주정이란 무엇이냐?"는 데 대해서는 다양한 정의가 제
시되고 있으며, "권위주의적 민주정"(authoritarian democracy), "신 세습제
민주주의"(neopatrimonial democracy), "군부 주도의 민주주의"(military-
dominated democracy) 등 민주주의라는 용어에 각종의 형용사가 부가된
신조어(新造語)가 양산되고 있는 실정이다.[1]

대부분의 학자들은 민주정의 최소한의 요건으로 자유선거의 실시를 들
고 있다. "투표자의 선호를 폭넓게 반영할 수 있도록 상당한 정도로 자유
롭고 경쟁적인 선거의 (실시 및 선거에서의) 승자가 대부분의 주요 정부 직
책을 차지"할 수 있도록 보장된다면 일단은 민주정에 진입한 것으로 간
주할 수 있을 것이다.[2] 이러한 체제는 선거 민주정(electoral democracy)으
로 지칭되기도 한다.[3]

---

[1] Ian Roxborough, "The Dilemmas of Redemocratization," *Government and Opposition*, No. 23 (1988), p. 362; David Collier and Steven Levitsky, "Democracy with Adjectives: Conceptual Innovation in Comparative Research," *World Politics*, Vol. 49, No. 3 (April 1997), pp. 430-451.

[2] Guillermo O'Donnell, "Do Economists Know Best?," *Journal of Democracy*, Vol. 6, No. 1 (January 1995), p. 23. ( )는 필자 삽입.

[3] Andreas Schedler, "What Is Democratic Consolidation?," *Journal of Democracy*, Vol. 9, No. 2 (April 1998), p. 93; Axel Hadenius, "The Duration of Democracy:

그러나 민주정은 공정하고 경쟁적인 선거에 더해 기본권과 시민적 자유, 다시 말해서 시민권(citizenship rights)의 보장을 통해 보다 성숙한 단계로 들어선 것으로 평가될 수 있다.4) 이 단계의 민주정은 정기적으로 실시되는 자유선거, 공정선거와 보통선거(universal suffrage) 및 선거직 대표자들에 대한 국가 행정기관의 책임과 국가의 자의로부터 보호받고 표현 및 결사의 자유를 향유하는 데 대한 효과적인 보장 등 네 특징을 구유하고 있다.5) 이와 연관하여 민주정의 필요조건으로 무엇보다도 정치적 반대세력(constitutional political opposition)의 용인이 강조되고 있다.6) 전반적으로 이들 요건은 다원제(polyarchy) 내지는 자유민주주의(liberal democracy)로 지칭되는 민주정의 기본을 이루는 것이기도 하다.7)

자유민주정은 정치 참여가 계급이나 인종, 성별의 차이를 넘어 확대되고 궁극적으로 사회·경제적 평등이 구현될 때 이를 각각 참여 민주주의(participatory democracy)와 사회민주주의(social democracy)로 지칭할 수 있을 것이다.8) 이와 같이 원숙한 민주정에서는 이해관계의 균등한 표출(equal representation of interests)과 재분배 지향적인 경제정책 및 사회정책이 주된 관심사가 될 것이다. 현실적으로 서방 민주정이 이러한 선진 민주정(advanced democracies)에 가장 근사하다고 할 수 있다.9)

이상에 기초할 때 구 사회주의권 국가들의 민주정은 어떻게 규정할 수

Institutional vs. Socio-economic Factors," in David Beetham (ed.), *Defining and Measuring Democracy* (London: Sage Publications, 1994), p. 69.

4) O'Donnell, "Do Economists Know Best?," pp. 23-24.

5) Evelyne Huber, Dietrich Rueschemeyer, and John D. Stephens, "The Paradoxes of Contemporary Democracy: Formal, Participatory, and Social Dimensions," *Comparative Politics*, Vol. 29, No. 3 (April 1997), p. 323.

6) Stephanie Lawson, "Conceptual Issues in the Comparative Study of Regime Change and Democratization," *Comparative Politics*, Vol. 25, No. 2 (January 1993), pp. 183-205, 특히 pp. 192-195.

7) Robert Dahl, *Polyarchy: Participation and Opposition* (New Haven: Yale University Press, 1971), pp. 7-8.

8) Huber et als., "The Paradoxes of Contemporary Democracy," p. 324.

9) Andreas Schedler, "What Is Democratic Consolidation?," p. 93.

있을 것인가? 아마도 우리는 새로운 형용사가 붙는 민주정이라는 신조어
를 만들 수도 있을 것이다. 그러나 이는 이들 체제의 성격을 정확히 부각
시키기 쉽지 않다는 점과 함께 쓸데없이 신조어의 양산으로 민주정이라
는 개념의 혼돈만을 가중시킬 수 있다는 점에서 민주정이라고 지칭할 수
있는 민주정의 기본적 특징을 준거로 삼은 가운데 이들이 민주화의 도정
에 어디쯤 와 있는지를 살피는 데 치중하고자 한다.

위에서 살편 바와 같이 민주정으로 규정할 수 있는 최소한(procedural
minimum)의 요건으로 (1) 참정권과 후보자간의 경쟁이 충분히 보장된 가
운데 공정한 선거의 실시와 (2) 언론과 집회, 결사의 자유를 비롯하여 시
민적 자유와 기본권의 효과적인 보장을 들 수 있을 것이다.[10]

이에 더해 비록 기본 요건이 구비되었다고 할지라도 남미 등에서 관찰
되고 있는 바와 같이 선거로 수립된 정부가 군부를 비롯한 수구세력에
대면하여 통치권을 효율적으로 행사할 수 있는 능력을 구비하고 있느냐
의 여부가 민주정의 또 다른 준거가 될 수 있을 것이다.[11]

끝으로 구 사회주의권 국가들의 민주화를 살핌에 있어서 남미와 아시
아 등지에서 관찰되고 있는 독특한 형태의 민주정인 이른바 위임 민주정
(delegative democracy)의 가능성을 간과해서는 안될 것이다. 이러한 형태
의 민주정은 주로 대통령 책임제 하에서 나타나고 있는바, 이러한 체제
에서 일단 대통령에 당선된 자는 헌법에 명기된 임기 중 소신에 따라 대
권을 행사할 수 있도록 보장되고 있다.[12] 그가 제약을 받는 것은 오직 자

---

[10] Guillermo O'Donnell and Philippe C. Schmitter, *Transitions from Authoritarian Rule: Tentative Conclusions about Uncertain Democracies* (Baltimore: Johns Hopkins University Press, 1986), p. 8; Larry Diamond, Juan J. Linz, and Seymour Martin Lipset, "Preface," in Diamond, Linz, and Lipset (eds.), *Democracy in Developing Countries: Latin America* (Boulder, CO.: Lynne Rienner, 1989), p. xvi; Giuseppe Di Palma, *To Craft Democracies: An Essay on Democratic Transitions* (Berkeley: University of California Press, 1990), p. 16.

[11] Collier and Levitsky, "Democracy with Adjectives," pp. 440-441.

[12] Guillermo O'Donnell, "Delegative Democracy," *Journal of Democracy*, Vol. 5, No. 1 (January 1994), pp. 59-60.

신의 임기와 기존의 권력관계뿐이다. 대통령은 국부로서 스스로 국익을
정의하고 이를 수호하는 자로 받아들여진다. 그는 자신의 선거 공약에
충실할 필요는 없으며, 오직 스스로 최선이라고 생각하는 방향으로 통치
를 하면 된다. 대통령은 국가를 우선적으로 고려하는 가부장적 존재로서
그의 정치적 기반은 파쟁적인 정당이 아니라 운동(movement)이다. 이러
한 체제에서 후보는 스스로를 정당과 각종의 세력을 초월하여 오직 나라
전체를 위해 복무하는 자로 내세우는 경향이 있다.

　모든 권력을 대통령에게 위임하는 식의 민주정에서 입법부와 사법부
등 대통령 이외의 기관은 단지 번거로운 존재로 밖에 간주되지 않으며,
이들은 대통령의 대권을 행사함에 있어서 걸림돌로 간주될 뿐이다. 단적
으로 위임 민주정은 헌정 기관간에 수평적으로 책임을 묻는 관계가 허약
함을 특징으로 하는 것이다. 민주주의, 다시 말해서 대의제란 궁극적으로
누구에게 책임을 지는 체제를 지칭하는 것이다. 넓은 의미에서 민주정이
란 "권력자가 필히 자신의 행위를 설명하고 공중(公衆)의 비판에 답변해
야 하는" 체제에 다름 아닌 것이다.[13] 책임은 수직적으로 유권자들에게
책임을 지는 것뿐만 아니라 상호간에 자율적인 권력의 중심 — 다른 헌정
기관들 — 사이에 수평적인 책임도 포함하고 있는 것이다.[14] 이러한 점에
서 위임 민주정은 자유민주정과 차이를 보이고 있다. 위임 민주정은 통
치권을 위임 받은 자가 책임을 질 필요를 약화시킴으로써 궁극적으로 시
민권을 침식할 위험을 수반하고 있는 것이다.[15]

　이상으로 우리는 민주화의 정도를 민주정의 기본 속성과 부수적 요건
의 유무를 통해 가늠할 수 있음을 살폈다. 기본적으로 민주정은 참정권
의 보장, 공정한 경쟁과 선거, 시민적 자유의 보장 및 당선된 정부의 효

13) Maxwell A. Cameron, "Self-coups: Peru, Guatemala, and Russia," *Journal of Democracy*, Vol. 9, No. 1 (January 1998), p. 137.
14) O'Donnell, "Delegative Democracy," p. 61.
15) Huber et als., "The Paradoxes of Contemporary Democracy," p. 324.

과적인 통치권의 행사 가능성과 당선된 정부의 책임 여부를 점검함으로써 민주화의 정도를 파악할 수 있을 것이다.

II. 구 사회주의권의 민주화

구 사회주의권 국가들의 민주화는 이상에서 살핀 요건에 비추어 볼 때 어느 수준인가? 표1은 정치적 권익과 자유의 신장에 관한 프리덤 하우스(Freedom House)의 자료를 토대로 체제 이행이 시작되기 직전인 1987년과 그로부터 10년이 경과한 1997년 현재 이들의 민주화를 대비시키고 있다. 정치적 권익(political rights)에 관한 지표는 공정하고 자유로운 선거를 통한 정권의 교체에 관한 것이며, 자유(civil liberties)에 관한 지표는 다름 아닌 시민적 자유와 기본권의 보장 여부에 관한 것이다.16)

구 사회주의권 국가들에서는 처음 공산당 독재의 종식에 이어 대부분이 민주화를 지향하는 내용의 헌법을 채택했으며 선거를 실시하기 시작했다. 이와 같이 민주정으로 변신한 정도에 따라 1997년까지에는 이들은 크게 세 집단으로 나뉘고 있는바, 우선 동유럽 국가들의 경우 가상 선진적인 민주화 집단에 속하는 국가로 체크 공화국(Czech Republic), 헝가리(Hungary), 폴란드(Poland), 슬로베니아(Slovenia)를 꼽을 수 있다. 다음으로 민주화 도상의 집단에 루마니아(Rumania), 불가리아(Bulgaria), 슬로바키아(Slovakia)와, 그 뒤로 마케도니아(Macedonia), 알바니아(Albania), 크로아티아(Croatia)와 보스니아-헤르체고비나(Bosnia-Herzegovina)가 소속하고 있다. 유고슬라비아(Yugoslavia)는 — 세르비아(Serbia)와 몬테네그로(Montenegro)로 구성 — 동유럽에서 유일하게 비민주화 국가로 분류될 수 있을 것이다.

---

16) Freedom House, *Freedom in the World: The Annual Survey of Political Rights & Civil Liberties 1997-1998* (New Brunswick: Transaction Publishers, 1998), pp. 592-599.

한편 구 소련 지역의 국가들 중 에스토니아(Estonia)를 비롯한 발트 3국
이 민주화에 앞장서고 있으며, 그 뒤를 러시아(Russia)와 우크라이나
(Ukraina), 몰도바(Moldova), 그루지야(Gruziya), 그리고 키르기스 공화국
(Kyrgyz Republic)이 잇고 있다. 끝으로 벨라루시(Belarus)와 아르메니아

표1: 구 사회주의권 국가들의 민주화, 1987-1997

	1987		1997		통치 유형
	PR[1]	CL[2]	PR[1]	CL[2]	
체크 공화국	7[3]	6[3]	1	2	내각책임제
헝가리	5	4	1	2	〃
슬로베니아			1	2	대통령중심제
폴란드	5	5	1	2	〃
에스토니아			1	2	〃
라트비아			1	2	〃
리투아니아			1	2	〃
루마니아	7	7	2	2	〃
불가리아	7	7	2	3	내각책임제
슬로바키아	7[3]	6[3]	2	4	
러시아	7[4]	6[4]	3	4	대통령중심제
우크라이나			3	4	〃
몰도바			3	4	〃
그루지야			3	4	〃
마케도니아			4	3	〃
알바니아	7	7	4	4	〃
크로아티아			4	4	〃
키르기스 공화국			4	4	〃
보스니아-헤르체고비나			5	5	〃

아르메니아			5	4	일당(一黨)주도
아제르바이잔			6	4	〃
카자흐스탄			6	5	〃
유고슬라비아⑤	6⑥	5⑥	6	6	〃
벨라루시			6	6	대통령 독재제
타지키스탄			6	6	일당(一黨)주도
우즈베키스탄			7	6	〃
투르크메니스탄			7	7	〃

① PR (Political Rights): 정치적 권익에 관한 지수, 1=최대, 7=최소.
② CR (Civil Liberties): 시민적 자유에 관한 지수, 1=최대, 7=최소.
③ 체크와 슬로바키아로 분리되기 전의 체코슬로바키아의 지수.
④ 러시아의 전신인 소련의 지수.
⑤ 현 유고슬라비아 (세르비아와 몬테네그로).
⑥ 분열되기 전의 구 유고슬라비아 연방의 지수.
출처: Freedom House, *Freedom in the World, 1987-1988* (New York: Freedom House, 1988) & *Freedom in the World, 1997-1998* (1998).

(Armenia), 아제르바이잔(Azerbaijan), 키르기스를 제외한 중앙아시아의 3개 국가들이 아직 민주화 단계로 진입하는 데 뒤쳐지고 있다.

이와 같이 제1군 국가들은 1989년 체제 이행이 시작된 이래 비교적 신속하게 입헌 질서와 다당제를 수립하고 자유선거를 통해 정권 교체를 이룩했으며, 전반적으로 기본적인 시민적 자유를 확립하고 있다. 이와 대조적으로 제2군 국가들은 사회주의 체제에서 탈피하는데 보다 오랜 시일이 소요되거나— 동유럽의 경우, 알바니아, 루마니아, 그리고 이들보다 정도는 약하나 불가리아— 구 체제에서 탈피는 했으나 민주정의 도입은 여전히 미진한 국가들을 포함한다. 마지막으로 제3군 국가들은 민주정의 기본 요건을 충족시키지 못하고 있다.

흥미있는 것은 앞에서 살핀 위임 민주정의 특징이 러시아를 비롯한 제2군 국가들에서 발견되고 있다는 점이다.17) 이는 아마도 이들 국가가 민

---

17) Zebulon T. Rainone, "Democracy Stalled: Evaluating the Russian Federation Today," *East European Quarterly*, Vol. 32, No. 2 (June 1998), pp. 276-278.

주화의 중간 단계에 있는 나라들로서 아직 과거와의 단절이 미진하며, 이와 함께 극심한 사회·경제적 위기에 대처할 필요성이 여느 국가보다 절실한데 기인하고 있는지도 모른다.[18]

끝으로 동유럽 국가들이 구 소련 지역의 국가들에 비해 전반적으로 민주화에 발 빠른 행보를 보이고 있음을 관찰할 수 있다. 특히 중앙아시아 국가들은 대부분이 여전히 권위주의 체제에서 탈피하고 있지 못하다.

한편 표2에서 보는 바와 같이 제3군에 소속하는 국가들을 제외한 19개 나라들 중 민주화가 지속적으로 확대되고 있는 국가는 1993년 이래 10개 국가로 나타나고 있으며, 이와 대조적으로 불가리아, 알바니아와 마케도니아에서는 민주화가 후퇴하는 양상을 보이고 있다. 나머지 여섯 국가에서 민주화는 안정 내지는 소강 상태에 머물러 있다. 이들 중 체크 공화국과 헝가리, 슬로베니아의 민주화는 서방 민주정의 수준에 도달하고 있다. 흥미로운 것은 러시아의 민주화가 여전히 제자리걸음을 면치 못하고 있다는 점이다.

이들 국가가 거의 비슷하게 체제 이행을 시작했음에도 불구하고 이와 같이 민주화 과정에서 차이를 보이고 있는 이유는 무엇인가? 이들 국가에서 민주화가 반전되는 경우는 없을 것인가? 이에 대한 해답을 찾기 앞서 민주화에 관한 기존의 이론들을 점검할 필요가 있다.

---

[18] O'Donnell은 위임 민주정이 이전의 권위주의 체제로부터 떠 안은 사회·경제위기에 대처할 필요와 관련이 있는 것으로 지적하고 있다. O'Donnell, "Delegative Democracy," p. 56.

표2: 구 사회주의권 국가들의 민주화 추세, 1993-1997[①]

	1993	1994	1995	1996	1997	민주화 추세
체크 공화국	1.5	1.5	1.5	1.5	1.5	0
헝가리	1.5	1.5	1.5	1.5	1.5	0
슬로베니아	1.5	1.5	1.5	1.5	1.5	0
폴란드	2	2	1.5	1.5	1.5	+
에스토니아	2.5	2.5	2	1.5	1.5	+
라트비아	3	2.5	2	2	1.5	+
리투아니아	2	2	1.5	1.5	1.5	+
루마니아	4	3.5	3.5	2.5	2	+
불가리아	2	2	2	2.5	2.5	-
슬로바키아	3.5	2.5	2.5	3	3	+
러시아	3.5	3.5	3.5	3.5	3.5	0
우크라이나	4	3.5	3.5	3.5	3.5	+
몰도바	5	4	4	3.5	3.5	+
그루지야	5	5	4.5	4	3.5	+
마케도니아	3	3.5	3.5	3.5	3.5	-
알바니아	3	3.5	3.5	4	4	-
크로아티아	4	4	4	4	4	0
키르기스 공화국	4	3.5	4	4	4	0
보스니아-헤르체고비나	6	6	6	5	5	+
아르메니아	3.5	3.5	4	4.5	4.5	-
아제르바이잔	6	6	6	5.5	5	+
카자흐스탄	5	5.5	5.5	5.5	5.5	-
유고슬라비아	6	6	6	6	6	0
벨라루시	4.5	4	5	6	6	-
타지키스탄	7	7	7	7	6	+
우즈베키스탄	7	7	7	6.5	6.5	+
투르크메니스탄	7	7	7	7	7	0

① 이 표의 수치는 PR(정치적 권익 지수)와 CR(시민적 자유 지수)의 평균치이다.
출처: Freedom House, *Freedom in the World*, 매년 호.

III. 민주화의 정치경제: 이론적 조망

남유럽을 거쳐 구 사회주의권까지 파급되고 있는 민주화의 물결에 발맞추어 학자들은 권위주의 체제의 민주화를 초래한 조건과 원인들을 규명하기 시작했으며, 이에서 한 걸음 더 나아가 이른바 "민주화 혁명"이 전세계적으로 확산되고 있는 데 상응하여 신생 민주정의 공고화(democratic consolidation)에 관심을 쏟고 있다. 민주정의 공고화란 예컨대 앞서 살핀 바와 같이 선거 민주정에서 자유민주정 내지는 선진 민주정으로 민주화를 심화하는 것뿐만 아니라 방금 뿌리를 내리기 시작한 민주정이 권위주의 체제로 퇴행하는 것을 막는다는 이중의 문제의식에 기초하고 있다.

그러나 민주정의 공고화라는 용어 자체가 갖는 다의성에 못지 않게 거론되고 있는 공고화의 요인 또한 다양한 것이 실정이다.[19] 민주화에 관한 연구가 초기에는 구조적 요인들을 규명하는 데서 출발하고 있음은 다 아는 일이다. 그러나 이른바 근대화의 역할을 비롯하여 민주정의 필요조건 내지는 요건을 밝히려던 종전의 관심은 민주정으로의 이행에 초점을 맞추는 과정적 접근에 대체되기 시작한 지 이미 오래이다. 민주화는 이제 엘리트의 역할,[20] 정부조직과 선거제 및 정당 체제 등 새로운 제도의 선택,[21] 경제와 정치 변동간의 관계,[22] 집단적 항의 행위 등을 통한 비

---

19) Schedler, "What Is Democratic Consolidation?," pp. 102-103.

20) 예컨대 O'Donnell and Schmitter, *Transitions from Authoritarian Rule*, pp. 37-39; Larry Diamond and Juan J. Linz, "Introduction," in Diamond, Linz, and Lipset (eds.), *Democracy in Developing Countries*, pp. 1-58.

21) Arend Lijphart and Carlos H. Waisman (eds.), *Institutional Design in New Democracies* (Boulder, CO.: Westview, 1996), p. 2; Stephan Haggard and Robert R. Kaufman, *The Political Economy of Democratic Transitions* (Princeton: Princeton University Press, 1995), p. 370.

22) Adam Przeworski, *Democracy and the Market: Political and Economic Reforms in Eastern Europe and Latin America* (Cambridge: Cambridge University Press, 1991); Luiz Carlos Bresser Pereira, Jose Maria Maravall, and Adam Przeworski, *Economic Reforms in New Democracies* (Cambridge: Cambridge University Press, 1993).

(非) 엘리트의 역할[23] 등 여러 측면에서 검토되고 있다.

그러면 이 연구의 주제인 정치와 경제의 상호작용에 관해 기존의 연구는 어떠한 접근을 하고 있는가? 주지하는 바와 같이 근대화론자들은 근대화가 민주화에 기여한다는 입장을 견지하고 있다. 이들에게 경제발전은 무엇보다도 민주화의 원동력으로 간주된다.[24] 그러나 발전론자들의 주장은 기껏해야 민주정이 뿌리를 내릴 수 있는 조건들에 관한 개연적 선언에 불과하다는 등의 반론에 직면하여 왔다. 실제로 발전론은 20세기 초 독일의 민주화가 좌절된 것이라든가, 동유럽 등지의 민주화가 사회주의 경제의 쇠퇴와 밀접히 연관되고 있음을 설명하는 데 한계를 노정하고 있는 것이다.[25] 또한 발전론자들의 기대와는 달리 동남아시아의 경우 중산계급은 오랜 동안 민주화를 요구하기보다는 권위주의 체제를 지지하여 왔던 것이다.[26] 한편 민주화의 과정을 중시하는 입장은 경제의 역할에 관해 비교적 소홀한 입장이었다.[27]

그럼에도 불구하고 구 사회주의권 국가들의 민주화는 적어도 표면상으로 경제적 변화와 밀접히 연관되고 있는 것이다. 이미 앞에서 언급한 바와 같이 이들 국가는 민주화와 동시에 시장경제의 도입을 도모하고 있는

[23] Grzegorz Ekiert and Jan Kubik, "Contentious Politics in New Democracies: East Germany, Hungary, Poland, and Slovakia, 1989-93," *World Politics*, Vol. 50, No. 4 (July 1998), pp. 547-581.

[24] 경제발전과 민주화 사이의 인과관계에 관한 최근의 주장으로는 Ross E. Burkhart and Michael S. Lewis-Beck, "Comparative Democracy: The Economic Development Thesis," *American Political Science Review*, Vol. 88, No. 4 (December 1994), pp. 903-910.

[25] Karen L. Remmer, "New Theoretical Perspectives on Democratization," *Comparative Politics*, Vol. 28, No. 1 (October 1995), pp. 111-112.

[26] Jacques Bertrand, "Growth and Democracy in Southeast Asia" (review article), *Comparative Politics*, Vol. 30, No. 3 (April 1998), pp. 355-375. 남미에서 경제위기와 체제전환에 관해서는 Karen L. Remmer, "Democracy and Economic Crisis: The Latin American Experience," *World Politics*, Vol. 42, No. 3 (April 1990), pp. 315-335.

[27] 물론 Przeworski와 같이 게임이론 등에 입각한 분석이 없는 것은 아니다. Przeworski, *Democracy and the Market*.

것이다. 이들 국가의 경우 정치와 경제 사이에는 어떠한 관계가 있는가? 이들의 민주화에 있어서 경제의 역할을 살피는 데는 두 방법이 있을 것이다. 첫째는 이들 국가의 민주화와 경제와의 관계를 계량적으로 비교하는 것이고, 둘째는 이들 중 특정한 국가의 민주화를 사례로 점검하는 것이다. 계량적 접근은 제3장에서 본격적으로 다루어질 것인바, 아래에서는 기본적인 추세만을 살피는 데 그치고자 한다.[28]

IV. 구 사회주의권 국가들의 민주화: 민주화의 정치경제

표3에서 보는 바와 같이 구 사회주의권 국가들의 민주화와 경제발전 사이에는 일단 상관관계가 높지 않은 것으로 나타나고 있다. 이들 국가의 1인당 국내총생산(GDP)의 증가 혹은 감소가 민주화의 심화 혹은 퇴행과 상응하고 있는 경우는 GDP 변동 추세를 확인할 수 있는 15개 국가 중 4개 국가에 — 폴란드, 루마니아, 불가리아, 알바니아 — 불과하며 경제 변동에도 불구하고 민주화의 수준이 그대로 유지되고 있는 다른 4개 국가를 — 체크 공화국, 헝가리, 러시아, 키르기스 공화국 — 추가한다고 해도 정치와 경제 사이에 어느 정도의 관계를 보이고 있는 국가는 전체의 절반을 약간 상회하는 정도에 그치고 있다. 물론 비교 기간이 5년에 불과한 데 따라 통계적으로 의미 있는 관계를 찾는 데 무리가 없지 않을 것이나, 이들 국가의 민주화가 1989년부터 시작된 점을 고려할 때 이들 국가에서 민주화와 경제발전 사이의 관계를 규명하기 위해서는 보다 오랜 시일이 경과해야 할 것이다.

한편 구 사회주의권 국가들이 한결같이 경제개혁을 추진하고 있으며,

---

28) 양운철, 정한구(공저), 『러시아·동유럽의 정치발전과 경제성장과의 상관관계』에서 제3장은 다음과 같다: 양운철, 「민주주의와 경제성장」, pp. 49-90.

표3: 구 사회주의권 국가들의 민주화와 경제발전, 1993-1997 (단위: 1인당 GDP[①])

	1993	1994	1995	1996	1997	증감[②]	민주화 추세[③]
체크 공화국	미상	미상	7,690	8,430	9,201	+	0
헝가리	6,116	6,080	6,580	6,059	6,437	+	0
슬로베니아	미상	미상	미상	미상	10,404	미상	0
폴란드	4,237	4,500	4,380	4,702	5,002	+	+
에스토니아	6,438	8,090	6,690	3,610	4,294	-	+
라트비아	6,457	7,540	6,060	5,010	3,332	-	+
리투아니아	4,913	5,410	3,700	3,110	4,011	-	+
루마니아	2,800	3,500	2,840	3,727	4,037	+	+
불가리아	4,700	4,813	4,250	4,320	4,533	-	-
슬로바키아	미상	미상	6,690	5,620	6,182	-	+
러시아	7,968	6,930	6,140	4,760	4,828	-	0
우크라이나	5,433	5,810	5,010	3,250	2,718	-	+
몰도바	3,896	3,500	3,670	2,370	1,576	-	+
그루지야	4,572	3,670	2,300	1,750	1,585	-	+
마케도니아	미상	미상	미상	미상	3,965	미상	-
알바니아	3,000	3,500	3,500	2,200	2,788	-	-
크로아티아	미상	미상	미상	미상	3,960	미상	0
키르기스 공화국	3,114	3,280	2,850	2,320	1,930	-	0
보스니아-헤르체고비나	미상	미상	미상	미상	미상	미상	+
아르메니아	4,741	4,610	2,420	2,040	1,737	-	-
아제르바이잔	3,977	3,670	2,550	2,190	1,670	-	+
카자흐스탄	4,716	4,490	4,270	3,710	3,284	-	-
유고슬라비아	5,095	미상	미상	미상	미상	미상	
벨라루시	5,727	6,850	6,440	4,244	4,713	-	-
타지키스탄	2,558	2,180	1,740	1,380	1,117	-	+
우즈베키스탄	3,115	2,790	2,650	2,510	2,438	-	+
투르크메니스탄	4,230	3,540	3,400	3,128	3,496	-	0

① 구매력 평가(purchasing power parity)에 기초한 1인당 국내총생산(GDP).
② 1993-1997년 기간 중 1인당 GDP의 증감 추세.
③ 민주화 추세 (표2 참조).
출처: Freedom House, *Freedom in the World*, 매년 호.

경제개혁의 속도와 규모가 GDP로 표현된 경제발전이라는 개념과 반드시 상응하는 것은 아니라고 전제할 경우, 이들 국가에서 민주화와 경제개혁과는 어떠한 관계가 있는가? 도표1에서 보는 바와 같이 1994년 현재 이들 국가의 경제개혁의 정도와 민주화 수준 사이에는 높은 상관관계를 나타내고 있다. 경제체제의 이행에 관한 유럽부흥개발은행(EBRD)의 이행 지표와 프리덤 하우스의 정치적 권익 지수를 토대로 한 조사에서 민주화와 경제개혁 사이에는 r=0.78이라는 높은 상관관계가 나타나고 있는 것이다.29) 이에 근거하여 "보다 민주적인(more inclusive) 정치체제는 정치적 권익에 제약을 가하고 있는(more restrictive) 체제에 비해 보다 높은 수준의 경제개혁을 도입하고 지속적으로 추진한다"는 명제가 성립될 수 있을 것이다.30) 그러나 이러한 관찰은 "보다 민주적인 정치체제"의 도입에 경제가 어떠한 역할을 담당하는지에 관한 해답은 주고 있지 못하다. 정치와 경제 사이에 어느 정도의 인과관계가 있는지는 여전히 불명한 것이다.

끝으로 1989-1993년 기간 중 동독을 비롯한 동유럽 4개국에서 시민들의 집단적 항의 행위를 분석한 연구에 따르면, 항의의 규모나 요구의 과격화 정도에 있어서 각국간의 차이를 이들 국가의 "객관적인" 경제적 요인의 변화로 설명하기는 어려운 것으로 나타나고 있다.31) 이러한 관찰은 이들 국가의 경제난이 정치체제와 민주화에 즉각적이고 직접적인 영향을 미치는 것은 아님을 보여주는 또 다른 경우인 것이다. 다만, 구 권위주의 체제로부터 물려받은 사회·경제적 위기는 권력의 행사에 관한 일정한 관행과 구습(舊習)을 강화시키게 되고, 이는 궁극적으로 위임 민주정으로

---

29) Joel S. Hellman, "Winners Take All: The Politics of Partial Reform in Postcommunist Transitions," *World Politics*, Vol. 50, No. 2 (January 1998), pp. 229-230.

30) 위의 글.

31) Ekiert and Kubik, "Contentious Politics in New Democracies," pp. 553-751, 580.

이행하는 것을 촉진할 수도 있다는 점에서, 좁은 의미로 엘리트 차원에서 정치에 대한 경제의 역할을 생각해 볼 수 있을 것이다.

이러한 견지에서 구 사회주의권 국가들의 민주화는 일단 태생적으로 조건 지어지고 있는 것으로 보인다. 비록 사회주의 체제의 틀을 공유하고 있었지만 구 사회주의권 국가들의 민주화 이행은 다양한 모습으로 전개되고 있다. 동유럽의 경우 체제 이행은 폴란드와 같이 협상에 의하든가, 아니면 헝가리의 경우에서 보듯 점진적으로 이루어지고 있다. 이들은 또한 동독과 체코슬로바키아와 같이 체제 이행에 이어 와해 내지는 붕괴에 직면하는 경우도 있다. 한편 루마니아의 경우에는 이행이 폭력을 동반하고 있으며, 유고슬라비아의 경우에는 체제 이행이 인종 분규 및 영토 분할의 모습으로 폭력화를 수반하고 있다. 구 소련 지역의 경우에도 체제 이행은 소련이라는 기존 사회주의 체제의 내부 분열(implosion)의 결과로 초래되고 있다.

이와 같이 사회주의 체제로부터 어떠한 이행을 경험했는가 하는 것이, 다시 말해서 경제 외적 요인이 이들의 민주화를 일차적으로 결정짓고 있는 것으로 보인다. 보스니아를 비롯하여 유고슬라비아 일부 지역의 경우와 같이 체제 이행이 폭력을 수반할 경우 민주화는 상당한 자질을 면치 못하고 있는 반면, 협상이나 점진적으로 체제 전환이 이루어진 곳에서는 민주화의 기틀이 보다 공고히 마련되고 있는 것으로 보인다.

결론적으로 이들 국가의 민주화와 그리고 민주화의 공고화에는 경제적 요인과 함께 다른 요인들, 예컨대 과거의 유산, 이행의 행태, 엘리트의 구성, 새로운 제도의 채택, 국제 환경 등 여러 요인들이 복합적으로 작용하고 있다. 이들 요소 중 어느 것이 보다 중요한 역할을 담당하는지는 개개의 국가를 대상으로 살필 수밖에 없을 것으로 보인다. 이러한 견지에서 이 글은 러시아의 경우를 사례로 검토하고자 한다.

V. 러시아의 체제 이행: 경제위기와 민주화

체제 이행을 시작한 지 일곱 해가 지나고 있는 지금 러시아는 동유럽 및 구 소련 국가들 중 민주화의 중간 단계에 머물고 있다. 러시아는 그동안 정치적 민주화와 함께 시장경제의 도입을 목표로 경제개혁에 착수하여 왔으나, 이 시기는 러시아가 일련의 정치위기와 함께 경제위기에 시달린 때이기도 했다. 이들 위기는 민주화 개혁과 어떠한 연관이 있는가? 특히 경제적 여건이 러시아의 민주화에 어떠한 영향을 미쳤는가?

러시아의 민주화에 영향을 미쳤거나 미칠 수 있는 주요 사변 내지는 위기로 무엇보다도 소련의 붕괴(1991)와 10월 정변(1993)을 들 수 있을 것이다. 표4에서 보는 바와 같이 이들 사건은 러시아의 민주화에 영향을 미쳤음이 분명하다. 1989년 당시 소련은 비민주 국가로 분류되었으나, 1990년부터 자유선거의 실시를 계기로 민주화의 진입 단계로 승격되었으며, 이후 이 단계를 그대로 유지하고 있다. 그러나 민주화의 지수로 볼 때 10월 정변이 있기 전인 1992년부터 민주화가 한 단계 낮아지고 있음을 알 수 있다. 따라서 이들 사변을 중심으로 러시아의 민주화를 살피는 것이 바람직할 것이다.

표4: 구 소련/러시아의 민주화 추세, 1989-1997[1]

	1989	1990	1991	1992	1993	1994	1995	1996	1997
			소련 붕괴		10월 정변				
PR(정치적 권익)	6	5	3	3	3	3	3	3	3
CL(시민적 자유)	5	4	3	4	4	4	4	4	4
민주화[2]	5.5	4.5	3	3.5	3.5	3.5	3.5	3.5	3.5

[1] 1993년을 전후하여 Freedom House의 조사 방법에는 근소한 차이가 있다.
[2] "민주화" 수치는 PR(정치적 권익 지수)과 CR(시민적 자유 지수)의 평균치이다.
출처: Freedom House, *Freedom in the World*, 매년호.

1. 소련의 붕괴와 러시아의 민주화, 1991

소련의 붕괴는 일견하여 환경 변화에 대한 체제의 적응 실패에 기인하
는 것으로 풀이할 수 있을 것이다. 70여 년에 걸쳐 진행되어 온 소련의
사회·경제적 변화는 시간이 경과함에 따라 점차 체제를 압박하는 요인으
로 작용하기 시작했을 것이다. 그동안의 산업화와 도시화 등에 부응하여
사회의 체제에 대한 요구가 — 생활수준의 향상 등 — 증가한 데도 불구하
고 말기로 들어서면서 경제둔화로 인해 이러한 요구를 수용할 수 있는
체제의 능력은 상대적으로 감소됨으로써 궁극적으로 체제는 정통성의 저
하를 감수할 수밖에 없었을지 모른다.[32]

이러한 맥락에서 많은 학자들은 소련이 붕괴된 근인(近因)으로서 무엇
보다도 경제위기를 들고 있다. 이들은 소련경제가 1970년대 이래 계속해
서 성장 둔화를 경험하여 왔으며 특히 소련의 마지막 지도자 고르바초프
(Mikhail Gorbachev)가 개혁에 착수한 1980년대 중반 이후 침체가 가속화
되기 시작한 데 주목하고 있다. 이는 시민들의 생활고를 가중시켰고, 이
에 따라 이들이 점차 조직적인 항의를 벌임으로써 경제난이 사회문제와
결부하여 정치적 문제로 확산되는 현상이 나타나기 시작했던 것으로 풀
이되고 있다.[33]

궁극적으로 체제가 감당하기 어려운 정도의 사회 변동 및 특히 경제
침체에 따른 사회와 체제간의 괴리는 체제의 정통성 저하를 촉진하게 될

32) 라피두스(Lapidus)는 소련 사회가 스탈린 이후, 특히 브레즈네프 집권 중 그 구성
과 성향에 있어서 상당한 변화를 거친 데 주목한다. Gail W. Lapidus, "State and
Society: Toward the Emergence of Civil Society in the Soviet Union," in Seweryn
Bialer (ed.), *Politics, Society, and Nationality Inside Gorbachev's Russia* (Boulder, CO.:
Westview, 1989), p. 142.
33) 매튜즈(Matthews)는 소련 시민의 경제적 기대가 충족되지 못하는 데 따른 가치
박탈(deprivation)의 정도를 측정하고자 노력한바 있다. Mervyn Matthews,
Patterns of Deprivation in the Soviet Union Under Brezhnev and Gorbachev (Stanford,
CA.: Hoover Institution Press, 1989).

것이다. 일반적으로 소련과 같은 체제에 있어서 체제의 정통성은 이 체제만이 공산주의 사회의 건설이라는 이상을 실현할 수 있다거나, 아니면 체제 수립 당시의 위기를 이 체제만이 극복할 수 있다는 주장에 기초하든가, 또는 새로운 위기에 대처할 수 있음을 과시함으로써 유지될 수 있을 것이다. 그렇다면 이러한 체제가 약속한 이상향을 실현하지 못하거나 새로운 위기에 적절히 대처하지 못하든가, 아니면 체제가 이미 수립 당시의 목표(이상)를 실현했거나, 또는 위기를 극복했으므로 이 체제는 역사적으로 존립의 근거를 상실했다는 주장이 제기될 때 정통성의 위기가 초래될 것이다. 소련 체제의 붕괴와 관련하여 이와 같이 구조적 요인의 중요성을 강조하는 학자들의 입장을 종합하면 체제가 바로 이러한 두 경우, 특히 이상적 사회의 실현은 고사하고 경제위기와 같은 새로운 위기를 해결하는 데 무력함을 드러냄으로써 촉발된 것이라고 할 수 있다.

소련의 붕괴에 대한 이상의 설명은 만족할 만한 것인가? 소련의 붕괴와 관련한 구조적 요인 분석에 있어서 다음과 같은 문제점들이 지적될 수 있을 것이다. 첫째로 구조적 요인을 중시하는 학자들은 소련과 동유럽 등지의 사회주의 체제들이 상이한 사회·경제적 여건에도 불구하고 비슷한 정치·경제상의 특징을 공유하고 경제침체 등 비슷한 문제점들을 안고 있었으며 급기야는 이들의 대부분이 거의 비슷한 시기에 연쇄적으로 붕괴된 점을 들어 사회주의 체제에 내재하는 보편적 모순을 주장할 수 있을 것이다. 그러나 동유럽에서 사회주의 체제가 붕괴된 배경에는 이 지역에서 패자(覇者)의 위치를 차지하고 사회주의 체제를 강요해 온 소련의 약화라는 외적 요인이 무엇보다도 중요한 역할을 한 점에서 소련의 체제 붕괴와는 중요한 차이점을 지니고 있다. 이와 함께 사회주의 체제의 몰락이 전세계적인 추세라고 할지라도 아직 중국과 북한 등지에서 이러한 체제가 잔존하고 있음을 비추어 볼 때 구조적 요인을 들어 사회주의 체제의 몰락의 필연성을 주장하는 데에는 문제가 있을 것이다. 둘째로 소련경제와 같은 계획경제는 내재적 모순으로 인해 경제적 합리성을 기하기 어렵다는 논

의가 나온 것은 이미 오래 전의 일이며 실제로 이러한 주장은 타당한 것
으로 받아들여지고 있다.[34] 그러나 이로 인해 사회주의 체제가 불가피하
게 경제위기에 놓이게 될 것이라는 이론상의 전망과 현실적으로 특정한
사회주의 경제가 어느 특정한 시기에 이와 같은 돌이킬 수 없는 경제위기
에 놓였음을 입증한다는 것은 별개의 문제인 것이다. 다시 말해서 소련의
붕괴가 회복 불능의 경제위기에 빠지게 되었기 때문에 비롯된 것인지를
증명하기란 사실상 불가능한 일이 아닐 수 없다. 소련 경제는 고르바초프
의 개혁이 없었다면 아마도 침체의 골이 계속해서 깊어졌을 망정, 생각보
다 오래 지탱되었을지도 모를 일인 것이다. 끝으로 사회주의 체제 하의
소련과 동유럽에서 경제위기나 사회변동의 정도가 어느 수준에 도달하면
이것이 정치에 영향을 미치게 되는지에 관해 누구도 확실한 답을 제시할
수 없다는 점이다. 어느 체제에 있어서나 사회·경제적 변화가 곧 바로 정
치적 변화를 유도하는 것은 아닌 것이다. 이상의 문제점들은 사회주의 체
제의 변동 요인을 사회·경제적 요인에서 뿐만 아니라 다른 곳에서도 찾
아야 할 필요가 있음을 시사하는 것으로 보인다.

그러면 소련의 붕괴를 유발한 보다 직접적인 요인은 무엇인가? 이에
내한 답을 찾기 위해서는 우선 고르바초프의 집권을 전후하여 사회주의
체제의 붕괴에 이르기까지 과정을 살필 필요가 있다. 브레즈네프가 1982
년 11월 사망한 이후 1991년 12월 소련이 해체될 때까지 소련 정치는
크게 네 단계로 나눌 수 있을 것이다. 첫 단계는 권력승계의 과도기로서
1985년 3월 고르바초프가 공산당 서기장으로 취임하기 전 안드로포프
(Yurii Andropov)와 체르넨코(Konstantin Chernenko)가 각각 15개월과 13개
월이라는 짧은 기간을 지도자로서 권좌를 차지했던 기간이었다. 둘째 단
계는 고르바초프 집권 이후 1988년 6-7월의 제19차 특별 당대회 전까지

34) 예컨대 Ludwig von Mises, "Economic Calculation in Socialism," in M. Bornstein
(ed.), *Comparative Economic Systems*, Third edition (Homewood, IL.: Irwin, 1974),
pp. 125-126.

경제개혁 위주의 이른바 체제 내 개혁이 시도되었던 시기이며, 셋째는 이후 1990년 중반까지 고르바초프의 개혁이 정치부문으로 옮겨가면서 점차 과격화되었던 시기이다. 끝으로 1990년 후반으로 들어서서 체제에 대한 정통성의 위기가 현재화(顯在化)되었으며 그 해 8월 보수 쿠데타의 실패로 체제가 사실상 붕괴되고 연말까지 소련의 해체가 공식화되었던 시기이다.

고르바초프는 집권 직후 이른바 "근본적 개혁"을 표방하고 나섰으나 실제로 개혁의 범위와 성격은 극히 제한적인 것이었다. 그는 경제 둔화와 이로 인한 초강대국으로서의 소련의 장래에 우려를 나타내고 이러한 침체를 반전시키는 데 노력을 기울였다. 고르바초프는 처음 사회주의 체제 자체에는 아무런 문제점이 없으며 단지 브레즈네프 집권기의 잘못된 점을 시정하는 것으로 충분할 것으로 생각했다. 이에 따라 그는 선임자 안드로포프가 추진했던 노동규율과 사회기강의 강화에 역점을 두었으며 그의 초기 경제개혁은 생산 증대를 위한 조직 개편과 투자 증대에 한정되고 있었다. 그러나 이러한 정책은 조만간 한계를 드러내게 되었다. 초기의 생산성 향상은 다시 종전의 불만족한 상태로 되돌아가게 되었다. 이러한 제한된 개혁은 점차 국민들의 실망을 불러 일으켰지만 적어도 지배 엘리트간에는 폭넓은 지지를 받을 수 있었다.

고르바초프가 체제 내 개혁이 갖는 한계를 인식하게 된 것은 대략 1986년 제27차 당대회 이후인 것으로 관찰되고 있다. 그는 점차 급진적인 내용의 경제개혁 조치를 도입하기 시작했다. 말단 생산단위의 권한을 확대하는 것으로부터 시작하여 협동조합과 합작기업 활동의 법제화, 토지의 50년 임대차, 중앙 경제 부서의 권한 제한, 루블화의 태환화 및 가격개혁의 가능성 언급, 사유재산제 및 궁극적으로 시장경제의 도입 등에 관해 관심을 보이게 되었던 것이다.

보다 중요한 것으로 경제부문에서의 "새로운 사고"는 정치부문에 대한 개혁의 급진화와 병행하게 되었으며 시간이 경과하면서 경제보다는 정치

부문에서 일대 변혁이 가시화되기 시작했다. 고르바초프는 제19차 특별 당대회까지에는 정치개혁이 선행되지 않고는 경제개혁이 불가능함을 인식하게 되었던 것으로 관찰되고 있다.

실제로 정치 권력의 독점 및 생산수단의 국유화(경제의 독점화)에 기초한 사회주의 체제에서 권력 엘리트는 곧 경제 엘리트이기 때문에 경제를 경제 외적 속박에서 해방하여 시장의 원리에 따라 기능하도록 할 경우 이들 엘리트는 경제에 대한 통제력의 상실뿐만 아니라 궁극적으로 정치 권력의 상실을 감수해야 할 곤경에 놓이게 되는 것이다. 경제를 담당하는 중앙의 공산당과 정부 관료는 말할 것도 없고 지방에서 사실상 전권을 장악하고 있는 지방당 서기장의 경우에도 지방 경제 운용에 관한 권한의 박탈은 이들의 특권 유지에 치명적일 수 있었던 것이다. 이에 더해 지배 엘리트 중에는 지도부에서 하부에 이르기까지 아직 공산주의 신봉자가 적지 않았다. 고르바초프는 체제 개혁을 통해 사회주의의 참된 이상을 실현할 수 있다는 입장을 역설했으나 지배 엘리트 내에서는 그의 개혁에 반대하는 세력이 대두하게 되었다.

고르바초프는 반대 세력에 맞서 이른바 공개주의(glasnost) 운동의 확대와 인사 교체를 계속하는 한편 당과 국가기구의 개편을 단행함으로써 자신의 입지를 공고히 하는 데 주력하였다. 그는 이를 바탕으로 제28차 당대회에서 마침내 그에 반대하는 보수세력의 지도자 리가초프(Yegor Ligachev)를 제거하는 데 성공했던 것이다. 이러한 가운데 사회주의 헌법에 보장된 공산당의 "지도적 역할"(권력 독점)이 박탈됨으로써 공산당은 다당제 하의 일개 정당으로 전락하게 되었다. 한편 고르바초프의 구상에 따라 소련 역사상 처음으로 1989년 3월 2,250명의 인민 대의원 중 2/3가 비밀투표로 선출되었다. 곧이어 인민대의원 대회에서 상설 의회로서의 소련방 최고회의가 구성되었고, 지방 소비에트 선거가 실시되었으며, 1990년 3월에는 고르바초프가 인민대의원 대회에서 간접선거로 연방 대통령에 선출되었던 것이다.

그러나 이러한 인사 및 조직 개편에도 불구하고 고르바초프의 권위는 그의 집권 중반 이후 경제위기와 이에 따른 체제 불안정이 심화됨에 따라 급속히 약화되어 왔다. 권력은 연방을 구성하던 공화국으로 누출이 가속화되고 이러한 누수(漏水)는 각급 정부 기관에도 파급되는 등 사회 전체적으로 소위 "권력의 난립"(mnogovlastie) 현상이 현저해짐으로써 체제 자체가 와해될지도 모른다는 위기 의식이 팽배하게 되었던 것이다.

위기에 대한 대응으로 고르바초프는 집권 후반으로 접어들면서 개혁에서 후퇴하여 개혁-보수세력 사이에서 줄타기 곡예를 시작하게 되었다. 그는 1990년 가을 소위 500일 급진 경제 개혁안을 받아들이지 않은 데 이어 보수 선회를 서둘렀는바, 이의 배경으로 당시 자신이 의지할 수 있는 개혁세력이 기대했던 만큼 강화되지 못하고 오히려 개혁으로 인해 자신의 입지가 점차 위태롭게 되어간다는 판단이 들었을 것이다. 그러나 1990년 말까지에 고르바초프는 개혁세력은 물론 보수파로부터도 지지를 상실하게 되었다. 그는 1991년 4월 옐친(Boris Yeltsin) 등 공화국 지도자들과 협상을 갖고 새로운 연방조약에 합의하는 등 다시 개혁으로 선회할 조짐을 보이기 시작하였는바, 이 해 8월 쿠데타는 이를 계기로 보수세력이 그에 대한 기대를 완전히 포기한 데서 비롯된 것이었다. 보수세력에 의한 쿠데타는 소련 사회주의 체제의 붕괴에 결정적인 계기가 되었다. 쿠데타가 실패로 돌아간 직후 체제의 중추인 공산당이 사실상 불법화되었으며 이어 같은 해 연말까지는 소련 자체가 와해되었던 것이다.

이상에서 살핀 바와 같이 소련의 붕괴는 다음과 같은 특징을 보이고 있다. 첫째로, 체제 적응의 이니셔티브는 체제 자체, 즉 지배 엘리트로부터 나오고 있다는 점이다. 안드로포프가 권좌에 오를 당시 소련의 지배 엘리트간에는 체제의 활력을 재충전하기 위해 무엇인가 조치가 강구되어야 한다는 데 의견의 일치가 있었으며 고르바초프에게 체제의 쇠퇴를 막기 위해 개혁이 시도되어야 한다는 일종의 위임이 이들 엘리트로부터 부과되었던 것으로 학자들은 풀이하고 있다.[35] 실제로 고르바초프는 자신의 개혁(perestroika) 정책은 이미 집권 공산당과 정부 관료들에 의해 자신의 집권 이전부터 합의되었던 것으로 밝히고 있다.36) 그러나 무엇인가 해야 한다는 긴박감에도 불구하고 막상 무엇을 해야 한다는 뚜렷한 방침이 제시되지 못한 데 따라 개혁은 처음 "주저 끝에" 시작되었으며 경제 회복만을 염두에 둔 체제 내 개혁이 채택되었던 것이다.37) 둘째로 이와 같이 주저 끝에 시작된 개혁에서 쉽사리 유추할 수 있는 것으로서 고르바초프 집권 중 체제 개혁을 놓고 지배 엘리트가 분열되기 시작했다는 점이다. 고르바초프를 중심으로 한 소위 체제 내 개혁세력은 점차 개혁이 단순히 경제부문에만 국한되기는 어려우며 개혁의 성공을 위해서는 체제 자체의 변혁이 요청된다는 입장을 취하게 된 반면 보수세력은 체제 내 개혁을 끝까지 고수했던 것이다. 특히 지도부 내의 분열은 개혁의 추진력을 결정적으로 약화시켰는바, 고르바초프와 리가초프의 대립은 바로 이러한 체제 대응의 범위를 둘러싼 갈등이었던 것이다. 이러한 과정에서 고르바초프는 선거와 대통령제의 도입 등 제도 개편을 통해 보수세력의 기반인 공산당의 약화를 꾀하는 한편 공개주의 정책을 통해 개혁에 반대하거나 이에 미온적인 당간부 및 정부 관료들에 대한 압박을 강화했다. 그러나 경제는 아직 새로운 경제 질서가 정착되지 못한 과도적 상황에서 급격히 악화되고, 이에 따른 국민의 불만을 배경으로 공화국들을 중심으로 연방의 주변이 해체되기 시작했으며, 중앙에서는 공산당에서 축출된 옐친을 중심으로 개혁세력의 급진화가 진행되었던 것이다. 고르바초프는 개혁과 보수세력 사이에서 줄타기를 시작하게 되었고 개혁은 더욱 파행을 거듭했다. 이러한 견지에서 보수 쿠데타는 개혁과 보수의 마지막 결

35) 예컨대 Seweryn Bialer, "The Changing Soviet Political System: The Nineteenth Party Conference and After," in Seweryn Bialer (ed.), *Politics, Society, and Nationality Inside Gorbachev's Russia*, p. 193.

36) Mikhail Gorbachev, *Perestroika: New Thinking for Our Country and the World* (New York: Harper & Row, 1987), pp. 24, 27.

37) Stephen White, "The Soviet Union: Gorbachev, Perestroika and Socialism," *Journal of Communist Studies*, Vol. 8, No. 1 (March 1992), p. 36.

전이었으며 이와 같이 소련에서는 지배 엘리트의 분열이 체제의 해체를 유발하게 되었던 것이다.

　끝으로 소련 해체의 전 과정을 통해 체제 밖 엘리트와 일반 시민의 역할은 미미했다는 점이다. 물론 사하로프(Andrei Sakharov)를 위시한 반체제 인사들이 오래 전부터 체제 개혁을 요구하여 왔고 개혁이 진전되는 과정에서 1989년 7월 50여 만 광부들의 파업과 같이 독립노조의 주도 하에 노동자들의 파업이 조직되었으며 일부 시민들 역시 생활고에 항의하여 반정부 시위에 참여한 것이 사실이다. 그러나 전반적으로 이들은 영향력 있는 세력으로 조직화되기보다는 주로 정부의 실정과 무능에 대한 불만의 표출이라는 반사적(reactive) 차원을 벗어나지 못했다. 결론적으로 소련의 붕괴는 지배 엘리트의 분열과 자폭(自爆)의 결과였다고 해도 과언이 아닐 것이다.

　이상으로 소련의 붕괴 요인들을 살폈다. 이들 요인은 크게 두 가지로 나뉘고 있는바, 그 하나는 구조적 요인이고 다른 하나는 지배 엘리트의 대응이다. 전자가 사회·경제적 요인들의 중요성을 강조하는 데 대해 후자는 체제의 관리를 담당하는 지도부를 중심으로 하는 지배 엘리트의 대응에 관심을 갖는다. 다른 정치 체제에서와 마찬가지로 사회주의 체제의 변화 또한 복잡하여 어느 특정한 요인만을 변환의 결정적인 요인으로 꼽을 수는 없을 것이며, 이러한 견지에서 소련의 붕괴와 관련한 이상의 두 요인도 보완의 관계가 강한 것으로 보인다. 그럼에도 불구하고 보다 직접적인 요인은 지배 엘리트의 분열이며 경제적 요인은 단지 배경에 불과했던 것이다.

2. 10월 정변, 1993

　엘친 대통령은 1993년 가을 러시아 연방 최고회의(의회)를 강제 해산함으로써 러시아는 독립국가로 출범한 이래 최대의 정치위기를 맞게 되었다. 소련의 해체가 표면적으로 중앙과 지방의 갈등이라는 양상을 띠었다면,

1993년의 이른바 10월 사태는 대통령과 의회의 대립을 배경으로 하고 있다.

위기에 이르기까지 러시아의 정정(政情)은 옐친과 반대세력간의 권력투쟁으로 점철되어 왔다. 옐친 대통령은 1991년 8월의 보수 쿠데타를 성공적으로 무산시키고 소련이 해체되기 직전인 그 해 11월까지에는 소련의 권력 부서들을 장악함으로써 친정(親政) 체제를 확립할 수 있었다. 공산당은 불법화되었고 소련의 조직들은 러시아 공화국에 복속되었으며, 군대와 비밀경찰(KGB)은 쿠데타 이후 마비 상태에서 벗어나지 못했다. 옐친에 반대하던 세력들도 잠시나마 열세를 면치 못했던 것이다.

그러나 1992년 후반으로 들어서면서 옐친과 그의 개혁정책에 반대하는 세력이 점차 조직화되기 시작했으며, 이들은 구 소련 시대에서 이월된 최고회의에서 다수를 이룬 가운데 이를 거점화하게 되었다. 이들은 특히 1992년 12월 급진적 경제개혁의 기수인 가이다르(Yegor Gaidar) 총리 서리가 퇴진하고 중도파인 체르노미르딘(Viktor Chernomyrdin)이 총리로 인준되면서부터 대정부(對政府) 공세를 강화했으며, 이에 따라 옐친은 수세에 몰리고 있었다.

그러나 옐친 대통령은 1993년 4월 국민투표를 실시하고 여기서 국민의 신임을 획득하게 되자 이를 바탕으로 헌법 개정과 조기 총선을 제기하여 반대세력에 대한 반격을 도모하게 되었다. 10월 사태는 이러한 반격의 절정을 이룬 것으로서 옐친은 9월 21일 대통령령으로 의회를 해산하고 10월 3-4일 이에 불복하던 반대세력을 무력으로 진압함으로써 권력을 고수할 수 있었던 것이다.

이상에서 살핀 바와 같이 10월 사태는 지배 엘리트의 분열에서 비롯되고 있다. 옐친의 반대세력은 모두 1991년의 보수 쿠데타에 맞서 옐친과 함께 투쟁한 인물들이었다.[38] 정변이 일어나기 불과 일년 전만 해도 최

---

38) 그렇지 않아도 러시아 학자들은 옐친과 그의 정적인 쥬가노프(Gennadii Zyuganov) 러시아 연방 공산당 당수가 구 소련방 공산당(KPSS)의 두 주류인 실용주의와 보수주의를 각각 대변하는 인물로서 이들이 실은 같은 뿌리에서 나오고 있음을 강조하고 있다. V. B. Pastukhov, "Perspektivy postkommunisticheskogo konservatizma i prezidentskie vybory (Konspekt situatsii)," *Politicheskie*

고회의는 여느 국가의 의회와 마찬가지로 우파와 좌파, 그리고 중도집단으로 나뉘고 있었다. 그러나 1993년 봄까지에는 최고회의는 거의 만장일치로 옐친에 반대표를 던지게 되었던 것이다.

무엇이 이와 같이 엘리트간의 분열을 유발했는가? 아마도 행정부와 입법부라는 국가기관간의 관계가 명확히 규정되지 못하고, 이에 따라 대통령과 최고회의가 서로 "최고의 국가기관"으로 자처한 데서 갈등이 비롯되었을 수 있을 것이다.[39] 이와 함께 갈등은 당시 소련의 해체와 이에 뒤이어 1992년 체츠니아(Chechnya) 공화국이 분리, 독립을 선언하는 등의 충격 앞에 러시아의 정체성(identity)을 둘러싼 이견이 갈등의 한 요인으로 작용했을 가능성이 제기되고 있다.[40]

엘리트간의 갈등을 유발한 또 다른 요인으로 체제가 바뀌는 과정에서 엘리트의 자기보호(self-protection) 욕구를 들 수 있을 것이다.[41] 이들 엘리트는 이전의 계획경제 하에서 보장된 신분과 직책, 즉 정치 권력에 상응하는 경제적 특혜를 보장받고 있었다. 그러나 체제 이행에 수반하는 정치적 불확실성의 시기로 들어서면서 권력에서 물러난다는 것은 곧 경제적 불안정에 직면할 수밖에 없다는 것을 이들은 실감케 되었던 것이다. 따라서 행정부와 입법부간의 우위 다툼이나 입법기관의 경우 선거제의 도입 문제는 실은 개인적 차원에서 이들에게 사활의 문제였던 것이다.

이러한 맥락에서 특히 경제개혁의 일환으로 추진된 국유재산의 사유화는 부(富)의 재분배라는 측면에서 이들 엘리트의 분열을 촉진하게 되었다.[42] 옐친 정부는 1992년 벽두 급진적 경제개혁을 단행했으며, 정변이 있기까지 이미 개혁에 따른 승자와 패자가 구분되기 시작했다. 승자는 권부와 관계를

issledovaniya, No. 2 (1996), pp. 77-78.

39) Archie Brown, "The October Crisis of 1993: Context and Implications," *Post-Soviet Affairs*, Vol. 9, No. 3 (July-September 1993), pp. 185-187.

40) George W. Breslauer, "The Roots of Polarization: A Comment," *Post-Soviet Affairs*, Vol. 9, No. 3 (July-September 1993), pp. 225-226.

41) 위의 글, p. 227.

42) Cameron, "Self-coups," p. 135.

돈독히 함으로써 국유재산을 점유할 수 있었던 반면, 패자는 가격자유화로 인해 그나마 있던 저축을 다 날린 사람들이거나 향유하던 경제적 특권을 상실할 위험에 처한 국영기업의 간부들로서, 이들이 개혁에 반대하는 보수세력의 의회를 지지하고 나선 것은 당연한 일이었는지 모른다.

구 사회주의권의 많은 국가들에서 개혁 초기의 승자들이 시장의 왜곡화 등에서 얻어지는 일종의 지대(rent) 추구로 인해 경제개혁에 걸림돌이 되고 있다는 관찰이 이루어지고 있다.[43] 러시아에서 초기의 경제개혁이 단명으로 끝나고 이후 동유럽 등지의 다른 국가들에 비해 경제개혁이 부진을 면치 못하고 있는 이유를 아마도 여기서 찾을 수 있을지 모른다. 그러나 러시아에서 10월 정변에 이르기까지 지배 엘리트간의 갈등은 이러한 현상과는 다른 차원에서 여전히 국유재산을 점탈(占奪)하려는 경쟁과 더욱 밀접히 관련되고 있는 것으로 관찰되고 있다. 러시아에서는 이미 고르바초프 집권 당시의 소련 말기부터 사실상의 사유화가 시작되었으며, 이러한 사유화는 엘리트들이 특혜의 획득에 혈안이 되도록 만들었다. 이들은 경쟁적인 집단과 파벌을 구성한 가운데 점탈 경쟁을 벌였으며, 이러한 경쟁은 전부를 차지하지 못하면 상대방에게 전부를 잃게 된다는 영화(零和, zero-sum)의 투쟁 양상으로 전개되었던 것이다.[44] 당시 러시아에는 이러한 두 추세가 교차하고 있었던 것이다.

결론적으로 10월 정변은 지배 엘리트의 분열과 갈등을 배경으로 한 것이며, 이러한 분열과 갈등의 이면에는 경제적 요인이 도사리고 있었다. 이러한 정변에 대한 시민들의 반응은 정변 직후인 같은 해 12월에 실시된 총선에서 옐친에 반대하는 세력이 여전히 승리를 거둔 데서 나타나듯 부정적이었으나, 이들 시민은 정변 중에는 막상 이에 대해 방관적인 입

[43] Hellman, "Winners Take All," pp. 218-232; Daniel S. Treisman, "Fighting Inflation in a Transitional Regime: Russia's Anomalous Stabilization," *World Politics*, Vol. 50, No. 2 (January 1998), pp. 242-264.

[44] John Higley, Judith Kullberg, and Jan Pakulski, "The Persistence of Postcommunist Elites," *Journal of Democracy*, Vol. 7, No. 2 (April 1996), p. 144.

장만을 취했던 것이다.[45]

끝으로 대통령 자신에 의해 주도된 정변은 전형적인 친정 쿠데타(親政, autogolpe)의 특징을 보이고 있다. 옐친은 의회를 해산하고 총선이 실시될 때까지 대통령령으로 통치함으로써 비록 일시적일지라도 민주정을 중지시키게 되었던 것이다. 이후 새로운 헌법(1993)에 기초하여 대통령 대권제(大權制, super-presidentialism)가 도입됨으로써 의회와 사법부는 대통령에 하위(下位)하게 되었으며, 출범한지 얼마 안되는 러시아의 민주정은 위임 민주정의 성격을 보다 선명히 하게 되었던 것이다.[46] 옐친이 의회를 해산할 당시 스스로를 국가와 동일시하는 식의 다음과 같은 합리화는 러시아 민주정의 후퇴를 웅변하고 있는 것이다.

지난 몇 달간 러시아는 국가의 존립을 위협하는 중대한 위기에 봉착하여 왔다. 모든 정치제도와 정치인은 파국으로 치닫는 헛되고도 무의미한 싸움에 휘말려 왔다. 이의 직접적인 후과는 다름 아닌 국가권력의 권위 실추로 이어졌다 …… 이러한 상황에서 …… 개혁을 추진하기란 불가능하다.[47]

결론적으로 10월 사태의 경우에도 경제가 정치에 영향을 미쳤으나 이는 어디까지나 간접적 역할에 그치고 있다. 경제적 요인은 엘리트의 분열과 갈등이라는 형식으로 표출되고 있는 것이다. 이러한 갈등을 둘러싸고 러시아의 민주정이 이미 1992년부터 퇴행을 면치 못하고 있음은 앞의 표4에서도 나타나고 있다.

[45] V. V. Razuvaev, "Power in Russia: The Bureaucratic Dimension," *Russian Politics and Law*, Vol. 34, No. 3 (May-June 1996), p. 7.
[46] Cameron, "Self-coups," pp. 136-137; Rainone, "Democracy Stalled," pp. 276-278.
[47] Michael McFaul, "State Power, Institutional Change, and the Politics of Privatization in Russia," *World Politics*, Vol. 47, No. 2 (January 1995), p. 228에서 재인용.

VI. 맺는 말

이제까지 경제적 요인에 초점을 맞춘 가운데 구 사회주의권 국가들의 민주화를 살폈다. 이들 국가의 민주화는 아직 일천하여 경제적 요인이 민주화에 어떠한 역할을 담당하고 있는지를 밝히기는 쉬운 일이 아니다. 다만, 분명한 것은 경제적 요인은 민주화의 필요조건일지는 몰라도 직접적인 동인 (動因)은 되지 못한다는 점이다. 그리고 근대화론자들의 주장과 달리 구 사회주의권 지역에서는 경제발전이 아니라 경제위기가 민주화와 보다 직접적으로 연관되고 있다. 이는 남미에서도 경제위기가 민주화를 촉진한 전례와 맥을 같이하는 것이다. 한편 칠레(1990)와 한국(1983), 태국(1983), 터키(1983)의 경우는 민주화가 경제위기와 무관한 경우를 보이고 있으며, 이러한 점에서 경제적 요인이 민주화에 어떠한 역할을 담당하는지를 구명하기 위해서는 보다 광범한 국가간(cross-country) 연구가 이루어져야 할 것이다.

여하튼 구 사회주의권 국가들, 특히 이 글에서 사례로 검토한 러시아의 경우 경제적 요인은 엘리트의 갈등이라는 형태로 민주화에 간접적인 영향을 미친 것으로 관찰된다. 이와 대조적으로 경제난으로 인한 시민들의 항의 행위는 이제까지 이들 국가에서 체제의 안정과 나아가 그 성향에 결정적인 영향을 미치는 데는 이르지 못하고 있다.

러시아는 1991년이래 민주화의 장정(長征)에 올랐으나 그 민주정은 수하르토(Suharto) 대통령 치하의 인도네시아나 필리핀의 민주정에 더 가까운 불완전한 민주정으로 평가되고 있다.[48] 비록 자유선거라고는 하나 10월 정변 직후 실시된 총선에서 관찰되는 바와 같이 선거에서도 이른바 "관치"(官治)의 그늘이 짙게 드리워지고 있다.[49]

---

[48] Peter Rutland, "A Flawed Democracy," *Current History*, Vol. 97, No. 621 (October 1998), p. 313.

[49] Pastukhov, "Perspektivy postkommunisticheskogo konservatizma I prezidentskie vybory (Konspekt situatsii)," p. 81.

　10월 정변을 전후하여 후퇴를 경험한 러시아의 민주화는 러시아가 당면한 심각한 경제위기와 맞물려 그 장래가 더욱 불투명하다. 앞서 살핀 바와 같이 사회·경제적 위기는 위임 민주정의 대두와 밀접한 연관을 맺고 있는 것이다.[50] 그렇지 않아도 러시아에서는 초기의 경제개혁이 실패로 돌아간 것을 배경으로 러시아의 실정에 맞는 개혁을 추진하자는 복고주의의 목소리가 높아가고 있다.[51] 이러한 견지에서 1998년 가을 러시아를 강타한 금융위기는 러시아의 민주화에 치명적으로 작용할지도 모를 일이다.[52] 구 사회주의권 국가들 중 민주화와 경제개혁에 있어서 모두 중간 단계에 위치한 러시아에서 경제와 민주화의 관계에 관한 사례는 앞으로 이 지역의 다른 국가들의 민주화를 살피는 데 있어서 하나의 잣대가 될 수 있을 것이다.

---

[50] O'Donnell, "Delegative Democracy," pp. 55-56.

[51] Vadim Medvedev, "Nashi perspektivy v kontekste mirovykh transformatsionnykh protsessov," *Svobodnaya mysl'*, No. 3 (1997), pp. 29-30.

[52] Michael McFaul, "Russia's Summer of Discontent," *Current History*, Vol. 97, No. 621 (October 1998), pp. 309-310.

5. 지배 엘리트의 변신

어느 사회에서나 지배 엘리트는 정치권력이 어떻게 조직되며 어떠한 통치가 이루어지게 될지를 결정짓는 요인의 하나라는 데 이론(異論)이 없을 것이다. 지배 엘리트의 구성과 성향은 특히 러시아와 같이 전환기 사회의 진로를 좌우하는 중요한 요인이 아닐 수 없다. 지난 십여 년에 걸쳐 러시아에서는 처음 소련 사회주의 체제를 재건해 보려던 이른바 체제 내 개혁기(perestroechnaya stadiya, 1989-91)에 이어 1992년부터 자유민주주의와 시장경제의 도입을 본격화하는 체제 전환기(perekhodnaya stadiya)를 거치고 있다.[1]

이러한 체제 전환의 주역은 누구인가? 역설적이게도 이는 다름 아닌 소련의 구(舊) 지배 엘리트인 것으로 관찰되고 있다. 소련에서 반체제 운동에 앞장섰던 한 러시아 역사가에 의하면, 이제 러시아는 사회주의 건

이 글은 1999년도 세종연구소 연구보고서로 작성되었다.『러시아의 지배 엘리트: 구 엘리트의 변신과 체제전환』, 연구논문 99-01 (성남: 세종연구소, 1999), p. 39. 이 책에서는 원문에 일부 서식상의 수정을 가했다.

[1] S. M. Markedonov, "Vozrozhdenie kazachestva i gosudarstvo," *Politicheskie issledovaniya*, No. 2 (1998), p. 101. 러시아에서는 소련의 붕괴(1991)를 전후한 최근 십여 년을 러시아 역사에서 이른바 "동란의 시대"(smutnoe vremya, 1598-1613)와 자주 비교하고 있다. 이 시기는 러시아에서 전쟁과 천재(天災), 그리고 역성혁명(易姓革命)으로 점철되었던 기간으로서 이를 배경으로 로마노프(Romanov) 왕조가 들어서고 제정(帝政) 러시아가 창건되었다.

설이라는 실험을 뒤로 하고 또 한 차례 "역사상 전례가 없는 대대적인 실험"을 벌이고 있다: "자본주의와 유산계급(bourgeoisie)을 만들어 내는 이러한 실험은 그러나 수백 년에 걸쳐 진행된 (서방의 경우와는 달리) …… '선진 사회주의'(razvityi sotsializm)에서 육성된 이념가들(理念家, ideolog)과 관리들에 의해 주도되고 있으며, 이들은 이를 단시일 내에 이룩하려 하고 있다."[2] 이러한 관찰이 사실이라면, 구 체제를 주도하던 이들 이념 활동가와 관리를 비롯하여 신생 러시아의 지배 엘리트를 살피는 것은 전환기 러시아의 장래를 전망하는 데 있어서 무엇보다도 중요한 일이 아닐 수 없을 것이다.

이와 관련하여 이 글은 러시아에서 지배 엘리트의 재편이 새로운 정치 체제의 형성에 어떠한 영향을 미칠 수 있는지를 살피는 데 목적이 있다. 무엇보다도 자유민주주의를 구현함에 있어서 중요한 것의 하나는 대표성의 문제일 것이다. 민주주의의 최소한의 요건으로 경쟁적 선거에 의한 지도자의 선출을 들 수 있다.[3] 러시아는 이미 대통령 선거에서부터 지방 선거에 이르기까지 자유선거를 도입하고 있으며, 이러한 점에서 이상의 민주화 요건을 십분 충족하고 있다. 그러나 구 엘리트를 기반으로 한 기득권층의 사실상의 후보 독점 및 입법직과 행정직이 겸임(兼任) 등을 통해 사실상 소련에서와 마찬가지로 분리되고 있지 못하다면, 민주주의의 전도는 아직 요원하다고 볼 수밖에 없을 것이다. 민주화의 문제는 지배 엘리트와 직결되고 있는 것이다.

다음으로 러시아에서 지도력의 문제는 지배 엘리트의 향배와 밀접히 연관되고 있다. 대통령 대권제(大權制, super-presidentialism) 헌법 하의 러

---

[2] Roi Medvedev, *Zdorov'e i vlast' v Rossii. novyi klass rossiiskogo obshchestva. Aleksandr Solzhenitsyn: tri goda v novoi Rossii* (Moskva: RUSSLIT, 1997), p. 13. "선진 사회주의"란 구 소련 지도자 브레즈네프(Leonid Brezhnev) 집권 당시의 소련 사회주의 체제에 대한 공식적인 지칭이었다. ( )는 필자 삽입.

[3] Joseph Schumpter, *Capitalism, Socialism and Democracy*, 4th edition (London: George Allen & Unwin, 1952), pp. 269ff.

시아에서 적어도 표면상 모든 권력은 대통령과 그의 대통령부(大統領府)로 집중되고 있다. 그러나 일각에서는 대통령의 대권이라는 것은 명목상에 불과하며 실제로는 이른바 지배 엘리트의 과두제적 통치로 이행하고 있다는 주장이 제기되고 있다.[4] 소련의 붕괴가 무엇보다도 권위의 증발에 기인하고 있다면, 전환기 러시아 역시 여전히 권위의 약화라는 문제를 안고 있는 것이다.[5] 이러한 상황에서 현 옐친(Boris Yeltsin) 대통령은 대권을 수임한 명실상부하게 강력한 지도자이거나 아니면 실제로는 극히 허약한 지도자에 불과할 수 있으며, 상대적으로 지배 엘리트의 영향력 또한 아직 허약하거나 아니면 표면에 나타나는 것보다 막강할 수 있다는 가능성을 배제할 수 없는 것이다.

끝으로 러시아에서 신흥 엘리트가 소련의 구 지배 엘리트를 바탕으로 하고 있다면, 일반적인 성향이나 정책 정향(policy orientations)에 있어서 신구 엘리트 사이에 연속성이 있는지를 살피는 것은 흥미로운 일이 아닐 수 없다. 아마도 신흥 엘리트는 그들의 선임자들과 마찬가지로 여전히 권위주의적이며 국가주의 내지는 대국(大國) 지향적일지 모른다.

러시아의 엘리트에 관해서는 이제까지 러시아 내외에서 적지 않은 관심을 모아 왔으나, 이에 관한 체계적인 연구는 많지 않다.[6] 이는 아마도

---

4) 예컨대 L. F. Shevtsova, "Dilemmy postkommunisticheskogo obshchestva," *Politicheskie issledovaniya*, No. 5 (1996), p. 83.

5) 소련에서 권위의 위기와 체제 붕괴에 관해서는 정한구, 「사회주의 체제의 변화와 권위의 위기: 고르바초프 집권 하의 소련, 1985-1991」, 『러시아 연구』, 제1권 (서울대학교 소련·동구연구소, 1992), pp. 225-246.

6) 러시아의 신흥 엘리트에 관해 아마도 가장 실증적인 연구로는 크리슈타노프스카야(Olga Kryshtanovskaya)가 소속하고 있는 러시아 과학 아카데미 산하의 사회학 연구소가 주관하는 연구를 들 수 있을 것이다. Ol'ga Kryshtanovskaya, "Transformatsiya staroi nomenklatury v novuyu rossiiskuyu elitu," *Obshchestvennye nauki i sovremennost'*, No. 1 (1995), pp. 51-65; Olga Kryshtanovskaya and Stephen White, "From Soviet Nomenklatura to Russian Elite," *Europe-Asia Studies*, Vol. 48, No. 5 (July 1996), pp. 711-733. 이밖에 갈랴모프(Rushan Gallyamov), 휴즈(James Hughes), 슬라이더(Darrell Slider) 등이 지방 엘리트의 재편을 다루고 있으며, 쿠콜레프(Igor' Kukolev)가 경제 엘리트의 등장을 검토하고 있다. R. R. Gallyamov, "Politicheskie elity rossiiskikh respublik: osobennosti

러시아가 격변의 와중에 놓여 왔으며, 지배 엘리트도 이와 무관할 수 없었던 데 따른 것인지도 모른다. 이와 함께 엘리트 연구는 적지 않은 경우 이들에 대한 접근이 용이하지 않은 데 더해 특히 러시아에서는 지배 엘리트가 여전히 고도의 폐쇄성을 특징으로 하므로 접근상의 어려움을 가중하고 있다.[7)

끝으로 전환기 러시아의 지배 엘리트를 살피기 앞서 지배 엘리트란 무엇을 지칭하는지를 명확히 할 필요가 있다. 무릇 어느 사회에서나 지배 엘리트를 정의하기는 쉽지 않은 일이다. 특히 러시아와 같이 구 질서가 무너지고 새로운 질서가 아직 정착되지 않은 가운데 개인과 집단의 부침이 심한 상황에서 지배 엘리트의 반열(班列)을 가리는 데에는 자칫 자의성이 개재되기 쉬운 것이다. 이에 따라 러시아의 엘리트에 관한 대부분의 연구는 일단 공식적인 지위에 입각한 분류(pozitsionnyi podkhod)에 기초하고 있다. 다음은 이러한 방식에 따른 러시아의 신흥 엘리트 현황이다.

I. 러시아의 신흥 엘리트: 지배 엘리트의 연속성

전환기 러시아 정치는 1991년 개혁세력에 맞선 보수파의 8월 쿠데타와 1993년 대통령-최고회의(구 소련방 의회)의 갈등 끝에 의회의 무력(武力) 해산을 가져온 10월 정변을 비롯하여 급진적이고 돌발적인(neevolyutsionnyi

---

transformatsii v postsovetskii period," *Politicheskie issledovaniya*, No. 2 (1998), pp. 108-115; James Hughes, "Sub-national Elites and Post-communist Transformation in Russia: A Reply to Kryshtanovskaya & White," *Europe-Asia Studies*, Vol. 49, No. 6 (September 1997), pp. 1017-1036; Darrell Slider, "Elections to Russia's Regional Assemblies," *Post-Soviet Affairs*, Vol. 12, No. 3 (1996), pp. 243-264; I. V. Kukolev, "Formirovanie biznes-elity," *Obshchestvennye nauki i sovremennost'*, No. 1 (1995), pp. 12-23.

[7)] A. V. Obolonskii, "Postsovetskoe chinovnichestvo: kvazibyurokraticheskii pravyashchii klass," *Obshchestvennye nauki i sovremennost'*, No. 5 (1996), p. 6.

skachkoobraznyi) 사건들로 점철되어 왔다.[8] 이러한 와중에서 지배 엘리트에게
는 어떠한 변화가 있었는가?

　러시아에서 신흥 엘리트의 가장 두드러진 특징으로 무엇보다도 소련의
구 지배 엘리트와의 연속성을 들 수 있을 것이다. 옐친 대통령이 실권을
장악한 1991년 9월부터 1994년 사이에 러시아에서 중앙 및 지방의 지도
급 인사 825명을 대상으로 한 조사에 따르면, 옐친의 친위(親衛) 집단에
속하는 정계 지도자의 75퍼센트, 경제계 지도자의 61퍼센트가 노멘클라
투라(nomenklatura)로 통칭되는 소련 치하의 엘리트 출신으로 나타나고
있다.[9] 표1에서 보는 바와 같이 체제가 바뀌었음에도 불구하고 정부 지
도자들도 거의 3/4가 그대로 자리를 지키고 있으며, 이러한 현상은 지방

표1: 러시아 지배 엘리트의 부문별 충원 현황, 1991-1994 (%)

	정계*	정당	지방**	정부***	경제계
구 엘리트 출신	75.0	57.1	82.3	74.3	61.0
(1) 이중 전직 배경:					
공산당	21.2	65.0	17.8	0	13.1
청년동맹(Komsomol)	0	5.0	1.8	0	37.7
입법·행정기관(Sovet)	63.6	25.0	78.6	26.9	3.3
경제 부서	9.1	5.0	0	42.3	37.7
기타	6.1	10.0	0	30.8	8.2
(2) 이중 지도급 출신:	24.2	35.0	8.9	15.4	5.0

*　옐친 대통령의 측근인 대통령부(大統領府) 고위 인사들.
**　지방 정부의 수장(首長)들.
***　연방정부의 총리급 및 고위 각료급 인사들.
출처: Ol'ga Kryshtanovskaya, "Transformatsiya staroi nomenklatury v novuyu rossiiskuyu
　　elitu," *Obshchestvennye nauki i sovremennost'*, No. 1 (1995), p. 65 (표 10, 11).

---

8)　A. D. Kirillov, "Regional'nye osobennosti stanovleniya novoi rossiiskoi
　　gosudarstvennosti: na primere oblastei i respublik Bol'shogo Urala," *Politicheskie*
　　issledovaniya, No. 2 (1998), p. 104.
9)　Kryshtanovskaya, "Transformatsiya staroi nomenklatury v novuyu rossiiskuyu
　　elitu," p. 65; Ol'ga Kryshtanovskaya, "Finansovaya oligarkhiya v Rossii,"
　　Izvestiya, 1996. 1. 10, p. 5.

엘리트의 경우 더욱 현저하다.

이들 구 엘리트를 출신별로 보면, 정치 지도자 및 지방 엘리트의 경우 공산당 당료(黨僚) 및 정부 관료 혹은 대의원 출신이 다수를 차지하고 있다. 한편 경제계 지도자들은 주로 전 연방 레닌 공산주의 청년동맹(Komsomol, 이하 청년동맹으로 지칭)과 경제부처의 관료들이 주류를 이루고 있다. 끝으로 정부 지도층은 경제 관료와 대외관계 부서의 관리 및 안보 담당 종사자를 비롯하여 종전의 전문직 출신이 주류를 이루고 있는 것으로 나타나고 있다.[10]

한편 구 체제에서 최상위 지도급에 속하던 인사들의 충원은 상대적으로 적은 것으로 나타남으로써 옐친 대통령 하에서 구 엘리트가 새로운 지배 엘리트로 충원되는 과정에서 구 엘리트 내의 소장층이 대거 부상한 것으로 나타나고 있다.[11] 이러한 현상은 구 지배 엘리트가 충원되는 과정에서 이들 내부에서 적지 않은 세대교체가 이루어져 왔음을 뜻하는 것이다.

끝으로 이들 구 체제의 지도급 인물들은 정당 지도자들의 1/3, 정치 지도자들의 1/4 정도를 차지하는 데 그치고 있다. 전환기 러시아의 지배 엘리트 중 1/3 이상이 브레즈네프(Leonid Brezhnev) 집권기부터 구 지배 엘리트의 일원으로 경력을 쌓은 인물들이며, 나머지 1/3 이상이 고르바초프(Mikhail Gorbachev) 하에서 입신한 것으로 집계되고 있다. 단지 새로운 지배 엘리트 열 명 중 한 명만이 옐친의 집권 이후 지배 엘리트의 대열에 참여한 것으로 나타나고 있다.[12] 지방 엘리트의 경우는 절반 이상이 브레즈네프 하에서 지배 엘리트의 일원으로 경력을 쌓아 왔다. 구 엘리트 출신들의 봉직 기간은 평균 11.5년으로서, 정부 지도급 인사가 10년, 지방 엘리트가 14.5년을 평균하여 봉직하고 있는 것으로 나타나고 있다.[13]

---

10) Kryshtanovskaya, "Transformatsiya staroi nomenklatury v novuyu rossiiskuyu elitu," p. 65.
11) 위의 글.
12) Kryshtanovskaya and White, p. 728.
13) 위의 글.

신흥 지배 엘리트가 구 엘리트의 교체라기 보다는 구 엘리트 내에서 세대교체의 양상을 두드러지게 나타내고 있음은 브레즈네프, 고르바초프, 옐친에 이르는 기간 중 엘리트의 평균 연령이 낮아지고 있는 데서도 드러나고 있다. 옐친 집권기의 지도급 인사를 포함하여 모두 3,610명의 신·구 엘리트를 대상으로 한 조사(표2)에 의하면, 의회 대의원들을 제외하면 신흥 엘리트는 이전에 비해 연소화되고 있다. 정부와 지방 지도자들의 경우 브레즈네프 집권기에 비해 거의 10년 젊어졌으며, 이는 정치 지도부의 경우에도 마찬가지이다. 의회의 경우에는 과거에 소련방 최고회의에 인위적으로 포함되고 있던 청·장년층 노동자와 청년동맹 출신이 전환기의 비교적 자유로운 선거에서 배제된 데 따라 피선 대의원들의 연령이 상향된 것으로 보인다.

연소화에 더해 옐친 집권 하의 신흥 엘리트는 모스크바 출신의 고등교육을 받은 경제 분야와 법조계 인사 등 이른바 인문 셰일로 시칭되는 부문의 전문직업 종사자들로 주로 충원되고 있다.[14] 이와 함께 표3에서 보는 바와 같이 옐친 집권 중 농촌 출신의 엘리트 충원은 소련에서와는 달리 대부분의 부문에 걸쳐 현저히 감소되고 있다. 특히 농촌 출신의 지방 엘리트 충원도 지난 10여 년에 걸쳐 두 배로 감소되는 등, 이 기간 중 전반적으로 농촌 출신의 엘리트 진입은 2.5배 줄어든 것으로 집계되고 있으며, 이러한 점에서 신흥 엘리트는 그들의 선임자들에 비해 다른 환

표2: 소련/러시아 지배 엘리트의 평균 연령 분포 (연령)

	정계	정당	의회	정부	지방	경제계
브레즈네프 집권기	61.8	59.1	41.9	61.0	59.0	없음
고르바초프 집권기	54.0	54.9	44.0	56.2	52.0	없음
옐친 집권기	53.1	불명	46.5	52.0	49.0	42.1

출처: Kryshtanovskaya, "Transformatsiya staroi nomenklatury v novuyu rossiiskuyu elitu," p. 61 (표 1).

[14] Kryshtanovskaya, "Transformatsiya staroi nomenklatury v novuyu rossiiskuyu elitu," p. 61.

표3: 소련/러시아 지배 엘리트의 농촌 출신 비율 (%)

	정계	정당	의회	정부	지방	경제계
브레즈네프 집권기	57.7	59.2	불명	45.6	66.7	없음
고르바초프 집권기	48.6	48.5	55.7	불명	65.6	없음
옐친 집권기	12.5	22.9	불명	22.9	33.8	22.0

출처: Kryshtanovskaya, "Transformatsiya staroi nomenklatury v novuyu rossiiskuyu elitu," p. 62 (표 3).

표4: 소련/러시아 지배 엘리트의 석·박사 학위 소지자 비율 (%)

	정계	정당	의회	정부	지방	경제계
브레즈네프 집권기	23.1	26.2	14.5	36.8	14.3	없음
고르바초프 집권기	42.9	28.6	19.3	불명	25.0	없음
옐친 집권기	70.5	62.9	35.4	68.6	16.2	37.0

출처: Kryshtanovskaya, "Transformatsiya staroi nomenklatury v novuyu rossiiskuyu elitu," p. 63 (표 5).

경에서 사회화가 이루어졌음을 보여 주고 있다.[15]

　교육 수준에 있어서는 전반적으로 신·구 엘리트 사이에 커다란 차이는 보이지 않고 있다. 이들 엘리트 계층은 대부분이 100퍼센트에 가까운 대학 및 대학에 준하는 학력을 보유하고 있는 것으로 나타나고 있다. 의회의 경우에도 1989-94년 기간 중 실시된 선거에서 유권자들이 교육 수준이 높은 후보를 선호함으로써 대학 졸업자가 94퍼센트에 이르고 있다.[16] 다만 옐친 집권기로 들어서면서 관찰되는 중요한 변화는 석·박사 학위의 보유자가 급격히 증가하고 있다는 점이다. 저명한 학자들이 다수 옐친 진영에 합류했으며, 그의 측근 중 2/3 정도가 박사 학위 소지자이다.

　한편 교육과 관련하여 신·구 엘리트 사이에서 나타나는 중요한 차이는 교육의 내용일 것이다. 브레즈네프 집권기의 엘리트는 기술자, 특히 군사 및 농업 부문의 기술자들이 주류를 이룬 기술관료(tekhnokrat)들이었다. 당시 엘리트의 2/3 정도가 지방의 공업 전문학교 출신이었다. 그러나 이들 기술관

---

15) 위의 글, pp. 61-62.
16) 위의 글, p. 62.

료의 비중은 고르바초프 하에서 줄어들기 시작했으며, 옐친 집권기로 들어서
면서 급격히 감소하고 있다. 이와 대조적으로 1990년대로 들어서면서 이른바
인문·사회과학 계통의 이수자(gumanitar), 이중에서도 경제 및 법률 부문에서
전문 교육을 받은 인물들이 신흥 엘리트로 충원되는 비중이 높아지고 있다.
  결국 전환기 러시아의 신흥 엘리트란 그동안의 체제 이행에도 불구하
고 크게 보아 소련의 지배 엘리트와 연속성을 주된 특징으로 나타내고
있다. 구 엘리트는 사회주의 체제가 해체되는 과정에서 새로운 체제로
적절히 적응해 온 것이다.[17] 이러한 적응은 기존의 엘리트가 새로운 정
치 현실에 당면하여 변신을 거듭하면서 권력을 지탱하던가, 아니면 국유
재산의 점탈 등을 통해 유산계급으로 탈바꿈하는 등 이른바 "국가의 사
유화"(privatizatsiya gosudarstva)라는 형태로 이루어지고 있다.[18] 이러한 현

표5: 소련/러시아 지배 엘리트의 기술관료의 비중 (%)

	정계	정당	의회	정부	지방	경제계
브레즈네프 집권기	88.5	72.3	37.4	80.7	79.4	없음
고르바초프 집권기	68.6	51.5	48.9	불명	100.0	없음
옐친 집권기	36.4	42.9	37.6	51.4	73.6	41.0

출처: Kryshtanovskaya, "Transformatsiya staroi nomenklatury v novuyu rossiiskuyu elitu," p.
63 (표 6).

표6: 소련/러시아 지배 엘리트의 경제 및 법률 전문가의 비중 (%)

	정계	정당	의회	정부	지방	경제계
브레즈네프 집권기	11.5	5.3	3.2	10.5	6.3	없음
고르바초프 집권기	11.4	8.6	12.0	불명	3.1	없음
옐친 집권기	22.7	17.1	26.4	31.4	11.8	35.0

출처: Kryshtanovskaya, "Transformatsiya staroi nomenklatury v novuyu rossiiskuyu elitu," p.
63 (표 7).

---

17) M. H. Afanas'ev, *Klientelizm i rossiiskaya gosudarstvennost'* (Moskva: Tsentr
konstitutsionnykh issledovanii MONF, 1997), p. 247.
18) Yegor Gaidar, *Gosudarstvo i evolyutsiya* (Moskva: 1995), p. 103 (Obolonskii, p. 6
에서 재인용).

상은 특히 지방에서 현저하여, 지방의 구 엘리트들은 소비에트(Sovet, 소
련 특유의 입법·행정기관)에서 행정조직으로 권력이 이동하는 데 편승하여
기존의 비공식적 유대를 그대로 보전하고 있는 것이다.[19]

　이러한 맥락에서 러시아의 한 일간지는 1992년 말의 논평에서 소련의
개혁 말기인 1990년 초에 러시아에서 잠들었던 사람이 논평 당시 잠에
서 깨어나 당시 러시아 정부 지도자들의 면면을 보고는 마침내 옐친이
이끄는 공산당 내 개혁세력이 권력을 잡았구나 하고 결론을 내리게 될
것이라고 적고 있다.[20] 결국은 옐친 스스로도 공산당 정치국원과 비서를
역임했던 구 체제의 지도자였던 것이다. 지배 엘리트의 변화라는 측면에
서 볼 때 러시아에서 지난 10년이라는 기간은 비록 격동기로 치부될 수
있을지는 몰라도 고전적 의미의 본격적인 혁명과는 거리가 먼 것일 수
있다. 이러한 맥락에서 러시아에서 이른바 "체제 변화"란 실제로는 "한
체제에서 다른 체제로의 이행이 아니라, (기존 체제의 테두리 내에서 진행
된) 체제 내 위기의 해소이며 권위주의 체제의 회생(回生)에 다름 아니다"
라는 주장까지 제기되고 있다.[21] 격동기 러시아에서 구 지배 엘리트가
단지 세대교체 양상의 교체에 그친 가운데 어떻게 건재할 수 있었는가?
그리고 신·구 엘리트의 연속성은 어떠한 모습으로 전환기 러시아에 영향
을 미치고 있는가? 우선 구 엘리트의 변신이 어떻게 이루어졌는지를 살
피기로 하자.

---

[19] D. B. Badovskii, "Transformatsiya politicheskoi elity v Rossii — ot 'organizatsii professional'nykh revolyutsionerov' k 'partii vlasti'," *Politicheskie issledovaniya*, No. 6 (1994), pp. 53-54.

[20] *Nezavisimaya gazeta*, 1992. 12. 3. (Kryshtanovskaya and White, p. 711에서 재인용).

[21] Kryshtanovskaya and White, p. 729. ( )는 필자 삽입.

II. 지배 엘리트의 변신: 사회주의 소련에서 러시아로

소련의 지배 엘리트는 1917년의 러시아 혁명 이후 "프롤레타리아 독재"의 구호 아래 국가권력을 독점한 집단으로 등장했으며, 이후 스탈린 (Stalin)의 권력 투쟁의 도구로서 완성되었다.[22] 이후 이들 집단은 소련이라는 거대한 관료제 속에서 자체적으로 재생산을 거듭한 가운데 별다른 변화 없이 고르바초프의 소위 개혁공산주의의 시대까지 권력을 유지하여 왔던 것이다.

지배 엘리트의 변화가 불가피한 것으로 나타나기 시작한 것은 1970년 대 말에서 1980년대 초반에 이르기까지 브레즈네프의 집권 중 소련 사회가 침체의 늪에 빠지면서부터였다. 이후 구 지배 엘리트의 변화는 다음의 네 단계를 통해 진행되고 있다.[23]

첫 단계는 고르바초프의 "체제 내 개혁" 기간이었다. 그는 구 체제의 테두리 안에서 이른바 체제의 "개조"(perestroika)에 착수하게 되었다. 그러나 이러한 노력은 조만간 공산주의의 이념과 이에 기초한 공산당의 일당독재 앞에 한계를 드러낼 수밖에 없게 되었던 것이다. 고르바초프가 추진한 이른바 "위로부터의 혁명"은 바로 이에 저항적이었던 관료 엘리트에 의해 추진될 수밖에 없었다는 모순을 처음부터 안고 있었다.[24] 체제의 개조를 위해서는 점차 지배 엘리트의 개조가 불가피한 것으로 드러나게 되었으며, 엘리트를 개조하려는 노력은 급기야 엘리트를 분열시키는 계기를 마련하게 되었던 것이다.

둘째 단계는 체제 전환의 전 단계로서 이른바 "실제로 존재하는 사회주의 체제"(really existing socialism) 및 제국(帝國)으로서의 소련을 지탱하

---

[22] Badovskii, p. 47.
[23] 위의 글, pp. 50-53.
[24] Gennadii Ashin, "Smena elit," *Obshchestvennye nauki i sovremennost'*, No. 1 (1995), p. 43.

던 지배 이념이 포기되기 시작한 것과 때를 같이하고 있다. 이는 "권력의 난립"(mnogovlastie)이 사회 전반에 걸쳐 현저해지고, 특히 지방의 — 소련방을 구성하던 공화국들— 이반(離反) 앞에 소련 자체가 붕괴될지도 모른다는 위기 의식을 배경으로 하고 있었다.

고르바초프는 "모든 권력을 소비에트로!"라는 1917년 혁명 당시의 구호를 내건 가운데 공산당에서 정부로 권력의 이동을 도모했으며, 이의 일환으로 인민대의원 대회(S'ezda narodnykh deputatov SSSR)와 대통령제를 도입하고 선거를 통해 권력을 재편하고자 시도했다.

이의 일환으로 1989년 공산당 중앙위원회 4월 전원회의에서 이미 정위원 74명과 후보위원 24명이 퇴출하게 되었고, 정치국 회의도 1986년의 연 40회를 고비로 1987년 이후 38, 33, 22회로 줄기 시작했으며, 1990년에는 9회로 감소되었고, 1987년에는 공산당의 경제 및 산업 담당부서가 폐지되었다. 마침내 1988년 제19차 공산당 대표자회의(partkonferentsiya)에서는 당과 국가기관의 기능 분할 및 당의 간부 선발제도를 폐지하게 되었던 것이다. 한편 소련 역사상 처음으로 1989년 3월 2,250명의 인민대의원 중 2/3가 비밀투표로 선출되었다. 끝으로 소련방 최고회의는 1990년 헌법상에 보장된 공산당의 "지도적 역할"(권력 독점)을 박탈함으로써 공산당은 마침내 다당제 하의 일개 정당으로 전락하게 되었으며, 1990년 가을까지에는 공산당에서 국가로의 권력 이전이 마무리되었다.

그러나 이러한 노력은 1991년 8월의 보수 쿠데타로 중단되고 소련은 같은 해 말에 붕괴되고 말았던 것이다. 구 엘리트에게 1989년 소련 역사상 최초로 실시된 "민주적" 선거는 한마디로 충격이 아닐 수 없었으며 쿠데타는 바로 이에 대한 저항이었던 것이다.[25] 선거는 무엇보다도 구지배 엘리트에 위협적인 신진 엘리트의 충원 기능을 수행하게 되었던 것

---

[25] 위의 글, p. 44.

이다.

셋째 단계로 들어서서 신생 러시아 연방은 소련이 붕괴된 직후 경제개혁에 착수하게 되었으나, 이는 지배 엘리트의 합의에 기반을 둔 것은 아니었다. 8월 정변에서 구 질서를 부인하는 데 단합했던 러시아의 지배 엘리트는 단결의 이유가 사라진 데 더해 개혁 전략을 둘러싸고 이견을 보이기 시작했던 것이다. 이제 갈등은 대통령을 중심으로 한 "집권파"(partiya vlasti)와 최고회의(의회)를 기반으로 한 반대파간의 대립이라는 양상으로 전개되기 시작했다.

러시아에서 개혁의 핵심은 다름 아닌 국유재산의 재분배 및 사유화 과정과 직결되고 있다. 권력이 국유재산의 획득과 직결되고 있는 여건에서 반대세력으로 바뀌는 것은 이러한 재분배에 참여할 기회를 봉쇄당하거나 분배의 몫이 만족스럽지 못한 것과 자주 결부되고 있었다.[26] 반대세력의 전략은 최고회의로 권력을 탈환하는 것으로서, 이는 대통령제의 약화 및 대통령에 대한 의회의 우위를 확보하려는 노력으로 이어지게 되었다.

대통령과 의회의 갈등은 급기야 1993년 10월 정변으로 발전하게 되었으며, 이후 같은 해 12월 헌법의 채택으로 러시아 정치에 새로운 경기규칙이 마련되었다. 권력은 공산당에서 소비에트로, 그리고 이제 소비에트에서 행정부로 이동하게 되었다.

한편 중앙의 정치적 갈등과 엘리트의 분열은 소련에 이어 러시아에서도 지방의 영향력 확대를 촉진하게 되었다. 그러나 지방주의화(regionalizatsiya) 및 헌정(憲政) 위기는 신흥 경제 엘리트 집단과 현상유지를 선호하는 정치세력에 의해 견제되고 회피된 것으로 관찰되고 있다.[27] 끝으로 의회의 약화와 행정권의 강화에 편승하여 구 지배 엘리트가 행정부로 대거 이동을 하여 새로운 권력 엘리트로 자리잡은 것으로 관찰되고 있다.[28]

---

[26] Badovskii, p. 52.
[27] 위의 글, p. 52.
[28] Kryshtanovskaya, "Transformatsiya staroi nomenklatury v novuyu rossiiskuyu

구 엘리트가 탈바꿈하는 과정에서 마지막 단계는 여전히 엘리트 사이에 갈등이 해소되지 못한 가운데 국유재산의 재분배와 사유화가 급속히 진전되기 시작한 것과 때를 같이하고 있다. 엘리트들은 점차 정치적 지위가 그들의 특권을 지탱하는 데 안전한 보장책이 되지 못하자 사유재산에 관심을 돌리기 시작하게 되었다.

소련에서 계획경제 체제와 병행하여 처음으로 영리 차원의 경제활동이 시작된 것은 이른바 "대체경제"(代替經濟, al'ternativnaya ekonomika) 내지는 "청년동맹 경제"(komsomol'skaya ekonomika)였다.[29] 이러한 관제(官制) 영리 활동은 소속원들의 후생사업으로 과학·기술 센터를 설치하고 상업적 채산성을 위주로 운영하겠다는 청년동맹의 제안을 1986년 7월의 공산당 중앙위원회가 승인한 데 기초하고 있다. 이에 따라 1987년에는 청년 과학·기술 사업 조정위원회(Koordinatsionnyi Sovet Tsentr nauchno-tekhnicheskogo tvorchestva molodezhi, TsNTTM)가 설립되고 이어 연말까지에는 60여 개 이상의 과학·기술 센터가 주요 도시에서 영업 활동에 들어가게 되었다.

이들 청년동맹 기업은 1980년대 말까지 어느 국영기업에도 허용되지 않던 현금 거래의 특혜를 누리게 되었으며, 거래에 있어서 30퍼센트까지의 이윤을 남길 수 있도록 허용되었다. 이중 이윤의 5퍼센트는 공산당 중앙위원회의 몫이었다. 청년동맹의 기업 활동을 계기로 소련에서는 국외자에게는 여전히 이윤 추구 활동이 금지된 가운데 지배 엘리트만의 영리 행위가 확대되었던 것이다. 그리고 이러한 행위는 점차 화폐를 매개로 하는 거래 형태를 취하게 되었다. 이후 청년동맹을 비롯하여 고르바초프 집권 하에 구 엘리트가 배타적으로 향유하던 경제적 특권은 다음과 같다:

---

elitu," p. 55.

[29] 이하의 청년동맹 경제 및 구 지배 엘리트의 경제적 특권에 관한 논의는 주로 위의 글, pp. 55-59 및 *Izvestiya*, 1996. 1. 10에 게재된 Kryshtanovskaya의 기고("Finansovaya oligarkhiya v Rossii")에 기초한 것이다.

(1) 합작기업의 설립: 미국과의 합작기업인 디알로그(Dialog, 1987 설립)를 비롯하여 초기 외국과의 합작사업에 거의 예외 없이 공산당이 소련측 참여업체를 대리자로 내세워 투자 참여를 했다.

(2) 명목자산의 현금화: 소련에서는 기업간 거래 등에 단지 결제 수단으로서의 명목화폐만이 허용되었고 교환가치를 지닌 이른바 현금화폐(nalichnye)는 임금이나 상여금의 지급에 국한되었었다. 그러나 앞서 언급한 바와 같이 청년동맹 기업은 유일하게 현금화폐를 결제 수단으로 사용할 수 있도록 특혜를 받았으며, 이는 소련 말기 물가상승의 한 요인으로 작용한바 있다.

(3) 특혜 융자: 저리(低利) 내지는 무이자 대출을 받기 위해서는 지배 엘리트에 속하던가 아니면 고위층과 밀접한 관계가 있어야 했다. 특히 저리로 외화 대출을 받은 자는 이를 암시장에 매각하는 수법으로 천문학적인 수익을 올릴 수 있었다.

(4) 부동산 거래의 독점: 지배 엘리트는 실질적으로 국유재산의 유일한 소유자라는 점에서 이들만이 국유재산을 그들과 연관이 있는 기업들에 염가로 매각하거나 임대할 수 있었다. 특히 공산당은 많은 부동산을 소유하고 있었던바, 소속 당료들은 여기서 상당한 규모의 임대 수입을 얻을 수 있었다.

(5) 수출입 독점: 수출은 지배 엘리트와 연관을 맺고 있는 일부 기업들에 독점적으로 허가되었고, 수입품의 판매에 있어서도 일부 특혜 기업들이 국정(國定) 수매가격과 시장에서 결정되는 소매가격 사이에 거대한 차익을 남길 수 있었다.

(6) 내부자 사유화: 지배 엘리트는 사유화가 공식적으로 시작되기 오래 전인 1987년부터 자신들의 특권적 지위를 이용하여 그들 관할 하의 국유재산을 사실상 자신들의 소유로 전환하는 이른바 "국가에 의한 국가의 사유화"(privatizatsiya gosudarstvom gosudarstva)가 자행되었다.[30] 이중 가장 중요한 것으로 특정 산업 분야를 담당하던 중앙부서(ministerstvo,

ministry)들은 기존의 법규가 허용하는 한도 내에서 "합법적으로" 회사
(kontsern)로 탈바꿈하여 사실상 이들 부서 고위 관료들의 소유로 전환되
었으며, 국영은행들도 1988-89년 기간 중 민영화 과정에서 이름만 바뀐
가운데 고위 관계자들의 수중으로 넘어가게 되었다. 이러한 내부자 사유
화는 사유화 정책이 공식적으로 시작되기 이미 오래 전 대기업과 유통업,
금융업 등 모든 부문에 걸쳐서 주로 주식회사의 형태를 취한 가운데 관
련 엘리트의 소유로 바뀌게 되었던 것이다.

이상으로 소련으로부터 러시아로 이행하는 과정에서 지배 엘리트의 변
화를 살폈다. 정치적 차원에서 권력의 중심은 공산당(KPSS)으로부터 소
비에트로, 그리고 뒤이어 행정부로— 중앙의 대통령과 지방의 행정당국—
이동하여 왔으며, 구 지배 엘리트는 상당수가 이러한 변화에 적응하여
신흥 엘리트로 변신하는 데 성공하게 되었던 것이다.

한편 경제적 차원에서는 국가경제의 운용에 대한 공산당 중앙위원회의
통제가 약화되는 것과 병행하여 청년동맹 경제의 도입과 구 지배 엘리트
의 내부자 사유화(nomenklaturnaya privatizatsiya)가 묵인됨으로써 구 엘리
트의 상당수가 신흥 경제 엘리트로 탈바꿈하는 "국가의 사유화"가 이루
어지게 되었다. 러시아의 경제개혁은 실제로 이들 구 지배 엘리트의 직
접적인 통제 하에 추진되어 왔던 것이다. 소련에서는 1987-90년 사이에
국가의 통제가 무너지기 시작한 것을 계기로 이른바 시장이 자연발생적
으로 형성되기 시작했고, 지배 엘리트 이외의 국외자들도 시장에 진입하
기 시작했으나 이들은 지금까지도 러시아 경제의 "작은 손"에 불과한 실
정이다. 아래에서 살피는 바와 같이 오늘날 소위 신흥 재벌들의 금융 과
두체제(寡頭體制)는 구 지배 엘리트가 주축을 이루고 있는 것이다.

결론적으로 러시아의 신흥 지배 엘리트는 인적 구성에 있어서 구 엘리
트를 그대로 옮겨 놓은 것이라고 해도 과언이 아닐 것이다.[31] 소련의 붕

---

30) Kryshtanovskaya, "Transformatsiya staroi nomenklatury v novuyu rossiiskuyu
   elitu," p. 57.

괴에 결정적인 역할을 한 것은 "신흥 유산자 계층"(new bourgeoisie)을 비롯한 국외자나 반체제 세력이 주도한 것이 아니라 바로 구 지배 엘리트의 분열에서 비롯되었던 것이다.[32] 구 지배 엘리트는 단지 세대교체를 통해 일신(一新)되었을 뿐이다.[33] 그러면 러시아의 이들 신흥 지배 엘리트는 새로운 체제 하에서 어떠한 모습으로 스스로의 입지를 확보하고 있는가? 다음에서 신흥 엘리트와 체제와의 관계를 살피기로 하자.

III. 러시아의 지배 엘리트와 정치체제: 구 엘리트의 암영(暗影)

러시아에서 새로운 체제의 형성과 엘리트의 관계를 살핀다는 것은 결국 구 엘리트의 행태가 어떠한 모습으로 나타나느냐 하는 것과 표리를 이루고 있다. 다시 말해서 구 지배 엘리트의 연속성은 어떠한 모습으로 전환기 러시아에 영향을 미치고 있는가? 우리는 서두에서 다음과 같은 문제를 제기한바 있다: (1) 민주화와 지배 엘리트의 역할, (2) 지배 엘리트의 재편과 통치 형태, (3) 신흥 엘리트의 정향. 이들 문제를 살피기 앞서 우선 신흥 엘리트의 모태를 이루고 있는 구 지배 엘리트에 관해 살필 필요가 있다.

---

31) Badovskii, p. 42.
32) David Lane, "The Transformation of Russia: The Role of the Political Elite," *Europe-Asia Studies*, Vol. 48, No. 4 (June 1996), pp. 544-548. 레인(Lane)이 분류한 "신흥 유산층"에 구 지배 엘리트 출신이 포함되고 있는지는 확실하지 않다.
33) 체르노미르딘(Viktor Chernomyrdin) 총리가 1998년 소장파(少壯派)의 키리엔코(Sergei Kirienko)로 교체된 것도 세대교체를 통한 지배 엘리트의 일신이라는 점에서 맥을 같이하는 것이다.

1. 구 지배 엘리트: 단원성과 계서성

이제까지 전환기 러시아에서 구 소련의 지배 엘리트가 어떻게 재편되어 왔는지를 살폈다. 이들 구 엘리트의 정체는 무엇인가? 이들에 관해서는 이미 많은 연구가 행해진바 있으며, 여기서는 이들의 주된 특징만을 요약하고자 한다.[34] 소련에서는 공산당과 정부기관부터 모든 사회조직에 이르기까지 주요 직책의 목록(nomenklatura) 내지 명단은 공산당 중앙위원회가 관리하고 있었으며, 이들 직책에 대한 인사는 공산당에 의해 독점적으로 이루어졌다. 바로 이들 직책에 임명된 자가 지배 엘리트를 구성하고 있었으며, 이들을 노멘클라투라로 통칭하는 이유가 여기에 있는 것이다.

이와 같이 명칭으로부터도 유추할 수 있는 바와 같이 구 지배 엘리트의 주된 특징으로 무엇보다도 단원성(單元性, monolitnost')을 지적할 수 있다. 다원화(多元化) 사회와는 달리 소련에서 사회생활의 모든 부문에서 엘리트의 대열에 동참하기 위해서는 공산당의 인준을 받아야 했던 것이다. 따라서 이들은 예외 없이 공산주의자로서 체제가 요구하는 모든 규범에 충실한 자들이었다. 이들에게 "다르게 생각하고(inakomyshlyashchee), 행동하는" 것은 금기(禁忌) 중의 금기였던 것이다.

구 지배 엘리트의 또 다른 특징은 단원성에서 유추할 수 있는 바와 같이 완벽한 계서성(階序性, ierarkhichnost')이다. 노멘클라투라는 공산당 중

---

34) 소련의 지배 엘리트에 관한 대표적인 연구로는 Michael Voslensky, *Nomenklatura: The Soviet Ruling Class. An Insider's Report*. Trans. by Eric Mosbacher (New York: Doubleday & Co., 1984); Uri Ra'anan and Igor Lukes (eds.), *Inside the Apparat: Perspectives on the Soviet System from Former Functionaries* (Lexington, Mass.: Lexington Books, 1990); Georgi Arbatov, *The System: An Insider's Life in Soviet Politics. Trans. from Russian manuscript* (New York: Times Books, 1992); T. H. Rigby, *Political Elites in the USSR: Central Leaders and Local Cadres from Lenin to Gorbachev* (Aldershot, England: Edward Elgar, 1990); David Lane (ed.), *Elites and Political Power in the USSR* (Aldershot, England: Edward Elgar, 1988).

앙위원회의 총서기에서부터 말단 지방당의 승인을 필요로 하는 직위에 이르기까지 모두 14개의 서열로 나뉘고 있었다.[35] 이들은 마치 군대의 계급제와 같았다. 또한 충원에 있어서 몇 계단을 한 번에 뛰어넘는 소위 "특진"(特進)이나 혹은 "낙하산 인사"라는 것은 극히 예외에 속하는 일이었다.[36]

소련에서 지배 엘리트의 충원이 폐쇄적은 아니었으며, 오히려 엘리트가 그들 후손에게 자신의 지위를 대물림 하지 않는다는 비공식적인 관례가 자리잡고 있었다.[37] 일반적으로 소련의 지배 엘리트는 주로 농촌 출신으로서, 모스크바에서 교육을 받고, 엘리트 내부적으로 공산당-경제부문, 청년동맹-공산당, 소비에트-공산당, 공산당-외교 분야 등 몇 개의 경로 중 하나를 거쳐 상층까지 승진하고는 했다.

그러나 이러한 충원 관행보다 더 중요한 것은 지배 엘리트 내부의 후견(後見) 관행(clientelism)으로서 일단 지배 엘리드의 반열에 들어간 자들의 지위 상승(upward mobility)은 사실상 이에 의존하고 있었다. 물론 제정(帝政) 러시아뿐만 아니라 소련 정권의 초기에도 이러한 관행이 없었던 것은 아니나, 이는 특히 브레즈네프 집권기로 들어와 "기존 간부에 대한 신뢰"(doverie k kadram)가 인사정책의 기본으로 채택된 것과 병행하여 더욱 만연하게 되었다.[38] 이러한 후견 관행은 중앙 부서들의 기관본위주의 (vedomstvennost')와 특정한 지방의 지방주의(mestnichestvo)와 표리를 이루면서 엘리트 사이에 "준조합주의(準組合主義) 체제"(kvazikorporativizm)로

---

35) Rigby, pp. 73-93.
36) Kryshtanovskaya, "Transformatsiya staroi nomenklatury v novuyu rossiiskuyu elitu," pp. 52-53.
37) 그러나 브레즈네프 집권 말기에는 이러한 관행도 깨지기 시작했다. 일반적으로 지배 엘리트의 후손들은 엘리트 교육기관에서 교육을 받고 주로 경제전문가나 외교관, 국제분야 전문의 언론인 등 소위 고급직업에 종사하여 왔다. 위의 글, p. 52.
38) Afanas'ev, *Klientelizm i rossiiskaya gosudarstvennost'*, p. 145; Ra'anan and Lukes. Ch. 1: Careers, Appointments, Promotions, Dismissals, and Alignments: The Personal Factor; Rigby, Ch. 5: The nomenklatura and patronage under Stalin.

까지 발전하게 되었다.[39]

끝으로 소련의 지배 엘리트는 주거를 비롯하여 모든 부면에서 일반 시민에게는 허용되지 않는, 그리고 지배 엘리트 내의 지위에 따라 차등화된 특권(sistema privilegii)을 향유하고 있었다. 지배 엘리트는 구조적으로 만성적인 소비재 부족에 노출되고 있는 계획경제 하에서 "소련이라는 나라와는 전혀 다른 특별한 나라"에 사는 특권층이었다.[40] 이른바 사회주의 재산으로 지칭되던 국유재산은 실제로 이들 지배 엘리트의 집단자산(集團資産, collective property)이었다.[41]

이상의 특징들을 놓고 소련의 지배 엘리트는 사회주의의 이상을 배반한 "새로운 계급"에서부터 정치관료(politicheskaya byurokratiya), 신 봉건주의(neofeudalism) 혹은 산업 봉건주의(industrial feudalism) 하의 엘리트 등으로 다양하게 지칭되어 왔다.[42] 분명한 것은 구 체제가 사라진 지금에도 이와 같이 사실상의 신분제(身分制)에 익숙한 구 엘리트가 새로운 체제의 기본을 이루고 있다면 이들을 "민주주의적 엘리트"라기보다는 "전체주의 이후의 엘리트"(posttotalitarnaya elita)로 지칭하는 것이 적절하다는 지적이야말로 타당한 것이 아닐 수 없을 것이다.[43]

2. 러시아의 지배 엘리트와 체제 정향

러시아의 새로운 지배 엘리트는 어떠한 성향을 보이고 있으며, 이러한 성향은 체제에 어떠한 영향을 미치고 있는가? 이상에서 살핀 바와 같이

---

[39] Afanas'ev, *Klientelizm i rossiiskaya gosudarstvennost'*, p. 147.

[40] Voslensky, p. 213.

[41] 위의 글, pp. 112ff; Ashin, p. 42; Michael McFaul, "The Allocation of Property Rights in Russia: The First Round," *Communist and Post-Communist Studies*, Vol. 29, No. 3 (September 1996), pp. 289-292.

[42] Milovan Djilas, *The New Class: An Analysis of the Communist System* (New York: Praeger, 1957), p. 14; Badovskii, p. 46; Voslensky, p. 16.

[43] Ashin, p. 45.

구 엘리트의 성향은 여기에 어떻게 투영되고 있는가? 러시아의 한 연구자에 의하면, 엘리트의 재편은 다음과 같은 특징을 보이고 있다: 관료 엘리트의 실질적인 통치권의 확보, 정치 엘리트와 경제 엘리트간의 유착, 엘리트의 지방주의화.[44] 이러한 특징은 상당한 정도로 구 엘리트가 새로운 환경에 적응한 결과로 풀이되고 있다. 여기서는 서두에서 제기한 문제를 중심으로 신흥 엘리트와 체제간의 관계를 살피기로 한다.

가. 엘리트의 배타성과 민주화

입법권에 대한 행정권의 우위 내지는 이들의 사실상의 융합에 입각한 구 엘리트의 권력 독점은 러시아에서 중앙과 지방을 가릴 것 없이 편재(遍在)하고 있는 현상이다. 신흥 엘리트가 구 엘리트를 바탕으로 재정렬되고 있는 현상은 특히 지방에서 현저한 것으로 관찰되고 있다. 표1에서 보는 바와 같이 1991-94년 기간 중 지방정부 수장의 82.3퍼센트가 구 엘리트에서 충원되고 있다. 이들 중 78.6퍼센트가 소비에트 출신이며, 17.8퍼센트가 전직 당료로 집계되고 있다.[45] 주(州)를 비롯한 지역들에서는 지사(知事, gubernator) 및 지방의회 의장이 초기의 대통령 임명제에서

44) Badovskii, p. 52.
45) 이러한 집계는 68명의 지방정부 수반을 대상으로 한 것이다. Kryshtanovskaya and White, p. 712. 러시아는 스스로를 "공화국의 통치 형태를 구비한 연방제 민주 법치국가"로 규정하고 있다. *Konstitutsiya Rossiiskoi federatsii* (헌법), proekt (Moskva: Iuridicheskaya literatura, 1993), p. 4 (제1조). 헌법(1993)에 따르면, "러시아 연방은 동등한 권리를 갖는 러시아 연방의 주체인 공화국, 주, 변방주(krai), 연방 특별시, 자치주 및 자치구(自治區, avtonomnyi okrug)들로 구성된다" (헌법 제5조 제1항). 러시아에는 모두 89개의 연방 주체가 있으며 (헌법 제65조), 이들은 주체별로 21개 공화국, 49개 주, 6개 변방주, 2개 연방 특별시(모스크바와 상트 페테르부르그)와 1개 자치주, 그리고 10개 자치구로 나뉘고 있다. 러시아에서는 소수민족들의 명칭을 붙인 공화국들과 구별하여 주 등 기타의 연방 주체를 묶어 "지역"(region)으로 통칭하고 있는바, 이들은 한국의 도(道)와 같이 행정의 필요에 입각한 지방 단위들로서 전통적으로 러시아 민족이 거주해 온 지역에 적용되고 있다. 이 글에서는 이들 연방 주체를 "지방"으로 통칭하고, 공화국을 제외한 주체들을 지칭할 경우 "지역"으로 호칭하고자 한다.

1995년 후반기부터 선거제로 바뀌기 시작한 이후 특히 이들 지역의 구 엘리트가 권좌로 복귀하는 경우가 적지 않았다.[46] 물론 1996년 6월부터 1997년 3월 사이에 7개 공화국과 37개 지역을 포함하여 모두 55개 지방에서 지방정부의 수장(首長)을 선출하는 선거에서 전임자가 재선된 곳이 26개 지방에 불과한 것으로 나타나고 있으나, 이와 같이 큰 폭의 교체에도 불구하고 선거는 지방의 정치 엘리트를 쇄신하지는 못했다.[47] 신참 당선자의 상당수가 부지사를 비롯하여 구 엘리트 출신으로서 선거는 지방 엘리트의 교체에 있어서 "(기존 인물들이 자리만 바꾸는) 회전문 (revolving door)"의 역할을 한 데 그치고 있다.[48]

이와 같은 구 엘리트의 지방 할거는 지방의회의 구성에서도 그대로 나타나고 있다. 1995년 1월 현재 지방의회 대의원에 대한 러시아 중앙선거위원회의 발표에 따르면 다수가 구 엘리트 출신으로 나타나고 있는 것이다.[49] 대의원의 29.1퍼센트가 지방 행정기관 출신이며, 23.5퍼센트가 국영기업의 지배인 출신이다.[50] 심한 경우에는 행정기관과 국영기업의 관리직 출신이 전체 의석의 2/3를 차지하는 곳도 적지 않은 것으로 관찰되고 있다.

구 엘리트의 지방의회 독점은 특히 소수민족 공화국에서 현저하다. 다음 표에서 보는 바와 같이 바슈코르토스탄(Bashkortostan) 공화국의 경우 이 공화국이 소련 체제 하에서 자치공화국(ASSR)으로 있던 당시의 공화국 최고회의(1990)에는 공화국 내의 각급 지방 공산당 서기와 각급 지방 소비에트의 수장들 및 역내(域內)의 대기업(국영기업) 지배인들, 다시 말해

---

46) Afanas'ev, *Klientelizm i rossiiskaya gosudarstvennost'*, p. 246.
47) Steven L. Solnick, "Gubernatorial Elections in Russia, 1996-1997," *Post-Soviet Affairs*, Vol. 14, No. 1 (January-March 1998), pp. 48-63.
48) 위의 글, p. 71.
49) Slider, p. 244.
50) 위의 글, p. 244에서 재인용. 이밖에 이른바 지식계층(intelligentsiya)과 상업부문 (민간 부문) 출신이 각각 15.1퍼센트와 6.3퍼센트를 차지하는데 그치고 있으며, 특히 구 지방 소비에트에서와 달리 노동자 출신은 0.7퍼센트에 머물고 있다.

표7: 바슈코르토스탄 의회의 구성: 1990, 1995, 1996 (%)

바슈키르 자치공화국 최고회의 (1990)		바슈코르토스탄 공화국 최고회의 (1995)		바슈코르토스탄 공화국 국가의회 대표자 회의 (1996)	
각급 지방 당서기	19.7	지방 행정수반	17	지방 행정수반	49.7
지방 소비에트 수반	13.9	공화국 각료/관리	18.4	공화국 각료급	13.7
대형 국영기업 지배인	28.6	대기업 지도부	31	대기업 지도부	27.3
협동/국영농장 지배인	9.2	협동/국영농장 지배인	7.8	농업기업 지도부	3.3
교육/연구/의료계 지도층	8.1	교육/연구/의료계 지도층	7.2	교육/연구/의료계 지도층	6
노동자	6.4	노동자	6.4		
고등교육기관 교원/학자	4.8	고등교육기관 교원/학자	3.8		
언론인, 기타	9.3	언론인, 기타	8.3		

출처: R. R. Gallyamov, "Politicheskie elity rossiiskikh respublik: osobennosti transformatsii v postsovetskii period," *Politicheskie issledovaniya*, No. 2 (1998), p. 114.

서 공화국의 지배 엘리트가 대의원의 62.2퍼센트를 차지하고 있던 것으로 집계되고 있다. 그러나 소련이 붕괴되고 러시아 연방 내의 주권 공화국으로 승격된 뒤인 1996년 공화국 의회인 국가회의 대표자 회의(하원)에서 각급 지방 행정당국의 수반과 공화국의 각료급 인사 및 대기업의 지도자들이 대의원의 무려 90.7퍼센트를 차지하는 것으로 나타나고 있다. 공화국의 정치 엘리트를 구성하는 지방 행정수반과 공화국 각료급 인사가 전체 대의원의 63.4퍼센트를 차지하고 있는 것이다. 이와 같이 이른바 구 엘리트의 국가화(etatizatsiya, etatization)는 바슈코르토스탄에만 국한된 현상이 아니라 타타르스탄(Tatarstan), 칼메키야(Respublika Kamlykiya) 등 대부분의 공화국들에서 관찰되고 있다.51) 결론적으로 지방에서 선거는 구

---

51) Gallyamov, p. 113. 갈랴모프(Gallyamov)는 러시아에서 지배 엘리트의 국가화 (etatizatsiya)를 지배 엘리트의 단순한 양적 증가를 통한 "국가의 점유"라는 차원

지배 엘리트가 권력의 독점을 정당화하는 수단에 불과한 것이 실정이
다.[52]

지방에서 구 엘리트의 계속된 권력 독점은 무엇보다도 지방의회에 대
한 지방 행정부의 우위를 통해 보장되고 있다. 지방의회의 대의원은 대
부분이 자신의 이전 직책을 겸직하고 있으며, 따라서 행정부와 입법부는
상호 견제의 관계가 아니라 사실상 이름만의 양립에 그치는 경우가 적지
않은 실정이다. 공화국과 대부분의 지역에서 행정수반은 — 주지사나 공화
국 대통령 — 자신의 관할지역에서 관료들에 대한 임면권을 비롯하여 광
범한 권한을 행사하고 있다.[53] 한편 지방의회는 행정수반의 거부권을
2/3의 찬성으로 뒤엎을 수 있으나, 이는 행정 종사자 다수가 의원직을 겸
임하고 있는 상황에서 사실상 무의미한 것이 아닐 수 없다.[54] 이와 같이
행정권의 우위를 토대로 구 엘리트 출신의 신진 엘리트가 행정수반을 정
점으로 지방에서 권력 독점화가 이루어지고 있는 것이다.[55]

구 지방 엘리트의 권력 독점은 중앙에도 적지 않은 영향을 미치고 있
는 것으로 관찰된다. 우리는 이미 옐친 대통령의 측근과 연방정부의 고
위 관료들이 지방의 경우에 못지않게 구 엘리트로 충원되고 있음을 보았
다. 연방회의(의회)의 경우에도 1991-94년 기간 중 봉식한 543명의 대의
원 중 57퍼센트 이상이 구 엘리트 출신인 것으로 집계되고 있다.[56] 상원

을 넘어 이들 이외의 계층이 권력에 접근하는 것을 막는 국가권력의 배타적 독점
화로 정의하고 있다. p. 109 각주 참조.
52) M. N. Afanas'ev, "Izmeneniya v mekhanizme funktsionirovaniya pravyashchikh
regional'nykh elit," *Politicheskie issledovaniya*, No. 6 (1994), pp. 65-66.
53) Solnick, pp. 49-52.
54) Slider, p. 244.
55) Badovskii, pp. 53-54; A. G. Chernyshov, "Politicheskoe samoopredelenie
regionov: tiny i tendentsii," *Politicheskie Issledovaniya*, No. 2 (1998), pp. 93-95. 한
편 소수민족 공화국들에서는 구 엘리트의 강화가 소수민족 출신의 엘리트 비중이
확대되는 이른바 소수민족화(etnizatsiya)와 병행되고 있다. Gallyamov, pp.
109-111.
56) Kryshtanovskaya, "Transformatsiya staroi nomenklatury v novuyu rossiiskuyu
elitu," p. 64.

인 연방의회의 경우 대의원들은 당연히 지방 출신들로서 이들 중 압도적 다수가 구 엘리트 출신으로 분류되고 있다.[57]

이에 더해 의회에 대한 행정부의 우위는 특히 중앙 정치의 기조를 이루는 것이다. 대통령 대권제하에 옐친 행정부는 무엇보다도 의회에 대한 통제를 강화하는 데 주력하여 왔다. 비록 옐친에 반대하는 세력이 의회에서 다수를 차지하고 있다고는 하지만 대통령의 우위를 보장한 헌법하에 의회의 권한은 기본적으로 매우 제한적이다. 이에 더해 옐친 정부는 각료의 대의원 겸직 등을 통해 의회 활동에 대한 정부 관료의 참여를 확대하고 대의원 선거에 깊이 관여하여 온 것으로 관찰되고 있다.[58]

우리는 러시아 정치에 있어서 대표성의 문제를 제기한바 있다. 러시아는 분명히 경쟁적 선거제의 도입을 통해 대표성의 기본 요건을 충족하고 있다. 그러나 이러한 형식상의 대표성은 러시아 정치의 실상을 들여다보면 허구적일 수 있음을 쉽사리 간파할 수 있다. 우선 선거와 관련하여 사실상 구 엘리트의 권력 독점 하에서 피선자의 면면은 바뀔지 몰라도 엘리트 차원에서 소위 엘리트의 순환이란 기대하기 어려우며, 따라서 민주화라는 구호도 공염불일 가능성이 상존하고 있는 것이다. 특히 중앙과 지방 모두 행정권이 입법권에 우위하거나 사실상 융합되어 있는 상황에서 선거는 공허한 의식(儀式)에 불과할 수 있는 것이다.

나. 엘리트의 유착과 과두체제의 대두

러시아의 신진 엘리트가 보이고 있는 또 하나의 특징으로 "금융-정치 집단화"(finansovo-politicheskaya gruppirovka), 다시 말해서 정치 엘리트와

[57] Terry D. Clark, "Voting Patterns in the Russian Council of the Federation," *Journal of Communist Studies and Transition Politics*, Vol. 11, No. 4 (December 1995), p. 381.
[58] Kryshtanovskaya, "Transformatsiya staroi nomenklatury v novuyu rossiiskuyu elitu," p. 59.

경제 엘리트 사이의 유착을 들 수 있을 것이다.[59] 물론 정경유착이 시장
경제로의 전환 과정에서 부각되고는 있으나, 결코 새로운 현상은 아닌
것이다. 국유화에 바탕을 둔 소련의 계획경제 체제 하에서 지배 엘리트
는 그들 관할 하의 국유재산에 대한 실질적인 소유자였다. 이러한 의미
에서 역설적이지만 "실제로 존재하는 사회주의", 즉 소련 체제에서 사유
제가 없었다는 주장은 잘못된 것이라는 지적마저 나오고 있는 것이다.[60]

이와 같이 소련에서 정치적 지배권과 경제적 소유권이 집중되어 있었
다면, 전환기 러시아에서 이의 분리는 시장경제 개혁과 관련하여 당위로
서 요청되어 왔다. 실제로 러시아의 지배 엘리트는 크게, 지위에 기초한
정치 엘리트와 소유에 기초한 경제 엘리트로 분화되기 시작했던 것이다.
정치 엘리트는 위에서 살핀 바와 같이 행정권을 중심으로 개편되었으며,
경제 엘리트는 1987-92년 기간 중 구 체제의 해체와 분권화 과정을 거
쳐 1992년부터 자본의 집중화를 통해 모습을 드러내기 시작했다.[61]

경제 엘리트가 구 엘리트에서 어떻게 분화되었는지는 이미 살핀바 있
다. 이들은 구 체제의 붕괴를 전후하여 "인가 받은"(authorized) 계층으로
서 국유재산의 독점적 사유화에 착수했던 것이다. 표8은 구 지배 엘리트
의 양분(兩分) 과정을 극명하게 보여주고 있다. 이 표는 1991년의 보수
쿠데타 이후 50개 지역의─소수민족 공화국들과 모스크바, 페테르부르
그 제외─3대 주요 직책인 지역당(obkom) 제1서기, 각 지역 수도(首都)의
시당(市黨, gorkom) 제1서기, 그리고 지역의 집행위원회(oblispolkom) 위원
장들의 거취에 관해 이들 지역에 파견된 대통령 대표를 대상으로 1992
년 11월에 행한 설문 결과로서, 이에 따르면 이중 약 1/3 정도가 국영기

59) Kukolev, p. 22.
60) L. M. Timofeev, "Tenevoe vladenie: doktrina i real'nye ekono-micheskie praktiki sovetskogo obshchestva," T. I. Zaslavskaya (ed.), *Kuda idet Rossiya?..: Obshchee i osobennoe v sovremennom razvitii* (Moskva: Moskovskaya vysshaya shkola sotsial'nykh i ekonomicheskikh nauk, Intertsentr, 1997), pp. 334-338.
61) Kryshtanovskaya, "Transformatsiya staroi nomenklatury v novuyu rossiiskuyu elitu," pp. 59-60.

표8: 구 지역 엘리트의 변신, 1991. 8.-1992. 11.

	지역당 (obkom) 제1서기	주도(州都) 시당 (市黨, gorkom) 제1서기	지역집행위 (oblispolkom) 위원장	소계
행정직 지도부 잔류	8	5	20	33
국영기업 부문으로 전직	16	18	11	45
민간부문으로 전직	19	13	14	46
지역에서 떠남	7	5	5	17
소계	50	41	50	141

출처: M. H. Afanas'ev, *Klientelizm i rossiiskaya gosudarstvennost'* (Moskva: Tsentr konstitutsionnykh issledovanii MONF, 1997), p. 247.

업으로 자리를 옮겼고, 또 다른 1/3 정도가 민간경제 부문으로 전직한 것으로 나타나고 있다.[62] 이들 중 일부는 쿠데타가 실패로 돌아가자 실각한 인물도 있겠지만, 그보다는 대세에 편승하기 위한 자발적 전직이 주류를 이룬 것으로 보인다. 다시 말해서 지역의 구 엘리트가 신진 경제 엘리트로 대거 변신하는 과정을 보여주고 있는 것이다.

이와 같이 당료나 행정기관의 관료에 의한 것이던, 혹은 청년동맹 출신에 의한 것이던, 그리고 특혜에 의한 것이던, 혹은 내부자 사유화에 의한 것이던 간에 관계없이 구 엘리트의 경제권 점탈에 이어 러시아에서는 급속한 자본의 집중이 이루어져 왔다. 자본의 집중은 공식적으로 지주회사의 설립 혹은 금융-산업집단(finansovo-promyshlennaya gruppa)의 결성이란 형식을 취했다.[63] 이러한 과정에서 모스크바의 대형 은행들은 1992년부터 대기업들의 지분을 확보하기 시작했고 이들을 대상으로 지주회사를 설립함으로써 급기야는 스스로의 "제국"(帝國)을 건설하게 되었던 것이다. 이들은 사유화 대상의 국유재산 매입을 통해 급속히 신장하게 되었으며, 1995년까지에는 7개의 대제국을 구성하게 되었다: 프롬스트로이방크(Promstroibank, 산업건설 은행), 브네슈토르그방크(Vneshtorgbank, 대외

---

62) Afanas'ev, *Klientelizm i rossiiskaya gosudarstvennost'*, p. 246.
63) Kryshtanovskaya, "Finansovaya oligarkhiya v Rossii," p. 5.

무역 은행), 메나텝(Menatep, 60여 법인체 관장), 오넥심방크(ONEKSIMbank-MFK, 30여 법인체 관장), 로시스키 크레디트(Rossiiskii kredit, 30여 법인체 관장), 인콤방크(Inkombank, 대외상업 은행, 30여 법인체 관장), 모스트(Most, 42개 법인체 관장).[64] 이들 중 앞의 두 국책 은행을 제외하고 나머지 다섯은 명실상부하게 "인가 받은" 대규모의 제국들이다.[65] 이외에도 중·소규모의 금융-산업집단들을 포함하여 이들은 배타적 특혜를 누리며 국유재산의 분할을 토대로 러시아 경제의 주역으로 등장하고 있는 것이다.[66]

"인가 받은" 계층으로서의 구 엘리트 출신의 신진 경제 엘리트 및 이들을 바탕으로 역시 "인가 받은" 금융-산업집단이 정치 엘리트와 유착의 관계를 맺는 것은 오히려 당연한 일인지도 모른다. 금융-산업집단은 바로 "금융-정치 집단"(finansovo-politicheskaya gruppa)에 다름 아닌 것이다. 정치 엘리트와 경제 엘리트의 연쇄(連鎖, interlocking)는 특히 지방에서 노골화되고 있으며, 이에 더해 지방으로 금융-산업집단들이 확장 내지 침투함으로써 정경유착은 중앙-지방관계와 뒤얽혀 더욱 복잡한 양상으로 전개되고 있다.[67]

이와 같이 신흥 엘리트에서 관찰되고 있는 정경유착은 전환기 러시아 정치에 어떠한 영향을 미치고 있는가? 앞서 언급한 바와 같이 러시아에서 외견상 모든 권력은 대통령에게 집중되고 있다. 전제정(專制政, samoderzhavie)의 요소마저 포함하고 있는 대통령 대권제는 외견상 "강한 국가"를 지향하고 있는 것이다. 그럼에도 불구하고 소련을 대체할 새로

---

64) 위의 글; Juliet Johnson, "Russia's Emerging Financial-Industrial Groups," *Post-Soviet Affairs*, Vol. 13, No. 4 (October-December 1997), pp. 333-365.

65) 러시아 연방 과학원 산하의 사회학 연구소가 행한 "신흥 백만장자"에 관한 조사에 따르면, 상기한 금융-산업집단의 총수들을 비롯하여 모스크바의 신흥 재벌 중 12퍼센트가 공산당이나 청년동맹, 국가안전위원회(KGB) 출신인 것으로 집계되고 있다. Olga Kryshtanovskaya, "Rich and Poor in Post-Communist Russia," *The Journal of Communist Studies*, Vol. 10, No. 1 (March 1994), p. 13.

66) Kryshtanovskaya, "Finansovaya oligarkhiya v Rossii," p. 5.

67) Hughes, pp. 1031-1032; M. N. Afanas'ev, "Regional'noe izmerenie rossiiskoi politiki," *Politicheskie Issledovaniya*, No. 2 (1998), pp. 91-92.

운 체제가 확립되지 않은 상황에서 러시아는 실질적으로 "약한 국가"의
처지에서 탈피하지 못하고 있는 실정이다. 대통령은 헌법(1993)에 보장된
막강한 권한에도 불구하고 이를 뒷받침하는 수단을 결여하고 있으며, 이
에 더해 각종 이해집단의 압력에 봉착하고 있다.[68]

이러한 이해집단의 주종을 이루는 금융-산업집단과 대통령과의 관계는
어떠한 것인가? 러시아 내외의 관찰자들은 대통령부를 비롯하여 정부 고
위층과 금융재벌로 구성된 "금융 과두체제"(financial oligarchy)가 형성되
고 있다는 데 대부분이 의견을 같이하고 있다.[69] 다만 이러한 정경유착
의 안정성에 대해서는 이견이 없지 않다.

과두체제의 허약성을 강조하는 입장은 이를 구성하는 정치 엘리트 사
이의 갈등뿐만 아니라 재벌들 내부에서도 대립의 소지가 적지 않음에 주
목한다. 1997년 중 대규모 독점기업체의 사유화와 관련한 갈등은 그 좋
은 실례의 하나이다. 이와 같이 지배 엘리트가 분열상을 보일 경우 대통
령은 중재자(arbitr)로서 이들 위에 군림할 수 있을 것이다. 실제로 옐친
대통령은 최근까지도 이러한 역할을 통해 체제의 안정을 보장할 수 있었
던 것으로 관찰되고 있다.[70]

이에 대해 일각에서는 과두체제가 재생산을 보장할 수 있을 정도로 충
분한 능력을 갖추고 있으며, 따라서 상당한 정도로 안정을 유지하고 있
다고 생각한다. 이것이 사실이라면 대통령은 중재자로서의 역할을 수행
하기가 쉽지 않을 것이다. 대통령은 의회에 대한 우위는 계속해서 유지
할 수 있을지 몰라도 과두제 앞에서는 속수무책일 것이다. 이들은 아마
도 대통령을 자신들과 동렬(同列)에 선 "동등자 중의 제1인자"(primus

68) Shevtsova, pp. 83-84, 88.
69) Richard Ericson, Gail Lapidus, George Breslauer, Jack Matlock, S. Frederick
    Starr, and Victor Winston, "Six Years After the Collapse of the USSR,"
    Post-Soviet Affairs, Vol. 14, No. 1 (January-March 1998), pp. 11-12; Shevtsova,
    pp. 82-83.
70) Shevtsova, p. 83.

inter pares) 정도로 끌어내리게 될지도 모른다.71)

앞으로 금융 과두체제가 어떠한 방향으로 발전하게 될지는 두고 볼 일
이나, 지금으로서 분명한 것은 정경유착이 러시아에서 새로운 정치질서
의 한 특징으로 부각되고 있으며 이러한 정경유착은 구 엘리트의 건재(健
在)와 밀접히 연관되고 있다는 점이다.

다. 엘리트 정향: 권위주의와 대국주의의 연면(連綿)

러시아의 신흥 엘리트는 성향에 있어서 구 지배 엘리트와 차이를 보이
고 있는가? 아마도 구 엘리트 출신은 변화하는 환경에 적응하는 과정에
서 구습에서 탈피할 수도 있을 것이다. 구 엘리트의 대표적 특성으로 지
적되어 온 권위주의와 대국주의적 성향을 통해 신흥 엘리트가 이들과 어
느 정도로 차별화되고 있는지를 검토하고자 한다.

러시아를 비롯하여 동유럽의 학자들은 과거의 사회주의 체제를 전체주
의 체제로 규정하는 데 서슴지 않는다. 체제 말기의 소련을 이와 같이 전
체주의로 규정하는 것이 타당한지는 논란의 여지가 적지 않을 것이나,
적어도 당시 소련의 정치체제가 권위주의 체제였음에 이의를 제기하는
사람은 드물 것이다. 그러면 소련과 달리 전환기 러시아의 정치체제를
민주적이라고 규정할 수 있는가? 많은 이들은 아직 최소한 민주주의적
경기 규칙마저 정착되지 않고 있다는 점에서 러시아의 정체(政體)를 민주
정(民主政)이라기보다는 민주정적 요소와 과거의 권위주의적 요소가 혼재
하는 혼합체제로 규정하고 있다.72)

이러한 과도적 상황에서 구 엘리트 출신의 태도는 어떠한가? 구 엘리
트 출신의 두드러진 특징의 하나로 폐쇄적이고 계서적인 후견(後見) 관행
의 존속이 자의적 관료주의와 권위주의를 조장하고 있음이 지적되고 있

---

71) 위의 글, p. 83.
72) 예컨대 Shevtsova, p. 82.

다.[73] 이는 일종의 지대(地代) 추구(rent-seeking)에 따르는 불가피한 현상일 것이다. 이와 함께 흥미 있는 것은 1995년의 총선에서 소위 자유주의 세력이 — 이들도 물론 상당수가 구 엘리트 출신인데 — 참패를 면치 못한 이유의 하나로 "유권자들에게 귀를 기울이기보다는 그들을 교육하고 교화하려는" 오만함이 지적되고 있다.[74] 단적으로 신흥 엘리트는 전반적으로 권위주의적 성격에 있어서 구 엘리트와 흡사하며, 이는 특히 지방에서 현저한 것으로 관찰되고 있다.[75]

왜 이러한 권위주의적 성향이 이어지고 있는가? 아마도 이는 과거의 타성일 수도 있을 것이다. 그러나 보다 본질적인 이유는 구 엘리트들이 격동기를 거치면서 사수해 온 각종의 이권과 특권을 계속해서 지키는 것이 최대의 문제라는 데서 찾아야 할 것이다. 이들은 자신들의 특권적 지위를 보전하기 위해 무엇보다도 정치적 안정을 희구하며, 민주정의 확대에 반대한다. 이들에게 민주정은 안정과 질서를 유지하는 데 가장 취약한 통치 형태로 인식되고 있는 것이다.[76]

한편 신흥 엘리트 사이에 러시아 대국주의에 대한 관심이 계속되고 있는 것으로 관찰되고 있다.[77] 러시아는 "가까운 외국"(近外)으로 지칭되는 구 소련 지역에서 자신의 기반을 확고히 하고 서방과의 협력에 일정한 거리를 두며, 궁극적으로 강대국의 지위를 회복한다는 데 러시아의 대외

[73] P. Huber and A. Woergoetter, "Observations on Russian Business Networks," *Post-Soviet Affairs*, Vol. 14, No. 1 (January-March 1998), pp. 81-91; Lev Yakobson i Nataliya Makasheva, "Raspredelitel'nye koalitsii v postsotsialisticheskoi Rossii," *Obshchestvennye nauki i sovremennost'*, No. 1 (1996), p. 14.

[74] M. Steven Fish, "The Predicament of Russian Liberalism: Evidence from the December 1995 Parliamentary Elections," *Europe-Asia Studies*, Vol. 49, No. 2 (March 1997), p. 210.

[75] Chernyshov, pp. 93-95.

[76] Kryshtanovskaya, "Finansovaya oligarkhiya v Rossii," p. 5.

[77] Sherman Garnett, "Russia's Illusory Ambitions," *Foreign Affairs*, Vol. 76, No. 2 (March-April 1997), pp. 65-66; 정한구, 『러시아 대외정책의 전개: 국가이익의 재정립과 정책 정향』, 정책연구 94-02 (세종연구소, 1994).

정책 집단들간에 폭 넓은 합의가 이루어지고 있다.

소련의 대국주의 정향(定向, sverkhderzhavnye kompleksy)과 그 요인에 관해서는 이미 해묵은 논쟁이 전개된바 있다. 한편에서는 러시아의 지정학적 위치에서부터 제정 러시아 이래 팽창의 역사가 거론되는가 하면, 다른 한편에서는 소련 사회주의 혁명의 이념이 대국주의의 동인(動因)으로 지적되어 왔다.[78] 그러나 일각에서는 이러한 요인의 하나로 소련 지배 엘리트의 성향을 들고 있다.

엘리트를 소련 대외정책에 있어서 주요한 결정 요인으로 들고 있는 입장의 하나는 소련의 지배 엘리트가 기본적으로 대외관계에 있어서 "공격적" 성향을 갖고 있는 것으로 주장한다.[79] 이들에게 국유재산은 그들의 "집단재산"(collective property)으로서 이러한 공동재산의 몫을 더 많이 차지하기 위해서는 철저한 계서적(階序的) 조직 속에서 지위의 상승을 도모하던가, 아니면 엘리트 전체가 나눌 수 있는 집단재산을 늘이는 것이 필요하다. 후자의 경우 대내적으로 부(富)를 축적할 수 없다면 당연히 대외적 팽창에 의존할 수밖에 없을 것이다.[80]

비슷한 맥락에서 한 러시아 학자는 소련 체제가 사회주의의 이상에 따라 러시아 사회를 개조하는 과정에서 사회주의 이념이 제시하고 있는 노동계급의 자발성에 의한 새로운 사회의 건설에 의존하는 대신 새로운 지배 엘리트가 노동계급의 대역(代役)을 담당하는 과정에서 지배계급(gospodvuyushchii klass)으로 자리잡게 되었을 뿐만 아니라 이들이 국가 그 자체(gosudarstvennichestvo)로 탈바꿈하게 되었다고 설명한다.[81] 그는 소련 지배 엘리트와 국가의 동격화(同格化)는 대외적으로 대국화(大國化,

---

78) Alvin Z. Rubinstein, *Soviet Foreign Policy Since World War II: Imperial and Global*, Second Ed. (Boston: Little, Brown and Co., 1985), Ch. 12. 물론 대국주의 성향은 시기별, 사안별(事案別) 및 상대에 따라 달리 나타날 수 있을 것이다.

79) Voslensky, Ch. 7: The Claim to World Hegemony.

80) 위의 글, pp. 320-321.

81) M. N. Afanas'ev, "Gosudarstvo i nomenklatura: popytka neobkhodimykh utochnenii," *Politicheskie issledovaniya*, No. 2 (1996), pp. 68-74, 특히 pp. 71-73.

derzhavnichestvo)와 표리를 이루고 있다고 지적하고 소련이 붕괴된 오늘날 "대국의 재건"이 운위되고 있음에 유의한다.

이와 관련하여 러시아가 시장경제를 도입하고 있는 지금 한편에서는 러시아의 신흥 엘리트, 특히 경제 엘리트가 자본의 축적을 보장할 수 있는 강력한 중앙집권적 국가의 건설을 선호하고 서방 자본의 강력한 경쟁에 당면하여 자신들이 소유하고 있는 국내기업의 특권적 지위를 보장받기 위해 애국심에 호소하는가 하면, 다른 한편에서는 민주화의 저해 요인으로 여전히 대국주의 성향이 지적되고 있음은 역설적이 아닐 수 없는 일이다.[82] 결국 러시아의 신흥 엘리트는 구 엘리트로부터 사람만 충원한 것이 아니라 그들의 구습(舊習)까지 차용하고 있는 것이다.[83]

IV. 맺는 말

이상에서 살핀 바와 같이 전환기 러시아의 신흥 엘리트는 소련의 지배 엘리트를 모태로 재정렬되고 있다. 소련의 마지막 지도자 고르바초프 하에서 시작된 "엘리트의 혁명적 전환기"(revolyutsionnyi period transformatsii elity)는 기본적으로 물갈이가 되지 못한 채 옐친 대통령에 이르러 막을 내리게 된 것이다.[84]

지배 엘리트의 연속성은 당연히 민주화를 비롯하여 새로운 체제의 형성에 적지 않은 영향을 끼칠 것이 분명하다. 우선 소련/러시아의 체제 이행을 이해함에 있어서 "협상에 의한 이행"(transition by negotiation) 등 기존의 이론을 원용할 수 있는지의 문제가 제기될 수 있을 것이다.[85] 러시

---

82) 신흥 경제 엘리트의 성향에 관해서는 Kryshtanovskaya, "Finansovaya oligarkhiya v Rossii," p. 5. 러시아의 민주화를 저해하는 요인에 관해서는 Shevtsova, p. 89.

83) Badovskii, p. 42; Shevtsova, p. 80.

84) Kryshtanovskaya, "Transformatsiya staroi nomenklatury v novuyu rossiiskuyu elitu," p. 59.

아의 체제 전환을 다룸에 있어서 스페인 등지에서 관찰되고 있는 조합주의(組合主義, corporatism) 접근은 타당한가? 이는 러시아의 경우 국가와 독립된 집단이 없다는 점에서 그 유용성이 부인되고 있다.[86] 러시아의 신흥 엘리트는, 극단적으로 말한다면, 여전히 국가와 분화되지 않은 준관료주의적(準官僚主義的) 집단인 것이다.[87] 아마도 러시아의 체제 이행을 이해하기 위해서는 이러한 특징에 유의하는 것이 필요할 것이다.

그러면 비록 러시아의 신흥 엘리트가 구 엘리트를 바탕으로 하고 있을지라도 이들의 성향이 바뀔 가능성은 없는가? 이들은 이미 대내외적으로 변화의 압력에 직면하여 왔다. 무엇보다도 민주화와 시장경제의 도입이 계속되고 있는 것이다. 이들은 이제 전과는 달리 상이한 이해관계와 상이한 목표, 그리고 적어도 표면상으로 상이한 행동 양태를 보이도록 요구되고 있다. 이에 더해 앞에서 살핀 바와 같이 구 엘리트 출신 중 상당 부분이 세대교체를 통해 물갈이되었으며, 이러한 순환은 앞으로도 계속될 것이다. 그럼에도 불구하고 어떠한 체제에서나 가치관의 변화는 장기간에 걸쳐 진행된다는 점이 간과되어서는 안 될 것이다. 이에 더해 제정 러시아 이래 러시아 정치는 동일한 통치 행태를 유지하여 왔다는 점에 유의할 필요가 있다. "(러시아) 정치는 정확히 선이 그어진 테두리 안의 — 18세기의 세습(世襲) 귀족제이든, 20세기의 공산당이든 — 인물들에 한정되어 왔다."[88]

---

85) 체제 이행에 관한 기존의 대표적 접근으로 예컨대 Guillermo O'Donnell and Philippe C. Schmitter, *Transitions from Authoritarian Rule: Prospects for Democracy* (Baltimore: The Johns Hopkins University Press, 1986).

86) S. P. Peregudov, "Novyi rossiiskii korporatizm: demokraticheskii ili byurokraticheskii?," *Politicheskie Issledovaniya*, No. 2 (1997), pp. 23-26.

87) Obolonskii, pp. 5-15.

88) Badovskii, p. 43에서 재인용.

6. 정-군관계: "약한 국가"와 "약한 군대"

I. 서론

소련의 붕괴가 사회주의 체제의 와해일 뿐만 아니라 한 국가의 종말을 의미한다면, 러시아의 복귀는 새로운 체제의 시작인 동시에 새로운 국가의 출발을 뜻한다. 소련의 뒤를 이은 지 일곱 해를 헤아리고 있는 지금 러시아는 여전히 전환기(perekhodnyi period)를 거치고 있다. 이는 체제 이행의 과도기일 뿐만 아니라 국가 건설(state-building)의 과도기인 것이다.

이 글은 전환기 러시아에서 정치와 군대의 관계를 통해 국가권력이 어떻게 조직화되며 제도화되고 있는지를 살피고자 한다. 러시아군은 이미 오래 전부터 "파국 직전의 군대" 혹은 "무너져 내리는 거인"(crumbling giant)으로 비유되어 왔다.[1] 러시아군은 변혁의 와중에서 동유럽에서는 물론 구 소련 지역으로부터도 철수할 수밖에 없는 수모를 감당해야 했으며, 대내적으로는 경제난으로 인한 국방비의 대폭 삭감을 감내해야 했다.

이 글은 1998년도 세종연구소 연구보고서로 작성한 것이다. 「전환기 러시아의 국가 건설: 약한 국가와 약한 군대」, 세종연구소 (편), 『대외정책과 국민통합: 한국, 중국, 러시아』 (성남: 세종연구소, 1998), pp. 177-209.

[1] 그라초프(Pavel Grachev) 전임 국방장관의 발언, *New York Times*, 1994. 12. 25; Benjamin S. Lambeth, "Russia's Wounded Military," *Foreign Affairs*, Vol. 74, No. 2 (March/April 1995), p. 86.

이에 더해 러시아 사회에 팽배한 반군(反軍) 정서 및 군대 내부에 만연한 부패는 기강의 해이와 사기 저하를 부추겼다. 러시아군이 체츠니야 (Chechnya) 내전(1994-96)에서 고전을 면치 못했음은 이에 비추어 볼 때 오히려 당연한 일인지도 모른다.

이와 같이 군대가 당면한 어려움과 관련하여 러시아 내외에서는 군부가 정치에 개입할 가능성이 자주 거론되어 왔다. 1996년 가을 로디오노프(Igor Rodionov) 당시 국방장관과 레베지(Aleksandr Lebed') 전 러시아 연방 안보평의회 서기를 비롯한 군부 지도자들은 봉급 체불 등으로 불만에 찬 나머지 군대가 폭동을 일으키기 직전에 있다고 경고한바 있다.[2] 그러나 예상과 달리 러시아에서 군대는 여전히 병영을 지키고 있으며, 군대의 정치 개입은 아직까지 현실로 나타나고 있지는 않다.

아마도 러시아 정부는 조속히 군대를 개혁하고, 이로써 군의 사기를 진작하며 새로운 시대에 맞는 정예군을 육성하는 데 주력함으로써 군의 정치 개입을 예방할 수 있을 것이다. 실제로 옐친(Boris Yeltsin) 대통령은 군대를 개혁할 필요성에 대해 되풀이 강조하여 왔다.[3] 그럼에도 불구하고 이제까지 군대의 개혁은 말의 잔치에 불과할 뿐 부진을 면치 못하고 있는 것이다.

당면한 어려움에도 불구하고 러시아 군대가 정치의 전면에 나서지 않고 있는 이유는 어디에 있는가? 전환기 러시아에서 국가는 사실상 옐친 대통령이라는 한 지도자의 개인적 권위로 지탱되고 있다고 해도 과언이 아닐 것이다. 새로운 국가의 권위가 확립되기에는 아직 요원한 것이다. 이와 같이 약한 국가에서 역설적이지만 군대에 대한 통제 역시 옐친의 권위로 지탱되고 있는 것이다. 이에 더해 군대는 전환기의 충격 앞에 마비 상태에 빠진 지 이미 오래이다. 러시아 군대는 약한 군대로 전락하였

---

[2] *Argumenty i fakty*, 1996. 11. 4; *The Washington Post*, 1996. 10. 5.

[3] 군대의 개혁에 관한 옐친 대통령의 최근 발언으로는 *Interfax*, 1997. 12. 4, 1997. 11. 21; *Rossiiskie Vesti*, 1997. 9. 16.

다. 한편 군대의 개혁이 시급함에도 불구하고 개혁이 부진한 이유 역시
약한 국가와 약한 군대에서 비롯되고 있다. 국가는 개혁을 뒷받침할 능
력이 없으며, 군대는 개혁의 방향조차 정하지 못하고 있다. 러시아에서
국가와 군대의 문제를 살피기 앞서 이와 관련한 일부 용어들을 분명히
할 필요가 있다.

II. 국가와 군대: 이론적 조명

"약한 국가"와 "약한 군대"란 무엇을 뜻하는가? 그리고 국가와 군대는
어떠한 관계에 있는가? 무릇 국가(state)와 체제(regime), 그리고 정부
(government)는 현실적으로 뿐만 아니라 이론적으로도 구분하기가 쉽지
않다. 여기시는 다음과 같이 사용하고자 한다:

> …… 국가는 정치권력의 중심이다. 반면에 체제란 권력 자체보다는 권
> 력이 실제로 사용되는 방식과 연관된다 …… 한편 체제는 국가 정치조직의
> 제반 규범과 원칙의 집합이며, 이들 규범과 원칙은 정부가 활동하는 데 있
> 어서 기초할 제반 규칙과 절차를 규정하는 기반을 이룬다.[4]

국가는 체제에 비해 보다 영속적인 것이다. 구체적으로 국가는 정치권
력을 관장하는 "일단의 제도 및 인원의 집합체"로 이해할 수 있을 것이
다.[5] 러시아의 경우 넓게는 대통령을 정점으로 하는 중앙정부 및 이에
부속하는 집행부서와 의회 등을 지칭할 것이나, 이 글에서는 보다 좁게

---

4) Stephanie Lawson, "Conceptual Issues in the Comparative Study of Regime
   Change and Democratization," *Comparative Politics*, Vol. 25, No. 2 (January
   1993), p. 187.
5) Michael Mann, "The Autonomous Power of the State: Its Origins, Mechanisms
   and Results," in Michael Mann, *States, War and Capitalism: Studies in Political
   Sociology* (Oxford: Basil Blackwell, 1988), p. 4.

대통령과 직속 부서만을 포함시키고자 한다.

그러면 국가가 약하다는 것은 무엇을 뜻하는가? 무릇 국가의 건설과 성쇠는 경제발전의 양식, 중앙-지방의 관계, 권력계층의 형성 등 여러 측면에서 살필 수 있을 것이다.[6] 우리는 또한 국가의 자율성이라는 차원에서 이 문제에 접근할 수 있을 것이다.[7] 국가의 자율성은 무엇보다도 사회의 주요 이익집단들과 대면한 정책의 독자적인 수립 및 집행 능력과 연관된다. 이들 사회세력의 요구 앞에 국가가 쉽사리 독자성을 상실하는 정도에 따라 우리는 이를 약한 국가로 규정할 수 있을 것이다.

약한 국가와 강한 국가는 또한 국가를 구성하는 중추와 하부 사이의 관계라는 측면에서도 접근할 수 있을 것이다. 국가는 예컨대 쓸모 있고 복종적인 관료조직을 갖고 있는가? 국가를 구성하는 요소 중 어느 것은 경우에 따라서는 사회세력에 준하는 역할을 할 가능성이 있을 것이며, 러시아의 경우 우리는 군대를 이러한 조직의 하나로 꼽을 수 있을 것이다. 어느 국가에 있어서나 군대는 국가가 독점하는 물리적 강제력의 중추를 이룬다. 이와 함께 군대는 그 구성과 규모 등으로 인해 자칫 사회세

---

[6] 예컨대 J. G. Merquior, "Patterns of State-Building in Brazil and Argentina," in John A. Hall (ed.), *States in History* (Oxford: Basil Blackwell, 1986), pp. 264-288.

[7] 국가의 자율성에 관해서는 여전히 해묵은 논쟁이 지속되고 있다. 이제까지 마르크스주의와 자유주의는 국가의 자율성을 부인하거나 축소하는 입장을 취하고 있으나 현실적으로 국가의 독자적 영역이 존재하는 데 대해 만족할 만한 설명은 하고 있지 못하다. 마르크스주의는 기본적으로 국가를 계급착취를 위한 지배계급의 도구로 보고 있으며, 풀란차스(Poulantzas)와 같이 비록 제한된 범위 내에서 국가의 자율을 인정할지라도 이는 기본적으로 고전적 마르크스주의의 입장에서 크게 벗어나지 못하고 있다. 한편 자유주의자들은 국가를 자원의 배분을 둘러싼 사회집단들의 경쟁의 장소에 지나지 않다는 입장을 취하고 있다 (Alford and Friedland 참조). 그러나 만(Mann)과 에반스(Evans)같은 이는 이들 입장에 반론을 제기하고 있다. Nicos Poulantzas, *Political Power and Social Classes* (London: New Left Review, 1975); Robert R. Alford and Roger Friedland, *Powers of Theory: Capitalism, the State and Democracy* (Cambridge: Cambridge University Press, 1985), pp. 41-46; Mann, pp. 1-32; Peter Evans, "The Eclipse of the State?: Reflections on Stateness in an Era of Globalization," *World Politics*, Vol. 50, No. 1 (October 1977), pp. 62-87.

력과 비슷한 역할을 담당할 수 있는 것이다.

그러면 약한 군대란 무엇을 지칭하는가? 이는 무엇보다도 국가와 군대의 관계, 즉 정군관계(政軍關係)라는 측면에서 이해할 수 있을 것이다. 무릇 국가를 대표하는 문민집단(文民集團)과 군대의 관계를 지칭하는 정군관계는 후자에 대한 전자의 우위를 당위로서 추구한다. 근대 국가에서 군대는 사회의 안전보장을 위한 무력(武力)의 관리라는 고유의 임무와 관련하여 문민지도부에 조언은 하되 자신의 관할을 벗어나는 정치적 내용의 정책 결정에는 관여하지 않을 것을 요청 받고 있다.[8] 그러나 군대는 때로 자신의 이해관계에 직접적으로 영향을 미칠 수 있는 특정한 안보 사안뿐만 아니라 그 밖에 정치적 성격의 사안에까지 관여하려 들 수 있을 것이다. 다시 말해서 군대는 경우에 따라 정치화(政治化, politicization) 될 수 있는 것이다.[9] 더 나아가 군대는 주도적 정치세력으로 영향력을 행사하고, 극단적인 경우 쿠데타 등을 통해 문민지도부(文民指導部)를 전복하고 정권을 직접 장악할 수도 있을 것이다.[10] 군대의 정치 개입 (political intervention)이란 바로 이와 같이 군대가 자신의 정치적 역할을 확대하는 현상을 지칭한다.[11]

이러한 견지에서 약한 군대란 국가와 대면하는 데 있어서 무엇보다도 군대가 얼마나 한 목소리를 내고 있느냐, 즉 얼마나 내부적으로 단결되

---

[8] Samuel P. Huntington, *The Soldier and the State: The Theory and Politics of Civil-Military Relations* (Cambridge, Mass.: Harvard University Press, 1957), pp. 72-93, 83-85.

[9] Samuel P. Huntington, *Political Order in Changing Societies* (New Haven: Yale University Press, 1968), p. 194.

[10] 이 글에서 "문민지도부" 내지 "문민정권"은 중앙정부의 고위급 지도자들을 지칭한다. 문민지도부는 여러 문민집단 중 통치권을 공식적으로 행사하는 집단을 뜻할 것이다. 한편 군 지도부 혹은 군부(軍部)는 국방부와 참모본부, 그리고 육군을 비롯한 각 군의 최고위 인사 및 군관구(軍管區)와 지역 주둔군의 지도부를 구성하는 군인을 포함한다. 군대 혹은 군은 러시아 연방군을 지칭하며 내무부 보안군을 비롯한 준군대(準軍隊)는 이에 포함하지 않는다. 끝으로 군대의 근간인 장교단 (將校團) 중 상급장교는 영관급 이상의 장교를 지칭한다.

[11] Huntington, *Political Order in Changing Societies*, pp. 194-195.

어 있느냐와 직접적으로 연관될 것이다.[12] 심각할 정도로 분열되고 조직
으로서의 일체감을 결여하고 있는 군대는 자신의 자주성을 성공적으로
유지하기 어렵다. 물론 군대가 스스로의 자주성을 위해 쿠데타 등에 의
존하는 데에 일부 장교만으로도 — 펄뮤터(Perlmutter)에 따르면 장교단의 5
퍼센트 이하 — 충분할 수 있을지 모르나, 그럼에도 불구하고 군대 내부의
분열은 이들 소수 장교들의 행동을 제약하게 될 것이 분명하다.[13] 또한
한 때 중남미 군사독재의 경우와 같이 쿠데타를 통해 정권을 장악한 경
우에도 군대의 내분이 계속되는 한 권력을 지탱하기가 쉽지 않다.[14]

군대의 자주성을 살피기 위해서는 무엇보다도 국가를 대표하는 문민집
단과 군대라는 두 주역의 입장을 살필 필요가 있다.[15] 우선 문민집단의

[12] 이외에도 군대의 자주성을 제고하는 군대 내부의 요인으로 이제까지 많은 연구
자들은 군대의 인적 구성이나 군사 전통의 중요성을 강조하여 왔다. 예컨대
Huntington, *The Soldier and the State*; M. Janowitz, *The Military in the Political
Development of New Nations* (Chicago: Chicago University Press, 1964); A. Michta,
Red Eagle (Stanford, Cal.: Hoover Institution, 1990); Porter, *Red Armies in Crisis*;
Finer, *The Man on Horseback*; Deborah Avant, *Political Institutions and Military
Change: Lessons from Peripheral Wars* (Cornell: Cornell University Press, 1994);
Perlmutter, *The Military and Politics in Modern Times* (New Haven: Yale
University Press, 1977). 그러나 군대의 구성과 성향 등에서 거의 닮은꼴이던 동
유럽 국가들과 러시아에서 정군관계가 사회주의 체제의 와해 이후 각기 다른 모
습으로 전개되고 있음에 비추어 사회주의체제 붕괴 이후의 국가들에 있어서 이들
요인의 중요성은 비교적 적은 것으로 보인다.

[13] Perlmutter, *The Military and Politics in Modern Times*, pp. 103-104.

[14] Edward C. Epstein, "Legitimacy, Institutionalization, and Opposition in
Exclusionary Bureaucratic-Authoritarian Regimes," *Comparative Politics*, Vol. 17,
No. 1 (October 1984), pp. 39-40.

[15] 전환기 러시아의 정군관계를 다루는 데 있어서 연구자들이 한결같이 지적하는
어려움의 하나는 이들이 의지할 수 있는 분석의 틀이 드물다는 점이다. 물론 정
군관계 일반에 관해 주요한 연구가 없었던 것은 아니나, 콜튼(Colton)의 지적과
같이 이것이 사회주의 체제와 나아가 소련의 붕괴 이후 러시아의 정군관계를 살
피는 데 별다른 수정 없이 사용할 수 있는 이론화의 수준으로까지는 발전하지 못
하고 있다. Timothy J. Colton, "Perspectives on Civil-Military Relations in the
Soviet Union," in Timothy J. Colton and Thane Gustafson (eds.), *Soldiers and the
Soviet State* (Princeton: Princeton University Press, 1990), pp. 6-7. 이제까지 정군
관계 일반에 관한 주요 연구로는 Huntington, *The Soldier and the State*; Samuel E.
Finer, *The Man on Horseback: The Role of the Military in Politics*, Second edition

견지에서 중요한 것은 어떻게 군대를 통제할 것인가 하는 문제일 것이다.
정군관계의 핵심인 문민통제는 기본적으로 문민집단이 "군인의 권력을
어떻게 극소화할 수 있는가?"에 초점을 맞추고 있으며, 크게는 헌팅턴
(Huntington)이 제시한 군대 장악에 관한 두 유형에 기초하고 있다.16) 첫
째는 객체적 문민통제(objective civilian control)로서 문민집단은 군대의 전
문직업화(professionalism)를 고취함으로써 정치적 중립화를 유도한다.17)
구체적으로 객체적 통제는 군대를 고도의 전문직업 집단으로 유도하는
것을 목표로 한다. 문민지도자들은 대외정책 및 군사정책에 관해 기본적
결정을 내릴 수 있는 권한을 보유하고 이에 대한 군대의 복종을 유도하
며, 군대의 전문직업상의 권한과 자율을 존중하는 한편 군부는 자신의
전문직업상의 권한의 한계를 받아들이며, 이를 토대로 정치와 군대 상호
간에 상대방에 대한 개입을 최소화하는 것을 그 골자로 하고 있다.18) 이
와 대조적으로 주체적 문민통제(subjective civilian control)는 문민집단이 군
대의 운영 및 군사문제에 대한 간섭과 개입을 통해 하나의 집단으로서의
군대의 주체성을 분쇄함으로써 군대에 대한 영향력을 확보하려는 것이

(Harmondsworth, England: Penguin Books, 1962, 1975); Eric A. Nordlinger,
Soldiers in Politics: Military Coups and Governments (Englewood Cliffs, N.J.:
Prentice-Hall, 1977); Amos Perlmutter, *The Military and Politics in Modern Times*.
한편 소련의 집권 공산당과 군대의 관계에 관해서도 많은 연구가 이루어졌으나
포터(Porter)의 관찰과 같이 사회주의 체제가 사라진 지금 러시아의 정군관계를
다루는 데는 사실상 무용한 것으로 되고 말았다. Bruce D. Porter, *Red Armies in
Crisis* (Washington, D.C.: The Center for Strategic and International Studies,
1991), p. xiii. 소련의 당과 군대 관계에 관한 주요 연구로는 Dale R. Herspring
and Ivan Volgyes (eds.), *Civil-Military Relations in Communist Systems* (Boulder,
Colorado: Westview Press, 1978); Timothy J. Colton, *Commissars, Commanders, and
Civilian Authority: The Structure of Soviet Military Politics* (Cambridge, Mass.:
Harvard University Press, 1979); Porter, *Red Armies in Crisis*.
16) Huntington, *The Soldier and the State*, pp. 72, 80-85.
17) 여기서 전문직업화란 군대의 중추인 장교단이 군대의 존립 이유에 충실하게 전
문기술과 책임, 그리고 단체성(corporateness)을 특징으로 하는 집단으로 정립되는
것을 뜻한다. 위의 글, pp. 7-18.
18) 위의 글, pp. 80-85; Samuel P. Huntington, "Reforming Civil-Military Relations,"
Journal of Democracy, Vol. 6, No. 4 (October 1995), pp. 9-10.

다. 여기서 군대는 고유의 영역에 대한 자율을 상실하게 될 것이다.

이러한 견지에서 군대에 대한 문민통제는 궁극적으로 국가의 권위에 기초한다. 무엇보다도 "군대(praetorian army)는 허약하고 불안정한 정치집단과 체제를 쉽사리 대체하게 될 것이다."[19] 정치 불안정은 대부분의 경우 정치권위의 약화를 초래하고 이는 군대에 대한 문민통제의 약화를 수반하게 마련이다. 그리고 국가 권위의 정도에 따라 군대에 대한 문민통제의 유형도 달라지게 될 것이다. 국가 권위가 약화될수록 문민통제는 주체적 방식에 의존하게 될 가능성이 높은 것이다.

III. 전환기 러시아: 국가의 약화

전환기 러시아에서 국가는 역설적이게도 국가 편재(遍在) 속의 약한 국가를 특징으로 하고 있다. 주지하는 바와 같이 러시아의 복귀는 소련과의 단절에서 비롯되고 있음에도 불구하고 러시아에는 소련이라는 과거가 끈질기게 잔존하고 있으니, 대표적인 경우가 바로 국가가 여전히 사회의 곳곳에 침투하여 있음에도 불구하고 그 국가는 효율적으로 국가의 기능을 수행할 수 없는 약한 국가라는 점이다.[20] 시장경제로의 진입에도 불구하고 사유화란 러시아 분석자들이 서슴지 않고 표현하듯이 "경제의 정부화"(governmentalization of the economy)라 할 정도로 정부가 경제에 관여함으로써 오히려 사기업의 활동을 저해하는 지경에까지 이르고 있다. 그럼에도 불구하고 이와 같이 비대한 국가는 조세의 징수와 사회복지의 제공, 치안의 유지, 그리고 절실히 요청되는 군대의 개혁 등 기초적인 기

---

19) Amos Perlmutter, *Political Roles and Military Rulers* (London: Frank Cass, 1981), p. 13.

20) Lilia Shevtsova and Scott A. Bruckner, "Where Is Russia Headed?: Toward Stability or Crisis?," *Journal of Democracy*, Vol. 8, No. 1 (January 1997), pp. 16-19.

능조차 수행하지 못하는 약한 국가인 것으로 관찰되고 있는 것이다.[21]

국가의 약화는 이미 소련 말기부터 부각되어 왔다. 소련에서는 당초 스탈린 치하에서 사회주의의 건설을 명분으로 내건 가운데 역사상 가장 강력한 국가의 하나를 건설할 수 있었다. 스탈린의 국가는 국가가 사회를 대체하는 이른바 전체주의 국가로 지칭되기도 했다. 그러나 이러한 국가는 보수세력에 의한 1991년의 8월 정변에 이르러서는 더 이상 존재하지 않게 되었다. 비록 골격은 여전히 전체주의적이었으나 이미 브레즈네프(Leonid Brezhnev)의 집권 중 국가는 약화 일로에 있었다.

이후 고르바초프(Mikhail Gorbachev)의 개혁으로 국가는 더욱 약화되었다. 무엇보다도 국가 조직의 중추인 공산당이 "지도적 역할"을 상실하게 되었으며, 국가는 정책 목표를 설정하고 추진할 능력을 더욱 상실하게 되었다. 이와 같이 소련이 통치권의 부재 내지는 권위의 위기로 빠져들고 있음은 고르바초프의 다음과 같은 탄식에서도 잘 드러나고 있다. "(내가 대통령으로서) 법령을 포고할 때마다 논쟁이 시작된다. '이 법령은 무엇 하자는 것이냐? 이것을 집행해야 할 것이냐, 아니면 그만 둘 것이냐?' 이런 식으로 해서는 어떠한 일도 결코 제대로 처리될 수는 없을 것이다."[22]

국가의 약화는 신생 러시아에서도 지속되고 있다. 보수세력의 8월 쿠데타가 실패로 돌아간 뒤 옐친 러시아 대통령은 당시 병립하던 소련의 제반 조직까지를 장악할 수 있었다. 그의 지시에 따라 공산당은 불법화되었고 소련의 조직들은 러시아 국가에 복속되었다. 쿠데타 이후 군대와 비밀경찰(KGB)은 마비 상태에 있었으며, 옐친에 반대하던 세력들도 잠시나마 열세를 면치 못하게 되었다. 이러한 절호의 기회를 맞아 옐친은 새로운 국가를 구축할 수 있었다. 그는 권위주의적 국가를 건설하던가, 아니면 민주주의의 방향으로 국가의 기반을 확립할 수 있었다. 그러나 옐친은 이중 어느 것도 선택하지 않았던 것이다.

---

21) 위의 글, p. 18.
22) *Izvestiya*, 1990. 11. 17, p. 2. ( ) 부분은 필자 삽입.

옐친 대통령은 이러한 방향으로 정치개혁에 착수하는 대신 자신의 개인적 권위에 계속해서 의존한 가운데 경제개혁을 시작하였다. 옐친은 새로운 헌법을 채택함으로써 새로운 국가질서의 제도화를 도모하지 않았으며, 조기에 선거를 통해 그의 반대세력이 할거하고 있던 최고회의(구 의회)를 교체하고, 소련으로부터 물려받은 구 조직과 제도를 정비하지 않았다.

이에 따라 러시아에서 새로 탄생한 국가는 처음부터 약체일 수밖에 없었던 것이다. 새로운 조정 장치가 결여됨에 따라 중앙과 지방 사이에 갈등이 증폭되었으며 타타르스탄(Tatarstan)과 체츠니야 등지에서 분리주의가 고개를 들기 시작했다. 보다 심각한 것은 중앙에서 분열이 표면화되었던 것이다. 무엇보다도 최고회의가 "최고의 국가기관"으로 자처한 가운데 대통령의 권위에 도전하고 나섰다. 이로써 옐친 대통령이 1993년 10월 최고회의를 강제로 해산할 당시 실토한 바와 같이 국가는 사실상 기능하기를 멈추게 되었다.

지난 몇 달간 러시아는 국가의 존립을 위협하는 중대한 위기에 봉착하여 왔다. 모든 정치제도와 정치인은 파국으로 치닫는 헛되고도 무의미한 싸움에 휘말려 왔다. 이의 직접적인 후과는 다름 아닌 국가권력의 권위 실추로 이어졌다 …… 이러한 상황에서 …… 개혁을 추진하기란 불가능하다.[23]

옐친은 10월 정변 이후 뒤늦게나마 선거를 통한 새로운 의회의 구성과 새로운 헌법을 채택했으나 실추된 국가의 권위와 약화된 국가의 능력은 지금까지도 쉽사리 만회되지 못하고 있다. 그동안 국가가 약체를 면치 못하는 상태에서 각종의 사회세력들은 국가에 대신하여 그들의 이익을 대변할 집단을 찾아 이합집산을 벌이고 있다.[24] 그중에서도 특히 국유재

[23] Michael McFaul, "State Power, Institutional Change, and the Politics of Privatization in Russia," *World Politics*, Vol. 47, No. 2 (January 1995), p. 228에서 재인용.

[24] L. A. Gordon and N. M. Pliskevich, "Razvilki i lovushki perekhodnogo vremeni," *Polis*, No. 4 (1994), p. 86; I. M. Kliamkin, "The Paradoxes of Mass

산의 사유화 개혁과 관련한 구 지배계층(nomenklatura)의 성공적인 저항
은 약한 국가의 실상을 보여주는 좋은 사례가 되고 있다. 러시아에서 사
유화 개혁은 일단 성공적인 것으로 평가되고 있으나, 그럼에도 불구하고
사유화는 당초의 의도와는 다르게 구 지배계층에게 유리한 방향으로 진
행되었던 것이다.[25]

러시아 정치는 10월 정변 이후 채택된 새로운 헌법 하에 표면상 안정
을 유지하고는 있으나, 국가의 약화를 만회하기 위해서는 의회와 대통령,
의회와 정부, 집행부 내의 관계 및 의회 내 관계, 중앙-지방 관계 등 전
반에 걸쳐 새로운 경기 규칙에 관한 합의가 필요한 것으로 지적되고 있
다.[26] 국가와 군대의 관계도 이러한 맥락에서 조정이 필요한 것이다.

IV. 러시아 국가와 군대, 1991-1997

이상에서 살핀 바와 같이 약한 국가와 대면한 군대의 위상은 어떠한
것인가? 러시아에서 군대는 1991년의 8월 쿠데타 및 1993년의 10월 정
변에서 보듯이 스스로가 약한 국가의 희생자이자 약한 국가가 명맥을 유

'Liberal' Consciousness in Contemporary Russia," *Russian Politics and Law*, Vol. 33, No. 6 (November-December 1995), p. 25.

25) 맥폴(McFaul)은 러시아의 사유화 개혁이 많은 경우 사실상 구 지배계층의 국유 재산 점탈로 끝난 과정을 살피고 있다. 이와 비슷하게 골드만(Goldman)은 소련 체제 하의 독점적 국유화(state monopolies)가 구 지배계층을 주축으로 하는 독점 적 사유화(private monopolies)로 이행하는 데 그침으로써 경제성장의 원동력인 사기업의 창출에 실패했다고 지적하고 있다. Michael McFaul, "State Power, Institutional Change, and the Politics of Privatization in Russia," pp. 210-243; Marshall I. Goldman, "Russia's Reform Effort: Is There Growth at the End of the Tunnel?," *Current History*, Vol. 96, No. 612 (October 1997), pp. 313-315; Pekka Sutela, "Insider Privatization in Russia: Speculations on Systemic Change," *Europe-Asia Studies*, Vol. 46, No. 3 (1994), pp. 417-435.

26) Robert Sharlet, "The Politics of Constitutional Amendment in Russia," *Post-Soviet Affairs*, Vol. 13, No. 3 (July-September 1997), pp. 223-226.

지하는 데 일익을 담당하고 있다.

1. 러시아군과 정치

10월 정변은 중요한 정치적 사변이었을 뿐만 아니라 정치 위기에 군대
가 동원되었다는 점에서 러시아의 정군관계에 있어서도 주요한 사건이었
다. 그리고 뒤이은 분리주의 체츠니야에 대한 군사 개입은 대내적으로
러시아 정치에 또 하나의 이정표를 마련하고 있다.

가. 1993년 헌정 위기

옐친 대통령이 1993년 9월 21일 최고회의를 해산한다는 결정은 즉각
"군대가 어느 쪽에 설 것인가?"하는 문제를 러시아 정치의 전면에 부각시켰
다. 이는 특히 루츠코이(Aleksandr Rutskoi) 전직 부통령이 최고회의에서 "대
통령"으로 선서를 하게 되고, 이어 "국방장관"에 아찰로프(Vladislav Achalov)
장군을 임명함으로써 더욱 첨예화되었다. 러시아에서는 각각 두 명의 대통령
과 국방장관이 대치하게 되었던 것이다.

돌이켜 보건대 당시 옐친에 대한 군대의 지지는 높지 않았으며, 이를
숙지하고 있던 옐친 진영의 그라초프 국방장관은 군대의 "정치적 중립"
을 되풀이 강조했다.[27) 그렇다고 군대가 루츠코이를 적법한 대통령으로
지지한 것은 물론 아니었다.

당시 군 지도부는 전반적으로 군대의 정치 관여에 반대하고 정치적 중
립을 견지함으로써 군대의 분열을 막으려 노력했다. 이들에게는 무엇보
다도 소련 말기인 1991년 8월의 보수 쿠데타 거사 중 군대가 보였던 분

---

27) 이하의 진술은 주로 다음 자료에 의존하고 있다. Brian D. Taylor, "Russian
Civil-Military Relations After the October Uprising," *Survival*, Vol. 36, No. 1
(Spring 1994), pp. 7-14.

열상 및 이에 앞서 1989년 4월 트빌리시(Tbilisi)에서 민간인 시위에 대한
군대 투입 및 빌니우스(Vilnius)와 바쿠(Baku) 등에 대한 군대 투입에 따른
비판과 이로 인한 반군(反軍) 여론의 확산으로 시달려 왔으며, 따라서 정
치적 목적을 위한 군대의 동원에 부정적이었던 것이다. 이를 배경으로
군대를 외부의 침략에 맞선 방어에만 국한하는 내용의 국방법이 1992년
최고회의의 의결을 거쳐 옐친의 인준을 받은바 있으며, 이로써 국내 작
전에 대한 군대의 투입은 의회의 승인을 필요로 하고 있었다. 이와 함께
비상사태에 관한 또 다른 법률은 내무부 산하의 보안군(MVD)이 비상사
태 하에서 국내 치안의 회복을 담당하는 것으로 명문화되고 있었다.

　이를 배경으로 군대는 10월 위기의 마지막 단계에 이르기까지도 옐친
에 대한 지지를 유보하고 있었다. 최후에 군대가 옐친을 지지하여 개입
을 결정하게 된 것은 근본적으로는 10월 사태가 내전으로 비화하고 이로
써 군대의 분열이 가속화될지도 모른다는 우려에 따른 것으로서, 어차피
개입이 불가피하다면 옐친이 1991년 선거에서 당선되었고 1993년 4월
의 국민투표 결과 등에 따라 옐친이 이끄는 정부가 정통성을 갖고 있다
는 인식에 기초한 것으로 풀이되고 있다.[28] 그리고 군대가 최종적으로
의사당에 대한 포격을 시작한 것은 옐친이 대통령으로서 모든 책임을 지
겠다는 약속을 한 뒤에야 이루어진 것으로 전해지고 있다.[29] 군대가 개
입하게 된 과정이 어떻든 이로써 군대는 옐친 정권을 위기에서 구출하게
되었으며, 옐친으로서는 군대에 빚을 지게 되었던 것이다.

나. 체츠니야 내전

옐친 정부는 1994년 12월 분리주의 체츠니야에 대한 군사 개입을 단

[28] 坂口賀朗, 「ロシアたおける 政軍關係」, 『新防衛論集』, 第24卷 1號 (1996년 6월), pp. 24-27.

[29] Boris Yeltsin, *The Struggle for Russia*, trans. Catherine A. Fitzpatrick (New York: Random House, 1994), p. 278; Taylor, "Russian Civil-Military Relations After the October Uprising," p. 12.

행했는바, 이를 전후하여 군대의 투입 여부를 놓고 러시아 정계와 군대 내부에서 의견 대립이 첨예화됐었다.[30] 정치권에서는 코지레프(Andrei Kozyrev) 외무장관 등이 군사개입을 지지하고 나섰으나 가이다르(Egor Gaidar) 전임 총리를 비롯한 개혁파들은 이에 비판적인 입장을 취했다. 옐친을 비판하고 나선 것은 그의 "러시아의 선택"당과 야블린스키 연합 (Yavlinskii, Yabloko)뿐만 아니라 공산당까지를 포함하여 거의 모든 정당들을 망라하고 있었다. 군사개입을 지지한 것은 지리노프스키(Vladimir Zhirinovskii)의 자유민주당을 비롯한 극우 민족주의 세력뿐이었다.

한편 군부의 경우 군사 개입에 적극적이었던 것은 옐친의 측근 중 강경파들이었다. 특히 그라초프 국방장관은 가장 적극적으로 군사개입을 주장하였는바, 그는 군사개입을 통해 군대는 국방예산을 증액 받을 수 있을 것이라는 주장을 전개하기도 했다. 군대의 투입을 옹호하는 입장은 또한 내무부 병력이 중무장한 반군(叛軍)에 맞서는 데 어려움이 있음을 강조했다. 이에 따라 비상사태를 선포하는 대신 군대의 국내 사용을 명문화하고 있는 새 군사교리(軍事敎理)를 근거로 대통령령을 통해 군대의 투입이 시작되었던 것이다. 러시아 정부는 1993년 10월 사태 직후 군사교리를 채택한바 있다.

그러나 다수의 군부 지도자들은 체츠니야에 대한 군사개입에 반대한다는 입장을 일관하여 견지했다. 보로비요프(Edvard Vorob'ev) 육군 제1부총사령관, 그로모프(Boris Gromov) 국방 부장관, 콘드라티에프(Georgii Kondrat'ev) 제1국방 부장관 등이 군대의 투입에 신중론을 제기했으며, 레베지(Aleksandr Lebed') 제14군 사령관도 이와 관련하여 그라초프 국방장관을 공공연히 비판하고 나섰다. 이 밖에도 야전 지휘관들 중 상당수가 옐친의 동원령을 마지못해 따랐던 것으로 관찰되고 있다. 당시 체츠

---

30) Timothy L. Thomas, "The Russian Armed Forces Confront Chechnya: I. Military-Political Aspects, 11-31 December 1994," *The Journal of Slavic Military Studies*, Vol. 8, No. 2 (June 1995), pp. 233-256.

니야의 수도 그로즈니(Groznii)로 진격 중이던 포병 지휘관 바비체프(Ivan Babichev)가 침공이 헌법에 위배된다는 이유로 도중에서 진격을 중단하는 명령 불복종의 경우도 있었는바, 이는 당시 체츠니야 작전에 대한 군부의 태도를 보여주는 실례의 하나이다.

이를 배경으로 체츠니야 침공 중 참모본부를 비롯한 군 지도부는 한때 작전 협의에서 배제되기도 했었다. 그럼에도 불구하고 군사개입이 조기에 성과를 거두지 못하고 체츠니야 반군과의 대치가 장기화되는 것과 병행하여 군대에 대한 옐친의 부담은 가중되어 온 것으로 관찰되고 있다.

2. 러시아군의 정치적 위상

소련이 붕괴한 데 이어 러시아군의 정치화가 계속되고 이와 병행하여 러시아 정치에서 군대의 역할이 부각되고 있다면, 이는 군대의 정치적 영향력을 확대하고 정치 개입을 촉진하는 방향으로 이어져 왔는가? 러시아 내외에서 많은 전문가들은 군대의 역할과 관련하여 러시아군의 정치적 영향력 증대를 점친바 있다. 군대의 정치적 역할이 확대될 가능성은 이미 1991년 8월의 보수 쿠데타 이후 신생 러시아 군대와 관련하여 나오기 시작했으며, 1993년의 10월 정변 이후에도 비슷한 진단이 러시아 내외에서 나타났다.[31] 그러나 옐친을 정치적 어려움에서 구출했음에도 불구하고 러시아군의 정치적 위상은 이들 진단만큼 제고되지는 못한 것

---

31) 예컨대 John W. R. Lepingwell, "Soviet Civil-Military Relations and the August Coup," *World Politics*, Vol. 44, No. 4 (July 1992), pp. 539-572; Stephen Foye, "Post-Soviet Russia: Politics and the New Russian Army," *RFE/RL Research Report* (1992. 8. 21.), pp. 5-12. 10월 정변 이후 군대의 정치적 역할에 관한 진단으로는 Stephen Foye, "Updating Russian Civil-Military Relations," *RFE/RL Research Report*, Vol. 2, No. 46 (1993. 11. 19.), pp. 44-50; William Odom, "Yeltsin's Faustian Bargain," *Moscow Times*, 1993. 10. 27, p. 8; Vladimir Maksimenko, "Posle chetvertogo oktyabrya," *Nezavisimaya gazeta*, 1993. 10. 23, p. 5; Andranik Migranyan, "Avtoritarnyy rezhim v Rossii," *Nezavisimaya gazeta*, 1993. 11. 4, pp. 1-2.

으로 드러나고 있다. 오히려 1996년의 대통령 선거 이후 군대의 영향력
은 위축되고 있는 것으로 관찰되고 있는 것이다. 러시아 군대의 정치적
위상을 주요 정책 분야별로 살필 필요가 있다.

가. 국방정책

러시아 군부가 10월 정변 이후 얻은 가장 큰 정치적 수확은 신 군사교
리의 채택일 것이다. 신생 러시아의 군사지침이 될 새로운 군사교리는
정변이 있기 전 일년 여 동안을 정부와 의회의 갈등으로 심의가 지연되
어 왔는바, 옐친의 적극적인 주도 하에 정변 직후인 11월에야 채택되었
던 것이다.[32] 그러나 신 군사교리가 전적으로 군부가 바라던 대로 승인
된 것은 아니었다. 교리의 채택과 관련하여 옐친은 안보평의회의 제안보
다는 국방부의 제안을 지지했으나, 최종 문안에는 국헌에 위해를 가하는
행위 등 국내의 안보와 관련된 임무에 군대를 투입할 수 있도록 새로운
조항이 첨가되고 있다. 코지레프 전 외무장관을 비롯한 문민지도자들은
러시아가 당면한 최대의 안보 위협은 지역 갈등, 즉 구 소련 지역의 갈등
임을 분명히 한바 있으나, 군부가 마련한 군사교리 원안에는 이러한 낮
은 강도(强度)의 갈등에 관해서는 언급이 없었으며, 대신 첨단기술이 동
원된 본격적인 전쟁과 관련한 전략만이 강조되고 있었다.[33]
　군부가 바라는 것은 강대국의 군대로서 러시아군이 담당하는 역할의
확대이나, 이러한 역할은 앞으로 더욱 축소되는 방향으로 나아갈 가능성
이 큰 것으로 보인다. 옐친 대통령은 1997년 12월 국가안보위원회가 마
련한 안보에 관한 지침을 승인했는데, 이에 따르면 러시아의 안보에 대

---

[32] 신 군사교리에 관해서는 "Osnovnye polozheniya voennoi doktriny Rossiiskoi Federatsii," *Krasnaya zvezda*, 1993. 11. 19, pp. 3-4.

[33] Stuart J. Kaufman, "Organizational Politics and Change in Soviet Military Policy," *World Politics*, Vol. 46, No. 3 (April 1994), p. 379.

한 위협은 군사적 성격의 위협뿐만 아니라 경제 위기에서 생태계에 대한
위협에 이르기까지 광범하게 포함되고 있다.[34] 이 지침은 가까운 장래에
전세계적 차원의 군사적 갈등은 적을 것으로 평가하고 현재 러시아가 당
면한 최대의 위협은 비군사적인 성격의 것으로 규정하고 있는 것이다.
이러한 판단에 따라 앞으로 군사교리를 수정할 가능성을 이 지침은 배제
하지 않고 있다.

나. 대외정책

러시아의 대외정책과 관련하여 군부는 대국주의(大國主義)의 입장을 취
하고 있는 것으로 관찰되고 있다. 이에 따르면, 러시아 군대는 소위 "근
외"(近外)로 지칭되고 있는 구 소련 지역에서 소련의 재건을 지향하는 제
국주의적 정책을 선호하고 있으며, 특히 우크라이나의 크리미아 반도 및
몰도바의 드네스트르 지역을 러시아로 귀속시키기를 바라고 있다.[35] 한
편 서방과의 관계에 있어서도 군부는 북대서양조약기구(NATO)의 확대에
반대하며, 서방과의 협력에 일정한 한계를 두기를 원하고 있다.[36] 실제
로 러시아 정부가 일부 동유럽 국가들의 조약기구 가입에 대한 반대를
철회한 뒤에도 세르게예프(Igor' Sergeev) 국방장관을 비롯한 군부 지도자
들은 계속해서 이 조약기구의 동진(東進)을 러시아에 대한 중대한 위협으
로 꼽고 있다.[37]

러시아 정부는 그동안 적어도 선언적 차원에서는 독립 초기의 친서방
(親西方) 정책을 수정하여 점차 대국주의적 독자노선으로 선회함으로써
군부의 입장을 수용하는 방향으로 대외정책을 바꾸어 왔다.[38] 러시아는

---

34) *ITAR-TASS*, 1997. 12. 18.
35) Kaufman, "Organizational Politics and Change in Soviet Military Policy," p. 381.
36) 위의 글, pp. 378-382.
37) *Interfax*, 1997. 12. 19.
38) 이와 관련하여 일각에서는 군부가 러시아의 대외정책과 안보 정책에서 상당한

구 소련 지역에 대한 배타적 영향권의 재확립을 시도하고 있으며, 북대
서양조약기구가 더 이상 러시아 국경 가까이로 확대되는 데 반대하고 있
는 것이다.

그러나 이러한 정책 선회가 군부의 입김에 따른 것으로 보기에는 문제
점이 있다. 우선 군부의 영향력 증대란 군부(국방부)와 정부(외무부, 대통령
부) 사이에 정책상의 이견이 존재했었음을 전제하는 것이다. 그러나 근외
및 북대서양조약기구에 대한 정책에 있어서 이들 사이에는 10월 정변 이
전부터 별다른 이견은 없었던 것으로 관찰되고 있다.[39] 실제로 러시아는
이들 두 현안을 놓고 입장을 정리하고 있지 못했으며, 외무부와 국방부
등 정책에 영향을 미칠 수 있는 주요 부서들은 모두 각기 내부적으로 분
열되어 있었다. 이러한 점에서 러시아의 대외정책은 지금까지 "위기 대
응"이란 차원에서 미봉적으로 이루어져 왔다는 것이 보다 정확한 평가가
될 것이다.[40] 이러한 현상은 레베지가 1996년 가을 러시아 연방 안보평
의회 서기로 재임 중 서유럽을 방문했을 때 종전의 강경한 입장에서 선
회하여 북대서양조약기구의 동진 움직임에 융통성을 보인 데서도 찾아볼
수 있을 것이다.

한편 재야에서는 공산당과 자유민주당 등이 대외정책의 대국주의적 선
회를 군부보다 더 강력하게 주장하여 왔는데, 주지하는 바와 같이 이들
보수세력은 1993년 12월의 의회 선거에서 승리를 거두고 정치적 영향력
을 확대하여 왔음에 유의할 필요가 있다. 이들의 영향력 확대는 러시아
대외정책의 강경 선회가 군부의 영향력 때문이라고 단정짓는 것을 어렵
게 하는 또 다른 요인으로 지적될 수 있을 것이다.

영향력을 발휘한 것으로 주장하고 있다. Frank Umbach, "The Role and Influence
of the Military Establishment in Russia's Foreign and Security Policies in the
Yeltsin Era," *The Journal of Slavic Military Studies*, Vol. 9, No. 3 (September
1996), pp. 467-500.
[39] Taylor, "Russian Civil-Military Relations After the October Uprising," pp. 16-18.
[40] 위의 글, p. 17.

다. 군사 개혁

군대의 개혁에 관해서는 이미 1992년부터 거론되어 왔으나 사안의 긴 박성에도 불구하고 1997년 후반에 이르기까지 별다른 진전은 보이지 않고 있다.[41] 개혁은 주로 병력의 감축에 초점이 맞춰지고 있는바, 세르게 예프 국방장관은 1997년 12월 러시아 군대의 규모를 1998년 초까지 150만, 그리고 1999년 초에 120만 명으로 감축할 계획임을 밝히고 있다.[42] 그동안 군부와 관련 부서들은 군대의 적정 병력 규모로 150만 명과 170만 명 수준 중 어느 것을 채택하느냐를 둘러싸고 논란을 벌여 왔다.[43] 군 지도부는 전반적으로 병력의 대폭 감축에는 반대하고 있으며, 옐친은 병력 규모를 비롯하여 군대의 반발을 야기할 수 있는 미묘한 내용의 현안은 뒤로 미루어 온 것으로 관찰되고 있다. 한편 국방위원회 서기 코코신(Andrei Kokoshin) 등 정부 지도자들은 군대의 개혁이 국가 경제력의 범위 내에서 수행될 수밖에 없음을 거듭 강조하고 있다.[44]

군대에 대한 개혁이 미흡함은 군대 내외의 비판에서 잘 나타나고 있다. 하원 국방위원회 의장 로흘린(Lev Rokhlin)은 "1992년부터 1997년 사이에 되풀이 발표되었던 군대의 개혁은 아직 아무 것도 이행된바 없을 뿐만 아니라, 제대로 계획조차 된바 없다"고 비판하고 있다.[45] 그에 의하면, 러시아는 군대의 개혁에 관한 청사진조차 없다는 것이다. 이와 비슷하게 포포프(Yurii Popov)라는 장군은 1997년 가을 중앙지에 실린 기고에서 군사 개혁에 관해 다음과 같은 요지의 비판을 가하고 있다. 군대의 개혁은 국가 존망의 과업으로 강조되어 왔음에도 불구하고 지난 다섯 해에 걸친 이른바

---

41) *Komsomolskaya pravda*, 1997. 10. 18, p. 4.

42) 이의 일환임이 분명한 가운데 러시아 국방부는 같은 달 약 30만 명의 장교가 2001년까지 퇴역하게 될 것이라고 발표했다. *ITAR-TASS*, 1997. 12. 3; 1997. 12. 19.

43) 예컨대 *Krasnaya zvezda*, 1995. 11. 17; *Nezavisimaya gazeta*, 1995. 11. 18.

44) *Obshchaya gazeta*, No. 50 (1997. 12. 18-24.), p. 2.

45) *Sovetskaya Rossiya*, 1997. 12. 18.

"개혁"이라는 것은 국가와 사회, 그리고 군대를 위해 아무 것도 이룬 것이 없다. 국방 부문에 관한 법적 정비는— 지휘 체계의 정비 등— 여전히 이루어지지 못하고 있으며, 군산복합체는 붕괴되고, 군대의 전투력은 극단적으로 저하되었으며, 장병은 빈곤으로 내몰리고 있다. 군대를 개혁하는 데에는 최고 지도자의 정치적 의지가 뒷받침되어야 한다. 최고 지도자는 군대의 개혁에 소극적이고 개혁이란 말의 잔치에 불과했다.[46]

라. 국방예산

러시아 군대가 당면한 최대의 현안인 국방예산의 확보에 있어서도 군부는 10월 정변에서 옐친을 지지하여 결정적인 역할을 수행한 데 걸맞은 대가는 얻지 못했다. 물론 군 지도부는 전반적인 경제난 하에서 군대만이 유일하게 충분한 예산을 확보할 수 있을 것으로 기대하지는 않았다. 그라초프 당시 국방장관은 "군대는 1994년도 국방예산으로 단지 정상적인 액수와 정규적 규모의 장비 발주 및 장병의 생활 보장을 필요로 할 뿐"이라고 밝힌바 있다.[47] 그는 이러한 전제 하에 국방예산을 37조 루블(1993)에서 1994년에 최소한 55조 루블로 증액하여 줄 것을 요구했으나, 의회에서 최종 승인된 것은 41조 루블에 그쳤다.

러시아의 국방비를 정확히 파악한다는 것은 냉전의 종식에도 불구하고 국방비에 대한 기밀 유지 및 자료의 불비로 인해 어려운 일이 아닐 수 없다.[48] 그럼에도 불구하고 개략이나마 추산을 한다면, 러시아에서 국민총생산(GNP) 대비 실질적인 국방비는 1992년 4.7-12퍼센트에서 1996년

46) *Nezavisimoe voennoe obozrenie*, No. 40 (1997. 10. 24-30.), p. 4.

47) Taylor, "Russian Civil-Military Relations After the October Uprising," p. 16에서 재인용.

48) Jacques Fontanel, "The Comparison of Military Budgets of the Eastern and Central European Countries," *Defence and Peace Economics*, Vol. 7 (1996), pp. 135-147.

까지는 3.6-7퍼센트 수준으로 저하되고 있는 것으로 추정된다.[49] 러시아 정부의 공식적인 국방예산은 1994년 이후 GNP의 6퍼센트 수준을 밑돌고 있는데, 이러한 국방비 기근은 이후 더 심각해지고 있는 것으로 보인다.[50] 1996년 7월 하원이 마련한 군사 법안에 따르면 향후 국방비 지출은 국내총생산(GDP) 대비 5퍼센트 수준으로 책정되고 있으나, 실제로 1998년도 예산안에 따르면 국방비는 GDP의 2.7퍼센트로 지난 수년간 최저를 기록할 것으로 예상되고 있다.[51]

이에 따라 군대는 무기를 비롯한 군사 장비의 발주를 1992년 수준에서 몇 년째 계속해서 동결하고 있으며, 장병에 대한 봉급조차 제대로 지불하지 못해 왔다. 세르게예프 국방장관은 1997년 12월 현재 체불된 장병 봉급이 5조 루블에 달한다고 밝히고, 이외에도 군대가 처한 상황이 전반적으로 "심각하다"고 토로한바 있다.[52]

마. 국내 문제

러시아에서 10월 정변 이후 체츠니야 침공을 제외하고는 군대의 영향력을 가늠할 수 있는 국내정책상의 갈등은 없었다. 물론 1996년 대통령 선거를 앞두고 군대가 또 다시 정치에 관여하게 될지도 모른다는 우려가 한때 제기되기도 했었다. 옐친과 그에 맞선 대통령 선거의 경합자들은 유세 중 상대방이 정권 장악을 위해 군대를 동원하는 등 무력을 사용할 가능성을 다투어 시사하여 왔던 것이다.[53] 그러나 선거가 특별한 이변이

49) The International Institute for Strategic Studies, *The Military Balance 1997/98* (London: 1997), pp. 106-107.
50) Keith Bush, "Gaydar on Defense Cuts," *RFE/RL E-Mail Bulletin*, 1994. 5. 30.
51) Open Media Research Institute (OMRI), *Daily Digest*, 1996. 7. 9; *Nezavisimoe voyennoe obozrenie*, No. 44 (1997. 11. 21-27.), p. 1.
52) *ITAR-TASS*, 1997. 12. 1; 1997. 12. 19.
53) "Russia's Army: A Loose Cannon In Power Transfer," *The Christian Science Monitor*, 1996. 6. 12. 이 보도에 따르면, 옐친은 대통령 선거를 앞둔 1996년 3월

없이 실시됨으로써 이러한 주장이 현실로 나타나지는 않았다.

오히려 1996년의 대통령 선거에 이어 그라초프 국방장관을 비롯한 주요 군 지도자들이 옐친에 대한 충성에도 불구하고 대폭적으로 해임된 것은 체츠니야 작전 등에도 불구하고 군부가 상대적으로 정치적 영향력이 없음을 보여준 사건으로 해석할 수 있을 것이다.

결론적으로 러시아에서 군대는 1993년 권력투쟁에서 옐친을 지지했음에도 불구하고 정치적 입지를 굳건히 하지 못했으며, 체츠니야에 대한 군사개입을 전후하여 영향력을 상실하여 온 것으로 평가되고 있다.[54]

V. 옐친과 러시아군: 주체적 통제

이상에서 살핀 바와 같이 러시아에서 군대는 자신의 정치적 입지를 강화할 수 있는 기회에도 불구하고 본격적으로 정치에 개입하는 대신 오히려 영향력을 상실하고 있는 이유는 무엇인가? 군대의 정치개입에 관한 앞서의 고찰을 바탕으로 우선 옐친이 군대를 통제하는 데 어떠한 방식에 의존하여 왔는지를 살펴야 할 것이다.

1. 옐친의 문민통제

가. 대통령의 권한

러시아의 정군관계에서 가장 두드러진 특징은 무엇보다도 군사 및 안

하원에서 다수를 차지하는 그의 반대세력의 도전에 맞서 의회를 해산할 것을 고려했으나 이를 실행에 옮기지는 않았는바, 그 이면에는 그에 대한 군대의 충성에 자신을 가질 수 없었던 데도 기인한 것으로 알려지고 있다.

[54] John W. R. Lepingwell, "A Sudden Fall from Grace," *Transition*, 1995. 2. 15, pp. 21-25.

보정책에서 대통령이 행사하는 막강한 권한일 것이다. 러시아는 1993년에 채택된 새 헌법에 따라 강력한 대통령 중심제를 정치의 기반으로 삼고 있다. 안보와 관련하여 대통령은 국정의 기본방향을 정하는 외에 구체적으로 대외정책을 지도하고 군사교리를 승인하는 권한을 갖는다(헌법 제80조, 83조, 86조). 대통령은 러시아 연방 안전보장평의회를 구성하고 주재하며 러시아 연방 최고사령부를 임면한다(헌법 제83조). 대통령은 러시아 연방군의 최고총사령관으로서 계엄 및 비상사태를 선포할 수 있으며, 이 경우 대통령은 이에 관해 "지체없이" 의회에 통고할 의무만을 부담한다(헌법 제87조, 88조). 의회는 대통령의 결정을 추인하거나 승인하는 권한은 갖고 있지 못하다.

군대에 대한 대통령의 독점적 권한은 1996년 5월 채택된 신 국방법에서 되풀이 강조되고 있다.[55] 대통령은 군사교리, 군대조직, 군대의 배치 및 군대 인사 등 군사정책의 거의 모든 부문을 지도하고 감독한다(제4조). 대통령은 무력을 행사함에 있어서 연방군이 본연의 사명을 벗어나는 임무를 수행하게 될 경우 이를 연방법에 따라 행한다고(제10조) 규정함으로써 원할 경우 언제나 군대를 합법적으로 동원할 수 있게 되었다. 한편 대통령의 광범한 권한과는 대조적으로 군대에 대한 의회의 권한은 최소한에 그치고 있다(제5조). 국가회의(하원)와 연방회의(상원)는 모두 국방비 및 국방 분야의 법안 심의에 참여하나, 대통령이 계엄령이나 비상사태 등을 선포하거나 군대를 동원할 경우 이에 이의를 제기할 아무런 권한이 없다. 대통령은 군대를 동원할 의도를 의회에 "신속히" 통지할 의무만을 지며, 상원은 이러한 조치를 단순히 "인준"하는 정도에 그치고 있는 것이다.

한편 국방법은 병력을 유지할 수 있는 국가기관으로 국방부(러시아 연방군) 이외에도 내무부(보안군), 철도부대, 대통령 직속의 정부 통신정보 연방기관 부대와 민간방위대로 나누고 있다. 이와 함께 기술공학 및 도로건설에 관여하는 군대조직과 대외정보국, 국경경비국 등 여러 기관들이 전시에 특수부대를 설치할 수 있도록 되어 있다.

군대와 관련한 이상의 법적, 제도적 차원의 권한 배분은 현실적으로 문민통제에 어떻게 투영되고 있는가? 무엇보다도 군대의 사병화(私兵化)를 지적할 수 있을 것이다. 군대의 동원을 비롯하여 안보 분야에 있어서 대통령의 막강한 권한은 이에 대한 의회 등 다른 문민집단의 사실상 거의 완전한 배제와 대조를 이루고 있다. 대통령은 의회를 비롯한 다른 정치세력의 견제를 받음이 없이 자신의 정치적 목적에 따라 군대를 동원할 수 있는 것이다.

나. 인사정책

이와 같이 정책결정과 지휘의 모든 고리가 궁극적으로 대통령으로 귀착됨에 따라 군대에 대한 대통령의 "전단"(專斷)에 대한 우려가 현실로 나타나고 있다. 군대에 대한 통제는 비정규적이고 사적인(personalistic) 차원에서 이루어지고 있다.[56] 군 인사의 경우 참모진과 국방부 지도자들은 대부분이 경력과 능력이 아니라 옐친과의 친소(親疎)에 따라 임명된 자들로서 옐친은 이들의 지지를 바탕으로 군대의 통제에 임하여 왔다. 그라초프 전직 국방장관이 대표적인 경우로서 그는 10월 정변에 옐친을 지지한 공적으로 기용되었던 인물이며 군 내부에서는 무능력의 대표적인 경우로 꼽힌바 있다. 옐친은 또한 대통령부 내에 군사정치국을 신설하고 사단급 이상 군 지휘부의 자신에 대한 충성의 정도를 점검하고 있는 것으로 알려지고 있다.[57]

이외에 옐친 대통령은 군대 내부의 반대세력일지라도 무시할 수 없을

---

[56] Stephen Blank, "Yeltsin Fosters a Military Threat to Democracy," *Transition*, 1996. 8. 9, p. 12.

[57] OMRI, *Daily Digest*, 1994. 9. 15.

경우 이들 세력을 일단 자신의 지지 세력으로 규합하기 위해 이른바 흡
수(cooptation)의 방법에 의존하여 왔다.[58] 그는 군대의 지지를 확보하는
방안으로 군대 내부의 강경파들을 승진시키거나 요직에 임명함으로써 이
들을 자신의 진용으로 끌어들이거나 적어도 중립화시켜 왔던 것이다. 그
는 국방장관에 민간 인사의 임용을 자제하고 그라초프와 로디오노프, 그
리고 세르게예프를 기용했으며, 강경파인 그로모프를 정부로 끌어들이고,
자신을 공개 비판하던 제14군 사령관 레베지를 진급시켰을 뿐만 아니라
대통령 선거와 관련하여 그를 러시아 연방 안보평의회 서기로 기용하기
까지 했었다.

다. 준군대(準軍隊)의 보강

옐친 대통령은 또한 내무부 보안군(MVD)과 연방안전국(FSB), 연방국경
수비대(FPS), 등의 준군대를 강화함으로써 정규군, 즉 연방군을 견제할
수 있는 대항 무력의 확보에 주력하여 왔다. 러시아 연방군은 1995년 중
반 현재 서류상으로 최소한 190만 명에 이르며, 이와 함께 준군대는 100
만 명에 육박하는 것으로 집계되고 있다.[59] 옐친 대통령은 이들 준군대
의 상당한 병력을 정규군의 쿠데타 등 가능성에 대비하여 수도권을 지키
는 데 배치하고 있는 것으로 러시아 언론은 전하고 있다.[60] 이들 준군대
가 정규군과 경쟁의 관계에 있으며, 이와 함께 준군대 사이에도 갈등이
있음은 오히려 당연한 일로서, 옐친은 이들 위에 군림하며 이들에 대해
이른바 분할통치(divida et impera)에 주력하여 왔다.[61] 이들 군 조직 사이

---

[58] Zisk, "Civil-Military Relations in the New Russia," pp. 10-16.

[59] *The Economist*, 1995. 9. 23, p. 48. 1995년 5월 당시 콜레스니코프(Mikhail
Kolesnikov) 연방군 총참모장은 의회 증언에서 러시아에는 현재 400만의 병력이
있으며, 그중 170만이 준군대에 소속하고 있는 것으로 밝힌바 있다.
Komsomol'skaya pravda, 1994. 5. 24.

[60] *Nezavisimaya gazeta*, 1994. 9. 14. 대통령 경호를 담당하는 연방 보안군(FSO)은
약 1만여 병력으로 추산되고 있다. *Trud*, 1997. 12. 9.

의 조정과 협력은 현재 러시아의 안보정책에서 큰 문제점의 하나로 지적되고 있다.[62]

라. 정책 과정

안보정책의 결정과정은 이상에서 살핀 바와 같이 자연히 대통령을 정점으로 하는 수직, 상향의 관계를 특징으로 하며, 여기서 대통령 개인의 자의(恣意)의 여지가 커지는 데 비례하여 정책 수립에 있어서 준거가 되는 제도적 기반이나 절차는 정착되고 있지 못한 것이 실정이다.[63] 다시 말해서 정책과정은 무정형을 특징으로 하고 있는 것이다. 정책 과정에서 국방부를 비롯하여 경쟁관계에 있는 부서들과 안보평의회, 의회, 대통령부 및 조야의 각종 정치세력들이 난투를 벌이는 이른바 제도적 혼돈이 특징을 이루고 있다.[64] 이러한 과정에서 정책결정은 부서간의 이해 대립이라기보다는 경합관계에 있는 파벌간에 대통령의 총애를 차지하기 위한 경쟁을 특징으로 하고 있다. 군사정책과 안보정책은 공식적 및 비공식적 기관과 집단, 인물 사이의 물밑 암투로 결정되고 있는 것이다.

이와 같이 정책과정이 제도적으로 모호한데 따라 군부 역시 정치에 초연한 대신 그들이 원하는 바를 이루기 위해서는 정치적 성격의 활동을 벌이지 않을 수 없도록 강요 받고 있는 것이다. 군대는 군사 및 안보 부문에서 향유하던 자율 내지는 기득권의 범위가 대폭 축소되고 이들 정책을 결정하는 과정에서 열세를 만회하는 데 안간힘을 쓸 수밖에 없는 것이 실정이다. 군대는 고도의 정치화를 지향할 수밖에 없게 되고 있는 것이다. 결론적으로 이러한 현상은 옐친 대통령 하에서 군대에 대한 통제

---

61) *Moscow News*, 1994. 12. 30.-1995. 1. 5.

62) Andrei Tarakanov, "The Rise of Russia's 'Military Opposition'," *Transition*, 1996. 8. 9, p. 8.

63) Blank, "Yeltsin Fosters a Military Threat to Democracy," p. 12.

64) 위의 글.

가 바로 주체적 통제를 지향하고 있는 데 일차적으로 기인하는 것이다.

2. 러시아군의 정치화

군대의 정치개입에 관한 이상의 고찰을 바탕으로 러시아의 정군관계를
살피기 위해서는 무엇보다도 그 전신인 소련군의 정치적 위상을 점검하
는 데서 출발해야 할 것이다. 후자는 러시아에서 정군관계가 어떠한 방
향으로 전개되고 있는지를 가늠하는 잣대가 될 것이다. 이미 소련 말기
로 접어들면서 군대는 전문직업 집단으로서의 군대라는 위치에서 벗어나
기 시작했으며, 이러한 추세는 소련에서 러시아로 이행하는 과정에서 지
속되고 있다.

가. 소련의 정군관계: 전문직업화의 와해

소련에서 정군관계, 보다 정확하게 집권 공산당과 군대 사이의 당-군관
계는 비록 기복이 없었던 것은 아니나 적어도 1980년대 중반 고르바초
프가 집권하기 전까지는 문민집단(공산당 정권)이 군대에 대해 통수권을
확립하고 군대를 정치에서 배제하는 방향으로 진행되어 왔다.[65] 물론 당-
군관계는 흐루시초프(Nikita Khrushchev)의 집권 중 갈등으로 점철되었던
경우가 없지 않았으나, 1960년대 중반 브레즈네프(Leonid Brezhnev)가 집
권한 이후부터는 점차 당권의 우위와 군대의 정치적 중립화가 정착되는
방향으로 전개되었다.[66]

65) Colton, "Perspectives on Civil-Military Relations in the Soviet Union," p. 22.
66) 소련의 당-군관계에 관해서는 이제까지 당-군의 "갈등"(institutional conflict,
   Kolkowicz), 쌍방의 "이해 합일"(interest congruence, Odom), 군대의 제한적 "결
   정 참여"(participation, Colton) 등 다양하게 이론화가 시도되어 왔다. Roman
   Kolkowicz, *The Soviet Military and the Communist Party* (Princeton: Princeton
   University Press, 1967); William E. Odom, "The Party-Military Connection: A
   Critique," in Herspring and Volgyes (eds.), *Civil-Military Relations in Communist*

당과 군대 사이에는 무엇보다도 역할과 권한의 분담이 명확히 이루어
지고 있었다. 구체적으로 브레즈네프의 집권 중 군사정책과 관련하여 기
본적인 정책의 결정은 공산당 주도 하의 국방위원회, 즉 문민지도자들이
담당하며 이러한 정책의 집행이 군 지도부의 임무로 하달되었다.[67] 국방
위원회는 "누가 우리의 적이며, 왜 그들이 우리의 적인가, 그리고 전쟁을
시작한다면 언제 할 것인가?" 등을 결정하고 군 지도부는 "어떻게 전쟁
을 할 것인가?"하는 군사·기술적 측면을 담당하게 되었던 것이다. 군대
의 권한은 군대의 운영 및 작전 등 좁은 의미의 군사 부문에 한정되었으
며, 이 부문에서 점차 군대의 자율이 인정되는 방향으로 전개되었다. 다
시 말해서 당-군관계는 공산당이 전문직업 조직으로서의 군대의 일상적
인 군사 운용에 대해 자율을 보장하고, 한편 군대는 공산당의 정치적 우
위를 받아들이는 일종의 "느슨한 연계"(loose coupling)를 특징으로 하게
되었던 것이다. 그리고 이러한 관계는 이들 두 권부 사이에 전체적으로
갈등보다는 화합을 도모하는 방향으로 전개되었다.[68] 이와 같이 당-군관
계를 상호 협력으로 이끈 요인의 하나는 바로 군사 부문에서 문민지도부
와 군대 사이의 비교적 명확한 역할 분담이었다.[69] 이러한 점에서 소련
의 당-군관계는 정치와 군대를 제도적으로 분리하고 군대에 대한 문민집
단의 우위를 강조하는 서방 정치체제의 정-군관계와 비슷함을 보였다.

Systems, pp. 27-52; Timothy Colton, "The Party-Military Connection: A
Participatory Model," in Herspring and Volgyes, 위의 글, pp. 53-75; Colton and
Gustafson (eds.), *Soldiers and the Soviet State*.

[67] Condoleezza Rice, "The Party, the Military and Decision Authority in the Soviet
Union," *World Politics*, Vol. XL, No. 1 (October 1987), pp. 55-81.

[68] Howard E. Frost, "A Content Analysis of Recent Soviet Party-Military
Relations," *American Journal of Political Science*, Vol. 33, No. 1 (February 1989),
pp. 91-135.

[69] 물론 군대는 군사 기술과 함께 군사 정보를 사실상 독점하고 있는 조직체로서
이러한 정보를 문민지도부에 독점적으로 제공함으로써 군사정책의 결정에도 적
지 않게 영향을 미칠 수 있었으며, 실제로 소련에서 이러한 사례가 다수 관찰된
바 있다. 그러나 이는 공식적으로 인정된 관행은 아니었다.

그러나 고르바초프가 집권한 이후 소련에서는 체제 변화라는 거대한
지각 변동이 시작되었으며, 이러한 와중에서 당-군관계도 영향을 받지
않을 수 없었다. 소련 군대는 점차 전문직업 집단으로서 정치에 중립을
지키는 대신 정치활동을 확대하기 시작한 것이다. 1980년대 말엽으로 접
어들면서 현역 군인들은 각종 정치단체에 공공연히 가담하고 인민대표자
대회 등 의회 기구에 대의원으로 활동하게 되었다. 현직 지휘관들은 문
민지도부에 대해 불만을 표출하고 경우에 따라서는 불복종도 서슴지 않
는 등 군대는 전반적으로 정치적 성격의 활동을 확대하게 되었으며, 이
를 배경으로 급기야는 1991년의 보수 쿠데타에 군 지도부 인사들이 가
담하는 사태가 발생했던 것이다.[70]

나. 러시아의 정군관계: 정치화의 지속

군대의 정치화 추세는 신생 러시아에서도 계속되었다.[71] 군 지도부는
군사정책뿐만 아니라 대외정책 등에 관해서도 공공연히 독자적인 입장을
밝히는가 하면, 일부 군 지도자들은 문민지도부의 지시를 거부하는 경우

[70] Stephen M. Meyer, "How the Threat (and the Coup) Collapsed: The Politicization of the Soviet Military," *International Security*, Vol. 16, No. 3 (Winter 1991/92), pp. 5-38; Lepingwell, "Soviet Civil-Military Relations and the August Coup," pp. 554-559; Porter, *Red Armies in Crisis*, Ch. 3; Brenda J. Vallance, "Corruption and Reform in the Soviet Military," *The Journal of Slavic Military Studies*, Vol. 7, No. 4 (December 1994), pp. 703-724.

[71] Tsypkin, "Will the Military Rule Russia?," pp. 38-73; Kimberly Marten Zisk, "Civil-Military Relations in the New Russia," An occasional paper from the Mershon Center, the Ohio State University (1993); Taylor, "Russian Civil-Military Relations After the October Uprising," pp. 3-29; Robert Arnett, "Can Civilians Control the Military?," *Orbis*, Vol. 38, No. 1 (Winter 1994), pp. 46-49; Lambeth, "Russia's Wounded Military," pp. 86-98; Timothy L. Thomas, "Fault Lines and Factions in the Russian Army," *Orbis*, Vol. 39, No. 4 (Fall 1995), pp. 542-545; Brian A. Davenport, "Civil-Military Relations in the Post-Soviet State: 'Loose Coupling' Uncoupled?," *Armed Forces and Society*, Vol. 21, No. 2 (Winter 1995), pp. 175-194.

도 없지 않았다. 레베지 전 러시아 연방 안보평의회 서기의 경우가 대표
적으로 그는 1992년 봄 몰도바 주둔 제14군 사령관에 임명된 뒤 몰도바
의 일부인 드네스트르 지방의 러시아로의 귀속을 선언하는 등 중앙정부
의 정책에 시종하여 반대하여 왔다.[72] 레베지는 이와 관련하여 1994년
말 다음과 같이 말했던 것으로 인용되고 있다: "이론상 우리는 모스크바
의 지상군 총참모장의 지휘하에 있다. 그러나 실제로 여기서(제14군, 몰도
바) 결정을 내리는 것은 우리다. 나나 나의 장교들을 건드리지 말라. 그러
면 나도 가만히 있을 것이다. 나를 건드리면 반격을 가할 것이다. 그것도
맹렬하게!"[73] 이러한 현상은 특히 모스크바에서 멀리 떨어진 군관구(軍管
區)일수록 뚜렷하게 나타나고 있다.[74]

이외에 많은 장교들이 지위의 고하를 불문하고 군 내부의 지휘계통 대
신에 언론매체 등 비정규적인 경로를 통해 불만을 표출하여 왔다. 러시
아의 독립을 전후하여 현역 장교들은 상당수가 정부의 시책에 항의하는
활동에 참여하거나 각종 정치적 모임에 가담했으며, 일부 장교들은 퇴역
장교들과 함께 군대 내에 정치단체를 결성하기도 했다. 한때 "장교회의"
라는 모임이 군대 내에서 정치 토론의 장소로 등장했으며, 일부 부대에
서는 현 정부를 전복하고 군사독재를 수립하려는 지하 파업위원회까지
암약 중인 것으로 보도된바 있다.[75]

군대의 정치화가 가장 현저히 나타나는 것은 현역 장교들이 선거직 공무
원으로 진출하는 것이었다. 우선 1991년 대통령 선거의 경우 볼가-우랄
군관구 사령관 마카쇼프(Albert Makashov) 장군이 대통령 후보로 출마한바
있으며, 그로모프(Boris Gromov) 장군과 전직 부통령 루츠코이 장군이 각기
부통령 후보로 출마했다. 이와 비슷하게 1995년 12월 의회 선거에는 로홀

---

72) 레베지의 인터뷰, *Sovetskaya Rossiya*, 1992. 8. 4.
73) Thomas, "Fault Lines and Factions in the Russian Army," p. 537에서 재인용.
74) 위의 글, pp. 537-538.
75) *Moskovskie novosti*, 1993. 5. 14, pp. 8-9; *Novoe vremya*, 1993. 3, pp. 16-17.

린(Lev Rokhlin) 체츠니야 파견군 사령관과 포드콜진(Evgenii Podkolzin) 공수
여단 사령관을 비롯한 현역 및 레베지와 루츠코이 등 퇴역 군인들이 출마
했으며, 1996년 대통령 선거에는 레베지가 후보로 출마한바 있다.[76] 현역
장교들은 지방의 피선 행정직 선거에도 후보로 나서고 있으며, 또한 연방
의회를 비롯하여 각 급의 대의기관 선거에 참여하여 1993년 초 현재 수천
명이 대의원으로 정치의 일선에서 활동 중에 있다.[77]

러시아 정부는 1992년 10월 국방법을 채택하고 군대 내에서의 정치활
동이나 정치적 결사를 금지했으나 행정직 및 입법직의 출마 및 군대 외
부의 정치적 집회 참여와 정부 시책에 대한 공개적인 논평은 여전히 허
용하고 있다. 전반적으로 정치화의 추세는 1990년대 중반 이후 다소 수
그러드는 경향을 보이고는 있으나, 군인 봉급의 연체 등으로 인해 군대
의 불만은 해소되지 않고 있는 데 비추어 군대의 정치화가 지속될 가능
성은 상존하고 있다.

VI. 러시아군의 분열

이상을 배경으로 군대의 정치개입은 군부가 내부적으로 단결하여 한
목소리를 낼 수 있는 지에도 좌우되고 있다면, 러시아군의 결속은 어느
정도인가? 이제까지 관찰자들은 러시아 군대가 극도의 분열상을 보이고
있다는 데 한결같이 의견을 같이하고 있다. 군대의 분열은 무엇보다도
두 차례의 정치위기 중 잘 드러나고 있다. 소련의 붕괴를 앞당겼던 1991
년 8월 쿠데타가 실패로 끝난 가장 중요한 이유는 바로 소련 군부의 분
열이었던 것으로 지적되고 있다.[78] 쿠데타 직후의 인사 조치에 따르면,

---

76) *The Economist*, 1995. 9. 23, p. 48.
77) *Moskovskie novosti*, 1993. 2. 23, p. 11.
78) Lepingwell, "Soviet Civil-Military Relations and the August Coup," pp. 562-565;

국방부 산하 국방위원회 소속의 군부 지도자 17명 중 9명만이 쿠데타를 지지한 것으로 나타나고 있다. 차하위급(次下位級) 군 지도자들 중에서도 3개 군관구 사령관과 2개 함대 사령관이 쿠데타 직후 해임된 데 비추어 쿠데타 주동자들에 대한 이들의 지지 역시 분열되고 있었음을 보여주고 있다.79) 한편 1993년 10월 정변에서도 군부는 분열되어 있었고 마지막에 가서야 옐친을 지지하는 방향으로 선회했음은 이미 살핀바 있다.

1. 위계별, 세대별 분파

러시아군은 구체적으로 어떻게 분열되고 있는가? 한 퇴역 장교에 따르면, "오늘 날 (러시아) 군대는 내부 갈등과 분열의 잠재적 에너지로 충만한 군대이다."80) 그에 의하면 군대는 다음 네 개의 집단으로 나뉘고 있다: 첫째는 위관급(尉官級) 장교들로서 이들은 분쟁에 휘말림이 없이 가급적 빨리 퇴역을 바라는 실용주의자들이고, 둘째는 군대에 잔류하는 외에는 전직(轉職)의 가능성이 희박한 영관급(領官級) 장교 및 소장층 장성들로서 이들은 군대의 전통과 질서를 선호하는 성향을 보이고 있다. 셋째는 국방부와 참모본부의 소위 군 지도급 인물들로서 이들은 능력보다는 정치적 연줄에 장래를 걸고 있으며, 마지막으로 모든 계급에서 개인적인 영리 추구에 전념하는, 다시 말해서 부정과 부패를 일삼는 부류가 있다.

영관급 이상 상급장교들의 성향은 군대의 정치개입 가능성과 관련하여 특히 중요할 것인바, 1995년 중반 러시아 각처의 영관급 야전장교 600명을 상대로 한 서방의 조사에 따르면 응답자들은 시장경제는 배격하고

Meyer, "How the Threat (and the Coup) Collapsed: The Politicization of the Soviet Military," pp. 27-31.

79) 위의 글, pp. 562-563.

80) *Nezavisimaya gazeta*, 1994. 8. 24.

있으나 민주주의의 기본 신조를 받아들이고 있으며, 전반적으로 직업군
인으로서 자신들의 처우에 만족하고 있는 것으로 나타나고 있다.[81] 그러
나 615명의 영관급 이상의 장교들을 상대로 한 최근의 또 다른 조사에
의하면, 이들은 비록 지리노프스키의 극단적 민족주의는 지지하지 않으
나, 그럼에도 불구하고 러시아에서 혼란의 종식을 위해서는 강력한 지도
자의 등장과 권위주의적 통치까지도 선호하고 있는 것으로 나타나고 있
다.[82] 이들 조사는 일견하여 모순되는 내용을 담고 있는바, 이는 조사의
신뢰도에도 문제가 있을 것이나, 이와 함께 군대 내부의 분파적 성향을
반영하는 것으로도 풀이될 수 있을 것이다.

2. 정치 성향별 분파

전반적으로 러시아 장교단을 정치적 성향에 따라 분류하면, 다수를 차
지하는 것은 실용주의자들로서 이들은 군대의 분열을 막고 군대가 정치
적 제물이 되는 것을 피하기 위해 군대의 정치 불개입을 주장하고 있는
것으로 관찰되고 있다. 이와는 대조적으로 군부 내 보수세력은 정치개입
을 적극 주장하고 있는바, 이들은 이로써 옐친의 축출과 개혁의 중단, 권
위주의 정치질서로의 복귀를 구호로 내걸고 있다.[83]

보수세력은 정치적으로 목소리를 높이는 등 대외적으로 적극적인 공세
를 벌이고 있으나 군대 내에서 소수에 속하는 것으로 관찰된다.[84] 이들
중에는 보다 보수 색채를 뚜렷이 하고 있는 집단이 있는바, 예컨대 러시
아 민족협의회를 이끌고 있는 스테를리고프(Aleksandr Sterligov) 장군과
전(全) 러시아 장교회의(VOS)를 이끄는 10월 정변 중 의회 측 국방장관을

---

81) Deborah Yarsike Ball and Theodore P. Gerber, "The Political Views of Russian
    Field Grade Officers," *Post-Soviet Affairs*, Vol. 12, No. 2 (1996), pp. 155-180.
82) Lambeth, "Russia's Wounded Military," p. 92.
83) Arnett, "Can Civilians Control the Military?," p. 54.
84) 위의 글.

역임했던 아찰로프 장군, 1991년 쿠데타 주동자의 하나인 티쟈코프 (Aleksandr Tizyakov), 전직 소련 국방장관 야조프(Dmitrii Yazov), 볼가-우 랄지역 군관구 전직 사령관 마카쇼프(Albert Makashov) 장군, 장교연맹을 이끄는 테레호프(Stanislav Terekhov) 장군, 전직 부통령을 역임했던 루츠 코이 등이 이에 속하고 있다.85) 한편 이들과 보수적 성향을 공유하고는 있으나 보다 중도적 입장에서 옐친을 비판하고 있는 인물로는 레베지와 전직 국방 부장관 그로모프 장군, 역시 옐친 밑에서 국방 부장관을 역임 했던 콘드라티에프(Georgii Kondrat'ev) 장군 등을 꼽을 수 있다.86) 이들 두 집단은 전반적으로 보수 색채임에도 불구하고 협력 관계에 있지는 않 은 것으로 보인다.87) 단적으로 러시아 군대는 내부적으로 여전히 분열되 고 있는 것이다.

VII. 러시아의 국가 건설과 군대

이상에서 살핀 바를 토대로 할 때 러시아의 국가 건설에서 군대는 어 떠한 역할을 담낭하게 될 것인가: "군대가 러시아를 지배하게 될 것인 가?", 아니면 "국가를 대표하는 문민정권이 군대를 장악할 수 있을 것인 가?"88) 옐친의 통제 방식과 다른 한편으로는 군대 자체의 결속에 비추어 볼 때 가까운 장래에 군대가 러시아 정치의 전면에 등장할 가능성은 일

---

85) John Erickson, "Fallen from Grace, The New Russian Military," *World Policy Journal*, Vol. 10, No. 2 (Summer 1993), pp. 19-24; G. V. Osipov, V. K. Levashov and V. V. Lokosov, *Sotsial'naya sotsial'no-politicheskaya situatsiya v Rossii: Analiz i prognoz* (Moskva: Rossiiskaya akademiya nauk, 1995); OMRI, *Daily Digest*, 1995. 8. 24.

86) OMRI, *Daily Digest*, 1996. 5. 24; 1995. 2. 10.

87) OMRI, *Daily Digest*, 1995. 8. 24.

88) Mikhail Tsypkin, "Will the Military Rule Russia?," *Security Studies*, Vol. 2, No. 1 (Autumn 1992), pp. 38-73; Arnett, "Can Civilians Control the Military?," pp. 41-57.

단 적은 것으로 보인다. 다시 말해서 역설적이지만 약한 국가와 약한 군대가 불안정한 균형을 이루고 있는 것이다. 그러나 이러한 평가는 1993년 10월 사태에 버금가는 중대한 정치적 위기가 재발되지 않을 것임을 전제로 한 것임에 유의할 필요가 있다. 러시아는 1995년 말에서 다음 해 중반에 이르기까지 의회 및 대통령 선거를 특별한 이변이 없이 치르고 있으나, 여전히 보수-개혁의 대립과 중앙-지방 사이의 갈등이 상존하고 있는 등 불안정한 국내 정세에 비추어 군대가 다시 정치의 전면에 모습을 드러낼 가능성을 전적으로 배제하기는 어려운 것이 실정이다.

특히 중요한 것은 옐친 대통령이 임기 중 별일이 없을 것인지, 그리고 옐친 이후의 러시아 정국이 어느 방향으로 가닥을 잡을 지가 중요한 변수로 될 것이다. 옐친의 건강이 러시아 정국의 향배를 좌우하는 주요한 요인으로 작용하고 있음은 이러한 사정을 웅변하는 것이다. 정군관계를 통해 보듯 러시아에서 새로운 국가의 건설은 제도화의 차원에서보다는 여전히 옐친이라는 한 지도자의 개인적 권위에 의존하는 바가 더 크기 때문이다.

궁극적으로 러시아의 정군관계는 국가 건설의 과도기에 새로운 국가의 권위 확립이라는 차원에서 접근해야 할 것이다. 옐친이 군대를 통제하는 데 있어서 주체적 방식에 의존하고 있는 것도 실은 집권 체제의 정통성 및 권위의 약화와 밀접히 연계되고 있는 것이다. 앞에서 살핀 바와 같이 고르바초프가 집권하기 전까지는 소련의 당-군관계는 객체적 통제를 근간으로 하고 있었다는 데 전문가들은 의견을 같이하고 있다. 그러나 이러한 통제는 고르바초프의 집권 중 와해되기 시작했다. 소련에서 개혁이 본격화되는 과정에서 보수-개혁세력 사이에 갈등이 첨예화되기 시작했으며, 중앙정부에 대한 지방의 도전이 노골화되었고, 이러한 과정에서 중앙정부의 권위는 걷잡을 수 없이 증발되고 말았던 것이다.[89] 체제 변화는

---

89) 소련 말기 연방정부의 권위 와해에 관해서는 정한구, 「사회주의 체제의 변화와 권위의 위기: 고르바초프 집권 하의 소련, 1985-1991」, 『러시아 연구』, 제1권

영토의 변경, 정체성의 혼돈, 이념 및 가치의 혼란, 보수와 개혁세력간의 갈등을 증폭하는 방향으로 진행되었고, 이에 상응하여 국가의 권위는 약화될 수밖에 없었던 것이다. 국가 권력의 약화는 전환기 러시아에서도 그대로 이어지고 있으며, 옐친은 권위의 약화를 바로 주체적 통제로 지탱하고 있는 것이다.

장기적으로 러시아에서 민주주의의 정착과 정-군관계의 안정화라는 측면에서 볼 때 군대에 대한 주체적 통제는 많은 문제점을 안고 있는 것으로 보인다. 무엇보다도 옐친의 통제 방식은 정치 안정에 기여하게 될 새로운 국가 권위의 정착과 제도화를 저해할 뿐만 아니라 러시아 정치의 권위주의화를 조장할 가능성을 짙게 하고 있는 것이다. 그렇지 않아도 많은 전문가들은 군대에 대한 통제 방식과 정치체제의 성격 사이에 밀접한 상관관계가 있음에 유의하고 있다.[90] 다행히도 1966년으로 들어서서 독립 이후 최초의 대통령 선거가 별다른 이변이 없이 실시되었음에 비추어 앞으로 국가를 대표하는 문민 통치권이 보다 확고히 자리잡을 계기가 마련되고 있으며, 이에 상응하여 정군관계도 안정을 도모하는 방향으로 전개될 수 있을 것으로 기대되고 있다.

(서울대 소련·동구 연구소, 1992), pp. 225-246.

[90] 예컨대 Eva Busza, "Transition and Civil-Military Relations in Poland and Russia," *Communist and Post-Communist Studies*, Vol. 29, No. 2 (June 1996), p. 172.

7. 중앙-지방관계: "강한 중앙"의 확립

I. 서론

푸틴(Владимир Путин) 러시아 대통령은 집권 이래 러시아 연방정부와 지방의 관계를 재정립하기 위한 개혁을 추진하고 있다. 그는 이로써 지금까지 체제전환 과정에서 지방정부로 이양되었던 중앙의 권한을 되찾고, 지방에서 연방정부의 권위가 재확립되기를 기대하고 있다.

푸틴 대통령이 중앙-지방관계 개혁에 착수한지 두 해가 지난 지금 개혁은 기대한 만큼 성과를 거두고 있는가?[1] 개혁은 연방정부와 지방간의 관계에 어떠한 영향을 미쳤으며, 궁극적으로 러시아 정치에 어떠한 영향을 미칠 가능성이 있는가? 이 글은 이들 질문에 대한 해답을 찾는 데 목적이 있다.

개혁으로 지방은 일단 약화된 것으로 평가되고 있다. 지방정부의 권한이 축소되었으며, 지방을 대표하는 상원이 약화되었다.[2] 푸틴 대통령은

이 글은 2002년도 세종연구소 연구보고서로 작성한 것이다. 『러시아의 중앙-지방관계: 푸틴의 중앙집권화 개혁과 러시아 연방의 장래』, 세종정책연구 2002-16 (성남: 세종연구소, 2002), p. 49.

[1] 푸틴 대통령은 2000년 3월 대통령 선거에서 당선되었고 같은 해 5월 임기 4년의 대통령직에 취임했다.

[2] 전직 상원의장 스트로예프(Егор Строев)는 2000년 9월 당시 의장으로 재임 중

주지사(州知事)를 비롯하여 지방지도자들이 중앙의 정치무대에서 행사하던 영향력을 대폭 축소하고, 그에게 반대하는 일부 지방지도자들을 자신의 지지자로 교체하는 데 성공했다. 그는 또한 지방정부에 대한 감독 및 국가예산에 대한 중앙의 통제를 보다 강화하게 되었다.

그럼에도 불구하고 지방지도자들은 자신들의 지역에서 여전히 막강한 권한을 보유하고 있으며, 이를 견제할 수 있는 중앙의 능력에는 한계가 있는 것으로 관찰되고 있다. 일부에서는 푸틴 대통령이 지방지도자들을 통제할 수 있을 만큼 충분히 권위를 확립하지 못했다는 의견을 제시하고 있다. 체제 전환기를 특징지었던 중앙과 지방간의 힘겨루기가 비록 이전에 비해 완화되었지만 여전히 계속되고 있으며, 새로운 권한의 배분에 기초한 중앙-지방관계는 아직 정립되지 못하고 있다. 이에 더해 지방에 이해관계를 갖는 재벌과 지방지도자간에 유착이 계속되고 있으며, 이로써 지방정부가 사적 이익추구의 도구로 역할을 하는 이른바 "국가의 사유화"(私有化) 현상이 사라지지 않고 있다.

중앙-지방관계의 변화는 궁극적으로 러시아 정치체제의 성격에도 적지 않은 영향을 미치게 될 것이다. 러시아 연방정부와 지방은 상호간에 만족할 만한 관계를 이룩할 수 있을 것인가, 아니면 지방에 대변하여 연방정부의 권위만이 일방적으로 강화되는 방향으로 중앙-지방관계가 전개될 것인가? 러시아는 고질적인 초(超) 중앙집권화의 굴레에서 탈피할 수 있을 것인가? 러시아는 헌법에 명시된 바와 같이 연방국가인가, 아니면 사실상 단일국가인가? 중앙-지방관계의 변화는 궁극적으로 러시아의 민주화에 어떠한 영향을 미치게 될 것인가? 이와 같이 중앙-지방관계에 관한 푸틴 대통령의 개혁은 러시아에서 어떠한 정치질서가 자리잡게 될 것인지를 가늠하는 척도가 될 수 있을 것이다.

러시아 상원이 지방의 이해를 대표하는 기관임을 분명히 했다. П. А. Федосов, "Двухпалатные парламенты: Европейский и отечественный опыт" (양원제 의회: 유럽과 우리나라의 경험), *Полис*, No. 1 (2001), с. 178.

러시아의 중앙-지방관계를 살피는 것은 이것이 체제에 미칠 영향에 대한 관심과 함께 현실적으로 러시아에서 사업을 하거나 러시아와 관련한 정책을 결정하고 집행하는 이들에게도 적지 않은 도움이 될 수 있을 것이다. 러시아령 극동지방에 진출한 한국 기업은 누구와 상대해야 할 것인가?[3] 이들은 모스크바 연방정부와 극동지방 당국 중 어디에 교섭의 우선순위를 두어야 할 것인가? 극동지방에 배치된 대통령 특사 풀리코프스키(Константин Пуликовский)가 한반도 문제에 자주 언급하는 것을 한국 정부로서는 어떻게 받아들여야 할 것인가? 그의 발언을 적어도 러시아 연방정부의 유관 인사의 발언에 준하는 것으로 간주해야 할 것인가, 아니면 대통령 대표의 권한을 벗어난 부적절한 행위로 무시해도 좋은가?

이상에서 제기된 문제들을 다루기 앞서 러시아 중앙-지방관계의 두 주역인 연방정부와 지방정부를 살피고, 이를 토대로 푸틴 대통령의 개혁 조치를 검토하고자 한다.

II. 러시아 연방: 중앙과 지방

러시아의 중앙-지방관계에 있어서 이른바 중앙이 수도 모스크바에 위치한 연방정부를 호칭하고 있음은 재언할 필요가 없을 것이다. 그러면 지방은 구체적으로 무엇을 지칭하며, 중앙과 지방의 관계는 공식적으로 어떻게 규정되고 있는가?

대부분의 국가들과 마찬가지로 러시아는 지역 차원에서 크게 연방정부
— 지방정부 — 지방자치단체(도시, 농촌거주지역 등)의 3단계 행정체제를

---

[3] 한 서방 연구자는 러시아 극동지방에 관심을 갖는 외국 투자자들이 모스크바와 지방 당국간의 힘겨루기로 중간에서 자주 시달리고 있음에 주의를 환기시키고 있다. Michael Bradshaw, "The Russian Far East: Prospects for the New Millennium," Discussion Paper 80 (London: The Royal Institute of International Affairs, 1999), p. 17.

갖추고 있다. 여기서 중간에 위치한 지방정부는 러시아 연방을 구성하는 주체(субъекты Российской Федерации)로서 이들과 연방정부와의 관계가 바로 중앙-지방관계의 기본을 이루는 것이다.

러시아 헌법(1993)에 따르면, 러시아는 "공화국의 통치 형태를 구비한 연방제 민주주의 법치국가"로서 "러시아 연방은 동등한 권리를 갖는 러시아 연방의 주체인 공화국(республика), 주(州, область), 변방주(邊方州, край), 연방 특별시, 자치주(自治州) 및 자치구(自治區, автономный округ) 들로 구성된다"(헌법 제5조 제1항).[4] 러시아에는 모두 89개의 연방 구성주체가 있으며(헌법 제65조), 이들은 주체 별로 21개 공화국, 49개 주, 6개 변방주, 2개 연방 특별시와 1개 자치주, 그리고 10개 자치구로 나뉘고 있다.

연방 구성주체 중에서 공화국은 소련 당시 러시아 연방공화국(РСФСР) 안의 소비에트 사회주의 자치공화국(АССР)으로 호칭되었던 곳으로, 러시아 연방공화국이 러시아 연방으로 전환된 시기를 전후하여 공화국으로 개칭된 것이다. 이들 공화국은 원래 16개였으나 그동안 4개 자치주가 공화국으로 승격되고 체츠니야·잉구시 공화국이 2개 공화국으로 분리됨으로써 모두 21개로 증가되었다. 공화국들은 해당 지역 내의 주요 토착 소수민족들을 명목상의 구성 단위로 하고 있다. 예컨대 타타르스탄(Татарстан) 공화국은 타타르 민족, 그리고 투바 공화국(Республика Тува)은 투바 민족의 이름을 딴 소수민족 공화국이다. 한편 자치주와 자치구는 공화국의 명목 민족들보다 수적으로 더 적은 민족들을 단위로 하고 있다. 현재 자치주는 극동지방에 위치하고 있는 유태인 자치주(Еврейская автономная область) 하나뿐이다.

한편 주와 변방주는 소수민족 단위의 공화국과는 달리 단순한 행정 단위로서 1958년이래 이들의 지위에는 변동이 없다. 이들은 한국에서 도

---

4) *Конституция Российской Федерации* (러시아 연방 헌법), проект (Москва: Юридическая литератера, 1993), cc. 4-5 (제1조, 제5조).

(道) 수준의 행정 단위로 이해할 수 있을 것이다. 주와 변방주는 사실상 별다른 차이가 없으며, 다만 변방주의 경우 이곳에 비(非) 러시아 계 소수민족들이 다수 거주하고 있으나 이들을 명목 민족으로 행정단위를 설치하기에는 이들 민족의 수가 너무 적은 지방을 지칭하고 있다.5) 이에 더해 모스크바(Москва)와 상트-페테르부르그(Санкт-Петербург)는 러시아 연방의 차원에서 중요성을 지닌 특별시(特別市)로 대접하고 있으며, 사실상 주와 동등하게 취급되고 있다.6)

이상에서 짐작할 수 있는 바와 같이 러시아 연방의 구성 원리로 두 개의 원칙이 지목되고 있다. 하나는 순수하게 행정상의 필요에 입각한 지역 원칙(административно-территорриальный принцип)이며, 다른 하나는 소수민족들을 명목상의 단위로 하는 공화국 원칙(государственно-суверенный принцип)이다. 전자는 전통적으로 러시아 민족(русский народ)이 거주해 온 지역에 주로 적용되고 있다. 따라서 러시아 연방은 민족적 구분으로 볼 때 인구의 다수를 차지하는 러시아 민족과 다른 소수민족들의 연방으로 이해할 수도 있을 것이다.

러시아 헌법은 위와 상응하게 러시아를 "다민족(多民族, многонациональный народ) 국가"로 규정하고 있다. 러시아 역사는 지난 4세기에 걸쳐 모스크바를 중심으로 하여 러시아 민족이 주변의 이민족을

---

5) Zhores A. Medvedev, *Gorbachev* (New York: W. W. Norton, 1986), p. 66. 변방주는 "변경주," "변강주"(邊疆州) 혹은 "지방" 등으로 번역되고 있으나 여기서는 변방주로 통일하여 사용한다. "주"는 대부분이 러시아의 이른바 유럽지역에 위치하고 있는 반면, 변방주는 주로 러시아 동부와 남부에 위치하며 크기도 주에 비해 더 크다. 변방주는 대부분 16세기 이후 식민화된 지역이다. T. H. Rigby, "Russia's Provincial Bosses: A Collective Career Profile," *Journal of Communist Studies and Transition Politics*, Vol. 17, No. 4 (2001), p. 3. 끝으로 한반도와 인접한 연해주(沿海州)는 연해 변방주(Приморский край)로 지칭해야 할 것이나, 이 글에서는 연해주로 호칭하는 관행을 따르기로 한다.

6) 러시아에서는 연방 구성주체 중 "공화국"과 대칭되는 개념으로 "주" 및 "변방주"와 위의 두 도시를 묶어 "지역"(регион)으로 통칭하고 있는바, 이 글에서도 관행에 따르고자 한다.

정복하며 나아간 팽창의 역사였다. 이 결과로 러시아는 제국(帝國)을 형성하게 되었으며 제국의 영토는 대부분이 1917년 사회주의 혁명 이후 소련의 국토로 바뀌게 되었던 것이다. 러시아의 팽창은 과거 영국이나 프랑스의 제국주의적 확장과 다를바 없으나 러시아의 경우 서유럽 국가들과는 달리 식민지가 본국과 멀리 떨어진 곳이 아니라 바로 자국과 인접하고 있었던 것이다. 제국주의적 팽창은 궁극적으로 러시아의 다민족화를 촉진할 수밖에 없었다.

제정(帝政) 러시아는 피식민 소수민족들에게 자치를 허용하지 않고 제국을 지역 원칙에 따라 경영했으며 이들 소수민족에 대한 "러시아화" 정책은 특히 1881년이래 강화되어 왔다.[7] 그러나 19세기로 들어서면서 이들 피식민 소수민족이 자신들의 정체성을 자각하기 시작했으며, 이를 배경으로 소련은 소수민족의 주권을 형식적으로나마 존중한다는 의미에서 공식적으로 소수민족의 자치를 바탕으로 하는 공화국 원칙을 중앙-지방 관계에 추가하게 되었다. 그리고 이러한 원칙은 소련이 붕괴한 뒤 러시아 연방에 그대로 승계되고 있는 것이다.

III. 푸틴의 개혁: "강력한 중앙"의 재건

푸틴 대통령이 취임 직후 취한 첫 조치는 바로 중앙-지방관계에 관한 것이었다. 그는 전국을 7개의 행정구역으로 나누고 이에 대통령 전권대표를 상주시켰으며, 지방지도자를 해임할 수 있는 권한을 확보하는 한편, 중앙에서 지방의 이익을 대표하는 헌법기관인 연방회의(상원, Совет Федерации)의 지위를 약화시켰다.

푸틴 대통령은 이들 조치가 지방에 대한 중앙의 권위를 확립하는 데

---

[7] Hugh Seton-Watson, *The Russian Empire, 1801-1917* (Oxford: Oxford University Press, 1967), pp. 409-418, 485-505.

목적이 있음을 분명히 했다. 그는 당시 의회에서 행한 연차교서(年次敎書) 연설에서 러시아에 강력한 국가(сильное государство), 효율적인 국가 (эффективное государство)를 건설할 필요성을 강조하고 이를 위해 무엇보다도 연방정부의 수직적 집행체제(исполнительная вертикаль)를 확립해야 한다고 주장했다.[8] 아래에서 푸틴 대통령이 취한 개혁과 그 성과를 구체적으로 살피고자 한다.

1. 연방관구의 신설과 대통령 전권대표 파견

푸틴 대통령은 2000년 5월 전국을 7개의 연방관구(聯邦管區, федеральный округ)로 편성하고, 이들 광역 행정구역에 대통령 전권대표 (полномочный представитель Президента)를 파견하는 연방관구제를 도입했다.[9] 신설 행정구역은 중앙 연방관구를 비롯하여 북서, 남부, 볼가, 우랄, 시베리아, 극동 연방관구로 호칭되고, 이들 관구에 기존의 89개 연방 구성주체들이 나뉘어 배치되고 있다.[10]

이와 함께 푸틴 대통령은 이제까지 거의 모든 연방 구성주체에 파견하던 대통령 대표제를 폐지하고, 신설 관구를 담당할 대통령 전권대표 7명을

---

[8] Послание "Государство Россия. Путь к эффективному государству" (대통령 교서 "러시아 국가. 효율적 국가의 진로"), *Российская газета*, 2000. 7. 11, cc. 1, 3.

[9] "О полномочном представителе Президента Российской Федерации в федеральном округе" (연방관구 주재 러시아 연방 대통령의 전권대표에 관하여) (Указ Президента РФ от 13.05.2000, No. 849), http://document.kremlin.ru, 2002. 9. 9. 이하에서 인터넷 주소와 일자는 관련 자료의 검색 주소 및 검색 일자를 지칭한다.

[10] 남부 연방관구는 처음 북부 카프카스 연방관구로 지칭되었으나 같은 해 6월 남부 연방관구로 개칭되었다. 러시아에는 이미 연방관구와 유사하게 군관구(軍管區)가 설치되고 있으며, 이들 둘은 대부분 경계를 같이하고 있다. 그러나 행정구역으로서의 연방관구는 기존의 자연적인 경제적 구역과 부분적으로 일치하지 않는 것으로 지적되고 있다. RFE/RL Newsline 2002. 3. 15., http://www.rferl.org/newsline/2002/03/150302.asp, 2002. 9. 23.

임명했다.[11] 당시 이들 전권대표 중 두 명만이 민간인이고, 나머지는 군부 및 보안부서 출신으로서 푸틴 대통령의 측근인 것으로 알려지고 있다. 예컨대 중앙 연방관구 대표로 임명된 폴타프첸코(Георгий Полтавченко)와 북서 연방관구 대표 체르케소프(Виктор Черкесов)는 푸틴 대통령과 국가안전위원회(КГБ, 비밀경찰)에서 오랫동안 같이 근무했던 동료였다.[12] 한편 민간인 출신 중에서도 행정 경험자는 볼가 연방관구 대표 키리엔코(Сергей Кириенко) 한 명뿐이었다. 키리엔코는 전임 대통령 밑에서 총리를 역임한바 있으며, 현재 우파세력 동맹(Союз правых сил) 정파(政派)의 지도자이기도 하다.

대통령 대표는 공식적으로 대통령의 권한을 관할 지방에서 보장하는 임무를 수행하며, 대통령에게 직접 책임을 진다. 이들은 구체적으로 담당 관구 내에서 연방정부 정책의 기본 방향과 방침이 이행되도록 보장하며, 각 지방의 정치, 사회, 경제, 안보 등 주요 부문의 정보를 대통령에게 보고한다. 대통령 대표는 또한 지방 법규가 연방헌법 및 법률과 상치되는지를 감시하고 위배될 경우 이를 시정하도록 하며, 담당 관구로 파견된 연방정부 관료들을 관리하고, 지방경제의 발전을 도모하는 등 다양한 임무를 수행한다.[13]

이상에서 짐작할 수 있는 바와 같이 연방관구를 신설하고 이에 대통령 대표를 파견한 것은 지방에서 중앙의 권위를 확립하려는 노력에 다름아닌 것이다. 앞에서 언급한 것처럼 푸틴 대통령은 당시 이러한 조치는 지방에서 "대통령 중심의 수직적 권력 구조"를 확대, 강화하고(укрупнение структур президентской вертикали в территориях), 연방정부 권위의 효율성을 제고하는 데 목적이 있다고 강조했다.[14] 연방관구제의 도입은 지방에 대한 연방정부의 통제를 강화하는 데 주된 목적이 있었던 것이다.[15]

---

11) http://www.nns.ru/archive/chronicle/2000/05/18.html, 2002. 9. 23.

12) *The Moscow Times*, 2000. 5. 19; *Независимая газета*, 2001. 4. 11.

13) "О полномочном представителе Президента Российской Федерации в федеральном округе."

14) Послание "Государство Россия. Путь к эффективному государству."

2. 지방지도자 해임권 및 지방의회 해산권 확보

푸틴 대통령은 중앙-지방관계에 중대한 영향을 미칠 수 있는 조치의 하나로 지방지도자를 해임하고 지방의회를 해산할 수 있는 권한을 확보하게 되었다. 그는 2000년 연방관구제를 도입한 직후 의회에 발의한 법안에서 연방 구성주체가 연방헌법과 연방법률을 위배할 경우 해당 연방 구성주체의 행정부 수반을 해임하고 지방 입법부를 해산할 수 있는 권한을 요구했으며, 국가회의(하원, Государственная дума)는 같은 해 7월 상원의 거부를 번복하고 법안을 채택하게 되었다.[16) 이 법안에 따르면, 지방지도자를 해임하기 위해서는 먼저 지방정부가 연방법규를 위반했음을 인정하는 법원의 판결과 이를 토대로 지방정부의 수장을 형사 소추한다는 검찰총장의 확인을 요건으로 하고 있으며, 지방의회의 해산은 사전경고에도 불구하고 연방헌법 및 연방법률에 위배되는 법규를 개정하지 않을 경우 연방 하원에 요청하여 해당 지방의회의 해산에 관한 법안을 채택 받아 실시하도록 한다.[17)

이 밖에 푸틴 대통령은 2001년 중반 지방 경찰 책임자에 대한 임면권을 지방정부로부터 회수하여 대통령 고유의 권한으로 복귀시켰다.[18) 지방지도자들은 1990년대 중 획득했던 지방경찰청장의 임명권을 박탈당하

---

15) Martin Nicholson, "Putin's Russia: Slowing the Pendulum Without Stopping the Clock," *International Affairs*, Vol. 77, No. 3 (2001), p. 876.

16) 법안은 찬성 361, 반대 35, 기권 6표로 최종 채택되었으며, 같은 달 푸틴 대통령의 서명을 통해 발효되었다.

17) "О внесении измененииий и дополнений в Федеральный закон 'Об общих принципах организации законодательных (представительных) и исполнительных органов государственной власти субъектов Российской Федерации'" (연방법률 "러시아 연방 구성주체의 국가권력 입법기관(대의기관) 및 집행기관의 조직원리에 관하여"), *Российская газета*, 2000. 8. 1.

18) "О внесении изменений и дополнений в стати 7 и 9 закона Российской Федерации 'о милиции'" ("연방법률 '사회안전기관에 관하여' 7조와 9조의 수정 및 추가에 관하여") 2001. 8. 4.

고, 이로써 지방정부 차원에서 자행되는 탈법적 행위는 제약을 받게 되었다.

3. 상원의 약화

푸틴 대통령은 중앙-지방관계에 관한 개혁의 일환으로 취임 직후 상원 대의원의 상임제화(常任制化)를 골자로 하는 국가기구 개혁 법안을 발의했다. 주지하는 바와 같이 러시아 의회(연방의회, Федеральное собрание)는 상·하원의 양원으로 구성되고 있는데, 기본적으로 소선거구제와 비례대표제를 혼용하여 선출되는 하원 대의원과는 달리 상원 대의원은 연방 구성주체에서 지방 행정부 수반 및 입법부의 수장이 — 공화국 대통령 및 주지사와 지방의회 의장 — 직권상 당연직(當然職)으로 겸임하여 왔었다.

그러나 새로운 법안에 따르면, 상원은 앞으로 각 연방 구성주체의 행정부와 입법부에서 각기 한 명씩 임명 내지 선출하여 각 연방 구성주체에서 두 명의 상임 대의원을 선임하게 되었다.[19] 지방의회는 다수결로 상원 대의원을 선출하며, 지방 행정부 수장이 임명하는 대의원의 경우에는 지방의회가 재적의원 2/3의 표결로 임명직 대의원의 해임에 반대할 경우 행정부 수장은 그를 해임할 수 없게 되었다.

상원은 당초 개혁법안에 강력히 반발했다. 상원은 스스로가 헌정기관으로서 헌법 개정 이외에는 이를 폐지하거나 그 지위를 변경함이 불가하다는 입장을 고수했었다. 그러나 상원은 결국 하원의 재심권에(하원 재적 대의원 2/3 찬성으로 상원의 결정을 번복할 수 있는 권한) 굴복하게 되었고, 마침내 양원 타협안인 상원 구성에 관한 법률이 2000년 7월 하원의 가결을 거친 뒤, 같은 달 상원에서 최종 통과되었다.[20] 그리고 경과 조치로

---

[19] О порядке формирования Совета Федерации Федерального Собрания Российской Федерации (러시아 연방의회 내 연방회의의 조직에 관하여), *Российская газета*, 2000. 8. 8.

서 설정된 시한인 2002년 정초를 기해 주지사를 비롯한 지방 지도자들
이 상원 대의원직에서 모두 물러남으로써 새로운 상원이 출범하게 되었
던 것이다.

푸틴 대통령은 당시 상원 대의원의 재편이 필요한 이유로서 지방 현안
에 주력해야 할 지방지도자들이 상원 대의원으로 활동하기 위해 자신들
의 지역에서 멀리 떨어진 수도 모스크바에서 상당한 시간을 보낸다는 것
은 낭비라고 주장했었다. 그러나 상원 개혁의 진정한 목표는 연방정책에
대한 지방지도자들의 영향력을 차단하는 데 있었던 것으로 관찰되고 있
다. 지방지도자들은 상원 대의원직을 상실함으로써 이에 부수하는 면책
특권도 상실하게 되었는데, 푸틴 대통령은 이로써 지방지도자들이 중앙
에서 지방의 이익이나 자신들의 이해를 추구하는 것을 막고, 이들을 지
방 차원의 세력으로 묶어두려 한 것으로 풀이되고 있다.

한편 푸틴 대통령은 상원의 개혁에 대한 지방지도자들의 불만을 무마
하는 차원에서 국가평의회(Госсовет РФ)를 신설했으며, 2000년 11월 첫
회의를 소집했다. 평의회에는 — 3개월에 1회 소집 — 연방 구성주체의 행
정부 수반들이 조(組)로 나뉘어 순번으로 참석한다. 참석자들은 주요 국
정 현안을 협의하게 되나, 국가평의회는 기본적으로 대통령 자문기관으
로 역할을 하는 데 머물고 있다.

---

20) 하원의 표결 결과: 찬성 307, 반대 88, 기권 5. 상원의 표결 결과: 찬성 119, 반
   대 18, 기권 4.

IV. 푸틴 개혁의 배경: 중앙의 약화, 1989-1999

푸틴 대통령이 지방에 대한 통제를 강화하고 중앙의 권위를 재삼 확립하고자 한 이유는 어디에 있는가? 그는 자신이 취한 개혁의 배경으로 러시아에서 중앙과 지방이 아직도 "여전히 서로 파멸적인 권력 다툼에 몰입하고" 있으며, 이 과정에서 러시아에 통치의 공백화(вакуум власти)가 초래되고 있다고 경고하고, 러시아는 이제 연방국가가 아니라 분권화(分權化)된 국가(децентрализованное государство)에 불과할 뿐이라고 덧붙였다.[21] 이러한 견지에서 푸틴 대통령이 취한 조치를 이해하기 위해서는 그가 집권하기 이전까지 러시아에서 중앙-지방관계가 어떻게 전개되어 왔는지를 살필 필요가 있다.

소련의 붕괴를 전후한 러시아의 역사는 프랑스 대혁명이나 러시아 대혁명(1917)과 같이 고전적인 혁명에 버금가는 격동의 시기였다. 이 시기는 크게 1989-1991년 기간의 체제 내 개혁기와 1991년 말 소련이 붕괴한 이후의 체제 전환기(переходная стадия)로 양분할 수 있을 것이다.[22] 소련의 와해를 전후한 이들 시기에 중앙-지방관계는 어떻게 전개되었는지를 살피고 이어 러시아의 경우를 검토하고자 한다.

1. 소련의 초(超) 중앙집권적 중앙-지방관계

소련은 외형상으로 연방국가였으나 실제로는 고도로 중앙집권화된 단일국가였다. 당시 러시아 연방공화국(지금의 러시아 연방)을 포함한 15개 연방공화국들이 일차적으로 모스크바(소련 연방정부)에 대면하여 지방을 구성하고 있었으며, 이들은 나름대로의 헌법과 정부를 갖고 있었으나 실

---

[21] Послание "Государство Россия. Путь к эффективному государству."

[22] С. М. Маркедонов, "Возрождение казачества и государство" (코사크족의 부활과 국가), Полис, No. 2 (1998), с. 101.

제로는 중앙의 정책을 충실히 집행하는 단순한 행정단위로서 역할을 하는 데 그치고 있었다.

연방공화국의 통치조직은 동일했다. 공식적으로 모든 권력은 5년 임기의 단원제(單院制)인 연방공화국의 최고소비에트(의회)에 속하고 있었으나, 연방 차원에서와 마찬가지로 연방공화국 최고소비에트는 권한을 최고소비에트 간부회(Президиум) 및 각료회의에 위임하고 있었다. 연방공화국의 대통령으로 호칭되기도 하던 간부회 의장은 실권이 없는 상징적 존재에 불과했으며, 실제로는 각료회의 의장(수상)이 연방공화국의 정무를 주관했다. 각료회의 산하의 각 부서는 대부분이 연방공화국 각료회의에 대해서 뿐만 아니라 연방정부(모스크바의 중앙정부) 산하에 있는 해당 부서의 지시에 따르는 소위 이중종속(二重從屬, двойное подчинение)의 원칙에 따라 업무를 수행했다.

더욱이 지방정부는 연방정부와 마찬가지로 공산당의 통제 하에 놓여 있었다. 예컨대 연방공화국의 각료회의 의장은 같은 공화국 안의 공산당 지도자(서기장 혹은 제1서기로 지칭)에 하위하고 있었으며 모든 집행부서는 해당 연방공화국 공산당의 감독을 받고 있었다. 이러한 사정은 자치공화국이나 주 등의 수준에서도 다를바 없었다. 이상의 지방정부 운영을 요약한다면 ① 지방의 모든 법적 권위는 공산당 당원과 비당원으로 구성되는 대의기관(代議機關)에 부여된다, ② 그러나 실제로 이러한 권위는 소수의 간부로 구성되는 집행부서가 담당한다, ③ 이들 집행부서는 공산당 소속 해당 기관의 직접적인 통제 하에 운영된다, ④ 공산당의 권위는 정부 부서에 대한 감독(контроль)의 원칙과 인사(номенклатура) ─ 공산당의 각급 국가 공무원 임면(任免) 심사 ─ 권한을 통해 유지된다.

지방정부의 감시자인 공산당이 철저하게 소위 민주집중제(民主集中制)의 원칙에 입각한 중앙집권적 조직으로 운영되었음을 감안할 때 지방정부는 중앙의 정책을 충실히 집행하는 역할에 그치고 소련 전체로는 고도의 중앙집권화가 유지되고 있었던 것이다.[23]

그러나 이러한 가운데서도 주요 소수민족을 단위로 하던 연방공화국들은 그들 민족 전래의 주거지(영토)와 고유 언어의 사용을 보장 받을 수 있었다.[24] 제정 러시아에서 소수민족들이 명맥을 유지할 수 있었던 것이 주로 중앙의 비능률과 부패에 기인했었다면, 소련에서 이들 민족은 역설적이지만 "형식에 있어서 민족"이라는 레닌의 소수민족 정책 덕분에 스스로의 정체성을 보전할 수 있었다.[25] 이와 같이 소련 연방제의 순전히 형식적인 특징은 한 서방 역사학자의 예측과 같이 훗날 소련의 운명에 치명적으로 작용하게 되었던 것이다.[26]

2. 고르바초프와 지방의 도전, 1989-1991

소련의 마지막 지도자 고르바초프(Михайл Горбачев)는 사회주의 체제의 재건(перестройка)을 구호로 내건 가운데 연방 차원에서 ① 공산당에서 연방정부로 권력을 이전하고, ② 연방정부 권한의 많은 부분을 연방 구성주체들에게로 이양하는 정책을 추진하여 왔다. 이러한 정책의 일환으로 1988-1990년에 걸쳐 소련 헌법이 개정되고 공산당의 "지도적 역할"이 폐지되었으며, 새로운 의회와 직선제(直選制) 대통령제가 도입되고

---

23) 지방 차원에서 공산당과 정부의 관계에 관해서는 다음 자료 참조. Ronald J. Hill and Peter Frank, *The Soviet Communist Party*, 3rd edition (Boston: Unwin Hyman, 1986); Jerry F. Hough. *The Soviet Prefects: The Local Party Organs in Industrial Decision-making* (Cambridge, MA.: Harvard University Press, 1969); Stephen Fortescue, "The Regional Party Apparatus in the 'Sectional Society'," *Studies in Comparative Communism*, Vol. 31, No. 1 (Spring 1988), pp. 11-23.

24) 이러한 해당 지역의 토착민족 존중정책(коренизация)에 관해서는 다음 참조. Robert J. Kaiser, *The Geography of Nationalism in Russia and the USSR* (Princeton: Princeton University Press, 1994), pp. 124-147.

25) 이러한 점에서 소련의 연방제는 고도의 중앙집권화와 소수민족의 형식적인 자치가 결부된 체제로 특징되고 있다. Р. Ф. Туровский, "Основы и перспективы региональных политических исследований" (지방정치 연구의 기초와 전망), *Полис*, No. 1 (2001), с. 142.

26) Richard Pipes, *The Formation of the Soviet Union: Communism and Nationalism, 1917-1923* (New York: Atheneum. 1968), pp. 296-297.

마침내 종전의 공산당 독재가 종언을 고하게 되었다. 또한 고르바초프는 연방 권한을 대폭적으로 지방으로 이전하는 정책을 추진하는 과정에서 1989년 중화학 공업 이외의 산업 부문을 연방공화국에 이양함으로써 전체 공업생산고에서 이들 연방공화국들이 관장하게 된 몫은 종전의 5퍼센트에서 36퍼센트로까지 증가하게 되었다. 연방정부는 1990년 4월 또다시 연방공화국 및 자치공화국들에게 광범위한 경제적 자율을 허용하는 조치를 취했다. 끝으로 고르바초프는 공산당이 아직 건재할 당시인 1989년 민족문제에 관한 당강령을 채택하고 연방공화국들에게 정치적 자치까지를 허용할 계획임을 되풀이 천명한바 있다.

그러나 이들 조치는 정보 공개화(гласность)와 민주화 등을 골자로 하는 고르바초프의 개혁정책으로 고무되고, 뒤이어 보수-혁신세력이 대결하는 와중에서 중앙의 혼란을 기회로 잡은 지방이 소수민족으로서의 자신들의 억압되었던 민족주의적 열망을 분출시키는 촉매가 되었다. 대부분의 연방공화국들은 1989-1990년에 그들이 대표하는 소수민족의 언어를 공용어로 채택했으며, 이와 함께 독립선언 혹은 주권선언을 발표하고 일부는 자신들의 "국호"(國號)까지도 변경했다. 한편 자주의 열풍은 연방공화국 이하의 지역으로도 확산되어 자치공화국은 연방공화국의 지위로 격상 혹은 독립을, 그리고 주 등 지역은 자치공화국의 지위로 격상 내지는 독립을 요구하고 나서게 되었다. 이와 함께 연방공화국을 위시한 각급 지방들의 상당수가 조상 전래의 주거지를 되찾으려는 실지(失地) 회복 운동으로 상호간에 영역 분쟁이 그치지 않았다.

이러한 와중에 고르바초프는 1991년 새로운 연방조약을 체결하여 소련방(蘇聯邦)의 분열을 막으려는 막바지 노력을 벌였으나 발트 지역을 비롯한 연방공화국들의 저항에 봉착하게 되었다. 소련은 급기야 1991년 8월 보수 세력의 쿠데타가 실패로 돌아간 데 이어 러시아 연방공화국을 위시하여 우크라이나(Украинская ССР)와 벨라루시(Белорусская ССР)의 3개 슬라브계 연방공화국들이 1991년 12월 소련방 조약(1922)을 일방적

으로 폐기하고 독립국가연합(CHГ)을 창설함으로써 해체되기에 이르렀던
것이다.

3. 옐친과 지방에 대한 위기 관리, 1992-1997

분리주의 러시아 연방공화국의 대통령 옐친(Борис Ельцин)은 소련의
와해를 막으려던 고르바초프와 대립하는 과정에서 지방의 주권과 권한의
확대를 적극 옹호함으로써 지방지도자들의 지지를 규합하는 데 주력했
다.27) 그러나 소련이 붕괴된 뒤 그는 이제 대통령으로서 신생 러시아 연
방이 소련의 전철을 밟지 않도록 지방의 이탈을 막고 중앙의 권위를 확
립하는 방향으로 입장을 바꾸게 되었다.

소련이 붕괴된 이후 적어도 1993년의 10월 정변이 있을 때까지 러시
아 연방정부가 지방에 대해 취한 조치는 위기 관리의 수준을 넘지 못하
는 것이었다. 중앙은 타타르스탄을 위시한 일부 공화국들의 분리주의에
속수무책이었고, 지역의 경제적 자치의 요구가 자칫 정치적 움직임으로
발전하지 않도록 수동적으로 대응하는 데 급급했다. 연방정부는 지역간
의 수평적 협력도 경제 부분에만 국한되도록 유도하고 이러한 협력이 정
치세력화되는 것을 경계했다.28) 중앙의 무기력은 1992년 연방조약
(Федеративный договор)이 조인되었음에도 불구하고 이것이 그동안 전
혀 기능하지 못한 데서도 잘 드러나고 있다. 조약은 공화국들을 주 대상

---

27) 옐친 대통령은 지방이 "가져갈 수 있을 만큼 주권을 가져가라"("Брать
суверенитета, сколько смогут унести.")고 권고했을 정도로 초기에는 지방
분권화를 지지하는 입장을 취했었다. Сергей Бразилов и Алексей Чернышов,
"Маневры местной элиты: политика информации и манипуляции в
регионах" (지방 엘리트 동태: 지방에서의 정보정책과 조작), Свободная мысль
- III, No. 3 (2001), с. 30; А. Салмин, "Российская Федерация и федерация
в России" (러시아 연방과 러시아 안의 연방), Мировая экономика и
международные отношения, No. 3 (2002), с. 22.
28) Jean Radvanyi, "And What If Russia Breaks Up? Towards New Regional
Divisions," Post-Soviet Geography, Vol. 33, No. 2 (February 1992), p. 76.

으로 한 것으로서 공화국들은 이로써 그들 지역 내에서 "완전한 국가권력"을 보유하며, 지역 내의 토지와 광물 자원, 수자원(水資源)과 기타 천연자원의 "소유, 사용 및 처분에 관한 문제는 러시아 연방과 연방 내 공화국들의 법률에 기초하여 (공동으로) 결정"하도록 되었다(제3조). 그러나 이러한 권리는 공화국 이외의 연방 구성주체들에는 허용되지 않았으며, 공화국의 경우에 있어서도 이들의 주권적 지위 및 이들이 연방을 이탈할 수 있는 권한 등에 관해 명확한 언급은 피하고 있었다.

따라서 연방조약이 안고 있는 문제점에 불만을 품은 공화국 및 지역은 계속해서 그들의 관할지에서 연방의 권위를 부정하고 자신들의 독자적인 권위를 주장하는 방향으로 나아갔던 것이다. 당시까지 러시아의 중앙-지방관계는 지방은 연방법률에 배치되는 법령을 채택하고 연방정부는 이를 불법으로 규정하는 대항법률(對抗法律)을 공포하는 이른바 "법률전쟁"으로 점철되어 왔다.

이러한 과정에서 연방정부는 공화국 및 일부 지역들을 대상으로 비밀리에 권력 양여(讓與)에 관한 협정을 체결하고 이들의 도전을 무마하려 노력했다. 예컨대 옐친 대통령은 1996년 6월 상트 페테르부르그 등과 중앙-지방정부간의 권력 분담에 관한 협정에 서명했다. 1994년부터 1996년 중반에 이르기까지 26개 연방 구성주체와 이와 비슷한 내용의 협정이 체결된 것으로 전해지고 있는데, 이중 15개 협정은 1996년 옐친의 대통령 선거 유세 중 이루어졌다. 옐친은 이로써 러시아 연방의 기반이 공고화 될 것이라고 강조했으나 이러한 협정을 체결하지 못한 다른 연방 주체들 사이에서는 불만이 적지 않은 것으로 관찰되었다.

이와 함께 연방정부는 중앙의 권위가 약화되고 있는 가운데서도 대통령이 임명하는 대표를 지방에 파견하는 등 가능한 한 지방에 대한 통제를 확보하려는 노력을 계속했다. 이는 무엇보다도 경제개혁과 관련하여 이에 저항하고 있던 주 등의 지역에서 보수세력을 견제하려는 의도에 따른 것이었다. 1991년 8월의 보수 쿠데타가 실패로 돌아간 데 이어 옐친 대통령은 러시아에서 공산당의 활동을 중지시키는 한편 "대통령 대표"
(представитель Президента РСФСР)를 지역으로 파견했는데, 이들 대표
는 대통령이 임명하며 공식적으로 중앙과 지방의 행정업무를 조정하는
임무를 띠고 있었다.29) 같은 해 11월까지 모두 62명의 대표가 지역에 파
견된 것으로 집계되고 있다.30)

이와 함께 옐친 대통령은 주 등의 지역에 "행정장관"(глава
администрации)을 임명했는데, 당시 이들은 많은 경우 지방정부의 수장
(首長)들과 구별되는 인물들이었다. 또한 옐친 대통령은 1991년 5월 러
시아 연방공화국 헌법의 개정을 통해 기존의 지방 인민대의원 소비에트
집행위원회(исполком местного Совета народных депутатов)를 하급 국
가 행정기관으로 개칭하고, 같은 해 8월 중앙에서 보수 쿠데타를 분쇄한
직후 대통령령을 공포하고 "해당 소비에트와 합의 하에"라는 단서를 붙
인 가운데 행정장관의 임명권을 확보하는 한편, 지방 행정기관을 소비에
트로부터 독립시켜 행정장관이 이를 관장하도록 했다.31) 이들은 대통령
의 시책에 따라 지방정부를 관장하는 임무를 지니고 있었다.

그 뒤 중앙에서는 10월 정변에 이르기까지 대통령과 의회의 갈등이 갈
수록 악화되었고, 급기야 옐친 대통령이 의회를 무력으로 해산하는 사태
가 벌어지자 상당수의 지역들은 대통령의 의회 해산을 위헌이라고 비난
하고 나섰다. 같은 달 모두 23개 주 등 지역의 소비에트가 대통령령에
반대하는 성명을 발표했으며, 사할린 주(Сахалинская область)를 비롯한

---

29) 대통령 대표는 1991. 8. 24일자 러시아 연방 대통령령에 근거하고 있다.
Известия, 1991. 8. 26. 지방에서는 이들을 총독(наместник)으로 지칭하기도
한다. Владимир Парийский, "Обком почти не виден?" *Огонек*, No. 6 (1992),
cc. 10-11; 옐친이 임명한 대통령 대표의 통제 기능에 관해서는 다음 자료 참조.
Eugene Huskey, *Presidential Power in Russia* (Armonk, New York: M. E. Sharpe,
1999), pp. 191-195.

30) *Независимая газета*, 1991. 11. 6.

31) 다음 러시아 연방 법령(1991. 5. 24.) 참조. *Ведомости Съезда народных
депутатов РСФСР и Верховного Совета РСФСР* (『러시아 소비에트 연방공화
국 인민대의원 회의 및 최고회의 회보』), No. 22 (1991. 5. 30.), c. 778.

일부 지역의 행정장관들은 대통령-의회 대결에서 중립 내지는 의회를 지지하는 입장을 취하기도 했다.

이에 대한 대응으로 옐친 대통령은 같은 해 10월 주 등의 지역과 그 하위 수준의 행정구역에서 반대세력의 거점인 소비에트를 해산하고 이를 대체할 새로운 대의제 기관의 선거를 실시하도록 명령했다. 이로써 지방 소비에트는 그 역사의 막을 내리게 되었던 것이다.

이와 함께 중앙-지방관계에서 특기할 것은 1993년 정변 이후 같은 해 12월 연방헌법이 채택되었다는 점이다. 새 헌법은 공화국뿐만 아니라 지금까지 단순한 행정구역에 지나지 않던 주 등의 지역을 연방 구성주체로 승격시켰다.

헌법은 행정조직에 있어서 연방 구성주체들의 국가 권력기관 체계(система органов государственной власти)는 이들 주체가 독자적으로 설치하되, 연방 관할 및 연방과 연방 구성주체들 사이의 공동관할 사항의 집행을 위한 행정권 기관들(органы исполнительной власти)은 단일한 행정권 체계로 구성한다고 규정하고 있다(헌법 제77조). 이외에 옐친 대통령은 1993년 10월 러시아 연방의 구성주체와 관련, "국가권력의 조직화의 기본 원리에 관한 대통령령"에서 주 등의 지역의 새로운 지방의회 구성에 관해 지시한바 있다.[32] 한편 대통령령에 지방의회와 행정장관과의 관계는 명확히 규정되고 있지 않으나, 헌법에서 언급한 행정권 기관은 행정장관이 지휘하는 일선 집행 부서를 지칭하고 있다. 새 헌법에 따르면, 대통령이 갖는 임면권의 하나로 지방에 파견하는 "대통령 전권대표"를 임명하고 해임할 수 있는바, 대통령 대표 및 행정장관의 임면은 이에 해당하는 것으로 해석된다(헌법 제83조). 따라서 행정장관의 임명으로 지방정부와 중앙정부를 동시에 대표했던 종전의 소련 지방행정 체제가 이름만 바뀐 채 존속하게 되었다.

---

[32] 러시아 연방 대통령령 No. 1723 (1993. 10. 22.), *Собрание актов Президента и Правительства Российской Федерации*, No. 43 (1993. 10. 25.), c. 4089.

그럼에도 불구하고 지방, 특히 주 등의 지역에 대한 통제를 강화하려
는 중앙정부의 노력은 1996년 하반기부터 제동이 걸리기 시작했다. 이
한 해에 하원과 대통령 선거에 연이어 9월부터는 많은 지역에서 주지사
및 지방의회 대의원 선거에 돌입하게 되었으며, 주지사의 경우 옐친이
직접 임명했던 47개 지역에서 선거를 통해 선거직 주지사가 등장하게 된
것이다.[33]

4. 프리마코프 총리와 중앙집권화 선회, 1998-2000

1998년은 러시아에서 경제위기와 정치 불안정으로 점철된 한 해였다.
경제는 연초부터 금융위기로 휘청거렸고, 러시아 정부는 마침내 채무 불
이행에 버금가는 특단의 조치를 강구할 수밖에 없었다. 한편 노환(老患)
의 옐친 대통령에 대한 도전은 공산당 주도 하의 하원 및 지방을 중심으
로 더욱 노골화되었다. 이에 맞서 옐친 대통령은 자신의 권위 약화를 막
기 위한 개각으로 보수세력을 영입하게 되었으며, 이의 일환으로 같은
해 9월 프리마코프(Евгений Примаков) 외무장관 서리를 총리로 임명하게
되었다.

전직 대외정보국(국가안전위원회의 후신) 장관을 역임한바 있는 프리마
코프 총리는 취임 직후 지방지도자들에게 지방주의를 지양하고 국민경제
를 위해 지방 자원을 동원해주도록 호소했다. 당시 지방정부는 경제위기
에 대처하여 지방 세입의 연방 이전을 중지하거나 관할 구역 밖으로 생
필품의 반출을 금지하고 물가통제를 실시하며, 일부에서는 분리주의의
움직임까지 보이는 등 자구책을 강구하는 과정에서 연방정부와 갈등을
빚어왔다. 보수주의적 색채의 프리마코프 총리는 이후 1999년 5월까지
비록 짧은 재직 기간이었으나 러시아의 향후 중앙-지방관계를 결정적으

---

[33] Туровский, "Основы и перспективы региональных политических
исследований," с. 144.

로 중앙집권화의 방향으로 돌려놓게 되었으며, 이러한 점에서 푸틴 대통령의 개혁 조치도 프리마코프 정책의 연장선상에서 취해진 것으로 풀이되고 있다.[34] 프리마코프 총리의 재임 중 중앙집권화는 주로 재정·경제적 차원에서 이루어졌다.[35]

V. 푸틴 개혁의 성과: "강력한 중앙"의 기틀

이상에서 체제 전환기의 정치적 혼란과 그 과정에서 중앙정부가 약화된 것을 기화로 지방이 자신의 입지를 강화할 수 있었음을 보았다. 푸틴 대통령은 이러한 "분권화"가 그동안 러시아에서 "통치의 공백"을 초래했다고 진단했으며, 위에서 살핀 바와 같이 이를 바로잡기 위한 개혁 조치를 취하게 되었던 것이다. 그러면 그의 처방은 기대한 성과를 가져왔는가? 그리고 개혁은 중앙-지방관계에 어떠한 영향을 미쳤는가? 아래에서 개혁의 성과를 점검하고자 한다.

1. 대통령 대표제: 제도화의 미진

새로운 대통령 대표제의 성과에 대해서는 아직 평가가 엇갈리고 있다. 푸틴 대통령은 신설 연방관구에 대통령 대표를 임명한지 일주년을 맞아 이로써 국가가 해체될 위협을 막고 지방에서 중앙의 권위가 보다 확고히 자리잡게 되었다고 자평했다.[36] 그러나 이러한 긍정적 평가가 전적으로 공감을 얻고 있는 것은 아니다. 한 러시아 신문은 대통령 대표제가 지방 지도자들을 잠시 겁먹게 만들거나 적어도 혼란스럽게 만든 데는 성공했

---

34) 위의 글, c. 142.
35) 위의 글, c. 144.
36) http://www.polit.ru/documents/416582.html, 2002. 9. 19.

을지 몰라도, 지방지도자들은 자신들의 지역에서 여전히 막강한 기득권을 행사하고 있으며, 별다른 어려움이 없이 재선되는 등 영향력을 유지하고 있고, 이와 대조적으로 대통령 대표의 역할과 권한은 아직 모호한 점이 적지 않은 실정이라고 지적했다.37) 이와 비슷하게 한 서방 언론도 주지사 선거에서 나타나는 바와 같이 정작 지방지도자들의 위상은 대통령 대표의 파견에도 불구하고 위축되지 않고 있다고 관찰하고 있다.38)

대통령 대표제에 대한 유보적 평가는 이 제도가 시행된 지 두 해째로 접어든 지금도 계속되고 있다. 한 러시아 정치평론가는 "지방지도자의 정치적 독립을 더욱 축소하고 연방 정책에서 이들을 배제하기 위한 법적 기반을 조성하려는" 노력은 대표제 시행 이후 지난 2년간 계속되고 있으나, 대통령 대표들은 아직 충분한 권한을 위임 받지 못하고 있으며, 이들은 단순히 대통령의 의지를 지방에 전달하는 역할을 수행하는 데 그치고 있다고 평가한다.39) 결국 대통령 대표들의 역할은 아직까지 명확히 정의되지 못하고 있다는 관찰이 지배적이다.

대통령 대표제가 러시아의 중앙-지방관계에서 확고히 자리잡지 못하고 있는 가장 중요한 이유로 대표의 기능이 명확하지 않다는 점을 지적할 수 있다. 앞에서 이들의 임무에 관해 살핀 바와 같이 대통령 대표는 연방과 지방의 법률을 조정하는 역할 외에도 지방정부가 관장하는 업무의 거의 모든 부문에 관계하고 있다. 예를 들면 지방경제와 관련하여 시베리아 연방관구 대통령 대표 드라체프스키(Леонид Драчевский)는 동절기 혹한으로 인한 피해 대책에서부터 시베리아의 장기 경제발전 계획에까지 관여하고 있으며, 극동 연방관구 대통령 대표 풀리코프스키는 인접한 중국 흑룡강성(黑龍江省)을 방문하여 러시아령 극동지방에 대한 중국의 투

---

37) http://ng.ru/regions/2001-05-12/1_reform.html, 2002. 9. 19.
38) http://www.rferl.org/newsline/2001/03/190301.asp, 2002. 9. 24.
39) Сергей Михеев, "Кадровый выбор Президента" (대통령의 인사정책), http://www.politcom.ru/aaa_facts102.php, 2002. 8. 20.

자 및 두 지역간 경제협력을 협의하고 있다.[40] 그런가 하면 남부 연방관구 대통령 대표 카잔체프(Виктор Казанцев)는 분리주의 체츠니아(Чечня) 내전의 해결에 깊이 개입하고 있으며, 풀리코프스키 극동관구 대표는 북한을 방문하여 국제정세에 관한 의견을 교환하기도 했다.[41] 심지어 이들 대통령 대표는 해당 관구에서 이른바 "시민사회"의 건설에도 주력하도록 독려되고 있는 것으로 보도되고 있다.[42]

이러한 상황에서 대통령 대표와 지방지도자들 사이에 갈등이 없다면 오히려 이상할 것이다. 실제로 이들간에 갈등은 여러 모습으로 나타나고 있는바, 풀리코프스키 극동관구 대통령 대표는 2001년 5월 관구 내의 연해주 주지사 선거에서 자신을 보좌하던 극동관구의 대통령 제1부대표를 후원하고 나섰는데, 이에 대해 연해주 지방의회는 푸틴 대통령에게 보내는 호소문을 채택하고 풀리코프스키 대통령 대표가 선거 유세 중 전례 없는 압력을 행사하고 있다고 비난했다.[43] 이와 같이 대통령 대표가 지방선거에서 자파(自派) 인물을 후보로 지원하는 것과 관련하여 지방지도자들과 갈등이 벌어지고 있는 경우가 적지 않다. 그리고 이러한 맥락에서 폴타프첸코 중앙 연방관구 대표와 풀리코프스키 극동관구 대표를 비롯한 일부 대통령 대표들은 공공연히 주지사의 선거제 자체를 반대하고 임명제로 환원할 것을 주장하고 있다.[44] 끝으로 체르케소프 북서 연방관구 대표의 경우 부패 등의 혐의로 담당 관구 내 지방지도자의 측근을 제거함으로써 지방지도자의 약화를 도모하고 있다는 비난을 받기도 했다.[45]

---

[40] *RFE/RL Newsline*, 2002. 4. 19; http://www.interfax.ru/index_ev.html, 2002. 8. 20; *RFE/RL Newsline*, 2001. 6. 4.

[41] *Коммерсантъ*, 2001. 9. 29; *KCNA*(북한 중앙통신), 2002. 2. 12.

[42] http://www.polit.ru, 2001. 8. 28.

[43] *RFE/RL Newsline*, 2001. 5. 11. 참고로 풀리코프스키 대통령 대표가 후원하고 나선 후보 아파나셍코(Геннадий Апанасенко) 대통령 제1부대표는 1차 표결에서 3위를 차지하여 2차 표결에서 탈락했다.

[44] *Известия*, 2001. 3. 19; http://www.rferl.org/newsline/2001/06/280601.asp, 2002. 8. 19.

[45] http://www.izvestiya.ru, 2002. 5. 12.

이 밖에도 대통령 대표는 지방지도자들과 지방예산에 관한 권한을 놓고 마찰을 일으키는가 하면, 극동관구와 남부 관구 등지에서는 대통령 대표가 지방정부와 별도로 독자적인 투자유치 기구를 운영하여 이들 관구에 대한 해외투자를 자신들이 전담하고자 의도하고 있는 것으로 보도되고 있다.46)

대통령 대표와 지방지도자들간에 표출되고 있는 갈등은 극심한 경우 상대방의 지위를 부인하는 사태로까지 발전하고 있다. 앞서 지적한 바와 같이 일부 대통령 대표들은 주지사 등 지방지도자의 선거제 폐지를 옹호하는가 하면, 지방지도자들은 대통령 대표의 필요성에 이의를 제기한다. 예컨대 바슈코르토스탄(Башкортостан) 공화국 대통령 라히모프(Муртаза Рахимов)는 자신의 공화국이 소속되고 있는 연방관구의 대통령 부대표가 지방정부와는 별도로 공화국의 홍수 대책을 마련 중이라고 밝히고, 그가 지방 관계부서의 지원이 없이 어떻게 홍수 문제에 대처할 것인지를 반문, 이와 같이 업무상의 중복이 자행되고 있음을 들어 대통령 대표제의 효율성에 이의를 제기하고 있으며, 프루사크(Михайл Прусак) 노브고로드(Новг ород) 주지사를 비롯한 일부 지방지도자들 역시 비슷한 이유를 들어 대통령 대표제 자체에 반대하고 있다.47)

푸틴 대통령은 2000년도 연차교서 연설에서 대통령 대표는 그들에게 위임된 권한 내에서만 행동할 것이며, "결코 지방지도자들의 영역에 간섭하지 않을 것"을 당부하고, 그들의 임무는 연방관구의 제반 활동을 조정하는 것이지 통치하는 것이 아님을 강조했다.48) 그러면서도 그는 2002

---

46) *Известия*, 2001. 3. 20; *Ведомости*, 2002. 2. 4.
47) http://ng.ru/ideas/2001-04-25/8_rahimov.html, 2002. 8. 19; *Комсомольская правда*, 2002. 3. 28.
48) Послание "Государство Россия. Путь к эффективному государству"; *Независимая газета*, 2000. 12. 25. 이러한 맥락에서 푸틴 대통령이 염두에 두고 있는 대통령 대표의 역할은 소련 당시 공산당이 국가기관의 역할을 대신하는 것이 아니라 어디까지나 국가기관의 활동을 지원하고 감독(контроль)하라고 지침을 내렸던 것에 비견될 수 있을 것이다.

년도 연방정부의 지방정책을 소개하면서 중앙과 지방의 각 단계간에 권력 배분, 특히 연방 구성주체와 그 밑의 자치단체간의 권한을 재조정할 필요성을 강조함으로써 연방 구성주체의 권한을 계속해서 하부로 이관할 의향임을 분명히 했다.[49]

한편 대통령 대표는 중앙의 연방정부 부서와도 갈등을 보이고 있는 것으로 관찰되고 있다. 위로는 대통령부(大統領府) 내부에서 대통령 대표의 권한이 확대되는 것에 반대하고 있으며, 특히 볼로신(Александр Волошин) 대통령부 장관이 반대에 앞장서고 있는 것으로 관찰되고 있다.[50] 러시아 언론은 대통령부 소식통을 인용하여 풀리코프스키 극동관구 대통령 대표가 극동관구를 "극동공화국"에 준하는 일종의 국가(аналог Дальневосточной республики)로 간주하고 있으며, 이러한 태도는 일부 다른 대통령 대표에게서도 감지되고 있다고 보도했다. 이는 단적으로 대통령 대표에 대한 부정적 시각을 반영하고 있는 것이다.[51]

한편 밑으로는 연방정부 부서의 지방 사무소들이 공식적으로는 자신들이 소속된 중앙부서에 책임을 지고 있음에도 불구하고 실제로는 현지 대통령 대표에게 충성하고 있으며, 이로써 이미 대통령 대표와 연방정부 부처간에 많은 갈등이 노정되고 있는 것으로 보도되고 있다.[52] 이와 함께 대통령 대표들이 유지하는 조직과 인원이 필요 이상으로 비대해지고 있다는 지적도 나오고 있다.[53]

결론적으로 대통령 대표제가 안고 있는 가장 큰 문제점은 대통령 대표와 지방정부, 다른 한편으로 대통령 대표와 중앙정부 부서간의 관계가 명확히 규정되지 못하고 있고, 여기서 이들과 갈등이 배태되고 있으며,

[49] *Известия*, 2001. 12. 29. 러시아 헌법에 따르면, 지방자치단체는 국가권력기관(органы государственной власти)의 체계에 들어가지 아니한다(제12조).
[50] http://www.rferl.org/newsline/2001/01/190101.asp, 2002. 8. 20.
[51] *Независимая газета*, 2001. 6. 29
   (http://www.ng.ru/politics/2001-06-29/3_plan.html, 2002. 8. 20).
[52] http://www.rferl.org/newsline/2002/05/090502.asp, 2002. 8. 20.
[53] *Известия*, 2002. 2. 7.

특히 중앙-지방간 "수직적 권위"의 효율적 강화라는 측면에서 야기되고
있다. 이와 관련하여 일각에서는 중앙-지방관계의 재정립을 대통령령(大
統領令)이 아니라 근본적으로 헌법을 개정하는 차원에서 접근할 필요성
을 제기하고 있다. 이미 연방관구의 설치가 위헌이라는 주장이 제기된바
있으며, 이와 비슷한 맥락에서 아야츠코프(Дмитрий Аяцков) 사라토프
(Саратовская область) 주지사는 의회가 대통령 대표의 활동을 규제하는
법안을 채택하도록 촉구하고 있다.54) 러시아의 한 정치평론가는 헌법을
개정하지 않고(без пересмотра Конституции РФ) 지금의 중앙-지방관계를
정비한다는 것은(радикальный демонтаж прежней системы отношений
Центр-регионы) 불가능하다고 지적하고, 푸틴 대통령은 지금까지 대통령
대표에게 "전권대표"에 걸맞게 자신들의 연방관구 문제를 독자적으로 해결
할 수 있도록 충분한 권한을 부여하지 않고 있다고 언급했다.55) 대통령
대표제의 실시로 지방지도자의 입지는 약화되었음이 분명하다. 그럼에도
불구하고 대통령 대표가 지방지도자를 통제할 완벽한 대안으로 정립되지
못한 가운데 대통령 대표제의 도입으로 연방정부와 지방간의 관계가 획기적
인 전환점을 맞이했다는 징후는 보이지 않고 있다.

2. 지방지도자 해임권 및 지방의회 해산권: 법적 제재의 한계

연방 구성주체가 연방헌법과 연방법률을 위배할 경우 해당 연방 구성
주체의 행정부 수반을 해임하고 지방 입법부를 해산할 수 있는 권한을
연방 대통령에게 부여하는 법안이 푸틴 대통령의 취임 직후 채택되었음
을 앞에서 살폈다. 그러면 연방헌법과 연방법률의 우위를 재확인한 이
법안이 채택된 이후 이에 맞게 지방 법규가 정비되고 있는가?

---

54) http://www.rferl.org/newsline/2001/08/300801.asp, 2002. 8. 20; Коммерсантъ,
    2002. 4. 30.
55) Михеев, "Кадровый выбор Президента."

연방당국은 그동안 이 법안에 근거하여 지방 법규를 정비하는 데 주력하여 왔다. 무엇보다도 지방 법규의 정비가 대통령 대표에게 부여된 주요한 임무의 하나임은 이미 언급한 바와 같다. 법규 정비의 일환으로 연방 검찰총장은 2000년 6월 초를 기해 한달 내에 연방헌법 및 법률에 저촉되는 모든 지방 법규의 정비를 완수하도록 지방 검찰에 지시하는 등 조치를 취했으며, 이러한 노력으로 2001년 말까지는 지방 법규의 정비가 일단락된 것으로 푸틴 대통령이 밝혔다.[56]

그러나 법규의 정비가 순조롭게만 진행된 것은 아니었다. 부랴티야(Республика Бурятия)와 타타르스탄 공화국 등지에서는 공화국 대통령 후보를 러시아어와 함께 해당 소수민족의 언어를— 각각 브랴트어와 타타르어— 구사하는 자로 제한하는 등 연방 법규와 상치되는 조치를 철회하는 데 소극적이었다.[57] 연방정부의 법규 정비에 비협조적인 연방 구성주체는 주로 바슈코르토스탄과 타타르스탄, 사하(Республика Саха) 공화국을 비롯한 소수민족 공화국들이다.[58] 특히 바슈코르토스탄 공화국은 2002년 초 현재 공화국 헌법에 명기된 공화국 주권의 포기를 완강히 거부하고 있다.[59]

한편 법규의 정비와 병행하여 연방정부는 지방정부와 체결한 권력 분담에 관한 협정에서도 연방헌법 및 법률에 위배되는 부분을 수정하도록 지방당국에 통고했는데, 러시아 연방의 주요 정책기구인 안전보장회의(Совет безопасности РФ)의 부서기 소볼레프(Валентин Соболев)는 2001년 중반 현재 이러한 분권협정(分權協定)이 42개에 달하며 이에 기초한 260여 개의 추가 협정이 해당 지방정부와 체결되고 있는바, 이중 대부분이 연방법규에 저촉되고 있다고 밝혔다.[60] 이어 연방정부는 2002년 7월

56) *Известия*, 2001. 12. 29.
57) http://www.rferl.org/newsline/2000/10/041000.asp, 2002. 8. 26.
58) *Общая газета*, 2001. 1. 10.
59) *Коммерсантъ*, 2002. 3. 20.
60) http://www.rferl.org/newsline/2001/07/020701.asp, 2002. 8. 26.

28일 이후 연방법규에 위배되는 분권협정은 취소되며, 이 시한까지 지방 법규를 연방법규에 맞게 수정하지 않는 책임자 및 기관은 처벌되거나 행 정 조치될 것이라고 경고했다.[61] 한편 푸틴 대통령은 이에 앞서 2002년 4월 하순 상트-페테르부르그 시 및 오렌부르그 주(Оренбургская область) 등과 체결했던 분권협정 28개를 법적 구속력의 부재를 이유로 무효화를 선언했다.[62]

이상의 움직임에 비추어 대통령에게 지방지도자의 해임권과 지방의회 의 해산권을 부여한 법률이 푸틴 대통령의 연방법률에 맞게 지방법규를 정비하려는 운동에도 일조를 했을 가능성을 배제할 수 없을 것이다. 그 럼에도 불구하고 이 법률은 시행 절차가 복잡하고 정치적으로 적지 않은 위험을 동반하는 부담을 안고 있다. 특히 2002년 4월 러시아 헌법재판소 는 지방지도자 해임 및 지방의회의 해산에 관한 대통령의 권한이 위헌이 아님을 확인했으나, 이러한 권한의 발동 요건으로 해당 사안의 위헌 여 부에 대한 헌법재판소의 결정을 첨가하도록 하는 등 절차를 더욱 복잡하 게 만들고 있다.[63]

여하튼 연방법률의 우위를 확보하기 위한 법적 대응 중 대통령이 지방지 도자를 해임하는 것보다는 지방의회를 해산하는 것이 보나 위력적이고 용 이한 것으로 평가되고 있다. 실제로 러시아 연방정부는 지방지도자에 대해 서 보다는 지방의회에 대해 해산하겠다는 위협을 자주 가해왔다. 예컨대 2001년 9월 연방 당국은 코미 공화국(Республика Коми) 입법부로 하여금 공화국의 주권을 포기하도록 종용하고, 쿠르스크 주(Курская область) 의 회에 대해서는 하위 지방자치단체의 자치를 확대하도록 압력을 가했는데 경우에 따라서는 이들 지방의회의 해산도 불사할 것이라는 위협을 동원했 다. 아직까지 러시아에서 지방의회가 강제 해산된 바는 없으나, 이러한 법

---

61) http://www.strana.ru (2001. 10. 16), 2002. 8. 20; Известия, 2001. 10. 11.
62) http://www.rferl.org/newsline/2002/04/240402.asp, 2002. 9. 17.
63) http://www.therussianissues.com/announce/14789.html, 2002. 9. 5.

적 접근은 일단 효과적인 것으로 관찰되고 있다.

그러나 법적 제재라는 수단을 확보하고 있음에도 불구하고 연방정부는 지방법규를 정비함에 있어서 실제로 이보다는 예산 및 보조금의 차별적 배분 등의 방법에 더 의존하고 있는 것으로 보인다. 예컨대 2002년으로 들어서서 타타르스탄이 연방헌법에 맞게 자신의 공화국 헌법을 수정하는 과정에서 러시아의 한 주간지는 타타르스탄이 양보의 대가로 연방정부로부터 2002년도 예산 중 타타르스탄의 사회·경제부문 발전에 128억 루블 (4억2천만 달러)을 할당 받는 등 특혜를 받은 것으로 보도하고 있다.[64] 이와 대조적으로 같은 기간에 남부 연방관구에 할당된 개발계획 투자는 단지 6억 루블에 불과한 것으로 이 신문은 덧붙이고 있다.

이와 함께 푸틴 대통령은 지방지도자에 대한 해임권을 새로이 획득했음에도 불구하고 이를 사용하기 보다는 우회적인 방법으로 일부 지방지도자들을 교체하여 왔다. 그는 2001년 무능과 부패로 악명이 높았고 중앙정부에 공공연히 도전적이던 연해주 지사 나즈드라텐코(Евгений Наздратенко)를 해임하는 대신 국가어업위원회의 위원장으로 임명하여 모스크바로 불러들였다. 푸틴 대통령은 또한 사하 공화국 대통령 니콜라에프(Михаил Николаев)에게 3선(三選) 출마를 포기하도록 종용하고 대신 상원 부의장직을 제공했으며, 잉구시 공화국(Республика Ингушетия) 대통령 아우셰프(Руслан Аушев)의 전격적인 사퇴를 유도해냈다.[65]

3. 임명직 상원: 지방의 새로운 대변자

상원의 개혁으로 푸틴 대통령은 지방지도자들을 약화시키는 데 일단 성공한 것으로 평가된다. 표도로프(Николай Федоров) 추바시 공화국 (Чувашская Республика) 대통령을 비롯한 일각에서는 임명직 대의원으

---

[64] *Век*, 2002. 2. 22.
[65] *Коммерсантъ*, 2002. 2. 19.

로 구성되는 상원의 약화가 불가피한 반면, 대통령과 연방정부의 권한은 더욱 강화될 것이라고 비판을 가했는데, 실제로 상원의 개혁 이후 지방 지도자의 위상 저하는 2000-2001년 기간 중 러시아에서 가장 영향력 있는 정치인 100인에 선정된 주지사 12명 중 한 해 사이에 적어도 3명이 반열에서 탈락하고 7명의 서열이 격하된 데서도 시사되고 있다.[66]

그러나 상원의 개혁에도 불구하고 지방지도자들이 중앙에 영향력을 행사할 수 있는 방법을 완전히 차단하지는 못한 것으로 보인다. 주지사 등 지방지도자들은 개혁으로 더 이상 연방정책의 결정에 직접적으로 관여할 수는 없게 되었지만, 그들이 선임한 상임 상원 대의원들이 모스크바에서 그들의 대리인으로 활약할 길이 여전히 열려있는 것이다.

임명직 상원 대의원들은 그 성향에 비추어 실제로 막후 교섭자(lobbyist)로서 손색이 없다. 2002년 1월 말 현재 상원 대의원으로 지명된 166명 중 (상원 대의원 의석은 총 178석) 71명이 모스크바 상주자이며 나머지 95명이 지방 출신으로 나타나고 있다.[67] 다시 말해서 모스크바 출신이 상당한 부분을 차지하고 있으며, 이는 이들 신임 대의원들이 연방정부 및 모스크바에 밀집한 대기업들과 긴밀한 연계를 갖고 있을 가능성이 큼을 의미하는 것이다. 한편 지역 출신의 대의원 중에는 전직 주지사 23명과 전직 지방의회 의장 15명을 포함하고 있다. 이러한 점에서 신임 상원 대의원들은 지방지도자나 지방의회의 이해관계를 중앙에서 대표할 수 있는 자질을 충분히 구비하고 있는 것으로 평가된다.[68]

---

66) http://www.ng.ru/politics/2001-01-10/0_100politics2000.html; http://www.ng.ru/ideas/2002-01-15/1_100_pol.html, 2002. 9. 25. 상원 개혁에 대한 표도로프 추바시 공화국 대통령의 비판에 관해서는 다음 자료 참조.
     http://www.rferl.org/ newsline/2000/07/270700.asp, 2002. 9. 23.

67) http://main.izvestia.ru/politic/30-01-02/article13615, 2002. 8. 6.

68) 신임 대의원들 중에는 러시아 최대의 에너지 관련 기업인 가스프롬(Газпром)과 석유회사 십네프쩨(Сибнефть) 등 대기업 출신의 최고경영자이거나 이들 기업의 지원 하에 지명된 인물도 다수 포함하고 있다. http://main.izvestia.ru/politic/30-01-02/article13615, 2002. 8. 6.

이 밖에도 구 상원은 월 2일 개원하는 데 그쳐 법안 등 의안의 심사에
충분한 시간이 부여되지 못했으나, 새로운 상원은 적어도 월 2회 소집을
요건으로 하고 있다는 점에서 새로운 상원이 구 상원에 비해 연방정책에
오히려 더 큰 영향을 미칠 수도 있을 것으로 평가되고 있다.

4. 지방예산의 통제 강화: 개혁의 담보

중앙-지방관계에 관한 푸틴 대통령의 개혁 중 이상에서 살핀 조치들에
비해 세인의 주목은 받지 못했으나, 중앙-지방간의 균형에 이보다 결정적인
역할을 수행한 것으로 연방정부의 지방에 대한 예산통제를 지적해야 할
것이다. 연방정부와 지방정부간의 이른바 연방예산관계(Федеративные
межбюджетные отношения)는 특히 푸틴 정부로 들어서서 지방재정에 대
한 연방정부의 통제를 강화하는 방향으로 선회하게 되었다. 중앙의 예산
통제는 이미 1990년대 중반이래 강화되기 시작했으나, 이러한 추세는 푸
틴 정권이 들어선 이후 돌이킬 수 없는 대세로 자리잡은 것으로 관찰되
고 있다.[69]
러시아가 소련으로부터 물려받은 주요한 제도의 하나로 고도로 중앙집
권화된 예산체제를 들 수 있다. 이에 따르면 중앙정부가 모든 세수(稅收)
를 관장하고 이에 기초하여 중앙정부와 지방정부의 예산을 포괄하는 총
합예산을 편성한다. 이러한 예산제도는 1991-1993년 기간 중 체츠니야
와 타타르스탄, 바슈코르토스탄, 사하 등 주요 공화국들이 연방예산에 대
한 조세 수입의 이양을 사실상 중지한 경우에서 보듯이 중앙-지방관계가
불안정할 때 취약성을 안고는 있으나, 그럼에도 불구하고 중앙정부에게
지방을 제어할 수 있는 주요한 수단의 하나를 제공하는 동시에 중앙-지

---

[69] ОЭСР, Экономические обзоры ОЭСР 2001-2002. Российская Федерация (경제
협력개발기구[OECD], 경제전망 2001-2002. 러시아 연방) (Москва: Весь Мир,
2002), с. 173 (http://www.oecd.org/pdf/M00027000/M00027967.pdf, 2002. 8. 6.).

방관계에 있어서 주된 갈등 요인의 하나로 지목되고 있다.[70]

푸틴 대통령이 집권한 이후 특히 두드러지고 있는 현상은 지방정부의 세입이 축소되고 있다는 점이다. 연방 구성주체와 그 밑의 지방자치단체를 포함한 지방정부의 세입은— 연방정부로부터 이전 보조금(移轉 補助金, трансферты)을 지원 받기 전의 지방정부 세입— 국내총생산(GDP) 대비 2000년에 13.7퍼센트에서 2001년에는 11.7퍼센트로 감소되고 있다.[71] 이는 같은 기간 중 연방정부의 세입이 증가하고 있는 것과 대조를 이루는 것이다.

지방정부 수입의 감소는 주로 지방세의 축소 및 폐지에 기인하고 있다.[72] 우선 지방정부는 1998년의 경우 부가가치세(НДС)로 거두어 들인 세수의 25퍼센트를 할당 받았던 반면, 1999-2000년에는 지방정부의 몫이 15퍼센트로 축소되었다. 그리고 세제 개혁(稅制 改革, 2000-2001)으로 부가가치세가 2001년 정초를 기해 연방세로 완전히 전환됨으로써 지방정부는 더 이상 이로 인한 수입을 배정 받을 수 없게 되었다.[73] 세제 개혁에 따라 개인 소득세는 지방예산에 귀속되었으나, 이제까지 지방정부의 주요 수입원이었던 기업 거래세(налоги с оборотов предприятия)는 대부분 폐지되었다.[74] 이 밖에도 러시아 연방정부는 2003년까지 도로세를 비롯하여 지방세를 상당수 더 없앨 계획인 것으로 알려지고 있으며, 이와 관련하여 이르쿠츠크 주(Иркутская область)를 비롯한 지방정부들은 중앙집권적 조세제도의 위헌 여부를 가려 주도록 헌법재판소에 청원

[70] John M. Litwack, "Central Control of Regional Budgets: Theory with Applications to Russia," *Journal of Comparative Economics*, Vol. 30, No. 1 (2002), pp. 52-54.

[71] ОЭСР, Экономические обзоры ОЭСР 2001-2002. Российская Федерация, с. 38.

[72] 위의 글, cc. 166-167.

[73] 위의 글, cc. 39, 164.

[74] 세제 개혁에도 불구하고 연방정부와 지방정부간 조세권의 분할은 여전히 불분명한 실정이다. 위의 글 c. 39.

하는 등 분쟁이 끊이지 않고 있다.[75]

이에 따라 러시아의 총합예산에서 지방예산, 즉 연방 구성주체 및 지방자치단체 예산이 차지하는 비중은 축소되고 있다. 지방예산은 1998년 총합예산의 54퍼센트 수준이었으나 2001년 첫 5개월까지는 40퍼센트로 감소되고 있다.[76] 조세 세입의 경우 예산법전에 따르면, 지방은 러시아 전체 세수의 적어도 50퍼센트 이상을 수령하도록 규정되고 있다. 그러나 러시아의 세수에서 지방에 대한 할당은 2001년의 경우 49퍼센트에 그치고 있다. 연방정부는 예산법전에 규정된 50-50 배분 요건을 2001년도 예산에 적용하는 것을 취소하는 법안을 마련하고 2000년 말 의회의 승인을 받은바 있다. 참고로 1997년에 러시아 전체의 세수 대비(對比) 지방에 대한 할당은 세수의 60퍼센트 이상을 차지했었다.[77]

한편 지방정부는 연금 지급과 보건, 교육 등 사회정책의 추진을 새롭게 떠맡는 등 행정 합리화의 명목 하에 지방정부의 재정 부담이 증가하는 추세에 있다.[78] 중앙정부는 연금을 비롯한 사회보장 및 지역개발 투자계획을 임의로 설정하고 이에 필요한 기금을 지방정부의 예산에서 충당하도록 하는 등 중앙과 지방 사이에 권한과 책임 분담이 불분명한 경우가 적지 않게 보고되고 있다.

연방정부는 또한 일방적인 임금 인상을 통해 지방예산에 추가적으로 상당한 부담을 안기고 있는 실정이다.[79] 연해주에서 광부들의 임금 체불에 대한 항의 파업과 관련하여 연방정부와 주 당국 사이에 체불 임금의 변제를 위한 연방 지원금을 둘러싸고 갈등이 계속되고 있는 것은 이러한

75) 위의 글 c. 168; *Сегодня*, 1996. 8. 3; *Московский комсомолец*, 1996. 8. 6; "Regions Against 'Centralized Taxation'," *Moscow News*, No. 8 (1997).
76) ОЭСР, Экономические обзоры ОЭСР 2001-2002. Российская Федерация, с. 165.
77) *RFE/RL Russian Federation Report*, 2001. 9. 24.
78) ОЭСР, Экономические обзоры ОЭСР 2001-2002. Российская Федерация, сс. 41-42.
79) 위의 글, с. 170.

경우의 하나이다.

이와 같이 세입의 감소와 행정기능의 추가로 인한 부담 가중에 직면한 지방정부는 중앙정부에 대해 재정 의존을 심화할 수밖에 없는 실정이다. 푸틴 대통령이 집권하기 이전부터 이미 연방 구성주체의 1/3은 그들 지역에서 거두어들이는 조세 수입보다 연방정부로부터 수령 받는 보조금이나 이전기금(移轉基金)이 더 큰, 다시 말해서 중앙에 대한 재정 의존이 높은 상태에 놓여있었다.[80] 이제 푸틴 대통령의 집권 이후 세입의 감소로 인해 거의 전적으로 연방정부의 이전 보조금 지원에 의존하는 지방정부는 모르도비아 공화국(Республика Мордовия)을 비롯하여 더욱 증가하고 있다.[81] 이전 보조금을 받는 연방 구성주체는 2002년 현재 89개 구성주체 중 70개 정도로 집계되고 있는 것이다.[82]

연방정부는 주로 부가가치세의 연방 귀속을 보상하기 위해 2001년 이전 보조금에 보상기금(фонд компенсаций)을 신설했으나, 이는 연방 위임사업(федеральные мандаты)으로 아동 복지 및 장애자 후생에만 사용하도록 규제되고 있으며, 그나마 이들 위임사업 소요를 충당하기에도 충분치 못한 실정이다.[83]

이에 따라 지방정부들은 연방정부의 이전 보조금 지원을 둘러싸고 상호간에 치열한 경쟁을 벌이고 있으며, 이러한 현상은 지방정부에 대한 연방정부의 영향력을 절대적으로 강화시키고 있는 것이다. 특히 문제가 되는 것은 보조금 배당이 대부분의 경우 자의적으로 이루어지고 있다는 점이다.[84] 지역간 형평이나 납득할 만한 기준보다는 정치적 타산과 힘 겨루기가 러시아의

---

80) Aleksei M. Lavrov, "Budgetary Federalism," in Jeremy R. Azrael and Emil A. Payin (eds.), *Conflict and Consensus in Ethno-Political and Center-Periphery Relations in Russia,* Conference Proceedings (Santa Monica, CA.: RAND, 1998), pp. 23-44.

81) ОЭСР, Экономические обзоры ОЭСР 2001-2002. Российская Федерация, с. 169.

82) 위의 글, с. 172.

83) 위의 글, сс. 164, 170.

84) 위의 글, сс. 163.

중앙-지방관계에서 중요한 역할을 한다는 것이 공공연한 비밀로 되고 있다.[85]
그리고 이러한 실정을 빗대어 한 러시아 신문은 중앙정부의 분배 원칙을
"(지방은) 능력에 따라 (내고), 중앙의 재량에 따라 (받는다)"(от каждого -
по возможностям, каждому - по усмотрению Центра)고 꼬집기도 했다.[86]

요컨대 통합예산 체제를 둘러싸고 현재 연방정부와 지방 당국이 벌이
고 있는 최대의 쟁점은 이전 보조금의 임의적 배당을 비롯하여 전반적으
로 연방 세출(歲出)이 연방 구성주체들에게 불공평하게 배분된다는 점이
다. 현재 가장 시혜를 받는 연방 주체는 공화국들이다. 1996년 1-9월간
의 집계에 의하면, 연방 구성주체에 대한 연방예산의 지원금이 이들 구
성주체의 세출에서 차지하는 비중이 평균 11.7퍼센트로서, 이를 연방 구
성주체별로 보면 공화국과 주 및 변방주, 연방시, 기타 주체의 순서로 각
각 17.9퍼센트, 12.7퍼센트, 3.9퍼센트, 5.9퍼센트로 각기 다르게 배분되
고 있는 것으로 나타나고 있다.[87] 이를 이들 주체의 예산 대비 세수(稅收)
기여도로 보면 전체 평균 56.8퍼센트에 비해 상기한 주체의 순서로 각각
70.1퍼센트, 61.0퍼센트, 44.4퍼센트, 50.0퍼센트를 기록하고 있다.[88] 다
시 말해서 연방 구성주체 중 공화국이 가장 큰 혜택을 받고 있는 것이다.

한편 지방예산 지출에 대한 통제가 강화되는 추세에 있다. 지방재정에
대한 연방정부의 통제는 지방예산을 집행하는 데 있어서 일일이 연방정
부 재무부 소속의 지방파견관에게 인가를 받아야 하는 까다로운 절차를
요건으로 하고 있다.[89] 이러한 견지에서 러시아의 연방예산제 발전계획
안(2001-2005)은 러시아에서 예산권의 중앙집중화는 "단일국가의 기준에
서 보더라도 극도로 고도화"(крайне высокой, даже по меркам унитарых

---

85) 위의 글, p. 34.
86) *Независимая газета*, 2002. 1. 28
    (http://www.ng.ru/politics/2002-01-28/10_vertical.html, 2002. 8. 28.).
87) Lavrov, "Budgetary Federalism," p. 27.
88) 위의 글.
89) ОЭСР, Экономические обзоры ОЭСР 2001-2002. Российская Федерация, cc.
    160, 172.

государств) 되어 있는 수준이라고 지적하고 있다.[90]

지방정부는 지방재정에 대한 중앙의 통제에 맞서 지역 내 기업들과의
유착 및 공생관계의 유지 등 각종 편법을 동원하여 예산 활동에 영향을
주고 있는 것으로 관찰된다.[91] 그러나 지방정부의 이러한 비공식적 자율
(自律)은 궁극적으로 러시아 국민경제에 부정적 영향을 미치는 것으로 지
적되고 있다.[92]

결론적으로 푸틴 대통령이 집권한 이후 재정적으로 지방예산의 부적절
한 사용을 막고 중앙-지방간 재정 질서를 수립하려는 노력이 성과를 거
두고는 있으나, 이 과정에서 예산 권한이 연방정부로 집중되고 있으며,
지방경제 발전을 뒷받침할 수 있는 지방정부의 예산상의 자율권은 위축
되고 연방예산에 대한 지방의 의존이 심화되는 추세를 동반하고 있다.

5. 중간 평가: 중앙집권화의 심화

푸틴 대통령이 집권한 지 두 해가 지난 지금 러시아에서 중앙-지방관계
가 어느 방향으로 전개되고 있는지에 대해 상반된 견해가 제시되고 있다.
한편에서는 그의 개혁으로 연방정부의 권위가 상당한 정도 확립된 것으로
관찰하고 있다. 이들은 푸틴 대통령이 취한 조치로 인하여 그가 집권하기

---

90) 위의 글, cc. 174-175. 연방예산제 발전계획(Программа развития бюджетного
федерализма в Российской Федерации на период до 2005 г.)은 2001년 8
월 채택되었다.

91) 위의 글, cc. 160-161; "Intergovernmental Fiscal Relations in Russia," *Finance &
Development* (2001), pp. 36-39.

92) 이와 관련하여 지방정부의 예산 세입이 여전히 러시아 전체의 총합예산에서 절
반 내외를 차지하고 있다는 점에서 러시아의 예산체제가 고도의 재원(財源) 분권
화(децентрализация ресурсов)를 특징으로 하는 반면, 결정과정에서는 여전히
고도의 중앙집권화(централизация в процессе принятиы решений)가 계속되
는 모순을 지적하고, 이를 극복하기 위해 지방재정에 대한 지방정부의 자율권을
확대하는 방안이 권고되고 있다. ОЭСР, Экономические обзоры ОЭСР
2001-2002. Российская Федерация, cc. 159-160, 173.

전에 비해 지방지도자들의 입지가 약화된 것이 분명하다고 주장한다.

그러나 다른 한편에서는 지방과 대면하여 중앙이 아직 생각보다 강화되지 못했다고 이의를 제기한다. 러시아의 한 정치분석가는 2002년 봄 현재 "심각한 재정상의 약화에도 불구하고 주지사가 그들 지방에서 행사하는 실권은 그대로 유지되고 있다"고 관찰하고 있으며, 다른 분석자들은 지방지도자들이 재선 내지 3선에 성공하고 있음을 들어 대통령의 개혁이 기대한 만큼 성과가 크지 않다고 주장한다.[93] 한편 다른 분석자는 지방지도자들의 입지가 3선을 보장 받는 등 오히려 강화됨으로써 이들이 관할 지방을 사실상 자신들의 영지(領地)로 지배하는 일종의 새로운 봉건제가 러시아에 정착하고 있다는 견해를 제시하고 있다.[94] 이 관찰자는 지방지도자들을 통제하기 위해 임명된 대통령 대표가 전직 대통령이 임명했던 대통령 대표들과 마찬가지로 지방지도자들과 싸움에서 패함으로써 신설 대통령 대표제도 결국 실패로 돌아가게 되었다고 덧붙이고 있다.

푸틴 대통령은 취임 이후 지방에 대한 중앙의 통제를 강화하는 방향으로 개혁을 추진하여 왔으나, 동시에 개혁의 효과를 상쇄하거나 반감(半減)시킬 수 있는 조치들을 취하기도 했다. 그는 2001년 초 현직에 있는 주지사의 다수가 3선 내지는 4선까지 출마할 수 있도록 허용하는 법안을 거부하지 않고 이에 서명함으로써 많은 지방지도자들에게 사실상의 종신제(終身制)를 용인하게 되었다. 그는 또한 같은 해 토지법전을 채택하면서도 이의 실시를 "기본법의 테두리 내에서" 지방별로 융통성 있게 적용하도록 함으로써 사실상 러시아 전역에 단일한 법률 공간을 확립한다는 방침을 무색하게 만들었다. 끝으로 푸틴 대통령은 일부 지방지도자들을 제거함에 있어서 이들에게 중앙의 요직을 안배하는 정치적 방법에 의존

93) http://www.gazeta.ru (2002. 4. 24), 2002. 8.21.
94) V. Shlapentokh, "Putin's first year in office: the new regime's uniqueness in Russian history," *Communist and Post-Communist Studies*, Vol. 34, No. 4 (2001), pp. 394-395.

함으로써 중앙의 권위를 확립하는 데 일종의 타협적 요소를 도입했다.

중앙-지방관계에 관한 푸틴 대통령의 개혁이 시작된 지 두 해가 지난 것에 불과한데 비추어 개혁의 성패 여부를 가늠하기에는 아직 이른 감이 없지 않다. 그의 개혁과 관련하여 이상에서 소개한 두 입장은 일견하여 모두 타당성이 있어 보인다. 그러나 전반적으로 푸틴 대통령이 취한 조치들, 즉 대통령 대표의 임명과 지방지도자들에 대한 해임권의 확보, 그리고 상원·대의원의 임명제화는 지방에서 중앙의 권위를 강화하려는 의도에서 비롯된 것이 분명하며, 이러한 방향으로 개혁을 추진하는 데 있어서 예산연방주의는 중앙정부에게 지방을 통제하는 데 결정적인 담보가 되고 있는 것이다. 결론적으로 분권화를 막고 중앙의 권위를 확립하려는 푸틴 대통령의 노력은 일단 성과를 거두고 있는 것으로 평가된다.

VI. "강력한 중앙"과 러시아 연방의 장래

푸틴 대통령이 희망하는 바와 같이 "강력한 중앙"이 확립된다면 이는 향후 러시아 정치에 어떠한 영향을 미치게 될 것인가? 그는 어느 정도로 강력한 중앙을 "강력한 중앙"으로 생각하고 있는가? 그가 염두에 두고 있는 "강력한 중앙"이 과거 소련체제의 특징인 초(超) 중앙집권화 (hypercentralization)에 버금가는 것이라면 이것이 구현될 경우 러시아 연방제와 러시아 민주주의의 장래는 어떠한 모습을 띠게 될 것인가?

무릇 어느 나라에서나 중앙-지방관계의 주된 특징으로 중앙에 대한 지방의 종속적 지위가 지적되고 있다. 지방 혹은 변방(periphery)은 "외부의 압력에 맞서 스스로 독자성을 지킬 능력을 구비하고 있지 못하며," 이러한 상태에서 "지리적 중심 혹은 중추로 지칭되는 특정 지역(중앙)의 권위에 종속되어 있는 곳"이다.[95] 지방이란 정치, 문화, 경제의 세 영역 중 적어도 하나 이상의 영역에서 중앙으로부터의 원격성(distance), 중앙과의 차이(difference) 및 중앙에 대한 종속(dependence)을 특징으로 하고 있다. 정치적으로 지방은 국가라는 전체를 구성하는 한 부분으로서 중앙에 하위(下位)함을 기본적 속성으로 삼고 있는 것이다.

그러나 중앙-지방관계가 중앙에 대한 지방의 종속을 바탕으로 할지라도 현실적으로 종속 혹은 의존의 정도는 국가와 지방, 시기, 그리고 정책 분야 및 사안별(事案別)로 차이를 보일 수 있다. 두 행위자간의 관계를 각자가 동원할 수 있는 자원(resources)의 교환관계로 파악할 때 이들 사이의 관계는 상호간 자원의 동원 능력에 따라 어느 일방의 상대방에 대한 "일방적 종속"과 "상호의존" 그리고 "상호독립"의 세 경우를 생각할 수 있다.96) 무릇 대부분의 쌍무관계와 마찬가지로 중앙-지방의 관계도 이중 어느 유형으로 발전될 수 있는 가능성을 갖고 있는 것이다.97)

이러한 중앙-지방의 이분법(二分法)은 연방을 구성하는 국가의 경우 어떻게 적용될 수 있을 것인가? 일반적으로 연방이란 다수의 주권 단위(국가)가 스스로의 독자성(주권)을 보전한 가운데 그들이 공동으로 소속하는 정치체제(연합국가)의 수립과 유지를 위해 결속하는 정치조직의 형태로 이해할 수 있을 것이다.98) 여기서 연방을 구성하는 주체들에게는 스스로의

---

95) Stein Rokkan and Derek W. Urwin, *Economy, Territory, Identity* (London: Sage, 1983), p. 2.

96) F. W. Scharpf, "Interorganizational Policy Studies: Issues, Concepts and Perspectives," in K. Hanf and F. W. Scharpf (eds.), *Interorganizational Policy Making* (London: Sage, 1978), p. 357.

97) 이제까지 중앙-지방관계에 관한 연구는 대부분이 서방 선진국과 같이 상대적으로 안정된 정치체제를 대상으로 하여 왔으며, 따라서 중앙의 안정과 이에 기초한 중앙-지방간 종속관계의 안정을 기본 전제로 한 가운데 주로 중앙정부의 정책에 영향을 미치기 위한 지방의 노력에 초점을 맞추어 왔다. 중앙-지방관계에 관한 서방의 대표적인 연구로는 S. Tarrow, *Between Center and Periphery: Grassroots Politicians in Italy and France* (New Haven. Conn.: Yale University Press, 1977); R. A. W. Rhodes, *Control and Power in Central-Local Government Relations* (Aldershot: Gower, 1981); D. E. Ashford, *British Dogmatism and French Pragmatism: Central-Local Policy Making in the Welfare State* (London: Allen & Unwin. 1982).

98) Daniel J. Elazar, "Contrasting Unitary and Federal Systems," *International*

주권적 지위를 계속해서 유지할 수 있음이 연방제의 전제가 될 것이며, 따라서 주권적 지위를 보장할 권력의 분여(分與, power-sharing) 및 권력의 비집중화(noncentralization)가 현실적으로 보장될 수 있는 지의 여부가 연방제의 기본 요건이라 할 수 있을 것이다. 이는 연방제 하의 중앙-지방관계에 있어서 두 당사자간의 관계는 일방적 종속이나 상호독립이 아니라 상호의존의 관계에 기초해야 할 것임을 전제로 하는 것이기도 하다.

그러면 러시아의 연방제 하에서 "권력의 비집중화"가 보장되고 있으며, 연방정부와 연방 구성주체인 지방간에 "상호의존"의 관계가 유지되고 있는가? 러시아 헌법은 연방 구성주체들이 상호간에, 그리고 연방 국가권력 기관과의 관계에 있어서 동등한 것으로 명시하고 있다(헌법 제5조 4항). 그러나 공화국과 주 등의 구성주체들은 지위에 있어서 상호간에 많은 차이가 있으며, 더욱이 이들 구성주체들의 이른바 "주권"에 관해 헌법은 침묵하고 있다. 특히 중요한 것은 연방정부에 대한 연방 구성주체들의 예속이 사실상 헌법에 내포되고 있다는 점이다. 헌법은 연방정부의 고유의 관할 및 연방 구성주체들과의 공동관할 사항들을 열거하고 있으나(헌법 제71-76조), 이들 사항에 있어서 연방의 조치(법규 등)가 우선한다고 덧붙임으로써 사실상 연방 구성주체들의 중앙에 대한 예속을 기정사실화하고 있는 것이다(헌법 제76조). 특히 연방 대통령은 공화국 정부까지를 포함한 지방정부의 결정을 중지시킬 수 있는 권한을 보유한다고 못박음으로써 헌법은 중앙에 대한 지방의 종속을 재삼 확인하고 있다(헌법 제85조). 따라서 러시아 연방은 사실상 소련방을 그대로 답습한 데 지나지 않는 것으로 평가될 수 있을 것이다.99) 소련의 경우 1922년의 소련 연방조약 및 이에 기초한

Political Science Review, Vol. 18, No. 3 (1997), pp. 237-251; Daniel J. Elazar, "Federalism," in David L. Sills (ed.), *International Encyclopedia of the Social Sciences*, Vol. 5 (Macmillan & the Free Press, 1974), pp. 353-366.

99) 헌법상 연방대통령에게 부여된 막대한 권한 등 제도적 차원의 특징을 들어 일부 연구자들은 러시아 정치체제를 구 소련 체제의 변형이라고 평가한다. Peter C. Ordeshook and Olga Shevtsova, "Federalism and Constitutional Design," *Journal of Democracy*, Vol. 8, No. 1 (1997), pp. 38-41.

1924년의 소련 헌법은 현재의 러시아 연방헌법이 안고 있는 비슷한 문제점으로 인해 "형식에 있어서 연방, 실질적으로 단일국가 체제"(confederal in form, unitary in essence)라는 평가를 받아 왔다.[100]

이와 같이 기본법부터 연방제의 문제점을 안고 있음에도 불구하고 러시아 연방정부와 지방간에는 현실적으로 상호간에 수긍할 만한 교환관계를 수립할 가능성을 배제할 수는 없을 것이다. 실제로 소련에서 유지되던 중앙에 대한 지방의 "일방적 종속"은 체제 전환의 과정에서 한 때 지방이 "일방적 독립"을 선포하는 사태로까지 발전하기도 했으나, 이어 지방정부 대부분은 연방정부와 연방조약을 체결하고 분권협정(分權協定)을 통해 과거에 비해 중앙과 지방간에 보다 상호의존적이고 호혜적인 관계의 기반을 마련하기도 했었다.

그러나 이제 푸틴 대통령 집권 하에 중앙-지방관계는 다시 중앙집권화를 심화하는 방향으로 전개되고 있는바, 이러한 추세가 강화될 경우 중앙과 지방간에는 상호의존적인 관계 대신에 "전부 아니면 전무(全無)"(zero-sum)라는 색채가 부각되고, 그나마 연방제라고 지칭되고 있는 정치체제도 결국 단일국가 체제로 전환될 가능성도 적지 않을 것이다. 나아가 지방의 "일방적 종속"에 기초한 중앙의 우위는 지방자치를 통해 사회가 필요로 하는 다양한 봉사를 제공하고 있는 서방 여러 국가들에서 관찰되고 있는 추세에도 거스르는 일일 뿐만 아니라 궁극적으로 러시아의 민주화에도 바람직하지 않은 결과를 초래할 가능성이 적지 않을 것이다.

끝으로 서두에서 제기한 바와 같이 중앙-지방관계를 살피는 것은 러시아의 정치체제가 궁극적으로 어떠한 모습을 띠게 될지를 가늠하는 데 길잡이가 될 뿐만 아니라 러시아에서 사업을 하거나 러시아와 관련한 정책을 결정하고 집행하는 이들에게도 마땅히 중요한 고려 대상의 하나로 될 것이며, 이러한 현실적 필요에 이 글이 조금이나마 부응할 수 있다면 다행일 것이다.

---

[100] Kaiser, *The Geography of Nationalism in Russia and the USSR*, pp. 112-113.

8. 체제 이행과 푸틴: "강한 지도자"의 등장?

I. 문제의 제기

푸틴(Владимир Путин) 대통령은 자신의 가장 중요한 업적으로 러시아 사회의 안정화를 내세우고 있다. 그는 취임 이래 러시아가 안정을 이룩하고 있으며, 자신이 국내에서 높은 지지를 받고 있는 것은 1980년대 중반 이래 계속되는 변혁에 지쳐버린 국민들에게 안정을 안겨준 데 따른 것이라고 풀이하고 있다.[1] 러시아 내외에서 많은 관찰자들도 이러한 주장에 동조하여 러시아가 푸틴 대통령 하에서 오랜만에 안정을 찾고 있다는 데 의견을 같이하고 있다.[2]

푸틴 대통령 집권 하에 러시아가 안정을 찾고 있다는 평가는 그가 집

이 글은 2002년도 세종연구소 연구보고서로 작성한 것이다. 『러시아 정치의 진로: 정치 불안정과 푸틴의 대응』, 정책연구 2003-4 (성남: 세종연구소, 2003), p. 37.

[1] Послание Президента Российской Федерации В.В.Путина Федеральному Собранию Российской Федерации (대통령 연차교서 연설) (2002. 4. 18.), http://president.kremlin.ru; Интервью Президента Российской Федерации В.В. Путина китайскому информационному агентству Синьхуа и Центральному телевидению КНР "Си-Си-Ти-Ви" (푸틴 대통령의 중국 신화사 통신 및 중국 중앙텔레베전 방송 CCTV와 회견) (2002. 11. 27.), http://president.kremlin.ru.

[2] 예컨대 Михаил Шипанов, "Элитарный президент" (엘리트 대통령), *Деловые люди*, No.. 130 (январь 2002), cc. 10-13; Сергей Шелин, "Только о делах. Да и то не обо всех," *Новое время*, No.. 15 (15 апрель 2001).

권하기 이전까지는 그러하지 못했다는 것을 의미할 것이다. 실제로 그의 전임자인 옐친(Борис Ельцин) 대통령의 십 년 가까운 집권 중 러시아는 계속되는 내분과 위기에서 헤어나지 못했다. 그가 러시아의 독립을 주장하던 1991년에는 소련의 해체에 반대하는 보수 쿠데타가 발발했으나 실패로 끝나고, 급기야 그 해 말 소련이 붕괴되는 지경에 이르렀다. 이어 1993년에는 그와 의회 사이의 갈등이 내란 직전으로까지 발전했는가 하면, 1994년에는 분리주의 체츠니아(Чечня)와의 갈등이 내전의 양상으로 발전하게 되었다. 끝으로 1998년에는 금융위기로 인해 러시아는 국가 부도에 직면해야 했으며, 이를 전후하여 1999년 말 옐친 대통령이 전격적으로 조기 사임하기까지 의회의 대통령 탄핵 위협과 정부 불신임 결의, 그리고 옐친 대통령의 잦은 내각 교체 등 정치 불안이 계속되었다.

옐친 대통령이 집권 중 러시아가 이와 같이 거듭되는 위기에서 헤어나지 못했다면, 그의 뒤를 이은 푸틴 대통령이 지금까지 세 해 가까이 집권하는 동안 러시아가 상대적으로 안정을 찾고 있는 까닭은 어디에 있는가? 러시아는 이제까지의 체제 이행을 끝내고 푸틴 대통령 하에서 체제 안정화의 단계로 진입하고 있는지도 모른다. 아니면 정치적 안정은 대통령의 지도력과 긴밀히 연관되고 있는지도 모른다. 어하튼 체제가 안정화 단계에 진입했거나, 적어도 푸틴의 지도력으로 안정을 유지하게 되었다면 궁극적으로 러시아에 정착될 체제는 어떠한 모습을 지닌 것인가?

이 글은 이들 문제에 대한 해답을 찾는 데 목적이 있다. 결론을 앞세운다면, 러시아에서 윤곽을 드러내고 있는 정치체제는 푸틴 대통령의 집권에도 불구하고 아직도 여전히 불안정한 것으로 판단된다. 푸틴의 권력 기반은 아직 확고한 것으로 관찰되고 있지 못하나, 그럼에도 불구하고 그가 정치적 안정을 도모하고 있는 것은 일차적으로 그가 상충하는 제반 이해관계를 무리 없이 조정하고 있는 데 기인하는 것으로 보인다. 앞으로 푸틴은 현상유지에 만족할 것인가, 아니면 과감히 변혁(개혁)을 계속해서 추진할 것인가를 선택해야 할 것이다. 후자의 경우 러시아 정치는 적어도 단기적으로 불안정을 경험할 수 있을 것이다.

러시아의 정치적 안정 여부를 가늠하기 앞서 관련되는 용어를 분명히 할 필요가 있다. 이 글에서 체제(體制, regime)라 함은 한 사회의 공식적 내지 비공식적으로 인정되는 권력의 중추(中樞)를 지칭한다. 체제는 누가 권력을 차지하며 권력자와 비권력자간의 관계는 어떠할 것인지를 규정한다. 그러면 정치적 안정이란 무엇인가? 사전에 따르면, 무릇 안정이란 "바뀌어 달라지지 아니하고 일정한 상태를 유지함"을 뜻한다. 항상(恒常, homeostasis) 상태를 지칭하는 것이다. 이에 기초하여 정치적 안정이란 한 사회에서 "합법적 정치질서가 유지되는 상태"로 정의할 수 있을 것이다. 다시 말해서 한 사회의 공식적 혹은 비공식적으로 인정되는 정치질서 내지는 경기의 규칙(rules of the game)을 위협할 정도로 현저한 사회·정치적 갈등이 없는 상태를 안정 상태로 규정할 수 있을 것이다. 체제란 바로 이러한 질서 내지는 규칙인 것이다. 이 글은 우선 옐친과 푸틴, 두 지도자의 집권 중 러시아가 어느 정도로 정치적 안정 — 혹은 불안정 — 을 경험하여 왔는지를 점검하고자 한다.

II. 체제 변화와 러시아 정치

1. 옐친과 정치 불안정의 일상화(日常化)

가. 보수 쿠데타와 소련의 붕괴, 1991

옐친이 1991년 6월 러시아 최초의 민선 대통령에 당선되었을 때 러시아는 격변의 와중에 놓여 있었다. 러시아는 소련 연방의 핵심 구성체로서 사실상 러시아가 곧 소련이었다. 소련이 개혁이라는 몸살을 앓는 만큼 러시아도 당연히 이에서 자유로울 수 없었던 것이다.[3]

소련의 마지막 지도자 고르바초프(Михайл Горбачев)는 1985년 집권한 이래 침체 일로에 있던 사회주의 체제를 개선하기 위한 이른바 "개혁"에 착수하게 되었다. 그러나 이러한 노력에도 불구하고 경제위기와 이로 인한 사회불안은 오히려 심화되었고 개혁을 둘러싼 정치적 갈등이 만연하게 되었다.

개혁은 무엇보다도 지배 엘리트의 분열을 조장하는 결과를 낳았다. 소련 정치는 개혁의 방향과 범위 등을 놓고 한편으로는 보수-개혁, 다른 한편으로는 중앙-지방(소련 연방을 구성하는 공화국들)간의 대립이 격화되는 양상으로 발전하기 시작했던 것이다. 개혁세력은 사회주의 체제와 이를 관리하는 기성 지도체제의 권위를 부인하고 나섰으며, 이와 함께 러시아를 — 당시 러시아 연방공화국(РСФСР) — 비롯하여 소련을 구성하는 공화국들은 상당수가 독립을 선언하게 되었다. 이들은 고르바초프에게 탈 사회주의(脫社會主義) 개혁을 본격화하든가, 아니면 사임하라고 압력을 가했다. 개혁파는 급진화되기 시작했고, 이 과정에서 러시아도 1990년 주권 선언을 발표하고 소련에서 독립을 선언했으며, 옐친은 신생 "러시아 연방"(Российская Федерация)의 지도자로서 소련 연방에 반대하고 민주화와 시장경제 개혁을 지지하는 세력을 이끌게 되었다.

한편 보수세력은 기존의 사회주의 체제를 부인하는 "급진적" 개혁에 완강히 반대했을 뿐만 아니라, 소련의 모든 지역에 대해 어떠한 형태로든 중앙의 통제가 유지되는 국가의 형태를 주장했다.

급기야 보수파 인사들은 1991년으로 들어서서 고르바초프에 대한 기대를 완전히 접고 그 해 8월 쿠데타를 일으키게 되었다. 그러나 쿠데타는 실패로 끝났고, 이 여파로 같은 해 연말까지는 소련 자체가 와해되기에 이르렀던 것이다.

당시 보수 쿠데타는 성공할 수 있는 요인을 많이 갖추고 있었다. 경제위

---

3) 이 장은 정한구, 「고르바초프의 개혁과 소련의 붕괴」, 김부기, 김유남 (편), 『소련 공산당의 몰락』 (서울: 평민사, 1992), pp. 147-184에 기초한 것이다.

기는 심화되어 고르바초프와 그의 개혁에 대한 국민의 지지는 거의 완전히 증발된 상태였으며, 대외적으로 동유럽의 상실과, 나아가 소련마저 해체될지 모른다는 긴박감은 특히 군부의 불만과 경악을 유발하고 있었다.[4]

그러면 쿠데타는 왜 실패했는가? 옐친은 당시 쿠데타에 동원된 장갑차를 맨주먹으로 저지하는 등 그와 그의 지지자들은 보수세력에 맞서 과감히 저항했다. 그러나 이러한 항거는 국지적인 현상에 불과했고 쿠데타에 대항하는 전국적 규모의 민중 봉기와 같은 것은 없었다. 쿠데타가 실패로 끝난 것은 오히려 쿠데타 지도자들의 거사(擧事) 준비 부족 및 우유부단, 그리고 군부와 비밀경찰(КГБ)의 분열에 기인했던 것이다.[5]

쿠데타가 실패로 끝난 직후 고르바초프는 공산당 서기장 직을 사임하는 동시에 공산당의 해체를 선언하게 되었으며, 같은 해 12월 소련의 주축을 이루고 있던 러시아와 우크라이나, 벨라루시의 3개 슬라브 계 공화국들이 "독립국가 연합"(СНГ)의 결성을 선언하고, 이어 카자흐스탄 등 소련을 구성하던 다른 8개 공화국들이 이에 가담함으로써 연말까지는 소련자체가 종말을 고하게 되었다.

결국 지배 엘리트의 분열과 갈등이 소련의 붕괴를 가져오게 되었던 것이다. 이들은 개혁을 둘러싸고 분열되기 시작했으며, 이 과정에서 개혁은 파행을 거듭하게 되었다. 그리고 보수 쿠데타는 개혁파와 보수세력의 최후 결전이었던 것이다. 여기서 지적해야 할 것은 이미 언급한 바와 같이 소련 해체의 전 과정을 통해 체제 밖 엘리트와 시민의 역할은 미미했다는 점이다. 이들은 영향력 있는 세력으로 조직화되기 보다는 주로 정부의 실정과 무능에 대한 불만의 표출이라는 반사적(反射的) 반응을 보이는 수준에서 벗어나지 못했다. 요컨대 소련의 붕괴는 지배 엘리트의 분열과 이들의 자폭(自爆)에 따른 것이었다고 해도 과언이 아닐 것이다.

---

4) Lilia Shevtsova, "The August Coup and the Soviet Collapse," *Survival*, Vol. 34, No. 1 (Spring 1992), p. 6.
5) 위의 글, pp. 6-7.

나. 10월 정변, 1993

소련의 붕괴에 이어 러시아는 1993년 또 다른 정치위기를 예비하고 있었다. 옐친 대통령은 같은 해 9월 러시아 인민대의원 대회(의회)를 해산하고 대통령의 직접통치를 실시하는 내용의 대통령령을 발표하게 되었다. 그러나 의회는 이에 맞서 옐친 대통령이 쿠데타를 일으켜 헌정 질서를 파괴하고 있다고 규탄, 그의 대통령 권한을 취소하고 루츠코이 (Александр Руцкой) 부통령을 대통령 서리에 임명했다. 그러자 옐친 대통령은 군대를 동원하여 의사당을 포격하고, 의회를 강제 해산 시켰으며, 의회 지도자들을 체포하는 등 이후 두 주일에 걸친 헌정 위기가 러시아 정국을 강타하게 되었던 것이다.

옐친 대통령은 1991년 11월 의회로부터 새로운 시장경제 개혁의 추진을 위한 비상대권을 부여 받는 등 집권 초기에는 의회와 원만한 관계를 유지할 수 있었다. 의회는 비록 구(舊) 소련 체제에서 구성되었을지라도 그의 요청에 따라 러시아의 독립을 결의하는 등 고르바초프의 소련 정부와 대결에서 옐친을 지지하고 나섰으며, 이와 같은 원만한 관계는 적어도 소련이 붕괴한 직후인 1992년 초까지도 유지되었다.

그러나 대통령과 의회는 개혁을 둘러싸고 점차 간극을 보이기 시작했으며, 급기야 의회가 경제개혁과 관련하여 대통령에게 부여했던 비상대권을 회수하려고 시도하는 등 갈등이 표면화되기 시작했다. 당시 러시아 내외에서는 의회를 구 소련에서 이월된 보수세력의 아성으로 보려는 입장이 적지 않았으나, 이보다는 의회가 러시아 사회의 축소판으로서 각계각층의 러시아 국민을 가장 충실히 대변하고 있었다는 관찰이 더 타당할 것이다. 옐친 행정부는 소련이 붕괴된 직후인 1992년 정초를 기해 가격자유화 등 충격요법으로 지칭되는 시장경제 개혁을 단행했으며, 이로써 러시아 국민은 살인적인 물가고(物價高) 등 경제난에 시달리게 되었다. 의회는 이에 대한 국민적 불만을 배경으로 옐친과 그의 개혁에 반대하고 나섰던 것이다.

이러한 가운데 의회는 정부와 대면하여 대의원들간에 연대의식이 뿌리를 내리기 시작했으며, 이는 결과적으로 정부와 의회간에 이른바 권력의 양립(兩立, двоевластие) 현상을 낳게 되었다. 결과적으로 옐친 대통령은 대통령령에 의지하여 통치하려 했으며, 하스불라토프(Руслан Хасбулатов) 의회 의장은 대통령 중심제에 반대하고 내각책임제를 주장하며, 행정권을 무단 행사하는 지경에까지 이르게 되었다. 이러한 상황에서 정변이 있기까지 의회에서(대의원 1,000여 명) 다수 지지세력을 규합하고 있지 못했던 옐친 대통령은 점차 의회의 공공연한 도전에 직면하게 되었던 것이다.

10월 정변에 이어 옐친 대통령은 같은 해 12월 새로운 헌법을 발의하고, 이와 함께 총선을 실시하여 새 의회를 구성하게 되었다. 새로 구성된 의회(하원) 역시 공산주의자와 우파의 두 보수세력이 각각 제1과 제2당의 지위를 차지했으나, 옐친 정부와 새 의회는 상호간의 대결을 피하기 위해 정치적 합의를 모색하는 등 비록 서로 우호적은 아니나, 그렇다고 노골적으로 적대적이지도 않은 관계를 형성하게 되었다.

다. 제1차 체츠니야 내전, 1994-96

러시아는 1994년으로 들어서서 이전과 비교하여 상대적으로 정치적 안정을 유지할 수 있었다. 옐친 대통령의 기대와는 달리 그의 지지세력이 새 의회에서 다수를 차지하지는 못했으나 의회는 대통령의 우위가 보장된 새 헌법 하에서 전반적으로 약세를 면치 못하게 되었다. 안정은 옐친 대통령이 개혁과 보수의 두 세력을 안배한 일종의 연립정부를 수립함으로써 보다 촉진될 수 있었다. 그러나 같은 해 말로 들어서서 옐친 대통령이 개혁세력을 비롯한 국민 대다수의 반대에도 불구하고 체츠니야 공화국의 분리주의에 무력 대응을 불사함으로써 러시아 정국은 또 다시 파행으로 치닫게 되었다.

러시아 남부에 위치한 인구 120만 명의 체츠니야 공화국은 1991년 11월 독립을 선언한다. 그러나 연방정부는 체츠니야의 독립을 부인하는 한편, 비슷하게 독립을 요구하는 다른 지방을 의식하여 체츠니야 분리주의 정부에 대한 직접적인 군사 개입은 자제한 가운데 협상으로 문제를 해결하려 노력했다.

따라서 러시아 정부가 1994년 12월 분리주의 체츠니야에 대한 무력 진압을 본격화하게 된 것은 일대 정책 전환이 아닐 수 없었다. 옐친 정부는 작전 초기에 결정적인 승리를 얻을 수 있을 것으로 계산했으며, 이로써 옐친 대통령에 대한 국민적 지지를 규합할 수 있을 것으로 기대했다.

그러나 기대와 달리 러시아 군대는 체츠니야에서 고전을 면치 못했고, 이로써 대외적으로 강대국으로서 러시아의 위상이 허망하게 약화되었을 뿐만 아니라 대내정치적으로 국민들의 반전(反戰) 분위기 앞에 옐친 대통령의 입장이 극도로 약화되었다. 이를 배경으로 의회는 옐친 대통령에 대한 탄핵을 발의했으나, 최악의 사태로 발전하지는 않고, 대신 옐친 정부에 대한 불신임안을 통과시키게 되었다.

1995년 초에 실시한 한 여론조사에 의하면, 국민의 8퍼센트만이 옐친 대통령의 침공 정책을 지지하는 것으로 나타났다.[6] 이러한 반대를 배경으로 하원은 1월 옐친 대통령에게 체츠니야 위기의 정치적 해결을 건의하는 결의안을 채택하고, 4월 체츠니야 사태의 해결을 위한 평화회담의 즉각 개최를 요구하는 법안을 통과시켰으며 (찬성 286, 반대 1), 이어 7월 부존노프스크(Буденновск)에서 자행된 대규모 인질사건과 관련하여 체르노미르딘(Черномырдин) 총리와 내각에 대한 불신임을 결의하게 되었던 것이다.

결국 러시아 정부는 1997년 정초 체츠니야에서 철군을 완료함으로써 지난 두 해에 걸친 군사개입을 마무리 짓게 되었는데, 러시아 조야(朝野)

---

6) *Комсомольская правда* (콤소몰스카야 프라브다), 1995. 1. 18.

는 한 목소리로 체츠니야에 대한 중앙정부의 군사개입을 소련의 아프가
니스탄 내전 개입에 버금가는 군사적, 정치적 실패라고 비판을 가했다.

라. 금융위기와 통치의 공백, 1998-99

러시아 정부는 1998년 8월 러시아를 강타한 금융위기에 대처하여 루
블화의 평가절하를 비롯한 비상 조치를 단행하고 사실상의 채무 불이행
(default)을 선언하게 되었다. 아시아 경제위기(1997. 10)로 촉발된 금융위
기는 주식과 채권의 급락에 이어 마침내 금융시장을 공황에 빠뜨리게 되
었다. 시장은 그 해 10월로 들어서서야 간신히 안정을 되찾았으나, 위기
로 러시아의 실질 국내총생산(GDP)은 이미 거의 반감(半減)하게 되었다.
러시아 경제는 1997년 소련이 붕괴한 이래 처음으로 성장세로 돌아서
게 되었으나, 그 이면에는 여전히 세수(稅收) 실적의 저조와 국가 채무의
가중, 국가 자금의 비효율적인 운용, 그리고 이러한 요인들의 복합적인
결과인 대폭적인 재정적자가 도사리고 있었으며, 아시아 위기와 같은 외
부의 충격에 거의 무방비 상태에 놓여 있었다.
이러한 상황에서 위기는 1998년 3월 내각의 돌연한 교체에 따른 정치
공백으로 증폭되었던 것으로 관찰되고 있다. 총리의 인준을 둘러싼 한
달간의 정쟁(政爭)은 러시아에 대한 외국 투자자들의 신뢰를 더욱 저하시
켰던 것이다.
그러나 경제위기를 거치는 동안 국외자(局外者)가 보기에 이상할 정도
로 러시아는 정치적으로 안정을 유지했다. 많은 우려에도 불구하고 러시
아에서 혁명적 소요나 정변이 일어날 기미는 보이지 않았다. 대규모의
항의 파업이나 민중봉기는 일어나지 않았으며, 의회의 대통령 탄핵 등
움직임도 없었다. 아마도 당시 러시아 국민과 엘리트에게 정치 불안과
무정부 상태에 대한 두려움이 옐친 정권의 개혁정책에 대한 불만을 압도
했는지도 모른다.[7]

그럼에도 불구하고 금융위기의 여파로 옐친 대통령의 위상은 극히 약화된 반면, 중앙정부에 대면한 의회와 지방은 상대적으로 입지를 강화할수 있었다. 그러나 이들이 대통령과 중앙정부를 압도할 만큼 우위를 확보한 것은 아니어서, 당시 러시아 정국은 전반적으로 경합 세력간에 일종의 균형이 이루어졌던 것으로 관찰되고 있다.[8]

분명한 것은 1998년의 경제위기는 옐친 대통령의 집권을 단축하는 계기가 되었다는 점이다.[9] 내외의 우려에도 불구하고 러시아 정국은 일단 안정을 유지했으나, 경제위기가 옐친 대통령의 퇴진을 재촉한 것이다.

경제위기 이후 러시아 정치는 정정(政情) 불안과 침체로 특징되고 있다. 옐친 정부는 위기에 당면하여 명확한 정책을 제시하지 못한 채 표류하는 모습을 보였다. 옐친 대통령은 금융위기를 전후하여 권위의 약화를 막기 위해 개각(改閣) 행진을 벌였으나, 이 과정에서 오히려 의회와 갈등만을 조장하게 되었다. 모두 세 차례의 개각이 1998년 한 해에 단행되었으며, 1999년으로 들어서서 두 차례 추가 개각이 실시되었다. 이 밖에도 옐친 대통령의 잦은 와병으로 장기간에 걸쳐 통치의 공백이 발생했으며, 집권 말년에는 통치권이 의회뿐만 아니라 지방과 군부, 신흥 재벌, 그리고 그의 퇴신 이후를 겨냥한 내권 주자(大權走者)들로부터 공공연히 도전을 받게 되었다. 이를 배경으로 옐친 대통령은 1999년 말 대통령직의 조기 사임을 전격적으로 선언함으로써 "옐친 시대"가 막을 내리게 되었던 것이다.

7) Л. Гордон, "Общество недовольных" (불만자의 사회), Полис (폴리스), No. 3 (1998), cc. 32-48.

8) Michael McFaul, "Authoritarian and Democratic Responses to the Financial Meltdown in Russia," Problems of Post-Communism, Vol. 46, No. 4 (July/August 1999), pp. 23-24; Michael McFaul, "The Perils of a Protracted Transition," Journal of Democracy, Vol. 10, No. 2, pp. 8-10.

9) Jacques Sapir, "Russia's Crash of August 1998: Diagnosis and Prescription," Post-Soviet Affairs, Vol. 15, No. 1 (January-March 1999), p. 1.

2. 푸틴과 정치 안정의 회복

푸틴 대통령이 2000년 3월 대통령 선거에서 승리하고 그 해 5월 러시아의 제2대 대통령에 취임한 이래 러시아는 옐친 집권기에 비해 정치적 안정을 유지할 수 있었다. 그는 집권 첫 해에 중앙정부 권위의 강화와 강력한 국가의 건설을 구호로 내걸고 일견하여 과감한 정치개혁에 착수했다. 아래에서 소개하는 바와 같이 그는 연방회의(상원)를 개편하고, 지방정부에 대한 통제를 강화했으며, 이른바 과두재벌(寡頭財閥, олигарх)로 불리는 신흥 재벌 및 언론과 시민단체들을 "겁주고 길들이기"로 빠르게 제압해 나갔다. 그리고 이러한 정책은 효과를 발휘하여, 옐친 집권기의 경우와는 달리 이들 조치에 대한 공공연한 저항이나 반대는 거의 없거나 미미했다.

또한 푸틴 대통령은 그의 전임자와 달리 의회(하원)의 협조와 지지를 얻을 수 있었다. 공산당이 여전히 제1당의 지위를 유지하고는 있으나, 1999년 12월 실시된 총선에서 친정부 성향의 중도세력인 "통일"(Единство)과 "조국-전 러시아"(Отечество-Вся Россия)가 대거 약진했고, 이를 배경으로 하원은 사실상 정부의 하위 동반자로 전락하게 되었다. 의회는 정부의 주문대로 토지법전을 비롯한 주요 쟁점 법안들을 속성 처리할 정도로 길들여졌던 것이다.

끝으로 푸틴 대통령은 2001년 3월 부분 개각을 단행하는 데 그치는 등 정부의 안정화를 도모함으로써 옐친 집권 말기의 개각 행진과 좋은 대조를 보였다. 이러한 정치적 안정은 "러시아 정치의 이상현상(異常現象)"으로 지적될 정도로, 푸틴 대통령에 대한 국민의 높은 지지를 배경으로 하고 있다. 여론조사에 따르면 그의 활동에 만족하는 국민은 2001년 11월의 경우 87퍼센트를 기록하고 있다.

다만 불안정을 유발할 수 있는 요인으로 제2차 체츠니야 내전과 대형 사고 및 사건을 꼽을 수 있을 것이나, 2003년 초 현재 이들이 불안정을 야기할 정도로 러시아 정국에 부담이 되지는 않는 것으로 관찰되고 있다.

가. 제2차 체츠니야 내전, 1999-현재

회교 원리주의 무장세력이 1999년 여름 체츠니야 접경 다게스탄 공화
국(Республика Дагестан)을 침입함으로써 촉발된 체츠니야 내전에서 연
방군의 군사작전은 실패로 돌아갔던 제1차 작전(1994-1996)과는 달리 정
치적 반대를 유발하지 않았으며, 오히려 국민적 지지를 받게 되었다. 총
리 서리로 재직 중 그의 지휘 하에 이루어진 분리주의 체츠니야에 대한
과감한 군사작전으로 푸틴은 이미 각종 여론조사에서 50퍼센트 이상의
지지를 받고 있었으며, 대통령 선거(2000. 3)에서 그의 당선은 기정화되
어 있었다.

그러나 연방군의 군사작전이 일단 연방군의 승리로 돌아갔음에도 불구
하고 내전은 게릴라전의 양상으로 전개된 가운데 기대와 같이 조기에 종
식되지 못하고 체츠니야에서는 연방군과 분리주의 무장집단간의 무력 충
돌이 여전히 계속되고 있으며, 이러한 가운데 2002년 10월에는 모스크
바에서 체츠니야 무장집단에 의한 극장 인질 사선이 발생하기도 했다.

체츠니야 독립파 전사 약 50여 명이 모스크바 동남부에 위치한 극장
두브로프카(Дубровка)를 점거한 뒤 자신들의 신체와 극장 내에 대량의
폭약을 장착하고 관객과 극단원 약 800명을 인질로 잡은 가운데 러시아
연방군이 체츠니야에서 군사작전을 중지할 것을 요구하는 일이 벌어졌던
것이다.

러시아 정부의 발표에 의하면, 범인들은 급기야 인질을 사살하기 시작
했으며, 이에 따라 당국은 불가피하게 특수부대를 투입하여 범인들을 제
압하게 되었다. 인질 약 750명이 해방되었으며, 129명이 사망했는데 이
들은 거의 모두 특수부대가 살포한 수면 가스에 중독사(中毒死)한 것으로
판명되었다.

납치범들에 대한 과잉 진압 논란에도 불구하고 사건 직후 실시된 여론 조사에서는 85퍼센트의 응답자가 사건 기간 중 푸틴 대통령의 대응을 적절하다고 평가하는 등 이로 인한 정치적 반대의 목소리는 높지 않았다. 참고로 연방군은 내전에서(1999. 10. 1.-2002. 12. 15. 현재) 모두 4,705명이 전사하고 13,040명이 부상한 것으로 발표되었으며, 같은 기간에 체츠니야 "반도"(叛徒)는 14,113명이 피살된 것으로 추산되었다. 한편 내전이래 체츠니야에서 민간인 6-8만 명이 피살된 것으로 추계되고 있다.

나. 쿠르스크 핵잠수함 사고, 2000. 8

북양함대 훈련에 참가 중이던 원자력잠수함 쿠르스크(Курск)호가 2000년 8월 바렌츠해 해상(海床)에서 폭발하는 사고가 발생했다. 잠수함에는 승무원 118명이 탑승 중으로 순양 미사일과 어뢰 및 핵병기를 탑재한 것으로 전해졌다. 쿠르스크호는 사고 일 년여 만인 2001년 10월에 인양되었는데, 사고는 외부 충격에 의한 것이 아니라 장착 중인 어뢰의 폭발로 인한 것으로 발표되었다.

쿠르스크호 사고는 정치적 위기로까지 발전하지는 않았으나, 그럼에도 불구하고 푸틴 대통령에게 중대한 시련을 안겨준 사건이었다. 뒤늦은 사고 발표 및 촌각을 다투는 승무원 구조의 필요에도 불구하고 서방국가들의 도움 제의를 거절한 것, 그리고 사고에 임하는 푸틴 대통령의 "방관적인" 태도는 즉각 비난의 표적이 되었다. 언론은 구조와 관련하여 당국의 무책임과 무능, 비도덕성, 비밀주의를 비난했고, 정치인들도 이에 동조했다. 사고 소식에도 불구하고 푸틴은 남부 러시아에서 휴양 중이었으나, 비난이 거세지자 서둘러 승무원 유족을 만나고 희생자에 대한 애도의 날을 선포했었다.

이러한 대형 사고는 자칫 푸틴 정부에 대한 국민의 지지를 저하시키고, 이를 기화로 한 반대세력의 공공연한 도발을 조장하며, 궁극적으로 정국의 불안을 유발할 수 있는 것이었다.

다. 공산당의 거세(去勢), 2002. 4

국가회의(하원)에서 친정부 세력은 원내 다수를 결성한 가운데 2002년 4월 원내 위원장 직의 안배에 관한 종전의 합의를 번복하고 공산당파 (Фракция КПРФ)에게 배정되었던 9개 위원회(комитет) 위원장 직 중 7개 위원장 직에서 공산당파를 배제하기로 결의했다(찬성251, 반대136, 기권7). 이 과정에서 공산당파는 1개 특별위원회(комиссия) 위원장 직을 추가로 상실했으며, 자매 정파인 "농공대의원(農工代議員) 집단"도 농업문제위원회 위원장 직을 상실하게 되었다.

이에 앞서 같은 해 3월 친정부 세력은 공산당파 출신의 하원의장 셀레즈뇨프(Геннадий Селезнев)의 의장직 박탈을 위한 동의안을 발의했었는데, 이와 관련하여 공산당 중앙위원회 총회는 그의 의장직 사임을 권고했으며, 이에 불응하자 5월 그를 제명하게 되었다. 의장직 박탈을 위한 동의안을 제의할 당시 친정부 세력은 셀레즈뇨프 의장에게 의장직을 유지하려면 공산당을 탈퇴하도록 종용했던 것으로 전해졌있다.

공산당은 종전과 달리 친정부 세력의 힘겨루기 앞에 맥없이 밀리게 되었는데, 이는 옐친 대통령 집권 중 공산당이 좌파 동조세력과 함께 의회를 장악하고 정부 시책에 사사건건 발목을 잡았던 것과 극명하게 대조를 이루는 것이었다.

공산당은 이미 1999년 총선이래 원내 다수당의 자리를 친정부 성향의 중도세력에게 내주었으며, 2002년 봄 공산당 세력의 약화는 이들 중도파의 공고화를 배경으로 하고 있다. 이때까지는 하원에서 "통일"(Единство)과 "조국-전 러시아"의 친정부 정파가 "통일 로시야"(Единая Россия, 본명 "통일과 조국")라는 신당으로 합당하고 대통령 연차교서에 입각한 활동방침을 채택했다. 신당은 합의에 따라 하원의 두 교섭단체 "러시아 지역"(Регионы России) 및 "인민대의원 집단"(Народный депутат)과 협력하여 원내에서 친정부 안정세력을 구성하게 되었던 것이다.[10)]

이로써 옐친 전임 대통령을 집권 내내 괴롭혔던 공산당이 정치적 불안정을 초래함이 없이 의회에서 일거에 거세된 것이다.

III. 체제 변화와 정치 불안정: 이론적 조망

이상에서 옐친과 푸틴 두 지도자의 집권 중 러시아 정치의 안정 여부를 살폈다. 옐친 대통령 집권 중에 정치적 불안정은 보수 대(對) 개혁, 소련의 유지 대 러시아의 독립, 대통령 대 의회, 중앙 대 지방의 대립 양상을 띠고 엘리트간에 전개된 갈등에서 비롯되고 있다. 이러한 갈등은 대부분이 내용적으로 "전부(全部) 아니면 전무(全無)"라는 식의 싸움(zero-sum game)으로 전개되었다. 보수 쿠데타(1991)가 실패로 끝나고 권력이 소련에서 러시아로, 그리고 고르바초프에서 옐친에게로 이전된 것은 바로 이러한 경우인 것이다.

푸틴 대통령 하에서 이러한 엘리트 갈등은 완전히 해소된 것인가, 아니면 수면 아래로 잠수한 것인가? 옐친의 집권 중 러시아가 거듭되는 위기와 불안정에서 헤어나지 못했다면, 그의 뒤를 이은 푸틴 대통령이 지금까지 세 해 가까이 재임하는 동안 러시아가 상대적으로 안정을 찾고 있는 까닭은 어디에 있는가?

아마도 푸틴 대통령 집권 하에 러시아가 안정을 찾는 데 도움을 주고 있는 것으로 일단 환경적 요인을 꼽을 수 있을 것이다. 그는 정치적 안정

---

10) 하원(대의원 총 443명)의 원내 교섭단체는 다음과 같다(2003. 2. 1. 현재): 농공대의원 집단 (43명), 인민대의원 집단 (54), 러시아 지역 집단 (47), 통일파 (82), 러시아 연방 공산당(КПРФ)파 (82), 조국-전 러시아파 (52), 우파세력 동맹(СПС)파 (32), 야블로코(Яблоко)파 (17), 러시아 자유민주당(ЛДПР)파 (13), 무소속 (21).

과 경제 번영이 상호간에 선순환(善循環)의 관계에 있음을 즐겨 강조하고 있다. 푸틴 대통령은 러시아 경제가 회복세로 돌아서고 이를 바탕으로 국민들은 장래에 대한 자신감을 갖게 되었으며, 이는 사회 안정의 담보가 되고 있다고 말한다.[11]

그러면 러시아 경제의 활성화를 촉진하는 요인은 무엇인가? 전문가들은 1998년의 경제위기 이래 러시아 경제가 회복세를 보이고 있는 원인으로 무엇보다도 위기 타개책의 일환으로 단행되었던 루블화의 평가절하에 따른 국내 생산의 경쟁력 회복과 수입대체 효과, 그리고 국제 원유가와 원자재 가격의 상승에 기인하는 것으로 관찰하고 있다. 루블화 평가절하의 효력이 거의 소진한 지금은 국제 고유가(高油價)라는 환경 요인이 러시아 경제를 돕고 있다. 문제는 이러한 환경적 요인은 푸틴 대통령이나 다른 누구도 통제할 수 없다는 점이다. 환경적 요인만을 안정의 요인으로 강조할 경우 러시아의 사회·정치적 안정은 그야말로 천운에 맡기는 수밖에 없을 것이다. 나아가 옐친이 푸틴에게 정권을 이양했던 1999년은 러시아 경제가 그 전 해의 경제위기를 벗어나 회복세로 돌아선 때이기도 했다. 그러나 당시 경제 회복에도 불구하고 정치적 불안정은 여전했던 것이다. 따라서 러시아의 경우 경세적 번영이 반드시 징치적 안정을 담보하는 것은 아닌 것이다.

그러면 환경적 요인을 배제할 경우 푸틴 집권 하에 러시아가 안정을 이룩하고 있는 것을 어떻게 설명할 수 있을 것인가? 정치적 안정 내지 불안정은 러시아의 경우 무엇보다도 체제 변화의 차원에서 접근할 필요가 있다.

소련 치하에서 반체제 운동을 이끌었던 한 러시아 사학자는 러시아는 이제 소련의 사회주의 건설이라는 실험을 뒤로하고 "역사상 전례가 없는 대대적인 실험"을 또 한차례 벌이고 있다고 말한다. 뒤늦게 "자본주의와

---

11) Послание Президента Российской Федерации В.В.Путина Федеральному Собранию Российской Федерации (2002. 4. 18.).

유산계급(有産階級)을 만들어 내는 실험"이 진행되고 있는 것이다.[12] 푸틴 대통령은 바로 이러한 시장경제의 도입과 함께 정치적으로 민주화를 이룩하는 것이 러시아가 지향하고 있는 목표라고 거듭 강조하고 있다.[13] 러시아는 아직도 체제 이행의 과도기에 있는 것이다.

그러면 체제의 변화 내지 이행은 정치적 안정 혹은 불안정과 어떻게 연관되고 있는가? 체제 변화란 이전의 균형(구 체제)에서 새로운 균형(신체제)으로 이행하는 것으로 이해할 수 있으며, 이 과정에서 새로운 균형이 이루어지기까지는 자칫 불균형과 불안정이 수반될 수 있을 것이다. 체제의 이행은 일정한 방향으로만(unidirectional) 이루어지거나, 권선징악(勸善懲惡) 식으로 이루어지는 것은 더더욱 아니다.[14] 따라서 이행 과정에서 불균형과 불안정은 기대를 벗어나 장기화될 수도 있을 것이며, 이는 변화의 성격에 따라 상당한 정도로 좌우될 수 있을 것이다.

이제까지 체제 변화는 크게 혁명적 변화(revolutionary transformation)와 점진적 변화(evolutionary transformation)로 나뉘어 연구되어 왔다. 전자가 패전이나 혁명에 의한 변화라면, 후자는 주로 남미와 남유럽 등지에서 이루어진 권위주의 체제의 와해 및 민주화를 포함한다.[15] 그러면 이들

---

12) Р. Медведев, *Здоровье и власть в России. Новый класс российского общества. Александр Солженицин: три года в новой России* (러시아: <옐친 대통령의> 건강과 권력, 외) (Москва: Русслит, 1997), с. 13.

13) Послание Президента Российской Федерации В.В.Путина Федеральному Собранию Российской Федерации (2002. 4. 18.).

14) Steven Levitsky and Lucan A. Way, "The Rise of Competitive Authoritarianism," *Journal of Democracy*, Vol. 13, No. 2 (2002), p. 52; В. Я. Гельман, "Постсоветские политические трансформации: наброски к теории" (소련 이후 정치변동: 스케치와 이론), *Общественные науки и современность* (사회과학과 현대), No. 1 (2001), с. 65.

15) 혁명적 체제 변화에 관한 연구로는 Theda Skocpol, *States and Social Revolutions* (Cambridge: Cambridge University Press, 1979); Charles Tilly, *From Mobilization to Revolution* (Reading: Addison-Wesley, 1978); and Crane Brinton, *The Anatomy of Revolution*, (New York: Vintage Books, 1965). 한편 점진적 변화에 관해서는 Juan J. Linz and Alfred Stepan (eds.), *The Breakdown of Democratic Regimes* (Baltimore: The Johns Hopkins University Press, 1978); Guillermo O'Donnell

변화는 정치적 안정 내지 불안정의 문제와 어떻게 결부되고 있는가? 러시아의 체제 변화는 이중 어디에 속하는가?

1. 러시아의 체제 이행: 혁명적 변화?

러시아에서 체제 변화가 정치뿐만 아니라 경제의 근간을 바꾸는 데까지 이르고 있으며, 시간적으로도 다른 체제 이행의 사례들에 비해 10년 이상의 장기간에 걸쳐 진행되고 있다는 점을 들어 일부에서는 러시아의 변화를 혁명적 변화로 간주한다. 체제의 변화가 "자본주의를 만들어 내는" 데까지 이르게 되면, 이는 다름아닌 혁명이라고 불러도 무방할 것이다.16) 흥미 있는 것은 푸틴 대통령도 러시아에서 진행 중인 변화를 혁명으로 규정하고 있다는 점이다. 그는 조속히 "혁명을 끝내고" 안정을 되찾자고 되풀이하여 강조하고 있다.17)

---

and Philippe C. Schmitter, *Transitions from Authoritarian Rule: Tentative Conclusions about Uncertain Democracies* (Baltimore: The Johns Hopkins University Press, 1986) 참조.

16) 동유럽 사회주의 체제의 붕괴와 관련하여 아이젠슈타트(S. N. Eisenstadt)는 일찍이 체제의 와해가 지배 엘리트의 분열-보수-개혁 대립과 지식인의 이반-및 민중봉기와 결부되고 있다는 점에서 "근본적이고 극적인 체제 변화"를 가져온 "고전적" 혁명들과 맥을 같이하는 것이라고 설명하고 있다. 그러나 그는 "동유럽 혁명"이 지향하는 바가 유산계급 주도 하의 프랑스 대혁명 및 프롤레타리아를 전면에 내세운 1917년의 러시아 혁명과는 달리 계급적 성격을 결여하고 있으며, 그 과정에 있어서 루마니아를 제외하고는 비교적 무혈, 비폭력적이었고, 대부분의 경우 지배 엘리트가 체제 수호를 스스로 "포기"한 가운데 기존의 헌법과 제도의 테두리 내에서 진행되었다는 점에서 과거의 대혁명들과 차이를 보이고 있다고 지적한다. 여하튼 스코치폴(Theda Skocpol)의 정의에 따라 혁명을 국가뿐만 아니라 사회계급 구조의 급격하고도 근본적인 변화로 규정한다면, 계급성이 결여된 "동유럽 혁명"을 과거의 대혁명과 동일하게 취급하는 것은 개념의 무리한 확장이라는 비난을 면치 못할 것으로 보이며 이러한 논지는 소련의 붕괴와 러시아의 변화를 평가하는 데도 타당한 것으로 판단된다. S. N. Eisenstadt, "The Breakdown of Communist Regimes and the Vicissitudes of Modernity," *Daedalus*, Vol. 121, No. 2 (Spring 1992), pp. 21-25; Skocpol, *States and Social Revolution*, pp. 4-5.

17) Michael McFaul, "A Mixed Record, An Uncertain Future," *Journal of Democracy*, Vol. 12, No. 4 (2001), pp. 89, 93; Stephen E. Hanson, "The Dilemmas of

러시아가 이와 같이 혁명적 변화를 거치고 있다면, 푸틴 집권기로 들어서서 러시아가 안정을 찾고 있는 것은 어떻게 설명할 수 있는가? 혁명적 체제 변화는 과격한 만큼 더욱 불균형과 불안정을 수반할 수 있을 것이다. 이미 오래 전부터 혁명은 일종의 "열병"과 같이 극히 비정상적이고 불안정적인 것으로 비유되어 왔다.[18] 러시아가 이와 같이 혁명이라는 열병을 앓고 있다면, 푸틴 대통령 하에서 안정을 찾고 있는 것은 아마도 그동안의 혁명적 변화가 종료되기 시작하든가, 아니면 혁명의 새로운 단계로 진입하기 전 일시적인 안정기로 접어든 것으로 파악할 수도 있을 것이다.

실제로 고전적 혁명은 대부분이 마지막에는 열병의 회복기 내지는 프랑스 대혁명에서 보는 바와 같이 테르미도르(Thermidor) 반동기와 같은 안정기로 정착되고는 했다. 이 시기에는 혁명 이전 관습에로의 복귀 및 독재자의 등장과 같은 현상이 관찰되고 있다.

러시아는 푸틴 대통령 하에서 바로 이러한 회복기 내지는 반동기를 맞고 있는가? 고전적인 혁명들은 장기간에 걸쳐 진행되고 있으며, 따라서 러시아에서 체제 이행이 시작된 지 십 수년이 경과하고 있음에도 불구하고 지금 러시아의 경우를 과거의 대혁명들과 비교하기는 여전히 시기상조인 것으로 생각된다. 특히 고전적 혁명의 안정기에 나폴레옹(Napoleon)이나 스탈린(Сталин)과 같은 독재자가 등장했다면, 과연 푸틴 대통령이 이러한 독재자의 반열에 포함될 수 있을 것인가 하는 의문이 제기될 수 있다. 적어도 2003년 초 현재 푸틴 대통령이 독재적인 권력을 확립한 것으로는 판단되지 않고 있다.

Russia's Anti-Revolutionary Revolution," *Current History*, Vol. 100, No. 648 (October 2001), p 330.
[18] Brinton, *The Anatomy of Revolution*.

2. 러시아의 체제 이행: 점진적 변화?

이상에서 살핀 바와 같이 러시아의 체제 변화를 설명함에 있어서 혁명
적 변화의 모델이 한계가 있다면, 남미(南美)를 비롯한 여러 나라들의 이
른바 민주화 체제 이행(transitology)에 관한 이론을 참고하는 것은 러시아
에서 안정적 내지 불안정적 체제 이행을 이해하는 데 도움이 될 것인
가?[19] 이들 국가는 혁명이 아니라 점진적 변화를 통해 권위주의에서 탈

___

19) 이밖에 체제 변화와 관련한 정치 불안정에―혹은 안정―관한 종전의 대표적인 연
    구로는 정치 제도화의 미진에 관한 이론을 들 수 있다. 예컨대 Samuel P.
    Huntington, *Political Order in Changing Societies*, (New Haven: Yale University Press,
    1968); Samuel P. Huntington, *The Third Wave: Democratization in the Late Twentieth
    Century* (Norman, OK.: University of Oklahoma Press, 1991). 이에 따르면, 개발도
    상국들에서 관찰되는 정치 불안정은 급격한 사회변동 및 정치참여의 확대에도 불구
    하고 이를 흡수할 정치제도의 발전이 지연될 때 야기된다. 국가에 대한 사회 성원들
    의 요구가 정당한 통로를 통해 표출되고, 이것이 정치적으로 집약될 수 있는 제도화
    가 이루어지지 못할 때 정치 불안정이 나타나게 된다는 것이다.
       정치 제도화의 입장에서 볼 때 비록 잦은 파행에도 불구하고 러시아에서는 그
    동안 상당한 정도로 정치 제도화가 진전된 것으로 평가할 수 있을 것이다. 예를
    들면, 공식적인 정치조직뿐만 아니라 정당정치가 정착되고 있는 것으로 관찰되고
    있으며, 정치적 담론(discourse)도 지배자와 피지배자간의 이원화가 무너지는 등
    새로운 체제에 부응하는 제도화가 이루어지고 있는 것으로 관찰되고 있다. 이미
    도 이러한 각도에서 볼 때 러시아 정치가 옐친 대통령 집권 하에 많은 파행과 불
    안정을 경험한 뒤 푸틴 대통령에 이르러 점차 정치적 안정을 찾고 있는 것으로
    설명될 수도 있을 것이다. John T. Ishiyama, "Elections and Nationalization of
    the Vote in Post-Communist Russian Politics: A Comparative Perspective,"
    Journal of Communist Studies and Transition Politics, Vol. 18, No. 3 (September
    2002), pp. 29-40, 특히 32, 38; Richard D. Anderson, Jr., "Metaphors of
    Dictatorship and Democracy: Change in the Russian Political Lexicon and the
    Transformation of Russian Politics," *Slavic Review*, Vol. 60, No. 2 (2001), pp.
    334-335.
       그럼에도 불구하고 이러한 정치발전론은 체제 변화가 어떻게 시작되었으며, 새
    로운 정치제도의 정착이 어떻게 이루어지는지를 설명하는 데 한계를 보이고 있
    다. Michael McFaul, "Lessons from Russia's Protracted Transition from
    Communist Rule," *Political Science Quarterly*, Vol. 114, No. 1 (Spring 1999), p.
    112. 이와 함께, 비슷한 발전 단계에 있던 구 사회주의권 국가들 중 체제 이행에
    있어서 안정을 도모하는 정도에 많은 차이를 보이고 있다. 이러한 차이를 설명하
    는 데 정치발전론은 한계를 보이고 있는 것이다. 위의 글, pp. 112-113; Ghia

피하고 있는 것이다.

러시아가 남미나 남유럽 등지의 국가들과 같이 점진적 체제 변화를 거치고 있다고 할지라도 아마도 이들의 경험을 러시아에 그대로 적용하기는 어려울 것이다. 점진적 체제 변화에 관한 종전의 이론들은 체제 변화를 이해함에 있어서 문화와 역사 등의 요인 대신에 주로 행위자(actor)에 초점을 맞추고 있는바, 무엇보다도 이들 행위자의 대응이 모든 체제 이행에 있어서 동일할 수는 없는 것이다.

실제로 러시아와 동유럽 국가들이 겪고 있는 체제 변화는 남유럽과 남미 등지의 체제 이행의 선례들과 차이가 있다는 데 많은 연구자들이 의견을 같이하고 있다.[20] 이들은 이전의 민주화 사례들과는 달리 러시아의 경우 체제 이행이 지배 엘리트간의 합의에 의한 이른바 "위로부터의 혁명"으로 시작되었으며, 민주화의 모습으로 정치적 안정이 도모되는 것도 실은 시민이나 정부는 부차적인 지위를 벗어나지 못한 가운데 단지 경합하는 엘리트간의 세력균형에 불과한 것일 수도 있다는 견해가 제기되어 왔다.[21]

이의 일환으로 한 서방 연구자는 1970-80년대의 이른바 "제3의 민주화 물결"(the third wave of democratization)을 1990년대에 들어서서 탈 공산화(脫共産化)에 수반된 "제4의 (체제 이행) 물결"(the fourth wave of democracy and dictatorship)과 다음과 같이 대비하고 있다: 전자의 경우 경합적인 엘리트간에 중요한 것은 상호간의 협상과 이로써 합의된 협약(pact)으로서 이들은 이를 토대로 민주화로 체제를 이행하는 데 상호 협조적인 경기(positive sum)를 전개하게 되나, 반면 후자의 경우에는 엘리트

Nodia, "The Impact of Nationalism," *Journal of Democracy*, Vol. 12, No. 4 (2001), pp. 27-28.

[20] 예컨대 Valerie Bunce, "Should Transitologists be Grounded?," *Slavic Review*, Vol. 54, No. 1 (1995), p. 119; Steven L. Solnick, "Russia's 'Transition': Is Democracy Delayed Democracy Denied?," *Social Research*, Vol. 66, No. 3 (Fall 1999), pp. 789-824.

[21] Solnick, "Russia's 'Transition': Is Democracy Delayed Democracy Denied?," p. 805.

간에 협상 대신에 대결에 의존한 가운데 상호 비협조적인 "전부 아니면
전무(全無)"라는 식의 경기를 벌이게 된다.[22] 제4의 물결에서는 변화의
최종 상태에 도달한 체제의 성격은 경합적인 엘리트간의 세력균형 여하
에 좌우된다. 여기서는 어느 일방이 상대방에 비해 우세할 때 우세 집단
의 가치가 이행되는 체제에 구현될 것이다. 다시 말해서 우세 집단이 민
주주의를 지지할 경우 체제 이행은 민주정치의 정착으로 나타나며, 독재
정치를 선호할 경우 독재정(獨裁政)으로 귀착되는 것으로 관찰되고 있
다.[23] 끝으로 쌍방의 세력이 비슷할 경우 민주정과 독재가 혼재된 불안
정한 상태로 (unconsolidated, unstable partial democracies and autocracies) 체
제의 정착이 이루어지지 못하고 교착 국면이 지속되는 것으로 풀이되고
있다.[24]

그리고 이와 같이 교착 상태에서 벗어나지 못하고 있는 대표적인 경우
로 지목되고 있는 나라가 바로 러시아인 것이다.[25] 이상의 가정이 타당
하다고 할 때 체제 이행기의 러시아는 푸틴 대통령이 집권한 지금도 기
본적으로 여전히 불안정할 수밖에 없을 것이다. 이러한 추정은 푸틴 대
통령에 대한 정치적 반대가 그의 전임자가 감당해야 했던 반대세력에 비
해 비록 약화되었다고 할지라도 여전히 타당한 것이다.[26]

이와 같이 민주정(民主政)과 독재가 혼재하고 있는 러시아의 새 정치체
제는 자주 잡종 체제(hybrid regime)로도 불리고 있다.[27] 이러한 새로운 종

---

[22]   Michael McFaul, "The Fourth Wave of Democracy and Dictatorship:
Noncooperative Transitions in the Postcommunist World," *World Politics*, Vol.
54, No. 2 (January 2002), pp. 212-244.
[23]   위의 글, pp. 213-214, 225-233.
[24]   위의 글, pp. 225-227, 234-239.
[25]   위의 글, pp. 235-236.
[26]   한 서방 연구자는 실제로 푸틴 대통령에 반대하는 세력이 옐친 전 대통령의 경
우에 비해 현저히 약화된 것으로 관찰하고 있다. Hanson, "The Dilemmas of
Russia's Anti-Revolutionary Revolution," p. 333.
[27]   Archie Brown, "From Democratization to 'Guided Democracy'," *Journal of
Democracy*, Vol. 12, No. 4 (2001), pp. 35-41; Lilia Shevtsova, "Russia's Hybrid

류의 체제는 연구자들에 따라 "조작 민주정"(manipulated democracy), "경쟁적 권위주의 체제"(competitive authoritarianism), "관료주의적 준 권위주의"(準權威主義, bureaucratic quasi-authoritarianism) 체제, "선거 독재정"(электоральная автократия) 등으로 다양하게 호칭되고 있는바, 이들 명칭에서 짐작할 수 있는 것과 같이 러시아의 정치체제는 민주정과 권위주의 체제, 그리고 독재체제를 혼합한 글자 그대로 "잡종"인 것이다.[28]

그리고 이러한 잡종 체제에서는 친여(親與)와 재야 세력간에, 그리고 여권 내에서 선거에서부터 대통령-의회의 대립 등 모든 부문에서 경합과 갈등이 계속됨으로써 체제는 본질적으로 긴장을 내재하고 있으며, 안정이 이룩된다고 할지라도 "침체 속의 안정"(stagnant stability)에 불과한 것으로 관찰되고 있다.[29] 요컨대 러시아에서 모습을 드러내고 있는 체제는 태생적으로 이러한 불안정성을 내포하고 있는 것이다.

이상에서 살펴 바와 같이 체제 이행기의 러시아는 불안정하며, 러시아가 지향하는 새로운 정치체제도 역시 불안정을 구조적으로 내포하고 있다는 데 러시아 정치를 연구하는 대부분의 전문가들이 의견을 같이하고 있다. 이행기 러시아 정치체제의 기본적인 불안정은 푸틴 대통령 집권기에도 계속해서 이어지고 있는 것으로 관찰되고 있다. 이러한 관찰이 타당하다면, 푸틴 대통령 집권 하에 러시아 정치가 안정을 회복한 것으로 비칠지라도 체제의 속성에서 비롯되는 불안정은 상존하고 있는 것이다.

Regime," *Journal of Democracy*, Vol. 12, No. 4 (2001), pp. 65-70; McFaul, "A Mixed Record, An Uncertain Future," pp. 87-94; И. М. Брудный, "Политика идентичности и посткоммунистический выбор России" (정체성의 문제와 러시아의 공산주의 이후의 선택), *Полис* (폴리스), No. 1 (2002), cc. 87-104; Levitsky and Way, "The Rise of Competitive Authoritarianism," pp. 51-65.

28) Brown, "From Democratization to 'Guided Democracy'," p. 40; Levitsky and Way, "The Rise of Competitive Authoritarianism," pp. 51-53; Shevtsova, "Russia's Hybrid Regime," p. 68; Брудный, "Политика идентичности и посткоммунистический выбор России," с. 87.

29) Levitsky and Way, "The Rise of Competitive Authoritarianism," pp. 58-60; Shevtsova, "Russia's Hybrid Regime," pp. 67-68.

IV. 체제 변화와 정치 불안정: 푸틴의 대응

이상에서 살핀 바와 같이 러시아가 여전히 정치 불안정을 떨치지 못하고 있음에도 불구하고 푸틴 대통령이 집권한 이후 러시아 정치가 적어도 겉보기에 안정을 유지하고 있는 이유는 어디에 있는가? 우리는 일단 새로운 지도자의 통치 행태에서 해답을 찾아보아야 할 것이다. 아마도 푸틴 대통령은 체제 이행에 수반된 불안정에 대해 그의 전임자와 다른 대응을 했을 수도 있을 것이다.

1. 지도자 푸틴

푸틴 대통령은 일견하여 역대 소련 지도자들을 비롯하여 집권 이후 누구보다도 신속하게 권력 기반을 다지고 이를 토대로 강력한 지도자로서 체제 이행기의 러시아에서 정치적 안정을 도모했다는 평가를 받을 수도 있을 것이다. 그는 대통령에 취임하기 전인 1999년 8월 연방보안국 장관을 역임 중 총리 서리에 임명되었으며, 이어 같은 해 말 옐친 대통령의 조기 사임으로 대통령 서리에 임명되고 있다.

푸틴 대통령은 이러한 기득권적 지위의 이점을 토대로 집권 첫 해인 2000년에 발 빠르게 일련의 정치개혁에 착수했다. 그는 연방회의(상원) 대의원을 상임제(常任制)로 바꾸고, 이로써 이제까지 당연직으로 상원 대의원직을 겸임했던 지방지도자들을 중앙 정치에서 배제시켰다. 그는 또한 7개의 연방관구(聯邦管區)를 창설했으며 러시아 연방을 구성하는 89개 공화국과 주(州) 등을 이에 편입시키고, 연방관구에 대통령 전권대표를 임명했다. 이로써 푸틴 대통령은 지방과 상원을 약화시킬 수 있도록 기대했다.

한편 위에서 언급한 바와 같이 총선(1999. 12)에 이어 소집된 국가회의(하원)는 푸틴 대통령이 총리로 재직 중 급조한 중도세력 "통일"을 주축으로 친 정부(親政府) 성향을 띠게 되었다. 이와 함께 푸틴 대통령은 과두 재벌 겁주기의 일환으로 신흥 재벌 구신스키(Владимир Гусинский)와 베 레조프스키(Борис Березовский)를 공금 횡령 등의 혐의로 수사하게 되었 으며, 언론과 시민단체 길들이기도 시작했다. 민영방송 독립텔레비전 (HTB)을 사실상 정부의 통제 하에 두는 등 언론에 대한 규제를 강화했으 며, 체츠니야 내전과 관련한 인권단체의 활동 및 환경운동에 대한 통제 도 강화되었다.

푸틴 대통령에 대한 국민의 지지는 이미 그가 대통령에 당선되기 전부 터 분리주의 체츠니야에 대한 과감한 군사작전에 힘입어 50퍼센트 내외 를 기록했으며, 그의 인기는 이후 계속해서 증가하여 왔다. 그는 이러한 국민적 지지를 바탕으로 집권 초에 자신의 권력 기반을 다지기 위한 과 감한 조치를 취하고 안정의 기틀을 다질 수 있었던 것이다.

이제 의회는 정부의 시녀로 전락했고, 지방은 약화되었으며, 체츠니야 분리주의자들은 패퇴를 면치 못하고 있다. 푸틴 대통령의 견제 세력의 하나로 지목되던 의회 내 자유주의 세력인 야블로코(Яблоко) 파(派)와 우 파세력 동맹(Союз правых сил)은 2000년 중반 상호간의 싸움을 멈추고 통합에 합의하게 되었는데, 통합의 주된 동기는 무명의 비밀경찰 출신인 푸틴 대통령의 집권으로 권위주의가 대두될 것에 대한 우려였다.[30] 이 밖에 재벌과 언론, 시민단체 모두 푸틴 대통령의 위세에 눌리게 되었다. 그리고 이를 토대로 외견상 정치적 안정이 이룩된 것이다.

2. 균형자(均衡者) 푸틴

이상에서 살핀 바와 같이 강력한 지도자로서의 푸틴의 인상은 그대로

---

[30] Joel M. Ostrow, "Conflict-Management in Russia's Federal Institutions," *Post-Soviet Affairs*, Vol. 18, No. 1 (2002), pp. 53-54. 이들은 같은 해 정월 하원 대의원 441명 중 각각 21석과 32석을 차지하고 있었다.

유지되고 있는가? 불행히도 이러한 인상은 적어도 2001년 중반 이후 퇴색하기 시작한 것으로 관찰되고 있다. 푸틴 대통령은 무능과 부패로 악명이 높았고 중앙정부에 공공연히 도전적이던 연해주 지사 나즈드라텐코(Евгений Наздратенко)를 해임하는 대신 그가 주지사를 사임하는 대가로 국가어업위원회의 위원장으로 임명하여 모스크바로 불러들였으며, 사하 공화국(Республика Саха) 대통령 니콜라에프(Михайл Николаев)에게 3선(三選) 출마를 포기하도록 종용하고 대신 상원 부의장직을 제공하는 등 타협을 선호하는 방향으로 돌아서기 시작했다.[31]

이와 함께 지방 지도자들이 이들을 사실상 퇴출 시키려던 푸틴 대통령의 노력에도 불구하고 재선 내지 3선에 성공하고 있음을 들어 러시아 내외의 관찰자들은 푸틴 대통령의 정책이 기대한 만큼 성과가 크지 않다고 주장한다.[32] 지방 지도자들의 입지는 다선(多選)을 공식적으로 보장 받는 등 오히려 강화됨으로써 이들이 관할 지방을 사실상 자신들의 영지(領地)로 지배하는 일종의 새로운 봉건제가 러시아에 정착하고 있다는 견해마저 제기되고 있다.[33] 아울러 지방 지도자들을 통제하기 위해 임명된 대통령 대표가 옐친 전직 대통령이 임명했었던 대통령 대표들과 마찬가지로 지방 지도자들과 대면하여 열세를 면치 못함으로써 신설 대통령 대표제도 결국 실패로 귀결될 가능성이 큰 것으로 관찰되고 있다.[34]

푸틴 대통령은 취임 이후 지방에 대한 중앙의 통제를 강화하는 방향으로 개혁을 추진하여 왔으나, 동시에 개혁의 효과를 상쇄하거나 반감(半減)시킬 수 있는 모순된 조치들을 병행해서 취하기도 했다. 그는 2001년

31) 정한구, 『러시아의 중앙-지방관계:푸틴의 중앙집권화 개혁과 러시아 연방의 장래』, 세종정책연구 2002-16 (성남: 세종연구소, 2002), p. 36.
32) Daniel Treisman, "Russia Renewed?," *Foreign Affairs*, Vol. 81, No. 6 (November-December 2002), pp. 62-65; http://www.gazeta.ru, 2002. 4. 24.
33) V. Shlapentokh, "Putin's first year in office: the new regime's uniqueness in Russian history," *Communist and Post-Communist Studies*, Vol. 34, No. 4 (2001), pp. 394-395.
34) 위의 글.

초 현직에 있는 주지사의 다수가 3선 내지는 4선까지 출마할 수 있도록 허용하는 법안을 거부하지 않고, 이에 서명함으로써 많은 지방 지도자들에게 사실상의 종신제(終身制)를 용인하게 되었다. 그는 또한 같은 해 토지법전을 채택하면서도 이의 실시를 "기본법의 테두리 내에서" 지방별로 융통성 있게 적용하도록 함으로써 사실상 러시아 전역에 단일한 법률 공간을 확립한다는 방침을 무색하게 만들기도 했다.[35]

이 밖에도 위에서 언급한 두 재벌에 대한 수사도 푸틴 대통령의 지휘하에 일관되게 추진된 것은 아닌 것으로 전해지고 있다. 이들에 대한 수사에는 연방검찰과 연방보안국, 공보부 장관, 러시아 최대의 기업이자 이 사건의 당사자로서 가스프롬(Газпром) 등이 관여하고 있었으며, 이들은 푸틴 대통령을 자주 당혹스럽게 만들었던 것으로 알려지고 있다.[36] 푸틴 대통령이 모르는 가운데 이들 재벌에 대한 수사가 진행된 경우가 적지 않았던 것으로 드러났던 것이다. 이외에도 그가 열의를 갖고 추진했던 사법개혁과 제반 경제·사회정책이 2002년 말 현재 당초의 기대에 미치지 못한 것으로 평가되고 있다.[37]

이상의 관찰에 따른다면, 푸틴 대통령은 외견상 강력한 지도자라는 인상에도 불구하고 실은 정부 안팎의 기득권 세력들과 타협하는 방향으로 국정을 운영함으로써 정치적 안정을 도모하고 있는 것이다. 다시 말해서 그는 러시아의 주요 지배집단들 사이에 균형자(balancer)로서 역할하며, 이들이 선호하는 현상유지를 보장하는 역할을 수행하고 있는 것이다.[38]

그러면 푸틴이 염두에 두고 있는 주요 지배집단들이란 어떠한 것을 지

---

35) 정한구, 『러시아의 중앙-지방관계』, pp. 42-43.

36) Martin Nicholson, "Putin's Russia: slowing the pendulum without stopping the clock," *International Affairs*, Vol. 77, No. 3 (2001), p. 879.

37) 위의 글, pp. 879-882.

38) Peter Reddaway, "Is Putin's Power More Formal Than Real?," *Post-Soviet Affairs*, Vol. 18, No. 1 (2002), pp. 31-32, 38-39; Stephen Holmes, "Simulations of Power in Putin's Russia," *Current History*, Vol. 100, No. 648 (October 2001), pp. 309-311.

칭하는가? 위에서 살핀 바와 같이 옐친 전직 대통령이 재임 중 지배엘리트 내지 지배집단은 보수 대 개혁, 소련 대 독립 러시아, 대통령 대 의회, 중앙 대 지방으로 분열되며 갈등을 보여왔다. 그리고 이러한 갈등의 한편에는 보수의 기치 하에 소련의 유지를 고수하며 의회를 거점으로 하던 공산당이 있었다. 그러나 공산당과 그 지지세력은 비록 여전히 무시 못할 세력으로 남아있다 할지라도 푸틴 대통령 하에서 이들의 영향력은 쇠퇴를 면치 못하고 있다. 이제 푸틴에게 공산당 보다는 지방과 재벌집단의 압력에 대처하는 것이 보다 급선무일 것이다.

한편 푸틴 대통령은 이른바 여권(與圈) 내부적으로도 경합적인 세력에 둘러싸여 있음은 널리 알려진 일이다. 그에게는 자신의 출신지에서 이름을 딴 이른바 페테르부르그 파(питерцы)가 있으며, 이들은 점차 주도적 파벌로 자리잡고 있는 것으로 관찰되고 있다.[39] 이들은 푸틴 대통령과 오래 전부터 인연을 맺은 인물들로서 크게 그의 전직인 비밀경찰 등 보안 부서 및 상트 페테르부르그(Санкт Петербург) 출신을 중심으로 하는 관료 및 경제전문가 등으로 구성되고 있다. 그러나 이들이 공유하는 정치적 성향은 뚜렷하지 않으며, 전반적으로 보수와 개혁 등 다양한 입장의 인물들이 포함되고 있는 것으로 관찰된다.[40]

이와 함께 푸틴 대통령의 주변에는 자신의 대통령 당선에 중요한 역할을 담당했던 이른바 "일가"(一家, семья)로 통칭되는 옐친 전직 대통령의 측근이 포진하고 있다.[41] 이들 역시 페테르부르그 파와 마찬가지로 자신들의 지도자로 간주할 수 있는 인물은 갖고 있지 않으며, 전반적으로 이들의 영향력은 축소되고 있는 것으로 판단된다.

그럼에도 불구하고 "일가" 출신 중에는 대통령부 장관 볼로신(Александр

---

39) Алексей Макаркин, "Группы влияния в современной России" (現下 러시아의 권력집단들), Август 2001, http://www.politcom.ru.
40) 위의 글.
41) Nicholson, "Putin's Russia: slowing the pendulum without stopping the clock," pp. 871-872.

Волошин)과 카샤노프(Михайл Касьянов) 연방정부 총리, 석유재벌 아브라모
비치(Роман Абрамович) 등이 러시아 정치에서 여전히 중요한 위치를 차지하
고 있으며, 푸틴에게 일종의 견제세력으로 되고 있다.[42] 특히 볼로신은
푸틴 대통령과 막역한 사이로 알려지고 있으며, 카샤노프 역시 2003년 초
현재 막강한 영향력을 행사하고 있는 것으로 관찰되고 있다.[43] 카샤노프
총리는 경제정책 등을 놓고 푸틴 대통령과 이견을 보이고 있는 것으로 보도되
고 있으며, 전반적으로 현상유지를 선호하는 재벌을 편들어 본격적인 시장경
제 개혁에는 소극적인 것으로 관찰되고 있다.[44] 이 밖에 구 정권 출신의
유력인사로서 추바이스(Анатолий Чубайс) '러시아 통일 전력체계' (統一電力
體系, ЕЭС) 사장을 들 수 있다. 그는 2002년 중 국영 독점 대기업인 전력체계의
개혁을 둘러싸고 카샤노프 총리와 갈등을 보이는 등 러시아 정치의 전면에
부각되어 왔다.[45]

　푸틴 대통령 하에서 권력의 두 지주를 이루고 있는 페테르부르그 파와
"일가"는 2002년 초 "일가"에 속하는 아크쇼넨코(Николай Аксененко)
철도부 장관의 의옥(疑獄) 사건과 관련한 해임 및 그의 후임을 둘러싸고
갈등을 벌였으며, 같은 해 말 러시아 유수의 석유회사 슬라브네프찌
(Славнефть)에 대한 정부 보유주(保有株)의 대규모 매각과 관련하여 경합
을 벌이는 등 상호 대립과 견제의 관계를 유지했다.[46] 이들 파벌은 또한

---

42) Reddaway, "Is Putin's Power More Formal Than Real?," pp. 36-37.

43) Алексей Макаркин, "Александр Волошин: Политик-инноватор" (알레크산드
　　르　볼로신:　정치가-혁신자) 2002, http://www.politcom.ru; "Усиление
　　аппаратных позиций Касьянова" (카샤노프의 권력기반 강화) февраль 2003,
　　http://www.politcom.ru.

44) Алексей Макаркин, "Президент против премьера: Новый раунд" (대통령
　　대 총리: 한판 승부), июль 2002, http://www.politcom.ru; 2002년 중반 현재 푸
　　틴 대통령과 재벌의 유착에 관해서는 Peter Baker, "Putin and the oligarchs at
　　peace, and profiting," The International Herald Tribune, 12 June 2002.

45) Алексей Макаркин, "Анатолий Чубайс и две его команды" (아나톨리 추바
　　이스와 그의 두 파벌), декабрь 2002, http://www.politcom.ru.

46) Алексей Макаркин, "Казус Аксененко как компромисс" (아크쇼넨코 사건의
　　타협책), январь 2002, http://www.politcom.ru; "Продажа 'Славнефти':

각각 내부적으로도 사안에 따라 갈등과 대립을 노정하여 왔는바, 페테르
부르그 파가 장악 중인 러시아 최대이자 세계 최대의 에너지 회사인 국
영 독점 대기업 가스프롬의 운영을 둘러싸고 2002년 중 계속된 내분은
그 좋은 예이다.[47]

푸틴 대통령은 이들 파벌을 어느 정도로 통제하고 있는가? 그의 선임
자인 옐친은 비록 정치적 안정을 가져오지는 못했으나, 자신의 추종자와
하급자에 대해 뛰어난 장악력을 갖추고 있었으나, 이와 대조적으로 푸틴
은 이러한 능력을 결여하고 있는 것으로 관찰되고 있다.[48] 옐친의 후계
자로 발탁되었던 그에게는 비록 자신의 지지자들로 페테르부르그 집단을
형성하고는 있으나, 이로써 아직 자신의 권력 기반을 확고히 하지는 못
하고 있는 것으로 보인다.[49] 따라서 비록 공산당을 비롯한 재야세력의
도전이 옐친 전직 대통령의 재임 중에 비해 약화되었다고 할지라도, 권
력 내부적으로 푸틴의 장악력이 허약한 가운데 그의 전임자로부터 이월
된 파벌과 푸틴 대통령 하에서 형성되기 시작한 새로운 파벌 간의 대립
과 경합이 정치 불안정의 새로운 요인으로 대두되고 있는 것이다.[50]

한편 조직의 측면에서 2000년 5월 이루어진 푸틴 대통령의 첫 조각(組
閣)은 주요 파벌이 안배된 일종의 연립내각으로 평가되었는데, 이후 그의
정부 진용은 큰 변화 없이 지금에 이르고 있다. 다시 말해서 취임 초기에

Политический аспект" (슬라브네프찌의 매각: 정치적 측면) декабрь 2002,
http://www.politcom.ru.

[47] Алексей Макаркин, " 'Газпром': Кризис 'Питерской' команды" ('가스프롬':
'페테르부르그 파'의 위기) февраль 2003, http://www.politcom.ru.

[48] Ostrow, "Conflict-Management in Russia's Federal Institutions," pp. 59-61.

[49] 위의 글, p. 61; Treisman, "Russia Renewed?," pp. 59-62; William Tompson,
"Putin's Challenge: The Politics of Structural Reform in Russia," *Europe-Asia
Studies*, Vol. 54, No. 6 (2002), p. 947.

[50] Игорь Бунин, Алексей Зудин, Борис Макаренко, Алексей Макаркин,
"Начало 'Большой игры'," (일대 승부의 개시) июль 2002, http://
www.politcom.ru; Aleksandr Tsipko, "Power Succession, Russian Style," *Prism*,
Vol. 8, Issue 1 (January 31, 2002), The Jamestown Foundation, http://russia.
jamestown.org.

이루어진 파벌의 안배가 별다른 수정 없이 유지되고 있는 것이다. 이 밖에 그를 보좌해야 할 대통령부는 대통령과 무관한 독립적인 조직으로 바뀌어 행정부처와 경합을 벌이는 데 몰입하고 있으며, 연방정부 부서들 또한 관료화되어 자족적인 조직으로 변모하고 있는 것으로 관찰되고 있다.[51]

이와 함께 경제의 구조조정과 노동시장의 육성 등 경제개혁을 계속해야 할 필요성을 절감하고 있음에도 불구하고 이러한 개혁에 대한 저항은 재벌과 기업뿐만 아니라 사회 전반으로부터 나오고 있으며, 중앙-지방관계의 개혁 등 정치개혁 역시 이로 인해 영향을 받게 될 거의 모든 정치세력으로부터 도전에 직면하고 있다.[52]

문제는 이와 같이 정치집단들의 상충하는 이해관계와 여기서 비롯되는 갈등을 어떻게 해소하느냐 하는 것으로서 이러한 갈등 관리(management of conflict)의 제도화가 요청되는 것이다. 불행히도 이러한 제도화는 여전히 미진한 가운데 미봉책으로 일종의 균형자로서 대통령의 조정 역할이 대안으로 제시되고 있는 것이다.[53]

푸틴 대통령이 이러한 역할을 수행하고 있다는 것은 스스로가 약한 지도자임을 자인하는 것이 아닐 수 없다.[54] 이는 아마도 일차적으로 그의 조심스러운 천성과 전직(前職)인 비밀경찰의 직업적인 방어적 습성이 몸에 밴 데서 비롯된 것인지도 모른다. 여하튼 러시아는 이러한 푸틴으로 인해 그의 취임 이후 일단 표면상으로 안정은 도모할 수 있게 된 것이다.[55]

---

[51] Ostrow, "Conflict-Management in Russia's Federal Institutions," pp. 60-65.

[52] Hanson, "The Dilemmas of Russia's Anti-Revolutionary Revolution," pp. 334-335.

[53] Ostrow, "Conflict-Management in Russia's Federal Institutions," pp. 57-58.

[54] Reddaway, "Is Putin's Power More Formal Than Real?," pp. 38-39.

[55] Shlapentokh, "Putin's first year in office: the new regime's uniqueness in Russian history," pp. 389-391.

V. 정치 불안정과 러시아 정치의 진로

이상에서 살편 바와 같이 푸틴 대통령이 당면한 최대의 도전은 경합하는 엘리트를 어떻게 관리하고 체제의 안정을 도모하느냐 하는 문제이다. 아마도 그가 엘리트 사이에서 균형자로서 역할을 계속할 경우 체제 이행은 안정을 유지한 가운데 보다 점진적으로 진행될 가능성이 클 것이다. 조정자로서 푸틴의 권위가 무너질 경우 이는 엘리트간에 유지되고 있는 균형을 쉽사리 무너뜨리고 불안정을 촉발할 수 있는 것이다.[56]

한편 푸틴 대통령이 2004년으로 예정된 차기 대통령 선거에서 재선되고 이를 전후하여 자신의 권력 기반을 공고화 할 가능성을 생각할 수 있을 것이다. 실제로 이러한 가능성은 큰 것으로 평가되고 있는데, 이 경우 그의 명실상부한 대권 장악을 바탕으로 러시아가 권위주의화, 독재화의 방향으로 이행할 가능성을 점칠 수도 있을 것이다.

그렇지 않아도 푸틴이 천명하고 있는 여러 정책 목표 중 하나가 "강력한 국가"의 건설이다.[57] 그에게 강력한 국가란 무엇보다도 중앙정부를 정점으로 하는 수직적 명령체계가 확립된 국가인 것이다. 그는 이로써 권력의 집중과 이를 토대로 "국가" 주도 하의 경제발전을 꾀하고, 이로써 서방 선진국들을 따라잡고, 드디어는 강대국의 하나로서 국제무대에서 자신의 위상을 재정립하는 것임을 되풀이 강조하고 있다.

그리고 이러한 국가주의는 푸틴에게 "러시아 국가"를 강조하는 애국주의 내지는 러시아 민족주의와 자연스럽게 결부되고 있다.[58] 러시아 민족주의는 체츠니야 내전과 관련하여 국민들의 높은 지지로 자연스럽게 승화되고 있으며, 당국은 러시아의 후진성을 탈피하기까지 고통을 감내하

---

56) Solnick, "Russia's 'Transition': Is Democracy Delayed Democracy Denied?," pp. 812-815.

57) 정한구, 『러시아의 중앙-지방관계』, p. 12.

58) Брудный, "Политика идентичности и посткоммунистический выбор России," cc. 101-102.

도록 국민들의 애국심에 호소하고 있다.[59]

우리는 앞에서 러시아의 현 체제가 여러 이름으로 불리는 것을 보았다. 체제 이행기(移行期) 러시아의 정치질서는 "조작적 민주정," "관료주의적 준 권위주의," 혹은 "선거제 독재" 등등으로 불리는가 하면, 더 나아가 일각에서는 이미 러시아에서 체제 이행은 종료되었고 현 러시아 체제는 그 자체로서 독특한 체제를 형성하고 있다는 주장마저 대두되고 있다.[60] 이러한 체제가 푸틴 대통령이 주장하는 국가주의, 애국주의와 결부될 경우 민주화에 대신하여 결정적으로 권위주의화의 방향으로 선회할 가능성을 배제할 수 없는 것이다. 다만, 이 경우 인위적인 정치 재편으로 적어도 단기적으로 정치 불안정이 야기될 수 있으나, 장기적으로는 비록 "침체 속의 안정"일 망정 표면상 정치적 안정이 확보될 수도 있을 것이다.

---

59) 위의 글, cc. 100-101; Sebastian Job, "Globalising Russia? The neoliberal/ nationalist two-step and the Russification of the West," *The Third World Quarterly*, Vol. 22, No. 6 (2001), pp. 933-935; Grigory Yavlinsky, "Going Backwards," *Journal of Democracy*, Vol. 12, No. 4 (2001), pp. 79-86.

60) Thomas Carothers, "The End of the Transition Paradigm," *Journal of Democracy*, Vol. 13, No. 1 (January 2002), pp. 5-21; Levitsky and Way, "The Rise of Competitive Authoritarianism," p. 51.

제2편: 계획경제에서 시장경제로

제1장: 소련 계획경제의 파산

9. 고르바초프의 "체제 내" 개혁

미하일 고르바초프(Gorbachev) 소련공산당 서기장은 소련이 당면하고 있는 최대의 과제는 경제둔화를 막고 발전을 가속화하는 일이라고 강조한다. 그는 경제가 회복되지 않는 한 강대국으로서의 소련의 지위가 혼들리게 될 것이라고 경고하고 있다. 고르바초프는 현재 소련경제가 안고 있는 어려움은 그의 선임자들이 낡은 중앙계획경제 체제에 매달려 대내외적으로 환경 변화에 적응하지 못한 데 기인한다고 비난하고 있다.[1] 그는 1986년 2월 제27차 전당대회 연설에서 소련경제의 근본적 개혁을 촉구했으며, 1987년 6월 당 중앙위원회 전원회의에서는 "경제운용의 근본적 개혁"이 자신의 "개조정책"(perestroika)의 핵심을 이루고 있다고 역설했다.[2] 실제로 고르바초프는 1985년 3월 집권 이래 경제부문에서 일련의 개혁을 단행해 오고 있는바, 그중 중요한 것으로는 개인영업 허용, 기업관리의 자율화 및 "민주화"를 내용으로 하는 국가기업법 채택, 외국기업과의 합작 추진 등이 있다.

이러한 조치들과 관련하여 서방 전문가들은 소련에서 경제개혁이 성취

이 글은 1988년 출판된 것으로서 이 책에서는 원문의 한문을 한글로 바꾸고 일부 오식을 바로 잡았다: 「고르바초프의 경제개혁과 전망」, 김달중 (편),『동구·소련관계와 개혁정치』(서울: 법문사, 1988), pp. 247-264.

[1] *Pravda*, 1985. 4. 9.

[2] 위의 신문, 1986. 2. 26; 1987. 6. 26.

될 가능성에 대해 회의론에서 긍정론에 이르기까지 다양한 견해를 보이고 있다.3) 신중론자들은 무엇보다도 과거의 비슷한 개혁 노력이 실패로 끝났음을 지적한다. 이들은 중앙계획경제에 시장 요소를 도입하는 데 따르는 문제점 등 개혁 자체의 내재적 어려움과 함께 과거의 개혁 노력이 강력한 저항에 직면, 무위로 돌아갔음을 상기시키고 현재 고르바초프도 그의 개혁과 관련하여 당 내외 관료층의 소극적 지지와 일반 국민의 무관심으로 인해 고전을 면치 못하고 있는 것으로 평가하고 있다. 회의론자들은 또한 고르바초프의 개혁이 이제까지 주로 결의의 표명에 그치고 있을 뿐이며 몇몇 조치들도 이미 시도되었던 것들의 되풀이에 불과한 것으로 주장하고 있다. 이들은 조직 정비와 기업의 독립채산제 도입 등 고르바초프가 추진해 오고 있는 소위 개혁은 체제 개조라기보다는 "경제 메카니즘과 경영체제의 완벽화"를 목표로 하고 있으며 기본적으로 보수적 성격을 띤 것으로 평가한다. 그러나 일단의 학자들은 고르바초프의 정책에서 본격적인 체제 개혁의 싹을 발견하고 있다. 이들은 고르바초프가 이제까지의 개혁 조치는 단지 시작에 불과하다고 강조하고 있음을 상기시킨 가운데 개인영업 허용과 국가기업의 자율권 보장 등을 헝가리 식의 시장경제 개혁의 선조로 평가하고 있다. 이들 긍정론자는 특히 개혁 정책을 주도하고 있는 장본인이 과거와는 달리 실권을 장악하고 있는 소

3) 소련의 경제개혁에 관해서는 서방에서 일반적으로 정치학자보다는 경제전문가들이 더 비관적인 견해를 취하고 있는 것으로 보인다. 이들 두 상반되는 견해를 몇 개 열거한다면 회의적인 입장을 취하는 학자는 다음과 같다: Seweryn Bialer and Joan Afferika, "The Genesis of Gorbachev's World," *Foreign Affairs*, Vol. 64, No. 3, pp. 605-644 ; Boris Rumer, "Realities of Gorbachev's Economic Program," *Problems of Communism*, Vol. 35, No. 3 (May-June 1986), pp. 20-31; Marshall I. Goldman, *The USSR in Crisis: The Failure of an Economic System* (New York: Norton, 1983). 보다 긍정적 입장으로는 다음 학자들이 있다: Archie Brown, "Gorbachev and Reform of the Soviet System," *The Political Quarterly*, Vol. 58, No. 2 (April-June 1987), pp. 139-151; Hansen Leung C. K., "The Role of Leadership in Adaptation to Change: Lessons of Economic Reforms in the USSR and China," *Studies in Comparative Communism*, Vol. 18. No. 4 (Winter 1985), pp. 227-246.

련의 최고지도자 자신인 데에 주의를 돌리고 있다. 이들은 1965년의 경제개혁이 실패로 돌아간 이유의 하나로 지도자의 결의 부족을 들고 있다.

이 글은 고르바초프가 추진 중인 경제개혁 조치들을 검토하고 이에 기초하여 개혁의 성격과 성공 여부를 전망하는 데 목적이 있다. 현 개혁정책은 중앙계획경제 체제의 특징을 변경하는 데까지 발전할 것인가, 아니면 기존 체제의 결함을 보완하는 데 그치게 될 것인가, 개혁이 성공적으로 추진될 가능성은 어느 정도인가? 고르바초프가 제시하고 있는 개혁 구상을 검토할 때 그는 상당히 포괄적인 경제개혁을 의도하고 있는 것으로 보인다. 그의 개혁이 성공한다면 소련경제는 아마도 헝가리의 경제개혁에 준하는 분권화를 경험하게 될 가능성을 배제할 수 없을 것이다. 그렇다고 이것이 곧 시장경제 체제로의 전환을 뜻하는 것이 아님은 분명하다. 고르바초프는 개혁 과정에서 강력한 저항과 반대에 직면하게 될 것으로 보이며, 따라서 개혁의 성패는 그의 개혁 의지와 이를 뒷받침할 권력기반에 일차적으로 좌우될 것으로 보인다. 개혁과 관련하여 상기한 질문에 대한 해답을 찾기 앞서 소련 식 경제체제 하에서의 개혁이 어떠한 성격을 띠고 있는지를 먼저 살필 필요가 있을 것이다. 앞서 소개한 바와 같이 고르바초프의 개혁 노력에 대한 상충하는 두 견해는 개혁을 어떻게 정의하는가에도 크게 좌우되고 있는 것으로 보인다.

I. 중앙계획경제 체제와 경제개혁

경제개혁이 한 국가 경제의 효율화를 위해 그 경제체제를 변경하는 것임은 재론의 여지가 없을 것이다. 일견하여 이와 같이 분명한 "경제개혁"이라는 용어는 실제로 많은 애매성을 지니고 있다. 우선 개혁의 범주 안에는 경제체제의 일부를 수정하는 것에서부터 체제 전체의 근본적 변경까지 포함될 것이다. "체제 변경"은 또한 "체제 변화"와 혼동되기 쉽다는 점을 간과해서는 안될 것이다. 경제의 효율화는 체제를 변경시킴이 없이 정책을 바꿈으로서도 가능할 것이다. 경제발전은 단순히 투자정책이나 기술도입 정책을 바꿈으로서도 촉진될 수 있는 것이다. 현실적으로 한 국가의 지도자는 정책 변화와 체제 개혁의 어느 하나에만 의존하기보다는 이 둘을 동시에 구사하는 경우가 많을 것이다. 끝으로 경제개혁은 일회적 행위가 아니라 일련의 조치로 이루어지고 있다는 점이다. 개혁은 토론과 준비 단계를 거쳐 공식적으로 발표된 뒤 실시에만도 수 년이 걸릴지 모른다.

개혁의 범위를 판별하기 위해서는 우선 소련의 기존 경제체제가 어떠한 특성을 갖고 있는지를 살피는 것이 필요할 것이다. 일반적으로 중앙계획경제 체제로 지칭되고 있는 소련 경제는 한마디로 중앙이 생산수단을 독점한 가운데 모든 경제적 결정을 내리고 하부조직은 오로지 이러한 중앙의 명령을 충실히 집행함을 특징으로 하고 있다. 이를 부연하면 소련식 경제모델은 다음 명제에 기반을 두고 있다.[4]

(1) 국가(중앙)가 주요 생산수단을 독점적으로 소유한다.

(2) 중앙은 사회가 무엇을 필요로 하는지, 그리고 이를 위해 무엇을 해야 하는지를 알고 있다. 즉, 모든 결정은 중앙에서 이루어진다.

(3) 하부조직(기업)은 중앙으로부터의 명령(계획 목표) 집행을 지상의 의무로 부과 받는다.

(4) 따라서 가격, 이윤 등 시장경제에서 가장 중시되고 있는 경제적 기준들은 부차적 역할만을 수행한다.

이들 속성 내지 특징들은 상호 별개의 것이 아니라 유기적으로 연결되어 계획경제라기보다는 오히려 명령경제로서 독특한 경제체제를 형성하고 있다. 이들 속성은 상호간에 변화를 거부한다. 예를 들면, 생산비용만

---

4) Alec Nove, *Political Economy and Soviet Socialism* (London: Allen & Unwin, 1979), p. 155; Morris Bornstein, "Economic Reform in Eastern Europe," in U.S. Congress Joint Economic Committee, *East European Economies, Post-Helsinki* (Washington, D.C.:U.S. Government Printing Office, 1977), pp. 102-134.

을 고려한 중앙의 인위적인 가격 형성으로 인해 가격제도가 사회적 필요를 반영하지 못하는 데 따라 중앙의 계획당국은 재화와 용역의 생산 및 분배를 직접 관장할 수밖에 없으며 기업은 독자적으로 경영상의 결정을 내릴 수 없는 처지에 있다.

이론적으로 소련경제에 대한 개혁은 크게 두 종류로 나눌 수 있을 것이다. "근본적 개혁"이 상기한 속성의 대부분이 바뀌는 것을 지칭한다면 "부분적 개혁"은 이중 단지 일부만이 변경되는 것을 뜻할 것이다. 그러나 현실적으로 이러한 양분에는 많은 문제점이 있다. 첫째로 근본적 개혁에는 체제 속성의 완전한 변경 가능성도 포함되고 있는바, 이 경우 개혁이라기보다는 혁명이라는 표현이 더 타당할 것이다. 둘째로는 근본적 개혁과 부분적 개혁 간의 차이는 정도의 차이에 불과한 경우가 많다는 점이다. 따라서 이 둘을 구별하는 것은 자칫하면 임의적, 주관적인 것으로 되기 쉽다. 1973년 소련에서 채택된 기업활동(ob'edinenie)에 관한 법령은 부분적 개혁 노력임이 분명하다. 한편, 1965년의 개혁정책은 전후 소련의 가장 포괄적인 개혁 노력인 것으로 지적되고 있으나 이를 근본적 개혁으로 규정할 수 있을지는 의문이다. 소련 지도자들은 최근 체제의 완벽화(dalneishee sovershenstvovanie), 개선(uluchshenie) 혹은 개조(perestroika)라는 용어를 즐겨 사용하고 있는데 이들 표현은 많은 경우 부분적 개혁을 지칭하고 있다. 끝으로 정책 변화는 체제를 변혁함이 없이 체제의 능률을 제고하기 위한 조치를 지칭하며 투자정책의 수정에서부터 노동규율 강화 및 부패 추방운동 등이 이에 포함될 것이다. 소련 지도자는 정책 변화를 통해 경제개혁의 필요성을 최소한으로 줄일 수도 있을 것이다.

결론적으로 개혁의 정도와 관련한 이상의 문제점에 비추어 소련 및 소련식 경제체제를 유지하고 있는 다른 국가에서 이제까지 추진해 온 경제개혁 노력과 비교하여 고르바초프의 개혁을 평가하는 것이 무리가 없을 것으로 보인다. 다음 절에서는 현재 소련에서 개혁이 추진되고 있는 배경을 살핀 뒤 소련과 헝가리 등지에서의 종전의 개혁 노력을 토대로 고르바초프의 개혁을 검토할 것이다.

II. 소련 경제개혁의 배경

소련 지도자들은 1960년대 이래 소련경제가 안고 있는 문제점들을 해결하는 데 부심해 왔으며 이중 많은 것들이 경제체제의 성격과 구조적으로 연관되고 있다. 그중 중요한 것으로 국민소득 성장률의 둔화, 기업의 고객 요구(기호 등) 경시 및 중앙의 "요구"만을 충족시키려는 경향, 제품의 구식·저질화, 기업의 생산목표 달성 제일주의로 인한 생산비 상승, 중간 경제부서의 자급자족화 성향(폐쇄적 부문주의 및 지방주의), 기술 쇄신 저조, 노동생산성 저하, 주요 소비재(주택, 식품 등) 공급 부진 등을 들 수 있을 것이다.[5]

소련 지도자들이 가장 우려하는 바는 무엇보다도 경제성장이 둔화되고 있다는 사실일 것이다. 표1에서 보는 바와 같이 소련의 국민생산 증가율은 1960년대 후반기를 정점으로 계속해서 감소 추세를 보이고 있다. 미국 중앙정보부의 추산도 비록 소련의 공식통계보다는 훨씬 낮은 성장률을 나타내고 있으나, 여하튼 소련의 통계와 마찬가지로 비슷한 둔화 추세를 보여주고 있다. 이러한 추세는 특히 1970년대 말 이후 현저하다.

소련경제의 이와 같은 성장 둔화는 일견하여 서방 공업국가들의 경제발전 추세와 일치하고 있다. 소련이 1960년대 중 약 5퍼센트의 연평균 성장을 기록했을 때 서방 경제협력개발기구(OECD) 회원국들도 비슷한 성장 추세를 보였으며, 1980년대에 들어서서도 쌍방 각각 2퍼센트 정도의 성장률을 나타내고 있다.[6] 서방 경제학자들은 소련경제의 이와 같은

---

5) 이 장에서 제시되고 있는 문제점들은 주로 고르바초프와 다른 소련 지도자들이 지적하고 있는 소련경제의 병폐를 정리한 것이다. *Pravda*, 1986. 2. 26; 1987. 6. 26-27; 1987. 6. 30.

6) CIA, Directorate of Intelligence, *Handbook of Economic Statistics, 1986*, CPAS86-10002, (Washington, D.C., 1986). p. 39; CIA-DIA보고, "ゴルバチョフの 近代化 計劃" (고르바초프의 근대화 계획), 『世界週報』 (세계주보), 1987. 5. 26, p. 31.

표1: 소련 경제성장 지표, 1961-1990 (연평균 성장률, %)

	1961-65	1966-70	1971-75	1976-80	1981-85	1986-90(계획)
순국민소득 (NNP)*	6.0	7.1	5.1	3.9	3.2	3.8
실질국민총생산 (GNP)**	4.7	5.0	3.0	2.3	1.9	

* 소비와 축적에 충당되는 물적 순생산.

** 미 중앙정보부 추산.

자료: *Narodnoe Khozyaistvo SSSR*(소련 국민경제 연감) (모스크바, 매년 호); CIA, Directorate of Intelligence, *Handbook of Economic Statistics, 1986* (Washington, D.C., 1986). p. 39; "CIA.DIA보고," 『세계주보』, 1987. 5. 26, p. 31.

둔화 요인으로 자본의 수확체감 현상에서부터 기술혁신 부진 및 이에 따른 요소생산성 저하, 경제 운용상의 비능률성 등 여러 가지를 들고 있으나 아직 정설은 없는 것이 실정이다.[7]

여하튼 소련 지도자로서는 경제성장이 대대적 경제개혁이 시도되었던 1960년대의 5퍼센트에서 1980년대로 들어 2퍼센트로 저하되고 있다는 사실은 무엇보다도 우려할 만한 일이 아닐 수 없는 것이다. 소련은 서방경제를 추종하기보다는 이를 능가한다는 것을 목표로 내세우고 있으나 서방 경제학자들에 의하면 이러한 추월 과정은 1970년대 중반 이래 제자리걸음을 면치 못하고 있다.[8] 고르바초프와 그의 선임자들은 성장 둔화를 무엇보다도 노동생산성의 증가율 저하에 기인하는 것으로 풀이하고 있다. 그리고 노동생산성 저하에 대한 우려는 투입 요소의 비능률적 이용에 대한 우려와 직결되고 있다.

고르바초프를 위시한 현 지도층은 특히 다음 네 부면에서 비능률을 문제 삼고 있다. 이들은 무엇보다도 거시경제상의 불균형이라고 부를 수 있는 것에 대해 우려를 나타내고 있다. 소련의 기업들은 생산목표는 달

[7] "The Soviet Growth Slowdown: Three Views (by Stanislaw Gomulka, Padma Desai, Vladimir Kontorovich)." *The American Economic Review*, Vol. 76, No. 2 (May 1986), pp. 170-185.

[8] 위의 글, pp. 170-174.

성하지 못할지라도 임금기금(賃金基金, fond zarabotnoi platy)의 계획 수준
은 달성 내지 초과 달성하는 것이 상례로 되고 있다. 이는 국민경제 전체
로 볼 때 총수요와 총공급간의 불균형을 야기시키고 인플레 압력을 가중
시키며, 나아가서는 구매 상품의 부족과 이로 인한 준(準) 강제적 저축,
그리고 노동자의 근로 의욕 저하를 조장시켜 왔던 것이다. 한편, 생산재
생산부문에서는 기업과 산업부서의 충족될 줄 모르는 "투자욕"(投資慾)
과 이에 따른 자본재 수요의 격증 및 자원의 산재(散在) 현상이 나타나고
또한 소위 판매자 시장(sellers' market)이 형성됨으로써 자원의 효율적 배
분이 무시되어 왔다.

둘째, 미시경제적으로 소비재 부문에서 가장 문제시되어 온 것은 식품
과 주택 공급이며, 이러한 양적 측면과 함께 질적으로도 소련의 소비산
품은 기업의 생산목표 달성 제일주의 및 노동자의 노동의욕 저하로 그
질이 소비자의 기대를 하회(下廻)하는 경우가 적지 않다. 이와 함께 생산
부문간, 기업간의 조정이 원만치 못한 데 따라 원료, 에너지, 수송 등에
서 부족과 병목현상이 비일비재하다.

셋째로는 생산에 있어서 과도하게 요소 투입(要素 投入)이 요구되고 있
다는 점이다. 기업들이 노동력을 필요 이상으로 비축해두고 있음은 오래
전부터 잘 알려져 있는 사실이며, 이외에도 서방 선진국에 비해 생산단
위당 철강, 에너지 및 기타 원료 소모가 소련에서 매우 높은 실정이다.
소련 경제의 에너지/GNP 탄력성은 1970년대 중 1을 상회하고 있는 반
면, 서방 공업국에서는 0.5를 하회하고 있다.[9] 끝으로 계획 달성을 지상
으로 삼고 있는 소련 경제체제 하에서 기업들은 기술 혁신을 도모할 유
인을 갖고 있지 못하다는 사실이다. 새로운 기술의 도입 및 개발에는 상
당한 회임 기간을 필요로 하는 등 자칫 기업의 생산성을 저하시키고 생
산목표 달성에 차질을 가져올 우려로 인해 기술혁신이 기피되고 있는 것

---

[9] Ed A. Hewett, *Energy, Economics and Foreign Policy in the Soviet Union*
(Washington, D.C.: Brookings Institution, 1984), Ch. III.

이다.

이러한 제반 문제는 노동(勞動) 증가율의 감소 및 요소비용(要素費用) 상승이라는 경제 외적 여건의 악화 및 경제정책상의 실패 등에도 기인하겠지만 보다 근본적으로 체제의 성격과 구조적으로 연관되고 있다. 즉, 앞에서 지적한 중앙계획경제 체제의 속성으로부터 다음과 같은 문제점이 쉽사리 유추될 수 있는 것이다.[10]

(1) 중앙이 미시경제상의 모든 정보를 수집, 처리하고 이에 기초하여 결정을 내린다는 것은 현실적으로 거의 불가능하다. 이는 특히 정보가 제보자의 이해관계 등에 의해 불가피하게 각색된다는 사실로 인해 더욱 문제로 되고 있다.

(2) 명령경제는 계서적(階序的) 조직 하에서만 가능하며 따라서 책임 분담이 — 예컨대 중앙의 산업부서와 기업 사이에 — ·불가피하고 이는 조직간의 조정을 어렵게 만든다. 따라서 중앙집권적 경제체제는 사실상 지방분권화되고 이는 역설적으로 중앙집권적 조정 노력을 무력하게 만들고 있다.

(3) 따라서 일관성의 부재, 기능 부조(不調) 등의 현상이 불가피하게 나타나게 된다. 예를 들면 공급과 생산의 불일치, 생산과 수요간의 불균형, 재정계획과 생산 및 투자계획간의 괴리 현상 등이 나타나고 있다.

(4) 결과적으로 중앙은 적지 않은 경우 무엇을 해야 할지를 모르거나 또는 명령을 내리더라도 명확한 명령을 내릴 수 없는 상태에 놓이게 된다. 따라서 중앙지도자로서는 어떠한 형태로든 체제의 효율 제고를 위한 개혁이 필요한 것이다.

고르바초프는 어느 정도의 개혁을 시도하고 있는가? 다음 절에서는 소련에서 시도되고 있는 현 개혁조치를 검토할 것이다.

---

[10] Nove, *Political Economy and Soviet Socialism*, pp. 155-156.

III. 고르바초프의 경제개혁

고르바초프는 1987년 6월 당 중앙위원회 전원회의에서 이제까지의 개혁 노력을 정리하고 앞으로의 추진 방향을 제시했다.[11] 그는 취임 직후인 1985년 4월 전원회의에서 개혁 의지를 천명했고 1986년 초 제27차 전당대회에서 금세기 말까지의 소련경제의 주요 계획지침을 설정했으며 1987년 1월 전원회의에서 경제·사회 "개조"정책의 전제로서 정치개혁, 소위 "민주화"(demokratizatiya) 개혁을 시작했다. 이에 기초하여 6월 전원회의에서는 경제개혁이 토의되었으며 참석자들은 "경제운용의 근본적 개조를 위한 기본지침"을 채택했던 것이다.[12]

기본지침은 무엇보다도 이번 경제개혁이 종래의 행정적 방식을 지양하고 경제적 운용방식을 도입하는 데 목적이 있다고 밝히고 앞으로 경제관계는 상충하는 제반 사회적 이해관계를 조정하는 데 기초하게 될 것이라고 밝히고 있다. 이와 관련하여 고르바초프는 사회주의가 적대적 이해대립을 근절한 것은 사실이나 이것이 곧 이들 이해관계를 조화시킨 것은 아님을 강조하고 사회 전체의 이익과 개인이나 집단, 조직의 이익이 조절되어야 할 필요성을 인정하고 있다. 기본지침은 이를 위해 기업의 자주성 확대와 중앙 경제관리 체제의 개편, 그리고 경제계획, 가격 기제(機制), 재정·금융제도, 공급체계, 과학·기술 발전, 대외경제관계 확대, 노동 등 분야의 개조, 전문화 및 계열 생산을 위한 조직 개편, 중앙집권적 경영방식에서 민주적, 자주적 방식으로의 이전을 내세우고 있다. 이러한 개혁은 구체적으로 어떻게 이루어질 것인가? 기본지침은 다음과 같은 방안을 제시하고 있다.

(1) 기업의 자주성 확대: 기업(기업합동 포함)은 소련경제의 기본 고리로서 철저히 독립채산제(khozraschet)와 자기자금 조달제에 입각하여 자주적

---

[11] *Pravda*, 1987. 6. 26.
[12] 위의 신문, 1987. 6. 27.

으로 운영된다. 즉, 기업은 더 이상 보조금 등의 형식으로 국가예산의 지원을 받지 않으며 사회적 필요와 — 목표숫자(kontrol'nye tsifry)를 통한 국가로부터의 주문(zakazy) — 기타 수요를 고려하여 자주적으로 계획을 수립하고 생산활동에 임한다. 기타 수요란 타 기업으로부터의 주문 계약과 최종 소비자의 수요를 지칭한다. 기업은 원료와 설비 등 생산수단의 획득을 상당 부분 종래의 중앙공급제 대신 타 기업과의 공장도(工場渡) 거래를 통해 조달한다.

임금은 기업의 수입에서 충당된다. 다만 기업은 자산과 토지, 용수, 기타 자원과 노동력 사용분을 국가예산에 환원해야 하며, 이들은 제품가격 및 용역임률(tarify)과 함께 임금기금을 조성하는 데 있어서 주요한 경제지수(normativy)로 될 것이다. 기업은 작업집단으로 구성되며 수익이 없는 기업은 파산될 수 있다 (이상의 내용은 1987년 6월 소련방 최고 인민회의에서 채택된 국가기업법의 골자를 이루고 있다).

(2) 중앙 경제관리 체제의 개편: 경제관리는 민주집중제의 원리 하에 밑으로는 기업의 자주성을 보장하고 위에서는 거시경제적 측면에서 국가경제의 관리에 임한다. 경제계획(planirovanie)은 국가경제의 주요 전략목표를 설정한 가운데 향후 15년에 걸친 전망목표 수립에 치중하며 주로 목표숫자와 장기 안정을 목표로 하는 경제지수(normativy), 국가 발주(zakazy), 경제활동 지역(limity) 설정 등에 — 예를 들면 부문간 생산, 신규 건설 등을 위한 국가투자의 범위 등 조절 — 의존할 것이다. 이를 위해 국가계획 위원회(GOSPLAN) 등 중앙 경제조직을 정비, 보강한다.

자재·기술 공급을 담당하는 국가기관은 자원배분의 전반적 균형에 주력하며 기업은 생산수단의 구입을 종래의 중앙공급제 대신에 기업간 공장도 거래에 의존한다. 가격제도(tsenoobrazovanie)는 대폭 개혁될 것이며 주요 제품에 대한 중앙의 가격 결정과 함께 기업간의 계약가격(契約價格)도 향후 가격 수립에 고려될 것이다. 재정·금융제도도 대폭 개혁될 것이다.

(3) 경제관리 조직의 정비: 관리(管理) 조직은 산업부(産業部)-기업(기업

합동 포함)의 2단계 조직화가 추진될 것이며 전(全) 소련 기업합동과 같은 중간조직은 폐지될 것이다. 기업간의 합동 및 합작투자는 이들 기업이 독립채산제로 운영될 경우 장려될 것이다. 기업활동에는 전문화와 기술 발전 촉진, 생산상의 연계성, 관리의 용이성이 고려되어야 할 것이며 궁극적으로는 "연구-투자-생산-판매-서비스"를 일관하여 관장하는 국가 생산 기업합동이 통합된 산업 콤플렉스로서 조직될 수 있을 것이다.

한편, 산업부들(ministerstva)은 기업에 대한 종전의 일상적 간섭을 지양하고 관련 산업 부문에서는 과학·기술의 발전 및 전문화와 조정 활동 등 경제계획 수립의 임무를 지닌 참모본부로 기능한다. 산업부문간의 관리를 위해서는 국가 농·공위원회(Gosagroprom), 국가 건설위원회(Gosstroi), 연료·에너지 총국, 기계제작 총국, 대외경제위원회, 사회개발국 등이 최근 소련방 최고회의 각료회의(내각) 밑에 신설되었다. 끝으로, 이러한 산업 부문별 관리와 함께 지역별 관리의 문제를 조화시키기 위해 지방 행정위원회의 기능을 강화하는 등의 방안이 검토되고 있다.

(4) 노동의 재조직: 기업의 임금 및 상여금 결정권과 함께 노동능률의 제고를 위해 집단계약제 내지 집단청부제(kollektivnyi podryad)를 도입한다. 임금은 노동의 최종 결과에 의존하게 될 것이며 기업은 과도한 예비 노동력을 감축한다. 사회 전체의 화폐소득에 상응한 소비상품 생산을 증대시킬 것이며 근로자는 자신의 소득을 주택 구입이나 협동조합에 투자할 수 있다.

고르바초프는 국가기업법 채택과 관련하여 1987년 말까지 관련되는 제반 결정을 정비하고 1988-89년 중 기계제작 및 금속공업, 연료·에너지 산업 등 전 산업 부문에 걸쳐 새로운 기업경영제를 도입하며 현 5개년 계획 기간(1986-90) 중 경제계획, 가격체계, 재정·금융제도, 자재·기술 공급 등 경제관리상의 주요 기능을 정비한 뒤 차기 제 13차 5개년 계획에 임하게 될 것이라고 말하고 있다.

한편, 이상에서 언급되지 않은 것으로서 특기할 만한 것으로는 1986년

11월 채택된 개인 노동활동에 관한 법률을 들 수 있을 것이다.13) 이 조치
에— 1987년 5월 시행— 의하면 수공예와 소비재 생산 및 서비스 부문의
29개 업종에 한해 개인영업이 허용된다. 개인영업 자격자는 국가가 지정
한 직업을 가진 18세 이상의 모든 근로자와 가정주부, 학생, 연금생활자,
신체장애자로서 근로자의 경우에는 근무시간 이외에만 영리행위를 할 수
있다. 개인영업자는 당국의 사업 허가를 얻어야 하며 국가, 협동조합 및
기타 사회적 기업과 계약을 맺을 수도 있으나 국가가 부과하는 소득세를
지불해야 한다. 소련정부는 또한 1987년 2월 식당, 자동차 수리 등을 포함
하여 소비재 생산 부문에서 협동조합의 형태로 사기업 행위를 허용했다.14)
이들 기업은 3인 이상의 조합원으로 구성되며 조합원은 주로 연금 생활자
등 직업을 갖고 있지 않은 사람 및 근무시간 이외의 근로자 중에서 충원된
다. 또한 기본지침에서도 언급된 바와 같이 소련 당국은 1986년 9월 신
무역법을 제정, 1987년 1월부터 대외무역부의 무역 독점권을 폐지하고 20
개 각급 산업부서와 70여 개의 대기업 및 산업단체가 직접 관련 분야의
무역 업무에 종사할 수 있도록 하였으며, 1987년 1월에는 소련 내에서
외국기업과의 합작투자를 허용하는 조치를 취했다.15)

　이상의 조치들을 종합하여 볼 때 고르바초프가 추진하고 있는 경제개
혁은 조직 면에서 중앙통제의 강화와 동시에 하부의 일상적 관리 권한의
확대 병진(並進), 기능적으로 행정 지도(指導)의 지양과 경제적 방법에 의
한 경제운용 촉진을 특징으로 하고 있는 것으로 보인다. 경제관리 조직
의 정비 조치에서 보듯이 고르바초프는 기업합동과 부문간 위원회 및 총
국 설치 등 관리조직의 간소화를 추진하는 한편, 산업부 등 중앙 관료기
구의 전략적 계획 입안 기능을 강화하려 노력하고 있다. 기업에 대해서
는 그 권한과 책임을 강화하고 위로부터의 관료주의적 간섭에 대해 법적

---

13) 위의 신문, 1986. 11. 21.
14) 위의 신문, 1987. 2. 12.
15) 위의 신문, 1987. 9. 24; 1987. 1. 27.

보호 조치를 받는 등 자주성 확대에 역점이 주어지고 있다. 고르바초프는 또한 행정적 지도 내지 간섭을 지양하고 경제적 방법에 의한 관리를 도모하기 위해 경제계획과 가격제도, 재정·금융제도 등 개편을 계획하고 있으며 이로써 주요 지표를 통해 기업의 자주적 경영을 지원할 뿐만 아니라 이를 감독할 수 있도록 바라고 있다. 그는 또한 노동의욕의 고취를 규율 강화 정책보다는 궁극적으로 물질적 자극을 통해 이룩하려 한다. 그는 임금 평준화에 반대하며 임금이 노동의 결과와 밀접히 관련될 것을 강조하고 있다.

　고르바초프는 특히 거시경제적 통제를 강화함으로써, 자신과 다른 지도자들이 지적해 온 소련경제의 문제점들을 해결할 수 있도록 바라고 있다. 그는 예컨대 거시경제상의 불균형의 하나로 지적되고 있는 생산 실적을 훨씬 상회하는 고임금 수준 및 인플레 압력 등, 이로 인하여 야기되는 문제들을 중앙의 경제지수(經濟指數)를 통한 규제와 기업의 독립채산제 도입 등을 통해 해결할 수 있을 것이라고 말하고 있다. 그는 이외에도 미시경제상의 제반 문제점과 생산에 있어서의 과도한 요소 투입(要素 投入) 현상, 기술 혁신의 부진을 경제적 수단을 통해 해결할 수 있을 것으로 낙관하고 있다. 결론적으로 고르바초프는 "중앙이 가장 잘 결정할 수 있는 것은 중앙으로 하여금 결정토록 하자. 그리고 일상적 경영 등 중앙이 관리할 수 없거나 중앙의 주요 임무를 저해하는 것은 하부로 내려 보내자. 다만 하부 관리(管理)는 경제적 조절이라는 간접적 방법을 통해 이룩하자"는 입장을 취하고 있는 것으로 보인다.

IV. 소련 경제개혁의 전망

고르바초프가 추진 중인 경제개혁의 성격은 어떻게 규정될 수 있을 것 인가? 그가 주장하고 있는 "근본적 개혁"(radikal'naya reforma)은 문자 그 대로 근본적으로 중앙계획경제 체제의 특징을 변경하는 데까지 발전될 것인가, 아니면 기존 체제의 결함을 보완하는 데 그치게 될 것인가?

소련의 경제체제는 앞서 지적한 바와 같이 생산수단의 국가소유, 중앙 집권적 경제운용, 기업의 생산계획 집행, 가격 등 경제지표의 부차적 이용 을 특징으로 하고 있다. 우선 사회주의, 즉 "생산수단의 사회적 소유"에 대한 고르바초프의 신념에는 변함이 없음이 분명하다. 그는 "사회주의 재 산" 혹은 "공공재산"이라는 용어를 즐겨 사용하고 있다.[16] 그러면 최근 소련 정부의 개인영업 허용 및 조합 활동의 확대 조치는 이것과 어떠한 관련을 갖고 있는가? 중요한 것은 이들이 전적으로 소비 및 서비스 부문에 국한 되고 있으며 활동의 허용 범위도 극히 제한되고 있다는 점이다. 소련 에서 그동안 음성적으로 사기업 행위가 늘어나고 있었다는 점을 고려할 때 이 조치는 일차적으로 이러한 행위를 양성화함으로써 이들을 체제의 테두리 안에 넣으려는 의도가 큰 것으로 보인다.[17] 고르바초프는 이와 관 련하여 봉제, 가옥 수리 등 분야에서 소위 "암경제"(tenevaya ekonomika)가 연 15억 루블 규모에 달하고 있다고 밝히고 있는데, 1984년 중 소련의 합법적 소매상품 유통액은 3,246억 루블을 기록하고 있다.[18]

고르바초프가 열성적으로 개혁을 추구하고 있는 것은 다음 세 부문일 것이다. 그는 앞에서 지적한 바와 같이 중앙집권적 경제관리 체제를 수 정하려 하고 있으며, 이러한 노력 중 가장 중요한 것의 하나로 중앙집권

---

16) 예를 들면 위의 신문, 1986. 2. 26.
17) 참고로 소련에서는 정권 초기부터 주택 건축, 집 앞의 텃밭 및 제한된 범위의 가 축 사육과 농산물 시장 등 사적 경제활동이 제한적으로 인정되어 왔다.
18) *Pravda*, 1987. 6. 26; *Norodnoe khozyaistvo SSSR v 1984 g.* (소련 국민경제 연감, 1984), (모스크바, 1985), p. 472.

적 자원배분을 수정하려는 계획을 들 수 있다. 둘째로는 기업 경영을 개선하려는 노력이다. 고르바초프는 종전의 중앙에서 하달된 생산계획 내지 생산 명령을 기업이 완수하도록 강요하는 방법을 지양하고 기업이 자체의 계획에 따라 생산활동을 하도록 유도하는 방식을 채택할 것임을 분명히 하고 있다. 끝으로 고르바초프는 중앙에서 임의로 가격을 책정하는 방식을 지양할 것임을 강조하고 있다. 그는 모든 경제관계에 있어서 상품-화폐관계(tovarno-denezhnye otnosheniya)의 중요성을 강조하고 있으며 앞으로 가격 형성에 기업간의 계약가격이 부분적으로 도입될 것임을 밝히고 있다.

고르바초프가 이상의 개혁안을 추진할 경우 소련경제는 헝가리 식 체제를 닮게 될 가능성이 클 것으로 보인다. 헝가리 경제는 1968년 개혁을 통해 시장요소를 도입함으로써 중앙의 계획(통제)과 준(準) 시장적 분권화의 혼합체제를 유지하고 있다. 주요한 것으로는 기업에 대한 생산책임제의 폐지, 행정적 방법에 의한 자원배분 중단, 시장기능의 확대 등 일련의 분권화 조치이다. 그러나 이에 불구하고 중앙의 통제기능은 아직도 상당한 수준에 있으며 기업간의 경쟁도 보조금 지원을 통해 완화된 불완전 경쟁(시장)의 형태를 특징으로 하고 있다.[19] 소련에서 최근 채택된 국가기업법의 경우 분권화에로의 많은 조치에도 불구하고 제품 가격의 책정, 생산 목표 설정 등에 아직도 상급기관의 허가를 얻어야 하는 등 완전한 분권화 내지는 시장화와 상치되는 요소들이 상존하고 있다. 따라서 고르바초프의 개혁이 헝가리에 비해 보다 시장 요소에 의존하고 있는 유고슬라비아의 노동자 자영(自營) 모델에는 미치지 못하고 있는 것으로 보인다. 한편, 조직 면에서 소련의 기업합동, 즉 기업의 합병에 의한 대규모화는 동독의 콤비나트(Kombinat)를 — 최근까지 그 위의 인민기업활동

---

19) Xavier Richet, "La Reforme Economique Hongroise: Analyse et Evolution 1968-78," in NATO, *Reformes Economiques en Europe de l'Est et Perspectives pour les annees 80* (Oxford: Pergamon Press, 1980), pp. 85-103.

(Vereinigung Volkseigener Betriebe) 포함— 모방하고 있는 것으로 보인다. 이러한 대기업은 독점을 통해 기업간 경쟁을 저해하고 있으나, 한편 소련에 비해 상당히 분권화된 여건 하에서 중앙은 수많은 소규모 기업들을 상대하는 것보다 이들 몇 개 대기업과 접촉함으로써 경제관리상의 부담을 덜 수 있는 이점이 있다.[20]

그러면 고르바초프의 개혁은 성공할 것인가? 개혁은 이제 시작의 단계에 불과하며 아직 불확실한 요인이 많은 상태이다. 즉, 새로이 도입될 가격 기제는 수급 상태를 얼마나 반영하게 될 것인가, 계약가격은 어느 정도 반영될 것인가, 기업간의 생산수단 거래가 정말 이루어질 것인가, 기업간에 경쟁이 있을 것인가 등등의 문제가 그것이다. 따라서 현재 개혁이 이룩할 성과를 논한다는 것은 불가능한 일이며 여기서는 고르바초프가 자신의 구상대로 개혁을 추진할 수 있을지를 전망하는 데 국한할 것이다.

현재 소련에서는 개혁을 촉진하는 요소와 함께 이를 저해하는 요소가 적지 않은 것으로 보인다. 개혁을 저해하는 요소의 하나는 바로 체제 그 자체이다. 체제는 유기체가 이물질의 침입에 저항하여 그 고유의 속성을 유지하듯 부분적인 변화를 거부하는 성향이 있다.[21] 즉, 개혁은 미온적인 데 그칠 때 1965년의 개혁과 같이 실패로 끝날 가능성이 큰 것이다.[22] 개혁을 저해하는 요소로서 보다 직접적이고 눈에 띄는 것은 반대자들의 저항과 일반 국민(노동자)의 무관심일 것이다. 고르바초프의 개혁

[20] Doris Cornelsen, "GDR: Industrial Reforms," in NATO, *Reformes Economiques en Europe de l'Est et Perspectives pour les annees 80* (Oxford: Pergamon Press, 1980), pp. 74-79; Alec Nove, *The Soviet Economic System*, Third Edition (Boston: Allen & Unwin, 1986), pp. 314-316.

[21] Nove, *The Soviet Economic System*, p. 326.

[22] Gertrude E. Schroeder, "The Soviet Economy on a Treadmill of 'Reforms'," in U.S. Congress, Joint Economic Committee, *Soviet Economy in a Time of Change*, Vol. 1 (Washington, D.C.: U.S. Government Printing Office, 1979), pp. 312-334.

구상에 따르면 중앙 경제부서의 간소화, 기업에 대한 경영 간섭 배격 등
이 있는바, 이는 당연히 기업에 대한 관리 내지 감독을 담당해 오던 관료
들에게 직업상의 위협이 아닐 수 없을 것이다. 각종의 계획 및 관리 조직
에 소속하고 있는 당료 및 정부관리들은 시장요소가 도입될 경우, "보이
지 않는 손"이 자신들의 "보이는 손"을— 중앙의 통제— 대체하는 것을
이념적으로나 직업상의 신념 혹은 개인적 이해관계에서 용납할 수 없는
것이다. 따라서 이들은 1965년의 개혁에서와 같이 개혁정책을 집행과정
에서 정책결정자의 의도와 다르게 이를 왜곡할 수 있는 것이다. 개혁은
또한 기업 간부와 노동자들을 혼란시킬 수 있을 것이다. 특히 기업 간부
는 상당수가 "자본주의적" 경쟁을 탐탁지 않게 생각하고 있는 것으로 보
고되고 있다. 한마디로 소련에서는 아직 개혁을 지지하는 강력한 사회집
단이 없는 것이 문제점으로 관찰되고 있다.[23] 고르바초프는 6월 전원회
의에서 이제까지 개혁이 매우 느리게 추진되고 있다고 불평, 일각에서는
"근본적 개조가 과연 필요한가? 우리는 아마도 위에서 약간의 압력을 가
한 가운데 오히려 부분적인 범위의 조치들을 취하는 것이 더 바람직하지
않을까?" 하는 태도를 취하고 있다고 비판하고 있다.[24] 따라서 그가 경
제개혁을 시작하기 앞서 당과 정부 내에서의 인사개편과 소위 "민주화"
개혁을 통해 반대세력의 약화와 함께 일반 국민(노동자)의 개혁에 대한
관심과 지지를 고취하려 한 것은 오히려 당연한 일이라고 할 것이다.

한편, 개혁에 대한 관점과 지지를 고취하려는 고르바초프의 노력에서
볼 수 있는 바와 같이 그의 개혁을 성공으로 이끌 수 있는 요인은 바로
다름 아닌 고르바초프 자신인 것으로 보인다. 학자들은 개혁에 대한 지
도자의 결의가 얼마나 중요한 것인가를 지적하고 있다. 중국이 현대화
계획을 비교적 성공적으로 추진해 온 배후에는 최고지도자로서의 등소평
의 단호한 결의가 뒷받침 되고 있었던 반면 소련에서 1965년의 경제개

23) Nove, *The Soviet Economic System*, p. 327.
24) *Pravda*, 1987. 6. 26.

혁이 실패로 끝난 것은 코시긴 수상의 열성과 대조적으로 당 지도자인 브레즈네프의 냉담한 태도와 연관되고 있는 것으로 관찰되고 있다.[25] 개혁에 대한 고르바초프의 결의는 확고한 것으로 보이며 이를 뒷받침할 그의 권력기반도 특히 6월 전원회의를 전후하여 확립된 것으로 보인다. 그가 개혁을 저지하는 여러 요소를 어떻게 처리해 나갈지 두고 볼 일이다.

V. 결어

소련은 현 5개년 경제계획 첫 해인 1986년도 계획을 성공적으로 마무리 지었다. 국민소득(순국민생산)은 전년 대비 3.6퍼센트의 성장을 실현, 1980년대로 접어들어 최고를 기록했다. 이러한 경제회복은 주로 노동기강 강화 운동을 비롯한 고전적 동원정책과 투자전략의 전환 등에 기인하는 것으로 보인다. 서방의 경제전문가들은 소련경제는 대대적으로 개혁이 되지 않더라도 완만하나마 성장을 지속할 것으로 전망하고 있다.[26] 그러면 왜 개혁이 추진되고 있는가? 이에 대한 답은 고르바초프가 현 체제의 비능률에 만족하고 있지 않다는 데 있을 것이다. 과거와 달리 이번 개혁이 정치개혁과 병행하여 이루어지고 있다는 점은 또한 고르바초프가 개혁이라는 이유를 통해 자신의 권력 기반을 확고히 하려는 의도를 간과할 수 없을 것이다. 이러한 견지에서 이번 개혁의 성패는 경제뿐만 아니라 향후 소련 정치의 향방까지도 좌우할 수 있는 계기가 될 것으로 보인다.

---

25) Hanson Leung C. K., "The Role of Leadership in Adaptation to Change: Lessons of Economic reforms in the USSR and China," pp. 227-246; Roger A. Blough and Philip D. Stewart, "Political Obstacles to Reform and Innovation in Soviet Economic Policy: Brezhnev's Political Legacy," *Comparative Political Studies*, Vol. 20, No. 1 (April 1987), pp. 72-97.

26) Robert W. Campbell, "The Economy," in Robert F. Byrnes (ed.), *After Brezhnev* (Bloomington: Indiana University Press, 1983), p. 120.

고르바초프의 개혁 구상에는 아직도 모호하고 때로는 모순되는 많은 요인들이 있으나 전반적으로 헝가리 식 분권화 방향을 지향하는 것으로 생각된다. 개혁의 성공 여부는 일단 고르바초프의 결의 및 이를 뒷받침할 그의 정치적 권력과 함수관계에 있을 것이다. 여하튼 고르바초프의 개혁운동은 많은 경제학자와 정치 분석자들에게 소련의 공산주의 체제를 보다 깊이 있게 들여다 볼 수 있는 훌륭한 기회를 제공하고 있음이 분명하다.

10. "체제 내" 개혁의 한계: 계획-시장관계

소련과 동유럽 국가들이 경제개혁을 서두르고 있다. 그런가 하면 중국은 지난 10여 년간의 개혁정책을 조정 중에 있다. 이들 사회주의 국가는 무엇을 개혁하고자 하는가, 그리고 중국은 왜 개혁에서 후퇴하고 있는가? 소련지도자 고르바초프는 개혁의 관건은 "상품-화폐관계"(시장)를 발전시키는 일이라고 강조한다. 그러나 중국 지도자들은 그동안 시장기능을 확대시킨 결과 사회주의 계획경제에 커다란 손실이 있었다고 주장한다. 이에 미루어 볼 때 시장요소의 도입이 개혁의 중요한 부분임이 분명하다.

개혁의 청사진은 아직 어느 사회주의 국가에서도 명확히 제시되고 있지 않으나, 개혁과 관련한 주요 연설 및 조치들을 살펴보면 이들 국가는 기존 사회주의 계획경제의 테두리 내에서 시장경제를 부분적으로 도입하는 데 무엇보다도 관심이 있는 것으로 보인다. 이들은 시장기능을 확대함으로써 계획경제를 보완하도록 바라고 있는 것이다. 그러면 과연 계획경제라는 나무에 시장경제를 접목할 수 있는가? 이에 대한 해답을 찾기 앞서 우선 소련과 다른 공산국가에서 실제로 운용되고 있는 계획경제의 실상을 살필 필요가 있을 것이다.

이 글은 1990년에 쓴 것으로서 이 책에서는 통일된 서식에 맞추고 일부 오식을 바로 잡았다: 「계획경제와 시장경제의 접목은 가능한가?」, 『한국논단』, 2월호 (1990), pp. 137-144.

I. 사회주의 계획경제

일반적으로 사회주의 계획경제는 다음과 같은 성질을 갖고 있는 것으로 지적된다.

(1) 국가는 원칙적으로 모든 생산수단(토지, 기계, 공장 등)을 소유한다. 개인의 소득은 임금(급료)에 국한한다.

(2) 국가는 시장이 아니라 관료조직을 통해 행정적으로 국유재산을 관리하고 국가경제를 운영한다.

구체적으로 국가는 우리나라의 경제기획원에 준하는 국가계획부 및 이곳에서 수립된 계획을 집행하는 부서들로 상공부, 농수산부 이외에 예컨대 중공업부, 석탄공업부, 전력공업부, 선박공업부, 화학공업부, 컴퓨터공업부 등등 수없이 많은 경제부서들과 그 밑에 국영기업들을 운영한다.

(3) 경제계획은 기본적으로 화폐 대신에 무게, 규격, 수량 등 물리적 단위에 기초하여 작성된다. 경제부서들은 이러한 계획을 하달(下達)받고 계획목표를 다시 하부기업에 나누어 준다. 시장경제 하에서 정부가 금융정책 등을 통해 국민경제를 간접 지원하는 것과는 큰 차이가 있는 것이다.

(4) 상품의 가격과, 따라서 화폐라는 것은 시장경제에서처럼 중심적 역할은 하지 못하며, 주로 기업 및 경제부서간에 결제 수단의 하나로 사용된다. 말단 생산단위인 기업이 필요로 하는 원료와 자재는 시장에서 구입하는 것이 아니라 계획의 수행에 필요한 만큼을 상부기관으로부터 행정적으로 조달 받는다.

이상에서 미루어 알 수 있는 바와 같이 사회주의 계획경제와 시장경제의 차이는 단적으로 개인과 기업 등 경제주체간의 관계를 조절하는 방식이 다른 것이다. 계획경제 하에서 경제단위간의 관계는 군대의 상하관계와 같으며 "관료적 조정"이 경제활동의 기초로 되고 있는 것이다. 이와 대조적으로 시장경제 하에서 경제주체들은 법적으로 대등하며 이들간의 관계는 수평적인 것이다.

즉 판매자와 구매자는 종속적인 관계가 아니라 각각 이윤을 얻거나 각자의 경제적 필요를 충족하기 위해 관계를 맺으며, 이들에게 중요한 것은 이들로 구성되는 시장에서 일정한 상품의 공급과 이 상품을 구매하려는 수요의 정도를 화폐라는 매개물을 통해 알려주는 시장가격 혹은 시세뿐인 것이다. 시장경제가 "보이지 않는 손"에 의해 조화를 이룩해 나간다면 계획경제는 계획(관료)이라는 "보이는 손"에 의해 사회의 경제적 필요를 충족하려는 것이다.

물론 현실적으로 독점, 불완전 고용 등으로 완전한 의미의 시장경제는 존재하지 않으며, 이는 계획경제의 경우에도 마찬가지이다. 무엇보다도 경제활동의 모든 미세한 부분까지를 계획한다는 것은 인간의 능력을 벗어나는 것이 아닐 수 없다. 계획경제가 고도로 발달한 소련에서조차 처음부터 농민시장이라는 ― 농민이 집 주변에 갖고 있는 소규모 텃밭에서 생산되는 농산물의 거래 ― 것이 마지못해 허용되어 왔으며, 특히 고르바초프 이전의 브레즈네프 집권 중에는 암시장이 크게 번창해 왔다.

이와 같이 현실적으로 모든 경제는 계획과 시장이 혼합된 체제인 것이다. 중요한 것은 이들 계획과 시장의 배합이 어느 정도인가 하는 것이다. 경제개혁에 앞장서 온 헝가리의 경우 시장경제의 도입에도 불구하고 1989년 말 현재 국민생산고의 85퍼센트 이상이 여전히 국영기업(계획)에 의해 이루어지고 있는 실정이다.

그러면 사회주의국가들이 시장경제의 부분적 도입을 도모하는 이유는 무엇인가? 소련에서 계획경제가 실시된 것은 1930년대부터이며, 이어 제2차 세계대전 이후 동유럽 국가들과 중국, 북한 등이 이를 받아들였다. 이들 국가는 계획경제 초기에 괄목할 경제성장을 이룩했으며, 이에 따라 사회주의 체제는 신생독립국 등 다른 지역에서 많은 인기를 얻을 수 있었다. 그러나 이러한 경제발전은 경제적 효율은 고려함이 없이 주로 다량의 생산요소를 ― 원료, 노동력 등 ― 투입함으로써 얻은 것이었다. 당시 노동력은 풍부했으며, 더구나 테러와 강제노동, 파업 금지 등 정치적 억

압으로 노동력의 무제한적인 동원이 가능했던 것이다.

그러나 시장경제에서와 마찬가지로 생산요소의 투입이 일정할 경우 거기서 얻어지는 생산물은 점점 줄어드는 수확체감의 현상이 현저하게 나타난 데 반해 이에 대처한 생산요소의 투입을 증가하는 것이 한계에 부딪히게 되었으며 이는 급기야는 전반적인 성장둔화로 나타나기 시작한 것이다. 소련의 경우 공업중심부인 유럽지역의 — 우랄산맥 동쪽 — 자원은 고갈되고 석탄, 원유 등을 찾아 시베리아로 이동하자니 자연히 비용은 높아 질 수밖에 없으며, 또한 노동력도 전쟁과 출산율 저하 등으로 부족하게 되고, 더구나 이제는 스탈린 식으로 강제노동을 동원할 수도 없는 형편이 된 것이다.

그러나 무엇보다도 경제둔화의 주범은 계획경제 자체의 비능률인 것으로 지적되고 있다. 시장경제는 기술개발 등 부단한 혁신을 통해 경제효율을 증가하여 수확체감 현상에 대처해 왔으나 계획경제는 자체의 비능률로 인해 기술혁신 등에 실패한 것이다. 계획경제는 원래 국가(중앙)는 사회가 무엇을 필요로 하는지, 그리고 이를 위해 무엇을 해야 하는지를 알고 있다는 생각에 기초한 것이다.

이와 함께 중앙은 생산수단의 독점적 소유를 통해 필요한 능력을 갖추고 있는 것으로 전제되어 왔다. 그러나 현실적으로 중앙은 그렇게 전지전능하지만은 않은 것으로 나타난 것이다. 우선 국민경제 전체적으로 수요와 공급의 불균형이 만성적으로 나타난 것이다. 계획작성자들은 국민이 원하는 것보다는 지도자와 그들이 원하는 대로 중공업우선 정책만을 고집해 왔으며, 이러한 추세는 현재까지 지속돼 정작 일반 대중이 필요로 하는 소비제품은 만성적으로 부족을 면치 못하고 있는 것이다.

한편 미시적 차원에서 사회주의 기업은 마치 서방 시장경제 하에서 대기업 내의 단순한 생산공장과 비슷해서 상품의 질이나 소비자의 기호는 고려함이 없이 상부로부터의 생산명령(계획)만 달성하면 되는 것이다. 지금은 그나마도 많이 개선되었으나 계획경제가 도입된 초기에 기업들은 연간 몇 톤의 못을 생산하라고 했더니 무지하게 큰 못만을 생산하는 등 계획만을 쉽사리 달성하려는 경향을 보여왔다.

계획지침을 바꿔 이번에는 몇 개의 못을 생산하라고 했더니 기업은 바늘 같은 못만을 생산하는 사례가 적지 않게 나타났다. 그나마도 못이라는 품목이 고의이든 실수이든 간에 계획에서 빠져있을 경우 사람들은 못을 구경조차 할 수 없는 것이다. 따라서 노동자는 임금을 받아도 살 물건이 없던가, 있더라도 필요나 기호에 맞지 않게 되자 자연히 소득을 높이기 위해 노동할 의욕을 상실하게 된 것이다.

이러한 불균형과 비능률은 경제가 복잡화함에 따라 더욱 심각한 문제로 제기되고 있다. 경제의 복잡화로 국가는 미시경제상의 모든 정보를 수집하고, 이에 기초하여 합리적인 결정을 내린다는 것이 더욱 어렵게 되었다. 여기서 사회주의국가의 지도자들은 국가(중앙)는 간접적 방법을 통해 국민경제를 이끌어 나가고 기간산업에 대한 통제는 계속하되 기업을 포함하여 미시경제는 자율적으로 운용하는 방안에 관심을 나타낸 것이다.

말을 바꾸면 이들은 "중앙이 가장 잘 결정할 수 있는 것은 중앙으로 하여금 결정토록 하자. 그리고 기업의 일상적 경영 등 중앙이 관리할 수 없는 것은 하부로 내려 보내자. 다만, 하부 관리는 경제적 조절, 즉 시장을 도입함으로써 간접적으로 실시하자"는 입장을 취하고 있는 것이다.

II. 계획-시장 접목의 이론적 기초

최근 중국 인민일보의 논평(1989. 11. 28.)과 같이 계획경제(사회주의)와 시장경제(자본주의)는 근본적으로 모순되는 것인지도 모른다. 그러나 이 논평의 지적과 같이 계획경제와 시장기능을 결합하는 것조차 모순된 것은 아니며, 오히려 계획과 시장은 상호보완적일 수도 있는 것이다.

그렇지 않아도 사회주의권에서는 1930년대 계획과 시장의 결합 가능성을 놓고 논쟁이 있었으며, 이러한 결합 가능성을 이론적으로 제시한 대표적인 사람은 폴란드 경제학자 오스카 랑게(O. Lange)였다. 랑게 이론의 주안점은 소비자에게 선택의 자유를 부여하는 것으로서 소비재 가격은 시장에서 수급균형에 따라 결정되도록 하며, 소비자는 이러한 시장가격에 기초하여 경제활동을 한다.

한편 소비재 생산자(국영기업)는 시장가격 및 이에 기초하여 이윤을 획득함을 목표로 생산활동에 임한다. 즉, 한계수입과 한계비용을 일치시키려 노력한다. 계획당국은 단지 투자재 및 중간재(원료 등)의 배분을 임의적인 가격조절을 통해 실시한다. 다시 말해서 소비재 부문에서는 완전한 의미의 시장을 그리고 다른 부문에서는 계획당국의 시행착오를 통한 조절, 즉 모의시장을 마련한다.

그러나 랑게 모델은 비현실적 가정에 기초한 것으로 비판 받아왔다. 우선 계획당국이 투자재와 중간재 가격을 정하고 수급상태를 고려하여 이를 수시로 재책정하는 것이 현실적으로 불가능하지는 않더라도 이를 위한 비용이 엄청나다는 점이다. 둘째로 최종소비재 시장은 중간재 시장이 없이는 기능을 못한다는 섬에서 소비재의 시장을 통한 배분과 생산재의 행정적 배분(모의시장)을 분리한다는 것이 불가능하다는 점이다.

끝으로 생산재의 모의시장이 작동하기 위해 계획당국은 엄격히 수요와 공급을 일치시키는 균형가격을 찾아내는 데 스스로의 역할을 한정시켜야 할 것이나 현실적으로 계획자(당국)가 자신의 경제적 선호를 가격 결정에서 배제하는 등 임의적인 간섭을 자제하기는 극히 어렵다는 점이다. 랑게는 순전히 합리적인 경제모델만을 고려했을 뿐 경제활동의 사회·정치적 요인은 고려하지 않은 것으로 비판되고 있다.

III. 시장개혁의 문제점

그럼에도 불구하고 랑게 모델에서 크게 벗어나지 않는 발상에 기초하여 계획에 시장을 접목하려는 노력이 1960년대로 들어서서 실천에 옮겨지기 시작했다. 1965년 소련의 경제개혁과 1968년 헝가리의 개혁이 바로 이러한 계획과 시장의 결합 구상에 기초한 것이다.

이들 개혁의 바탕을 이룬 생각들을 요약하면, 정부는 계획이 차지하는 비중을 축소하고 시장기능을 확대하기 위해 우선 이윤 극대화를 추구하는 자주적 기업을 만들어야 한다. 그러면 기업은 당국이 현실화시킨 계획가격과 이자율, 세금, 여신 등의 경제적 신호에 반응하여 수요와 공급의 변화에 비교적 충실히 대응하게 될 것이다. 그러면 중앙의 통제(계획)와 시장간에는 모순이 완화될 것이다. 이러한 발상에는 계획은 불완전할 망정 시장 보다는 사회를 위해 더 나은 것이라는 기본 가정이 깔려있는 것이다.

시장은 경제적 불균형(수요와 공급간의 불균형)을 잘 반영할지는 몰라도 맹목적으로서 사회의 요구를 제대로 반영하지 못한다. 예를 들어 시장이 불공정한 소득분배를 조장할 경우 계획은 이의 시정을 위해 불가결한 것이다. 다만 계획으로 예기치 않게 바람직하지 않은 결과가 초래되었을 경우 시장은 이로 인한 불균형을 신호해 줌으로써 계획이 적절히 자체 시정을 할 수 있도록 지원해 줄 수는 있을 것이다.

따라서 당시 개혁을 추진하던 사람들에게 최대의 관심사는 계획과 시장을 어느 정도로 배합하느냐 하는 것이었다. 이중 대다수는 마르크스(K. Marx)의 전통에 따라 "단순재생산"은 시장에 맡기고 "확대재생산"은 계획으로 규제할 수 있을 것으로 생각했다. 다시 말해서 현재의 상품생산은 시장의 원리에 의하고, 투자는 계획(중앙)에 의해 규제한다.

그러나 이러한 생각이 비현실적이었음은 당시 소련과 헝가리에서의 개혁이 한결같이 실패로 끝난 데서 잘 나타나고 있다. 관료(계획)의 기업에 대한 간섭과 경제 전반에 걸친 자의적 개입은 각종 제한 조치에도 불구하고 계속되었으며, 기업은 계획과 시장으로부터의 때로는 상호 모순되는 이중(二重) 신호로 혼란만을 일으켰다.

당시 개혁이 실패한 이유로 세 가지가 일반적으로 지적되고 있다. 첫째는 경제적인 것으로서 시장이 원활히 기능할 수 있도록 개혁이 충분히 포괄적이지 못했다는 점이다. 시장가격이 자유롭게 형성되지 못함에도 불구하고 사회주의 기업에게 자본주의 기업처럼 움직이라고 하는 것은 무리였던 것이다. 가격이 수요와 공급을 반영해야만 이윤 극대화라는 기업의 동기가 의미를 갖는 것이다. 이외에 기업간의 경쟁을 촉진할 제도적 장치 마련 및 노동시장의 모든 장벽 철폐, 자본시장의 육성 등이 필요한 것으로 지적되고 있다.

즉 시장요소를 도입하려면 단순히 기업에게 "마치 자본주의 기업처럼" 움직여 주도록 요구만 할 것이 아니라 이들 기업이 시장으로부터의 신호를 기업 운영의 유일한 기준으로 받아들일 수 있도록 환경 조성이 필요하다는 점이다. 개혁은 보다 근본적일 필요가 있으며, 그렇지 못할 경우 사회주의 계획경제는 시장요소를 융합하는 대신 이를 이물질로 배격하게 되는 것이다.

둘째는 경제 외적 이유로 개혁에 대한 저항을 극복하는 것이 중요하다. 우선 관료의 저항을 들 수 있다. 당시 개혁은 예외 없이 "위로부터" 부과된 것으로서 내용상 계획의 이행을 담당하는 관료들의 자기 부정을 요구한 것이었다. 즉 개혁이 성공하면 존재 이유를 상실하게 될 사람들에게 개혁에 협조를 요구하는 역설을 내포하고 있었던 것이다.

그러나 개혁에 저항하는 층은 비단 관료에만 국한된 것은 아니었다. 노동자, 특히 미숙련 노동자는 시장의 도입으로 노동기강이 엄격해지는 것과 실업의 우려 등으로 개혁에 저항했으며, 한편 개혁으로 혜택을 받게 될 기업의 간부들조차 많은 수가 시장에서의 경쟁의 두려움과 기존의 경제질서에 익숙한 데 따라 새로운 것을 거부하는 등 개혁에 열의를 보이지 않았던 것이다.

끝으로, 개혁이 극복해야 할 최대의 난관은 정치적 장애이다. 어디에서나 경제체제는 홀로 존재하는 것이 아니라 커다란 사회질서의 일부로서 사회의 다른 구성요소와 유기적으로 연결되고 있는 것이다. 사회주의 계획경제는 경제적으로 생산수단의 국가소유, 정치적으로는 이에 기초한 공산당의 일당독재에 기초한 것이다. 이중 소유권의 문제는 포괄적 개혁을 실시하는 데 가장 중요한 고리로 되고 있다. 사회주의 기업이 생산을 위한 투입요소의 공급을 상부에 의존하고 있음은 앞에서 적은 바와 같다.

이와 같은 기업과 상부기관(중앙)간의 종속관계는 1960년대의 개혁으로 어떻게 변했는가? 종래의 수량, 무게 등 물리적 단위에 의한 계획에 화폐 형태의 계획 작성이 첨가되었음에도 불구하고 기업은 경제적 자립 대신에 상부기관과 물질적 종속관계에 더해 새로운 재정상의 종속관계에 놓이게 된 것이다. 이와 같이 종속관계가 별다른 변화 없이 지속된 이유의 하나는 주요 부문의 투자 결정은 여전히 중앙에 소속되고 있었다는 점이었다. 기업이 자체적으로 투자 결정을 내릴 수 없던 데 따라 많은 경우 생산성을 높이기가 어려웠고, 따라서 도산하거나 아니면 기업운영에 있어서 중앙의 보조금 지원에 계속해서 의존할 수밖에 없었던 것이다.

결국 유고슬라비아 등 일부 동유럽 국가에서 1960년대 중반 이후 자본시장을 육성할 필요성이 거론되어 온 것이 우연한 일만은 아니었다. 그러나 자본시장의 육성은 자산가치의 증식이라는 장기적 관심을 배제하고는 불가능한 일이다. 따라서 사유재산이 시장 도입의 유일한 조건은 아닐지라도 계획과 시장을 결합하고 이에 바탕하여 자본주의적 기업정신 같은 것을 고취하기 위해서는 소유관계를 보다 다양화시킬 필요가 있는 것이다.

그러나 주지하는 바와 같이 소유권의 다양화는 사회주의 이념과 상치되는 면이 적지 않을 뿐만 아니라 정치적으로 이들 요소에 기초한 체제의 정통성 및 지배계층의 지위를 위협할 소지를 안고 있는 것이다. 최근 중국의 천안문 사태에서 보는 바와 같이 이러한 이유로 지배계층은 가능한 한 개혁을 경제부문에 국한하려 시도하고 있는 것이다. 결론적으로 사회주의 계획경제에 시장경제를 접목하는 것이 불가능하지는 않더라도 현실적으로 매우 어려운 일임은 분명하다.

11. 고르바초프 경제개혁의 파탄

이번 학술대회에서 발표자가 요청 받은 주제는 "소련 경제개혁의 성격과 전망"이다. 그러나 본 발표자는 다음 질문이 주제로서 더 시의에 맞는다고 생각한다: "개혁은 끝났는가?" 소련이 경제개혁에 착수한지 5년이지난 지금 개혁은 막다른 골목에 접어든 것으로 보이기 때문이다. 소련지도자 미하일 고르바초프(Gorbachev)는 1985년 집권 당시 소련경제가중병을 앓고 있다고 진단하고 이의 치유를 위해 "시장화" 개혁을 처방했음에도 불구하고 지금까지 병세는 오히려 악화되고 있다는 것이 일반적인 관찰이다. 소련의 많은 전문가들은 근년 들어 국민소득이 절대적으로축소되는 등 소련경제는 마냥 "위기"로 치닫고 있으며 이는 사회위기로까지 파급되고 있다는 데 의견을 같이한다.[1]

이와 관련하여 소련의 한 경제학자는 개혁을 계속하느냐, 아니면 지난몇 십 년간 익숙해 온 행정적 경제운영 방식으로 후퇴하느냐를 놓고 소련이 중대한 선택의 기로에 놓여 있다고 주장한다. 그는 1989년도 소련경제 동향을 분석한 자리에서 이제 전통적 방식이 더 이상 경제에 기여

이 글은 1990년에 발표된 미간(未刊) 원고이다: 서울대학교 소련·동구연구소, 제1회국내 학술대회 (1990. 4. 20.) 발표.

[1] K. Kagalovskii, "Ekonomicheskii krizis: Gde iskat' vykhod," *Kommunist*, No. 4 (1990), pp. 60-67; Yu. Ol'sevich, "Neizbezhen li krizis?," *Ogonek*, No. 8 (1990), p. 13.

하지 못하고 있으며, 그렇다고 시장경제의 도입을 위한 여건도 마련되고 있지 못한 것이 실정이라고 지적하고 있다.[2] 그렇지 않아도 소련 당국은 1989년 말에 발표한 1990년도 경제계획과 뒤 이은 제13차 5개년 계획 (1991-95)에서 적어도 단기적으로 경제 정책의 최우선 순위를 경제의 "안정화"에 두기로 결정함으로써 개혁을 뒷전으로 밀어놓고 있는 것이다.

소련에서 경제개혁에 관한 이상의 움직임과 관련하여 이 발표는 구체적으로 다음 질문에 초점을 맞춤으로써 개혁이 포기되고 있는지 여부를 가리고자 한다.

(1) 이제까지 어떠한 성격의 개혁이 추진되었는가?

(2) 소련 지도자들은 어떠한 개혁 구상을 갖고 있는가?

(3) "시장화" 개혁을 가로막는 것이 있는가, 있다면 그것은 무엇이며, 이는 극복될 수 있는가?

고르바초프는 소련 국민에게 "근본적 경제개혁"(radikal'naya reforma)을 약속하고 있으며 실제로 협동조합의 형태로 사적 경제활동을 인정하는 등 일부 과감한 조치를 취해왔다. 그러나 분명한 것은 이제까지의 조치가 전반적으로 기존 체제 내에서의 개혁의 범주를 벗어나고 있지 못하다는 점이다. 그리고 이러한 미온적인 개혁은 고르바초프도 사인하는 바와 같이 소련경제를 지금과 같은 위기로 몰아넣는 데 한 몫을 했던 것이다. 그는 아직 뚜렷한 개혁 방안을 제시하고 있지 못한 실정이다. 최근 소련에서는 단기적으로 "선(先) 경제 안정, 후(後) 개혁"을 주장하는 세력과 "개혁 강행" 주장이 맞서 왔는바, 소련 지도자들은 전자를 받아들이고 있는 것으로 보인다. 이 경우 안정화는 불가피하게 기존 체제를 바탕으로 이루어 질 것이며, 개혁은 지연될 수밖에 없을 것이다.

끝으로 장기적으로 시장화 개혁을 도모할 필요성에도 불구하고 단기적으로 각종 경제 불균형과 정치적 중압에 대응할 정책 요청 사이에 갈등

---

2) Ye. Gaidar, "Trudnyi vyvor," *Kommunist*, No. 2 (1990), p. 23.

이 심화되고 있으며, 경우에 따라서는 종래의 행정적 경제운영 방식으로 회귀할 가능성이 적지 않은 것으로 보인다. 이 글은 우선 개혁의 성격을 구명하기 위해 그동안의 개혁 조치 및 정책을 살필 것이다.

I. 개혁의 현주소: "체제 내 개혁" 혹은 시장화?

고르바초프를 위시한 소련의 개혁파들은 초기에는 기존 체제의 완벽화 내지는 개선에 관심을 표시하다가 점차 상품-화폐관계(tovarno-denezhnye otnosheniya), 즉 시장요소를 도입하는 방향으로 개혁의 방향을 수정해 왔다.[3] 이와 같이 시장화를 선호하는 이유는 아마도 시장경제가 행정적 경제운영 방식(계획) 보다 효율적일 것이라는 기대와 "시장-계획"은 질적으로 다른 것이 아니라 동일한 연장선상의 두 지주로서 상호 보완적일 수 있을 것이라는 전제에 입각하고 있는 것으로 보인다. 이러한 가정에 기초하여 소련에서는 처음 기존 체제를 정비하는 데서 점차 계획에 시장을 접목하여 혼합경제 체제를 도입하는 방향으로 개혁이 추진되고 있다. 그러나 개혁의 성격을 규정하는 데 주요한 척도인 계획과 시장을 어떠한 비율로 결합하느냐 하는 문제에 대해서는 아직 명확한 답변이 주어지지 않고 있다. 따라서 개혁 구상은 이제까지의 조치 및 관련 발언을 통해 살필 수밖에 없을 것이다.

이에 앞서 개혁의 척도인 계획-시장의 결합에 관해 살필 필요가 있을 것이다. 무릇 어떠한 경제체제를 막론하고 구성 단위간의 관계는 다음 두 가지 방법 중 하나에 기초할 것이다.[4]

---

[3] 상품-화폐관계의 강조는 1987년 6월 채택된 "경제운영의 근본적 개조를 위한 기본지침"에 잘 나타나고 있다. *Pravda*, 1987. 6. 27.

[4] 개혁에 관한 정의는 다음 자료를 원용한 것이다. Janos Kornai, "The Hungarian Reform Process: Visions, Hopes, and Reality," *Journal of Economic Literature*, Vol. 24, No. 4 (1986), pp. 1690-1691.

하나는 계서적(階序的) 조정(bureaucratic coordination, 계획)으로서 여기서 구성 단위간의 관계는 수직적이며 통제는 다층적, 계서적 질서에 의해 이루어진다. 상부는 자원의 배분과 소득의 재분배에 있어 항시 하부에 우위한다. 소련경제는 이제까지 바로 이와 같은 계서적 조정을 기본으로 하는 체제인 것이다. 중앙(상부)은 생산수단을 독점한 가운데 모든 경제적 결정을 내리고 하부는 중앙의 명령을 충실히 집행함을 특징으로 하고 있다.

한편 다른 형태의 경제관계인 시장(市場) 조정(market coordination) 하에서 구성 단위간에 수평관계가 유지되는 것을 생각할 수 있다. 여기에서 구매자 혹은 판매자인 이들 단위는 시장을 통해 영리 추구 등 경제적 목적을 달성한다. 시장 조정은 무엇보다도 화폐와 가격, 이윤이 조정의 주요한 수단으로 기능할 것을 전제로 한다.

이상의 정의에 입각할 때 사회주의 경제 하에서 개혁이란 계서적 조정의 역할이 축소되고 시장의 역할이 증대되는 것을 의미할 것이다. 이들 두 종류의 조정간에는 현실적으로 다양한 조합이 가능할 것이며, 이에 기초하여 개혁은 이론적으로 크게 "근본적 개혁"과 "부분적 개혁"으로 나뉠 수 있을 것이다. 전자가 계서적 조정이란 속성의 대부분을 바꿈으로써 체제의 성격에 현저한 변화가 이루어지는 것을 뜻한다면, 후자는 이러한 속성의 일부만이 수정됨으로써 체제의 기본 속성이 그대로 유지되는 것을 의미할 것이다.

이상의 기준에 비추어 볼 때 소련에서 추진되어 온 개혁은 어떠한 성격의 개혁으로 규정될 수 있을 것인가? 시기별로 개혁은 1985-87년 중 많은 "근본적 개혁" 논의에도 불구하고 계획 체제를 완벽화하는 차원을 벗어나지 못했다. 1987-88년에 들어서서야 시장요소의 도입이 시작된 것이다. 특히 1988년 협동조합법이 제정됨으로써 사기업(私企業)의 도입이 활성화되기 시작했다. 그러나 "시장화" 성격의 개혁은 1989년에도 지속되었음에 불구하고 개혁에 제동을 거는 조치들이 병행하여 취해짐으로써 1989년은 개혁이 일종의 조정기로 들어간 시기로 규정될 수 있을 것이다.

대외경제 부문을 제외한 그동안의 주요 개혁 조치들은 시기별로 다음과 같다.5)

1985 (체제 정비기): 고르바초프는 집권 직후인 7월 경제조직의 개편을 실시했다. 이는 주로 기술혁신을 염두에 둔 것으로서 기업 차원에서 관련 부문간에 ─ 특히 기계공업 분야에서 ─ 대규모 기업으로 통합이 이루어졌으며, 중앙 경제부서에서도 관련 산업부서간에 비슷한 조치가 취해졌다. 예를 들어 종전의 농업위원회 및 관련 경공업 부서가 국가농·공(農·工)위원회로 통합된 것이다.

1986 (개혁 구상기): 개인 노동활동에 관한 법(11월)을 제정하여 수공예와 소비재 생산 및 서비스 부문의 29개 업종에 한해 개인 영리행위를 허용했다. 개인영업 자격자는 국가가 지정한 일정한 직업을 가진 근로자와 가정주부, 학생, 연금 생활자, 신체장애자로서 근로자의 경우는 근무시간 이외에만 영리행위를 할 수 있다. 그러나 이 조치는 시장화 개혁이라기보다는 그동안 자동차 정비, 가옥 수리 등 불법적으로 행해지던 소규모 근무시간 외 영리행위를 합법화한 데 더 큰 의의가 있다.

1987 (개혁 준비기): 기업의 자주성 확대를 목표로 국영기업법(6월)이 채택되었다. 이에 따르면 국영기업은 철저히 독립채산제(獨立採算制)와 자체자금(自體資金) 조달제에 입각하여 독자적으로 운영되며 더 이상 보조금 등의 형식으로 국가예산의 지원을 받지 않는다. 기업은 국가주문 및 다른 기업으로부터의 주문과 최종 소비자의 수요를 고려하여 자주적으로 계획을 수립하고 생산활동에 임한다. 임금은 기업의 수입에서 충당된다. 다만 종전의 계획당국 ─ 중앙 산업 부서 ─ 기업의 계서적 관계는 당분간 존속된다.

---

5) 개혁 조치들에 관한 이상의 논의는 1989년도 서울대학교 국제문제연구소의 연구 사업 중 (1990년 출간 예정) 본 발표자의 기고(寄稿)에 기초한 것이다.

이와 함께 고르바초프는 당 중앙위원회 6월 전원회의에서 "경제운영의 근본적 개조를 위한 기본지침"을 제시하고 기업의 자주성 확립과 시장 주도의 개혁을 뒷받침하기 위한 방안을 제시했다. 이에 따르면 국가계획 위원회와 자재·기술 공급부서 등 중앙 경제관리 조직과 재정·금융제도 의 개편이 이루어 질 것이다. 당시 고르바초프는 정비작업이 제12차 5개 년 계획(1986-90) 기간 중 마무리 될 것이라고 다짐했었다.

1988 (개혁 추진기): 보다 "근본적인" 시장화 개혁은 1988년 들어 구 체화되기 시작했다. 무엇보다도 협동조합법(6월)이 발효됨으로써 모든 경 제부문에서 사기업 활동이 허용된 것이다. 이 조치는 앞서의 개인 노동 활동에 관한 법과는 달리 조합이 무제한적으로 노동력의 고용을 허용하 는 등 시장 활성화 조치를 포함하고 있다.

이외에 1988년 후반 중 임대 및 주식 발행에 관한 정부 지침이 발표되 었다. 이에 따르면 국영기업과 협동조직(협동농장 포함)은 자체 고용자에 게 농지 및 기타 생산수단의 임대를 허용하며, 또한 기업은 자체 고용자 에게 주식을 발행할 것으로 예정되었다.

1989-1990초 (개혁 조정기): 임대기본법(1989. 11.)과 토지법(1990. 3.), 소유권법(1990. 3.)이 채택됨으로써 소련 사상 처음으로 생산수단의 부분 적 사유화가 허용되었다.[6] 이에 따르면 종래의 "국가소유" 이외에 "공민 (公民) 소유"와 "집단 소유"가 도입될 것이다. 시민 소유는 다시 개인 소 유와 소규모 공동 소유(trudovoe khozyaistvo) — 가족, 기타 집단 단위 — 및 농업경영 소유로 나뉘고 있는바, 농지는 농민에게 반영구적으로 대여될 수 있으며 원칙적으로 이의 상속도 가능하게 되었다. 이와 함께 1989년 초 누진과세(累進課稅)를 기본으로 하는 소득세법이 채택되었으며 같은 해 11월 발트(Balt) 연해 3개 공화국에 대한 경제 자치를 허용하는 법안 이 채택됨으로써, 관련 공화국 내 천연자원 관리와 대외교역 등에 분권

---

6) *Izvestiya*, 1989. 11. 24; 1990. 3. 6; 1990. 3. 10.

화가 확대될 기반이 조성되었다.

그러나 이상의 조치는 오히려 예외적인 것으로서 최고회의는 1989년 10월 협동조합법을 개정하여 조합 생산품의 가격 통제 등 영업행위를 규제했으며 노동쟁의법을 통과하여 사상 처음으로 노동자에게 파업권을 부여했으나 기간산업 관련 파업은 금지했다. 이외에 연금법, 노동자 휴양법 등의 채택이 있었으나 "시장화" 개혁의 범주에 미치는 조치는 포함되고 있지 못하다. 특히 국영기업법의 개정으로 기업에 부여되었던 각종 권한은 대부분 다시 중앙의 계획 및 경제관리 부서로 이관되었다. 끝으로 1989년은 가격 규제와 자본재 공급 등에 있어서 중앙의 통제가 실질적으로 강화된 해로서 개혁은 구호와는 달리 뒷걸음을 하게 되었다.

이상에서 살핀 바와 같이 1989년으로 접어들면서 경제개혁이 점차 파행 현상을 나타내기 시작한 것이다. 근본적 성격의 개혁 조치 중 많은 것이 수정되었으며, 무엇보다도 시장의 — 소비자 시장, 금융시장 등 — 도입이 지연되어 온 것이다. 이와 관련하여 소련의 한 경제학자는 1988년 4월 개혁 관련 회의에서 "현 단계의 개혁은 순전히 지상(紙上) 개혁에 불과하다 …… 결국 행정적 명령경제 체제가 이론의 여지없이 완전한 승리를 거둔 것이다"고 주장하고 있다.[7] 이제까지의 개혁은 체제 내 개혁의 범위를 벗어나지 못한 것이다.

II. 개혁 구상: 선(先) 경제 안정, 아니면 개혁 강행?

소련 지도자들은 앞으로 어떻게 개혁을 추진하려 하고 있는가? 소련에서는 그동안 개혁-보수세력 사이에서 뿐만 아니라 개혁파들간에도 개혁의 속도를 놓고 논쟁이 벌어져 왔다. 쟁점은 소련경제가 중환(重患)임을

[7] L. Palei and K. Radzivanovich, "How To Carry Out Economic Reform: Points of View and Reality," *Soviet Studies*, Vol. 42, No. 1 (January 1990), p. 26에서 재인용.

고려하여 먼저 보양을 — 경제안정화 시책 — 할 것이냐, 아니면 치료, 그
것도 철저한 치료를 — 시장화 개혁 — 단행하느냐 하는 데 집중되어 왔
다. 소련 지도자들은 1989년 말까지는 "선(先) 경제 안정, 후(後) 개혁"
방안을 택한 것으로 보인다.

개혁 논쟁은 주로 경제 전문가들간에 전개되어 왔다. 경제안정화를 주
장하는 대표적인 인물로 저명한 경제학자이자 고르바초프 밑에서 경제개
혁 담당 부총리 직을 맡고 있는 아발킨(Leonid Abalkin)을 꼽을 수 있을
것이다. 그는 개혁의 신봉자로 알려져 왔으나 경제 불균형 등 현 경제위
기를 극복하기 위해 비상조치로 단기적인 계획체제로의 복귀를 주장하고
있다.[8] 그는 1989년 11월 경제개혁에 관한 토론회에서 지금까지의 개혁
기간을 과도기로 규정하고 낡은 체제와 새 체제가 공존할 경우 불가피하
게 각종 모순이 대두됨을 지적, 이러한 과도기 증상의 제거에 5-6년이
소요될 것이라고 전망했다.[9]

그는 개혁을 세 단계로 나누고 제1 단계인 1990년 말까지는 경제 안
정화를 도모함으로써 근본적 개혁을 위한 기반을 조성해야 한다고 강조
한다. 이 기간 중에는 무엇보다도 과도기의 경제 메카니즘에 필요한 일
련의 조치가 마련될 것이다. 여기에는 독점 규제 등에 관한 각종 법안이
포함될 것이다.

한편 제2단계는 1990년대 초까지 지속될 것이며 이 기간 중 소련을
구성하는 공화국들의 지역 독립채산제, 금융제도의 개혁, 생산수단의 배
분을 위한 시장 형성 등이 추진될 것이다. 끝으로 이들 조치가 성공적으
로 추진되면 1993년에 제3단계로 이행할 수 있을 것이다. 이 시기는 개
혁의 첫 성과를 거두기 시작하는 때로서 새로운 경제체제의 정착이 이루

---

8) L. Abalkin, "Strategiya obnovleniya," *Ogonek*, No. 13 (1989), p. 19. 아발킨은 개
혁된 체제 하에서도 계획이 사회·경제적으로 주요한 제어 수단으로 기능해야 할
것이라는 입장을 취하고 있다. L. Abalkin (Ed.), *Radikal'naya ekonomicheskaya
reforma* (Moskva: Ekonomika, 1989), p. 15 참조.

9) *Pravda*, 1989. 11. 14.

어 질 것이다. 이외에도 야레멘코(Yu. Yaremenko) 같은 학자들이 기업 투자의 중앙 통제 강화 등을 주장함으로써 아발킨의 과도기 시책에 동조하고 있다.[10]

그러나 이러한 "선 안정, 후 개혁" 입장에 반대하는 사람들은 이로써 개혁이 일시적으로 후퇴하는 것이 아니라 영구히 포기될 가능성에 우려를 나타낸다. 셀류닌(V. Selyunin) 같은 이는 아발킨이 소련경제의 불균형이 시정되고 시장 도입을 위한 여건이 호전될 때까지 개혁을 늦추자고 하지만 경제 불균형을 시정할 방법은 시장화 개혁 밖에 없으며 과거의 계획 체제에 의존하려는 것은 헛수고에 그치게 될 뿐이라고 반박한다.[11] 이와 비슷하게 많은 저명한 학자들이 비상 조치와 개혁간의 모순을 비판하고 이로써 개혁이 말뿐으로 영원히 포기될 가능성을 지적하고 있다.[12]

그러나 소련 지도자들은 일단 아발킨의 "안정화" 방안을 채택한 것으로 보인다. 1990년도 경제계획과 뒤이은 제13차 5개년 계획은 바로 과도기에 대처하기 위한 비상대책인 것이다.[13] 이에 따르면 경제시책의 최우선 순위는 경제의 안정화, 다시 말해서 방만한 통화 공급과 이를 뒷받침할 상품 및 용역의 부족으로 인한 불균형을 시정하는 데 주어질 것이다. 이를 위해 무엇보다도 자원배분의 순위가 바뀔 것이다. 종전의 중공업우선 정책이 지양되고 소비재 생산에 총력이 집중될 것이다. 둘째로는 통화 증발(增發)이 억제될 것이다. 이는 주로 세출 억제와 상품 유통세의 증액 등을 통한 세입 증대로 예산적자를 축소하고 임금 인상을 억제하는 등 재정긴축을 통해 이루어질 것이다.

리슈코프(Nikolai Ryzhkov) 총리는 1989년 12월 인민대의원 대회에서

10) *Izvestiya*, 1989. 8. 25.
11) *Sotsialisticheskaya industriya*, 1989. 4. 6; V. Selyunin, "Soviet Reformer Fears Collapse of Economic House of (Ration) Cards," *Glasnost*, Vol. 2, No. 5 (January-March 1990), pp. 57-60.
12) 예를 들면, "Waiting for Real Economic Change," *Moscow News*, No. 5 (1990), p. 10; Kagalovskii, p. 67; Ol'sevich, p. 16.
13) *Izvestiya*, 1989. 11. 1; 1989. 12. 16.

소위 6개년 비상시책(1990-95)을 제시함으로써 사실상 개혁의 후퇴를 선언했다.[14] 그는 무작정 근본적 개혁을 강행할 경우 여건이 성숙되지 않은 상태에서 소련경제는 인플레이션의 심화와 생산 위축, 실업 및 사회적 긴장의 고조 등을 경험하게 될 것이라고 경고하고, 정부는 당분간 경제 안정화와 개혁을 병행하여 추진하기로 결정했다고 말했다. 그는 1990-92년 중 무엇보다도 예산적자의 축소와 소비자 시장의 균형 회복에 총력이 집중될 것이며, 이를 바탕으로 1993년 이후 단계적으로 개혁을 본격화할 것이라고 밝혔다.

한편 고르바초프도 지난 1990년 3월 대통령 취임사에서 최대의 정책 현안은 "사회·경제적 긴장을 해소"하는 것이라고 말함으로써 소련경제에 대한 위기 진단에 동의했다. 그는 지난 5년은 근본적 개혁을 위한 준비 단계였다고 전제하고 이제 낡은 것과 새로운 경제운영 방식간의 "적대적 공존"을 극복해야 할 것이라고 역설했다.[15]

결론적으로 시장화 개혁이 뒤로 미루어졌음은 분명하다. 경제안정화가 기존 계획체제를 바탕으로 추진될 것임은 쉽사리 예상할 수 있는 일로서 이는 일단 1965년의 개혁 노력이 비슷한 과정을 거쳐 포기되었던 경험을 상기시키고 있다.

III. 시장화 개혁의 문제점

소련이 시장화 개혁을 뒤로 미룰 수밖에 없는 이유는 소련경제의 중환에서 찾아야 할 것이다. 소련경제는 "경제 불균형"이란 병을 앓고 있는 것이다. 이를 방치한 채 시장화를 도모할 경우 불균형은 걷잡을 수 없이 심화되고 이로 인한 사회·정치적 불안정이 고조될 것으로 지적되고 있다.

---

14) 위의 신문, 1989. 12. 14.
15) 위의 신문, 1990. 3. 16.

1. 경제 불균형의 심화

소련경제의 불균형은 무엇보다도 인플레이션의 심화로 나타나고 있다. 고르바초프가 개혁을 시작한 동기는 소련경제의 성장 둔화였으나 개혁 과정에서 뜻하지 않게도 불균형이라는 걸림돌이 도사리고 있었던 것이다. 인플레이션은 소련의 방만한 예산적자와 기업 및 가계의 과다 저축 (과다 잠재수요)에 기인하고 있다.

앞서 지적한 바와 같이 소련에서 시장화 개혁이 추진되고 있는 이유는 시장을 통해 "자원의 합리적 배분"을 기하고 이로써 성장 둔화를 탈피하 자는 데 있었다. 표1에서 보는 바와 같이 성장 지표인 생산국민소득 증 가율은 1960년대 이래 하강을 계속해 오고 있는 것이다.

1989년에도 이러한 추세는 예외가 아니어서 성장은 전년 대비 2.4퍼 센트 증가에 그치고 있다. 연 2-3퍼센트의 성장은 일견하여 서방 선진국 의 성장 실적에 비할 때 손색이 없는 것으로 보일지 모르나 이들 발표 수치의 신빙성에 이의가 제기되고 있다. 소련의 한 경제학자에 따르면 국민소득을 구성하는 5개 주종 부문의 — 공업, 농업, 건설, 수송, 상업 — 물적 산출고가 1989년 중 1.4퍼센트 증가에 그치고 있는 데 반해 요소 (要素) 수요는 1퍼센트 정도 줄어든 데 불과함을 고려할 때 국민소득이 2.4퍼센트 증가했다는 발표는 납득하기 어렵다고 지적, 실질 증가는 1.8-2.0퍼센트에 지나지 않을 것이라고 주장하고 있다.[16] 그는 이에 더해 소련 통계당국은 인플레이션을 국민소득 산정에 충분히 반영하고 있지

표1: 소련의 국민소득(생산), 1985-89 (증감, %)

5개년 (연 평균)					연도별 (전년 대비)			
1966-70	1971-75	1976-80	1981-85	1986-89	1986	1987	1988	1989
7.8	5.7	4.3	3.2	2.7	2.3	1.6	4.4	2.4

자료: *Narodnoe khozyaistvo SSSR v 1988 g.* (Moskva, 1989), pp. 7-8; *Pravda*, 1990. 1. 28.

[16] B. Bolodin, "Statistics--A New Puzzle," *Moscow News*, No. 6 (1990), p. 10.

표2: 소련의 인플레이션 비공식 추계 (전년 대비 상승률, %)

	1981-85	1986	1987	1988	1989
인플레이션	5.7	6.2	7.3	8.4	10-15
물가 상승분	1.6	3.0	3.1	4.1	
잠재분	4.1	3.2	4.2	4.3	

자료: 1981-88년도 수치는 A. Shmarov and N. Kirichenko, "Inflyatsionnyi vsplesk: masshtaby i prichny," *Ekonomicheskaya gazeta*, No. 13 (1989), p. 12.

않다고 비판한다. 이로써 국민소득이 근년 들어 절대적으로 수축되고 있음에도 불구하고[17] 이러한 추세를 반전시키는 데 필요한 가격개혁 등 조치가 재정 불균형으로 인해 지연되고 있는 것이다.

통계당국에 의하면 소련에서 1989년 중 소비품에 대한 가격 상승은 전년 대비 2퍼센트에 달했으며 물자 부족으로 충족되지 못한 구매력, 즉 잠재적 인플레이션(skrytoi inflyatsii)까지를 계상하면 소비재 부문에서 인플레이션은 7.5퍼센트에 달하고 있다.[18] 그러나 소련의 경제전문가들은 1989년 중 인플레이션이 적어도 10-15퍼센트 수준에 이른 것으로 추산하고 있는 것이다.[19] 이들 추계를 종합하면 표2의 수치를 얻을 수 있다.

여기서 "물가 상승분"이란 정부 고시가격의 변동과 제품의 품질 저하를 계상한 것으로서 암시장과 협동조합의 가격 변동은 계산에 포함되고 있지 않다. "잠재분" 혹은 억압된 인플레이션은 충족되지 못한 수요로서의 기업 및 가계 저축의 증가를 지칭한다. 전문가들은 인플레이션 압력이 이제 위험수위를 넘어서고 있다고 경고하고 있다.

이러한 우려는 인플레이션을 조장하는 요인들이 만만치 않음을 고려할

[17] Kagalovskii, p. 60. 스웨덴 경제학자 아슬룬드(Anders Aslund)는 1990년 3월 모스크바에서 개최된 소련경제에 관한 회의에서 소련의 국민총생산(GNP)은 1989년 중 실제로 4-5퍼센트 정도 하락한 것으로 추산되며 1990년에는 8-10퍼센트까지 급강하할 것이라고 전망했다. *New York Times*, 1990. 3. 15.

[18] *Pravda*, 1990. 1. 28.

[19] V. Popov, "Perestroika i potrebnosti sovetskoi ekonomiki vo vneshnem finansirovanii," *Mirovaya ekonomika i mezhdunarodnye otnosheniya*, No. 3 (1990), p. 30.

때 더욱 타당한 것으로 보인다. 우선 기업과 가계의 저축이 1989년 중 3,377억 루블을 기록, 일년 사이에 410억 루블이 추가되고 있다.[20] 이에 더해 1989년 초 현재 가계가 보유 중인 현금이 적어도 900억 루블에 달한 것으로 추산되고 있다.[21] 저축분 중 충족되지 못한 대기성 수요가 1990년 초 현재 1,650억 루블로 추산되고 있는바, 이는 소련의 전체 상품 유통액 중 1/3에 해당하는 것이다.[22]

한편 정부의 예산적자는 1988년 1,200억 루블에서 1989년에 920억 루블로 줄어들었으나, 그럼에도 불구하고 이는 여전히 국민총생산의 10퍼센트를 차지하는 수준이다.[23] 미국의 예산적자가 국민총생산의 3퍼센트 수준임을 고려할 때 소련의 예산적자가 얼마나 심각한지를 이해할 수 있을 것이다. 특히 소련의 예산적자는 세입 감소에 기인하는 것으로서 정부는 세입 부족분을 메우는 데 통화 증발(增發)에 의존함으로써 강한 인플레이션 촉발 가능성을 내포하고 있는 것이다.

경제 불균형은 역설적이지만 특히 지난 몇 년간의 개혁 기간 중 심화되어 왔다. 1981-85년 중 재정적자는 연평균 200억 루블로서 국민총생산의 2퍼센트 수준이었으나 1987-88년 중 각각 6.9, 14, 9.9퍼센트로 격증하고 있다. 불균형의 원인으로서는 우선 정부의 실책을 지적할 수 있을 것이다. 고르바초프는 집권 직후 노동기강 확립을 위한 금주운동의 일환으로 주류 생산을 대폭 축소했는바, 이 과정에서 대체 상품을 통한 구매력 흡수가 이루어지지 못했고 세입만 감소시킴으로써 결국 예산적자와 함께 충족되지 못한 구매력만 증가시켰던 것이다. 집계에 의하면 1985-87년 중 370억 루블에 달하는 주류 생산 감축이 강행되었던 것이다.[24] 이는 1985년도 소련의 식료품 판매액의 1/4에 해당하는 것이다.

---

[20] *Pravda*, 1990. 1. 28.
[21] O.Bogomolov, "Mogut li den'gi byt' lishnimi?," *Argumenty i fakty*, No. 3 (1989), pp. 2-4.
[22] Popov, p. 30.
[23] *Pravda*, 1990. 1. 28; Popov, p. 29.

이와 함께 개혁 초기 수출 감소를 메우기 위한 수입 감축으로 소비재 공급 부족은 물론 세입 감소가 더욱 촉진되었다.

끝으로 급속한 경제 재건을 목표로 제12차 5개년 계획 초기에 과투자(過投資)가 이루어짐으로써 불균형이 더욱 심화되는 결과를 낳게 되었다. 통계에 따르면 1986-88년 중 190억 루블이 계획을 초과하여 투자에 소요됨으로써 결과적으로 1989-90년에는 투자 삭감이 불가피하게 되었던 것이다.[25]

이상의 조치는 결국 공급 감소, 특히 소비재 부족을 초래하게 되었으나 이와 함께 주로 초기 개혁에 뒤이은 구매력의 격증으로 소위 상품-화폐 관계의 불균형이 보다 현재화(顯在化)하게 된 것이다. 우선 협동조합의 등장과 이들에 대한 기업의 도급 증가로 계획당국이 통제할 수 없는 화폐 소득원이 나타나게 되었다.[26]

이에 더해 기업에게 어느 정도 자율권이 부여되자 이들 기업은 한결같이 제품 구성에 있어서 비싼 투입요소를 사용함으로써 결과적으로 가격 인상과 임금 인상을 부채질하게 되었다.[27] 시장에서 경쟁할 필요가 없는 사회주의 기업으로서는 제품 비용의 인상을 통해 손쉽게 계획 목표를 달성하고 이와 관련하여 상여금을 받아 낼 수 있었던 것이다.

이에 더해 기업은 1989년 중앙의 통제가 다시 강화되기 전까지는 임금도 자율적으로 결정하도록 허용되었던바, 여기서 기업의 "사재기" 근성의 일환으로 대대적인 노동력 비축이 이루어졌다. 이로 인해 1986-88년 중 소련 임금 소득자의 화폐 소득은 연평균 4.5퍼센트 증가함으로써 노동생산성 증가율 3.8퍼센트를 상회하는 현상이 나타난 것이다.[28]

---

24) P. Kondrashev, "Potrebitel'skii rynok i spros i predlozhenie," *Ekonomicheskaya gazeta*, No. 1 (1989), p. 10.

25) V. Panskov, "Kak preodolet' defitsit byudzheta," *Ekonomicheskaya gazeta*, No. 5 (1989), pp. 5, 15; *Pravda*, 1988. 10. 28.

26) *Izvestiya*, 1989. 3. 31.

27) *Pravda*, 1990. 1. 28.

28) 위의 신문, 1989. 1. 22.

불균형은 사실상 사회주의 경제의 속성으로 지적되고 있다. 헝가리 경제학자 코르나이(Janos Kornai)는 사회주의 경제를 만성적 부족의 경제 (chronic shortage economy)로 정의한다.[29] 소련과 다른 사회주의 국가에서 관찰되고 있는 상품 부족 및 제한된 수량의 물품을 먼저 구입하기 위한 줄서기, 원하는 물건을 구입 못했을 경우 다른 대체 물품을 구입하든가 아니면 할 수 없이 저축해야 하는 현상이 실은 최근의 일이 아니라 계획 체제의 성립과 동시에 시작된 것이다. 부족의 원인은 무엇보다도 중앙 계획당국자들의 중공업과 같은 특정 부문 선호 및 과도한 생산목표 설정 (taut planning)과 필요 시 언제라도 국가의 지원을 받을 수 있는 특혜(soft budget constraint)를 배경으로 한 사회주의 기업의 끊임없는 투자욕 (investment hunger)으로 촉진되어 왔다. 부족하다는 것은 뒤집어 말한다 면 어디에서나 과수요(過需要)가 많다는 이야기로 될 것이다.

이러한 부족 현상은 개혁 이전에는 주로 소비제품에 국한되어 왔으나 개혁 이후 거시경제적 차원, 즉 소련경제 전반에까지 파급되고 있는 것 이다.[30] 이러한 과수요의 존재는 시장이 활성화될 경우 쉽사리 소련경제 를 불안정으로 몰고 갈 수 있음은 이해하기 어렵지 않은 일로서 이로 인 한 부족은 다시 기존 계획체제로의 복귀를 선호하게 만드는 구실로 될 가능성이 많은 것이다.

2. 경제개혁과 민주화

고르바초프의 경제개혁에 반대하는 세력이 여전히 만만치 않게 도사리

---

29) "부족(不足)의 경제" 혹은 "자원제약형(資源制約型) 경제"에 관한 코르나이 (Kornai)의 본격적인 설명에 관해서는 다음 저서 참조. Janos Kornai, "Resource-Constrained Versus Demand-Constrainsed Systems," *Econometrica*, Vol. 47, No. 4 (July 1979), pp. 801-819; Janos Kornai, *Economics of Shortage* (Amsterdam: North-Holland, 1980).

30) P. Desai, "Perestroika, Prices, and the Ruble Problem," *The Harriman Institute Forum*, Vol. 2, No. 11 (November 1989), pp. 4-6.

고 있다는 사실은 이제 더 이상 새로운 이야기가 아니다. 반대자 또는 반대로 돌아설 수 있는 계층은 널리 지적되고 있는 바와 같이 개혁으로 권력을 상실하게 될 당·정(黨·政) 관료뿐만 아니라 미숙련 노동자, 농민, 연금 생활자, 감군(減軍)을 앞둔 군인 등 소련국민의 대다수를 차지하고 있다해도 과언이 아닐 것이다.[31] 심지어는 개혁의 혜택자인 협동조합들조차도 현재와 같은 어중간한 상태에서 불로소득을 포함하여 가장 이익을 많이 볼 수 있다고 생각, 더 이상의 개혁에 반대할 가능성이 적지 않은 것이다.[32] 일반 국민과 노동자들도 막상 개혁의 바람직하지 않은 영향이 신변에 와 닿으면 개혁을 지지하고 나설지는 의문인 것이다.

고르바초프는 개혁에 대한 밑으로부터의 자발적 열의를 고취하고 이로써 개혁에 대한 반대를 견제하기 위해 이제까지 주로 정치개혁, 특히 민주화 개혁을 적극 추진해 왔다. 소련경제도 이러한 영향에서 예외일 수는 없어서 한 경제학자의 말을 빌자면 "경제의 정치화" 현상이 나타나기 시작한 것이다.[33] 예컨대 노동자들이 쟁의 등을 통해 자신들의 권익 신장에 나서기 시작한 것이다. 이러한 상태에서 보다 근본적인 개혁이 추진될 전망은 어떠한가? 역설적이지만 정치적 민주화는 시장화 개혁을 더 힘들게 만들고 있는 것으로 보인다. 예컨대 인플레이션 압력을 해소할 최선의 방법은 아마도 소련정부가 어느 날 전격적으로 화폐개혁을 실시하는 일일 것이다.

그러나 고르바초프는 과연 이와 같은 과격한 조치를 취할 수 있을 것인가? 개혁파 경제학자인 아간베기안(A. Aganbegyan) 같은 이는 이로 인한 사회적 후유증을 우려하여 반대하고 있다.[34] 소련정부는 또한 화폐개혁 대신에 과감한 가격 자유화 조치를 취할 수 있을 것이다. 그러나 이

---

[31] Palei and Radzivanovich, pp. 30-31.
[32] 위의 글, p. 31.
[33] Gaidar, p. 31.
[34] *Pravda*, 1989. 2. 6.

방법은 단기적으로 인플레이션을 가속화시킬 것이다. 실제로 폴란드에서는 이러한 조치로 물가가 60퍼센트나 뛰어올랐던 것이다. 그러나 물가폭등에도 불구하고 폴란드 국민은 이에 이의를 제기하지 않고 있다.

그러면 고르바초프도 폴란드 정부가 취한 과감성을 본받을 가능성이 있는가? 답변은 부정적인 것으로 보인다. 폴란드의 신(新) 정부는 무엇보다도 국민의 절대적 지지를 배경으로 이러한 "충격요법"을 취할 수 있었던 것이다. 고르바초프가 소련 국민으로부터 이러한 지지를 받고 있는지는 의심스럽다. 결론적으로 소련에서 정치 민주화는 자칫 경제 자유화의 발목을 얽어 맬 가능성이 적지 않은 것이다.

IV. 맺는 말

이제까지 소련에서 추진 중인 경제개혁의 성격과 문제점을 검토했다. 항간에서는 소위 "시장 사회주의"라는 잘 준비된 개혁 구상이 있으며 소련에서 현재 이의 추진을 위해 일사불란하게 움직이고 있는 것으로 생각하는 사람들이 없지 않으나 이는 사실과 다르다. 소련에서의 개혁은 추진 5년이 지난 지금 여전히 초기 단계를 벗어나고 있지 못하며 뚜렷한 개혁 구도도 제시하고 있지 못한 것이 실정이다. 개혁은 기존 체제를 보완하는 부분적 개혁 내지 체제 내 개혁의 범위를 벗어나지 못하고 있는 것이다.

그나마도 "시장화"를 위한 일부 조치들마저 소련경제의 불균형 심화에 직면하여 추진이 벽에 부닥치고 있다. 소련정부는 이러한 어려움을 극복하기 위해 적어도 단기적으로 종래의 계획체제에 의존하려 하고 있는 것이다. 이제까지 사회주의 국가들에서 경제개혁은 시장화 개혁과 기존 체제로의 복귀를 주기적으로 경험해 왔다. 소련에서 실패로 끝난 1965년도 개혁은 그 좋은 예인 것이다. 발표자는 서두에서 "소련의 경제개혁은 끝났는가?"라는 질문을 내 놓았다. 이에 대해 확답을 한다는 것은 지금으로서는 시기상조인 것으로 보인다. 그럼에도 불구하고 그동안 추진되어 온 개혁의 성격, 최근의 "이보(二步) 전진을 위한 일보(一步) 후퇴" 명분 하의 안정화 조치 및 시장화 개혁이 안고 있는 문제점들을 고려할 때 개혁의 전도가 순탄하지만은 않을 것임이 분명하다.

제2장: 러시아의 시장경제화

12. 사유화 개혁

러시아는 소련의 붕괴 직후 사회주의 계획경제를 버리고 시장경제를 도입하는 일대 개혁에 착수했다. 옐친(Boris Yeltsin) 대통령 하에서 러시아의 개혁파 정부는 1992년 초 이제까지 계획에 묶여 있던 물가를 일거에 자유화하는 이른바 "충격요법"을 단행했으며, 이어 국유재산의 사유화 내지 민영화를 추진하게 되었다.[1] 그러나 가격 자유화에 기초한 급진적 개혁은 물가 폭등을 초래하는 등 이행기(perekhodnoi period) 러시아 경제가 지탱할 수 없을 정도의 충격을 안겨 주었으며, 이로 인한 정치 불안과 맞물려 오래지 않아 포기되었다. 이와 대조적으로 사유화 정책은 1992년 후반이래 여러 개혁 조치 중 가장 성공적으로 추진되고 있는 것으로 평가된다. 무릇 소유관계의 전환은 사회주의 계획경제에서 시장경제로 이행하는 데 있어서 관건이 아닐 수 없는 것이다.

이 글은 이러한 사유화 개혁에 초점을 맞춘 가운데 러시아의 경제개혁을 살피고자 한다. 이로써 러시아의 사유화 개혁은 이 글을 포함하여 본 논문 묶음이 의도하는 바와 같이 동유럽을 비롯한 다른 체제 이행국들의

이 글은 1999년 세종연구소 연구보고서로 출판된 것이다: 「러시아의 경제개혁: 사유화를 중심으로」, 양운철 (편), 『사회주의 경제체제의 전환: 러시아, 동유럽, 북한』, 세종연구소 연구총서 99-06 (성남: 세종연구소, 1999), pp. 21-48.

[1] 러시아의 경제개혁에 관해서는 Anders Aslund, *How Russia Became a Market Economy* (Washington, D.C.: The Brookings Institution, 1995) 참조.

경험과 적절히 비교될 수 있을 것이다. 러시아의 개혁은 특히 어떠한 형태로든 변혁이 불가피한 것으로 보이는 북한의 진로를 헤아리는 데 다소나마 길잡이가 될 수 있을 것이다. 북한은 여전히 사회주의 계획경제를 고수하는 나라 중 하나인 것이다.

러시아의 사유화 경험을 살피기 앞서 이와 관련한 개념들을 분명히 할 필요가 있다. 사회주의적 소유를 기본으로 하는 경제에서 사유화나 민영화는 자본주의 시장경제에서의 민영화 및 사유화와는 구별되어야 할 것이다. 러시아가 소련으로부터 물려받은 사회주의 계획경제란 무엇을 지칭하는가? 소련이 붕괴 직전까지 유지하고 있던 계획경제는 무엇보다도 생산수단의 국유화와 계획에 의한 자원의 배분을 특징으로 하고 있다. 계획체제 하에서 국가는 생산수단을 독점적으로 소유하고 모든 재산소득은 국가에 귀속되며, 경제는 시장을 통해서가 아니라 국가의 계획에 의거하여 조정된다. 이와 같이 계획 혹은 계서적 조정(bureaucratic coordination)이 이루어지는 곳에서 경제 단위간의 관계는 수직적이며 자원의 배분은 불가피하게 다층적, 계서적(階序的) 질서에 따라 행해지는 것이다. 여기서 계서적 질서의 상부는 — 중앙 행정기관 — 자원의 배분과 소득의 재분배에 있어서 항시 하부에 — 하급기관, 국영기업 및 가계 — 우위 한다.[2] 상부는 모든 경제적 결정을 내리고 하부는 이를 충실히 집행할 의무만이 부과되는 것이다.[3] 이와 대조적으로 시장조정(market coordination)에 의한 자원 배분에 기초하고 있는 시장경제에서는 경제활동을 영위하는 구성 단위간에 수평적 관계가 유지됨을 전제로 한다. 구매자 혹은 판매자인 이들 단위는 시장을 통해 영리를 추구하는 등 경제적 목적을 달성하게 된다. 시장조정에서는 무엇보다도 화폐와 가격, 이윤이 자원 배분의 주요한 수단으로 기능할

---

[2] 이 글에서 "국영기업"은 사회주의 체제 하의 기업을 지칭한다. 국영기업은 국가 소유일 뿐만 아니라 경영에 있어서도 국가기관에 직접적으로 종속되고 있는 사회주의 기업이다.

[3] J. Kornai, "The Hungarian Reform Process: Visions, Hopes, and Reality," *Journal of Economic Literature*, Vol. XXIV, No. 4 (1986), pp. 1690-1691.

것이다.4)

계획경제 하에서는 사적 소유가 허용되지 않는 데 따라 경제 활동에 있어서 이윤 동기가 사라지게 되었고, 이는 기업들 — 국영기업들 — 사이에 경쟁을 불필요하게 만들었으며 궁극적으로 경제의 효율을 저하시키게 되었던 것이다. 사회주의 계획경제는 이러한 속성의 자연적인 귀결로 구조적으로 다음과 같은 문제점을 노정하여 왔다:

(1) 거시경제상의 불균형: 계획경제 하에서 명목가격과 임금은 고정되어 있으며, 국영기업간의 결재는 단순히 중앙의 지령을 반영하는 회계 처리에 불과하다. 임금만이 화폐의 형태로 지급되는바, 가계의 구매력을 결정하는 임금 수준은 거시경제적으로 수요와 공급의 균형을 이루는 데 중요한 역할을 담당했다. 계획경제가 와해되기 전 소련에서 임금 상승은 자주 가격의 상향 조정을 앞질렀으며, 따라서 국가경제의 소비재 공급 능력을 상회하여 왔다. 결과적으로 부족한 소비재는 배급을 통해 분배될 수밖에 없었으며, 가계는 본의 아니게 임금 소득을 저축할 수밖에 없게 되었던 것이다. 이것이 소련 말기 물가상승의 억압된 잠재력으로 통화 과잉(monetary overhang)을 유발하게 되었다.

(2) 경제적 선호(preferences)의 왜곡: 경제 활동에 있어서 계획에 따라 물리적 단위에 입각한 생산 목표가 가장 중요한 지표로 채택되었다. 경제적 선호에 있어서는 소비자가 아니라 생산수단을 독점하는 국가의 선호가 우선하게 되었으며, 이는 현실적으로 소련 지도부의 중공업 우선 정책으로 나타났고, 상대적으로 소비재 부문은 홀대를 받게 되었다.

(3) 상대적 가격의 왜곡: 계획경제 하에서 가격이란 국가 계획을 수행하는 과정에서 회계 처리의 수단에 불과했으며, 재화의 희소성을 반영하지 못하게 되었다. 소련의 경우 주택, 교육, 의료, 대중교통 및 에너지 등 생필품 부문의 가격은 인위적으로 낮게 책정되었으며, 토지는 기본적으

---

4) 위의 글.

로 자유재로 취급되었다. 이와 같이 가격이 수급을 반영하고 있지 못할
뿐만 아니라 비용에 기초한 가격의 산정도 지대와 이자, 이윤 등 경제지
표의 임의적 설정 및 보조금과 거래세의 주먹구구식 결정으로 인해 극히
허구적이었고, 결과적으로 이러한 임의성으로 자원의 낭비를 피할 수 없
었다.[5]

그러면 사회주의 계획경제가 시장경제로 이행한다는 것은 무엇을 뜻하
는가? 무엇보다도 계획이 포기되고, 가격이 수요와 공급을 반영할 수 있
도록 자유화되며, 생산수단의 탈국유화(脫國有化)가 이루어져야 할 것이
다. 탈국유화에는 민영화(razgosudarstvlenie)와 사유화(privatizatsiya)가 포함
될 것이다. 무릇 민영화는 기업이 국가기관의 직접적인 종속에서 탈피하
여 주식회사, 협동조합, 기타의 사기업과 임대 등을 통해 탈(脫) 국가 경
영으로 전환하는 것을 뜻하는 것으로, 민영화는 시장경제체제에서도 관
찰되고 있다. 한편 사유화는 무엇보다도 소유권의 전환을 일컫는 것이다.
동유럽에서는 개혁 초기에 사유화와 관련하여 소유권의 이전이 없이 경
영권 내지 통제권이 국가기관에서 사부문 기업으로 이전되면 "사유화"가
된 것으로 간주한 적이 있으나, 이 경우는 사유화라기보다는 민영화로
분류하는 것이 적절할 것이다.[6] 사유화는 소유권의 비가역적(非可逆的)
이전을 특징으로 하는 것이다. 이 밖에도 러시아 및 동유럽에서 체제 전
환과 관련하여 사유화라는 용어가 민영화에 비해 더 넓게 쓰인다는 점에
서 이 글은 사유화를 민영화까지 포함하는 광의의 개념으로 사용하고자
한다.

결론을 앞세운다면, 러시아에서 진행 중인 경제개혁이 전반적으로 파
행을 면치 못하고 있음에도 불구하고 사유화만큼은 일관되게 진행되고

5) Martha de Melo, Cevdet Denizer and Alan Gelb, "Patterns of Transition from
  Plan to Market," *The World Bank Economic Review*, Vol. 10, No. 3, pp. 400-401.
6) Josef Brabant, *Remaking Eastern Europe — On the Political Economy of Transition*
  (London: Kluwer Academic Publisher, 1990), pp. 150-152.

있는 것으로 평가할 수 있을 것이다. 개혁이 일천함에도 불구하고 적어도 외견상 상당수의 국유기업이 사적 소유로 전환되었거나 민간인에 의한 경영으로 전환되고 있다. 이와 함께 비록 초기 단계이기는 하나 일부 대규모 독점기업의 해체와 군수산업의 민수 전환 및 국가가 독점하던 유통구조의 해체를 통해 기업과 경제 전반의 효율성을 제고하는 방향으로 나아가고 있다. 끝으로 사유화는 신흥 중산계층의 육성을 촉진함으로써 개혁의 기반을 다지는 데 기여한 것으로 평가된다. 그럼에도 불구하고 독점기업의 해체가 여전히 미흡한 것과 함께 사유화에 불가피하게 수반될 수 있는 소위 내부자 사유화(insider privatization)로 인해 구 지배계층(nomenklatura)이 대거 신흥 자본가로 탈바꿈함으로써 사회·정치적 갈등의 여지를 남겨 놓고 있는 것이다. 이 글은 우선 러시아의 시장경제 개혁을 정리해 보고자 한다.

1. 러시아 경제와 개혁

러시아 정부는 1992년 1월 시장경제의 본격적인 도입을 목표로 가격 자유화를 단행하게 되었다. 이제까지 중앙 당국의 계획에 묶여있던 대부분의 상품 가격을 시장의 수요와 공급에 맡겨 자율화한 것이다.[7] 당시 옐친 대통령은 가격 자유화를 시작으로 경제개혁이 추진되면 조만간 물가 안정 등 경제 회복이 이루어 질 것으로 다짐했었다. 그럼에도 불구하고 이러한 조치는 가히 충격적이어서 1월 중 물가가 2.5배로 급등했으며, 같은 해 연간 소비자 물가는 25배의 폭등을 기록하게 되었다.

이와 함께 러시아 정부는 국유기업의 대대적인 매각에 착수했다. 당국은 1992년 6월 "1992년도 사유화 계획"을 채택했으며, 같은 해 10월 "사유화 증서(vaucher, privatizatsionnyi chek)의 무상 배포"를 통해 탈국유

---

[7] 이외에 자유화 조치의 일환으로 임금 자유화와 루블화(貨)의 실세(實勢) 절하 및 최단시일 내 태환화(兌換化) 등이 계획되고 있었다.

화를 단행하게 되었던 것이다. 당시 계획에 따르면, 사유화를 시작한 지 3개월 내에 러시아 내 중소기업의 절반 이상을 사유화하고, 대규모 국유기업도 주식 매각을 통해 처분할 예정이었다. 이 밖에도 다음과 같은 사유화 조치가 계획되고 있었다. 계획경제의 유산인 고도의 독과점으로 인해 가격을 자유화하는 과정에서 이들의 횡포를 막기 위해 대기업의 분할과 중소기업의 육성에 주력하며, 군산복합체(軍産複合體)는 조속히 민수(民需) 전환을 도모한다. 국영농장과 집단농장 중 결손(缺損) 농장은 해체하고 이들 농장의 농지는 자영농(自營農)에게 양도하며, 자영농의 영농현대화를 지원하고 단기간에 농산물 유통 체계를 민영화하도록 한다.

러시아 정부가 체제 이행에 있어서 이와 같이 급진적인 조치에 승부를 걸지 않을 수 없었다면, 그 이유는 어디에 있었는가? 당시 개혁안은 매우 서둘러 성안되고, 지체 없이 착수되었던 것이다. 옐친 대통령은 소련이 해체되기 직전인 1991년 10월 말 가격 자유화를 비롯한 급진적 경제개혁안을 제시했으며, 러시아 공화국 최고회의(의회)는 같은 해 11월 이를 압도적으로 지지하고 이의 수행에 필요한 대권을 그에게 부여했었다. 개혁안은 내용에 있어서도 매우 급진적이었다.[8] 이와 같이 충격요법에 의존하지 않을 수 없었던 이유는 무엇보다도 위기 속의 러시아 경세에서 찾아야 할 것이다.

---

8) 옐친의 개혁안은 구 소련에서 1986년이래 제안되었거나 실제로 시도되었던 최소한 여덟 개의 개혁안들에 ─ 예컨대 리슈코프(Ryzhkov) 경제안정화 계획, 아발킨(Abalkin) 계획, 샤탈린(Shatalin) 계획, 야블린스키(Yavlinskii) 계획 등 ─ 비해 물가와 임금의 거의 전면적인 자유화, 단시일 내 루블화의 태환화 등 시장경제로의 전면적인 이행을 표방하고 있는 점에서 가장 급진적인 것이다. 그러나 그의 개혁시책은 급진적인 만큼 무리한 점이 적지 않았는바, 예를 들면 임금을 노동시장에서 결정하도록 자율화할 경우 이에 따른 물가상승에도 불구하고 이를 상쇄할 수 있는 임금 인상이 이루어지지 못하면 국민의 불만이 팽배할 가능성이 크며 또한 긴축재정으로 결손 기업이 도산하고, 이에 더해 감군(減軍)이 불가피하게 될 경우 대량 실업이 유발될 가능성 등 많은 문제점을 안고 있었다. 종전의 개혁안에 비해 옐친의 구상은 밑으로부터 시장경제가 싹트고 뿌리를 내릴 수 있는 기반을 마련하기보다는 시장경제의 도입을 위에서 강요하는 데 치중한 것이다. 단적으로 옐친은 "일단 저질러 놓고 보자"는 태도로 개혁에 임했던 것이다.

표1: 소련 경제의 주요 지표, 1983-1990 (전년 대비 증감, %)

	1983	1984	1985	1986	1987	1988	1989	1990
생산국민소득	4.2	2.9	1.6	2.3	1.6	4.4	2.5	-4.0
공업생산고	4.2	4.1	3.4	4.4	3.8	3.9	1.7	-1.2
농업생산고	6.2	0.2	0.2	5.3	-0.6	1.7	1.3	-2.9
총투자	5.6	1.9	3.0	8.4	5.6	6.2	4.7	0.6
고정자본 가동 개시	5.9	2.2	1.4	5.9	6.8	-1.4	2.5	-1.9
취업인구	0.7	0.5	0.6	0.6	0.4	0.1	0.5	-0.6

출처: Goskomstat SSSR, *Narodnoe khozyaistvo SSSR* (Moskva: 매년 호).

소련당국의 발표에 의하면, 1990년도 국민총생산(GNP)은 전해에 비해 2퍼센트 감소했으며 1991년 1-9월 중에는 전 해의 같은 시기와 비교하여 12퍼센트나 줄어드는 침체의 늪에 빠져왔다.[9] 한편 주로 지속적인 임금 상승에 따른 수요 견인(需要牽引, demand-pull) 현상이 만성적인 공급 부족과 겹쳐 1992년에는 걷잡을 수 없는 악성 물가폭등마저 우려되어 왔다. 소련 전체의 미충족(未充足) 수요는 1991년 초에 이미 2,500억 루블을 기록했던 것이다.

다시 말해서 소련의 전체 경제와 특히 소련경제의 큰 몫을 차지하고 있던 러시아 경제는 충격요법이 있기 직전 파탄의 막다른 골목으로 접어들고 있었던 것이다. 경제지표상으로 소련경제는 1985년 소련의 마지막 지도자 고르바초프(Mikhail Gorbachev)가 집권하기 이전까지만 해도 비록 지속적인 성장 둔화에 직면하여 왔을 망정 어느 정도의 안정은 유지하고 있었다. 계획경제 하에서 독립적인 노동조합의 활동은 억압되었고 소비자 물가는 동결되었으며 명목 임금의 상승은 억제될 수 있었다. 소비재 부족의 형태로 나타나던 물가상승 현상은 임금 상승의 억제와 투자 감축 및 주류(酒類)와 사치품의 가격 인상 등을 통해 규제할 수 있었다. 그러나 문

---

9) 당시 서방측은 1991년 중 러시아를 포함한 구 소련 전체의 국민소득은 전해에 비해 20퍼센트 이상 축소되고 재정적자도 GNP 대비 20퍼센트 수준으로 늘어날 것으로 전망했다.

제는 1960년대 말이래 성장이 둔화되는 등 점차 경제난이 가중되기 시작
했던 것이다. 고르바초프가 개혁을 표방하고 나서게 된 것은 바로 이러한
침체를 탈피하여 소련 경제를 활성화하려는 데 목적이 있었다. 그는 소련
경제의 회생을 위해 시장경제의 도입을 처방하였으나 개혁은 말의 잔치에
그친 채 제자리걸음을 면치 못했으며 오히려 일련의 중대한 정책상의 과
오를 저지름으로써 경제를 궁지로 몰아넣게 되었던 것이다.10)

　충격요법이 실시된 이후에도 러시아 경제는 오랫동안 침체의 늪을 벗
어나지 못했다. 생산은 1994년까지도 계속해서 급격히 감소했고 예산적
자도 GDP의 10퍼센트 수준을 유지했다. 특히 이 해 10월에는 루블화의
대폭락까지 겹치게 되었다. 이 기간 중 러시아는 정치적으로 1993년 10

10) 소련 경제의－지금은 러시아 및 다른 구 소련 국가들의 경제－위기는 고르바초
프 집권 이후 주로 (1) 방만한 예산적자, (2) 가격 자유화에 앞선 1988년도의 임
금 규제를 해제하는 내용의 입법, 그리고 (3) 1989년의 급진적인 민주화 조치로
심화되어 왔다. 고르바초프 정권은 집권 초기 경제 침체의 회복을 위해 투자를
확대하는 시책을 폈으나, 이와 함께 소련의 주요 경화(硬貨) 획득원인 원유의 국
제가격 하락 및 금주(禁酒) 운동에 따른 수입 감소 등 경제 외적 요인에 따른 세
입의 대폭적인 감축에 직면하게 되었던 것이다. 한편 시장경제의 기반을 마련하
지 않은 채 국유기업에게 임금 및 생산에 보다 큰 자율권을 부여하게 되자 기업
은 명목가격(계획가격)이 가장 비싼 제품의 생산에 주력하는 한편 임금 기금은
여전히 계획 당국의 통제 하에 있었던 데 따라 이로 인해 기업이 별다른 부담을
받지 않게 되자 노동자에게 보다 많은 급료를 지급하는 방향으로 경영에 임함으
로써 실질적으로 생산 감소와 함께 방만한 임금 상승을 유발하게 되었다. 참고로
종전에는 각 기업의 생산목표가 물량(物量) 단위로 하달되었다. 끝으로 민주화에
따른 밑으로부터의 압력에 대면하여 정부는 정권 유지를 위해 각종의 시혜(施惠)
를 확대하는 등 사회적 지출을 능력 이상으로 늘이게 되었던 것이다. 예컨대 당
국은 1991년 4월 소비재 가격을 인상할 당시 보조금을 같이 증가시킴으로써 가
격이 부분적으로 시장에서 결정되는 효과를 대부분 상쇄해 버렸던 것이다. 이러
한 정책은 급기야 생산의 저하 및 화폐 소득의 급속한 증가로 이어지는 국민경제
상의 불균형을 유발하게 되었다. 다시 말해서 악성 물가상승과 소비재 부족의 심
화가 두드러지게 되었으며 이에 따른 국민의 불만은 민주화에 힘입어 정부에 대
한 비판으로 나타나는 악순환이 시작되었던 것이다. 소련정부는 1988년을 고비
로 투자 억제와 군사비 지출 삭감 등을 통해 불균형을 시정하려는 소위 경제안정
화 시책을 채택했으나 이들 시책은 일관성이 없었고 급기야는 "루블화로부터의
도피" 현상이 나타나기 시작하게 되었던 것이다. 따라서 옐친이 물가를 자유화하
는 조치를 취하기 직전 러시아경제가 해결해야 할 최대의 문제는 이러한 불균형
을 바로잡는 일이었다.

표2: 소련 경제의 주요 지표, 1951-1990 (연평균 증감, %)

	1951-55	1956-60	1961-65	1966-70	1971-75	1976-80	1981-85	1986-90
생산국민소득	11.4	10.0	6.5	7.8	5.7	4.3	3.2	1.3
공업생산고	13.1	11.0	8.6	8.5	7.4	4.4	3.6	2.5
농업생산고[*]	3.2	7.3	2.2	3.9	2.5	1.7	1.0	1.9
총투자[*]	13.6	13.3	7.7	7.4	7.2	5.0	3.3	5.0
고정자본 가동개시[*]	13.6	14.3	8.0	6.9	7.6	4.9	4.1	3.3
취업인구	1.9	2.3	2.7	2.2	1.9	1.4	0.7	0.2

* 5개년 평균의 연평균 증가율.
출처: Goskomstat SSSR, *Narodnoe khozyaistvo SSSR* (Moskva: 매년 호).

표3: 러시아 경제의 주요 지표, 1992-1998 (전년 대비 증감, %)

	1992	1993	1994	1995	1996	1997	1998
국내총생산 (GDP)	-14.5	-8.7	-12.6	-4.2	-3.5	-0.8	-4.6
공업생산고	-18.2	-14.2	-20.9	-3.0	-4.0	-1.9	-5.2
농업생산고	-9.4	-4.4	-12.0	-8.0	-5.0	-0.1	-12.0
총투자	-40.0	-12.0	-27.0	-13.0	-18.0	-5.0	-6.7
소비자 물가	2,510	842	224	131	22	11.0	84.4

자료: 1992-97: Goskomstat Rossii, *Sotial'no-ekonomicheskoe polozhenie Rossii* (Moskva: 매년 호).
1998: 러시아 연방 국가통계위원회의 1999년 1월 중 잠정 집계.

월 옐친 대통령이 최고회의(의회)를 강제 해산하고, 1994년 말부터 분리주의 체츠니아(Chechnya)에 대해 무력 개입을 하는 등 계속해서 위기를 겪었다. 이에 더해 1993년 말부터 1996년 중반까지 러시아는 일련의 총선과 지방선거 및 대통령 선거를 치르게 되었다. 이러한 과정에서 옐친 정부는 초기의 개혁 성향에서 점차 중도 보수의 색채를 가미하기도 했다.

그럼에도 불구하고 옐친 대통령은 경제개혁의 속도는 늦추지 않을 것임을 되풀이 강조했다. 러시아 정부는 가이다르(Yegor Gaidar) 총리 서리를 비롯하여 개혁파 인사 다수가 정부에서 퇴진한 가운데 체르노미르딘

(Viktor Chermyrdin) 총리 하에 주로 거시경제의 안정화에 역점을 두었다. 이 결과 1998년 금융위기가 내습하기 전까지는 점차 물가상승이 둔화되고 실물경제가 회복세를 보이기 시작했던 것이다.

2. 사유화 개혁

러시아의 사유화 개혁은 크게 1994년을 전후로 두 시기로 나눌 수 있다. 첫 단계는 주로 사유화 증서 등을 통한 중·소규모의 국유기업을 중심으로 사유화하는 단계였고, 그 뒤에는 중·대규모의 기업 등에 대한 현금 매각의 방식으로 이루어지고 있다. 이에 앞서 소련 말기의 혼란을 틈탄 자생적 사유화가 이루어졌었다.

가. 자생적 사유화, 1988-91

러시아에서 사유화는 사실상 소련 말기인 1988년 중반부터 시작되었다. 사유화의 기반은 처음 국유기업의 개혁에서 비롯되고 있다. 당시 소련에서는 고르바초프 집권 하에 기존의 사회주의 체제에 대한 개조(perestroika)가 추진되고 있었다. 이의 일환으로 1987년 6월 "국유기업에 관한 사회주의공화국연방 법률"(국유기업법)과 1990년 6월 "소련에 있어서 기업에 관한 법률"(기업법)이 채택되었다. 이들 법안은 국유기업의 경영에 있어서 중앙의 통제를 축소하고 가격의 결정 등에 있어서 기업의 자율성을 제고하는 데 목적이 있었다.

이와 함께 이들 국유기업을 주식회사로 전환시키기 위한 조치들이 소련 역사상 처음으로 강구되었다. 소련정부는 1987년 1월 "자본주의 국가 및 개발도상 국가와 소련 영내에 합작기업을 설립하고 활동하는 방식에 관한" 법률(합작기업법)을 채택하여 국유기업이 외국 기업과 합작하고 이들 합작기업이 경영상의 완전한 자율을 갖도록 허용했으며, 1990년 6

월 "주식회사 및 유한회사 규칙"(주식회사법)과 "유가증권 규칙"이 제정 되었다. 끝으로 국유기업의 자율을 확대하는 방안의 하나로 1989년 12 월 "소련방 및 연방공화국들의 임차에 관한 입법의 기본 원리"(임차법)가 채택되어 국유재산의 임차를 허용하게 되었다. 이 법은 기업이 임차 재 산의 전부 혹은 일부를 매입할 수 있다고 명기함으로써 국유재산 사유화 의 기반을 마련하게 되었던 것이다.

끝으로 이와 병행하여 사적인 영리행위를 부분적으로 허용하는 조치들 이 마련되었다. 1987년 5월 "소련방 개인기업법"이 발효되어 성년 시민 의 직장 근무 외 경제활동, 다시 말해서 자동차 정비와 가옥 수리 등 이 제까지 불법적으로 행해지던 소규모 근무시간 외 영리행위가 합법화되었 으며, 이후 1988년 7월 "소련에서 협동조합에 관한 소련방공화국 법률" (협동조합법)이 시행됨으로써 사적 경제활동이 개인뿐만 아니라 조합 형 태의 집단에까지 허용되었다. 사적 영리행위는 마침내 국유기업과 함께 개인 및 가족 단위의 기업, 협동조합 등 집단적 소유에 기초한 기업으로 기업법에 명기되었다.

소련에서 사기업의 출현에는 무엇보다도 이들이 어떻게 생산수단을 갖 추느냐 하는 문제였다. 즉 국유재산을 어떻게 사기업으로 이전하느냐는 것이었다. 이 문제는 협동조합법과 임차법을 통해 다소나마 해결될 수 있었는데, 전자는 협동조합의 재산으로 조합원 소유의 재산과 임대 또는 무상으로 제공되는 재산을 명기하고 있다. 이어 소유권법(1990. 3.)과 토 지법(1990. 3.)이 채택됨으로써 사실상 생산수단의 부분적 사유화가 용인 되었던 것이다.[11]

이를 배경으로 소련 말기의 사유화는 당시 정치적 혼란의 와중에서 국 영기업에 대한 중앙 당국의 통제가 약화된 것을 기회로 삼아 주로 공산 당 관리나 기업 관리자들에 의해 이루어지게 되었다. 사유화에 준하는

---

11) *Izvestiya*, 1990. 3. 6; 1990. 3. 10.

조치들을 포함하고 있는 제반 법규는 이들에게 국유재산을 점탈 (prikhvatizatsiya)할 수 있는 근거를 마련해 주었던 것이다.[12]

구 특권계층에 의한 사유화는 1990-91년 소련에서 러시아로 이행하는 과정에서 더욱 촉진되었다. 사유화는 1990년 여름 샤탈린(Stanislav Shatalin) 의 일명 500일 개혁안에서 보듯 점차 당연한 것으로 받아들여지게 되었 다.[13] 한편 소련과 러시아의 사유화 법안 및 주식회사 설립에 관한 법규들 은 상호간에 상충되는 바가 적지 않았다. 한 예로 러시아 정부는 1990년 12월 기업 및 기업행위에 관한 법을 채택했으며, 소련정부도 이에 맞서 같은 달 기업법을 제정했다. 소련은 또한 1991년 6월 민영화 및 기업사유 화 법안을 성안하고 있었으나, 이들 법안은 모호한 점이 적지 않았다.[14] 끝으로 1990년을 전후하여 러시아를 비롯하여 연방을 구성하던 공화국들 과 소련 사이에 관할권 분쟁이 상당한 기간 지속되었으며, 이와 같이 사유 화에 관한 법령과 관할권을 둘러싼 혼란을 틈타 국영기업의 관리자들과 경제부서 관리들이 국유재산을 사실상 자신들의 소유로 빼돌리는 일이 비 일비재했던 것이다.

자생적 사유화는 주로 중앙의 산업별 부서(ministerstva)에서 독립된 준법 인(準法人)의 형태로 전환하는 방식으로 이루어졌다. 그리하여 1991년까 지에는 부문간 국영기업 연합(mezhotraslevye gosudarstvennye ob'edineniya), 콘체른(kontserny) 및 국영기업합동(assotsiatsii) 등이 나타나게 되었다. 이와

---

12) 당시 중앙의 경제당국과 최고회의 내의 보수세력들은 사유화를 부분적으로나마 허용하는 조치에 강력하게 반발했다. 이의 일환으로 최고회의는 1989년 10월 협 동조합법을 개정하여 조합 생산품의 가격 통제 등 영업행위를 다시 규제하기 시 작했으며, 국영기업법의 개정으로 기업에 부여되었던 각종 권한도 대부분이 중앙 의 계획 및 경제관리 부서로 회수되었다. 끝으로 1989년은 가격 규제와 자본재 공급 등에 있어서 중앙의 통제가 실질적으로 강화된 해로서 개혁은 구호와는 달 리 후퇴를 경험하게 되었다.

13) 소련의 각종 경제개혁안에 관해서는 Anders Aslund, Gorbachev's Struggle for Economic Reform: The Soviet Reform Process, 1985-88 (London, Pinter Publishers, 1989).

14) *Izvestiya*, 1991. 6. 26.

함께 국유기업의 종업원들도 매입의 형식으로 국유기업을 협동조합 기업
이나 주식회사의 형태로 전환하는 경우가 적지 않았다. 그러나 이러한 사
유화는 국유기업의 점유라는 점을 제외하고는 기업의 생산성 향상 등 경
제 전반에 대한 효과는 거의 없었던 것으로 평가되고 있다.

나. 제1단계 사유화, 1992-94

소련의 붕괴를 전후하여 러시아 정부는 1991년 7월 "러시아 연방에서
의 국영 및 시영(市營) 기업들의 사유화법"을 제정하고 시장경제로의 본
격적인 이행을 선언함으로써 소련의 경우와는 질적으로 다른 사유화의
토대를 마련하게 되었다. 이어 같은 해 12월 "1992년도 러시아 연방의
국영 및 시영 기업들의 사유화 계획 기본 규정"에 관한 대통령 포고령을
발표했으며, 이에 기초하여 1992년도 사유화 계획이 1992년 6월 최고회
의에서 채택되었다.15)

사유화를 담당할 조직으로 러시아 연방 국가재산 관리위원회
(Goskomimushchestvo, GKI)가 구성되고, 각급 지방정부에는 각기 하급 국
가재산 관리위원회가 조직되어 사유화 계획의 작성과 실행 등을 총괄하
게 되었다. 국유재산 관리위원회의 초대 의장에는 추바이스(Anatolii
Chubais) 제1부총리가 임명되었다.16) 한편 국유기업의 사유화를 집행하는
부서로 러시아 연방 재산기금(RFFI)이 조직되고, 기업 차원에서는 기업
사유화 평의회가 구성되었다. 사유화법에 따르면, 재산기금은 국유기업
의 소유자일 뿐 아니라 이들 기업의 유일한 매각 주체로 되어있다.

사유화법에 따르면, 국유재산의 구매자는 러시아 시민과 법인이되, 법정

---

15) *Ekonomika i zhizn'*, No. 31 (July 1991); *Ekonomicheskaya gazeta*, No. 2 (January
1992); *Rossiiskaya gazeta*, 1992. 7. 9. 이 계획의 기본 지침은 이후 1994년 7월까
지 유지되었다.
16) 국유재산 관리위원회는 1997년 9월 국유재산 관리부(Minimushchestvo)로 승격되
었다.

자본금 중 국가, 지방인민대표자대회(의회), 공공기관, 자선단체 혹은 그 밖의 공공기금의 지분이 25퍼센트가 넘는 법인체의 경우 사유화 대상으로 선정된 국유기업의 주식을 구입할 수 없었다. 사유화 당국은 러시아가 공산화된 지 70년 이상 되어 원소유자의 파악이 어렵다는 현실적 여건을 감안하여 원소유자 반환 원칙은 적용하지 않기로 했다. 그리고 국유기업의 종업원 집단이 구매자로서 자격을 가지고 있으며, 이들에게 일정한 특혜가 부여될 것임을 규정하고 있다. 이들 종업원과 관리자 등 내부자들은 무엇보다도 소속 국유기업의 사유화를 발의할 수 있는 자격이 부여되었다.

그럼에도 불구하고 당국은 자생적 사유화의 경우와 같이 구 특권계층이나 종업원에 의한 기득권은 가능한 한 최소한으로 인정한다는 방침을 세웠다. 자생적 사유화는 새로운 소유주와 일반 국민, 특히 노동자와 군인들간에 긴장을 고조시키고 있었으며, 이에 따라 사유화 계획의 입안자들은 사유화 과정을 투명화하여 과거의 왜곡을 광정(匡正)하는 것을 주요한 지침으로 삼았던 것이다. 내부자 사유화를 막기 위한 방안의 하나로 당국은 1992년에 국유재산에 대한 새로운 임차계약을 금지했다. 이제까지는 국유재산의 임차인에게 이를 매입할 권리가 우선적으로 부여되어 왔었다. 당시 임차를 통한 사유화는 이미 상당한 규모를 이루고 있었다. 1992년 말까지 9,451건의 국유기업이 임차되고, 여기에 전체 고용인구의 8퍼센트가 취업하고 있었으며, 1992년 말까지 3,485건의 임대 기업이 러시아 공업생산고의 11퍼센트를 차지하고 있었다.[17]

사유화의 대상은 원칙적으로 토지, 주택 및 국영농장을 제외한 모든 국유재산과 시유(市有) 재산으로 설정되었다. 처분 대상에 포함된 재산은 크게 소규모(종업원 200인 이하 혹은 1992. 1. 1일부 평가된 고정자산 100만 루블 이하), 중형(종업원 200-1,000인 혹은 고정자산 100만-5,000만 루블), 대형(종업원 1,000-10,000인 혹은 고정자산 5,000만-15,000만 루블), 초대형으로

---

[17] *Ekonomicheskaya gazeta*, No. 4 (January 1993).

(종업원 10,000인 이상 혹은 고정자산 15,000만 루블 이상) 구분되었다. 이중 첫 단계의 사유화에서는 소규모의 재산을 대상으로 하게 되었으며, 특히 일차적인 대상으로 시장경제의 형성에 주요한 부문, 특히 상업과 건설, 식료품, 경공업 및 각 부문의 적자기업 등이 포함되었다. 끝으로 처분 대상에 포함된 재산 중에서도 천연자원과 군대 및 정부기관 자산, 전력, 통신, 핵 및 우주산업 등 전략적 부문의 국유재산 중 약 30퍼센트는 사유화가 금지되었다.[18]

끝으로 사유화 방식은 경쟁입찰과 경매, 임대기업의 임차자산 매입, 국유기업 주식의 지분의 수의계약 또는 경매를 통한 매각으로 나뉘었다. 매각 대상 중 소규모 기업에는 경매 방식이, 대기업은 주식회사로 전환 후 주식을 공매하는 방식이 선호되었다. 당국은 특히 중·대형 기업의 사유화와 관련하여 기업 관리자와 종업원들의 사유화 희망 앞에 투명성을 제고할 필요가 커지자 세 가지 매각 방법을 선택하도록 했다. ① 기업 주식의 25퍼센트를 기업 종업원들에게 의결권이 없는 기명 우선주(記名 優先株)로 무상 분배하며, 이와 함께 장부 자산가액의 70퍼센트 수준으로 10퍼센트의 주식을 추가 구입할 수 있다. 관리자는 5퍼센트의 의결권주를 액면가로 취득할 수 있으며, 나머지는 경매에 붙이되 35퍼센트는 사유화 증서로, 25퍼센트는 현금 입찰을 실시한다. ② 기업 종업원은 할인가격 내지는 시장가격으로 의결권주를 갖는다. 관리자를 포함한 종업원 집단은 의결권주를 장부 자산가액에 이의 70퍼센트를 할증한 가격으로 주식의 51퍼센트를 소유할 수 있다. 주식의 나머지 10퍼센트는 사유화 증서에 의한 경매로, 39퍼센트는 현금 경매를 실시한다. ③ 기업의 종업원은 의결권주의 20퍼센트를 액면가격의 70퍼센트로 매입한다. 단, 이들 종업원은 매입 기업의 재편 내지 자구(自求) 계획을 이행해야 한다. 이로써 기업이 일년간 흑자 운영을 하게 될 경우 종업원들은 추가로 의결권주의 20퍼센트를 액면가의

18) *Izvestiya*, 1993. 5. 20.

70퍼센트로 매입할 수 있다. 이러한 지침에 따라 1992년에 사유화 계획을 제출한 기업들의 약 2/3 이상이 두 번째 방식을 선택하고 있다.[19]

사유화는 1992년 여름까지만 해도 당초의 목표에 미달함으로써 시행 초기에는 부진을 면치 못했다. 예컨대 1992년 9월 1일 현재 단지 2건의 국유기업이 공식적으로 주식회사로 전환되었다. 그러나 11월초까지는 1,284건의 국유기업이 주식회사로 변모하게 되었으며, 이후 사유화는 가속이 붙어 1992년과 1993년 중 각각 46,815건과 88,577건의 국유기업 사유화가 완료되었다. 규모별로 보면 소규모 기업은 1992년 중 실시된 사유화의 전부를 차지했으며, 1993년에는 사유화 기업의 80퍼센트 정도를 차지했다. 이로써 사유화 당국이 의도한 대로 1994년 중반까지는 적어도 양적인 측면에서 사유화의 첫 단계가 성공적으로 마무리되었던 것이다.

제1단계 사유화의 가장 큰 특징으로 무엇보다도 사유화 증서에 의한 사유화를 꼽을 수 있다. 국유 및 시유재산의 매각은 먼저 기업 종업원에 — 기업의 관리인 포함— 의한 매입에 이어 사유화 증서에 의한 경매의 순서로 진행되었다. 당국은 1992년 10월 1일을 기해 전국민을 대상으로

표4: 소유형태별 고용 현황, 1990-94 (백만 명)

	1990	1991	1992	1993	1994
취업 인구	75.3	73.8	72.3	71.4	67.1
국영, 시영부문	62.2 (82.6)[*]	55.7 (75.5)	48.5 (67.1)	41.8 (58.5)	32.0 (47.7)
사기업, 기타[**]	13.1 (17.4)	18.1 (24.5)	23.8 (32.9)	29.6 (41.5)	35.1 (52.3)

* ( ) 내 수치는 백분율 비.
** 사기업, 기타에는 혼합소유, 사회기관, 합작기업, 사유기업 포함.
출처: 1990-91: Anders Aslund, *How Russia Became a Market Economy* (Washington, D.C.: The Brookings Institution, 1995), p. 266.
1992-94: A. A. Tkachenko, "Ekonomicheskaya reforma i problema zanyatosti v Rossii," *Sotsial'no-politicheskie zhurnal*, No. 6 (1995), p. 173.

---

19) Peter Rutland, "Privatization in Russia: One Step Forward, Two Steps Back?," *Europe-Asia Studies*, Vol. 46, No. 7 (1994), p. 1113.

10,000루블 액면의 사유화 증서를 무상으로 배포했으며, 1993년 2월 중
반까지 약 15,000만 러시아 국민 중 96퍼센트가 이 증서를 교부 받게 되
었다.[20] 이와 함께 같은 해 5월 "국유기업 사유화 촉진을 위한 대통령
령"에 따라 매각 대상의 국유기업은 주식회사로 전환한 뒤 3개월 내에
기업 지분의 적어도 29퍼센트를 처분하도록 함으로써 사유화 증서 매각
에 대비했다.

사유화 증서의 수령자는 이를 매각 기업의 주식과 교환하거나 투자기
금에 예탁 혹은 타인에 양도할 수 있었다. 당시 이 증서의 시세는 정치적
상황과 밀접히 연관되고 있었다. 개혁의 기수인 가이다르가 퇴진하고 중
도보수 성향의 체르노미르딘 총리가 임명된 뒤 충격요법에 대한 비판이
고조되자 사유화 증서는 3,000루블 이하로 폭락했었다. 그러나 1993년
4월 옐친 대통령이 국민투표에서 승리하자 사유화가 확대될 가능성이 예
견되면서 같은 해 11월까지는 사유화 증서가 27,000루블까지 급등했
다. 그 뒤에도 1993년 12월 총선에서 보수세력이 득세하자 증서의 가격
은 최소한 20퍼센트 정도 하락했으나, 그 뒤 사유화가 계속되고 1994년
중반 사유화 증서의 시효가 가까워오자 최고 58,000루블로 치솟는 부침
이 계속되기도 했다.[21] 사유화 증서의 유효 기간은 당초 1993년 1월까
지로 정해졌으나, 그 뒤 1994년 6월까지 연장되었다.

사유화 증서에 의한 국유기업의 경매는 계획대로 추진되었으며, 이로
써 러시아 인구의 14퍼센트인 2,100만 명이 주식을 소유하게 되었고, 이
에 더해 30퍼센트인 4,400만 명이 주식의 간접적인 소유자로 바뀌게 되
었다.[22] 사유화 증서에 의한 경매로 14,000여 중·대형 기업 주식의 20
퍼센트 정도가 사유화되었다.[23] 사유화 증서를 통한 경매는 시종하여 기

[20] *Finansovye Izvestiya*, No. 15 (1993. 2.).
[21] Maxim Boycko, Andrei Shleifer, and Robert W. Vishny, "Privatizing Russia," *Brookings Papers on Economic Activity*, No. 2 (1993), pp. 154-155.
[22] Anders Aslund, *How Russia Became a Market Economy*, pp. 255-256.
[23] 위의 글, p. 257.

표5: 사유화 증서 관련 경매, 1992. 12.-1994. 6.

	매각 기업수
1992. 12. 현재	18
1993. 1-12	8,450
1994. 1-6	5,364
합계	13,832

출처: Anders Aslund, *How Russia Became a Market Economy* (Washington, D.C.: The Brookings Institution, 1995), p. 256, 도표 7-3에 기초.

득권을 주장하는 기업 종업원들과 관리자의 방해에 직면했었는데, 이에 당면하여 당국은 1993년 5월 "러시아 시민의 사유화에 참여할 권리의 보장에 관한 대통령 포고령"을 발포하기도 했다.

다. 제2단계 사유화, 1994 이후

러시아의 사유화 정책은 1994년 중반 이후 새로운 전기를 맞게 되었다. 당국은 7월 사유화 계획에 관한 포고령을 발표하고 앞으로 제2단계 사유화가 추진될 것이라고 밝혔다.[24] 이에 따르면, 이제까지의 사유화가 기본적으로 사유화 증서 등에 기초한 대중적 사유화였다면, 앞으로는 국내외의 투자자를 대상으로 대규모의 국유재산을 현찰 매각의 방식으로 실시함으로써 본격적인 자본시장의 형성을 목표로 하고 있는 것이다. 이후 국유재산의 매각은 중·대형 기업을 위주로 현금에 의한 경매나 경쟁입찰이 주종을 이루고 있다.

제2단계에서는 또한 종전과 달리 국유기업의 종업원 집단에 대한 특혜를 대폭 축소하여 이들에게 10퍼센트의 의결권주 내지는 25퍼센트의 무의결권주를 분배 받도록 하는 한편, 사유화 여부를 대상 기업의 자율에

24) "'Text' of Privatization Program Edict," *ITAR-TASS*, 1994. 7. 22. (Foreign Broadcast Information Service, *Daily Report: Central Eurasia*, July 25, 1994, pp. 18-19에서 전재).

맡겼다. 특히 사유화의 방법에 대해서는 지방정부에 재량권이 대폭 이양
되었다. 이 밖에도 사유화 기업에 대한 자산 평가를 1992년 1월 1일 부
고정자산 가치에서 1994년 1월 1일 부로 바꿈으로써 기업의 자산가치를
35배 이상으로 절상하게 되었으며, 일부 군수기업(軍需企業)도 사유화의
대상에 포함시켰다. 전반적으로 제2단계에서는 사유화와 관련하여 대상
국유기업과 지방정부의 자율권을 확대했으며, 사유화에 외국자본의 참여
를 확대하도록 꾀했다.

이와 같이 제2단계 사유화를 거치는 과정에서 사유화된 기업은 1994
년 말 현재 112,625건에서 1996년까지는 123,432건으로 두 해에 걸쳐
10,807건의 증가를 기록하고 있다. 한편 국영기업은 같은 기간 중
38,499건의 감소를 보였는데, 이중에는 사유화된 기업들 외에도 임대나
주식회사로 전환된 기업들이 포함되고 있다. 1996년 말 현재 사유화 기
업이 국유기업을 수적으로 능가하게 되고, 이에 더해 사유화와 무관하게
창업된 사기업들을 합칠 경우 러시아 경제는 소유의 측면에서 전반적으
로 상당한 정도의 시장경제화를 이룩한 것으로 평가되고 있다. 주로 사
유화에 따른 것임이 분명한 가운데 1997년 말 현재 러시아 GDP의 70
퍼센트 이상을 민간 부문이 차지하는 것으로 집계되고 있다.[25]

끝으로 소유 형태별로 1995년의 경우 전력, 화학, 석유화학, 기계, 건
설재료 산업 등 기간산업 부문에서는 여전히 국유기업의 비중이 높은 것
으로 나타나고 있으며, 식품 및 경공업 분야에서는 사유화 기업을 포함
하여 사기업이 주축을 이루고 있는 것으로 나타나고 있다.

제2단계로 들어서서 한 때 정책상의 혼선이 있었으나 전반적으로 사유
화는 순조롭게 진행되었다. 옐친 대통령은 1994년 11월 개각을 통해 다
시 한번 중도보수로 선회했으며, 이 과정에서 추바이스의 후임으로 보수
계의 폴레바노프(Vladimir Polevanov)를 국유재산 관리위원회 위원장으로

---

[25] *Rossiiskaya gazeta*, 1998. 1. 24.

표6: 러시아의 사유화 실적, 1992-96

	기업 누계 (연말 현재)				
	1992	1993	1994	1995	1996
국유기업:					
국영기업	204,998	156,635	126,846	90,778	88,347
임대기업:	22,216	20,886	16,826	14,663	13,920
이중 매각 예정	13,868	14,978	12,806	12,198	11,837
주식회사 전환 기업	2,376	14,073	24,048	27,040	29,728
사유화 기업					
사유화 신청 건수	102,330	125,492	143,968	147,795	152,077
기각	5,390	9,985	12,317	13,295	14,557
심의 중	46,628	24,992	17,491	13,214	11,163
완료	46,815	88,577	112,625	118,797	123,432

출처: State Property Committee; Alexander Radygin, "Residual Divestiture Following Mass Privatisation: the Case of Russia," OECD Advisory Group on Privatization, May 1996 (Russian European Center for Economic Policy, *Russian Economic Trends*, 1997. 2, p. 95 에서 재인용).

임명했었다. 폴레바노프는 같은 해 12월 일부 전략적 부문의 기업들에 대한 재국유화를 시사함으로써 사유화의 장래에 대해 투자자들의 의구심을 증폭시켰었다. 그는 곧 이어 해임됐으며, 체르노미르딘 총리는 사유화된 기업의 재국유화 금지 및 외국자본에 대한 차별 철폐에 대한 정부의 입장을 거듭 확인했다.[26]

한편 중소기업들에 대한 사유화가 일단락 되고 주로 자원 및 에너지 부문의 대기업들에 대한 사유화 내지 민영화가 주종을 이루기 시작한 가운데 이들의 지분 장악을 둘러싸고 신흥재벌들 사이의 경쟁이 1995년 말이래 새로운 현상으로 대두되기 시작했다. 폴레바노프의 경우에서 보듯 러시아 조야에서는 전략적 중요성을 갖는 기간산업 부문의 사유화 내지 민영화를 둘러싸고 정책 대립이 계속되었으나, 러시아 정부는 특히 만성적인 예산적자 하에 임금 체불 등 지불 위기를 해소하는 방안으로

---

[26] Plan Econ, "Out of Russia," *Review and Outlook* (May 1993), p. 36.

표7: 공업생산고에서 차지하는 소유형태별 비율, 1995 (%)

	국가	시/군	혼합(국가주도)	사유	합변	사회기관
공업 전체	9.7	1.3	66.9	18.9	3.0	0.2
전력	10.3	3.4	79.3	7.0	0.0	0.0
연료	3.9	0.0	89.3	2.2	4.6	0.0
철강	0.3	0.0	87.3	10.7	1.7	0.0
비철금속	5.6	0.0	77.3	15.6	1.5	0.0
화학·석유화학	10.0	0.3	65.4	19.9	4.4	0.0
기계	18.3	0.6	57.6	20.4	2.4	0.7
임산업·제지	9.5	0.9	53.5	31.0	4.9	0.2
건축재	12.0	7.0	35.0	44.7	1.3	0.0
경공업	7.0	1.1	46.5	40.4	3.9	1.1
식료품	8.8	1.1	37.8	46.9	5.4	0.0

출처: 望月喜市, 「第2段階お 迎えだ ロシアの 經濟改革」, 『ロシア東歐貿易 調査月報』, 1997. 10, p. 11.

이들 부문의 대기업들을 민영화하기로 결정하게 되었던 것이다. 이의 일환으로 옐친 대통령은 1996년 7월 "주식회사의 체불 임금과 체납 세금의 청산에 관한 조치"(대통령령 1054호)를 통해 이들 국유기업이 안고 있는 부채의 변제를 위한 주식의 매각을 허용했으며, 같은 해 8월과 1997년 3월 "국가에 대한 부채의 청산을 위한 채권의 발행"에 관한 조치(대통령령 1203호, 1997년도 대통령령 254호)를 추가함으로써 금융시장을 통한 대규모 기업의 민영화 내지 사유화를 촉진하게 되었다.

이를 배경으로 1996-97년 중 오넥심방크(Oneksimbank) 은행의 노릴스크 니켈(Norilsk Nickel)의 인수 및 특히 이제까지 최대의 사유화로 꼽히고 있는 정보통신회사 스뱌지인베스트(Svyazinvest)의 25퍼센트 주식 매각이 이루어졌다. 이에 더해 러시아 정부는 1997년 중 러시아 최대의 에너지 회사인 가스프롬(Gazprom)을 비롯한 독과점 국유기업들 및 통합에너지체계(EES)와 철도 등 공익 사업체들의 민영화를 도모할 것임을 되풀이 밝힌 바 있다.

한편 대규모 국유기업의 사유화 내지 민영화와 관련하여 신흥 재벌들 간의 암투가 치열화되는 양상을 보이기 시작한 가운데 이와 관련한 정경 유착(政經癒着)의 의혹이 1997년 러시아 정계를 흔들어 놓기도 했다. 스뱌지인베스트와 노릴스크 니켈의 지분 인수를 둘러싸고 이 해 7-8월 특혜 의혹이 증폭되었으며, 이에 연루된 것으로 비판을 받은 코흐(Alfred Kokh) 국유재산 관리위원회 위원장이 사임하고 추바이스 제1부총리가 겸직 중이던 재무장관직에서 해임된바 있다.

3. 주택과 토지의 사유화

러시아에서 주택과 토지의 사유화는 국유기업의 사유화와는 다소 성격을 달리하고 있다. 우선 주택의 경우 임대자는 소련 당시부터 사실상의 준(準) 소유권을 향유하고 있었다. 이에 따라 주택의 사유화는 처음부터 당연시되었으며 특별하게 사유화의 열기를 불러일으키지 못했다.

국유주택을 매각할 데 대한 결정은 이미 1988년 12월 소련에서 법령의 채택으로 구체화되었으며, 이듬해부터 국유 아파트의 매각이 실시되었다. 이를 배경으로 러시아 정부는 1991년 7월 주택 사유화에 관한 법을 채택하고 임대인의 법적 권리를 인정하게 되었다. 이후 아파트를 비롯한 주택의 사유화는 1994년 10월 현재 1,140만 건으로 사유화 목표 건수의 31퍼센트를 기록했다. 그리고 이들 사유화 주택 중 91퍼센트가 무상으로 이루어졌다.[27]

한편 토지, 즉 농지의 사유화와 개인영농에 대한 저항감은 러시아에서 여전히 높은 것으로 관찰되고 있다.[28] 이를 반영하듯 1990년 초 소련에서 토지 임차의 형태로 가족영농이 도입되었으나, 이 해 말까지 단지

---

[27] Aslund, *How Russia Became a Market Economy*, p. 258.

[28] Roy D. Laird, "Kolkhozy, the Russian Achilles Heel: Failed Agrarian Reform," *Europe-Asia Studies*, Vol. 49, No. 3 (May 1997), pp. 473-475.

4,432호의 개인농이 자리를 잡았을 뿐이었다. 사정은 러시아에서도 마찬 가지여서 1991년 중 개인농이 45,000호로 증가되었음에도 불구하고 여 전히 토지의 소유권에 대해서는 애매한 입장이 지속되었다.[29]

러시아 정부는 1990년 말 개인영농에 관한 법과 토지개혁법 및 소유 권법을 채택했다. 개인영농법은 농민이 소속한 집단농장이나 국영농장에 서 떠나 개인영농을 할 수 있도록 허용했다. 그러나 당시 최고회의는 이 법안에 10년 내 토지의 매각을 금지하는 조항을 첨가함으로써 토지에 대 한 재산권을 제한하게 되었다. 한편 토지개혁법은 농민의 토지 소유권을 인정했으나, 러시아 연방공화국 헌법에서는 이를 인정치 않는 등 법률 사이에 상호 모순이 첨예했었다. 이후 러시아 정부는 1992년 10월 처음 으로 토지 사유화에 관한 법안을 도입했으나 이것 역시 약 25,000여 집 단농장과 국영농장의 지배인들로 구성된 강력한 농업 단체의 반대에 봉 착했다.

이를 배경으로 러시아에서 토지의 소유권이 다소나마 보장된 것은 옐 친 대통령이 1993년 10월 농업 단체를 옹호하고 있던 최고회의를 해산 한 뒤 "토지 관계의 규제와 농업개혁의 발전에 관한 대통령령"을 발포한 뒤의 일이었다. 이로써 무엇보다도 집단농장을 서서히 해체할 수 있는 길이 열리게 되었던 것이다.[30] 이후 1994년 말까지 개인농은 279,000호 로 증가하고 있다.

러시아 정부는 1996년 3월 대통령령으로 농업노동자가 소속하는 농장 농지의 일부를 적법한 절차를 거쳐 소유할 수 있도록 조치를 취하는 등 토지 문제에 계속해서 관심을 기울이고 있으나, 1997년 말 현재 국가회 의(하원)의 반대로 인해 여전히 토지법전을 개정하지 못하고 있다. 토지

---

29) 러시아의 토지 정책에 관한 조감으로는 Stephen K. Wegren, "Land Reform and the Land Market in Russia: Operation, Constraints and Prospects," *Europe-Asia Studies*, Vol. 49, No. 6 (September 1997), pp. 959-987.

30) Aslund, *How Russia Became a Market Economy*, pp. 261-262.

개혁을 촉진하고 부동산 시장을 활성화하는 데 있어서 사실상 토지 사유화에 많은 제약을 가하고 있는 1991년의 구 토지법전은 오히려 걸림돌이 되고 있는 것이다. 이에 대한 보완책으로 옐친 대통령은 1997년 5월 지상권(地上權)을 가진 자가 관련 토지의 구매를 용이하게 하도록 대통령령에 서명했으나, 하원은 농지의 임차를 허용할 뿐 이의 매매는 금지하는 내용의 토지법전을 채택하고 옐친 대통령은 이를 거부하는 등 갈등을 계속하여 왔다.

4. 러시아 경제와 사유화: 중간 점검

경제 정책의 공과를 따짐에 있어서 항시 제기되는 문제는 이러한 정책을 통한 경제적 효율성의 제고라는 측면과 이로써 경제적 이익이 공정하게 배분되고 있는지를 살피는 일일 것이다. 러시아의 사유화 정책에서 이 둘 사이에 어느 정도의 균형이 이루어지고 있는지는 중요한 일이 아닐 수 없다. 지금도 러시아에서 사유화가 진행 중임을 감안할 때 이에 대한 평가를 내린다는 것이 이른 감은 없지 않으나, 중간 점검이라는 차원에서 짚어 보고자 한다.

가. 사유화의 효율성

사유화는 사기업의 창출을 통해 일단 러시아 경제의 시장경제화를 앞당기는 데 기여한 것으로 평가될 수 있을 것이다. 러시아 경제가 1990년대 후반으로 접어들면서 공업생산고를 비롯하여 산업 전반에서 침체 국면의 탈피가 가시화되고 있음은 그동안의 사유화 정책에도 상당히 기인할 것이다. 앞으로 러시아 경제가 안고 있는 과제는 사유화를 통해 국유기업에 대한 보조금 지원을 축소하는 것과 함께 기업의 생산성 향상을 제고하는 것이다.

생산성 향상이라는 측면에서 그동안 사유화와 관련한 문제점의 하나는
많은 경우 사유화가 독점적 국유기업에서 독점적 민간기업으로 단순히
소유권의 이전만이 이루어져 왔다는 점이다.[31] 이는 특히 대규모 국유기
업들의 사유화 내지는 민영화의 경우 거의 예외없는 현상이었다.

러시아에서 사유화와 관련하여 가장 중요한 문제는 바로 자족적(自足
的) 왕국을 이루고 있는 러시아의 대기업들을 분할, 매각할 수 있느냐 하
는 것이었다. 이들 대기업은 한 개 내지는 몇 개의 제품을 생산하는 것으
로 전문화되어 있거나, 아니면 타타르스탄의 카마스(Kamaz) 자동차 기업
소와 같이 철강, 유리, 고무 등 자동차 생산에 필요한 모든 부대시설을
갖추고 있으며 이에 더해 거의 예외 없이 종업원들을 위한 병원, 학교,
탁아소 등도 운영하여 왔다.[32] 이들 기업은 또한 대부분이 낙후된 생산설
비를 갖추고 있을 뿐이다. 이 밖에 1994년 현재 약 1,500-2,000개로 추
정되는 군수산업체들은 주로 기계제작 부문을 중심으로 고도로 집중화,
전문화되고 있는 데 따라 사유화를 통한 이들의 민수(民需) 전환이 쉽지
않은 상태이다.[33] 이들 대기업은 적지않은 경우 지주회사(持株會社)로 둔
갑함으로써 산하의 자기업(子企業)들을 계속해서 통제하려 하고 있다.[34]

한편 사유화에서 제기되는 또 다른 문제는 사유화 대상 국유기업의 자
산 평가에 관한 것이다. 매각 기업의 자산이 임의적으로 평가되어 왔으
며, 더욱 나쁜 것은 과소 평가되고 있다는 것이 하원을 비롯하여 러시아
조야에서 비판의 표적이 되어 왔다. 실제로 국유재산의 매각 수입은 이
제까지 예산 세입의 1퍼센트 미만에 불과한 실정이다. 표8에서 보듯이

[31] 예컨대 Marshall I. Goldman, "Russia's Reform Effort: Is There Growth at the End of the Tunnel?," *Current History*, Vol. 96, No. 612 (October 1997), p. 315.
[32] *Economist*, March 5, 1994, p. 79.
[33] Padma Desai, "Russian Privatization: A Comparative Perspective," *The Harriman Review*, Vol. 8, No. 3 (August 1995), pp. 23-26.
[34] Ludmila V. Oborotova and Alexander Y. Tsapin, "The Privatization Process in Russia: An Optimistic Color in the Picture of Reform," An Occasional Paper from the Mershon Center, The Ohio State University (July 1993), p. 9.

매각 수입이 예산 목표를 초과한 것은 1993년 한 해에 그치고 있으며, 그 후로는 계속해서 목표에 미달하고 있다. 특히 1996년에는 목표 달성이 연방과 지방예산을 합친 총합예산의 20퍼센트 수준에 그치고 있는 것이다.

이와 같이 국유재산의 매각 수입이 미미한 것은 매각 기업들이 경제 불안정과 정치 불안으로 과소 평가되고 있는 데 기인하는 것으로 해석되고 있다.[35] 러시아 정부는 이와 관련하여 1997년 이후부터 이제까지 국유재산 관리위원회와 재산기금이 해 오던 사유화 계획의 입안 및 매각을 사부문에서 금융 및 매각 대행자에게 위임하여 사유화 재원을 늘리려 하고 있다.[36] 이와 같이 미미한 사유화 수입은 조세 징수의 어려움과 더불어 만성적인 재정적자로 이어지고 있는 실정이다.

끝으로 러시아 당국은 외국자본의 사유화 참여를 저해하는 각종 장벽을 제거하여 왔으나, 이러한 조치가 아직도 충분치는 못한 것으로 지적되고 있다. 러시아 정부는 특히 첫 단계의 사유화 기간 중 외국자본의 유입에 대해 소극적이었다. 외국자본의 사유화 참여는 금지 내지는 주식회사에 대한 외국투자 지분의 상한 설정 및 사전 승인 등 각종 제한에 묶

표8: 사유화 수입 현황, 1993-97 (10억 루블)

	1993	1994	1995	1996	1997
국가예산 (계획)	54	329	8,800	12,387	4,179[*]
연방예산 수입	66 (0.04)[**]	116 (0.02)	3,407 (0.21)	825 (0.04)	
총합예산 수입[***]	319 (0.19)	748 (0.12)	4,641 (0.28)	2,527 (0.11)	

* 1997년도의 수정 목표는 76,536억 루블임.
** ( ) 내 수치는 GDP에서 차지하는 비중.
*** 연방예산 및 지방과 시정부의 예산 포함.
출처: Russian European Center for Economic Policy, *Russian Economic Trends*, 1997. 3, p. 101에 기초.

[35] Russian European Center for Economic Policy, *Russian Economic Trends*, 1997. 2, pp. 95-96.
[36] 위의 글, pp. 99-101.

여 있었다. 예컨대, 1992년 초 현재 고정자산 2억 루블 이상 혹은 10,000명 이상의 노동자를 고용하는 기업과 독과점 기업의 사유화에 참여하기 위해서는 허가를 받아야 했다. 그러나 제2단계로 들어서면서 외국자본의 유입이 없이는 경제구조의 조정과 성장에 필요한 재원의 조달이 어렵다는 인식이 확산되었으며, 이를 배경으로 러시아 정부는 1994년 6월 외국투자 촉진에 관한 구상을 발표했으며, 이를 계기로 외국투자는 1993년의 7억 달러에서 1994년에는 36억 달러로 증가하게 되었다. 그러나 1994년의 외국투자 중 직접투자(FDI)는 12억 달러에 그친 데 반해 주식시장을 통한 이른바 복귀투자가 나머지 24억 달러를 차지함으로써 장기적인 투자 효과는 여전히 기대하기 어려운 실정이었다.[37]

그럼에도 불구하고 러시아 정부 일각과 특히 하원은 1997년에 이르기까지 러시아의 국익을 거론하며 사유화에 외국자본의 무제한적인 참여를 허용하는 데는 계속해서 반대했다. 하원은 1992년 이후 처음으로 1997년 6월에 새로운 사유화 법안을 통과시켰는데 여기서도 외국자본의 참여 규제는 해제되지 않았다. 이 법안의 내용은 이전의 것과 거의 비슷하며, 다만 경매 절차 및 경매 조건의 준수를 강화하고 있으며, 경매에 민간 대행자의 이용에 관한 조항을 신설하고 있을 뿐이다.[38] 옐친 대통령은 이러한 제한을 단계적으로 완화하기 위한 노력의 일환으로 1997년 11월 러시아 석유회사들에 대한 외국자본의 지분 참여에 대한 제한을 철폐하는 법령에 서명했다.[39] 이제까지는 1992년 11월의 대통령령에 따라 외국자본의 지분은 15퍼센트로 제한되고 있었다.

나. 사유화의 형평성

러시아는 그동안 사유화를 둘러싸고 많은 갈등에 휘말려 왔다. 사유화

---

[37] Plan Econ, *PlanEcon Report*, April 7, 1995, p. 28.
[38] 위의 글, pp. 102-106.
[39] *Interfax*, 1997. 11. 4.

는 무엇보다도 사회주의 체제의 기본인 국유재산제를 철폐하는 것이라는
점에서 이념적 갈등을 불러일으켰다. 사유화를 둘러싼 이념적 대립은 특
히 10월 정변으로 보수세력의 아성이던 최고회의가 해산되기까지 고조
됐었다. 이러한 점에서 특히 제1단계의 사유화는 경제적 측면에서보다는
정치적으로 중요성을 갖는 것으로서, 사유화에 착수할 당시 개혁파들은
이를 통해 무엇보다도 새로운 자산계층이 형성됨으로써 개혁에 대한 지
지 기반이 조성될 것으로 기대했었다.[40]

다음으로 사유화의 대상을 둘러싸고 연방 당국과 지방 사이에 사유화
대상으로 선정되는 국유재산의 관할권에 관한 분쟁이 끊이지 않았다.[41]
많은 지방정부들이 그들 지역 내의 천연자원에 대한 배타적 관할권을 주
장하고 관할지역 내 기업들에 대한 지분을 경쟁적으로 확보하는 데 혈안
이 됐었다. 이러한 관할권 분쟁은 중앙-지방정부간의 권력 분담에 관한
협정 등을 통해 상당한 정도로 해소되고 있으나, 일부 지방에서는 여전
히 이러한 분쟁이 계속되고 있다.[42]

끝으로 사유화 과정에서 기득권을 주장하는 구 특권계층 및 종업원들
의 저항이 계속되었다. 사유화 초기에 기업 관리자들의 이해를 대변하는
시민동맹(Grazhdanskii soyuz) 등은 기업을 기업 관리자에게 이전하도록 압
력을 가했으며, 이들은 노동조합과 결탁한 가운데 사유화 증서에 의한
사유화에 반대를 전개했다.[43]

특히 문제가 된 것은 내부자 사유화이다. 당국은 기업 관리자와 종업
원들이 기득권을 내세워 일종의 지대(地代)를 추구하는 행위를 막기 위해
사유화 증서에 의한 경매 등의 장치를 마련했으나 내부자 사유화를 차단
하기는 역부족이었다. 추바이스를 비롯하여 러시아의 사유화 담당자들은

---

40) *Augumenty i fakty*, 1992. 11. 28.

41) Desai, pp. 29-32.

42) 러시아 연방 정부는 1997년 중반 현재 89개 연방주체들 - 소수민족 단위의 공화
국과 주-중 모두 32개 주체와 권력 분담에 관한 협정을 체결하고 있다.

43) *Nezavisimaya gazeta*, 1992. 7. 17; Oborotova and Tsapin, pp. 10-13.

처음 내부자 사유화는 효율적인 소유자를 창출하기 어렵다고 이에 반대
했으나, 동유럽 국가들의 사유화 과정을 참작하여 사유화를 촉진하기 위
해서는 내부자 사유화가 어느 정도 불가피하다는 입장을 취하게 되었
다.[44] 사유화 이전의 국유재산은 사실상 기득권층의 사유재산화되어 있
었으며, 따라서 이를 다시 국유화해서 사유화하기 전에는 사실상 분배의
정의를 구현한다는 것이 무망함을 이들은 깨닫게 되었던 것이다.

결과적으로 1993년 중반 현재 사유화 기업의 70퍼센트 정도가 사실상
기업 관리자와 종업원에 의한 사유화로 추산되고 있다.[45] 보다 구체적으
로 내부자 사유화의 정도는 1993년 5월 1일 현재 사유화된 소매업소의
69.9퍼센트가 관리자 및 종업원, 22.3퍼센트가 법인체, 나머지 7.9퍼센트
정도가 외부자의 소유로 집계되고 있는 데서 잘 드러나고 있다.[46] 1994
년 200개 기업을 대상으로 한 조사에 따르면, 기업 관리자가 이들 기업
주식의 8퍼센트, 종업원 58퍼센트, 외부자 21퍼센트, 연방 재산기금이
13퍼센트를 보유하고 있는 것으로 나타나고 있다.[47]

내부자 사유화는 경제적 측면에서 볼 때 무엇보다도 기업의 구조 조정
을 지연시키고 있는 것으로 지적되고 있다. 내부자 사유화로 인해 경영
자의 경영 개선이나 고용 인력의 조정 등이 미흡하고 경쟁력이 없는 기
업을 파산시키는 데 어려움이 적지 않은 것으로 나타나고 있다.[48] 한편
종업원 우대의 사유화뿐만 아니라 일반 시민의 사유화 증서에 의한 사유
화도 궁극적으로는 사유화된 재산의 소유권이 관리자를 비롯한 소수에게
집중하게 됨으로써 1990년대 중반까지는 노동자와 국민들에게 실망만을
안긴 것으로 지적되고 있다.[49]

---

44) Pekka Sutela, "Insider Privatisation in Russia: Speculations on Systemic Change," *Europe-Asia Studies*, Vol. 46, No. 4 (1994), pp. 417-435.6-pp. 418-420.

45) Evgenii Yasin, "Vybor puti," *Delovoi mir*, 1993. 9. 3. (Sutela, pp. 421-422에서 재인용).

46) Aslund, *How Russia Became a Market Economy*, p. 251에서 인용.

47) 위의 글, p. 268.

48) Aslund, *How Russia Became a Market Economy*, pp. 251, 265.

결론적으로 러시아의 사유화 정책과 관련하여 지금도 사유화가 진행 중임을 감안할 때 그 성과를 가늠하기란 시기적으로 적절치 않은 점이 있지만 시장의 창출이라는 견지에서 일단 긍정적으로 평가된다. 사기업 은 이제 러시아 경제가 다시 사회주의 계획 체제로 반전할 수 없을 정도 로 큰 비중을 차지하게 된 것이다. 앞으로 사유화와 관련하여 러시아 경 제가 안고 있는 과제는 이들 사유화 기업들이 시장경제에 얼마나 적응할 수 있느냐 하는 사유화의 질적 측면일 것이다.

---

49) Hilary Appel, "Voucher Privatisation in Russia: Structural Consequences and Mass Response in the Second Period of Reform," *Europe-Asia Studies*, Vol. 49, No. 8 (December 1997), pp. 1433-1449.

13. 시장경제 개혁의 장래: 1998년 금융위기와 대응

러시아는 1998년 8월 엄습한 경제위기의 충격에서 미처 벗어나지 못한 채 새로운 세기를 맞고 있다. 루블화의 평가절하와 채무 불이행이라는 비상조치로 대처할 수밖에 없었던 금융위기는 러시아에서 경제뿐만 아니라 정치와 사회 전반에 걸쳐 한 시대를 뒤로 하고 새로운 시대로 들어서는 중대한 고비가 되고 있다. 러시아 경제는 점차 회복의 기미를 보이고는 있으나 위기에서 탈출했다고 단정하기에는 아직 이른 감이 없지 않다. 금융위기의 여파로 러시아의 실질 국내총생산(GDP)은 거의 절반 정도로 축소된 것으로 나타나고 있으며, 이러한 위축 증세는 비록 완만하나마 지금껏 계속되고 있는 것이다.[1]

사회·정치적 측면에서 1998년의 경제위기는 옐친(Boris Yeltsin) 대통령의 집권기를 마무리 짓는 계기가 되었을 뿐만 아니라 러시아에서 개혁의 이념적 바탕을 이루어왔던 자유주의의 포기를 앞당길 수 있는 일대 사변이었다.[2] 내외의 우려에도 불구하고 러시아 정국은 일단 안정을 유지하

이 글은 세종연구소 정책보고서(2000)로 작성한 것으로서, 이 책에서는 책의 통일된 서식에 따랐으며 일부 수정을 가했다: 「전환기 러시아의 대외경제정책」, 홍현익 (편), 『전환기 러시아의 대외정책』, 세종정책총서 2000-9 (성남: 세종연구소, 2000), pp. 71-101.

[1] 참고로 1929-1933년의 대공황 중 미국의 실질 GDP는 25퍼센트 정도 축소되는 데 그쳤다.

고 있으나 경제위기가 옐친 대통령의 퇴장을 재촉한 것만은 분명하다. 한편 위기를 전후하여 러시아 조야(朝野)에서는 시장경제의 도입을 위한 종전의 개혁노선을 수정하고 경제운용에 있어서 국가의 역할을 강조하는 방향으로 공감대가 확산되고 있다.

끝으로 금융위기는 러시아인들 사이에 서방의 의도에 의구심을 갖도록 만든, 이른바 반(反) 서방적 정서를 고취하는 방향으로 작용한 것으로 관찰되고 있다.[3] 이러한 견지에서 러시아는 한편으로는 서방의 자본과 기술을 획득할 필요와 함께 다른 한편으로는 반 서방 정서 사이에 선택 내지는 균형을 찾아야 할 상황에 직면할 가능성이 적지 않은 것이다.

이 글은 이와 같이 반 서방 정서를 자극한 1998년의 위기를 러시아에서 어떻게 해석하고 있으며, 이를 배경으로 러시아 정부가 선택할 수 있는 정책 대응을 가늠하는 데 목적이 있다. 구체적으로 이 글은 러시아 조야의 8월 위기에 관한 일종의 정책 논쟁을 점검하고, 이를 바탕으로 러시아가 취할 수 있는 대외경제정책의 향방을 살피고자 한다.

1998년의 금융위기에 대해서는 지금까지 러시아 내외에서 많은 진단이 이루어지고 있는바, 크게 다음 두 입장으로 나뉘고 있다.

(1) 위기는 개혁의 미진(未盡) 및 개혁에 제동을 거는 구(舊) 시대의 제도와 관행, 러시아의 정치문화적 특수성, 그리고 만성적인 정치 불안정 등 러시아의 내적 요인에 일차적으로 기인한다.

(2) 위기는 러시아 밖의 외적 요인에 일차적으로 기인한다. 러시아의 경제개혁이란 서방이 선호하는 신(新) 자유주의 노선의 개혁이며, 이에 더해 미국 및 국제통화기금(IMF)을 비롯한 서방 국제경제기구의 과잉 개입과 정책상의 오판이 아시아에서 비롯된 금융위기와 상승작용을 일으켜

---

2) Jacques Sapir, "Russia's Crash of August 1998: Diagnosis and Prescription," *Post-Soviet Affairs*, Vol. 15, No. 1 (January-March 1999), p. 1.

3) Thomas E. Graham, Jr., "The Politics of Power in Russia," *Current History*, Vol. 98, No. 630 (October 1999), p. 316.

촉발되었다.

이들 진단 중 러시아가 어느 것을 받아들이느냐에 따라 앞으로 러시아의 대외경제관계와 나아가서는 대외정책이 상당한 정도로 변질될 가능성을 배제할 수 없는 것이다.

I. 금융위기의 내습

1. 위기 속의 러시아

러시아 금융위기의 발단은 1997년 10월로 거슬러 올라간다. 이때부터 아시아에서 시작된 경제위기가 러시아로 파급되면서 주식과 채권의 시세가 급락하기 시작한 것이다. 이후 러시아 경제는 만성적인 위기로 빠져들게 되었다.

1997년 러시아 경제는 소련의 붕괴 이후 처음으로 성장세로 돌아서게 되었으나, 그 이면에는 여전히 세수(稅收) 실적의 저조와 국가 채무의 가중, 국가자금의 비효율적인 운용 및 이러한 요인들의 소산인 대폭적인 재정적자가 도사리고 있었다. 적자는 주로 국채의 발행으로 변통되었는데, 채무의 규모는 그렇게 큰 것은 아니었으며 GDP에 대비할 때 서방 선진국과 비슷한 수준이었다. 그러나 문제는 차입(借入)의 대부분이 고금리의 단기국채(短期國債, GKO)라는 점으로서 급속히 증대하는 이자의 상환으로 국가 재정이 압박을 받기 시작했던 것이다. 재정적자에 — 지난 2년간 경상 GDP 대비 6-7퍼센트의 높은 수준 유지 — 대한 시장의 우려가 커짐에 따라 단기국채의 이율은 급등하기 시작했고, 당국은 이의 상환을 위해 또 다시 차입을 해야 하는 악성 채무구조에 빠져들게 되었다. 수익률이 229.7퍼센트까지 급등하였던 루블화 표시 단기국채의 1999년 5월까지 상환 도래액(到來額)은 약 420억 달러에 이르고, 해외시장에서 차입

한 차관 규모는 1997년 12월 말 현재 722억 달러에 육박했으며, 이중 1
년 이하의— 1년 만기 포함— 단기차관이 324억 달러로 45퍼센트를 차
지하고 있었다.

이를 배경으로 마침내 1998년 1월 증권 및 채권이 폭락하는 사태에
돌입하게 되었다. 특히 5월 13일 주가가 15퍼센트의 폭락을 기록하는 등
5월로 들어서면서 위기는 더욱 고조되었으며, 루블화에 대한 절하 압력
도 거세지기 시작했다. 이러한 와중에서 중앙은행은 5월 27일 루블화의
방어를 위해 재할인율(再割引率)을 연 50퍼센트에서 일거에 150퍼센트로
대폭 인상하게 되었으나, 당일 국내 주요 기업의 주가가 평균 10퍼센트
하락하는 등 주식시장은 여전히 위기에서 헤어나지 못했다.

정부는 5월 29일 대기업의 체납 세금에 대한 징수 강화와 세출 삭감
및 국영기업의 민영화 촉진 등을 골자로 하는 금융시장 안정화를 위한
긴급조치를 발표했으며, 한편 IMF 등 국제금융기구는 7월 13일 러시아
금융시장의 안정을 위해 1998-99년 중 총 226억 달러의 구제금융을 —
이중 15억 달러는 일본 부담— 제공하기로 합의함으로써 러시아 경제는
일단 최악의 위기를 모면할 수 있었다. 그러나 루블화의 방어를 위해 외
환 보유고는 이미 바닥을 드러내고 있었다.

5월의 폭락 사태이래 신경질적으로 부침을 거듭하던 러시아 금융시장
은 8월 들어 주가 폭락과 루블화의 불안정이 심화되는 등 다시 크게 동
요하기 시작했다. 주가는 8월 10-14일 중 4.8퍼센트 하락하여 1998년
중 하락율이 70퍼센트 이상으로 확대되었고, 환율은 연일 최저 시세를
갱신하며 폭락했으며, 급기야 8월 13일에는 통화와 주식, 채권의 3중 약
세에 직면하여 금융시장은 공황 상태에 빠지게 되었다. 주식시장에서는
거래 개시 직후부터 우량기업의 주가가 15-25퍼센트 급락하여 증권거래
소(RTS)는 거래를 일시 중지하기도 했다. 루블화의 시세는 달러 당 6.3루
블까지 하락하여 중앙은행이 설정한 변동폭의 하한을 대폭 밑돌게 되었
으며, 단기국채의 가격도 급락하여 이율이 연리 300퍼센트라는 신기록을

세웠다. 주식과 채권의 투매가 광란의 양상으로 바뀌고 러시아 외환시장
에서 국제금융자본의 이탈이 가속화되었다.

이를 배경으로 러시아 정부와 중앙은행은 마침내 8월 17일 ① 연말까
지 환율 변동폭을 달러당 종전의 5.25-7.15루블로부터 6.0-9.5루블로 대
폭 확대하고, ② 1999년 말까지 만기 도래하는 루블화 표시 중·단기 국
채(GKO, OFZ)의 신 채권으로 교체 및 그때까지의 잠정 거래 중단 (국내
단기부채는 약 400억 달러 규모), ③ 내국인의 대규모 외환거래에 대한 임
시 규제조치의 도입 (단기 대외채무 상환, 증권담보부 채무에 대한 보험금 지
급, 확정 기한부 외환 선물거래에 대한 지급 등에 대해 90일간 지불유예), ④ 1
년 만기 이하의 루블화 자산에 대한 외국인의 투자 금지 등 비상조치를
발표하기에 이르렀다.[4] 이로써 러시아는 사실상의 채무 불이행(default)
사태에 빠지게 된 것이다.

러시아 금융시장은 10월로 들어서서야 간신히 안정을 되찾게 되었으
며, 이 과정에서 토코방크(Tokobank) 등 많은 은행이 도산하는 사태가 발
생했다.

2. 위기와 서방

금융위기를 전후하여 러시아 정부가 해결해야 할 최대의 문제는 가을
에서 연말에 걸쳐 집중적으로 상환기한이 도래하는 1,300억 루블의 단기
국채를 변제하기 위한 자금의 융통이었다. 그리고 러시아 국채에 대한
신용 저하로 빚을 갚기 위해 빚을 얻는 종래의 방식이 이제는 더 이상
통용될 수 없었다.

당시 대내적으로 세수(稅收)의 증대는 불완전한 징세체제나 기업간 미
불(未拂)이라고 하는 구조적인 문제의 해결이 없이는 어려웠다. 국유재산

---

4) *Kommersant-Daily*, No. 150, 1998. 8. 18.

의 매각도 석유회사 로스네프찌(Rosneft')의 주식 매각이 응찰자가 없어
무산되는 등 정부의 뜻대로 되지는 못했다. 이로써 채무 불이행이라는
최악의 사태를 피하기 위해서는 국제금융기관의 지원을 기대하는 수밖에
없었던 것이다.

이를 배경으로 추바이스(Anatolii Chubais) 전 제1부총리는 5-6월 미국을
방문하여 IMF 및 세계은행(World Bank)에 러시아에 대한 추가 지원을 간
청하게 되었다. IMF는 7월 20일 루블화의 안정을 위한 신규 차관 112억
달러를 제공하는 데 합의했으며, 제1차 분여금(分與金)으로 48억 달러를
긴급 공여하게 되었다. 그러나 분여금은 루블화를 지지하기보다는 8월의
비상조치가 취해질 때까지 해외로 자본도피를 방조하는 효과만을 거둔
채 곧 소진되어 버렸다. 여하튼 같은 해 말까지 러시아가 IMF로부터 공
여 받은 차관은 IMF의 전체 차관 중 1/5 규모인 190억 달러를 상회하는
수준으로서, 이로써 러시아는 IMF 최대의 채무국으로 전락하게 되었던
것이다.

당시 IMF는 러시아에 대한 대규모의 융자에 난색을 보였으며 차관 공
여의 조건으로 강력한 통화긴축과 환율의 안정을 요구했으나, 러시아에
대한 추가 지원에는 IMF 최대의 출자국인 미국의 입김이 강하게 작용했
던 것으로 알려지고 있다.[5]

II. 금융위기에 대한 진단

러시아가 금융위기에 빠지게 된 요인은 무엇인가? 지금까지도 러시아
내외에서 위기의 원인을 둘러싸고 논쟁이 계속되고 있으며, 견해의 차이
가 조만간 해소될 것으로는 보이지 않는다. 여하튼 지금으로서는 위기에

---

[5] Nigel Gould-Davies and Ngaire Woods, "Russia and the IMF," *International Affairs*, Vol. 75, No. 1 (1999), p. 17.

관여했던 주역들의 입장을 소개하는 것이 순서일 것이다.[6]

러시아의 국제금융기관 담당 대통령 특별대표인 추바이스 전직 제1부 총리는 1998년 9월 미국 하원의 금융·재정위원회 증언에서 8월 위기의 주범으로,

① 아시아의 경제위기로 인한 동아시아 자본의 러시아 이탈,

② 국제 원유가의 하락에 따른 수입 격감,

③ 러시아 정부의 경제·재정안정화 계획에 대한 러시아 하원(Duma)의 거부로 인한 국가 세입의 감소를 지목하고 있다.

한편 당시 러시아 중앙은행의 제1부총재를 역임한 알렉사셴코(Sergei Aleksashenko)는

① 경제안정화에 주력하던 체르노미르딘(Viktor Chernomyrdin) 총리의 해임으로 인한 시장의 안정 기대감 동요,

② 체르노미르딘 내각의 세입(歲入) 증대 부진 및 구조조정 추진 미흡,

③ 루블화 평가절하가 임박하다는 풍문 등으로 인한 루블화에 대한 신뢰 저하를 위기를 촉발시킨 주된 요인으로 꼽고 있다.

끝으로 IMF는 위기의 원인으로

① 러시아 당국의 경제안정화 비상조치에 대한 러시아 하원의 지지 결여,

② 러시아 정부의 경제안정화 시책 및 미납 세금의 징수정책에 대한 러시아 대기업들의 저항,

③ 러시아 중앙은행 산하의 러시아 최대 상업은행인 스베르방크(Sberbank)의 미온적인 위기 대응으로 인한 투자자들의 정부에 대한 신뢰도 저하를 지적하고 있다.

이 밖에 보다 근본적으로 70여 년에 걸친 공산주의 지배로부터 민주화와 약체(弱體) 국가, 대외 개방의 영향 등 다양한 위기요인들이 제시되고 있다.[7] 여하튼 이상의 진단을 종합하면 금융위기를 촉발한 요인은 크게

---

[6] Andrei Illarionov, "The Roots of the Economic Crisis," *Journal of Democracy*, Vol. 10, No. 2 (April 1999), pp. 70-71.

러시아의 내적인 요인과 러시아 밖의 환경적 요인으로 나누어 볼 수 있을 것이다.

1. 내생적 요인

금융위기를 촉발한 내생적(內生的) 요인은 다음과 같이 직접적인 원인으로부터 보다 근본적인 요인들까지로 정리할 수 있다.

가. 경제정책상의 실책

(1) 재정정책

러시아 정부의 방만한 재정정책이 무엇보다도 장기적으로 금융 파탄을 유발한 요인으로 러시아 내외에서 지목되고 있다.[8] 예산적자는 이미 1992년에 실질 GDP의 32.3퍼센트라는 국제적 기준으로는 거의 전례가 없는 높은 수준을 기록했었다. 이후 적자는 실질 GDP의 7-17퍼센트 수준으로 감소됐으나, 그럼에도 불구하고 이러한 비율은 경제회복과 나아가 성장을 주도하기에는 여전히 높은 것이었다. 러시아 당국은 1992-94년 중 예산적자를 주로 중앙은행을 통해 보전(補塡)하려 했으나, 이는 결과적으로 물가 앙등을 유발한 주범이 되었던 것이다.

이에 대처하여 당국은 1995년 이래 고(高) 수익률의 중·단기 국채를

---

7) 예컨대 Sapir, pp. 3-4; Natalia Semilutina, "Possible Ways of Overcoming Financial Crisis in Russia and the Role of Infrastructure Organizations," *The Harriman Review*, Vol. 11, No. 4 (June 1999), p. 39.

8) 이 부분은 다음 자료에 근거한 것이다. Illarionov, pp. 70-77; Thierry Malleret, Natalia Orlova and Vladimir Romanov, "What Loaded and Triggered the Russian Crisis," *Post-Soviet Affairs*, Vol. 15, No. 2 (1999), pp. 114-117; Ben Slay, "An Interpretation of the Russian Financial Crisis," *Post-Soviet Geography and Economics*, Vol. 40, No. 3 (1999), pp. 210-211.

발행하고 일부는 차관 도입을 통해 재정적자를 보전하게 되었다. 중·단
기국채의 발행으로 인한 루블화 표시 채무는 1994년 말 실질 GDP의
2.5퍼센트 수준에서 1996년 말과 금융위기 직전인 1998년 7월까지 각
각 15.9퍼센트와 23.5퍼센트로 급증하게 되었다. 대규모의 국채가 고금
리와 결부되어 채무가 급증하게 되었던 것이다. 더욱 나쁜 것은 채무의
만기가 도래하기 전에 또 다른 고금리 국채를 발행하는 악성 채무구조에
빠져들게 된 점이었다.

이와 함께 러시아 정부는 1997년 12월 말 현재 722억 달러에 달하던
해외 차관에 — 이중 1년 이하의 단기차관이(1년 만기 포함) 324억 달러로 45
퍼센트를 차지하고 있었다 — 1998년의 첫 8개월간 185억 달러를 추가하
게 되었다. 이는 뒤이은 루블화의 평가절하와 결부하여 러시아 정부의
전체 채무를 실질 GDP 대비 1997년 말의 66.3퍼센트에서 금융위기 직
후인 1998년 9월까지 148.1퍼센트로 폭증하게 만든 요인이 되었는데,
러시아 경제는 이와 같은 대규모의 채무를 더 이상 지탱할 수 없었던 것
이다.

한편 세입의 측면에서 그동안 러시아 내외에서는 국제원유가의 하락,
국영기업의 매각 저조에 따른 정부수입의 감소, 조세 수입의 저조 등이
재정적자를 악화시키는 데 역할을 한 것으로 지적되고 있다. 당시 국제원
유시장의 장래가 불투명하게 되자 국영 석유회사 로스네프찌의 인수를
원하는 응찰자가 나타나지 않았다. 당초 러시아 당국은 이의 매각으로 최
소한 21억 달러의 수입을 기대했었다. 이 밖에도 8월 러시아 최대의 정보
통신회사인 스뱌지인베스트(Svyazinvest)를 재차 매각하려 했으나, 이것 역
시 같은 이유로 입찰이 연기되었다. 이와 함께 조세체계의 미비와 경제침
체로 인한 세원 확보의 어려움도 재정을 악화시킨 주범의 하나로 지목되
고 있는데, 1997년에 러시아 국민 중 소득 신고자는 380만 명에 불과한
것으로 보도되는 등 탈세의 폐해가 심각한 것으로 지적되고 있다.[9]

단적으로 러시아 당국의 재정정책상의 불균형이 위기의 불씨를 안고

있었던 것이다.[10) 1998년 중 첫 7개월간 이자 상환을 제외한 러시아 중앙정부의 세출은 실질 GDP의 16.2퍼센트를 기록했는데, 이는 1990년대 미국 연방정부의 연 12-13퍼센트 수준을 웃도는 것이다. 러시아 정부의 총합예산의 경우 이자 상환분을 제외한 지출은 1992-97년 중 실질 GDP 대비 연 30-59퍼센트 수준으로서 같은 기간 중 미국 정부의 17-19퍼센트 수준과 대조를 이루고 있다. 러시아 당국은 긴축정책을 견지하기보다는 국내외에서 채무를 끌어들이는 방향으로 국가재정을 운영했던 것이다.

(2) 통화 및 외환정책

재정정책상의 실책 이외에 또 다른 정책상의 과오는 러시아 중앙은행의 부적절한 통화정책과 외환관리 정책인 것으로 지적되고 있다. 한 러시아 경제전문가에 따르면, 1998년 봄 이미 주요 지표상으로 루블화는 50-70퍼센트 정도 평가절하가 불가피한 것으로 나타나고 있었다.[11) 그러나 러시아 중앙은행은 재할인율을 높이는 데 급급하고 무분별하게 시장에 개입함으로써 해외로부터 차입한 외자만을 낭비한 것으로 주장되고 있다.

루블화의 과대평가는 1995년 7월 루블화의 하락 행진을 저지하기 위한 노력의 일환으로 은행간 외환거래의 변동폭을 도입함으로써 시작되었는바, 이 때부터 금융위기 직전인 1998년 5월까지 러시아 금융당국의 외환 자산은 7.5퍼센트 증가한 반면, 루블화 표시 부채는 137퍼센트 폭증했고 정부채권의 명목가치는 거의 12배로 폭등하게 되었다. 이러한 격차

---

9) 그러나 한 러시아 경제학자에 따르면, 1995-1998년 중 러시아 연방정부의 세입은 실질 GDP의 16-19퍼센트 수준이나, 이 기간 중 지방정부를 비롯한 러시아 정부의 총합예산 중 세입은 실질 GDP 대비 46-49퍼센트 수준이며, 나아가 시기별로 전년 대비 1998년도의 연방정부의 세입은 증가한 것으로 집계되고 있다. Illarionov, p. 73.

10) 위의 글, p. 77.

11) 위의 글, p. 78.

는 1997년 들어 더욱 현저하게 되었으며, 드디어는 외환 보유고의 고갈로 외환시장이 마비되기에 이르렀던 것이다. 외환 보유고는 1997년 중반 240억 달러에서 1998년 8월 14일까지 151억 달러로 감소했다. 러시아는 8월 상순 루블화의 방어를 위한 외환시장 개입에 14억 달러의 외화를 소모했음에도 불구하고 루블화를 지탱하는 데는 역부족이었고 점차 투자자들 사이에 러시아 당국의 환율방어 능력에 대한 우려가 증대됐었다.

나. 정치적 파행

(1) 정경유착

러시아 일각에서는 8월 위기를 촉발한 경제 외적 요인으로 정경유착(政經癒着)이 지적되고 있다. 이들은 경제위기에 앞서 추진된 러시아 당국의 금융정책은 대형 상업은행, 다시 말해서 이들 은행을 소유하고 있는 재벌의 도산을 막는 데 일차적인 목적이 있었다고 주장한다.[12]

1990년대 초반 물가상승 시기에 정책적 특혜를 받아온 상업은행들은 점차 물가가 하향세를 보이고 이에 상응하여 국공채에 대한 이자율 역시 하향 안정되기 시작하자 운영상의 압박을 받게 되었으며, 이를 보전하기 위해 대규모의 외자 유치와 이로 인한 외채의 중압에 놓이게 되었다. 러시아 은행들은 1994년까지만 해도 외환 수급상에 균형을 맞출 수 있었으나 1995년으로 들어서면서 적자로 반전되기 시작했으며, 1997년 말에 이르기까지 이들 은행이 안고 있는 외화 표시 채무는 이들 자산의 거의 1/3에 해당하는 324억 달러로 증가하게 되었다. 1998년 전반기 중 이들 은행은 30억 달러 상당의 외채를 상환했으나, 이것으로 채무를 변제하기에는 충분치 못한 것으로 드러나게 되었다.

---

12) 위의 글, pp. 75, 79-80.

이러한 상황에서 루블화가 평가절하 될 경우 이에 따른 환율의 저하로 러시아 은행들이 부담하게 될 외채는 천문학적인 규모로 늘어나고, 이 결과로 이들 중 상당수가 도산하게 될 것은 자명한 일이 아닐 수 없었다. 당국은 이러한 사태가 발생하는 것을 원치 않았다. 그러나 보유 외환이 고갈된 상태에서 러시아 정부가 취할 수 있는 방안은 해외시장에서 외채를 도입하는 것이었고, 이것마저 어렵게 되자 마침내는 IMF를 비롯한 국제금융기관에 구제를 요청할 수밖에 없었던 것이다.

(2) 정치 불안

러시아 경제의 침몰은 1998년 3월 내각의 돌연한 교체에 따른 정치공백으로 더욱 촉진되었던 것으로 관찰되고 있다. 총리의 인준을 둘러싼 한 달간의 정쟁은 러시아 국채(國債)와 나아가 러시아에 대한 외국 투자자들의 신뢰를 더욱 저하시키게 되었던 것이다. 러시아 금융시장에서는 1997년 11월과 1998년 1월에 이어 5월에도 증권 및 채권이 폭락하는 사태가 이어졌는데, 5월의 폭락은 표면적으로 러시아 전역의 전력 공급을 담당하는 통일전력체계(EES) 회사의 외국인 보유 주식을 25퍼센트로 제한하는 법률을 채택했던 것이 계기가 되었다고는 하지만, 외국 투자자들은 3월 정변 이후 이미 러시아를 떠나기로 작정했던 것으로 관찰되고 있다.

한편 8월의 금융위기는 국제적 투자가 소로스(George Soros)가 루블화의 절하를 제의한 기고(寄稿)로 촉발되었던 것으로 전해지고 있으나 그 배경에는 역시 투자자들의 신뢰감 상실이 깊숙이 자리잡고 있었던 것으로 지적되고 있다. 러시아 정부는 7월 IMF의 전폭적인 지지 하에 경제·재정안정화 계획을 제시했으나, 공산당을 비롯하여 옐친 반대세력의 아성인 하원(Duma)은 부가가치세 법안과 지방세의 연방정부 이관 등을 포함한 안정화 계획을 거부했다. 정부는 이들 안정화 계획을 대통령령으로 공포하여 실시했지만, 이 과정에서 하원의 거부로 인한 세입의 감소가 불가피했었다. 끝으로 정국 혼란에 더해 임금 체불에 대한 노동자들의 항의시위 등 사회적 요인들도 정치불안과 경제위기에 한 몫을 한 것으로 평가되고 있다.

(3) 구조조정의 미진

금융위기의 발단을 미진한 경제개혁에서 찾으려는 시각이 있다. 위에서 살핀 바와 같이 위기는 무엇보다도 금융부문의 취약에 기인하고 있다. 8월 위기는 금융 부문이 실물경제와 괴리된 가운데 기형적 성장을 하여 왔다는 점에서 오히려 당연한 것인지도 모른다. 러시아에서 금융시장은 개혁이 시작된 이래 마이너스 성장 및 투자 감소라는 경제침체 속에서 발전되었다는 점에 유의할 필요가 있다. 러시아 은행들은 그동안 기업 대출 등 정상적인 여신 업무는 거의 취급하지 않고 환투기(換投機)와 고금리의 국채 투자를 통해 수익을 올려왔다. 그러나 1997년 가을부터 아시아 외환 위기의 여파로 해외 투자가 빠져나갔으며, 이로써 루블화가 흔들리고 실세 금리의 상승으로 러시아 국채가격이 폭락하면서 이들 은행들은 막대한 손실을 입게 되었고, 결국 지급 불능의 상태에 빠지게 되었던 것이다. 외국 은행들로부터 대출금의 상환 압력을 받은 러시아 은행들은 중앙은행 지원금 등 가용자금을 총동원하여 달러화 사재기에 나섬으로써 결국 금융위기를 부채질하게 되었던 것이다. 건전한 금융감독 체제가 구비되지 못한 가운데 러시아 정부가 금융 자유화를 실시한 것은 비슷하게 경제위기를 겪은 일부 아시아 국가들과 다를 바가 없었다. 결국 적절한 관리와 감독 체제를 마련하지 않은 채 금융시장을 개방한 데 문제가 있었던 것이다.

한편 임금 체불과 세금 체납, 기업간 미불(未拂) 사태는 경제 전반에 걸쳐 구조조정이 미진했음을 단적으로 보여주는 것이다. 체불 임금은 1998

년 6월 말 현재 700억 루블(112억 달러)을 기록했는데, 체임(滯賃)은 기본
적으로 기업이 시장의 수요에 상응하여 노동자를 해고하기보다는 사회주
의 체제 하의 관행에 따라 이들의 임금을 삭감하거나 부정기적으로 임금
을 지급한 데 따른 것이었다. 세금 체납과 기업 간 미불의 경우에도 파산
절차를 통해 기업들이 시장에 적응하도록 하는 데 실패한 데 일차적으로
연관되고 있다.13) 다시 말해서 러시아 경제는 기업과 개인 모두가 시장
의 원리에 따라 경제행위를 하도록 개혁이 충분히 자리잡지 못한데 따른
대가를 치를 수밖에 없었던 것이다.

끝으로 일부에서는 경제위기가 불충분한 개혁과 연관되고 있다는 데는
동의하나, 이 개혁이라는 것이 러시아의 현실을 무시한 미국 주도 하의
신(新) 자유주의 입장에서 추진됨으로써 결과적으로 위기를 불가피하게 배
태하고 있었다는 주장을 제기하고 있다. 이러한 입장은 기본적으로 위기가
러시아 자체에서 비롯되었다기 보다는 외적인 요인에 의한 것임을 강조하
고 있다는 점에서 아래에서 외적 요인의 일환으로 검토하고자 한다.

2. 외생적 요인

금융위기를 촉발한 외생적(外生的) 요인으로 크게 동아시아의 금융위기
와 국제원유가의 하락 등 러시아가 통제할 수 없는 요인과 함께 IMF를
위시한 서방의 역할 등이 지적되고 있다.

가. 동아시아 경제위기

추바이스 전직 제1부총리를 비롯하여 러시아 일각에서는 1997년 7월
부터 시작된 동아시아의 경제위기가 러시아 금융위기의 촉매 역할을 한

---

13) Malleret et als., pp. 117-119; Philip Hanson, "The Russian Economic Crisis and
the Future of Russian Economic Reform," *Europe-Asia Studies*, Vol. 51, No. 7
(November 1999), pp. 1141-1166.

것으로 주장하고 있다. 그는 1998년 1-3월 중 동아시아 자본 20억 달러가 러시아 시장에서 이탈했으며, 이미 극도로 허약한 러시아 금융시장은 이러한 타격을 지탱해낼 수 없었다고 진단하고 있다.

실제로 아시아 금융위기를 계기로 국제 투자가들은 이미 신흥 자본시장의 위험에 대비하여 러시아를 떠나기 시작했다. 당시 일본 엔(円)화의 약세와 중국 위안(元)화에 대한 절하 압력도 러시아 경제에 대한 투자자들의 불안을 가중시키는 요인으로 작용했다.

따라서 일견하여 태국 바트화의 폭락으로 시작된 아시아의 금융위기가 인접한 동남아시아 국가들과 한국을 거쳐 러시아에 전염된 것으로 보는 입장은 자연스러운 일이 아닐 수 없다. 그러나 이러한 입장에 대해서는 반론도 만만치 않다. 러시아의 한 경제학자에 따르면, 아시아의 경제위기에도 불구하고 러시아 금융시장은 1998년 초까지도 별다른 영향을 받지 않았으며, 시장이 불안정을 노정하기 시작한 것은 아시아 각국의 금융시장이 회복세를 보이기 시작한 그 해 늦봄과 여름부터였음에 주의를 환기시킨다.[14] 그는 같은 해 1-3월 중 아시아 투자자들이 러시아에서 인출했다는 20억 달러는 같은 기간 중 러시아 정부가 해외로부터 차입한 비슷한 규모의 차관으로 보전되고 있었다고 지적한다. 이외에도 러시아와 마찬가지로 시장경제로의 이행기를 거치고 있는 폴란드나 헝가리가 러시아와는 달리 아시아의 금융위기에 노출되지 않은 점에 주목하고, 이러한 견지에서 러시아만이 아시아 독감에 감염될 수밖에 없었던 요인을 찾을 필요성이 강조되고 있다.[15]

나. 국제 원자재 가격의 하락

러시아 수출의 주종을 이루는 원자재의 국제시장 가격은 아시아 국가

---

14) Illarionov, pp. 71-72.
15) Sapir, p. 2.

들의 수요 감소로 1997년 10월부터 약세를 면치 못했으며, 이에 더해 석유수출국기구(OPEC)는 석유 감산에 합의하지 못함으로써 수요 감퇴와 공급 과잉으로 1998년 6월 중순 브렌트(Brent)유의 경우 배럴 당 10.6달러라는 사상 최저가격으로 폭락하게 되었다.

이와 같이 국제시장에서 원자재, 특히 원유 가격이 급락함으로써 허약한 러시아 경제가 타격을 받게 된 것은 오히려 당연한 일이 아닐 수 없었다. 세계 최대 석유수출국의 하나인 러시아는 석유 수출로 얻는 무역흑자로 전환기 경제를 지탱하고 있었던 것이다.

러시아의 월간 무역흑자는 1997년 초에는 20억 달러를 상회했으나, 1998년으로 들어 6억 달러로 크게 감소했다. 러시아는 이와 같이 원유를 비롯한 원자재의 국제가격 하락으로 관련 기업들로부터 징수한 이윤세 수입이 전반기에만 무려 150-200억 루블이나 감소했으며, 국제원유시장의 장래가 불투명하게 되자 국영 석유회사 로스네프찌의 매각에도 응찰자가 나타나지 않았다.

그러나 아시아 경제위기의 영향에 대한 것과 마찬가지로 원자재 가격의 하락이 러시아 금융위기의 결정적인 원인의 하나라고 단정할 수는 없다는 견해에도 유의할 필요가 있을 것이다.[16] 금융위기가 내습하기 직전까지 1998년 중 첫 7개월간 러시아의 원유 수출고는 국제가격의 하락을 원유 수출량의 확대로 대응함으로써 전 해 같은 기간에 비해 25퍼센트 줄어든 64억 달러에 그치게 되었으며, 이는 연방정부의 세입 측면에서 볼 때 22억 달러 감소를 뜻하는 것이다. 그러나 러시아 정부가 같은 기간 중 국제시장에서 차입한 외자는 120억 달러를 기록하고 있다. 특히 연방 세입은 원유 수출로 인한 수입이 감소했음에도 불구하고 이 기간 중 오히려 전 해 같은 기간의 241억 달러를 훨씬 웃도는 272억 달러로 증가하고 있으며, 이러한 점에서 원유를 비롯한 원자재 가격의 하락이

---

16) Illarionov, p. 72.

러시아 금융위기의 주범은 아니라는 주장이 제기되고 있다.

다. IMF의 실책

금융위기를 전후하여 러시아 내외에서는 러시아가 당면한 경제적 어려움이 본질적으로 정책의 실패나 개혁의 미진함에 기인하기보다는 미국을 비롯한 서방 선진국과 이들의 이익을 대변하는 IMF의 잘못된 개혁 처방에서 비롯되고 있다는 주장이 제기되어 왔다. 이러한 견지에서 한 러시아 경제학자는 금융위기에 대한 러시아 국민들의 반응을 다음과 같이 적고 있다:

> (금융)위기는 이념적 측면에서 (러시아 국민들의) 여론을 현저히 바꾸어 놓는 심각한 결과를 가져왔다. 민주주의, 개혁, 자유주의적이라는 말, 그리고 이와 연관되는 생각이나 인물은 불신을 받게 되었다. 시장경제와 자유주의, 서방과의 우호와 같은 생각은 그 평판이 심각하게 손상되었다. 러시아 국민은 전반적으로 경제 및 사회분야에 대한 정부의 강력한 개입을 선호하게 되었고, 러시아를 해코지하려 한다는 서방 음모설과 러시아 특유의 러시아 식의 (진로)가 있다는 생각을 받아들이는 방향으로 바뀌었다. 일견하여 위기는 자유주의적 시장경제 개혁과 국제통화기금(IMF)의 엄격한 정책 제안들이 러시아를 경제파탄에 이르게 한 주요 원인이라는 주장을 정당화하고 이러한 입장을 강화해주고 있는 것으로 보인다.[17]

IMF는 1998년 7월 러시아를 위해 새로운 경제계획을 권고하고 구제금융을 긴급 수혈했으나, 이것으로 금융위기를 막기에는 역부족이었다. 러시아에서 개혁이 좌절된 이유는 무엇인가? 왜 IMF 처방은 실패로 끝났는가? 이에 대해 단기적으로 IMF의 정책상의 오판에서부터 지난 십년에 걸친 서방과 IMF의 잘못된 개혁 방향에 이르기까지 다양한 진단이

---

[17] 위의 글, pp. 68-69. ( )는 필자 삽입.

제시되고 있다.

(1) 거시경제의 안정화 방침 고수

금융위기 직전 IMF가 제시한 처방 중 최대의 실책은 구제금융을 공여하는 조건으로 러시아 당국에 대해 연방 세입을 증대하고 기존의 통화 및 환율 정책을 고수하도록 요구한 것으로 지적되고 있다.[18] IMF는 연방예산의 세입 규모를 공식 GDP의 10.7퍼센트에서 13퍼센트 수준으로 늘이도록 권고했으며, 이에 따라 러시아 당국은 세수(稅收)를 1,050억 루블로 책정하게 되었다. 문제는 이 경우 경제침체의 골은 더욱 깊어질 수밖에 없었다는 점이다. 이와 함께 비현실적인 환율의 고수는 러시아 경제의 지주인 수출부문에 대한 부담을 가중시키는 반면 사실상 도산 상태에 놓인 금융부문에 대한 특혜를 의미하는 것으로서, 이와 같은 부문간 자원의 재배분은 결과적으로 위기를 더욱 심화시키게 되었다. 거시경제 안정화 일변도의 IMF 시책은 예기치 못한 부작용을 배태하고 있었던 것이다.[19]

(2) 신 자유주의 노선의 개혁 권고

IMF는 러시아의 전신인 소련이 1991년 10월 IMF의 준회원으로 가입한 이래 러시아의 시장경제 개혁에 자문 역할을 담당하여 왔다. 이후 러시아는 "사실상 IMF 관리 하에" 신 자유주의 경제정책에 입각한 시장경제 개혁을 추진하게 되었으며, 이러한 견지에서 일부에서는 러시아의 위기는 다름 아닌 IMF 관리체제의 위기라고 주장하기도 한다. 주지하는 바

---

18) 위의 글, pp. 80-81.
19) Gould-Davies and Woods, pp. 18-19; Steven Halliwell, "The Road to Default," *The Harriman Review*, Vol. 11, No. 4 (June 1999), p. 25.

와 같이 제2차 세계대전 이후 관세·무역 일반협정(GATT, 현재 세계무역
기구 WTO)과 함께 미국식 경제질서를 세계 경제질서로 확산시키는 역할
을 담당해 온 IMF는 1980년대 남미의 외채위기를 계기로 조건부 차관
이 본격화되면서 채무국에 대한 통제를 더욱 강화할 수 있었다. 당시 신
자유주의에 기초한 워싱턴 합의(Washington consensus)에 따라 다음 조건
들이 채무국에 적용되었다: (1) 재정긴축과 물가안정을 통한 거시경제의
안정, (2) 시장의 확대 및 국가의 경제적 역할 축소, (3) 무역 및 자본시장
의 자유화와 수출 주도의 산업화.[20]

개혁 초기 러시아를 주도했던 이념은 바로 신 자유주의적 발상이었다.
러시아는 소련이 붕괴한 직후인 1992년 정초를 기해 이제까지 사회주의
계획경제 하에서 계획에 묶여 있던 대부분의 물가를 시장의 수요와 공급
에 맡기는 가격 자유화를 단행하는 등 가능한 한 빠른 시일 내에 시장경
제로 이행하기 위한 이른바 충격요법을 실시하게 되었다. 당시 개혁을
주도했던 세력은 경제를 국가의 통제에서 해방시키고 이를 토대로 외부
의 간섭이 없는 이른바 "상품-화폐관계"를 수립할 수 있도록 기대했던
것이다.

이러한 정책은 바로 IMF의 주문을 적극적으로 수용하는 것이었다. 구체
적으로 IMF는 러시아에서 일정한 범위 내에서 물가상승의 억제, 재정적자
축소, 조세제도의 확립, 대외무역의 자유화, 토지개혁의 실시, 재정 안정화
를 저해하지 않는 범위 내에서 사회보장의 실시 등을 권고하여 왔다.

문제는 러시아의 개혁주의자들이나 IMF, 그리고 미국을 비롯하여 서
방이 바라던 바와 달리 러시아에서 시장경제가 정착되지 못했다는 점이
다. 이른바 상품-화폐관계가 확대되는 대신 러시아 경제는 오히려 물물
교환 경제로 퇴행하는 양상을 보이게 되었다.[21] 효과적인 반독점 조치가

20) 이주희, 「IMF 위기에 대한 정치경제학적 해석: 초국적 자본이동과 한국 국가의
    과제」, 『경제와 사회』, 제38호 (1998), pp. 57-58.
21) S. Auktsionek, "Barter v Rossiiskoi promyshlennosti," *Voprosy ekonomiki*, No. 2

마련되지 못한 가운데 가격 자유화가 졸속으로 시행됨으로써 독과점 가격이 형성되고, 이는 물가상승을 부추기는 한편 생산을 위축시키는 현상을 초래하게 되었던 것이다.

IMF는 거시경제의 안정이 이를 뒷받침 할 제도를 동반하지 못할 경우 경제성장으로 이어지지 못한다는 점을 점차 인식하게 되었고, 이에 따라 러시아에서도 1995년을 전후하여 종전의 경제 안정화 일변도의 정책에 수정이 가해지기 시작했다.[22] 그럼에도 불구하고 러시아 경제는 끝내 금융공황이라는 최악의 사태에 당면하게 되었던 것이다.

경제개혁에 대한 서방, 특히 IMF의 관여에 대해서는 러시아 내부에서 다양한 진단과 반응이 나타나고 있다. 일단의 전문가들은 신 자유주의의 논리는 현실과 유리된 교리에 불과하며, 이제까지 선진국 대부분이 초기에는 국가의 간섭과 통제 하에 경제성장을 이룩했다는 사실을 간과하고 있다고 주장한다.[23] 이와 비슷한 맥락에서 서방 전문가들 사이에서도 특히 미국이 마치 경제발전의 보편적인 법칙을 독점하고 있기라도 한 것처럼 1980년대 미국에서 추진되었던 신 고전주의적 경제정책을 강요하여 러시아를 결국 파탄에 빠뜨리고 말았다는 비판이 제기되고 있다.[24] 이들은 러시아의 집단주의적 전통과 의식이 하루아침에 자본주의의 토양인 법치주의에 입각한 개인주의로 변신할 수는 없음을 지적하고, 경제정책을 권고하고 추진함에 있어서 러시아의 독특한 문화와 역사를 염두에 두어야 할 필요성을 강조한다.[25]

(1998), pp. 51-60.

[22] Gould-Davies and Woods, pp. 3-18, 특히 pp. 10-12; Grzegorz W. Kolodko, "Transition to a Market Economy and Sustained Growth. Implications for the Post-Washington Consensus," *Communist and Post-Communist Studies*, Vol. 32, No. 3 (September 1999), pp. 233-261.

[23] 예컨대 L. Abalkin, "Ekonomicheskie realii i abstraktnye skhemy (o kontseptual'nykh osnovakh monetaristskoi programmy finansovoi stabilizatsii)," *Voprosy ekonomiki*, No. 12 (1996), pp. 4-19.

[24] Esther Kingston-Mann, "How Do We Understand Russia's Crisis," *Challenge*, Vol. 42, No. 1 (January-February 1999), pp. 36-42.

러시아에서 개혁이 제자리걸음을 면치 못한 또 다른 이유의 하나로 개혁주의자들이 IMF의 영향 하에 시장을 과도하게 신봉한 나머지 국가의 조절 기능을 부정하고 국가의 역할을 통화 신용의 기능에만 국한시키는 한계를 보였다는 점이 지적되고 있다. 단적으로 개혁주의자들의 이념은 "최소한의 국가"였던 것이다.[26]

그러나 개혁 초기 러시아가 필요로 했던 것은 강력한 국가였다고 일부에서는 주장한다. 불행한 일은 당시 러시아에서 그나마 국가라고 할 수 있었던 것조차 시장경제를 지탱하는 데 필요한 최소한의 기능을 수행하기도 어려울 정도의 약한 국가였다는 점에 이들은 주목한다.[27] 강력한 국가, 강력한 중앙권력이 부재한 가운데 예산은 소위 연성(軟性) 예산(soft budget)으로 방만하게 운영될 수밖에 없었고, 재정 및 통화 정책의 원칙은 이해집단의 압력 앞에 선언적 차원에 머물게 되었다. 개혁은 일관성을 유지할 수 없었고 국가에 의한 조절장치가 결여된 상태에서 위기에 직면하여 처음부터 작동하지 않던 시장의 자기(自己) 조절(self-adjustment) 기능에 모든 것을 내맡기는 잘못을 저지르게 되었다. 그리고 약한 국가일망정 이것마저 개혁의 와중에서 증발해버렸다는 것이 경제위기를 야기한 근본적 요인의 하나로 지적되고 있는 것이다. 이러한 견지에서 러시아의 금융위기는 루블화의 평가절하로 일단락되었지만, 본질적으로는 러시아 국가권력의 또 한차례의 평가절하에 다름 아닌 것으로 비견(比肩)되고 있다.[28]

25) Peter Reddaway, "The Roots of Russia's Crisis: The Soviet Legacy, IMF/G-7 Policies, and Yeltsin's Authoritarianism: Where is the Crisis Now Leading?," *Outlook*, Vol. 6, No. 3 (Fall 1998), p. 12.

26) Archie Brown, "The Russian Crisis: Beginning of the End or End of the Beginning?," *Post-Soviet Affairs*, Vol. 15, No. 1 (January-March 1999), p. 64.

27) James R. Millar, "The De-development of Russia," *Current History*, Vol. 98, No. 630 (October 1999), p. 327; Peter Thiel, "The Potemkin Country," *The Harriman Review*, Vol. 11, No. 4 (June 1999), p. 12.

28) Yurii Yevdokimov, "Deval'vatsiya doveriya k vlasti," *Ekonomika i zhizn'*, 1998, No. 34 (1998. 8.), p. 1.

끝으로 러시아 일각에서는 경제위기가 미국을 비롯한 서방이 러시아를 종속시키려는 의도에서 비롯된 것으로까지 간주하고 있다는 점이다. 비슷한 맥락에서 미국의 한 러시아 전문가는 미국이 옐친 러시아 대통령과 그의 개혁파 막료들을 후원한 이면에는 소박한 낭만주의와 함께 미국의 정책적 관심과 이해관계를 러시아의 국익에 우선하려는 타산이 깔려 있었다고 주장한다.29) 그리고 IMF는 러시아의 종속을 주도한 미국의 대리인이었던 것으로 비판 받고 있는 것이다.30)

여하튼 미국이 러시아를 종속시키는 데 관심을 갖고 있다는 주장이 사실이든 아니든 간에 러시아에서 경제위기에 대한 서방, 특히 미국의 책임을 묻는 목소리가 높아지고 있음에 유의할 필요가 있다. 프리마코프(Yevgenii Primakov) 전임 총리를 비롯하여 1995-96년부터 개혁주의자들의 뒤를 이어 러시아 정치의 주역으로 부상하기 시작한 이른바 국가주의자들은 전임자들과는 달리 러시아인들의 애국심을 고취한 가운데 종전과 달리 서방을 동반자가 아니라 경쟁자로 간주하기 시작하고 있다.31) 이들은 러시아가 당면한 경제적 어려움이 서방, 특히 미국에 책임이 있다고 주장하고 서방을 비난하는 데 주저하지 않으며, 서방은 러시아의 경제부흥을 두려워하고 있다고 생각한다.32) 이들은 옐친 대통령의 집권 초기 러시아 경제개혁의 화두였던 자유주의를 거부할 뿐만 아니라 반서방적 정서를 숨기지 않는 것으로 관찰되고 있다.33)

---

29) Dimitri K. Simes, "Russia's Crisis, America's Complicity," *The National Interest*, No. 54 (Winter 1998/99), p. 19.

30) 위의 글; Dmitri Glinski and Peter Reddaway, "The Ravages of 'Market Bolshevism'," *Journal of Democracy*, Vol. 10, No. 2 (April 1999), pp. 28-31.

31) Vladimir Shlapentokh, " 'Old,' 'New' and 'Post' Liberal Attitudes Toward the West: From Love to Hate," *Communist and Post-Communist Studies*, Vol. 31, No. 3 (1998), pp. 204-205.

32) 위의 글, p. 205; Fritz W. Ermarth, "Seeing Russia Plain: The Russian Crisis and American Intelligence," *The National Interest*, No. 55 (Spring 1999), p. 5.

33) Graham, p. 319.

III. 금융위기와 러시아의 대외경제정책

러시아의 금융위기는 이상에서 살핀 바와 같은 여러 요인들이 복합적으로 작용한 결과임이 분명하다. 다만, 위기의 근본적인 원인이 개혁의 미진 등 러시아의 내적 요인에 일차적으로 기인하는지, 아니면 서방의 잘못된 정책 권고 등 러시아 밖의 외적 요인에 의한 것인지에 관해서는 다양하고 때로는 상충되는 진단이 있음을 살펴보았다. 앞으로 러시아의 경제정책과 대외경제정책은 이들 진단 중 어느 것에 역점이 주어질 것이냐에 따라 적지 않게 영향을 받을 것이다.

특히 쟁점으로 부각되거나 될 수 있는 것은 금융위기를 촉발한 요인의 하나로 지목되고 있는 개혁의 기본 방향에 관한 것이다. 신 자유주의적 개혁의 이념이 견지된다면 러시아는 금융위기의 교훈을 일차적으로 미진한 개혁과 잘못된 재정정책, 그리고 잘못된 통화 및 외환 관리에서 찾으려 할 것이다. 그러나 종전의 개혁 방향이 부인된다면 러시아의 위정자들은 대내적으로 국가의 역할을 강화하고 대외적으로는 반 서방까지는 아닐지라도 서방과 일정한 거리를 유지하는 방향으로 그들의 정책을 수정할 가능성이 적지 않을 것이다.

그렇지 않아도 앞에서 지적한 바와 같이 금융위기 이후 러시아 일각에서는 시장경제 개혁의 이념적 기반을 이루던 신 자유주의에 의문을 제기하고 있으며, 국민들 사이에 반서방적 정서가 고개를 들고 있다. 그리고 러시아의 많은 위정자들이 이에 공감하는듯한 인상을 주고 있다.

금융위기 직후인 1998년 9월 총리로 임명된 프리마코프는 취임 직후 은행의 구조조정과 징세의 강화를 비롯하여 정부가 경제관리에 적극 개입할 의향임을 분명히 했다. 그는 자유주의 경제논리에 입각한 시장개혁에서 후퇴하여 경제에 대한 국가의 역할을 강화하는 방향으로 정책 전환이 이루어져야 할 것임을 강조했다. 한편 푸틴(Vladimir Putin) 총리는 1999년 말 하원 연설에서 국내 산업의 육성과 보호주의적 성향의 무역

정책을 추진할 의향임을 밝힌바 있다. 그는 당시까지도 아직 공식적인 경제정책은 제시하지 않고 있으나 "국가의 지도적 역할"을 강조하고 이제까지 개혁이 졸속을 면치 못했다고 비판적인 입장을 피력하고 있다.

이와 함께 금융위기 직후인 1998년 8월 28일 러시아 정부와 연방의회 (Federal'noe Sobranie)의 상·하원 대표들은 사회·경제발전 방안을 공동으로 마련하고 국영기업의 민영화 중단, 은행의 국유화, 고정환율제의 복귀와 외환 관리의 집중화, 통화 발행의 확대 등을 내용으로 하는 주요 정책 방향에 합의한바 있다.

이상의 움직임과 관련하여 서방에서는 러시아가 계획경제로 회귀할 가능성을 점치는 우려의 목소리가 높았다. 그러나 예상과는 달리 프리마코프에서 스테파신(Sergei Stepashin), 그리고 푸틴 총리에 이르기까지 금융위기 이후 러시아의 경제정책은 아직 '워싱턴 합의'에서 크게 일탈하지는 않고 있다.[34] 이제까지 러시아의 위정자들은 경제문제의 급진적 해결을 강행하기보다는 위기 관리의 차원에서 종전의 경제 안정화 시책을 답습하는 데 그치고 있는 것이다.

그러면 종전의 개혁 노선에 비판의 목소리가 높아지고, 이와 관련하여 반서방적 정서가 돌출되고 있으며, 금융위기 이후 임명된 총리들이 전반적으로 보수 성향을 보이고 있음에도 불구하고 러시아 정부의 경제정책이라는 것이 여전히 위기 관리의 수준에서 탈피하지 못하고 있는 이유는 무엇인가? 이는 무엇보다도 러시아의 유동적인 정치와 탈진 상태의 경제에서 찾아야 할 것이다. 이들은 향후 러시아 대외경제관계의 진로를 전망하는 데 주요한 길잡이가 될 것이다.

1. 경제 여건

러시아 경제는 1999년으로 들어서서 다소 회복의 기미를 보이고는 있

---

34) Slay, p. 213.

으나 이상에서 살핀 바와 같이 가까운 장래에 재정적자를 관리가 가능한
수준까지 축소할 수 있을지는 의문시되고 있다. 단기적으로 루블화의 평
가절하에 따른 국내 생산의 가격 경쟁력 회복과 국제 원유가 및 원자재
가격의 상승이 경제 회복에 견인차 역할을 담당하고 있으며, 소비자 물
가와 환율도 안정세로 돌아서고 있다. 재정적자 역시 1999년으로 들어서
서 개선될 조짐을 보이고 있으나, 문제는 앞에서 언급한 바와 같이 적자
폭의 크기에 있는 것이 아니라 재정적자를 보전할 재원을 어디에서 확보
하느냐 하는 것이다. 비록 조세제도가 정비된다고 할지라도 국내적으로
충분한 세입원이 없는 가운데 재정적자가 확대되고 있는 실정인 것이다.

표1: 러시아의 주요 경제지표, 1992-1999 (전년 대비)

	1992	1993	1994	1995	1996	1997	1998	1999
GDP (%)	-14.5	-8.7	-12.6	-4.2	-3.5	0.8	-4.6	3.2
공업생산(%)	-18.2	-14.2	-20.9	-3.0	-4.0	1.9	-5.2	8.1
고정자산투자(%)	-40.0	-12.0	-27.0	-13.0	-18.0	-5.0	-6.7	2.0 (1-10)
소비자물가(연 %)	2,510	842	224	131	22	11.0	84.4	36.5
실업률 (연말 기준 %)	4.9	5.5	7.5	8.2	9.3	9.0	11.8	11.1
수출 (10억 달러)	53.6	59.7	68.1	81.3	88.4	86.7	73.9	57.6 (1-10)
수입 (10억 달러)	43.0	44.3	50.5	60.9	61.5	66.9	59.5	33.1 (1-10)
경상수지 (10억 달러)			10.7	10.0	12.0	4.0	1.6	9.0 (1-6)

* 1999년도 항목에서 ( ) 안 수치는 1999년 1-10월, 1-6월 기간 중 수치임.
출처: 러시아 중앙은행, 러시아 연방 통계청(1999년도 수치는 2000. 1. 25. 현재 통계청 잠정
집계.

표2: 러시아 경제의 연방예산 재무지표 (GDP 대비)

	1993	1994	1995	1996	1997	1998	1999. 1-10	1999 예산법안
세입	14.5	14.1	13.7	12.5	9.8	9.0	12.5	11.9
세출*	15.9	18.1	16.6	15.8	16.6	13.9	14.2	14.4
수지(收支)	-6.5	-11.4	-5.4	-7.9	-6.7	-4.9	-1.7	-2.5

* 1993-1996년도 세출에는 단기국채에 대한 이자 지불 미포함.
출처: 러시아 연방 통계청, IMF, 러시아 재무부. 1993-1994년도 수치는 타 년도 수치와 비교
불가.

특히 2000년 3월로 예정된 대통령 선거를 앞두고 정부의 긴축정책이 무산될 가능성이 적지 않은 것으로 전망되고 있다.

2. 정치 동향

이와 같이 향후 러시아 경제가 어느 방향으로 가닥을 잡게 될지 여전히 불확실한 데 더해 러시아의 정치정세 역시 속단을 불허하고 있다. 러시아는 금융위기를 비롯하여 심각한 경제난에도 불구하고 국외자가 보기에 이상할 정도로 평온을 유지하고 있다. 수많은 우려와 경고에도 불구하고 러시아에서 또다시 혁명이 일어날 기미는 보이지 않고 있다. 대규모의 항의 파업이나 민중봉기는 일어나지 않았으며, 군부 쿠데타가 일어날 가능성도 큰 것으로는 보이지 않는다. "불만자들의 사회"로까지 지칭되는 러시아에서 사람들은 탈진과 무정부 상태에 대한 두려움이 개혁을 비롯하여 옐친 정권의 정책에 대한 불만보다 더 두렵게 작용하고 있는지도 모른다.[35]

이와 관련하여 러시아에서는 더 이상 항의의 상대로 삼을 정치적 중심 (polity)이 없기 때문에 금융위기 이후 항의운동이 없었다는 해석까지 나오고 있다.[36] 러시아에서 정부는 무력하고 중앙의 권력이란 허구에 불과하며, 있는 것은 오직 경합하는 이익집단만이 있을 뿐이라고 말하는 것이 지나친 것만은 아닐 것이다. 금융위기의 여파로 옐친 대통령의 위상은 극히 약화되었으며, 이와 함께 러시아 정치주역의 하나로 부상했던 산업·금융 과두재벌도 일부 심각한 타격을 피할 수 없었다. 한편 종전에 비해 현저히 무력화된 대통령에 비해 의회와 지방정부는 경제위기를 계기로 상대적으로 입지를 강화할 수 있었으나, 대통령과 중앙정부를 압도

---

[35] L. A. Gordon, "Obshchestvo nedovol'nykh (Osobennosti massovogo soznaniya v perekhodnyi period)," *Polis*, No. 3 (1998), pp. 32-48; Anna Matveeva, "In Search of Enthusiasts," *The World Today*, Vol. 55, No. 6 (June 1999), p. 20.

[36] Thiel, p. 13; Matveeva, p. 21.

할 만큼 힘의 절대 우위를 확보한 것은 아니어서 전반적으로 경합 세력 간에 일종의 균형이 이룩된 것으로 관찰되고 있다.[37] 다시 말해서 이제 까지 러시아 정치를 특징지어 온 대통령과 의회, 그리고 각 정파 사이의 갈등은 이제 힘의 교착상태에 놓이게 된 것이다. 여기서 이들 세력간에 는 정치적 파국보다는 위기를 일단 봉합할 타협 이외에 다른 대안이 없 게 되었다. 이러한 점에서 경제위기 속의 정치적 안정은 그나마 러시아 에게 위안이 되고 있는 것이다.

이 점에서 누가 옐친의 뒤를 이어 차기 대통령이 되느냐 하는 문제는 앞으로 러시아의 진로를 결정짓는 가장 중요한 사건이 될 것이다. 차기 대통령 하에서 중앙의 권력이 여전히 확립되지 못한다면 정부의 경제정 책에 제동을 거는 이익집단들의 저항은 계속될 가능성을 배제할 수 없을 것이다. 이와 관련하여 동아시아가 경제위기의 와중에 휘말리고 있던 1997년 말 러시아 정부는 IMF의 권고에 따라 세금 체납자에 대한 재산 몰수 및 처분 조치를 강화하려 하자 베레조프스키(Boris Berezovskii)를 비 롯한 재벌과 동조세력은 이에 반발하여 IMF의 권고는 러시아의 주권에 대한 모독이며 러시아를 서방에 종속시키려는 의도에서 나온 것이라는 등의 공세를 벌이기도 했었음을 유념할 필요가 있을 것이다.[38]

이상에서 살핀 바와 같이 대통령 선거를 전후한 정치적 교착상태 하에 서 기존의 정책을 수정한다는 것은 무리가 아닐 수 없을 것이다. 특히 개 혁의 기본 방향을 바꾼다는 것은 러시아가 처한 경제적 어려움을 고려할 때 쉽사리 결정할 수 있는 일이 아닐 것이다. 무엇보다도 금융위기의 주 범으로 지목된 재정적자와 관련하여 중요한 문제는 재정적자를 어떻게 보전하느냐 하는 것이 여전히 미해결로 남아 있다. 연방 재정적자의 경

---

[37] Michael McFaul, "Authoritarian and Democratic Responses to the Financial Meltdown in Russia," *Problems of Post-Communism*, Vol. 46, No. 4 (July/August 1999), pp. 23-24; Michael McFaul, "The Perils of A Protracted Transition," *Journal of Democracy*, Vol. 10, No. 2 (April 1999) pp. 8-10.

[38] Gould-Davies and Woods, pp. 16-17.

우 국내적으로 마땅한 재원이 없는 가운데 적자가 확대되고 있는 심각한 문제점을 안고 있는 것이다. 러시아 정부의 국내 채무규모는 1997년 정초 현재 GDP 대비 16.2퍼센트를 차지하고 있던 것이 1998년과 1999년 정초 현재 각각 18.7퍼센트와 28퍼센트까지 증가하고 있다.[39] 이들 국내 조달분은 대부분이 단기국채(GKO)의 상환에 충당되고 있으며, 따라서 연방 재정적자의 보전은 계속해서 해외로부터의 차입에 의존할 수밖에 없는 상황이다. 1999년 초 현재 러시아의 대외채무는 총 1,506억 달러로서 러시아 재무부는 연방 예산적자의 보전을 위해 1999-2001년 사이에 223억 달러가 추가로 차입되어야 할 것으로 전망하고 있다.

러시아가 대외정책과 대외경제정책의 기본 목표로 해외로부터 필요한 자본과 기술을 획득할 필요성을 무시할 수 없다면, 적어도 가까운 장래에 필요한 지원의 주 공급원인 서방 및 IMF와 적절한 관계를 유지할 수밖에 없음은 분명하다.[40] 이와 같이 러시아가 처한 정치적 여건과 외부, 특히 서방으로부터 경제 지원을 확보할 필요성을 감안할 때 서방의 우려와 의구심을 유발할 수 있는 방향으로 대외경제정책을 수정할 수 있는 여지는 생각보다 적을 수밖에 없을 것이다.

IV. 맺는 말

무릇 중증의 환자를 맞아 의사는 일단 대증요법을 실시하게 될 것이다. 그리고 환자가 일단 고비를 넘기게 되면 의사는 "위기"에 대처하여 보다 본격적인 회복요법을 강구하게 될 것이다. 러시아가 겪고 있는 경제위기

---

39) 권원순, 「러시아의 경제상황과 총선전망」 (한국 슬라브학회 연례학술대회 발표 논문, 1999. 11. 27.), p. 74.
40) 러시아가 서방의 지원을 필요로 할 가능성에 관해서는 John S. Masker, "Signs of a Democratized Foreign Policy?," *World Affairs*, Vol. 160, No. 4 (Spring 1998), p. 181 참조.

도 중증 환자의 경우와 큰 차이가 없을 것이다.

러시아에서 금융위기는 여러 요인들이 복합적으로 작용함으로써 비롯된 것이다. 아마도 기본적으로 제도적 기반이 충분히 조성되지 못한 가운데 추진된 급격한 시장화 개혁에서 위기는 이미 배태되고 있었는지도 모른다. 여건이 성숙되지 못한 상태에서 개혁은 구(舊) 공산당 간부들이 부(富)를 독점하는 "노멘클라투라(nomenklatura) 자본주의" 또는 "마피아 자본주의"라는 기형적 시장경제를 낳게 되었다.[41] 이와 함께 원인이 어디에 있든 간에 러시아에서 정부는 국가의 기본인 치안을 유지하고 세금을 거두어들이는 일조차 제대로 수행하지 못하고 있는 것이 실정이다. 다시 말해서 위기에 대처할 능력이 부족한 것이다.

위기에 대응하는 방법 또한 다양할 것이다. 아마도 러시아는 앞으로 채무 상황을 보다 철저히 관리하고, 은행에 대한 구조조정을 일관되게 추진하며, 재정균형을 도모하고, 해외직접투자(FDI)의 유치를 위해 제도와 법령의 정비 등 조치를 강구해야 할 것이다. 아니면 러시아는 기존의 개혁을 포기하고 보다 혁명적인 방향으로 경제정책과 대외경제관계를 추진할 수도 있을 것이다. 러시아가 앞으로 시장 친화적 정책을 추구할지, 아니면 서방을 비롯하여 외부 세계에 대해 도전적인 입장으로 돌아서게 될지 지켜볼 일이다.

---

41) 하용출, 「옐친 사임과 러시아 정국」, 『문화일보』, 2000. 1. 3, p. 6.

부록: 러시아 연보(年報), 1994-2004[*]

1994

1. 정치 동향

러시아는 대통령과 의회의 대결로 점철되었던 1993년과는 달리 정치적으로 小康 狀態를 유지했다. 옐친 대통령의 기대와는 달리 그의 지지세력이 새 民選 議會에서 다수를 차지하지는 못했으나 의회는 대통령의 우위가 보장된 憲法(1993. 12. 채택) 하에서 전반적으로 弱勢를 면치 못하게 되었다. 정치적 안정은 옐친 대통령이 개혁과 보수의 두 세력을 안배한 일종의 연립정부를 유지함으로써 보다 촉진될 수 있었다. 그러나 연말로 들어서서 옐친 대통령이 개혁세력을 비롯한 국민 대다수의 반대에도 불구하고 체츠니야 공화국의 분리주의에 武力 대응을 不辭함으로써 러시아 정국은 또다시 跛行을 거듭할 기미를 보이기도 했다.

이 年報에서 1994-2003년 부분은 필자가 다음 年鑑에 기고한 보고서에서 발췌한 것으로서 이 책의 통일된 서식에 맞추었다: 平和硏究院 『東北亞와 南北韓』, 연례보고서 (서울, 매년호).

376

가. 새 의회의 출범

새 헌법이 정하는 바에 따라 兩院制 聯邦議會(Federalnoe Sobranie)가 1
월 11일 개원했다. 聯邦會議(Sovet Federatsii, 상원, 178 의석)와 國家會議
(Gosudarstvennaya Duma, 하원, 450 의석)는 각각 171명과 444명의 代議員
으로 충원되었다. 1993년 12월 총선에서 선출된 이들의 政黨 및 政派別

표1: 국가회의의 정당/정파별 구성 (단위: 명)

	총 선 1993. 12.	재 편 1994. 1.	1994 중반	개혁 지지		개혁 반대	
				적극적	소극적	소극적	적극적
러시아의 選擇	66	76	74	74	0	0	0
12월 12일 同盟*		23	25	23	2	0	0
러시아의 統一과 合意	19	30	30	22	5	3	0
야블린스키聯合 (Yabloko)	24	27	27	17	9	1	0
러시아 民主改革 運動	5						
無所屬	130	15	12	2	3	7	0
新地域政策*		67	66	7	16	28	15
러시아 女性	23	23	23	0	3	18	2
市民同盟	4						
尊嚴과 慈悲	2						
기타 정당 및 정파	11						
러시아 民主黨	15	15	15	0	0	1	14
러시아의 길*		5	15	0	0	0	15
러시아 農業黨	33	55	55	0	0	3	52
러시아 自由民主黨	64	63	62	0	0	1	61
러시아聯邦 共産黨	48	45	45	0	0	0	45
합 계	444**	444**	449***	145	38	62	204

* 1993년 12월 총선 이후 結成.
** 선거 연기 및 당선 무효로 인한 缺員 6명.
*** 체츠니야 공화국 代議員 1인 登院 거부.
출처: *Rossiiskie vesti*, 1993. 12. 28; *Argumenty i fakty*, No. 4 (1994), p. 2 (1994 .1. 集計);
Economist, 1994. 12. 10, p. 47 (1994 中盤 集計).

구성은 國家會議의 경우 다음 表와 같다. 원내 정당 및 파벌은 총선 직후 再編을 거치는 과정에서 개혁 세력과 이에 맞선 공산계 및 민족주의 정파 등 보수 세력이 각각 대의원의 35%와 40% 정도를 차지함으로써 어느 쪽도 院內 多數를 확보하는 데는 실패했다(Argumenty i fakty, No. 4, 1994). 이를 배경으로 農業黨 소속의 리프킨(Ivan Rybkin)은 在籍 대의원의 과반수를 근소하게 초과하는 223표를 얻어 國家會議 議長에 당선되었다. 한편 聯邦會議는 옐친 政府에서 제1부총리를 역임한 슈메이코(Vladimir Shumeiko, "러시아의 選擇"당)를 의장에 선임했다.

옐친 대통령은 聯邦會議 開院 연설에서 대의원들에게 민주정치의 법적 기틀을 마련해 주도록 촉구했으며, 같은 날 체르노미르딘(Viktor Chernomyrdin) 총리는 國家會議에서 대의원들의 관용과 인내를 요구하면서, 정부는 개혁을 지속할 것이나 朝變夕改 식의 결정이나 衝擊療法 같은 정책은 피할 것이라고 다짐했다.

나. 옐친 정부의 중도 선회

제1부총리 겸 경제장관 가이다르(Egor Gaidar)가 1월 사임한 것을 시작으로 연초에 연방정부에서 개혁파가 다수 퇴진하게 되었다. 1993년 9월 이래 경제개혁을 이끌어왔던 가이다르는 옐친 정부가 개혁에서 후퇴하고 있다고 비난한 가운데 사임했고, 이어 표도로프(Boris Fedorov) 부총리 겸 재무장관이 체르노미르딘 총리의 새 내각(1. 20)에 反改革派 인사들이 入閣한 데 항의하여 사임했다. 한편 체르노미르딘 총리는 새 내각의 출범과 때를 같이하여 "市場 浪漫主義의 시대는 끝났다"고 언명한 가운데 개혁의 진로와 속도를 조정할 것이라고 밝힌바 있다.

가이다르의 후임으로 중도파 경제학자 쇼힌(Aleksandr Shokhin)이 임명되었는바, 그는 개혁을 지지하여 왔으나 근년 들어 시장경제로의 이행에 있어서 다소의 減速이 필요함을 역설하여 왔다. 한편 두비닌(Sergei

Dubinin) 재무부 부장관이 표도로프의 후임으로 재무장관 서리에 임명되었다. 이 밖에 슈메이코 제1부총리가 聯邦會議 의장에 피선되어 퇴진했으며 5월에는 샤흐라이(Sergei Shakhrai) 부총리가 사임했다. 개혁파 지도자의 一人이었던 샤흐라이의 퇴진은 그가 겸직 중이던 민족문제 장관직에서 면직된 직후 이루어졌는데 그는 大統領府 인사들과 소수민족 문제로 대립하여 왔던 것으로 알려지고 있다.

끝으로 장관직에서도 개혁파의 일원이며 유일한 여성 각료인 팜필로바(Ella Pamfilova) 社會保障長官이 1월 사임했으며, 한편 大統領府에서도 개혁파인 필라토프(Sergei Filatov) 대신에 중도파 일류신(Viktor Ilyushin)의 영향력이 확대되고 있는 것으로 관찰되었으며, 러시아 정부의 외국인 고문으로 일하던 미국 하바드 大學 교수 삭스(Jeffrey Sachs)와 스웨덴 경제학자 아슬룬드(Anders Aslund)가 1월 사임했다. 이어 1994년 중반까지에는 대부분의 개혁파 인사들이 정부를 떠나게 되었으며 추바이스(Anatolii Chubais) 民營化 담당 부총리가 부총리 급 이상의 각료로는 유일하게 개혁파 인물로 남게 되었다. 이로써 1992년 중반이래 지속되었던 급진개혁에서 체르노미르딘 총리로 대표되는 점진 개혁에로의 정책 전환과 맞물린 인사가 일단 마무리되었던 것이다.

연말로 접어들면서 러시아 정부는 또 한 차례의 改閣을 거치게 되었는데 이번에는 주로 옐친 대통령의 직접적인 개입에 의한 것이었다. 옐친 대통령은 10월 11일 외환시장에서 러시아貨인 루블의 대폭락이 있은 뒤를 이어 保守系의 게라셴코(Viktor Gerashchenko) 중앙은행장을 사임시키고 후임에 부행장들 중 역시 보수 성향의 파라모노바(Tatyana Paramonova)를 행장 서리로 임명했다. 옐친 대통령은 같은 달 親共系 農業黨 소속의 나자르추크(Aleksandr Nazarchuk)를 농업장관에 임명했는데, 이는 의회 내 반대 세력을 무마하기 위한 것으로 풀이되었다.

옐친 대통령은 이어 11월 쇼힌 부총리 겸 경제장관의 사임을 계기로 내각 개편에 계속해서 관여하게 되었다. 그는 보수계 경제학자인 판스코프(Vladimir Panskov)를 재무장관에 임명했는바 판스코프는 1993년에 受賂 혐의로 투옥된바 있었다. 쇼힌 부총리는 판스코프가 임명된 당일 "경제가 정치의 볼모로 되고 있다"고 비판한 가운데 판스코프의 등용에 항의하여 사임했다.

그러나 옐친 대통령은 11월 쇼힌의 후임으로 民營化를 담당해 온 추바이스 부총리를 경제 및 재정 담당 제1부총리로 승진시킴으로써 경제개혁과 관련하여서는 여전히 개혁파 인사를 등용하게 되었다. 그는 또한 추바이스의 승진 직후 소련이 붕괴되기 전 500일 경제개혁 계획에 참여했던 개혁파 경제학자 야신(Yevgenii Yasin)을 경제장관에 기용했다.

다른 한편 옐친 대통령은 후속 인사에서 보수계 대외무역장관 다비도프(Oleg Davydov)를 부총리로 승진시키는 한편 또 다른 보수계 인사인 볼샤코프(Aleksei Bolshakov)를 獨立國家聯合(舊 蘇聯 지역) 담당 부총리에 임명했으며, 추바이스의 후임으로 無名의 폴레바노프(Vladimir Polevanov)를 발탁하는 등 改閣에 일관성을 결여함으로써 러시아 내외에서 구구한 해석을 낳게 했다. 일부에서는 연말 개각이 주로 의회의 政府不信任 시도(10. 27)에 자극된 것으로서 옐친 대통령은 의회 내 반대 세력의 무마를 위해 보수-개혁파를 고르게 내각에 안배한 것으로 풀이했다. 그러나 다른 일각에서는 개각을 옐친 대통령과 체르노미르딘 총리 사이의 갈등 때문이라는 주장을 제시하여 왔다. 헌법은 대통령이 총리의 건의에 따라 각료를 임명하도록 규정하고 있으나, 옐친 대통령은 연말 개각에 있어서 체르노미르딘 총리와 상의를 거치지 않은 것으로 관찰되었으며, 퇴진한 인사 중 상당수가 체르노미르딘 총리의 추종자였던 것으로 지적되었다.

다. 정부-의회 관계

옐친 행정부와 새 의회는 4월 상호간의 대결을 피하기 위해 정치적 합의를 모색하는 등 비록 서로 우호적은 아니나, 그렇다고 노골적으로 적대적인 관계로도 치닫지는 않았다. 의회는 10월 對政府 不信任案을 상정했으나 이것이 정치적 위기로 발전하지는 않았다.

10월 정변의 주동자 사면: 國家會議는 2월 1993년 10월 政變의 주동자들을 사면함으로써 옐친 대통령에게 정치적 타격을 안겨 주었다 (찬성 253, 반대 67, 기권 28). 국가회의는 또한 1991년 8월 쿠데타의 주모자들에 대해서도 사면 조치를 취했다. 大統領府는 의회가 "10월 반란의 뼈아픈 경험에서 교훈을 얻지 못하고 있다"고 비난을 가했으나 새 헌법 하에서 대통령은 의회의 사면을 철회할 수 있는 권한은 갖고 있지 않다. 한편 10월 정변의 주동자인 루츠코이(Aleksandr Rutskoi) 前 副統領은 사면 직후 次期 대통령 선거에 출마할 의향임을 분명히 했다.

"시민적 합의" 도출: 옐친 대통령과 의회 내 대부분의 정파 지도자들은 4월 "市民的 合意에 관한 協約"에 서명했다. 이 협약은 10월 정변의 再發을 막기 위한 것으로서 1996년으로 예정되어 있는 대통령 선거를 앞당겨 실시하지 않으며 헌법의 대폭적인 개정을 삼갈 것임을 골자로 하고 있다. 이 협약에는 체츠니야를 제외한 20개 공화국 대표들도 참가했으나 反옐친 진영에서 共産黨과 農業黨은 이를 거부했다.

"법과 질서" 논쟁: 옐친 대통령은 6월 러시아 전역에 만연되고 있는 組織犯罪에 대처하기 위해 정부의 권한을 강화하는 내용의 大統領令에 서명했으나 이는 즉각 "全體主義로의 복귀"라고 비판을 받는 등 강력한 반발에 봉착했다. 이 슈에 의하면, 경찰은 용의자를 30일간 구금할 수 있으며 영장이나 범죄의 증거가 없이도 수색을 할 수 있고 범죄가 만연하는 지역을 "특별 사찰"할 수 있다. 대부분의 정파들은 이를 시민권을 침해하는 違憲 조치라고 비난하고 이의 무효화를 위해 투쟁하겠다고 나섰다. 다만 이에 대해 지지를 표시한 것은 옐친의 반대자인 極右 민족주의자 지리노프스키(Vladimir Zhirinovskii, 自由民主黨 지도자)뿐이었다.

이 슈이 나오게 된 배경의 하나는 4월 國家會議 내 중도계 '新地域政策' 소속인 아이즈제르지스(Andrei Aizderdzis) 代議員이 조직범죄자들의 소행임이 분명한 가운데 피살된 사건이었다. 러시아에는 5,600여 개의 범죄조직이 암약 중인 것으로 추정되고 있다.

정부 불신임안 부결: 체르노미르딘 총리가 이끄는 러시아 정부는 10월 의회의 不信任 動議라는 위기를 모면해야 했다. 不信任案은 표면상으로는 같은 달 루블貨의 폭락에 대한 책임을 묻기 위한 것이었으나 爭點은 정부의 1995년도 예산안 및 3개년 經濟計劃案이었다. 체르노미르딘 총리는 표결에 앞선 의회 연설에서 물가상승의 억제와 경제의 안정 기반 구축을 위한 긴축예산의 필요성을 강조하고 국영기업에 대한 정부 보조금의 대폭 축소를 강조했다. 불신임안은 찬성 194, 반대 54, 기권 55로 부결되었으나(過半數 미달), 리프킨 국가회의 의장은 대의원의 40% 정도가 정부를 불신임하는 데 가담한 것은 심각한 일로서 정부와 의회 사이의 관계를 개선할 필요성이 있다고 강조했다.

라. 체츠니야 사태

러시아 정부는 연말로 들어서면서 분리주의 체츠니야(Chechnya) 공화국에 대한 무력 진압에 착수했다. 체츠니야 정부군은 9월 叛軍과 최대의 격전 끝에 機先을 제압하게 되었으나 연방정부는 이를 전후하여 체츠니야에 러시아軍의 투입을 본격화함으로써 위기가 고조되어 왔다.

러시아 남부에 위치한 인구 120만 명의 (자치)공화국 체츠니야는 1991년 前職 蘇聯 공군 장성인 두다예프(Dzhokhar Dudaev)가 대통령에 당선된 데 이어 같은 해 11월 러시아로부터 독립을 선언했으나 곧 反政府 세력들의 도전에 직면, 내전에 휘말려 왔다. 러시아 정부는 이제까지 체츠니야의 독립을 부인하는 한편 비슷하게 독립을 요구하는 다른 지역들을 의식하여 두다예프 정부에 대한 직접적인 군사 개입은 자제하고 일면 협상, 일면 두다예프 반대세력에 대한 지원으로 임해 왔었다.

옐친 대통령은 체츠니야 사태와 관련하여 한편으로 1992-93년 중 고조되었던 중앙에 대한 지방의 도전에 강경히 맞서야 할 필요와 함께 다른 한편으로는 체츠니야에 대한 무력 진압에 반대하는 세력들(개혁파 포함)과 국민을 설득해야 하는 어려움을 안게 되었다. 체츠니야에 대한 강경노선은 옐친 대통령 주변의 보수계 인물들의 설득에 따른 것으로 관찰되었다. 이에 더해 체츠니야 사태와 관련하여 軍部의 대통령에 대한 불복종에 — 休戰 命令의 불이행 등 — 대처하는 문제가 새로이 부각되었다.

2. 경제 동향

옐친 대통령은 2월 聯邦會議에 제출한 敎書에서 경제개혁의 속도를 늦추지 않을 것임을 되풀이 강조했으며, 실제로 러시아 경제는 국유기업의 사유화를 토대로 정상적인 시장경제로의 이행을 지속했다. 私有化 手票의 발행에 기초한 첫 단계 民營化는 1994년 중반으로 끝나고 국유기업의 현금 매각을 골자로 하는 다음 단계가 시작되었다. 産業의 재조정도 대규모의 失業을 유발함이 없이 지속되었으며, 통화 및 금융정책도 적어도 3/4 分期까지는 큰 차질을 경험하지 않았다.

그러나 러시아 경제는 1993년에 이어 여전히 침체 국면을 벗어나지는 못했다. 특히 가을로 들어서면서 경제 회복이 둔화되는 추세를 보였으며 10월에는 루블貨의 대폭락까지 겹치게 되었다. 끝으로 연말의 체츠니야 사태는 러시아 경제에 부정적인 영향을 미치게 될 것이라는 우려가 제기되었다.

가. 생산 침체의 계속

러시아 경제는 1993년에 이어 계속해서 生産 減少를 경험했다. 實質
工業生産高는 前年 對比 21%나 低落함으로서 1991년 수준의 45%에
머물게 되었다. 減少勢가 멈출 기미를 보이고는 있으나, 경공업과 기계,
화학 및 製紙工業 생산은 전년에 이어 여전히 큰 폭의 하락 행진을 계속
했다. 이로써 國內總生産(GDP)은 전년에 비해 15%가 감소된 것으로 推
計되었다. 생산 저하의 원인은 소련의 붕괴에 따른 傳統 市場의 상실과
군수산업의 축소로 인한 국가 發注의 감소 및 1993년이래 지속되고 있
는 有效需要의 감퇴에 따른 것으로 설명되고 있다. 한편 1-11월 기간 중
投資가 전년 同期 對比 27% 감소함으로써 생산설비 도입 등 기업의 합
리화 및 산업 구조의 적정화에 여전히 어려움이 따랐다.

한편 생산 저하는 실업률을 2.6%로 끌어 올렸다. 1993년 말 현재 실
업률은 1.5%를 기록했었다. 이들 수치는 國際勞動機構(ILO)의 방식에
따라 "억압된 失業"을 포함할 경우 적어도 다섯 배까지 상향되어야 할
것으로 추정되고 있다.

표2: 러시아 경제의 주요 지표 (전년비 내지 전년 동기비 증감, %)

	1992	1993	1994[*]
國內總生産(GDP)	-18.5	-12	-15
工業 生産高	-18	-16.2	-21
農業 生産高	-9.4	-4	
投資	-39.7	-15	-27(1-11월)
消費者 物價[**]	2,510	840	320

* 1994年度 數値는 러시아 聯邦 國家統計委員會의 비공식 집계임.
** 12월의 前年 同月比
출처: 러시아 聯邦 國家統計委員會, 『러시아의 社會.經濟情勢』 (該當 年); *Financial Times*,
    1994. 12. 31; 1995. 1. 1, p. 2 (1994年度 수치).

나. 물가 상승의 둔화

전년에 이어 生産 沈滯는 물가 상승의 鈍化와 맞물려 나타났다. 消費
者 物價는 여전히 높은 상승률을 보였으나 12월 기준으로 前年 同月과
대비할 경우 1993년의 9.4배 증가에서 4.2배 증가로 상승 폭이 좁혀지는
추세를 보였다. 그러나 月別 상승률은 상반기의 10% 이하에서 후반으로
들어서면서 증가하기 시작, 12월에는 16.4%를 기록하고 있다. 이는 주
로 夏節 중 방만한 與信 운영 및 이로 인한 물가 상승의 기대 심리에 기
인하는 것으로 풀이되었다. 月間 總通貨(M2) 증가율은 1/4 分期의 7%
에서 2/4 分期에는 14%를 기록했었다.

물가 불안은 특히 10월 11일 모스크바의 銀行間 外換市場에서 루블
貨가 대폭락함으로써 더욱 고조되었다. 이 날 루블貨는 달러 당 3,081루
블에 開場된 후 3,926루블로 폐장됨으로써 21.5%의 폭락을 기록했다.
루블貨는 年初 달러 당 1,247루블에서 연말까지에는 3,550루블로 절하
되었다. 당시 농업 및 基幹 國營企業에 대한 중앙은행의 대규모 융자 등
에 따른 財政의 해이가 루블貨 폭락의 배경을 이루었으며, 이로써 루블
貨는 고도의 유동성을 나타내게 되고 정부의 경제 안정화 시책을 위협하
게 되었던 것이다.

다. 민영화

이러한 와중에서도 國有企業의 민영화는 순조롭게 진척되어 6월 현재
102,000件의 國有企業이 ― 이중 5,000명 이상 고용 기업 13,375件 ― 민
영화되었으며 이에 따라 산업 노동자의 86.3%가 이들 民間 企業에 고
용 중인 것으로 집계되었다(Centre for Economic Reform, Government of the
Russian Federation, *Russian Economic Trends*, 1994 & Monthly Update, 17
November 1994). 1993년 말까지 민영화된 기업은 89,000件이었다. 다만,

住宅의 사유화는 6월 말 현재 전체 주택의 29% 수준에 그치고 있다.

1992년 중반부터 시작된 민영화는 私有化 手票(privatizatsionnyi chek)에 기초한 첫 단계를 1994. 7. 1일부로 끝내고 이후 현금 매각의 방식으로 전환했다.

라. 예산적자

끝으로 거시경제적 차원에서 경제 안정화와 직결되고 있는 물가 안정에 대한 가장 큰 위협은 여전히 豫算赤字로서 1994년 1-11월 기간 중 러시아의 예산적자는 GDP의 10.7%를 돌파함으로써 당초 목표인 9.6%를 초과하게 되었다.

러시아 정부는 1995년 초 현재 이 해 말까지 월간 物價上昇率을 2.5%로 축소한다는 전제 하에 예산적자를 7.7%로 책정한 1995年度 豫算案을 의회에 제출하고 있다.

한편 러시아에 대한 債權國들의 모임인 파리 클럽(Paris Club)은 6월 러시아가 1994년에 회원국들에 변제해야 할 채무 70억 달러의 상환을 연장하기로 합의했다. 6월 현재 러시아의 總外債는 800억 달러로 추산되고 있다.

1995

1. 정치동향

러시아 정국은 대통령과 의회의 투쟁으로 점철되었던 10월 政變(1993. 10.) 이후 2년 연속으로 小康 국면을 유지했다. 의회는 대통령의 우위가 보장된 헌법(1993. 12.) 하에서 대통령의 하위 동반자로 머물렀다. 연말에는 하원 선거에서 공산당과 민족주의 세력이 득세함으로써 차기 의회의 보수화를 촉진하게 되었다. 한편 연방정부의 무력 대응으로 인한 체츠니야 위기는 러시아 정치의 안정에 계속해서 부담으로 작용했다. 이와 함께 "법과 질서"의 문제는 현 체제의 통치 능력에 대한 懷疑를 불러일으켰으며 러시아 정치의 보수화를 자극하여 왔다. 이를 배경으로 옐친 정부는 1994년에 이어 中道路線으로의 정책 선회를 계속했다.

가. 옐친 정권의 중도선회

옐친 대통령은 급진개혁에 대한 국민의 점증하는 반감에 직면하여 개혁의 減速과 국가의 역할을 제고하는 방향으로 정책 선회를 계속했다. 1994년에 이어 정부에서는 개혁의 주류가 계속해서 퇴진했으며, 權府는 중도보수 성향의 파벌이 장악하게 되었다. 그럼에도 불구하고 옐친 대통령은 계속되는 국민의 지지 저하 및 건강 악화로 再選이 불투명한 상태에 있다.

개혁세력의 퇴진: 옐친 행정부에서 1994년부터 시작된 개혁세력의 퇴진은 1996년 초까지 이어졌다. 1996년 1월 국영기업의 民營化를 주도하여 왔던 추바이스(Anatolii Chubais) 제1부총리와 코지레프(Andrei Kozyrev) 외무장관, 그리고 필라토프(Sergei Filatov) 大統領府 首席이 사임함으로써 개혁세력의 주체가 사실상 모두 떠나게 된 것이다. 이에 앞서 경제개혁의 기수

였던 가이다르(Egor Gaidar) 당시 제1부총리 겸 경제장관과 표도로프(Boris Fedorov) 부총리 겸 재무장관이 1994년 초에 사임한 것을 시작으로 개혁파의 퇴진이 진행되어 왔다. 이로써 1996년 초 현재 야신(Evgenii Yasin) 경제장관과 벨랴예프(Sergei Belyaev) 국유재산관리 국가위원회 위원장(1995. 2. 임명)이 옐친 행정부에서 개혁파의 명맥을 유지하고 있을 뿐이다.

개혁세력의 퇴진은 무엇보다도 러시아 정치에서 보수세력의 득세와 연관되고 있는 것으로 관찰된다. 가이다르를 위시한 개혁파가 1993년 12월 총선에서 공산당 및 민족주의자 등 보수세력이 득세한 데 이어 사임하게 된 것과 비슷하게 추바이스 등의 퇴진은 1995년 12월 의회 선거에서 공산당과 민족주의자들이 승리를 거둔데 뒤이은 것이다. 추바이스는 자신에 대한 사임 압력이 "공산주의자들에 대한 양보"의 일환으로 이루어진 것이 아니기를 희망한다고 사임의 심경을 피력한바 있다. 그동안 개혁파의 퇴진과 대조적으로 코발료프(Valentin Kovalev) 하원 부의장(공산당)이 법무장관에 임명된(1월) 것을 포함하여 보수계가 다수 발탁되었다.

보수파벌의 득세: 개혁세력의 퇴진은 옐친 政權 내 파벌정치와도 관련이 있는 것으로 보인다. 권부에서 비공식적 파벌(klany) 중 주류는 모두 보수계인 것으로 관찰되고 있으며, 개혁파는 군소 파벌의 하나로 명맥을 유지하여 왔다. 연말 현재 3개 계파가 주류로 鼎立하고 있다: ① 체르노미르딘(Viktor Chernomyrdin) 총리가 자신의 출신 기반인 천연가스 독점업체 가스프롬(Gazprom)을 토대로 하고 있는 에너지 파벌, ② 루슈코프(Yurii Luzhkov) 모스크바 시장이 이끄는 모스크바의 산업, 금융계를 기반으로 한 "모스크바 집단," 그리고 ③ 코르쟈코프(Aleksandr Korzhakov) 대통령 경호실장과 바르수코프(Mikhail Barsukov) 연방보안장관(연방보안부는 소련 비밀경찰 KGB의 後身임), 소스코베츠(Oleg Soskovets) 부총리를 중심으로 하는 軍産複合體 파벌. 이 밖에 소위 개혁 지향적인 "西方派"가 그동안 필라토프와 추바이스를 중심으로 군소 파벌의 하나를 구성하여

왔다(*Nezavisimaya gazeta*, 1995. 11. 23.).

코르쟈코프의 추종자인 바르수코프는 7월 보안장관에 기용되었으며, 11월 러시아 중앙은행 행장으로 임명된 두비닌(Sergei Dubinin) 전직 재무장관 서리는 체르노미르딘 총리의 계파에 소속하는 것으로 알려지고 있다. 개혁파는 필라토프와 추바이스의 퇴진을 끝으로 이러한 競技에서 사실상 탈락하게 된 것이다.

옐친 대통령과 차기 대선: 옐친 대통령은 체츠니야 사태와 관련하여 의회가 7월 정부 불신임안을 표결하기 하루 전 의회에 대한 양보 조치로 보수계의 관련 각료 세 명을 해임했는바, 적어도 당시까지는 이들이 소속하고 있는 계파를 비롯하여 權府 내 파벌들을 통제할 수 있는 위치에 있었던 것으로 관찰된다. 그러나 옐친 대통령(64세)은 이들을 해임한 직후인 7월 상순 심장발작으로 한 달간 입원했으며, 이어 10월 하순 같은 질환으로 두 달 이상 입원하는 등 대통령 선거를 앞두고 건강에 대한 우려가 그에 대한 국민들의 지지 저하와 — 옐친에 대한 국민의 支持度는 1994년 12월의 25% 수준에서 8월까지에는 15%로 저하 — 겹쳐 차기 대통령 선거에 출마할지 여부에 관심을 모으게 했다. 그는 출마할 경우 쥬가노프(Gennadii Zhuganov) 러시아 연방 공산당 당수, 레베지(Aleksandr Lebed') 前 몰도바 주둔 러시아 제14군 사령관(중장 예편), 야블린스키(Grigorii Yavlinskii) 야블린스키 연합(야블로코) 당수 등과 힘겨운 싸움을 벌여야 할 것으로 관망되고 있다(*Nezavisimaya gazeta*, 1995. 12. 21.).

정부-의회 관계: 옐친 정부와 의회는 비록 협조적은 아니나 상호간에 대결은 회피하는 데 이해를 같이하여 왔다. 다만 체르노미르딘 총리가 이끄는 러시아 행정부는 6-7월로 들어서서 두 차례에 걸쳐 하원의 불신임이라는 위기를 모면해야 했다. 하원은 6월 하순 분리주의 체츠니야 叛軍이 부존노프스크(Budennovsk)에서 감행한 인질 사태에 대한 정부의 武

力 대응을 비판하고 내각 불신임안을 통과시켰으며(찬성 241, 반대 72, 기권 및 불참 120여), 옐친 대통령이 이를 수락하지 않자 7월 초 재차 불신임안을 상정했었다. 그러나 제2차 불신임안은 찬성 193, 반대 117, 기권 48표로 부결되었는데(과반수 미달), 옐친 대통령은 표결 직전 인질 위기에 관련된 스테파신(Sergei Stepashin) 연방보안장관과 예린(Viktor Erin) 내무장관, 예고로프(Nikolai Yegorov) 소수민족 담당 부총리를 해임함으로써 의회와의 타협을 모색했었다.

나. 의회 선거

러시아는 1993년 총선에 이어 1995년 12월 중순 국가회의(Duma, 하원) 대의원 선거를 실시했다. 모두 43개 정당이 참여한 이번 선거에서 러시아 연방 공산당(KPRF)이 157 의석을 차지하는 승리를 거두었다. 그 뒤를 이어 극우 민족주의 세력인 러시아 자유민주당(LDPR, 당수 지리노프스키, Vladimir Zhirinovskii)과 체르노미르딘 총리가 이끄는 집권당 '우리집-러시아'(Nash dom-Rossiya)가 각각 51석과 55석을 확보했다. 개혁정책을 지지하는 야블린스키 연합은 45석을 차지했다. 한편 1993년 총선에서 제1당의 지위를 차지했던 러시아 최대의 개혁정당 '러시아의 민주선택'(당수 가이다르 전 제1부총리)은 9석을 차지하는 데 그쳐 참패를 면치 못했으며, 신진 중도파 민족주의 세력으로 각광을 받던 '러시아공동체 회의'(지도자 스코코프 [Yuri Skokov]와 레베지 장군)도 5석을 얻는 데 머물렀다.

새 하원의 政黨別 의석 분포는 다음 표에서 보는 바와 같이 군소 정당과 무소속을 제외할 경우 개혁-중도-보수세력은 전체 의석에서 각각 적어도 13%, 15%, 53%를 차지하는 것으로 나타나고 있다. 공산당과 극우 민족주의 세력이 제휴할 경우 보수세력은 최소한 院內 과반수를 확보하게 되었다. 다만 어떠한 세력도 이전의 하원에서와 마찬가지로 대통령의 거부권 행사를 저지하고 또 改憲에 필요한 2/3 의석을 확보하기는 어렵

표1: 국가회의의 정당/정파별 구성 (단위: 의석수)

	연방선거구 (비례대표구)	득표율(%)	1인 선거구 (소선거구)	총 의석수
야블린스키 연합(야블로코)	31	6.89	14	45
러시아의 民主選擇			9	9
前進 러시아!			3	3
우리집-러시아	45	10.13	10	55
러시아 共同體會議			5	5
리프킨(Rybkin) 블록			3	3
러시아의 女性			3	3
러시아 연방 共産黨	99	22.30	58	157
러시아 農業黨			20	20
人民의 權力			9	9
러시아 自由民主黨	50	11.18	1	51
기타 정당(12개 群小政黨)			13	13
무소속			77	77
小 計	225		225	450

자료: *Rossiiskaya gazeta*, 1996. 1. 6.

게 되었다. 그러나 1993년도 하원 선거에서 공산계 및 민족주의파 등 보수세력이 40% 정도를 장악하는 데 그쳤음에 비추어, 이번 선거에서 보수세력의 진출이 더욱 두드러지게 되었으며, 이는 향후 대통령 선거에 적지 않은 영향을 미칠 수 있을 것으로 관찰된다. 특히 공산당의 득세는 이들이 비록 구 소련으로의 복귀를 도모하지는 않을지라도, 성향에 있어서 中·東歐의 소위 "개혁 공산주의자들"의 수준에는 미치지 못하고 있다는 점에서 러시아의 향후 정치에 예측할 수 없는 변수로 작용하게 되었다. 의회 선거에서 러시아 국민은 개혁을 거부한 것이다.

다. 체츠니야 사태

체츠니야(Chechnya) 공화국의 독립 움직임에 대한 연방 당국의 무력 진압은 연말에 이르기까지 계속해서 러시아 정치에 주요 현안으로 부각되었다. 옐친 대통령은 1994년 12월 체츠니야에 연방군 4만 명을 투입했으나 叛軍의 완강한 저항 앞에 早期 진압의 기대가 무산되었으며, 러시아군은 한 달이 지난 이듬 해 1월에야 체츠니야의 수도 그로즈니(Grozny)에서 반군의 사령탑인 체츠니야 대통령 관저를 함락시킬 수 있었다. 반군은 2월 초 연방군의 무차별 포격 하에 그로즈니를 떠나 구데르메스(Gudermes), 샬리(Shali) 및 남부 산악지대(체츠니야의 1/3 차지)로 쫓기며 항전을 계속했다.

이러한 가운데 반군은 6월 체츠니야 이북의 부존노프스크를 기습, 주민 2,000여 명을 인질로 잡음으로써 위기가 고조된바 있으며(120여 명 피살), 1996년 1월에는 인근 다게스탄(Dagestan) 공화국의 키즐랴르(Kizlyar)에서 비슷한 인질 사태(200여 명 피살)를 벌였다. 러시아 당국은 7월 말 현재 체츠니야 전투에서 러시아군 8,550명이 — 이중 1,800명 戰死 — 사상 내지 실종되었다고 발표했는데, 이 밖에도 2만여 명의 민간인이 — 叛軍 제외 — 희생된 것으로 추산되고 있다. 쌍방은 몇 차례의 휴전 합의를 되풀이한 끝에 7월 최종 합의를 이룩한바 있다. 그러나 12월 중순 체츠니야에서는 러시아 의회 선거와 때를 같이하여 러시아군과 반군 사이에 7월 휴전이래 전투가 가장 치열하게 재개되었으며, 이의 後續으로 다음 해 1월 키즐랴르 인질 위기가 발생했던 것이다.

한편 체츠니야 위기는 러시아 정치에 적지 않은 영향을 미쳤다. 年初의 한 여론조사에 의하면, 국민의 8%만이 옐친 대통령의 침공 정책을 지지하는 것으로 나타났으며(*Komsomolskaya pravda*, 1995. 1. 18.), 이를 배경으로 하원은 1월 옐친 대통령에게 체츠니야 위기의 정치적 해결을 건의하는 결의안을 채택하고, 4월 체츠니야 사태의 해결을 위한 평화회담의 즉각 개최를 요구하는 법안을 통과시켰으며(찬성 286, 반대 1), 이어 7월 부존노프스크 사건과 관련하여 체르노미르딘 총리와 내각에 대한 불신임을 결의했었다.

체츠니야 위기는 특히 러시아 정치세력의 재편을 촉진하게 되었다. '러시아의 민주선택'은 체츠니야 침공을 "전쟁범죄"라고 비판하고 이와 관련하여 다가오는 대통령 선거에서 옐친 대통령을 지지하지 않을 것이라고 언명함으로써 그와 개혁세력이 결별하게 되었다. 한편 보수진영에서도 지리노프스키 자유민주당 당수는 체츠니야 침공을 지지하고 나섰으나 공산당과 농업당은 이에 반대함으로써 입장의 차이를 보였다.

라. 법과 질서

러시아 전역에 만연되고 있는 조직범죄로 예년에 이어 피해가 계속되었다. 의회 代議員 두 명이 범죄조직의 소행임이 분명한 가운데 피살됨으로써 1993년의 의회 선거이래 조직범죄로 희생된 대의원은 모두 네 명으로 늘어났다. 3월에는 인기 언론인인 러시아 公共텔레비전(ORT)의 총지배인 리스티에프(Vladislav List'ev)가 범죄조직에 의해 살해된 데 이어 애도와 항의가 고조되자 옐친 대통령은 모스크바市 검찰국장 등 고위 치안책임자 두 명을 해임한바 있다. 이외에도 4월 농업당 간부가 피살되었으며, 8월에는 러시아에서 가장 큰 은행인 로스비즈네스방크(Rosbiznesbank) 은행장이 조직범죄에 희생되었다. 범죄와의 전쟁, 즉 "법과 질서"를 확보하는 문제는 12월의 하원 선거에서와 마찬가지로 다가오는 대통령 선거에서 주요한 쟁점이 될 것으로 전망되었다.

2. 경제동향

러시아 경제는 그동안의 개혁 노력에 더해 체르노미르딘 총리가 긴축재정을 기반으로 한 經濟安定化 施策을 일관하여 추진한 덕분에 경제침체를 벗어날 조짐을 보이기 시작했다. 재정적자가 축소되고 인플레이션이 둔화되었으며, 계속되던 생산침체도 끝날 기미를 보였다.

　　그러나 단기적으로 실업의 증가와 실질임금의 저하는 국민들의 불만과
사회·정치적 불안을 조성할 수 있는 터전을 마련하고 있다. 12월의 의회
선거에서 공산당을 비롯한 개혁 반대세력이 득세한 것은 이러한 상황을
배경으로 하고 있는 것이다.

　가. 재정적자의 축소와 물가상승의 둔화

　　경제안정화와 직결되고 있는 豫算赤字는 1993년과 1994년의 國內總
生産(GDP) 대비 4.6%와 10.3%에서 1995년에는 3.6-3.8%로(推算) 축소
되었다. 이는 거의 전적으로 대폭적인 지출 삭감 및 조세 수입의 증대에
기초한 것이며, 예산적자는 인플레이션을 유발할 중앙은행의 지불준비금
증가 대신에 私經濟 부문에 대한 채권 매각으로 보진되고 있다. 한편
1996년도 예산적자는 GDP의 3.85%로 책정되었다. 옐친 대통령은 2월
의회 兩院 합동회의 年次敎書 연설에서 재정안정과 루블貨의 강화를 강
조한바 있다.

　　消費者 物價는 前年 對比 2.3배로(推算) 증가했으나 증가 추세는
1992년이래 현저히 둔화되고 있다. 1995년 중 前月 對比 소비자 물가
상승률은 1월과 2월의 18%와 11%에서 10월, 11월에는 각각 4.7%와
4.5%로 하향곡선을 그리며 안정세를 나타내고 있다. 특기할 것은 러시
아 경제가 秋冬節의 계절적 상승 압력 및 12월의 의회 선거에도 불구하
고 물가안정을 이룩할 수 있었다는 점이다. 1996년도의 月間 소비자 물
가 상승률은 1.9% 수준으로 책정되고 있다. 러시아는 3월 국제통화기금
(IMF)이 62.5억 달러의 信用 供與를 조건으로 연내에 인플레이션 상승률
을 월 1% 선으로 축소할 것에 합의한바 있다. 끝으로 1993년부터 1995
년 기간 중 12월의 前年의 同月 대비 總通貨(M2) 증가율은 매년 각각
5.16배와 2.85배, 그리고 2.15-2.25배로(推算) 나타나고 있다.

394

나. 생산침체의 완화

GDP는 다음 표에서 보는 바와 같이 전년 대비 1994년의 15% 감소에서 1995년에는 4%의(推算) 저하로 減少勢가 현저히 둔화되고 있다. 농업생산의 감소폭은 미미하나 공업생산의 경우 노동생산성의 향상에 힘입어 1995년에 3%의(推算) 감소로 사실상 생산침체의 종반 단계로 접어든 것으로 관찰되었다. 한편 투자는 1995년 10월 말 현재 前年 同期 대비 1%의 감소를 기록함으로써 그동안 계속되어 온 감소세에 제동이 걸리고 있다. 러시아 정부가 3월 유엔 사회개발 회의에 제출한 보고서에 의하면, 러시아 경제는 그동안 1991년의 수준과 대비하여 GDP 47%, 공업생산 50%, 농업생산 25%의 감소를 기록하고 있다.

표2: 러시아 경제의 주요지표 (전년비 내지 전년 동기비 증감, %)

	1992	1993	1994	1995*
國內總生産(GDP)	-14.5	-8.7	-13	-4
工業生産高	--	-11.7	-20.9	-3
農業生産高	-9	-4	-12	-8
消費者 物價	2,610	940	320	230
公式 失業率(各年末)	0.8	1.1	2.1	3.1**

* 1994年度 數値는 러시아 聯邦 國家 統計委員會의 비공식 집계임.
** 12월의 前年 同月比
출처: 러시아 연방 국가통계위원회, 『러시아 연방 통계연감』(該當年); Russian European Centre for Economic Policy, Government of the Russian Federation, *Russian Economic Trends, Monthly Update*, 15 December 1995; *Izvestiya (Finansovye izvestiya)*, 1996. 1. 11. 기초.

다. 무역흑자 및 외채

貿易收支는 예년에 이어 1995년의 첫 9개월간 160억 달러의 흑자를 시현했으며, 이 기간 중 輸出은 전년 同期比 6%의 신장을 기록했다. 한편 러시아 당국은 11월 런던 클럽(London Club)과 구 소련 채무 325억 달러에 대한 향후 25년 상환 조건에 합의했으며, 이에 앞서 6월 파리 클럽(Paris Club)과 협상에서 1995년도 채무의 상환을 연장하는 데 합의했다. 러시아는 연체이자를 포함하여 1,200억 달러에 달하는 外債를 안고 있는 것으로 집계되고 있다.

끝으로 모스크바의 銀行間 外換市場에서 루블貨는 연초부터 하락 행진을 시작하여 4월 29일에는 달러 당 5,130루블로 거래됨으로써 최저치를 기록하게 되었다. 이는 당시 여전히 복병으로 도사리고 있던 물가불안 심리에 따라 촉발된 것으로 설명되었는바, 당국은 이를 배경으로 7월 6일-10월 1일까지 限時的으로 외환시장의 안정을 위해 은행간 외환거래의 변동폭을 달러 당 4,300-4,900루블로 설정했으며, 11월 말에는 수출진흥 등의 이유로 변동폭을 달러 당 4,550-5,150루블로 하향 조정하여 1996년 상반기 중에 실시한다고 발표했다. 한편 8월 하순에는 일부 은행들이 파산 직전이라는 보도에 이어 모스크바의 은행간 외환거래가 나흘간 중단된바 있다.

라. 실업과 생활수준

公式 失業率은 11월 말 현재 경제활동 인구의 3.1%를 차지, 前年 同期의 2.1%를 웃돌고 있다. 국제기준에 따를 경우 實質 失業率은 같은 시기 중 각각 8.1%와 7.0%로 집계되고 있다. 여기에 偽裝失業을 추가할 경우 — 9월 말 현재 1.2% — 실업률은 9-10% 수준을 유지하는 것으로 평가된다.

한편 實質賃金은 1995년의 첫 10개월 중 前年 同期 대비 71% 수준에 머물고 있으며, 같은 기간 중 최저생활 수준 이하의 소득을 갖는 貧困階層은 前年 同期의 전체 인구 중 22%에서 25%로 증가하고 있다.

마. 민영화

국영기업의 민영화는 순조롭게 진행되어 1994년 말 현재 112,000件에서 1995년 9월까지는 118,800건으로 — 民營化率 47% — 증가했으며, 이들의 자본 규모는 209억 달러에 달하는 것으로 집계되고 있다.

1996

1. 정치 동향

러시아는 의회 및 대통령 선거를 통해 민주화에 한 걸음 더 다가서게 되었다. 옐친이 대통령에 재선됨으로써 의회에서 보수세력의 득세를 견제할 수 있게 되었다. 이와 함께 체츠니야 내전도 연방정부와 독립파 사이에 잠정적으로 終戰이 이루어지고 연방군이 철수함으로써 일단 收拾 단계로 들어섰다.

그러나 옐친의 지병으로 인한 정치 위기 및 임금 체불에 대한 항의 파업 등 사회불안은 쉽사리 사회·정치적 불안정을 유발할 수 있는 여지를 남겼다. 재선에도 불구하고 옐친에 대한 국민의 지지는 여전히 낮게 나타났다. 대선 직후에 실시한 여론조사(9월)에 따르면 옐친에 대한 지지는 12%에 불과한 반면 대선 후보의 일인이자 옐친과 잠시 밀월 관계에 있던 중도보수 성향의 퇴역장성 레베지(Aleksandr Lebed')의 인기는 34%를 유지했다(*Moskovskii komsomolets*, 1995. 9. 24.).

가. 선거의 해

(1) 대통령 선거: 옐친의 재선

옐친 대통령은 1996년 중반에 실시된 대통령 선거에서 임기 4년의 차기 대통령에 재선되었다. 러시아가 독립한 이후 두 번째로 실시된 대선에는 모두 10명의 후보가 각축을 벌였으나 6월 16일 실시된 표결에서 과반수 득표자가 나타나지 않자 최다 득표자 두 명을 대상으로 7월 3일 결선 투표를 실시하게 되었다. 6월 투표에서는 유권자 108,495,023명 중 69.81%의 투표율을 보였으며, 상위권 득표자 다섯 명의 득표율은 다음 표와 같다.

표1: 제1차 투표 득표 상황 (상위 후보자 5명)

후 보 자	득 표 율 (%)
옐친(Yeltsin) 대통령	35.28
쥬가노프(Zyuganov) 공산당 의장	32.03
레베지(Lebed') 하원의원	14.52
야블린스키(Yavlinskii) 하원의원	7.34
지리노프스키(Zhirinovskii) 自民黨 당수	5.70

결선 투표에서는 유권자 108,589,050명 중 68.88%가 투표에 참가했으며, 후보별 득표는 다음 표와 같다(이상의 수치는 연말 현재 일부 지역의 투·개표 부정 혐의와 관련하여 계류 중인 판결로 근소하게 차이가 날 수 있음). 옐친 대통령은 8월 9일 대통령에 취임했다.

러시아 언론은 1차 투표 결과가 러시아 유권자들의 성향을 가장 정확히 반영하는 것으로 풀이했다. 옐친이 결선 투표에서 경합자인 쥬가노프(Zyuganov)를 큰 차이로 앞지른 것은 그에 대한 지지가 증가했다기보다는 공산당의 復權을 원치 않는 유권자들에게 마지못한 代案으로 받아들여진 결과로 지적되었다. 이 밖에 1차 투표에서 3위를 차지했던 레베지가 옐친에 합류했고, 러시아 언론이 공공연히 옐친에 대한 지지를 선동하고 나섰으며, 일부 지역에서 관권 개입이 자행된 것이 주된 勝因으로 꼽혔다(*Sovetskaya Rossiya*, 1996. 7. 13.). 옐친에 대한 국민의 지지는 유세 중 일관하여 저조했으며(1월말 현재 여론조사에 따르면, 쥬가노프 11.3%, 옐친 5.4%), 이에 따라 코르쟈코프(Aleksandr Korzhakov) 대통령 경호실장을 비롯한 옐친의 측근은 정치안정을 구실로 대선의 연기를 주장해 왔었다.

표2: 결선 투표 득표 상황

후 보 자	득 표 율 (%)
옐친 대통령	53.83
쥬가노프 공산당 의장	40.30

(2) 의회 선거: 옐친 반대세력의 득세

  兩院制 연방의회(Federalnoe sobranie)의 제2대 國家會議(Duma, 하원)가
전해 12월의 총선에 이어 1월 16일 개원했다. 임기 4년의 대의원 450명
을 선출하는 총선에는 모두 43개 정당이 각축을 벌였으며 유권자(총
107,496,558명)의 64.38%가 투표에 참여했다. 모두 172명의 舊 代議員
(上院인 聯邦會議 대의원 15명 포함)이 재선되었다.
  政黨/政派別로는 '러시아 연방 공산당'이 157석을 획득하여 선두를
차지했으며, 체르노미르딘 총리가 이끄는 집권당 '우리집-러시아'(Nash
dom-Rossiya)와 극우 민족주의 세력인 '러시아 自由民主黨'이 그 뒤를 이
었다. 1993년 총선에서 제1당의 지위를 차지했던 개혁 정당 '러시아 민
주선택'(당수 가이다르 전 제1부총리)과 신진 중도파 민족주의 세력으로 각
광을 받던 '러시아人 共同體會議'는 부진을 면치 못했다.
  다음 표에서 보는 바와 같이 공산당과 親共系 '농업당', 그리고 '자유

表3: 정당/정파별 득표 상황 (국가회의)

	연방선거구 (비례대표구)	1인 선거구 (소선거구)	총 의석수
야블린스키聯合 (야블로코)	31 (6.89)	14	45
러시아 民主選擇		9	9
우리집-러시아	45 (10.13)	10	55
러시아인 共同體會議		5	5
러시아 女性		3	3
러시아 聯邦 共産黨	99 (22.30)	58	157
러시아 農業黨		20	20
人民의 權力		9	9
러시아 自由民主黨	50 (11.18)	1	51
기타 정당 (14개 群小政黨)		19	19
무소속		77	77
小 計	225	225	450

민주당'을 주축으로 하는 보수세력은 최소한 院內 과반수를 확보하게 되었다. 이들 보수 진영은 1993년의 하원 선거에서 의석의 40% 정도를 차지한바 있다. 국가회의는 1월 공산당 소속의 셀레즈뇨프(Gennadii Seleznev)를 신임 의장으로 선출했다 (찬성 231). 한편 聯邦會議는 舊 蘇聯 당시 정치국원을 역임했던 스트로예프(Yegor Stroev) 오렐(Orel)州 知事를 신임 의장으로 선임했다.

(3) 지방선거

하원과 대통령 선거에 이어 9월부터 러시아 연방을 구성하는 89개 主體(州 및 소수민족 단위의 共和國) 중 상당수가 州知事 및 지방의회 대의원 선거에 돌입했다. 주지사의 경우 옐친이 임명했던 47개 지역에서 선거를 통한 선거직으로의 교체가 예정되고 있다. 1997년 1월 중반 현재 선거가 완료된 지역은 42개로서 — 나머지는 1997년 봄까지 종료 예정 — 이중 20개 지역에서 현직 주지사가 재선되었다.

한편 처음부터 선거직 주지사(市長 포함)를 선출했던 지역의 경우 6월에는 루슈코프(Yurii Luzhkov) 모스크바 시장이 압도적인 지지(90% 득표)로 재선되는가 하면, 상트 페테르부르크(舊 레닌그라드)에서는 결선 투표에서 소브차크(Anatolii Sobchak) 개혁파 시장이 야코블레프(Vladimir Yakovlev) 제1부시장에게 석패했다 (득표율 45.8% 對 47.5%).

주지사는 지방의회의 대표(議長)와 함께 중앙의 聯邦會議 대의원을 구성하게 되는바, 이제까지 연방회의에서 옐친을 지지하는 세력이 다수를 차지하여 왔으나 지방선거를 계기로 지방의 입김이 더욱 강해질 것으로 전망되고 있다.

나. 옐친과 대선 정국

(1) 옐친 진용의 재편

옐친 대통령은 연초부터 大選을 염두에 둔 가운데 責任轉嫁 式 인사 및 反對派 영입을 되풀이했으며, 이 과정에서 개혁파 인사들의 퇴진과 보수계 인물의 기용 추세가 예년에 이어 더욱 두드러졌다. 그는 1월 추바이스(Anatolii Chubais) 제1부총리(민영화 담당)를 임금 및 年金 滯拂 등의 이유로 해임했으며, 역시 재야로부터 비판을 받던 코지레프(Andrei Kozyrev) 외무장관과 샤흐라이(Sergei Shakhrai) 부총리, 필라토프(Sergei Filatov) 大統領府 장관 등이 같은 달 사임했다. 그리고 이들에 대체하여 보수 성향의 프리마코프(Yevgenii Primakov) 對外情報局 장관과 예고로프(Nikolai Yegorov) 대통령 보좌관이 각각 신임 외무장관과 大統領府 장관에 기용되었다. 추바이스는 추후 옐친의 선거 참모로, 그리고 대통령부 행정실장으로 重用되었으나, 전반적으로 보수계의 浮上 추세와 관련하여 러시아 언론은 옐친 정권이 초기의 "자유주의적" 성향에서 점차 "啓導的"이고 권위주의적인 성향으로 선회 중임을 나타내는 것으로 풀이했다(*Nezavisimaya gazeta*, 1996. 1. 27.).

한편 옐친은 1차 大選 투표 직후인 6월 18일 경합자로서 그에게 비판적이던 예비역 장성 레베지 하원의원을 國家安全保障評議會 書記 및 대통령 보좌관(안보 담당)에 겸임시켰다. 레베지의 영입은 결선 투표에서 유리한 입지를 마련하려는 정치적 고려에 따른 것이었다. 옐친은 또한 같은 달 군대 및 保安部署 인사들을 대폭 교체했는데 이들의 해임은 決選을 앞두고 분리주의 체츠니아에 대한 군사개입의 실책을 轉嫁하려는 의도에서 비롯된 것으로 풀이되었다. 이로써 소스코베츠(Oleg Soskovets) 제1부총리와 코르쟈코프 대통령 경호실장, 바르수코프(Mikhail Barsukov) 연방보안국 장관, 그라초프(Pavel Grachev) 국방장관 및 그의 측근인 軍

高位人士 일곱 명이 해임되었으며, 후임에 쿠즈네초프(Anatolii Kuznetsov)
와 로디오노프(Rodionov) 대장이 각각 대통령 경호실장과 국방장관에 임
명되었다.

끝으로 옐친은 대선에서 승리한 뒤인 10월 자신의 陣容에서 갈등을
조장하고 있다는 등의 이유를 들어 레베지를 해임했는데, 실제로 레베지
의 축출은 權府 내 에너지 및 금융 파벌의 제휴 하에 이루어진 것으로
관찰되었다. 옐친은 표면상 파벌 대립을 비난했으나(10. 25), 실제로는 이
들 파벌간의 갈등을 조장하고 이로써 이들을 견제하는 데 이용하여 왔다.

에너지 파벌: 원유, 원자재 관련의 대기업을 바탕으로 체르노미르딘
(Viktor Chernomyrdin) 총리 주도.
금융 파벌: 재정, 금융, 무역 부문을 토대로 추바이스와 루슈코프 모스크
바 市長 주도.
군산복합체 파벌: 코르쟈코프 대통령 경호실장과 소스코베츠 제1부총리
등의 퇴진 이후 뚜렷한 지도자가 없는 상태로서, 레베지는 이 파벌과 제휴
할 가능성이 컸던 것으로 관찰되고 있다.

(2) 정부-의회 관계: 옐친과 재야세력

옐친 정부는 보수세력이 다수를 차지한 하원과 원만한 관계를 지속했
다. 국가회의는 8월 체르노미르딘 총리의 再任을 認准했으며(찬성 314,
반대 85, 기권 3), 옐친은 10월 자신과 총리 및 聯邦議會의 양원 의장으로
議-政 協議會를 구성하기로 했고, 같은 달 리프킨(Ivan Rybkin) 前 국가
회의 의장(農業黨 소속)을 레베지의 후임으로 임명했다. 그는 또한 11월
7일을 "화합과 타협의 날"로 지정하는 등 재야 세력과의 대결을 회피하
는 데 주력했다.

그러나 의회와 갈등이 없던 것도 아니어서, 옐친은 3월 하원이 蘇聯邦
수립 조약(1922)을 폐기한 1991년 12월의 당시 러시아 연방 공화국 최고

회의의 결정을 무효화하는 결의안을 채택하자(찬성 250, 반대 98), 그가 이
를 주도한 공산당을 불법화하고 의회를 해산하며 大選을 연기하는 내용
의 조치를 취하려 했던 것으로 알려지는 등 내면적으로 불편한 관계는
여전히 지양하지 못했다(*Sovetskaya Rossiya*, 1995. 3. 26.).

(3) 중앙-지방 관계: 체츠니야 종전

연방정부는 1997년 正初 분리주의 체츠니야에서 철군을 완료함으로써
지난 두 해에 걸친 군사개입을 마무리 지었다(*Interfax*, 1997. 1. 5.). 연방군
이 1994년 12월 체츠니야에 투입된 이래 체츠니야 독립파와의 내전은
休戰과 開戰을 되풀이하면서 1996년 8월까지도 계속되었으며, 이 사이
에 다음과 같은 주요 사건들이 있었다.

　1995. 1: 연방군, 체츠니야 수도 그로즈니(Grozny) 함락
　1995. 6: 체츠니야 독립파, 북부 부존노프스크(Budennovsk) 마을 주민
2,000여 인질극 (120명 피살)
　1996. 1: 체츠니야 독립파, 인접 다게스탄 공화국의 키즐랴르(Kizlyar)
마을 인질극 (200여명 피살)
　1996. 4: 체츠니야 독립파 지도자 두다예프(Dudaev) 대통령, 연방군의
로케트 공격에 피격 사망. 얀다르비예프(Yandarbiev) 부대통령이 대통령 서
리로 승계
　1996. 8. 31: 레베지-체츠니야 독립파 군지도자 마스하도프(Aslan
Maskhadov), 終戰과 연방군 철수 및 2001년까지 체츠니야의 독립 연기에
관한 하사뷰르트(Khasavyurt) 협정 체결
　1996. 12. 1: 러시아 연방군, 체츠니야 철수 개시

러시아 朝野는 체츠니야에 대한 중앙정부의 군사개입을 소련의 아프
가니스탄 내전 개입에 버금가는 군사적, 정치적 실패로 비판하여 왔었다.
그동안 체츠니야에서는 쌍방간에 18,000-10만 명이 희생된 것으로 추산

되고 있다. 체츠니야는 終戰에 이어 1997년 1월 말 공화국 대선과 총선을 앞두고 있다.

한편 옐친은 6월 중순 상트 페테르부르그市 등과 중앙-지방정부간의 권력 분담에 관한 협정에 서명했다. 이로써 1994년이래 89개 연방주체들 중 모두 26개 주체와 비슷한 협정이 체결되었으며, 이중 15개 협정은 옐친의 선거 유세 중 이루어진 것이다. 옐친은 이로써 러시아 연방의 기반이 공고화될 것이라고 강조했으나 협정을 체결하지 못한 연방주체들 사이에서는 불만이 적지 않은 것으로 관찰되었다.

(4) 정-군관계

러시아 군대는 대통령-舊 의회 사이의 10월 政變(1993)에서 옐친을 지원한 공로에도 불구하고 정치적으로 여전히 弱勢를 면치 못했다. 옐친에 대한 충성에도 불구하고 그라초프 국방장관을 비롯한 군부 고위인사가 대폭적으로 교체되는가 하면, 국방비도 지속적으로 삭감되었다. 1996年度 국방예산은 68.8조 루블이나 실제 수령액은 56.6조 루블(102억 달러)에 그쳤으며, 이중에서도 단지 37조 루블만이 현금으로 지불되었다. 1997年度 국방예산 신청액도 국방부 신청액 160조 루블에 훨씬 미달하는 104조 루블 수준으로 조정되었다. 레베지와 로디오노프 신임 국방장관은 예산 부족과 이에 따른 장병에 대한 봉급 체불로 인한 抗命 등 최악의 사태가 야기될지 모른다고 되풀이 경고했는바, 실제로 10월에는 참모본부 고급장교들이 체임에 항의하여 시위를 벌이는 사태까지 발생했다. 끝으로 군대의 개혁은 여전히 口頭禪에 그쳤다. 병력 규모는 자체 파악도 미진한 실정으로서 1996년 중반 현재 대략 150-250만 명으로 추정되었다. 그러나 군대는 내부적 분열이 극도에 달해 가까운 장래에 주요한 정치적 세력으로 부상할 가능성은 희박한 것으로 평가된바 있다.

다. 옐친과 차기 대권투쟁

대통령 선거가 별다른 이변이 없이 실시됨으로써 러시아에서 일단 정
치 안정화의 기반이 마련되었다. 그러나 再選에도 불구하고 옐친에 대한
국민의 지지는 여전히 취약한 것으로 나타나고 있으며, 이에 더해 그의
건강은 향후 러시아 정치의 향배에 주요한 변수로 남게 되었다. 1997년
정초에 실시된 한 여론조사에 따르면 옐친에 대한 지지는 23%를 기록한
반면 그의 政敵인 레베지의 인기는 58%에 이르고 있다(Nezavisimaya
gazeta, 1997. 1. 6.).

옐친의 건강과 관련하여 그는 전해에 이어 유세 중 계속해서 심장 질
환에 시달려 왔다. 그는 재선 이후 반년 여의 통치 공백 끝에 11월 심장
수술을 성공리에 마치고 12월 '말 대통령 관저로 귀임했으나, 불과 보름
뒤인 1997년 초 폐렴으로 다시 입원한바 있다.

한편 레베지는 재야 세력과 함께 옐친의 病弱을 들어 그의 조기 퇴진
을 촉구하는 한편 연말에 중도노선의 '러시아 人民共和黨'을 결성, 차기
대선 주자로서 스스로를 부각시키고 있다. 옐친이 6월 레베지를 영입했
던 것은 대선과 관련한 전략적 제휴에 불과했던 것으로서, 그는 10월 레
베지의 獨不將軍 式의 행동과 대권에 대한 야망 등을 들어 전격 해임한
바 있다.

2. 경제동향

러시아 경제는 緊縮財政을 기반으로 한 經濟安定化 시책으로 침체에
서 벗어날 조짐을 보였다. 선거와 관련한 옐친의 선심 공세에도 불구하
고 財政赤字가 축소되고 物價上昇이 둔화되는 추세가 이어졌다. 그러나
생산 저하는 계속되었고 농업 부문은 여전히 가장 낙후된 분야로 남았다.
이에 따라 실업 증가 및 실질임금의 저하가 계속되었으며, 조세 기반의

협소화는 균형예산을 이룩하는 데 걸림돌로 작용했다.

국제통화기금(IMF)과 경제협력개발기구(OECD)는 러시아 경제가 1997
년에는 2-5% 성장할 것이라고 예측했으나 방만한 선거경제가 시차를 두
고 향후 경제에 부담이 될 것으로 전망되기도 했다. 러시아 정부 내에서
는 경제정책의 방향을 둘러싸고 경제안정화 지지파와 産業 振興을 주장
하는 세력간에 갈등이 內燃하고 있는 것으로 관찰되었다.

가. 재정적자의 축소와 물가상승의 둔화

경제안정화의 성패를 좌우할 豫算赤字는 전해에 이어 축소되는 추세
를 보였다. 예산적자는 1-10월 중 63.3조 루블로서 國內總生産(GDP) 對
比 3.5% 수준을 유지했다. 당초 당국은 3.8%의 예산적자를 상정하고 있
었다. 적자는 국공채의 매각(61%)과 외채 도입(39%)으로 보진되었다.

예산적자를 축소하는 데 있어서 최대의 걸림돌은 租稅 徵收의 어려움으
로서, 당초 징세 목표는 202조 루블로 책정되었으나 이보다 16%가 미달하
는 수준에 그쳤다. 스트로예프 연방회의 의장에 따르면(11월), 러시아 기업
중 단지 15% 정도가 세금을 성실히 납부하고 있는 것으로 추산되었다.

한편 물가상승은 前年 對比 21.8%로서 1990년이래 최저를 기록했다.
1995년의 연간 물가상승률은 131%였다. 12월 중 月間 物價上昇率은
1.4%로서, 경제당국은 이에 따라 1997년의 연간 물가상승률을 11.8%로
잡은 가운데 명년도 예산안을 마련했다.

나. 생산침체의 지속

國內總生産은 前年 對比値로 1995년의 4% 감소에서 1996년에는
6%로 저하됨으로써 지난 6년을 연속으로 감소세가 이어졌다. 공업 생산
고는 전해에 비해 5%가 감소했다. 공업 부문에서 특히 경공업(28% 감

표4: 러시아 경제의 주요 지표 (전년비 증감, %)

	1992	1993	1994	1995	1996[*]
國內總生産 (GDP)	-14.5	-8.7	-13	-4	-6
工業生産高	--	-11.7	-21	-3	-5
農業生産高	-9	-4	-12	-16	
消費者 物價	2,509	840	203	131	50

* 推算値

소), 건설 자재(25% 감소), 석유화학(11% 감소)이 가장 심각한 침체상을
보였다.

다. 무역흑자 및 외채

貿易高는 1,477억 달러로서 전년 대비 4%의 증가를 기록했다. 이중
수출은 877억 달러로서 280억 달러의 흑자를 기록했다. 독립국가연합에
대한 무역은 모두 342억 달러로서 전해에 비해 6%의 증가를 이룩했다.
이로써 독립국가연합에 대한 교역은 전체 무역액의 23%를 차지하게 되
었다.

한편 국제통화기금은 전반기 중 稅收 실적의 부진을 이유로 4월 러시
아에 공여를 약속한 信用基金 101억 달러 중 7월분의 지급을 잠시 연기
한바 있다. 신용 공여는 이후 징세 실적의 호전 및 예산적자의 축소와 물
가 안정을 고려하여 재개되었는데, 이러한 지급 연기는 연말로 들어서서
도 두 차례나 되풀이된바 있다. 이와 함께 세계은행(World Bank)은 9월
러시아에 증권시장의 육성 및 에너지 보전과 환경 보호를 위해 1억
5,900만 달러의 차관을 공여하기로 합의했다.

이 밖에 러시아는 6월 1일附로 루블貨의 자유교환제를 도입함으로써
국제통화기금 8條國으로 이행하게 되었다. 루블화는 연말 현재 달러 당
5,560루블로 절하되었다 (1995년 말 달러 당 4,640루블). 한편 러시아는 10
월 세계무역기구(WTO) 가입을 재신청했는바 이제까지 러시아의 가입은

비관세 장벽과 국내 에너지 가격의 歪曲 및 통관 업무의 낮은 신뢰도 등
으로 인해 지연되어 왔다.

라. 생활수준의 저하

엘친은 신년사(1995. 12. 31.)에서 1996년 중 최대의 정책 과제로 빈곤
층의 생활수준 提高와 滯拂 賃金의 해소를 강조했으나 이들 목표의 달
성은 전해에 이어 여전히 쉽지 않은 것으로 나타났다. 實質所得은 전해
에 비해 2% 정도 증가한 것으로 추산되었다. 그러나 전반적으로 일류신
(Viktor Ilyushin) 제1부총리에 따르면(10. 14), 1991년 이래 실질소득은
40% 감소한 것으로 집계되고 있다. 1995年度 실질소득은 前年 對比
13% 하락을 기록했었다.

한편 滯拂賃金은 12월 현재 총 52조 루블(93억 달러)로 추산되고 있으
며, 未拂 年金도 10월 말 현재 17조 루블(30억 달러)에 이르는 것으로 집
계되고 있다. 러시아 군대의 경우 봉급 체불은 10월 1일 현재 4.9조 루
블(8억 9천만 달러)에서 많게는 6.4조 루블까지로 추산되고 있다. 12월 말
현재 실업률은 9.3%로서 年初에 비해 8.8% 증가했다.

끝으로 러시아의 인구는 연말 현재 1억 4,750만 명으로 한 해 동안 43
만 명이 감소했다. 移入人口의 증가에도 불구하고 여전히 사망률(1,000
명 당 14.4명)이 출생률(1,000명 당 9.0명)을 상회했다.

3. 사회 동향

경제적 어려움은 계속해서 사회불안을 조장하여 왔다. 임금 및 연금의
滯拂에 항의하는 파업이 전국을 휩쓸었으며 범죄, 특히 조직범죄가 계속
해서 기승을 부렸다.

가. 파업의 확산

러시아 전역에서 연말까지 임금 및 연금 체불에 항의하는 파업이 계속되었다. 파업은 특히 탄광을 중심으로 확산되었는바, 광부들은 러시아 탄광노조(Rosugolprofsoyuz)의 주도 하에 2월과 12월 두 차례에 걸쳐 전국적 파업에 들어갔으며, 이에 각각 40만 명 이상의 광부들이 가담했다. 공식 집계에 따르면, 1-9월 기간 중 연해주 지역의 탄광을 비롯하여 전국적으로 3,767개 기업체에서 적어도 356,000명의 근로자들이 파업에 가담했으며, 항의 시위는 교사(10월 현재 반년간 3,300여 교육기관에 파급)와 학생, 러시아 과학원 소속 연구원 등 과학자와 핵발전소 및 군사부문 기술자들로 확산되어 왔다. 11월에는 독립노조연합의 연대 하에 전국에서 적어도 32만(내무부 추산)-1,500만(노조연합 주장)의 노동자들이 체임 지불을 요구하며 총파업에 돌입했다.

나. 법과 질서

사회불안의 또 다른 징후인 범죄와 테러도 연초부터 여전히 氣勝을 부렸다. 1996년 중 모두 262만 건의 범죄를 기록하여 1995년의 275만 건보다 다소 감소세를 보였으나, 실제로는 7백만 건을 넘을 것으로 추산되었다. 모두 29,700건의 살인 및 살인미수 사건이 발생했다. 한편 폭탄 테러는 모스크바에서만 7-11월에 최소한 세 건을 기록했다. 범죄조직은 전국적으로 5,691개가 암약 중인 것으로 집계되었으며, 이들을 비롯한 소위 지하경제가 국민경제(GDP)의 1/4 이상을 차지하고 있는 것으로 추산되었다. 끝으로 당국은 6월 舊 刑法(1960)에 대체하여 1997년부터 발효를 목표로 새로운 형법을 채택했다.

1997

1. 정치 동향

엘친 대통령은 초봄 내각을 개편하고 개혁의 전열을 가다듬었다. 그는
또한 의회와의 관계를 개선하고, 중앙의 권위를 확립하는 데 주력했다.
분리주의 체츠니아(Chechnya)와의 협상에서도 어느 정도 성과를 거두었
다. 그러나 엘친은 자신의 건강문제 및 새 陣容의 受賂 의혹으로 수세에
몰리기도 했으며, 명년도 예산을 둘러싸고 하원과 불편한 관계를 겪기도
했다. 만성적인 예산 부족으로 滯拂賃金과 未拂 연금의 해소 및 군대에
대한 개혁은 여전히 제자리걸음을 면치 못했다.

가. 엘친 진용의 재편

엘친 대통령은 초봄 건강을 회복하기 시작한 것과 때를 같이 하여 개각을
단행했다. 그는 3월 추바이스(Anatolii Chubais) 大統領府 장관(rukovoditel
Administratsii Presidenta)과 넴초프(Boris Nemtsov) 니쥬니 노브고로드(Nizhnii
Novgorod) 州知事를 각각 제1부총리에 기용함으로써 1992년 이래 최강의
개혁 진용을 갖추었다. 추바이스(41)는 재무장관 직을 겸임한 가운데 경제개
혁과 재정 등을 관장하게 되었는데, 그는 1996년 초 제1부총리 직에서
해임될 때까지 개혁의 기수로서 사유화 정책을 추진했었다. 그는 해임 직후
다시 선거 참모로 엘친 진영에 합류했으며, 엘친이 재선된 뒤 대통령부
장관으로 중용됐었다. 한편 지방에서 개혁의 기수로 활약하던 넴초프는
사회문제와 주택, 건설 및 독과점 부문의 개혁을 담당하게 되었으며, 4월에는
연료·에너지장관 직을 겸임하게 되었다.

이와 함께 부총리 여섯 명이 교체되었으며, 이어 각료급에 대한 후속
인사가 늦봄까지 이어졌다.

우린손(Yakov Urinson): 경제장관 겸임

코흐(Alfred Kokh): 국유재산, 민영화, 세무 담당, 국유재산관리국가위원회 의
장 겸임

시수예프(Oleg Sysuev): 사회보장, 연금, 임금, 보건 등 담당, 노동·사회발전
부 장관 겸임

불각(Vladimir Bulgak): 과학·기술 및 환경 담당

세로프(Valerii Serov): 독립국가연합과 지방자치 담당

쿨리코프(Anatolii Kulikov): 사법개혁 관장, 내무장관 겸임

봄철 개각은 주로 경제부서에 한정되었으며, 이른바 權府는 영향을 받
지 않았다. 그러나 옐친은 5월로 들어서서 군대 개혁의 부진을 이유로
로디오노프(Igor Rodionov) 국방장관과 삼소노프(Viktor Samsonov) 제1국방
부장관 겸 참모총장을 해임했는데, 이들은 군대의 개혁을 둘러싸고 바투
린(Yurii Baturin) 국방회의(Sovet oborony) 서기 등과 갈등을 벌여왔다. 세
르게예프(Igor Sergeev) 장군과 크바슈닌(Anatolii Kvashnin) 장군이 각각 신
임 국방장관과 제1국방 부장관 겸 참모총장에 임명되었다.

春季 改閣의 가장 큰 특징은 추바이스 제1부총리의 영향력 확대이다.
부총리 중 우린손과 코흐는 그의 충실한 지지자로 알려지고 있으며, 이
밖에도 4월 재무부 제1부장관에 임명된 이그나티예프(Sergei Ignat'ev)도
추바이스가 이끄는 소위 상트 페테르부르그 파벌의 일원이다. 개각의 또
다른 특징으로 신임 각료들의 상당수가 지방 출신의 소장층이라는 점은
추바이스의 영향력 확대와 무관하지 않은 것으로 관찰되었다. 넴초프(37)
이외에도 시수예프는 입각 전 사마라(Samara) 시장에 재선되었으며, 코흐
(36)는 상트 페테르부르그 출신이다.

추바이스는 대통령부 장관에 취임한 이래 옐친의 딸 쟈첸코(Tatyana
Dyachenko)와 제휴 하에 1996년 政敵인 코르쟈코프(Aleksandr Korzhakov)
대통령 경호실장 및 레베지(Aleksandr Lebed') 국가안전보장회의(Sovet

bezopasnosti) 서기를 축출한바 있으며, 이후 옐친의 와병을 틈타 주요 신흥재벌들과 유대를 강화하여 왔다. 옐친의 선거 유세 중 중요한 역할을 담당했던 쟈첸코는 6월 홍보 담당 대통령 보좌관에 임명됐다.

나. 파벌정치: 정경유착

봄철 개각은 추바이스의 득세일 뿐만 아니라 그가 이끄는 산업·금융 파벌의 득세이기도 했다. 이에는 오넥심방크(Oneksimbank)와 모스트(Most), 메나텝(Menatep) 등 대규모 금융업체 및 유코스(Yukos), 시단코(Sidanko) 등 석유업체와 독립텔레비전(NTV), 시보드냐(Segodnya), 콤소몰스카야 프라브다(Komsomolskaya pravda) 등 주요 언론기관들이 포함되고 있다.

옐친 정부 내에는 추바이스 파벌과 함께 체르노미르딘(Viktor Chernomyrdin) 총리 및 루슈코프(Yurii Luzhkov) 모스크바 시장이 이끄는 두 개의 파벌이 정립하고 있다. 종전까지 명맥을 유지하던 소위 軍産複合體 파벌은 코르쟈코프 대통령 경호실장 등의 퇴진과 함께 퇴장한 것으로 관찰되고 있다. 체르노미르딘 파벌은 에너지 및 원유, 원자재 관련 대기업들인 가스프롬(Gazprom), 로스네프찌(Rosneft'), 루크오일(LUKoil) 등을 주축으로 하고 있으며, 이들 독점기업들의 지속적인 국영화를 선호하고 있다. 이 파벌에는 또한 임페리알 은행(Imperial)과 인콤방크(Inkombank) 등 유수의 금융업체들이 포함되고 있으며, 쿨리코프 부총리 겸 내무장관도 이 계파에 속하고 있다. 끝으로 루슈코프 파벌은 모스크바의 대기업들을 바탕으로 모스크바 및 다른 지방과 국내 산업의 정부 지원을 확대하도록 요구하고 있다.

한편 파벌간의 경합과 함께 추바이스 파벌 내에서도 사유화와 관련하여 십네프찌(Sibneft') 등 대규모 국영기업의 인수를 둘러싸고 갈등이 끊이지 않았는바, 추바이스 추종자의 한 명이었던 베레조프스키(Boris

Berezovskii) 국가안전보장회의 부서기가 11월 瀆職 혐의로 해임된 것은 같은 파벌에 소속하고 있던 포타닌(Vladimir Potanin) 오넥심방크 총재 등과의 갈등이 표면화된 데 뒤이은 것이었다. 러시아 최대의 신흥 재벌인 베레조프스키는 지주회사인 로고바스(LogoVAZ)를 통해 주요 기간산업체 다수를 장악하고 있으며, 조직범죄와도 연루되고 있는 것으로 알려지고 있다(*Forbes*, 1996. 12.).

급기야는 추바이스 제1부총리가 연루된 뇌물 疑獄이 연말의 러시아 정가를 흔들어 놓게 되었다. 그와 그의 측근들은 한 출판사로부터 러시아 사유화에 관한 책자의 발간을 위한 원고료 선금조로 각각 9만 달러씩을 받았는데 이것이 11월 뇌물의 의혹이 짙은 것으로 언론에 폭로되었던 것이다. 이들에게 원고료를 건넨 출판사의 뒤에는 오넥심방크가 있었던 것으로 전해졌다.

뇌물 의혹이 확산되자 옐친 대통령은 카자코프(Aleksandr Kazakov) 대통령부 제1부장관을 필두로 연루자들을 공직에서 해임했으며, 이어 비판 여론을 무마하려는 노력임이 분명한 가운데 추바이스를 재무장관 직에서 해임했다. 그러나 추바이스는 제1부총리의 직책은 그대로 유지하게 되었는데, 옐친 대통령은 추바이스가 고료를 받은 것은 실수이나 이것이 불법은 아님을 강조하고 그를 해임하지 않을 것임을 되풀이 밝혔다.

러시아 언론은 疑獄으로 추바이스 파벌이 약화되고, 상대적으로 체르노미르딘 총리가 득세한 것으로 관찰했다(*Kommersant-Daily*, 11. 21.). 하원 예산위원회 위원장을 역임한 자도르노프(Mikhail Zadornov, Yabloko黨 소속) 신임 재무장관은 체르노미르딘과 친밀한 관계로 알려졌다. 체르노미르딘은 12월 11일로 총리 취임 다섯 해를 맞음으로써 옐친 대통령 밑에서 총리로서 최장수를 누리게 되었다.

추바이스가 연루된 受賂 의혹은 파벌간의 갈등과 함께 러시아에 만연한 부패를 배경으로 한 것이다. 옐친은 연초 부패와의 전쟁을 선포하고 나섰으며, 이를 위해 민영화 등에 있어서 경쟁입찰제(4월)와 공직자 재산

공개제(5월) 등을 도입했고, 부패 혐의로 코발료프(Valentin Kovalev) 법무
장관을(7월) 비롯한 고위 비리 공직자들을 해임했다.

다. 대통령-의회 관계: 옐친과 재야 세력

옐친 정부와 國家會議(하원)는 옐친 대통령의 건강에서부터 명년도 예
산에 이르기까지 거의 모든 부문에서 갈등을 노정하여 왔다. 특히 가을
로 접어들면서 옐친과 하원은 예산안 채택을 둘러싸고 신경전을 벌였다.
하원이 정부의 예산안에 대해 반대를 계속하자 옐친은 인내에도 한계가
있음을 되풀이 경고하고 하원의 해산 가능성까지도 시사하게 되었다. 이
에 맞서 원내 다수당인 공산당은 정부에 대한 불신임안을 채택하겠다고
위협했다. 공산당은 의회가 해산되면 후속 총선에서 오히려 더 많은 의
석을 확보하게 될 것이라고 주장했는데, 이에 대응하여 옐친은 선거법을
개정할 가능성을 시사하기까지 했다.

그러나 의회와 행정부는 10월로 들어서서 타협을 모색하게 되었다. 옐
친은 두 차례에 걸쳐 체르노미르딘 총리와 상·하원 의장으로 구성된 4자
회담을 가졌으며, 하원 내 7개 政派 지도자들과도 만나 정국 안정을 협의
했다. 이를 배경으로 공산당은 정부 불신임 동의안을 철회하게 되었으며,
의회에서 1998년도 예산안과 토지법전 등에 관한 심의가 재개되었다.

이로써 대통령-의회 관계라는 측면에서 러시아 정국은 지난해에 이어
비록 불편한 관계는 여전히 지양하지 못했으나 전반적으로 안정을 유지
하게 되었다. 다음은 의회와 행정부간에 갈등을 보였던 事案들이다.

(1) 옐친의 거취

옐친의 건강은 연말에 이르기까지 주요한 정치적 관심사로 되었다. 그
는 정초 폐렴으로 12일간 입원했으며, 한달 뒤인 2월 말에야 공식 석상

에 모습을 드러냈다. 옐친은 1996년 재선된 이후에도 심장 질환으로 반년 가까이 병상을 지켜야 했었다. 옐친이 病床에서 헤매자 그의 퇴진과 대통령 선거의 조기 실시를 요구하는 목소리가 높았으며, 하원은 이로 인한 통치의 공백을 들어 그에 대한 彈劾案을 마련하기도 했다. 결국 하원은 3월 옐친이 건강상의 이유로 4개월 이상 직무를 수행하지 못할 경우 은퇴한다는 내용의 법안을 통과시켰다(찬성 287, 반대 23, 기권 1). 옐친은 12월에도 공식적으로 기관지염으로 발표된 가운데 거의 2주일을 입원했다.

한편 옐친이 오는 2000년 대통령에 재출마할 가능성이 가을로 들어서면서 러시아 정가에서 심심치 않게 거론되었다. 옐친 자신은 9월 초 자신의 임기가 끝나면 젊은 세대가 뒤를 이어야 할 것이라고 말함으로써 3선 의향이 없음을 분명히 했으나, 이후 태도를 바꿔 애매한 입장을 취했다. 대통령부 대변인은 10월 옐친의 3선 출마가 위헌이 아니라는 입장을 밝혔으며, 하원은 같은 달 말에 헌법재판소에 이의 적법 여부를 문의하는 동의안을 채택했다.

(2) 헌법 개정

스트로예프(Yegor Stroev) 聯邦會議(상원) 의장은 1월 의회의 총리 인준권을 부총리 및 권력부서의 장관으로 확대해야 할 것이라고 주장했다. 옐친은 처음 자신의 재임 중에는 헌법 개정이 없을 것임을 분명히 했으나, 12월로 들어서서 마침내 政府組織法案에 서명함으로써 내각에 대한 의회의 감독권을 강화하는 데 동의했다. 이 법안으로 하원은 총리가 사임하거나 해임될 경우 내각의 일괄 사퇴 및 부총리와 외무장관, 권력부서(국방, 내무, 보안) 장관들의 임명 동의권을 갖게 되었다.

(3) 토지법과 조세법전

옐친 행정부는 토지의 전면 私有化를 제창하여 왔으나, 의회는 農地의 임차를 허용할 뿐 이의 매매는 금지하는 내용의 토지법전을 채택했다. 옐친 대통령은 7월 이 법안을 거부했으나, 하원은 9월 이를 재의결하게 되었다. 연말 의회와 정부는 타협안을 마련하기로 합의했다.

한편 정부는 租稅體系의 일원화 및 세금 징수의 강화를 내용으로 하는 조세법전을 제안했으나, 하원은 重課稅가 우려된다는 이유를 들어 이 법안에서 4,500여 부분에 대해 수정을 요구했으며, 11월 이를 최종적으로 부결시켰다.

(4) 1998년도 예산안

1998년도 예산안 수정안이 하원에서 제2차 독회를 통과했다(찬성 231, 반대 155, 기권 3). 아직 두 차례의 독회를 남겨놓고 있는 이 예산안에 따르면, 歲入은 3,675억 新 루블(620억 달러), 歲出 4,999억 신 루블로서 1,320억 루블의 적자(1998년도 추정 GDP의 4.7%)가 계상되고 있다. 정부는 10월 초 세출 규모 4,720 신 루블의 예산안을 제출했으나 농업 및 사회복지 등에 대한 보조금을 증액하라는 공산당의 요구를 수정안에 수용하게 되었다.

라. 중앙-지방관계

(1) 연방 권위의 강화

옐친 대통령은 7-8월 중 사라토프(Saratov)와 사마라(Samara)를 비롯한 6개 州와 중앙-지방정부간의 권력 분담에 관한 협정에 서명했다. 이로써

1994년 이래 89개 聯邦主體들(州 및 소수민족 단위의 共和國) 중 모두 32
개 주체와 비슷한 협정이 체결되었다.

이와 동시에 옐친은 7월 지방에 파견된 대통령 대표의 권한을 강화하
는 대통령령을 공포함으로써 연방부서의 지방관서에 대한 통제를 강화하
게 되었다. 이와 함께 크라스노프(Mikhail Krasnov) 대통령 법률 고문은 6
월 대통령은 주지사나 공화국 대통령이 연방 법규를 위반하거나 大統領
令을 준수하지 않을 경우 비록 이들이 선거를 통해 임명되었을지라도 해
임할 수 있다는 입장을 밝혔다. 6월 현재 임명직 주지사는 케메로보
(Kemerovo) 주 한 곳뿐이다. 연방정부는 또한 지방당국의 법률상의 분리
주의에 강경히 대처했다. 코발료프(Valentin Kovalev) 법무장관은 연초 21
개 공화국 중 19개 공화국들이 연방헌법에 위배되는 조항을 그들의 헌법
에 담고 있다고 밝힌바 있다.

끝으로 연해주 지사 나즈드라텐코(Yevgenii Nazdratenko)와 블라디보스
토크 시장 체레프코프(Viktor Cherepkov)간의 대립과 같이 지방에서 상·하
급 기관 사이의 갈등이 계속되었다. 연해주에서는 이에 더해 滯拂에 항
의하는 노동자들의 파업으로 斷電 등 에너지 위기를 겪었으며, 급기야 5
월에는 이로 인해 비상사태가 선포되기도 했다.

(2) 체츠니야의 장래

체츠니야는 내전의 종식에 이어 1월 실시된 대통령 선거에서 獨立派
軍指導者 마스하도프(Aslan Maskhadov)를 초대 대통령에 선출했다. 그는
러시아로부터 완전한 독립이라는 입장을 고수한 가운데 헌법 개정을 서
두르는 한편 러시아와 독립을 위한 협상을 계속했다.

마스하도프는 5월 모스크바에서 옐친 대통령과 "평화 및 러시아-체츠
니야 관계의 제반 원칙"에 관한 조약에 조인했으나, 체츠니야의 장래에
관해서는 합의를 이룩하지 못했다. 옐친은 9월 체츠니야의 주권은 단지

러시아 연방의 테두리 내에서만 가능하다고 강조하고 다른 연방 구성체들의 경우와 같이 권력 분담 협정의 체결을 제시했으나, 체츠니야는 러시아와 국가간 조약의 체결을 요구했다.

끝으로 러시아는 체츠니야와 아제르바이잔의 바쿠(Baku)와 흑해 항 노보로시스크(Novorossiisk)간 송유관의 체츠니야 經由와 관련한 通關料 배분 등의 문제를 둘러싸고 연말까지 이견을 좁히지 못했다.

마. 정-군관계

옐친 대통령은 5월 로디오노프 국방장관을 비롯하여 국방부 고위관리들에 대한 숙정을 벌이는 한편 군대의 개혁을 관장할 위원회 2개를 구성했다. 그는 이어 8월 국방정책을 조정하기 위해 국가군사감찰부를 대통령부의 일부로서 신설하고 코코신(Andrei Kokoshin) 제1국방 부장관을 감찰관으로 임명했다. 코코신은 또한 바투린의 후임으로 국방회의 서기 직을 겸임하게 되었다.

국방 지도자들의 교체는 군대 개혁을 둘러싼 갈등과 연관되고 있다. 국방위원회는 연초부터 지금과 같이 제한된 자금으로 개혁을 계속 추진해 나갈 것인지, 아니면 추가 자금이 조달될 때까지 개혁을 늦출 것인지를 둘러싸고 갈등이 벌어져 왔는바, 로디오노프는 추가자금의 조달을 강력히 요구했었다.

옐친은 7월 최종적으로 減軍에 관한 대통령령에 서명하고 1998년 말까지 병력을 50만 명 감축하여 120만 명으로 축소하기로 확정했다. 한편 세르게예프 신임 국방장관은 12월 중순 정부는 장병에 대한 체불 봉급 및 복지비로 연내에 12.4조 루블(21억 달러)을 지출할 것이라고 다짐했는데, 이에 앞서 3월에는 스타브로폴(Stavropol')주에서 공수여단 장교들이 체불에 항의하여 기동훈련 참가를 거부하는 사태가 발생하기도 했다.

2. 경제 동향

러시아 경제는 물가 안정을 토대로 생산침체에서 탈피하기 시작했으며 개혁이 시작된 이래 처음으로 成長勢로 돌아설 조짐을 보였다. 그러나 稅收 실적의 저조는 여전히 균형예산을 이룩하는 데 최대의 걸림돌로 남았다. 예년에 이어 임금과 연금의 滯拂 危機는 지속되었다. 이러한 가운데 하반기 아시아에서 비롯된 국제금융의 불안정은 자칫 러시아의 경제 안정화를 위협할 수 있는 또 다른 복병으로 등장하게 되었다.

가. 재정적자 축소와 물가상승 둔화

예산적자는 10월 1일 현재 國內總生産(GDP) 對比 3.63%를 기록했다. 당초 연방예산법에 따르면 세출 530조 루블(760억 달러), 세입은 434조 루블로서 GDP의 3.5%인 95조의 적자가 계상되고 있었다. 1996년도 예산적자는 당해 연도 GDP 대비 3.3%였으며, 1998년에는 4.7%의 적자가 잠정적으로 계상되고 있다.

예산적자를 축소하는 데 있어서 최대의 걸림돌은 예년과 마찬가지로 租稅 徵收의 부진이었다. 첫 9개월간 稅收 실적은 158.5조 루블(270억 달러)로서 징세 목표의 40%를 미달했다. 현재 타타르스탄과 바슈코르토스탄(Bashkortostan) 및 사하(Sakha) 공화국은 5월 말 현재 모두 1조 루블(17,000만 달러)의 세금을 연방정부로 이관하지 않고 있는 것으로 보도된 바 있다. 한편 모스크바가 전체 稅收의 30%를 담당하는 것으로 나타났다. 국유재산의 사유화를 통한 수입은 23.6조 루블(39.7억 달러)을 기록했다(*Interfax*, 1998. 1. 7.).

물가상승은 前年 연말 對比 11.0%로서 1990년 이래 최저를 기록했다. 당국은 1998년 元旦을 기해 루블화를 액면가의 1/1000로 절하했다. 러시아 정부는 새 지폐로 5, 10, 50, 100, 500루블과 주화 8종을 발행했으며, 구 루블화는 1998년 중 새 화폐와 병행하여 통용된다.

끝으로 연초부터 160%의 상승 행진(10. 6. 현재)을 하던 주가가 10월 28일 평균 20% 폭락했으며, 11월 10일 또 한차례 8.3% 폭락함으로써 러시아 경제의 안정화에 그늘을 드리우기도 했다. 두비닌(Sergei Dubinin) 중앙은행 총재는 11월 21일 아시아를 비롯한 국제금융시장의 불안정으로 50억 달러의 외국자본이 러시아 주식시장을 이탈했다고 밝혔다.

나. 경제침체 탈피

GDP는 경상가격으로 2,675조 루블로서 前年 對比 0.4% 증가함으로써 지난 일곱 해 만에 처음으로 회복세가 가시화되었다. 1996년까지도 러시아 경제는 5%의 마이너스 성장을 기록했다. 공업 생산고는 전해에 비해 1.9%의 증가를 기록했다. 한편 곡물생산은 8,850만 톤으로서 전해에 비해 27.6% 증가한 것으로 집계되었다. 그러나 농업 관련 기업들의 70%가 여전히 缺損을 면치 못하고 있는 것으로 나타났다(DPA, 1998. 1. 5.). 경제당국은 1998년도 성장률을 최소한 2%로 계상하고 있다. 한편 공식통계에 포함되지 않고 있는 地下經濟는 러시아 경제의 40% 이상을 차지하고 있는 것으로 추산되고 있다(Finansovye izvestiya, 1997. 2. 18.).

표1: 러시아 경제의 주요 지표, 1992-1997 (전년대비 증감률, %)

	1992	1993	1994	1995	1996	1997[*]
국내총생산	-14.5	-8.7	-12.7	-4.2	-5.0	0.4
공업생산고	-18.0	-14.1	-20.9	-3.3	-5.5	1.9
농업생산고	-9.4	-4.4	-12.0	-8.0	-7.0	0.1
총투자	-40.0	-12.0	-24.0	-10.0	-18.0	
소비자 물가	2,510	840	215	131	21.8	11.0

출처: 1992-96: Goskomstat Rossii, *Sotial'no-ekonomicheskoe polozhenie Rossii* (Moskva: 매년 호).
1997: 러시아 연방 국가통계위원회 집계 (*Interfax*, 1998. 1. 23.).

다. 사유화와 "은행전쟁"

한 해 동안 약 3,100개의 국유기업이 민영화되었으며, 이로써 연말 현재 GDP의 70% 이상을 민간 부문이 차지하는 것으로 나타났다 (*Rossiiskaya gazeta*, 1998. 1. 24.).

중소기업들에 대한 사유화가 일단락되고 주로 자원 및 에너지 부문의 대기업들에 대한 민영화가 주종을 이루기 시작한 가운데 이들의 지분 장악을 둘러싸고 신흥재벌들의 소위 "銀行戰爭"이 1997년에 새로운 현상으로 대두되었다. 특히 이제까지 최대의 사유화로 꼽히고 있는 스뱌지인베스트(Svyazinvest)의 25% 주식 매각 및 노릴스크 니켈(Norilsk Nickel)의 인수를 둘러싸고 7-8월 特惠 疑惑이 증폭되었으며, 이를 배경으로 코흐 국유재산관리 국가위원회 위원장이 사임한바 있다. 스뱌지인베스트의 경우 오네크심방크(Oneksimbank) 총재 포타닌이 베레조프스키를 누르고 지분을 차지할 수 있었다.

라. 대외경제

무역고는 1,536억 달러(888.6조 루블)로서 前年 對比 1.5%의 신장을 기록했다(*Interfax*, 1998. 1. 28.). 수출은 867억 달러로서 전해에 비해 2.7% 감소했으며, 수입은 669억 달러로서 지난해 같은 기간에 비해 7.4% 증가했다. 이로써 무역수지는 198억 달러의 흑자를 기록했으나, 흑자폭은 1996년의 268억 달러에 크게 미달하고 있다. 독립국가연합 국가들과는 353억 달러의 — 전년 대비 0.6% 감소, 무역흑자 3억 달러 — 무역고를 기록했다. 한편 1996년 중 보따리상을 비롯하여 개인들에 의한 수입은 154억 달러, 수출은 15억 달러에 이른 것으로 추산됐다.

국제통화기금(IMF)은 10월 稅收 부진을 이유로 러시아에 3년에 걸쳐 공여 중인 信用基金 101억 달러 중 分期 供與分 7억 달러의 지급을 연기했다. 한편 세계은행(World Bank)은 12월 러시아 경제의 구조조정 및 석탄산업의 지원을 위해 모두 16억 달러의 차관을 공여하기로 발표했다.

러시아는 10월 서방 채권은행단으로 구성된 런던 클럽(London Club)과 舊 蘇聯에서 승계한 330억 달러의 채무 상환을 2002년까지 유예하기로 합의했다. 이에 앞서 9월 러시아는 채권국들로 구성된 파리 클럽(Paris Club)의 정회원으로 가입함으로써, 구 소련이 제공한 借款 중 일부를 회수할 수 있는 길을 마련하게 되었다.

한편 상반기 중 66.7억 달러의 해외투자가 유치됨으로써 7월 1일 현재 러시아에 유치된 외국 투자는 모두 178억 달러로 집계됐다. 1996년 중 해외투자는 65억 달러를 기록했었다. 옐친 대통령은 11월 초 러시아 석유회사 주식에 대한 외국인의 15% 소유 상한을 폐지했다. 끝으로 지난 5년간 러시아 자본의 해외 도피는 600억 달러에 이르는 것으로 추산된 바 있다(*Finansovye izvestiya*, 1997. 2. 18.).

이 밖에 11월 연방정부와 중앙은행은 1998년 새로운 화폐의 도입과 함께 평균 환율을 달러 당 6.1루블 수준으로 유지하며, 그 후 2000년까지 6.2루블 수준을 방어할 것이라고 발표했다. 중앙은행은 1998년 1월 2일 새 루블貨의 對 달러 환율을 5.96루블로 고시했다.

마. 생활수준

실질소득은 전해에 0.9% 감소된 데 이어 1997년에는 前年 對比 2.5% 증가로 돌아섰다(*Interfax*, 1998. 1. 23.). 名目貨幣所得은 월평균 910,800루블로서 전해에 비해 17% 증가했다. 1997년 중 상위 소득계층 10%는 전체 소득의 31.2%를 차지한 — 1996년에는 34% — 반면, 하층 10%는 2.4%에 머물렀다. 최저 생계비는 개인당 월 411,200루블로서 인구의 20.9%인 3,090만 러시아인이 생계비 이하의 빈곤계층으로 집계되었다.

바. 임금 및 연금 체불

엘친 대통령은 신년사에서 지난해에 이어 임금 및 연금 체불의 종식을 최대의 정책 목표로 내세웠음에도 불구하고 국영부문 종사자들에 대한 체불 임금 및 연금의 지불 위기는 연말까지 계속되었으며, 이로 인한 항의와 파업이 도처에서 이어졌다. 넴초프 제1부총리는 7월 초 체불 임금과 각종의 未拂 補助金은 25조 루블(43억 달러)로서 이중 절반이 연방예산에서 지출될 것이며, 나머지는 지방정부가 부담하게 될 것이라고 밝혔다. 이후 흐리스텐코(Viktor Khristenko) 재무 부장관은 12월 하순 연방정부가 부담할 체불 임금 11.3조 루블(19억 달러) 중 97%가 이미 지방으로 이관되었다고 밝힌바 있다. 그러나 沿海州를 비롯한 상당수의 지방 당국은 지불 능력을 결여하고 있는 데 따라 체불이 1998년으로 移越되는 경우가 적지 않았다.

國際自由勞組聯盟 사무총장 조던(Bill Jordan)은 11월 하순 모스크바 회견에서 러시아 노동자들의 40%가 10월분 급료를 받지 못했으며, 단지 25%만이 제때에 급료 전액을 수령했다고 밝힌바 있다. 1월 27일 현재 러시아 노동자들의 체불 임금은 48.6조 루블로 추계되었으며, 未拂 年金도 5월 현재 10.5조 루블(18억 달러)에 달하는 것으로 집계되었다.

3. 사회 동향

가. 체불 파업

임금 및 연금의 체불에 대한 항의가 계속되었다. 국가통계위원회에 따르면, 첫 5개월간 延人員 72만 명이 파업에 가담함으로써 파업 참가자는 前年 同期比 5배의 증가를 보였다(Izvestiya, 6. 4). 파업의 주된 동기는 임금 체불로서 교사와 탄광 노동자들이 파업을 주도한 것으로 나타나고 있다. 3월 말에는 러시아 독립노조연합(FNPR) 주도 하에 沿海州에서 24만 명이 가담한 것을 시작으로 전국적으로 적어도 180만 명 이상이 참가한 가운데 임금 체불에 항의하여 총파업에 들어간바 있다.

나. 법과 질서

새 刑法이 1960년 형법에 대체하여 1월 1일부로 발효되었다. 신 형법은 여전히 死刑制를 유지했으나 극형에 해당하는 범죄의 범위는 대폭 축소되었다. 러시아는 4월 사형을 불법화한 유럽 인권협약(European Convention on Human Rights)의 의정서 제6호에 서명했다.

한편 4월 쿨리코프 내무장관은 1-3월 사이에 모두 591,000건의 범죄를 기록하여 범죄율이 지난해 같은 기간에 비해 12% 감소되었다고 발표했다. 1996년 중 모두 262만 건의 범죄가 기록된바 있다. 끝으로 범죄조직은 6월 현재 전국적으로 적어도 9,000개가 활동 중인 것으로 推計되었다.

다. 기타

옐친 대통령은 9월 違憲일 뿐만 아니라 소수 종교에 대한 박해의 우려가 높다는 비판에도 불구하고 양심의 자유 및 종교 단체에 관한 법률에 서명했다. 의회에서 압도적으로 가결된 — 하원 찬성 358, 반대 6 — 이 법안은 러시아에서 15년 이상의 공인된 활동을 하지 못한 宗團 및 단체의 布教 활동을 제한하는 내용을 담고 있다.

한편 모스크바는 9월 5일 建都 850주년 기념행사를 가졌다.

1998

1. 정치 동향

옐친 대통령의 건강은 예년에 이어 여전히 주요한 정치적 관심사로 부각되었다. 잦은 질환으로 "不在 統治者"의 처지에서 벗어나지 못하자 辭任 압력이 가중되었으며, 그의 퇴진 이후를 겨냥한 대권 경쟁이 可視化되기 시작했다. 집권 후반으로 들어선 옐친 대통령은 자신의 권위 약화를 막기 위한 것으로 관찰된 가운데 예년에 없이 세 차례에 걸쳐 개각을 시도했으나, 이 과정에서 오히려 반대세력의 아성인 하원과 갈등만을 유발하게 되었다. 옐친 정부는 개각으로 보수세력의 주도 하에 놓이게 되었으며, 급박한 경제위기에 당면하여 束手無策으로 표류하는 양상을 보였다. 통치의 不在에 더해 의회와 지방, 재벌 등 권력의 난립으로 연말까지 정치적 혼돈이 계속되었다.

가. "부재 대통령" 옐친

(1) 옐친의 건강

옐친 대통령(1931년 출생)의 잦은 臥病은 1998년에도 계속되었다. 그는 3월 急性 呼吸器 질환에 시달렸으며 11월에는 肺炎으로 긴급 입원해야 했다. 이 밖에도 옐친은 건강 악화로 하시모토(橋本龍太郎) 일본 총리와 회담(4월)을 어렵게 마쳐야 했고, 중앙아시아 순방(10월)을 단축했으며, 유럽연합(EU) 정상회담(10월)에 불참했고, 江澤民 중국 국가주석과 病床會談(11월)을 가져야 했다.

426

(2) 옐친의 거취

대통령의 病弱으로 통치 공백이 계속되자 그의 사임과 대통령 선거의 조기 실시를 요구하는 목소리가 높아졌다. 국가회의(하원)는 1월 대통령 임기의 변동 사유에 관한 헌법 조항을 釋明해주도록 헌법재판소에 제청했으며, 12월에도 옐친의 건강에 관한 보고서 제출을 요구하는 결의안을 채택했다.

그러나 옐친은 8월 자신의 임기가 만료되는 2000년까지 사임하지 않을 것임을 분명히 했다. 한편 헌법재판소는 11월 옐친 대통령은 이미 再選되었으므로 헌법의 三選 금지에 따라 차기 대통령 선거에 출마할 수 없다고 판결했다.

(3) 후계경쟁

차기 대통령 선거가 2000년으로 다가온 가운데 옐친 대통령의 조기 퇴진이 거론되는 것을 배경으로 大選 走者들이 부각되기 시작했다.

표1: 차기 대통령 출마 예상자

	출생년	정치성향	지지*	조직	자금**
쥬가노프(Gennadii Zyuganov) 공산당 의장	1944	공산주의, 민족주의 편향	18	강	약
루슈코프(Yurii Luzhkov) 모스크바 시장	1936	溫情主義的 국가주의	11	약	강
레베지(Aleksandr Lebed') 주지사	1950	민족주의 성향, 현실주의	12	약	중
야블린스키(Grigorii Yavlinskii) 야블로코 의장	1952	개혁노선		중	중
프리마코프(Yevgenii Primakov) 총리	1929	대국주의 성향의 현실주의		약	중

* 1998. 8월 현재 여론 支持度(%).
** 財閥 支持度.

나. 개각 행진

(1) 체르노미르딘의 퇴진과 키리엔코 내각 출범, 3-4월

옐친 대통령은 3월 23일 체르노미르딘(Viktor Chernomyrdin) 총리를 해임하고, 키리엔코(Sergei Kirienko) 연료·에너지부 장관을 총리 서리로 임명했다. 그는 "경제개혁에 일층의 에너지와 효율을 부여하기 위해" 개각을 단행하게 되었다고 강조했으나, 러시아 朝野에서는 총리의 전격적인 경질이 개혁정책과 관련되기보다는 체르노미르딘이 병약한 자신을 젖히고 차기 대통령 후보로 부상할 가능성에 대한 옐친의 경계심 내지는 신흥 재벌이 연루된 권력암투에 기인했을 것이라는 해석이 지배적이었다.

개각은 1992년이래 총리 직을 지켜온 체르노미르딘(59세)이 해임되었다는 것뿐만 아니라 35세의 無名人士가 총리로 발탁되었다는 점에서 러시아 정계에 충격을 던졌다. 키리엔코는 경험 부족을 이유로 하원에서 두 차례에 걸쳐 거부당한 끝에 4월 24일에야 총리 인준을 받을 수 있었다.

(2) 체르노미르딘 복귀, 8-9월

옐친 대통령은 春季 改閣 다섯 달이 지난 8월 23일 키리엔코 내각을 해임하고 체르노미르딘 전 총리를 총리 서리로 복귀시켰다. 그는 체르노미르딘의 총리 임명 동의를 하원에 요청하면서 행한 연설에서 현 위기 상황에서 최우선 과제는 안정을 확보하는 것이며, 이를 위해 체르노미르딘과 같은 "중량급 인물"이 필요하다고 역설했다.

그러나 하원은 8-9월 두 차례에 걸쳐 체르노미르딘의 총리 인준을 거부했다. 옐친은 총리 교체를 통해 당시의 위기 상황에서 탈출을 시도했던 것으로 풀이되고 있다. 금융위기가 8월로 들어서면서 절정에 이르렀으며, 이를 배경으로 같은 달 하원은 옐친에 대한 사임 권고 결의안을 채

택했었다.

(3) 프리마코프 내각, 9-10월

옐친 대통령은 하원의 탄핵 위협에 직면하여 9월 10일 체르노미르딘의 총리 지명을 철회하고, 타협안으로 프리마코프 외무장관 서리를 신임 총리로 지명했으며, 하원은 다음 날 프리마코프를 총리로 인준했다. 옐친 정부에서 對外情報局 장관과 외무장관을 역임해 온 프리마코프는 大國主義의 외교노선으로 공산당을 비롯한 재야세력으로부터도 폭넓은 지지를 받아왔다.

프리마코프 내각의 주요 각료는 10월 25일 현재 다음과 같다. (괄호 수치는 出生年度)

　　　제1부총리　마슬류코프 (Yurii Maslyukov, 1937): 경제, 軍産複合體 담당
　　　　　　　　　구스토프 (Vadim Gustov, 1948): 국가건설, 민족·지역·청소
　　　　　　　　　년 문제, 북방문제 담당
　　　부총리　　불각 (Vladimir Bulgak, 1941): 과학, 사회간접자본 담당
　　　　　　　　　마트비엔코 (Valentina Matvienko, 1949): 사회문제 담당
　　　　　　　　　쿨리크 (Gennadii Kulik, 1935): 농업·식량문제 담당
　　　내무장관　스테파신 (Sergei Stepashin, 1952)
　　　국방장관　세르게예프 (Igor' Sergeev, 1938)
　　　외무장관　이바노프 (Igor' Ivanov, 1945)
　　　경제장관　샤포발랸쯔 (Andrei Shapoval'yants, 1952)
　　　재무장관　자도르노프 (Mikhail Zadornov, 1963)

마슬류코프 제1부총리는 구 소련에서 국가계획위원회(Gosplan) 위원장을 역임한 인물로서 하원 경제정책위원회 위원장(공산당 소속)으로 활동 중 7월부터 키리엔코 내각에서 산업·무역장관으로 입각하고 있었다. 한편 부총리 쿨리크는 하원 예산·세금·은행·재정위원회 부위원장(농업당

소속)을 역임하던 중에 발탁되었다. 이들은 9월 중앙은행 행장에 임명된
게라셍코(Viktor Gerashchenko, 60세)와 더불어 보수세력을 대변하고 있다.
이와 대조적으로 개혁파로는 자도르노프 재무장관과 불각 부총리가 명맥
을 잇는 정도에 그쳤다.

다. 대통령-의회 관계

옐친 정부와 하원은 대통령의 건강에서부터 明年度 豫算에 이르기까
지 거의 모든 부문에서 갈등을 노정하여 왔다. 하원의 정당별, 셰파별 분
포는 다음과 같다.

표2: 국가회의의 정당/정파별 분포 (1998. 2. 25. 현재)

러시아 자유민주당	50	극우 보수
러시아 연방 공산당	137	보수 지향
우리집-러시아	65	친정부
야블린스키 연합 (야블로코)	44	개혁 지향, 옐친에 비판적
농업당	35	공산당과 제휴
인민권력	42	
러시아 지역	43	
무소속	26	
합 계	442	

(1) 총리 인준

총리의 인준은 대통령과 하원간에 최대 쟁점의 하나였다. 총리의 인준
에는 代議員 定數 450명의 과반수인 226명의 지지를 요건으로 한다.

표3: 총리 인준과 관련한 국가회의의 표결 내역

	찬성	반대	기권	비 고
키리엔코:				
1차투표 (4.10)	143	186	5	
2차투표 (4.17)	115	271	11	
3차투표 (4.24)	251	25	174	공산당 대의원 이탈
체르노미르딘:				
1차투표 (8.31)	94	251	105	
2차투표 (9.7)	138	273	1	
프리마코프:				
1차투표 (9.11)	317	63	15	

(2) 헌법 개정

대통령과 의회(하원)는 大統領 大權制를 기본으로 하는 헌법을 개정하여 두 權力中樞간에 권력을 再配分하는 문제를 둘러싸고 계속해서 갈등을 노정했다.

대통령 탄핵: 옐친 대통령의 早期辭任 요구 및 탄핵 움직임과 관련하여 그의 건강뿐만 아니라 위헌적 통치도 명분으로 제시되었다. 하원은 8월 경제위기에 대처하는 데 실패했음을 들어 옐친의 사임을 촉구하는 결의안을 채택했다. 구속력은 없지만 대통령의 사임을 권고하는 결의안이 하원에서 채택된 것은 이것이 처음이었다.

한편 공산당은 이미 3월부터 옐친에 대한 탄핵을 준비하기 시작했는데, 탄핵의 이유로는 무명의 키리엔코를 총리로 지명하는 무책임과 체츠니아(Chechnya) 내전, 1993년의 최고회의 강제해산 등 그의 "違憲" 행위가 제시되었다.

선거법 개정: 옐친 대통령은 하원의 도전에 맞서 의회 해산도 불사할

것이라고 위협하는 한편 선거법의 개정을 시사하여 왔다. 그는 1997년 12월 하원의 절반이 정당별 득표에 따라 선출되는 비례대표제(聯邦選擧區)의 ― 나머지 절반은 小選擧區制로 선출 ― 폐지를 촉구했으나, 쥬가노프와 다른 의회 지도자들은 正初 이를 위헌이라고 비난했다.

정치휴전: 이러한 가운데 大統領府와 정부, 상하 양원 대표들은 대통령의 권한을 대폭 축소하는 내용의 협상을 벌였으며, 옐친과 체르노미르딘 총리 서리, 스트로예프(Yegor Stroev) 연방회의(상원) 의장, 셀레즈뇨프(Gennadii Seleznev) 하원의장은 1999년 말까지 정치휴전에 합의한 것으로 9월 보도된바 있다. 이에 따르면 대통령은 총리뿐만 아니라 각료의 任免과 관련하여 사전에 하원과 협의할 것이며, 하원은 옐친에 대한 탄핵 절차를 동결하고 정부 불신임안을 상정하지 않으며, 한달 내로 행정부-입법부간 권력의 재배분을 위한 헌법 개정안을 마련할 것이다. 그러나 이러한 합의에 대해 공산당은 반대 입장을 고수했다.

(3) 경제 입법

원내 다수당인 공산당은 7월 1-17일에 행해진 경제·재정 안정화 관련 법안의 하원 심의에서 소득세 체계의 수정이나 附加價値稅의 수정, 토지 이용법의 도입 등 재정 재건의 중추로 되는 중요 법안을 부결시킴으로써 정부가 기대하고 있던 총액 1,020억 루블의 추가 세입은 그 1/3 이하인 282억 루블로 축소하게 되었다. 이 밖에 이들 법안의 부결을 이유로 國際通貨基金(IMF)은 7월 러시아에 대한 제1차 추가 융자를 당초 예정의 56억 달러에서 48억 달러로 삭감했다.

이외에 土地法典을 놓고 옐친 대통령과 하원은 줄다리기를 계속했다. 옐친은 6월 農地의 賃借를 허용할 뿐 이의 매매는 금지하는 내용의 下院案을 거부했다. 12월에 타협안이 상정됐으나 하원은 이를 부결시켰다.

끝으로 1998년도 豫算案이 줄다리기 끝에 3월 초에야 최종적으로 하원
을 통과했다.

라. 중앙-지방관계

(1) 지방의 도전

옐친 대통령은 6월 루슈코프 모스크바 시장과 중앙-지방정부간의 權力
分擔에 관한 협정에 서명함으로써 연방정부는 89개 연방주체(州 및 소수
민족 단위의 共和國) 중 모두 46개 주체와 비슷한 협정을 맺게 되었다.
한편 지방정부는 경제위기에 대처하여 自救策을 강구하는 과정에서
중앙정부와 갈등을 보이기도 했다. 모스크바와 타타르스탄(Tatarstan) 등
중앙의 보조금에 의존하지 않는 지역들은 금융위기 하에서 分離主義의
조짐을 보이기 시작했으며, 하카시야(Khakasiya) 공화국 등 다른 지방정부
들은 경제위기가 고조된 8-9월 중 지방 세입의 연방 이전을 중지하거나
관할구역 밖으로 생필품의 반출을 금지하고 물가통제를 실시했다. 프리
마코프 총리는 9월 말 지방정부 지도자들에게 지방주의를 지양하고 국가
발전을 위해 지방 자원을 동원해 주도록 호소했다.

(2) 체츠니야 사태

연방정부와 분리주의 체츠니야간의 체츠니야 지위에 관한 협상은 제자
리걸음을 면치 못했다. 러시아는 체츠니야의 독립에 일관하여 반대한다
는 입장을 견지했다. 한편 체츠니야는 3월 국명을 이츠케리야(Ichkeriya)
공화국으로 개명한 가운데 유엔에 가입할 의사가 있음을 밝히는(6월) 등
계속해서 독립을 주장했다.

마. 정-군관계

정치불안이 고조됨에 따라 한 때 군대의 예사롭지 않은 움직임을 전하는 풍문이 난무하기도 했다. 모스크바 주변에 군대가 집결하고 있다는 소문이 나도는가 하면, 군 수뇌부는 "대규모 騷擾"에 대비하고 있다는 등의 기사가 러시아 신문을 장식했다. 이와 관련하여 푸틴(Vladimir Putin) 연방보안국 장관은 9월 "국내의 위기적 정세 해결을 위한 武力行使의 가능성"을 강력히 부인한바 있다.

한편 군대의 개혁과 관련하여 옐친 대통령은 12월 말 예정대로 120만 명으로 병력이 감축된 데 만족을 표시했다. 러시아 군대는 또한 12월 말 신형 유도탄(RS-12M Topol) 연대를 창설했다. 끝으로 세르게예프 국방장관은 재정난으로 인해 2000년까지 직업군대화를 비롯한 군대 개혁을 완수하기는 어렵다는 입장을 1월 중순 개진했었다.

2. 경제 동향

개혁이 시작된 이래 처음으로 1997년 회복세로 돌아설 조짐을 보이던 러시아 경제는 금융위기의 도래로 사실상의 채무 불이행(default) 상태에 놓이게 되었다. 정부는 재정긴축에 입각한 위기 극복을 시도했으나 무너져 내리는 경제 앞에 束手無策일 수밖에 없었다.

프리마코프 내각의 출범과 함께 정부는 新自由主義 통화론에 기초한 시장개혁 기조에서 후퇴하여 租稅制度의 정비 및 徵稅의 강화, 은행의 구조 조정, 가격 규제 등 국가의 역할을 강화하는 내용의 위기 극복 방안을 검토했으나, 연말까지 포괄적 계획은 확정하지 못했다.

가. 금융위기의 내습

(1) 경과

5월 위기: 1997년 말부터 시작된 증권과 채권의 폭락 사태는 연초에도 계속되었으며, 특히 5월 13일 株價가 15% 폭락하는 등 5월로 들어서서 위기는 더욱 고조되었고, 루블貨의 切下 압력도 거세졌다.

중앙은행은 5월 27일 루블貨의 방어를 위해 再割引率을 年 50%에서 일거에 150%로 인상했으며, 이어 29일 정부는 대규모 기업이 체납 중인 세금의 징수 강화와 歲出 삭감, 민영화 촉진 등 금융시장의 안정을 위한 긴급조치를 발표했다. 끝으로 IMF 등 국제금융기관들은 7월 13일 러시아 금융시장의 안정을 위해 총 226억 달러의 救濟金融을 제공하기로 합의함으로써 러시아 경제는 일단 최악의 위기를 모면할 수 있었다.

8월 위기: 5월의 폭락이래 신경질적인 움직임을 보이던 금융시장은 8월 들어 다시 크게 동요하기 시작했다. 株價는 8월 10-14일 중 4.8% 하락하여 1998년 중 下落率이 70% 이상으로 확대되었고, 루블화의 對美 달러 환율은 연일 최저 시세를 갱신하며 폭락했다. 급기야 8월 13일에는 통화와 주식, 채권의 三重 弱勢에 직면하여 금융시장은 공황 상태에 빠지게 되었다. 주식시장에서는 거래가 개시된 직후부터 優良株가 15-25% 급락하여, 증권거래소(RTS)는 거래를 일시 중지하기도 했다. 루블화는 달러 당 6.3루블까지 하락하여 중앙은행이 설정한 變動幅의 하한을 대폭 하회하게 되었으며, 단기국채의 가격도 급락하여 이율이 연리 300%라는 신기록을 세웠다. 주식과 채권의 投賣가 광란의 양상으로 바뀌고 외환시장에서 국제 금융자본의 이탈이 가속화되었다.

8. 17 조치: 위기에 대처하여 정부와 중앙은행은 8월 17일 ㉮ 연말까지 환율 변동폭을 달러 당 5.25-7.15루블로부터 6.0-9.5루블로 대폭 확

대하고, ㉯ 1999년 말까지 만기 도래하는 루블화 표시의 中·短期國債 (GKOs, OFZs)를 신 채권으로 교체하며 그 때까지 잠정적인 거래 중단 (국내 단기부채는 약 400억 달러 규모), ㉱ 내국인의 대규모 외환 거래에 대한 임시 규제조치의 도입 (단기 대외채무 상환, 證券 擔保附 채무에 대한 보험금 지급, 確定 期限附 外換 先物去來에 대한 지급 등에 대해 90일간 지불유예) 등 조치를 발표했다.

옐친 대통령은 비상조치와 함께 내각의 전격 교체를 단행했지만, 시장에서는 루블화의 하락이 멈추지 않자 중앙은행은 8월 27일 외환거래를 전면 정지하고, 9월 2일에는 루블화의 換率 變動圈制를 사실상 포기하게 되었다. 루블화는 8월 25일 달러 당 7.14루블에서 7.86루블로 하락, 지난 4년 만에 하루 최대의 낙폭을 기록했으며, 은행들은 流動性 부족에 직면하게 되었다.

금융시장이 간신히 안정을 되찾기 시작한 것은 10월부터였다. 루블화는 12월 31일 현재 달러 당 20.65루블을 기록했으며, RTS 주가지수는 1997년 연말의 397.08포인트에서 일년 뒤 58.93포인트로 폐장되었다. 금융위기로 인해 토코방크(Tokobank) 등 중소은행들이 파산했으며, 연말 현재 10대 은행 중 5개 은행이 - Inkombank, SBS Agro, Unexim Bank, Rossiiskii Kredit, and Menatep - 파산 직전에 있는 것으로 알려졌다.

(2) 배경

러시아 경제는 1997년으로 들어서서 구 소련이 붕괴한 뒤 처음으로 성장세로 돌아설 기미를 보였으나, 裏面에는 저조한 徵稅 실적, 국가 채무의 중압, 공공자금의 비효율적인 운용 및 이러한 요인들의 소산인 대폭적인 예산적자가 도사리고 있었다. 재정적자는 국채의 발행으로 변통되었는바, 국가 채무의 규모는 그렇게 큰 것은 아니었으며 國內總生産 (GDP)과 대비해서도 서방 각국과 비슷한 수준이었지만, 문제는 借入의 대부분이 高利의 短期國債라는 점으로서 급속히 증대하는 利子의 상환으로 國家財政이 압박을 받게 되었던 것이다. 재정적자에 — 지난 2년간 경상 GDP 대비 6-7%의 높은 수준 유지 — 대한 시장의 우려가 커짐에 따라 단기국채의 이율은 급등하게 되었고 당국은 이의 상환을 위해 또 다시 차입을 해야 하는 악성 채무구조에 빠져들게 되었다.

이상의 요인을 배경으로 러시아 경제는 아시아에서 비롯된 금융위기가 파급되면서 "만성적 금융 불안의 시기"로 접어들게 되었으며, 마침내 국제 原油價格의 폭락과 春節 改閣에 이은 정치불안 등이 복합적으로 본격적인 위기를 촉발했던 것으로 지적되고 있다.

나. 재정적자와 물가앙등

1998년도 豫算赤字는 GDP 對比 3.2%로 1999년 초 현재 잠정 집계되었다. 재정난은 특히 原油價格의 하락으로 인한 에너지산업 부문의 대규모 국영기업에 대한 사유화 계획이 차질을 빚은 데 기인했다. 聯邦 財産基金은 5월 말 국영 석유회사 로스네프찌(Rosneft')를 매각하려 했지만 應札者가 나타나지 않았다. 정부는 이 회사 주식을 "75% 플러스 1株" 방식으로 일괄 매각함으로써 최저 21억 달러의 수입을 기대했지만 불안정한 국제 원유시장으로 인해 국내외 석유회사들이 應札을 단념하게 되었던 것이다. 정부는 최저 입찰가격을 16억 달러로 내리고 다시 모집하였지만, 역시 應札의 전망이 어두운데 따라 매각을 연기하게 되었다. 비슷하게 대규모 텔레콤 회사인 스뱌지인베스트(Svyazinvest)를 "25% 마이너스 2株" 방식으로 재차 매각하기로 8월 결정했다가 경제위기로 연기된바 있다. 다만 12월로 들어서서 세계 최대의 석유회사인 가스프롬(Gazprom)에 대한 국가 지분 2.5%가 66,000만 달러에 독일의 루르가스(Ruhrgas)에 매각되었다.

한편 물가상승은 1998년 한 해 동안 금융위기의 여파로 무려 84.4%

의 증가를 보였다. 1997년에 물가는 前年末 對比 11.0% 상승함으로써
1990년이래 최저를 기록했었다. 끝으로 당국은 1998년 元旦을 기해 루
블화를 액면가의 1/1000로 名目 切下했다. 정부는 새 지폐로 5, 10, 50,
100, 500루블과 鑄貨 8종을 발행했다.

다. 실물경제의 위축

實物經濟는 1997년에 回復勢를 보인데 이어 큰 폭의 위축을 경험했
다. 鑛工業 생산고는 前年에 비해 5.2%의 감소를 기록했으며, 농업 생
산도 12% 위축됐다. 곡물생산은 4,730만 톤으로서 전해의 절반 수준으
로 감소한 것으로 농업부는 10월 말 발표했다. 통계당국의 추산에 의하
면 固定資本 投資도 6.7% 감소함으로써 전해에 비해 감소폭이 확대되
었다. 이로써 GDP는 前年 對比 4.6% 축소되었다.

표4: 러시아 경제의 주요 지표, 1992-1997 (대비가격 기준 전년 대비 증감률, %)

	1992	1993	1994	1995	1996	1997	1998
國內總生産(GDP)	-14.5	-8.7	-12.6	-4.2	-3.5	0.8	-4.6
鑛工業生産高	-18.2	-14.2	-20.9	-3.0	-4.0	1.9	-5.2
農業生産高	-9.4	-4.4	-12.0	-8.0	-5.0	-0.1	-12.0
固定資本 投資	-40.0	-12.0	-27.0	-13.0	-18.0	-5.0	-6.7
消費者 物價	2,510	842	224	131	22	11.0	84.4

출처: 1992-97: Goskomstat Rossii, *Sotial'no-ekonomicheskoe polozhenie Rossii* (Moskva: 每年號).
    1998: 러시아 연방 國家統計委員會의 1999. 1월 중 暫定 集計.

라. 대외경제

(1) 무역 및 외국투자

輸出入은 각각 739억 달러와 595억 달러로 집계되었다. 이로써 러시

아는 144억 달러의 흑자를 기록하게 되었다. 原油 수출은 물량 면에서 첫 11개월간 전년 同期比 10% 증가했으나 국제 원유가격의 하락으로 인해 收入 면에서는 오히려 30% 감소한 것으로 집계되었다. 원유와 천연가스 및 油化製品은 수출고의 40% 이상을 차지하고 있다.

한편 외국투자는 전년의 절반에도 미달하는 30억 달러 수준으로서 이중 외국투자가들의 直接投資는 역시 전년도 수준의 절반에 미달하는 20억 달러로 집계되고 있다. 하원은 12월 외국 투자를 촉진하기 위해 生産分與法(1995 채택)을 개정하여 석유 등 원자재 생산부문에 대한 외국투자자의 참여 제한을 완화했으며, 이로써 전략 광물자원 개발에 대한 외국 투자자의 참여가 종래의 개발대상 자원의 10% 한도에서 30%로 확대되었다.

(2) 외채와 국제 지원

러시아가 상환해야 할 외채는 연말 현재 약 1,450억 달러에 이르는 것으로 집계되었다. 마슬류코프 부총리는 1999년에는 175억 달러를 상환해야 한다고 11월 밝혔다.

봄부터 시작된 교섭 끝에 IMF와 세계은행(World Bank)은 7월 13일 1998-99년 기간에 걸쳐 총액 226억 달러를 러시아에 융자할 것에 합의하고 이것으로 단기국채 상환에 대처하도록 했다. 이외에도 IMF는 3년에 걸쳐 공여 중인 信用基金 112억 달러 중 67,000만 달러 내외의 제2차 分與金의 지급을 稅收 부진을 이유로 연말까지 지연했었다. 러시아는 지금까지 IMF에 190억 달러의 채무를 안고 있는 기금 최대의 채무국이다. 한편 세계은행은 8월 초 러시아에 15억 달러의 차관 공여를 승인했으나 공여 조건의 불이행을 이유로 15억 달러에 대한 2차분 및 다른 예정 차관의 공여를 再考할 것임을 12월 밝힌바 있다.

끝으로 연말 현재 8월의 비상조치로 동결된 대외채무에 대한 상환 협상이 진행되었다. 지불유예는 11월 중순 종료되었는바, 이 조치로 가장 영향을 받은 것은 서방은행들로서 약 31억 달러의 자금이 묶인 것으로 보도되었다. 이와 함께 런던 클럽(London Club) 및 파리 클럽(Paris Club)과의 1999년도 償還分 협상을 앞두고 12월 29일 러시아는 런던 클럽 소속 채권은행단에 대한 舊 蘇聯 채무의 상환 再調整分에 대한 利子 36,200만 달러를 지불하지 못함으로써 사실상 채무 불이행 상태에 놓이게 되었다.

마. 생활수준, 기타

극심한 경제난을 반영하여 연말 현재 可處分 現金所得은 전년 말 대비 31% 위축되었으며, 實質賃金도 40% 줄었다. 실업자는 연말 현재 850만 명으로 11.7%의 실업률을 기록했다.

통계당국(1999. 1.)에 의하면, 연방 차원의 賃金과 年金 滯拂은 12월 초 현재 850억 루블(37억 달러)에 이르고 있다. 이중 약 1/4은 공공부문 종사자들의 임금으로서, 특히 교사와 보건부문 종사자들은 6개월 이상 봉급을 받지 못하는 등 가장 타격이 큰 계층으로 나타났다.

3. 사회 동향

가. 체불 항의

만성적인 임금 체불에 항의하는 시위와 파업이 연말까지 계속되었다. 특히 임금 체불에 격분한 탄광 노동자들은 5-8월에 걸쳐 시베리아 철도를 세 차례 봉쇄했으며, 이외에도 북부 카프카스(Kavkaz) 철도와 보르쿠타(Vorkuta)-모스크바 철도 등이 차단되었다.

체임 항의에는 탄광 노동자뿐만 아니라 교사와 방위산업체 종업원들을 비롯하여 거의 모든 공공부문 종사자들이 참여했다. 항의는 4월 9일과 10월 7일 적어도 500개 도시에서 60만 여 명이 참가한 가운데 총파업으로 발전하기도 했다. 항의자들은 滯賃의 해소와 함께 옐친의 퇴진을 요구했다.

나. 법과 질서

스타로보이토바(Galina Starovoitova) 下院 代議員이 11월 암살되었다. 그녀는 '民主러시아'黨의 공동의장으로서 러시아 민주화 기수의 한 사람이었다. 한편 부패가 "국가 기강을 위태롭게 할 정도로 만연"하고 있다고 연방 검찰청이 밝혔다. 스쿠라토프(Yurii Skuratov) 검찰총장은 특히 지난 일년간 적발된 경제범죄의 규모는 180억 루블(약 9억 달러)에 이른다고 12월 발표했다. 이에 앞서 6월 스테파신 내무장관은 지난 7년간 조직범죄는 8.5배 증가했다고 밝혔다. 끝으로 마약 중독자가 200만 명을 넘는 것으로 3월 보도되었다.

다. 기타

정치·경제적 혼란에 편승하여 민족주의와 復古主義 경향이 러시아 사회에 더욱 두드러졌다. 마카쇼프(Albert Makashov) 하원 대의원(공산당 소속)은 11월 反猶太主義 발언을 함으로써 연말 정국에 파문을 일으켰으며, 옐친 대통령은 12월 하순 반유태주의와 극단적 민족주의에 단호히 대처할 것이라고 천명했다.

한편 러시아 혁명 당시 살해된 帝政 러시아의 마지막 황제 니콜라이 2세(Nikolai II)와 가족들의 유해가 7월 17일 상트 페테르부르그로 이장되었다. 이와 함께 레닌과 스탈린의 동상을 비롯하여 구 소련의 상징물이 다시 除幕되기 시작했으며, 贊反이 분분한 가운데 하원은 12월 구 소련 비밀경찰의 창건자인 제르진스키(Felix Dzerzhinskii)의 銅像 복원을 촉구하는 결의안 초안을 마련했다.

1999

1. 정치 동향

가. 옐친의 퇴장

옐친 대통령은 12월 31일 대통령직의 조기 사임을 선언함으로써 지난 8년여에 걸친 집권을 마감하게 되었다. 그는 1991년 소련이 해체되기 직전 러시아 연방공화국의 첫 민선 대통령으로 취임했으며, 1996년 現 러시아 연방 대통령에 재선됐다.

그의 조기 퇴진을 둘러싸고 러시아 내외에서는 구구한 억측이 이루어졌다. 옐친은 자신의 사임이 건강과 무관하다고 강조했으나, 그는 예년에 이어 건강 악화로 집무에 어려움이 많았던 것으로 관찰되었다. 옐친은 1월 중순 급성 출혈성 위궤양으로 입원했으며, 퇴원 하루 뒤인 31일 모스크바 교외 휴양소에서 68회 생일을 맞았었다. 그는 2월 위궤양이 악화되어 다시 입원했으며, 10월 초순에는 독감으로, 그리고 11월말에는 폐렴 증세로 재차 입원했었다.

한편 푸틴 총리가 大統領 署理의 직책을 겸임하게 되었는데, 그가 서리로서 취한 첫 조치 중 하나는 옐친을 비롯하여 러시아 대통령이 퇴임 후 어떠한 형사소추나 구속, 수색 혹은 조사를 받지 않도록 면책특권을 부여한 것이었다. 이와 관련하여 러시아 朝野에서는 옐친의 조기 사임이 퇴임 후 신변의 안전을 조건으로 했을 가능성이 제기되기도 했다.

신변 보장을 담보로 한 옐친의 사임 가능성은 옐친 일가의 부패 의혹과도 연관되고 있다. 옐친 주변에서는 오래 전부터 大統領宮의 改修 공사와 관련한 뇌물수수에서부터 그의 딸 쟈첸코(Tat'yana Dyachenko) 등 친지와 家臣이 연루된 국제금융기구로부터 차입한 借款의 불법 국외송금 및 옐친 자신의 외국은행 구좌 보유 등등 의혹이 제기되어 왔다.

옐친 일가의 부패 疑獄은 스쿠라토프(Yurii Skuratov) 검찰총장의 해임
을 둘러싼 갈등에서도 시사되고 있다. 옐친 대통령은 2월 초 검찰총장의
건강을 이유로 그의 해임을 제안했으나, 러시아 상원은 3월 해임안을 부
결시켰다. 한편 해임안이 부결된 당일 국영 텔레비전·라디오 방송
(VGTRK)은 심야 뉴스에서 스쿠라토프와 비슷한 남성의 정사 장면을 방
영했으며, 이에 대한 대응으로 관찰된 가운데 최고검찰청은 곧 이어 한
스위스 건설회사의 대통령궁 개수공사를 둘러싼 수뢰 혐의와 관련하여
대통령궁 총무국에 대한 수색을 실시하게 되었다.

옐친 대통령은 러시아 초유의 대통령궁 수색이 있은 직후인 4월 초 스
쿠라토프 검찰총장의 일시 면직에 관한 대통령령에 서명했으나, 상원은
4월과 10월 잇달아 검찰총장의 해임안을 부결시켰다. 이에 앞서 실시된
상원 증언에서 스쿠라토프는 자신의 해고가 "대통령과 그 가족의 개인적
이해관계"와 연관되고 있다고 주장했다. 한편 스위스 당국은 2000년 1월
러시아 대통령궁 총무국장으로 봉직했던 보로딘(Pavel Borodin) 러시아·벨
라루시 연맹 담당 국무장관에 대해 불법적인 돈 세탁의 혐의로 국제체포
영장을 발부한 것으로 알려졌다.

나. 푸틴의 부상

차기 대통령 선거를 앞두고 대권 경쟁이 가열되기 시작한 가운데 예상
走者들의 부침이 계속되었다. 프리마코프(Yevgenii Primakov)는 연초까지
도 여전히 선두 주자의 자리를 지켰으나, 그의 인기는 총리에서 물러난
5월 이후 하강하기 시작해서 가을까지에는 푸틴 총리에게 뒤지기 시작했
다. 푸틴은 총리에 임명된 뒤 법과 질서의 유지에 과단성을 보였으며, 체
츠니야 내전에서 단호함을 과시함으로써 국민들의 지지를 모아왔다.

옐친은 이임사에서 자신의 퇴임이 러시아를 이끌 강력한 지도자에게
자리를 비워주기 위한 것이라고 밝혔는데, 그의 조기 사임으로 대선 주

자로서 푸틴의 입지는 더욱 강화된 것으로 평가되었다. 차기 대통령 선거는 옐친의 사임으로 당초 2000년 중반에서 3월 26일로 앞당겨졌다.

러시아 정치에 혜성과 같이 등장한 푸틴의 정견과 성향은 아직 미지수로 남아있다. 상트 페테르부르그 출신인 푸틴의 약력은 다음과 같다.

1990년까지: 소련 국가안전위원회(KGB, 비밀경찰) 요원
1994-97: 상트 페테르부르그 시정부 부시장 및 러시아 연방 大統領府
부장 등 역임
1998. 3: 안전보장회의(Sovet bezopasnosti) 서기
1998. 7: 연방보안국(FSB, KGB 後身) 장관
1999. 8: 총리
1999. 12: 대통령 서리

한편 푸틴과 프리마코프 이외에 대선 후보로 지목되고 있는 인물은 연말 현재 다음과 같다.

쥬가노프 (Gennadii Zyuganov) 공산당 의장
루슈코프 (Yurii Luzhkov) 모스크바 시장
야블린스키 (Grigorii Yavlinskii) 야블로코(Yabloko) 연합 의장
지리노프스키(Vladimir Zhirinovskii) 자유민주당 의장

다. 개각 행진

옐친 대통령은 두 차례에 걸쳐 개각을 실시함으로써 1997년 3월이래 17개월 남짓한 기간 중 모두 네 명의 총리를 경질하게 되었다.

(1) 프리마코프 총리의 퇴진

옐친 대통령은 5월 12일 경제회복의 부진을 이유로 프리마코프 총리

444

를 해임하고 스테파신(Sergei Stepashin) 제1부총리 겸 내무장관을 총리 서리로 임명했다.

옐친의 歸責 사유에도 불구하고 프리마코프(1929년 출생)는 1998년 9월 총리에 임명된 이래 같은 해 8월 러시아를 엄습한 금융위기를 大過 없이 넘긴 것으로 평가 받았다. 그의 재임 중 소비시장의 혼란이 진정되었고, 물가 안정이 이루어졌으며, 이를 바탕으로 금융개혁이 시도될 단계에 있었다. 그의 보수 성향으로 개혁노선에서 후퇴할 가능성이 점쳐지기도 했으나, 프리마코프는 기존의 긴축정책을 바탕으로 일단은 위기 관리에 성공할 수 있었다. 그는 대외적으로 서방과 대면하여 독자적인 외교정책을 추진함으로써 재야세력으로부터도 폭넓은 지지를 받아왔다.

(2) 스테파신 총리의 과도내각

러시아 하원은 5월 19일 스테파신 총리서리(1952년 출생)를 총리로 인준했다(찬성 298, 반대 55, 기권 14). 새 내각에는 제1부총리와 부총리 급 세 명이 교체된 외에는 각료 대부분이 유임되었다.

(3) 푸틴 내각의 출범

옐친 대통령은 8월 9일 스테파신 내각의 사퇴를 선언하고 푸틴 연방보안국 장관을 총리서리에 임명했다. 그는 푸틴(1952년 출생)을 "사회 규합과 지속적인 개혁을 보장할 수 있는 인물"로 평가하고 공식적으로 자신의 후계자로 지목했다. 푸틴은 3월이래 안전보장회의 서기를 겸임하여 왔다.

옐친은 스테파신 총리의 해임에 관해 명확한 이유를 밝히지는 않았으나, 푸틴은 총리서리에 임명된 직후 기자회견에서 총리의 교체는 12월의 하원 선거를 앞두고 옐친이 政局의 전환을 원했기 때문이라고 밝혔다.

하원은 8월 16일 푸틴의 총리 지명에 동의했으며(찬성 233, 반대 84, 기권 17, 불참 18), 이어 소폭의 개각이 실시됐다.

제1부총리:
경제담당: 아크세넨코(Nikolai Aksenenko, 1949), 유임
거시경제 담당: 흐리스텐코(Viktor Khristenko, 1957), 유임
부총리:
사회문제 담당: 마트비엔코(Valentina Matvienko, 1949), 유임
농업문제 담당: 셰르바크(Vladimir Shcherbak, 1939), 유임
국방산업 담당: 클레바노프(Illiya Klebanov, 1951), 유임
주요 각료:
내무장관: 루샤일로(Vladimir Rushailo, 1953), 유임
외무장관: 이바노프(Igor' Ivanov, 1945), 유임
국방장관: 세르게예프(Igor' Sergeev, 1938), 유임
법무장관: 차이카(Yurii Chaika, 1953), 신임

라. 하원 선거

國家會議(하원) 대의원 선거가 12월 19일 실시되었다. 정당 별 득표에 기초한 聯邦選擧區(225명)와 1人 選擧區(225명)로 나뉘어 동시에 실시된 총선에는 모두 28개 정당 및 정파가 참가했으며, 62%의 투표율을 기록했다. 선거는 비교적 공정하게 실시된 것으로 평가되었다.

중앙선거위원회는 12월 29일 과반수 득표에 미달한 8개 소선거구(2000. 3월 2차 투표 예정)를 제외한 최종 투표 결과를 발표했다. 분리주의 체츠니야 공화국에서는 선거가 실시되지 않았다.

총선의 두드러진 특징으로 중도세력의 浮上이 지적되고 있다. 공산당이 여전히 제1당의 지위를 유지하고는 있으나, 중도를 표방하는 지역간 운동인 '統一'(Edinstvo)과 '祖國-全 러시아'(OVR)가 대거 진출하게 되었다. 공산당은 1995년 총선에서 157석을 차지했었다.

표1: 국가회의의 정당/정파 별 구성 (단위: 의석수)

	연방선거구 (비례대표구)	득표율(%)	1인 선거구 (소선거구)	총 의석수
러시아 연방 공산당(KPRF)	67	24.29	47	114
지역간 운동 통일(Edinstvo)	64	23.32	9	73
조국-全 러시아(OVR)	37	13.33	29	66
우파세력동맹(SPS)	24	8.52	5	29
지리노프스키(Zhirinovskii) 연합	17	5.98		17
야블로코(Yabloko) 연합	16	5.93	4	20
기타 정당, 무소속			122	122
小 計	225		216	441

자료: 러시아 중앙선거위원회 결정, No. 65/764-3.

'統一'은 푸틴 총리가 급조한 지역간 운동(10. 3 創黨)으로서 '統一'에 대한 지지는 테러와 부패 및 지방의 분리 독립에 반대하는 국민적 정서를 배경으로 하고 있는 것으로 평가되었다. 한편 '祖國-全 러시아'는 프리마코프 전 총리와 루슈코프 모스크바 시장의 영도 하에 민주개혁을 표방하고 있으며, '우파세력동맹'(8월 創黨)은 소장 개혁파를 주축으로 하고 있다.

당선자 중 166명이 再選되었다. 중앙선거위원회에 의하면, 당선자 중 50세 이하가 절반 이상을 차지하고 있고, 4명을 제외한 모두가 고등교육 이수자이며, 35명이 여성이다.

· 마. 중앙-지방관계: 체츠니야 내전

地域間 政治運動인 '統一'과 '祖國-全 러시아'가 총선에서 약진한 데서 보는 바와 같이 러시아의 89개 지역은 예년에 이어 중앙의 정치에 주요한 역할을 담당했다. 대선 후보로 지목되고 있는 루슈코프 모스크바 시장은 하원 선거와 동시에 실시된 시장 선거에서 71.5%의 지지로 압승을 거두고 재선되었다.

한편 연방정부군은 7월부터 분리주의 체츠니야 叛軍에 대한 소탕작전을 개시했으며, 연말까지는 체츠니야 공화국 수도 그로즈니(Grozny) 진입을 목전에 두게 되었다. 소탕작전은 3월 연방정부 대표의 被拉을 계기로 봄부터 계획되었던 것으로 전해졌다. 이후 체츠니야 내전은 체츠니야 무장단체의 소행으로 주장된 일련의 테러사건에 이어 여론의 지지를 바탕으로 한 연방정부군의 토벌작전으로 확대되었다. 다음은 체츠니야 사태의 주요 日誌이다.

3. 5: 체츠니야 인접 스타브로폴州에서 철도역 폭파 혐의로 기소된 체츠니야 여성 2명의 유죄 판결(2월 초)에 대한 체츠니야 무장단체의 보복으로 관찰된 가운데 슈피군(Gennadii Shpigun) 러시아 내무부 전권대표가 체츠니야 수도 그로즈니 공항에서 피랍됨.

3-6월: 체츠니야에 인접한 北오세티야(Ossetiya) 공화국 수도 블라디카프카스(Vladikavkaz) 일대에서 체츠니야 분리주의 세력의 소행으로 의심된 가운데 세 차례에 걸쳐 폭탄테러 사건이 발생, 90여 명의 사상자를 냄.

7. 5: 러시아 내무부 병력, 체츠니야-다게스탄(Dagestan) 경계 부근에서 체츠니야 무장집단과 무기 집결지점에 대한 예방적 공격 실시. 이후 러시아 연방군과 체츠니야 무장집단간에 소규모 무력 충돌이 계속됨.

8. 7: 회교주의 체츠니야 무장세력이 접경 다게스탄 공화국 침입. 체츠니야 정부는 이와 무관함을 강조. 한편 다게스탄의 未承認 回敎會議는 같은 달 10일 그로즈니에서 다게스탄에 회교국가를 부활하고 계엄사령부를 설치할 데에 관한 선언 채택.

8월: 연방군의 체츠니야 공격이 시작된 가운데 15일 마스하도프(Aslan Maskhadov) 체츠니야 대통령, 비상사태 선포.

9. 17: 연방군, 체츠니야 내 무장세력의 본거지로 주장된 곳에 대한 공세를 본격화 함. 공세의 강화는 다게스탄과 모스크바에서 발생한 일련의 폭탄 테러가 체츠니야 무장집단의 소행일 가능성으로 示唆된 것과 때를 같이하고 있음. 테러로 300명 이상의 사상자 발생.

9. 23: 연방군, 체츠니야 수도 그로즈니에 대해 대규모 空襲 개시.

9. 30: 연방군, 체츠니야 진입.

10. 6: 마스하도프 체츠니야 대통령, 계엄령 선포.

10. 21: 연방군, 수도 그로즈니 진격.

11. 12: 연방군, 체츠니야 제2의 도시 구데르메스(Gudermes) 장악.

12. 6: 연방군, 그로즈니 무장세력에 대한 항복을 종용하는 최후 통첩.
연말 현재 연방군, 그로즈니 진입을 목전에 둠.

2. 경제 동향

금융위기로 국가 부도에 직면했던 러시아 경제는 1999년으로 들어서면서 회생의 기미를 보이기 시작했다. 대내외 경제 여건의 호전과 지속적인 긴축정책에 힘입어 실물경제가 회복세로 돌아서고, 환율과 물가가 안정을 되찾기 시작했다. 이와 함께 稅收의 신장과 무역흑자의 확대 등으로 歲入이 확대됨으로써 재정적자의 중압을 다소나마 경감할 수 있게 되었다.

가. 긴축정책

러시아 정부는 금융위기 이후 예상과 달리 경제안정화를 위해 긴축정책을 일관되게 추진했다. 프리마코프 총리는 正初 위기에도 불구하고 시장개혁에서 후퇴하지 않을 것임을 강조했다. 다만, 그는 단기적으로 유휴자원의 稼動을 극대화함으로써 성장을 도모할 것이며, 장기적으로 경제개혁에 국가의 역할이 강화될 필요가 있음을 강조했다.

한편 프리마코프의 뒤를 이은 푸틴 총리는 12월 하순 경제정책에 관한 자신의 소신을 밝힌 자리에서 재정개혁과 금융개편 등 구조개혁의 필요성을 강조했다. 이와 함께 그는 서방 자유주의노선의 경제정책이 러시아에는 적합하지 않음을 강조하고 그의 선임자와 같이 국가 주도 하의 경제개혁에 관심을 표시했으나, 성장은 유휴자원의 활용보다는 투자 확대로 주도되어야 할 것이라고 강조했다.

나. 경제회복

國內總生産(GDP)은 금융위기로 1998년에 前年 對比 4.6% 감소한 데
이어 1999년에는 3.2%의 증가로 반전되었다. 공업생산은 8.1% 증가했
으며, 기업의 고정자산 투자도 2% 수준으로 증가함으로써 러시아 경제
의 앞날을 밝게 했다. 농업부문도 2.4%의 增産을 기록했다. 단기적으로
1998년의 루블화 평가절하에 이은 국내생산의 경쟁력 회복과 수입대체
효과 및 국제 原油價와 원자재 가격의 상승이 경제 회복에 견인차 역할
을 한 것으로 평가되었다.

경제안정의 주된 요인인 물가와 환율은 11월 말 현재 전년 同期 對比
50.3%로서 하향 안정세를 견지하고 있다. 1998년 말 현재 소비자 물가
상승률은 84.4%를 기록했었다. 환율과 물가의 안정은 대외채무의 지불
유예와 수입 감소 및 무역흑자의 확대에 기인하는 것으로 관찰되었다.

일부 전문가들은 實質GDP는 전해에 비해 제자리걸음을 면치 못한 것
으로 추정하고 있으나, 전반적으로 경제 상황은 호전된 것으로 관찰되었
다. 다만 경제안정이 주로 經濟外的 요인에 의한 것으로서 외부환경의

표2: 러시아의 주요 경제지표, 1992-1999 (전년 대비, %)

	1992	1993	1994	1995	1996	1997	1998	1999[*]
GDP, %	-14.5	-8.7	-12.6	-4.2	-3.5	0.8	-4.6	3.2
공업생산, %	-18.2	-14.2	-20.9	-3.0	-4.0	1.9	-5.2	8.1
농업생산, %								2.4
고정자산 투자, %	-40.0	-12.0	-27.0	-13.0	-18.0	-5.0	-6.7	2.0 (1-10)
소비자물가, 연 %	2,510	842	224	131	22	11	84.4	36.5
실업률, 연말 기준, %	4.9	5.5	7.5	8.2	9.3	9.0	11.8	11.1
수출, 10억 달러	53.6	59.7	68.1	81.3	88.4	86.7	73.9	57.6 (1-10)
수입, 10억 달러	43.0	44.3	50.5	60.9	61.5	66.9	59.5	33.1 (1-10)

* 1999년 항목에서 (1-10)은 1999. 1-10월 기간 중 수치임.
자료: 러시아 중앙은행, 러시아 연방 통계청. (1999년도 수치는 2000. 1. 25. 현재 통계청 잠
    정 집계).

변화에 따라 쉽사리 안정기조가 영향을 받을 수 있는 가능성이 여전히 큰 것으로 평가되었다.

다. 재정적자의 축소

실물경제가 회복세를 보이고 있는 것과 함께 금융위기의 주범으로 지목되었던 재정적자도 개선되는 조짐을 보였다. 연방예산에서 歲入은 첫 10개월 중 GDP의 12.5% 수준을 기록함으로써 前年 同期의 9.0%에 비해 호전되었다. 특히 전체 豫算歲入의 85%를 차지하는 租稅 수입은 같은 기간 중 GDP의 10.6% 수준으로서 전년 동기의 7.7%와 대조를 이루었다. 國稅部는 1999년에 3,396억 루블이 稅收로 확보됨으로써 계획보다 1,035억 루블을 초과하여 징수한 것으로 발표했다.

한편 첫 10개월간 歲出은 GDP의 14.2%로서 이중 거의 1/4이 대내외 부채 상환에 충당되었다. 참고로 국내 채무는 6월 말 현재 5,390억 루블 (220억 달러)로 집계되었다. 이 밖에 GDP의 17%가 국방비로 지출되었다. 같은 기간 중 예산적자는 GDP의 1.7%로서 적자의 대부분은 중앙은행으로부터의 借入으로 보전되었다.

한편 옐친은 12월 31일 2000년도 예산법안에 서명했는데 연방예산이 會計年度 이전에 승인된 것은 1995년이래 처음이다. 2000년도 예산안은 GDP 성장률 1.5%, 물가상승률 18%, 달러 당 32루블의 환율을 상정

표3: 러시아 경제의 연방예산 재무지표 (GDP 대비, %)

	1993	1994	1995	1996	1997	1998	1999. 1-10	1999 예산법안
歲入	14.5	14.1	13.7	12.5	9.8	9.0	12.5	11.9
歲出[*]	15.9	18.1	16.6	15.8	16.6	13.9	14.2	14.4
收支	-6.5	-11.4	-5.4	-7.9	-6.7	-4.9	-1.7	-2.5

*1993-1996年度 歲出에는 短期國債에 대한 利子 지불 未包含.
자료: 러시아 연방 통계청, IMF, 러시아 재무부. 1993-1994년도 수치는 타 연도 수치와 비교 불가.

하여 1%의 예산적자를 計上하고 있다. 새해 예산의 특징으로 전년 대비
국방비의 50% 증액을 들 수 있다.

라. 금융개혁

중앙은행은 5월 러시아 7대 은행의 하나인 메나테프(Menatep) 등 12개
국내은행의 은행업무 면허를 취소했으며, 6월에는 오넥심방크(Oneksimbank)
등 4개 은행의 면허를 취소했다. 그러나 11월 오넥심방크에 대해 영업 재개가
허가됨에 따라 연말 현재 메나테프만이 유일하게 대형 은행으로 파산하게
되었다. 이에 앞서 게라셴코(Viktor Gerashchenko) 중앙은행 총재는 4월 초
1,473개 상업은행 중 재정적으로 안정된 곳은 70%인 1,032개뿐이라고
밝혔다. 일부 은행의 퇴출에도 불구하고 금융부문의 부실은 여전히 개선되지
못하고 있는 것으로 평가되었다.

마. 대외경제

(1) 국제통화기금(IMF)과의 관계

IMF는 7월 28일 前年 8월의 금융위기 이래 동결되었던 러시아에 대
한 융자의 재개를 결정했다. 基金은 총액 45억 달러의 신규 융자를 승인
하고, 이를 향후 17개월간 순차적으로 러시아에 공여할 것에 합의했다.
世界銀行 역시 다음 날 러시아에 대한 융자를 재개하기로 결정하고, 러
시아 경제의 구조개혁을 위한 12억 달러의 차관 공여를 승인했다.
한편 캉드시(Michel Camdessus) IMF 전무이사는 10월 중순 러시아가
북부 카프카스 지역에서의 군사행동과 관련하여 군사비 지출을 확대할
경우 IMF는 러시아에 대한 융자를 중지할 것이라고 경고했는데, 이와 관
련하여 푸틴 총리는 체츠니야 내전에 투입된 연방군의 작전비는 IMF의

차관과 무관하다고 언명했다.

(2) 대외채무

대외채무는 6월 말 현재 1,600억 달러 수준으로서 IMF와 세계은행이 제공할 예정인 차관을 합치면 채무는 더욱 늘어날 것으로 전망되었다. 이에 앞서 재무부는 연방예산의 적자 보전을 위해 1999년에 76억 4천만 달러의 借入이 필요한 것으로 밝혔다.

한편 파리 클럽(Paris Club, 主要債權國 회의)은 4월 舊 蘇聯의 外貨 표시 國債 상환의 부분 정지에 동의했으며(총 160억 달러), 8월에는 구 소련 채무의 2000년 이전 支拂分 80억 달러의 15-20년간 상환 연기에 합의했다. 파리 클럽에 대한 러시아의 채무는 380억 달러로 집계되고 있다. 이와 함께 런던 클럽(London Club, 西方債權銀行團)은 6월 구 소련 채무의 지불을 반년간 유예하기로 결정했으며, 11월 중순 러시아와 총 320억 달러에 달하는 구 소련 채무의 지불 연기에 관한 교섭에 들어갔다.

끝으로 자본의 해외 도피가 계속해서 문제로 제기되었다. 게라셴코 중앙은행 총재는 1999년 중 매월 10억 달러의 자본이 해외로 불법 반출되었다고 2000년 정초에 밝혔다.

(3) 무역

수출은 1-10월 중 576억 달러로서 前年 同期에 비해 4% 감소한 반면, 수입은 331억 달러로서 무려 37%의 감소를 기록했다. 이와 같이 전해에 비해 수출입이 모두 감소하고 있으나 주로 수입의 대폭적인 감소로 인해 무역흑자는 245억 달러로서 전해 같은 기간의 75억 달러에 크게 상회하고 있다. 수출은 주로 국제시장에서의 高油價에 힘입어 前年 수준에 육박할 수 있었다.

바. 생활수준

연말 현재 실업자는 865만 명으로 집계되어 年初 對比 11.1%로 감소
되었다. 그러나 물가상승을 감안한 可處分 所得은 15.1% 감소하게 되었
다. 마트비엔코 부총리는 2월 국민의 40%가 최저생계비 수준 이하에 있
다고 밝혔다.

3. 사회 동향

경제적 어려움과 정치적 격동에도 불구하고 사회적으로 특기할 만한
변화는 없었다. 未拂 賃金에 대한 항의는 예년에 이어 계속되었으나 이
것이 전국적인 파업으로 발전하지는 않았으며, 5월의 노동절 시위에서
나타나듯 옐친 대통령에 대한 반대 구호에 못지 않게 反西方 정서가 러
시아 국민들 사이에 팽배했다.

가. 체불 파업

未拂 賃金의 청산을 요구하는 항의 행동은 전해에 이어 계속되었다. 1
월 하순에는 러시아 각지에서 교직원 35만여 명이 항의시위에 참가했으
며, 6월에도 교직원 파업이 계속되었다. 이 밖에도 탄광 노동자와 선박
수리공들이 산발적으로 항의행동을 벌였으며, 11월에는 사할린에서 교직
원과 醫療 종사자들이 고속도로를 점거하는 사태가 벌어지기도 했다.

미불 급여액은 한 해 동안 40% 정도 감소된 것으로 발표되었는데 10
월 1일 현재 체불 임금은 546.39억 루블(21억 달러)로 집계되었다. 한편
7월 1일 현재 연금생활자에 대한 미불 연금은 117억 루블로 발표되었다.

454

나. 법과 질서

범죄는 1-11월 중 전년 同期比 18% 증가했다. 참고로 1998년에는 약 250만 건의 범죄가 발생했다. 8-9월에는 체츠니야 무장단체의 소행으로 시사된 가운데 모스크바에서 세 차례에 걸쳐 폭탄 테러가 일어나 적어도 266명 이상의 사상자가 발생했다. 한편 모스크바 소재 유태교 사원 두 곳이 5월 폭탄 테러의 공격을 받았으며, 反猶太主義 발언과 관련하여 마카쇼프(Albert Makashov) 하원 대의원(공산당 소속)에 대한 탄핵이 3월 제청되었으나 부결되었다. 끝으로 차이카(Yurii Chaika) 검찰총장 서리는 3월 지난 3년간 공무원이 연루된 부패 범죄는 56,000건으로서 부패가 사회 전반에 걸쳐 미증유의 수준에 달하고 있다고 경고했다.

다. 기타

우주 정거장 미르(Mir)를 퇴역시키기로 결정함에 따라 8월 탑승 우주비행사 3인 전원이 지구로 귀환했다. 9월에는 고르바초프 전 소련대통령 令夫人 라이사(Raisa) 여사가 급성 백혈병으로 他界했다.

2000

1. 정치 동향

푸틴 대통령은 권력 기반을 확립하는 것으로 집권 첫 해를 마무리했다. 혼란과 무질서에 지친 러시아 국민에게 "강력한 국가"의 건설을 내걸고 대통령에 당선된 그는 쉽사리 "中央執權化"와 경쟁세력의 약화를 도모할 수 있었다. 푸틴 대통령은 年次敎書(7월)에서 중앙 권위의 강화와 강력한 국가의 건설을 자신의 정치적 이상으로 되풀이 역설했다.

가. 푸틴 시대의 개막

(1) 대통령 선거: 푸틴 당선

푸틴 大統領 署理는 대통령 선거에서 승리를 거두고, 5월 임기 4년의 대통령직에 취임했다. 그는 11명의 후보가 경합을 벌인 3월 大選(투표율 68.74%)에서 52.94%의 지지를 획득했다. 투표 전부터 푸틴에 대한 支持率은 분리주의 체츠니아(Chechnya)에 대한 과감한 군사작전에 힘입어 50% 내외를 기록함으로써 그의 당선은 旣定化되고 있었다.

표1: 대통령 후보별 (상위 5명) 득표 실태

후 보	득 표	득표율(%)
푸틴(Vladimir Putin)	39,740,467	52.94
쥬가노프(Gennadii Zyuganov, 共産黨)	21,928,468	29.21
야블린스키(Grigorii Yavlinskii, Yabloko聯合)	4,351,450	5.80
툴레예프(Aman Tuleev, 州知事)	2,217,364	2.95
지리노프스키(Vladimir Zhirinovskii, 自民黨)	2,026,509	2.70

출처: 러시아 연방 중앙선거위원회. http://www.fci.ru/prez2000/default.htm.

선거는 비교적 자유롭고 공정하게 실시된 것으로 평가되었다. 그러나 年金 인상(2.1) 등 선심 공세와 언론에 대한 압력(Segodnya, 3.7) 등 과정상에 문제점이 없지 않았던 것으로 지적되었다.

(2) 개각: 푸틴 진용의 정비

푸틴 대통령은 5월 카샤노프 제1부총리를 총리 서리로 지명했으며, 같은 달 하원은 그를 총리로 인준했다(贊 325, 反 55, 기권 15). 카샤노프는 1월 재무장관으로 재임 중 제1부총리 직책을 兼任했었다.

한편 경제 각료로서 4월 경제전문가 일라리오노프(Andrei Illarionov)가 대통령 고문으로 발탁됐으며, 이어 쿠드린 제1재무 부장관과 그레프 국유재산부 제1부장관이 각각 재무장관과 신설 經濟發展·貿易部 장관에 임명됐다. 이들은 모두 시장경제 옹호론자로 알려지고 있다.

끝으로 내무부 등 주요 권력 부서의 長官은 모두 유임되었는데, 5월 하순으로 일단락 된 組閣은 주요 파벌이 안배된 일종의 "聯立內閣"으로 평가되었다.

다음은 푸틴 대통령의 주요 陣容이다(6. 23. 현재).

대통령부 장관:
볼로신(Aleksandr Voloshin, 1956 生), 유임
연방정부 총리:
카샤노프(Mikhail Kas'yanov, 1957), 전 총리서리
부총리:
클레바노프(Il'ya Klebanov, 1951), 유임
마트비엔코(Valentina Matvienko, 1949), 유임
흐리스텐코(Viktor Khristenko, 1957), 유임
쿠드린(Aleksei Kudrin, 1961), 신임, 재무장관 겸임
고르데예프(Aleksei Gordeev, 1955), 신임, 농업장관 겸임

주요 각료:

내무장관: 루샤일로(Vladimir Rushailo, 1953), 유임

외무장관: 이바노프(Igor' Ivanov, 1945), 유임

국방장관: 세르게예프(Igor' Sergeev, 1938), 유임

법무장관: 차이카(Yurii Chaika, 1953), 유임

긴급사태부 장관: 쇼이구(Sergei Shoigu, 1955), 유임

연방보안국 장관: 파트루셰프(Nikolai Patrushev, 1951), 유임

재무장관: 쿠드린(1961), 신임, 부총리 겸임

경제발전·무역장관: 그레프(German Gref, 1964), 신임

푸틴 대통령은 5월 연방정부의 조직 개편을 실시하여 部(ministerstvo) 차원에서 30개 부서가 24개 부서로, 다른 연방 집행부서 39개가 33개로 축소되었다.

나. 의회의 재편

(1) 국가회의(하원)의 친여화

總選(1999. 12.)에 이어 새 國家會議가 1월 18일 개원했으며, 셀레즈뇨 프(Gennadii Seleznev, 共産黨) 전임 의장이 議長에 재선되었다. 하원의 원 내 교섭단체는 다음과 같다(1. 26. 현재).

농공대의원 집단:	39
인민대의원(Narodnyi deputat) 집단:	57
러시아 지역(Regiony Rossii) 집단:	41
통일(Edinstvo) 정파:	82
러시아 연방 공산당(KPRF) 정파:	90
조국-전러시아(Otechestvo-Vsya Rossiya) 정파:	45
우파세력 동맹(Soyuz Pravykh Sil) 정파:	32

아블로코(Yabloko) 정파:	21
러시아 자유민주당(LDPR) 정파:	17
무소속:	17

(총 441명)

'統一'은 푸틴이 총리로 재직 중 급조한 정치운동(1999. 10. 창설)으로서 5월 친정부 중도노선을 표방한 가운데 '全러시아 統一黨'으로 創黨되었다.

한편 共産黨은 여전히 제1당의 지위를 유지하고는 있으나 원내에서 다수 세력을 규합하지는 못했다. 공산당은 당 지도부의 갈등, 특히 黨議長 쥬가노프(Sergei Zyuganov)와 셀레즈뇨프 하원의장 간의 갈등으로 분열상을 보였는데, 셀레즈뇨프는 푸틴 대통령에 협조적인 것으로 관찰되었다.

끝으로 총선에서 기대 이상의 善戰을 한 자유주의 노선의 '右派勢力同盟'은 事案에 따라 선택적으로 정부를 지지했으며, 군소정당과 무소속 대의원들은 대부분이 친정부 성향을 보임으로써 원내 세력구도는 결정적으로 푸틴 대통령 지지로 기울게 되었다. 이와 관련하여 신흥재벌의 일원인 베레조프스키(Boris Berezovskii)는 7월 대의원 직을 사퇴하는 자리에서 하원이 大統領府 산하의 "法律部"로 전락했다고 비판하기도 했다.

(2) 연방회의(상원)의 약화

푸틴 대통령은 5월 상원 代議員의 常任制化를 골자로 하는 국가기구 개혁 법안을 하원에 제출했다. 이제까지 상원 대의원은 89개 연방 구성체(공화국, 邊方州, 州, 自治州, 自治管區)의 입법부와 행정부 수반이 — 지방의회 의장과 공화국 대통령 및 州 知事 등 — 당연직으로 임명되어 왔다.

상원은 헌정기관으로서 헌법 개정 이외에는 이를 폐지하거나 그 지위를 변경함이 불가하다는 입장을 고수하고 개혁 법안에 반대했으나, 결국 하원의 再審(하원 재적 대의원 2/3의 찬성으로 상원 결정을 번복할 수 있는 권한)에 굴복하게 되었다. 兩院 妥協案인 聯邦會議 構成에 관한 법률은 7

월 하원의 가결(贊 307, 反 88, 기권 5)을 거친 뒤, 같은 달 상원에서 최종 통과되었다(贊 119, 反 18, 기권 4).

이로써 상원은 앞으로 각 연방 구성체의 입법부와 행정부에서 선출 내지 임명되는 2인의 상임 대의원으로 구성되도록 되었다. 새로운 법안에 따른 상원의 편성은 2002년 正初에 완료될 예정이다.

푸틴 대통령은 상원 대의원의 상임제화에 대한 불만을 무마하는 차원에서 9월 대통령 자문기관으로서 國家評議會(Gossovet RF) 설립에 관한 대통령령에 서명했으며, 첫 평의회가 11월 소집되었다. 평의회(3개월 1회 소집)에는 연방 구성체의 행정부 수반들이 組로 나뉘어 교대로 참석하게 된다.

상원의 재편과 관련하여 표도로프(Nikolai Fedorov) 추바시(Chuvash)공화국 대통령 등은 임명제 대의원으로 구성되는 상원을 비롯하여 앞으로 의회와 지방의 약화가 불가피할 것이며, 반면에 대통령의 권한이 더욱 강화될 것이라고 비판했다.

끝으로 하원은 11월 일부 연방 구성체 행정부 수반의 경우 "사실상의 三選"을 인정하는 修正案을 가결함으로써 지방 집권세력의 기득권을 비호하게 되었다.

다. 중앙-지방관계

(1) 중앙집권 강화

푸틴 대통령 서리는 3월 하순 바슈코르토스탄(Bashkortostan) 공화국 대통령과 공화국의 聯邦稅 징수권 포기 등을 내용으로 하는 재정협약에 서명했으며, 이를 시작으로 중앙집권 강화 작업에 착수하게 되었다.

푸틴은 5월 바슈코르토스탄 공화국 의회에 대해 연방헌법에 저촉되는 공화국 헌법 조항을 개정토록 지시했으며, 6월 연방 검찰당국은 모든 연방 구성체에 대해 한달 내에 위헌적 내지 위법적인 법규를 정비하도록 지시했다. 이제까지 연방을 구성하는 공화국 대부분은 공화국 주권이 연방 헌법에 상위함을 자신들의 기본법에 명기하여 왔었다. 푸틴 대통령은 7월 연방법의 우위를 재확인하는 법안에 서명했다.

한편 하원은 7월 연방 구성체가 연방법률을 위배할 경우 해당 구성체의 행정부 수반 解任權과 지방 입법부 解散權을 대통령에게 부여하는 법안(5월 푸틴 발의)을 상원의 거부를 번복하고 채택했다(贊 361, 反 35, 기권 8).

이와 함께 푸틴 대통령은 제도적 차원에서 5월 상원의 개혁과 병행하여 聯邦管區制를 도입하게 되었다. 그는 연방 구성체에 대통령 전권대표를 파견하던 종래의 제도에 대신하여 이들 구성체를 통합하여 7개의 聯邦管區(federal'nyi okrug)를 창설하고 — 중앙, 북서, 남부, 볼가, 우랄, 시베리아, 극동 — 이들 관구에 대통령 전권대표를 배치하는 聯邦管區制 설치에 관한 대통령령에 서명했다. 전권대표는 대통령의 권한을 지방에서 보장하는 임무를 띠며, 대통령에게 직접 책임을 진다.

러시아에는 이미 연방관구와 유사하게 軍管區와 經濟區域이 설치되고 있는데, 연방관구의 설치는 행정적으로 러시아 전역에 수직적 권위체계를 확립하기 위한 것으로 풀이되었다.

(2) 체츠니야 내전: 분리주의 응징

回教原理主義 무장세력이 1999년 여름 체츠니야 접경 다게스탄(Dagestan) 공화국을 침입함으로써 촉발된 체츠니야 내전은 年初 연방 정부군과 분리주의 체츠니야 무장집단간에 체츠니야 공화국 수도 그로즈니(Grozny) 진입을 놓고 막바지 攻防으로 전개된 가운데 푸틴 대통령 서리는 체츠니야 작전은 "러시아의 해체를 막는 데" 목적이 있으며, 이는 전적으로 러시아의 내부문제라고 거듭 천명했다.

1999년 10월부터 본격화된 연방군의 체츠니야 군사작전은 실패로 돌아갔던 제1차 작전(1994-96)과는 달리 일단 연방군의 승리로 귀착되었다. 이는 특히 制空權의 장악으로 가능했다. 다음은 체츠니야 內戰의 주요 日誌이다.

   2. 6: 푸틴 대통령 서리, 연방군의 그로즈니 入城 발표
   3. 18: 마스하도프(Aslan Maskhadov) 체츠니야 대통령, 正規戰에서 遊擊戰으로 전환 선언
   6. 8: 푸틴 대통령, 체츠니야에 대한 直轄統治 실시
   8. 20: 체츠니야에서 하원 대의원 補闕選擧 실시
   11. 20: 푸틴 대통령, 1999년 10월이래 연방군 2,600여 명 전사 발표
   12. 4: 그로즈니 등지에서 전투. 3월 이래 간헐적 무력 충돌 지속

체츠니야 작전 중 당국은 철저히 언론을 통제했다. 2월에는 민영 독립 텔레비전(NTV) 방송이 러시아 군용차가 민간인 시체를 운반하는 현장을 방영하기도 했으나 전반적으로 취재는 엄격히 제한되었다. 이의 일환으로 같은 달 자유유럽방송(RFE/RL) 특파원인 러시아 국적의 바비츠키(Andrei Babitskii)가 취재 도중 "실종"(당국에 체포)되고, 급기야는 12월 위조여권을 소지한 혐의로 유죄 판결을 받기도 했다.

작전 중 체츠니야 민간인에 대한 연방군의 인권 침해는 심각한 것으로 알려져 러시아 내외에서 항의가 끊이지 않았다. 1월에는 수도 그로즈니에 대한 연방군의 무차별 폭격으로 체츠니야 시민 다수가 살상된 것으로 전해졌으며, 민간인에 대한 고문과 처형 등 연방군의 잔학행위에 관해서도 단편적으로 보도되었다.

라. 국가와 시민사회

(1) 언론과 시민단체 길들이기

러시아의 30개 언론기관은 2월 당국의 언론자유 침해에 항의하는 성명
을 발표했다. 러시아 기자동맹은 성명에서 "지난 수년 만에 처음으로 러
시아에서 언론자유에 대한 위협이 공공연한 탄압으로 발전하고 있다"고
비판했다. 성명은 체츠니야 군사작전에 대한 보도 통제를 지적하고, 체츠
니야에서 취재 중이던 바비츠키 기자의 "실종" 사건에 주목했다. 당국은
바비츠키가 "비애국적인 언론활동"을 하고 있다고 비난하여 왔었다.

이어 5월에는 2,000여 명이 가담한 가운데 모스크바에서 언론자유 침
해에 항의하는 시위가 있었는데 이에 앞서 같은 달 당국이 주요 언론집
단인 미디어-모스트(Media-Most) 그룹을 전격 수색한 사건이 발생했다.

이러한 가운데 레신(Mikhail Lesin) 언론 담당 장관은 6월 신문과 잡지에
대한 허가제를 조만간 실시할 것이라고 밝힌바 있으며, 푸틴 대통령은 9
월 "러시아 연방 情報安全保障 教理"를 승인했다. 教理는 무엇보다도
러시아에서 활동하는 외국 언론기관 및 기자의 지위를 규정하고 있는데,
러시아 기자협회는 이 교리가 표현의 자유와 정보 공개에 역행하는 처사
라고 비난했다.

러시아 정부는 그동안 체츠니야 작전 및 총선과 大選, 쿠르스크 核潛
水艦 事故(8월) 등과 관련하여 일부 언론의 비판적인 보도에 불만을 표
시하여 왔다.

한편 정부는 러시아 최대의 방송사인 公共텔레비전(ORT, 지분 51%)과
러시아 텔레비전(RTR, 지분 100%)을 보유하고 있는 외에도 민영방송 독
립텔레비전(NTV)을 연말까지 사실상 정부의 통제 하에 두게 되었다.

끝으로 언론에 대한 제재뿐만 아니라 사회단체에 대한 통제도 강화되
었다. 특히 체츠니야 사태와 관련한 인권단체의 활동 및 환경운동이 당

국의 要注意 대상으로 되었다. 환경운동의 경우 파스코(Grigorii Pasko)를 비롯하여 적어도 네 명의 환경운동가가 한 해 동안 간첩 혐의로 구속되거나 유죄 판결을 받게 되었다.

(2) 재벌 겁주기

푸틴 대통령은 취임 직후 이른바 寡頭財閥(oligarkh) 길들이기에 착수했다. 첫 대상은 구신스키(Vladimir Gusinskii)로서 당국은 5월 그가 소유중인 언론 그룹 미디아-모스트에 대한 수사(세무사찰 명목)를 전격적으로 단행했으며, 다음 달 국가재산 횡령 혐의로 그를 구속했다.

그의 구속에 대한 러시아 내외의 비판이 거센 가운데 석방된 구신스키는 구속 중 자신의 언론 그룹을 채무관계에 있는 정부 소유의 가스프롬(Gazprom)社에 양도하도록 압력을 받았다고 9월(해외 체류 중) 주장했다. 그의 구속과 관련하여 구 소련의 마지막 지도자 고르바초프(Mikhail Gorbachev)는 이는 다름 아닌 "언론과 사회를 겁주기 위한 시도"라고 비난했었다.

한편 미디아-모스트와 러시아 최대의 에너지 회사인 가스프롬 사이의 협상은 난항 끝에 해를 넘기게 되었으며, 이 과정에서 러시아 수사당국의 요청에 따라 스페인에서 구신스키가 체포되기도 했다.

미디아-모스트 그룹은 독립텔레비전 방송(NTV) 등 유수한 언론기관을 소유하고 있는데, 총수인 구신스키는 체츠니야 군사작전에 비판적이었으며 大選 당시 푸틴의 경쟁세력인 '祖國'당을 지지했었다.

한편 다른 신흥재벌 베레조프스키는 6월 말 느닷없이 ORT 보유 지분 49%를 국가에 헌납할 용의가 있음을 밝혔으며, 7월에는 하원 대의원 직을 사퇴하는 일이 발생했다.

그러나 그는 9월 태도를 바꿔 푸틴 대통령에게 보내는 공개서한에서 大統領府 고관으로부터 ORT 주식 지분을 국가에 양도하라는 최후통첩을 받았다고 밝히고, 이를 따를 경우 민간언론이란 존재할 수 없게 될 것임을 들어 자신의 지분을 민간 인사들에게 이양할 것이라고 말했다.

그러나 러시아 검찰 당국이 11월 해외 체류 중인 베레조프스키를 공금 유용 혐의로 소환한 가운데 그의 ORT 지분 양도건 역시 별다른 진전 없이 해를 넘기게 되었다.

베레조프스키는 옐친(Boris Yeltsin) 前 大統領 집권 시 상당한 정치적 영향력을 발휘해 온 인물로서 ORT 지분 외에도 유수한 언론기관을 소유하고 있다.

이들 외에도 국가재산의 횡령과 세금 포탈 등 혐의로 알레크페로프(Vagit Alekperov, LUKoil 소유), 포타닌(Vladimir Potanin, 노릴스크 니켈社 소유) 등 재벌이 조사를 받았다.

푸틴 대통령은 大選을 전후하여 과두재벌에 대한 특혜를 없애고 이들의 정치 관여를 용인하지 않겠다고 공약한바 있다. 그러나 집권 후 조사 대상에 오른 재벌은 주로 그의 반대자들이었으며, 석유재벌 아브라모비치(Roman Abramovich)와 은행가 마무트(Aleksandr Mamut) 등 親 푸틴 재벌들은 건재함으로써 재벌에 대한 조사는 결국 法治의 확립보다는 富와 특권의 재분배에 불과하다는 관찰을 낳기도 했다. 푸틴 대통령은 10월 재벌 수사는 언론자유의 문제와 무관하다고 주장했으나, 미디어-모스트 산하의 언론기관들은 러시아에서 독립언론의 상징으로 간주되어 왔었다.

마. 정-군관계

(1) 군대 개편

푸틴 대통령 서리는 2월 초 군대 내에 聯邦保安局 監督部를 부활하고, 政治 査察 및 간첩 색출의 임무를 부여했다. 군대에 대한 舊 蘇聯 傳來의 감시와 통제는 1993년 폐지됐었다.

한편 8월 안전보장회의는 2015년까지의 군사력 정비계획의 일환으로 戰略미사일軍(RVSN)을 獨立 軍種으로 유지해 온 것을 2006년에 중지하기로 결정했다. 이로써 핵 병력 對 재래식 병력간의 우선 순위를 놓고 벌어진 군부 내 갈등은 일단 종식되었다.

끝으로 안전보장회의는 11월 향후 5년 내에 병력 60만 명의 감축 계획을 발표했다. 현재 러시아의 병력은 300만 명에 이르고 있다.

(2) 쿠르스크 핵잠수함 사고

北洋艦隊 훈련에 참가 중이던 원자력잠수함 쿠르스크(Kursk)號가 8월 12일 바렌츠(Barents)海 海床에서 항행불능에 빠진 사고가 발생했다. 잠수함에는 승무원 118명이 탑승 중으로 순양미사일과 어뢰 및 핵병기를 탑재한 것으로 전해졌다.

승무원 구조작업은 악천후에 더해 "기술적 난관"에 봉착했으나, 러시아 당국은 외국의 구조 제의를 거절하다가 16일에야 뒤늦게 노르웨이 및 영국의 지원을 수락했다. 그럼에도 승무원은 전원이 사망한 것으로 21일 발표됐다. 한편 사고 원인으로 내부 폭발 발생설과 외국 잠수함 등에 의한 외부 충격설이 제기되었다.

쿠르스크 사고는 푸틴 대통령에게 중대한 시련을 안겨주었다. 뒤늦은 사고 발표 및 촌각을 다투는 승무원 구조의 필요에도 불구하고 외국의 도움을 거절한 것, 그리고 사고에 임하는 푸틴 대통령의 방관적인 태도는 즉각 비난의 표적이 되었다. 언론은 구조와 관련하여 당국의 무책임과 무능, 비도덕성, 秘密至上主義를 비난했고, 정치인들도 이에 동조했다. 사고에도 불구하고 푸틴은 남부 러시아에서 휴양 중이었으나, 비난이 거세지자 22일 서둘러 승무원 유족을 만났으며 23일을 애도의 날로 선포하게 되었다.

2. 경제 동향

實物經濟는 전해에 이어 成長勢를 견지했으며, 환율과 물가도 안정을 유지했다. 이와 함께 경제 활성화와 무역흑자의 확대 등으로 歲入이 확대됨으로써 처음으로 黑字財政을 시행하게 되었다. 그러나 경제의 好轉이 주로 외부 요인에 의한 것임을 감안할 때 유리한 경제여건을 기회로 持續成長의 기틀을 마련할 수 있는 改革은 미흡한 것으로 지적되었다.

가. 경제정책

연방 閣僚會議는 6월 말 2010년까지의 사회·경제발전 계획과 2000-2001년의 優先行動 계획의 주요 목표치를 승인했다. 이들 계획은 자유주의 경제원리에 충실하되 경제운용에 있어서는 국가의 역할을 강조하고 있다.

한편 7월 하원에서 최종적으로 租稅法典이 채택되었다(贊 234, 反 111, 기권 1). 이에 따라 2001년부터 시행되는 신 조세제도는 무엇보다도 所得稅를 향후 3년간 단일세율 13%로 정함으로써 성실신고를 유도하고 있다. 한편 土地法典은 3월 발의되었으나 농지 매매 등 문제를 놓고 의회에서 이견을 좁히지 못하고 해를 넘기게 되었다.

나. 경제 활성화

國內總生産(GDP)은 前年 對比 7.7% 증가함으로써 2년 연속 成長을 기록하게 되었다. 공업생산은 9.0% 증가했으며, 固定資産 投資도 17.7% 수준으로 증가했다. 경제성장은 주로 루블貨의 절하(1998.8)에 따른 경쟁력 개선에 더해 예기하지 않은 國際油價의 폭등에 기인한 것이다. 농업생산도 5.0%의 증가를 기록했다.

표2: 러시아의 주요 경제지표, 1995-2000 (전년 대비, %)

	1995	1996	1997	1998	1999	2000
국내총생산(GDP)	-4.2	-3.5	0.8	-4.6	3.5	7.7
공업생산	-3.0	-4.0	1.9	-5.2	8.1	9.0
고정자산 투자	-13.0	-18.0	-5.0	-6.7	5.3	17.7
농업생산					4.1	5.0
소비자 물가 (年)	131	22	11.0	84.4	36.5	20.2
실업률 (연말기준)	8.2	9.3	9.0	11.8	11.7	10.2[*]
수출, 10억 달러	81.3	88.4	86.7	73.9	74.3	105.2[**]
수입, 10억 달러	60.9	61.5	66.9	59.5	41.1	44.2[**]

* 11월 말 현재.
** 2000. 1-11월 기간 중 집계.
자료: 러시아 연방 통계청 (2000년도 수치는 2001. 2. 5. 현재 暫定値임. http://www.gks.ru/
      osnpok.asp 참조).

한편 소비자 물가는 前年 연말 對比 20.6% 증가하는 데 그침으로써 1999년이래 하향 안정세를 견지했다. 물가 안정은 경제성장과 화폐경제의 회복 및 환율의 안정에 따른 것으로 관찰되었다. 환율은 전반적으로 달러 당 28루블 수준을 유지했다.

다. 흑자재정 시현

하원은 12월 하순 追加 歲入과 관련한 2000년도 연방예산 更正法案을 승인했다. 이에 따르면 추가 세입은 3,060억 루블(110억 달러)로서 총 세입은 예산법안의 세입 목표를 38% 초과한 것이다. 이로써 연방예산은 처음으로 흑자를 기록하게 되었다. 재정흑자는 국제유가의 폭등과 기업 이윤의 확대 및 徵稅 강화에 따른 것이다.

상·하원은 2001년도 연방예산법안을 승인했는데, 歲出入을 각각 11,930억 루블(420억 달러)로 계상한 균형예산으로서 GDP 성장률 4%, 물가상승률 12%, 국제유가 배럴 당 21달러로 상정하고 있다.

라. 금융개혁 답보

금융부문의 구조 조정은 부진했다. 중앙은행은 12월 말 발표에서 지난 일년간 36개 국내은행의 은행업무 면허를 취소했으며, 이로써 與信機關 은 1,316개로 축소되었다고 밝혔다. 그러나 금융위기(1998) 이래 공식적 으로 파산한 대형은행은 인콤방크(Inkombank)와 메나테프(Menatep) 두 곳 뿐이다.

마. 대외경제

(1) 국제통화기금(IMF)과의 관계

러시아는 2월 말 현재 IMF로부터 모두 142.07억 달러를 借入함으로 써 IMF 최대의 채무국이 되었다. IMF 집행이사회는 9월 러시아가 현재 의 유리한 경제여건을 활용하여 구조개혁을 단행할 것을 권고했으며, 러 시아에 대한 추가 차관의 공여는 불필요하다는 입장을 보였다.

(2) 대외채무의 반제

대외채무는 정초 현재 1,580억 달러 수준으로 집계되었는데, 쿠드린 부총리는 8월 러시아는 2000년 중 105-115억 달러의 외채를 상환할 예 정이라고 밝혔다.

러시아는 런던 클럽(London Club, 西方債權銀行團)과 협상 끝에 2월 舊 蘇聯 채무의 조정에 합의하게 되었다. 이에 따르면, 총 320억 달러에 달 하는 구 소련 채무 중 36.5%를 삭감하고, 60억 달러에 대해서는 금리 지불을 면제하며, 나머지 채무의 지불은 30년간 연장하되, 7년간 지불유 예 기간을 설정하기로 했다.

러시아는 2월 파리 클럽(Paris Club, 主要債權國 회의)에 대해서도 런던 클럽의 채무 처리 조건에 준하는 조정을 요청했으나, 파리클럽 채권의 거의 절반을 보유하고 있는 獨逸은 이를 거절했다.

한편 러시아는 1999년과 2000년도에 상환 예정된 채무의 지불 연기를 채권국들과 협의했다. 독일은 7월 삭감은 거부하고, 1999年度 상환 예정 분 38억 달러에 대해서는 2016년까지 상환을 연장할 것에 동의했다.

(3) 무역 및 해외투자

연말 현재 610억 달러의 무역흑자를 시현했다. 이는 국제 에너지 가격의 급등에 따른 수출 신장에 힘입은 것인데, 석유 등 에너지 수출이 러시아 수출고의 54.7%를 차지했다.

한편 外國投資는 첫 9개월간 78.9억 달러를 기록, 전년 同期比 22% 증가했다. 러시아에 대한 최대의 투자국은 독일(17억 달러), 네덜란드, 美國의 순으로 나타났다.

끝으로 국내 자본의 해외도피는 첫 6개월간 21억 달러 수준인 것으로 추산되었다.

바. 생활수준

11월 말 현재 실업자는 736.8만 명으로 전년 同期比 19% 감소했다. 한편 물가상승을 감안한 可處分 所得은 9.1% 증가를 기록했다. 그러나 노동부 집계에 따르면, 하반기 중 약 5,000만 러시아인의 소득이 최저생계비 수준(월 소득 1,185루블, 42달러) 이하인 것으로 나타났다.

滯拂 賃金은 9월 1일 현재 382.7억 루블(14억 달러)을 기록함으로써 未拂 급여액은 전년 同期比 약 20% 정도 감소된 것으로 집계되었다. 한편 年金은 지난 수년 만에 처음으로 세 차례 인상 끝에, 8월 1일 현재

평균 月 900루블(32달러)로 증가했다.

3. 사회 동향

푸틴 대통령 집권 이후 사회 부문에서 국가의 역할이 강화되는 조짐을 보였다. 그러나 언론의 자유를 침해했다는 항의에 더해 8월 원자력잠수함 쿠르스크號의 침몰사고와 모스크바 시내의 텔레비전 송신탑 화재와 관련하여 정부의 위신은 실추를 면치 못했다.

가. 인구, 환경

인구는 1-10월 중 0.4%(611,200명) 감소하여 11월 1일 현재 144.99백만 명을 기록했으며, 이로써 1992년이래 모두 600만 명이 감소한 것으로 집계되었다.

暴飮 이외에도 마약과 에이즈(AIDS)가 국민 건강을 해치는 주범으로 지목되었다. 마약 중독자는 12월 현재 200만 명 이상인 것으로 공식 집계되었으며, 11월 현재 에이즈 감염자는 30-40만 명으로 추산되고 있다. 한편 세계보건기구(WHO)에 따르면(6.21), 러시아의 보건체제는 질적으로 세계 191개 국가 중 130순위에 머무는 것으로 나타났다.

이와 함께 공해문제도 심각해서 5월 카샤노프 제1부총리는 모스크바를 비롯한 200여 도시에서 대기오염이 허용기준을 초과하고 있다고 밝혔다.

나. 법과 질서

범죄는 1-9월 중 전년 同期比 3% 감소했다. 그러나 테러 범죄는 10월 말 현재 64건을 기록, 전년의 32건을 대폭 상회했다. 8월에는 모스크바 중심부 지하철역에서 폭탄 테러가 발생, 13명이 사망하고 적어도 90명 이상의 부상자가 발생했다.

한편 한 국제여론조사(4월)에 의하면 러시아는 세계에서 가장 부패한 20개 국가에 속하는 것으로 보도되었다.

끝으로 未拂 賃金의 감소를 반영하듯 5월에는 지난 수년 만에 처음으로 滯拂과 관련하여 한 건의 항의행위도 일어나지 않았다.

다. 문화, 종교

푸틴 대통령은 8월 말 경영난에 처한 볼쇼이(Bolshoi) 극장을 文化部 직할로 하는 대통령령에 서명함으로써 5년 전 이 극장에 부여되었던 自治的 지위를 취소했으며, 이에 대해 지식인 사이에 문화 부문에서의 中央集權化라는 비판이 대두되었다.

푸틴 대통령은 또한 12월 구 소련의 國歌(歌詞 변경)와 帝政러시아의 紋章, 그리고 三色旗(國旗) 및 赤旗(러시아군의 軍旗)를 채택할 것을 발의했다. "레닌과 스탈린을 찬양하는" 내용의 구 소련 國歌의 채택과 관련하여 지식인과 자유주의 성향의 정치인들 사이에 강력한 반대가 있었음에도 불구하고, 푸틴의 제안은 같은 달 상·하원에서 통과되었다(하원 표결: 贊 381, 反 51).

한편 루샤일로 내무장관은 10월 한 종교지도자 회의에서 內務部와 正敎會는 합심하여 "러시아 국가"의 기반을 손상시키는 종파의 파급을 막아야 할 것이라고 선언함으로써 정교회의 입장에 동조했다. 끝으로 모스크바 법원은 11월 救世軍이 러시아에 안보 위협이 되고 있다는 판결을 내렸다.

라. 기타

모스크바 중심부의 오스탄키노(Ostankino) 텔레비전塔(540m)에 8월 하순 화재가 발생하여 RTR, ORT, NTV 등 주요 텔레비전 방송이 마비되는 러시아 방송사상 최악의 사고가 발생했다. 화재는 이틀 뒤 진화됐는데, 푸틴 대통령은 화재가 전국적으로 주요 시설의 관리가 어느 정도로 허술한지를 보여주는 것이라고 자탄했다.

2001

1. 정치 동향

 푸틴 대통령의 권력 다지기는 집권 두 해째에도 계속되었다. 이제 의
회는 정부의 주문대로 법안을 처리할 정도로 길들여졌으며, 寡頭財閥
(oligarkh)로 통칭되는 신흥 재벌에 대해서도 스스로 분수를 지키도록 충
분한 경고가 주어졌다. 언론 역시 알아서 처신하도록 고삐가 죄어졌으며,
비정부기구들(NGO)에 대해서도 國家 啓導하의 시민사회 건설이라는 정
부 노선에 충실하도록 종용되었다. 분리주의 체츠니야(Chechnya)에서는
여전히 연방군과 독립파 무장집단간의 충돌이 계속되었다.

가. 대통령 푸틴

(1) "안정"의 담보자

 푸틴 대통령은 "국가의 안정과 강화"를 촉진하는 것이 자신의 주된 임
무라고 거듭 강조하고(7.18), 이를 위해서는 아직도 쟁점이 되고 있는 레
닌(Lenin) 墓의 移轉을 비롯하여 자칫 불안정을 유발할 수 있는 정책상의
급격한 변화는 없을 것이라고 덧붙였다. 그는 정치 안정이 무엇보다도
자신이 되풀이 강조해 온 이른바 "수직적 권력"(중앙)의 강화 및 질서
(poryadok)의 재확립을 통해 이루어질 것임을 분명히 했다.
 한편 푸틴 대통령에 대한 국민의 지지는 "러시아 정치의 異常現象"으
로 지적될 정도로 높았다. 여론조사에 따르면 그의 활동에 만족하는 국
민은 3월 75%에서 11월에는 87%로 높아졌다. 그에 대한 지지가 개인
숭배의 분위기로까지 이어지고 있는 가운데(Vremya MN, 5.11), 대통령의

474

임기를 현재의 4년에서 7년으로 연장하자는 논의가 연말 政街에서 고개
를 들기도 했다.

(2) 진용 정비

푸틴 대통령은 3월 부분 개각을 단행하고 국방장관과 내무장관에 자신
의 측근을 기용했다(3.28). 그는 민간인 출신 국방장관의 임용으로 "러시
아 사회의 비군사화, 비군국화"를 향한 일보 진전이 이루어지게 되었다
고 自評했다.

> 국방장관: 이바노프(Sergei Ivanov, 1953), 전 안전보장회의 서기
> 내무장관: 그리즐로프(Boris Gryzlov, 1950), 전 통일당 대표
> 안전보장회의 서기: 루샤일로(Vladimir Rushailo, 1953), 전 내무장관

이 밖에 연말까지 24개 연방 부서(장관급) 중 자원 관련 부서의 기관장
5명이 교체되었다. 푸틴 대통령은 또한 극동지방의 에너지 위기로 사임
한 전 沿海州 知事 나즈드라텐코(Yevgenii Nazdratenko)를 국가어업위원
회 위원장에 임명했다(2.23). 한편 비정부 기관에 대한 인사로서 러시아
최대의 에너지 기업인 가스프롬(Gazprom)의 신임 회장에 푸틴 대통령의
측근으로 알려진 밀레르(Aleksei Miller, 38) 에너지부 부장관이 선임되었다
(5.30).

나. 의회의 약화

(1) 국가회의(하원)의 정부 시녀화

국가회의(하원)에서 과반수 이상을 차지하는 4개 친정부 교섭단체는 —
'통일당,' '조국-全러시아,' '러시아 지역,' '인민대의원' — 議案에 따라 협력

하기로 합의한바 있으며(4.17), 이어 통일과 조국-전러시아가 연말(12.1)
'통일과 조국'이란 新黨으로 합당하게 되었다. 푸틴 대통령은 합당으로
러시아 정치에서 중도세력이 강화되는 계기를 마련했다고 평가했는데,
여하튼 이로써 친여세력의 결속이 더욱 다져지게 되었다. 원내 교섭단체
는 다음과 같다(9.5 현재).

농공대의원 집단:	42
인민대의원(Narodnyi deputat) 집단:	60
러시아 지역(Regiony Rossii) 집단:	45
통일(Edinstvo)파:	80
러시아 연방 공산당(KPRF)파:	85
조국-전러시아(Otechestvo-Vsya Rossiya)파:	44
우파세력 동맹(Soyuz Pravykh Sil)파:	37
야블로코(Yabloko)파:	19
러시아 자유민주당(LDPR)파:	12
무소속:	19

(총 443명)

이로써 일각에서 "大統領府의 侍女"로 전락했다는(Nezavisimaya gazeta,
7. 18) 논평까지 나오고 있는 가운데 하원은 첨예하게 쟁점화되었던 政黨
法(6.21, 贊238-反164)과 土地法典(9.28, 贊257-反130-棄權1)을 채택했고,
2002년도 연방 예산법안도 一瀉千里로 회기 내에 승인했다(12.14, 贊
280-反106-棄權3).

정당법의 채택은 러시아 정치에 일대 변화를 예고했다. 이 법은
10,000명 이상의 당원을 확보하고, 89개 연방 구성주체의 적어도 50%
에 당 지부를 유지하며, 각 지부에는 최소 100명의 당원이 등록하고 있
을 것을 정당의 결성 요건으로 정하고 있다. 시도렝코(Ye. Sidorenko) 법무
부장관은 7월 현재 러시아에 59개 정당과 35개 정치조직체, 104개 정치
운동 단체가 있으며, 이들은 향후 2년 내에 정당으로 등록해야 정치활동

을 할 수 있다고 밝혔다(7.19). 정당법은 군소정당을 정비하고, 효율적이고 민주적인 선거를 보장한다는 명분 하에 발의되었으나, 일각에서는 이로써 정치활동의 부당한 규제가 불가피할 것이라는 비판이 제기되기도 했다.

(2) 연방회의(상원)의 임명제화

地方의(연방 구성주체들) 행정 및 입법부 首長이 상원 대의원을 겸임하는 대신 지방에서 임명되는 상근 대의원으로 구성되는 새로운 연방회의의 출범이 2002년 초로 예정된 가운데 상원은 더 이상 지역을 대표하는 장소가 아니라 로비스트들의 집합소로 바뀌는 양상을 보였다(Vedomosti, 2.1).

한편 상원 대의원 47명은 '聯邦'이란 원내집단을 구성하고 푸틴 대통령에 대한 지지를 다짐했다(2.23). '연방'은 6월 초 현재 119명으로 세력을 확장하여 178의석의 상원에서 다수를 차지하게 되었다. 끝으로 스트로예프 의장이 州知事의 직무를 위해 사임했으며(11.29), 후임에 미로노프(Sergei Mironov) 전 상트 페테르부르그(St. Petersburg) 의회 부의장이 선출되었다(12.5).

다. 중앙-지방관계

(1) 지방의 약화

중앙-지방간의 수직적 권력관계를 확립하기 위한 노력이 전해에 이어 계속되었다. 우선 연방 헌법 및 법률에 위배되는 지방의 법규를 정비하는 작업이 계속되었다. 푸틴 대통령은 줖러시아 검찰회의에서(1.11) 2000년에 89개 연방 구성주체 중 60개 주체의 기본법 및 2,312개 법규가 연방법규에 준해 수정된 데 만족을 표시했다.

그러나 타타르스탄(Tatarstan)과 사하(Sakha) 공화국 등 23개 지역은 4월까지도 여전히 자신들의 主權宣言을 고수하는 등 법규 정비에 미온적이었다. 이들은 중앙의 요구에 따라 공화국 헌법을 수정할 경우 聯邦制는 무의미하게 될 것이라는 주장을 내세웠다.

푸틴 대통령은 중앙-지방관계를 다루는 대통령 직속 위원회에서 중앙-지방간 권한 구분 및 기능의 정비를 지시했으며(7.18), 이의 일환으로 警察法 개정을(8.6) 통해 지방정부의 내무장관 등 치안 책임자의 임면이 대통령의 권한으로 추가되었다.

그러나 하원은 정부가 발의한 지방 지도자의 公選制 폐지에 관한 법안은 부결시켰으며(2.15, 贊92-反193), 이 밖에 중앙-지방간의 稅收 배분(현행 비율, 중앙 60:지방 40), 자연자원의 소유권(극동지방의 어획 허가제 도입 등), 소수민족의 대표권(타타르어의 라틴 字母 표기 전환 등)을 둘러싸고 중앙과 지방간에 갈등이 계속되었다.

한편 지방에 대한 통제를 강화하려는 노력과 병행하여 푸틴 대통령은 지방 행정부 수장의 "三選"을 허용하는 법안에 거부권을 행사하지 않았고(2.13), 중앙에 도전적이던 전 沿海州 지사를 연방 부서장에 기용하는 타협적인 조치를 취하기도 했다. 하원은 연초에(1.25) 69개 지방 행정수반의 三選 및 이중 17개 지방 지도자의 四選까지를 허용하는 법안을 최종적으로 승인한바 있다(贊235-反170-棄權1).

(2) 체츠니야 내전: 분리주의 응징

연말까지 체츠니야 전역이 독립과 무장집단의 유격전과 연방군의 토벌 작전으로 점철되었으며, 화평 협상은 이루어지지 않았다. 푸틴 대통령은 러시아가 체츠니야를 떠나는 일은 없을 것이라고 다짐하기도 했으나(4.14), 연말로 들어서면서 내전이 기대와 같이 조기에 종식되지 못하고 있는 데 대해 야전 지휘관들에게 불만을 토로한 것으로 보도되었다

(*Novaya gazeta*, 11.5). 다음은 체츠니야 사태의 주요 日誌이다.

3. 20: 체츠니야 부녀자 수백 명, 구데르메스(Gudermes) 國道에서 연방군의 민간인 학살 항의 시위.

3. 24: 자동차 폭탄테러 3건 발생, 143명 사상.

8월 하순: 체츠니야 전역에서 전례 없이 전투 격화 보도(*Nezavisimaya gazeta*, 8. 23).

9. 17: 독립파 무장집단의 구데르메스 습격과 연방군의 대대적 토벌작전 전개 보도(9. 18).

9. 24: 푸틴 대통령, 독립파 무장집단의 72시간 내 투항 교섭 개시 요구.

9월 말-10월 초: 독립파 무장집단 戰士 수백 명, 그루지야 게릴라와 함께 그루지야에서 분리, 독립을 주장해 온 압하지야(Abkhaziya)의 코도리(Kodori) 협곡에서 압하지야 군대와 전투 보도.

10. 12.-11. 15: 연방군 10. 12 이래 한 달간 토벌작전 성과 발표 (무장반도 376명 사살, 545명 체포).

10. 13: 수도 그로즈니(Grozny)에서 대규모 피살 민간인 암매장지 발견.

10. 29: 주민 1,000여 명, 구데르메스 정부청사 앞에서 연방군에 구금된 민간인 석방 요구 시위.

11. 10: 주민 1,500여 명, 아르군(Argun)에서 연방군의 만행 규탄 시위.

12. 25: 독립파 무장집단 야전사령관 라두에프(Salman Raduev), 키즐랴르(Kizlyar) 인질사건(1996) 관련하여 다게스탄(Daghestan) 최고법정에서 종신형 언도.

12. 30.-2002. 1. 3: 연방군, 그로즈니 남부 전투에서 독립파 무장집단 戰士 100여 명 사살 발표.

대통령부는 1999. 10. 1.-2001. 10. 10 기간 중 체츠니야 작전에서 체츠니야 반도 11,000여 명이 피살되었으며, 연방군은 3,438명이 전사하고 11,661명이 부상 당한 것으로 발표했다. 푸틴 대통령은 앞서 1999년 10월 - 2000년 10월 중 체츠니야 내전에서 연방군 2,600여 명이 전사한 것으로 발표했었는데(2000. 11.), 이에 의할 경우 그 후 한 해(2001) 동안 800명 내외의 전사자가 추가된 것이다. 한편 체츠니야 叛徒 1,689명이 2001년 정초이래 피살되었다고 파트루셰프(Nikolai Patrushev) 연방보안국

장관이 밝혔다(12.18).

내전의 피해는 전투 병력에만 국한된 것이 아니어서, 체츠니야 行政副
長官의 피살을(4.12) 비롯하여 친 러시아 계 인사들의 암살이 줄을 잇는
가 하면, 다른 한편에서는 체츠니야 민간인에 대한 러시아군의 잔학행위
에 대한 항의가 계속되었다. 학살된 민간인들의 암매장지가 수도 그로즈
니 등지에서 발견되고 체츠니야 주민들이 도처에서 연방군의 만행을 규
탄하는 시위를 벌였으며, 카디로프 행정장관조차도 러시아군이 "민간인
에 대한 대규모 범죄행위"를 자행하고 있다고 비난하고 나설 정도가 되
었다(7.9; 8.30).

한편 체츠니야 내전의 취재활동에 대한 규제는 더욱 강화되었다(7월 보
도). 이러한 가운데 푸틴 대통령은 독립파 무장집단의 72시간 내 투항을
요구하기도 했다(9.24). 마스하도프(Aslan Maskhadov) 체츠니야 독립파 대
통령은 모스크바와 무조건 평화협상을 시작하도록 되풀이 제의했으나
(1.26), 쌍방은 연말에야(11.18) 첫 접촉을 시작한 것으로 알려졌다.

라. 국가와 시민사회

(1) 언론과 사회단체의 계도

독립텔레비전(NTV)의 소유권이 마침내 정부 소유의 러시아 최대 기업
인 가스프롬으로 이전되었다(1.25). 수천 명의 시위자들이 모스크바 및
주요 도시에서 NTV와 소속 기자들을 지지하는 시위를 벌이고 언론자유
가 침해되고 있다고 항의했으나(3.31; 4.7) 러시아 유일의 민간 텔레비전
방송이 정부의 통제 하에 놓이는 것을 막지는 못했다.

한편 푸틴 대통령은 텔레비전·라디오 방송 네트워크 설치에 관한 대통
령령(8.13) 및 정기 인쇄간행물 판매에 관한 판매세 면세법을(11.28) 통해
전파의 독점적 배분 및 세금 감면의 방법으로 방송과 활자매체를 정부의

허가제에 묶어놓게 되었다.

　한편 사회단체와 관련하여 全러시아 인권옹호 대회가 모스크바에서 개최되어(1.20), 러시아 인권운동가 300여 명 등 국내외에서 1천 여 명이 참석했다. 연말에는(11.21-22) 모스크바에서 정부 후원 하에 "시민포럼"이 개최되었다. 러시아 전역의 5,000여 非政府機構 관계자들이 참가한 가운데 푸틴 대통령은 권력기관과 시민사회간의 동반자 관계의 발전 및 쌍방간의 대화를 촉구했는데, 故 사하로프(Andrei Sakharov) 노벨상 수상 물리학자의 부인이자 인권운동가인 본네르(Yelena Bonner) 여사는 국가가 의도적으로 시민사회를 만들 수는 없을 것이라고 지적하고 시민포럼의 조직과 관련하여 정부를 비난했다(Nezavisimaya gazeta, 9.12).

　이 밖에 이른바 "간첩 사냥"이 시민사회를 상대로 전개되었다. 환경운동가 파스코(Grigorii Pasko)가 군사법정에서 간첩활동 혐의로 4년 징역형을 선고 받았으며(12.25), 이외에도 물리학자를 비롯하여 10명 정도가 같은 혐의로 구속되거나 기소되었다. 한편 러시아 과학원 소속의 연구자들은 외국인과 접촉을 자제하도록 규제되었는데(Izvestiya, 6.1), 인권운동가 출신의 하원 대의원 코발료프(Sergei Kovalev)는 간첩 사냥과 관련하여 이는 국민들에게 "敵"의 관념을 주입시키는 데 관심을 갖는 國家主義的 發想에서 비롯된 것이라고 비판했다(7.16).

　(2) 재벌의 순화

　푸틴 대통령이 취임한 직후 이른바 寡頭財閥 길이기의 첫 대상에 올랐던 구신스키(Vladimir Gusinskii)는 그가 소유하던 언론 그룹 미디어-모스트(Media-MOST)가 해체됨으로써 대부분의 영향력을 상실하게 되었다. 구신스키가 횡령한 공금이 10억 달러를 넘는 것으로 발표된(1.30) 가운데 정부 소유의 가스프롬 산하 가스프롬-미디어(Gazprom-Media)는 채권관계에 있는 그의 미디어-모스트 그룹의 주축인 독립텔레비전(NTV)에 대한 소유권을 확보했으며(1.25), 이를 토대로 NTV 경영진의 교체를 단행했다(4.14).

이후 가스프롬-미디아는 구신스키 소유의 일간 시보드냐(Segodnya)紙를 접수하여 폐간 조치했고(4월), 시사주간지 이토기(Itogi) 역시 인수 후 편집진을 해고했으며, 러시아 최대의 민영 라디오 방송인 에호 모스크비 (Ekho Moskvy)의 持分 과반수 이상을 양도받게 되었다(5월). 끝으로 미디아-모스트는 법원 판결에 따라 해산하게 되었고(9.10), 구신스키는 해외 도피 중 자신의 언론 그룹이 해체되는 것을 지켜보게 되었다.

한편 역시 공금 횡령의 혐의로 수배 중인 또 다른 재벌 베레조프스키 (Boris Berezovskii)는 자신이 보유 중인 러시아 공공텔레비전(ORT) 지분 49%를 석유재벌 아브라모비치(Roman Abramovich)에게 매각하는 형식으로 처분함으로써 정부의 의도에 일단 부응하게 되었다(2.5). 이외에 베레조프스키가 소유하고 있던 민영 텔레비전 TV-6도 소액 지분을 보유 중인 석유회사 루크오일(LUKoil)의 자회사인 루크오일-가란트(LUKoil-Garant)가 문제의 방송국이 지난 수년간 적자를 냄으로써 소액주주들에게 피해를 입힌 사실 등 재정 문제를 이유로 제기한 방송국의 폐쇄 신청을 법원이 인정했으며, 재심에서(2002. 1. 11.) 下級審의 결정을 재확인함으로써 폐쇄가 불가피하게 되었다.

해외에 체류 중인 베레조프스키는 자신의 횡령 혐의와 관련한 검찰의 기소는 구신스키에 대한 탄압과 같은 것으로서 조만간 TV-6 빼앗기가 시작될 것이라고 말한바 있는데(10.3), 러시아 사법당국은 그에 대한 국제체포영장을 발부한 것으로 보도되었다(12.11).

마. 정-군관계

(1) 군대 개편

푸틴 대통령은 軍 改革에 관한 대통령령을 발령하고(3.24), 전략미사일

군의 재편(RSVN), 볼가軍管區와 우랄軍管區의 통합, 地上軍 총사령부의 창설, 그리고 2006년 이후 병력 100만 명으로 감군하는 계획을 발표했다. 그는 이어 이바노프 안전보장회의 서기를 국방장관에 임명하고, 지상군 총사령관과 우주군 사령관 등 군 지도부를 개편했다(3.28).

(2) 쿠르스크 핵잠수함 인양

北洋艦隊 훈련에 참가 중 바렌츠(Barents)海에서 침몰한(2000. 8. 12.) 원자력잠수함 쿠르스크(Kursk)號가 사고 일 년 여 만에 인양되었다 (10.21). 쿠르스크號 사고와 관련하여 푸틴 대통령은 북양함대 사령관 포포프(Vyacheslav Popov) 제독과 다른 13명의 해군 장성을 퇴역시켰다 (12.1). 이들은 사고가 외국 잠수함의 충돌로 인한 것이라고 주장하여 왔는데, 조사 결과 사고는 장착 중인 어뢰의 폭발로 인한 것으로 드러났다 (11.3).

2. 경제 동향

實物經濟는 전해에 이어 成長을 지속했으나 성장의 속도는 둔화되었다. 전반적으로 환율과 물가가 안정을 유지한 가운데 두 해째 財政黑字를 기록했다. 경제개혁에 관해서는 특기할 만한 조치가 취해지지는 않았으나, 대신 土地法典을 비롯하여 경제활동을 촉진할 제도적 뒷받침이 마련되었으며, 경제에 대한 규제가 상당한 정도로 완화되었다.

가. 경제정책

연방정부는 2010년까지의 장기 사회·경제발전 계획을 확정했다(3.22). 이제까지 그레프(German Gref) 경제발전·무역부 장관의 자유주의적 시장

경제 개혁안과 이샤에프(Viktor Ishaev) 하바로프스크 주지사를 중심으로
제시된 국가 주도 하의 (소련식) 資源動員型 발전전략이 대립하여 왔는
데, 확정된 계획은 이들 두 입장의 타협의 산물인 것으로 알려졌다
(*Izvestiya*, 3.23).

나. 실물경제

國內總生産(GDP)은 前年 對比 5% 증가함으로써 연초의 예측보다 양
호하게 나타났다. 그러나 공업생산은 4.9%로 성장이 둔화되었으며, 固定
資産 投資도 9% 이하를 기록했다. 전해에 이어 민간부문 소비가 약 9%
수준으로 신장되었으며, 이에 힘입어 소매 매상고가 11% 증가했다. 농
업생산도 거의 7%의 증가를 기록했다.

한편 소비자 물가는 前年 연말 對比 19% 수준에 육박했는데, 이는 화
폐 공급의 증가(40%), 임금 상승(45%), 공공요금(전기, 난방용 도시가스, 철
도화물 요금 등) 인상 및 루블화의 약세 등에 기인한 것으로 풀이되었다.
환율은 달러 대비 7% 절하되었다.

표1: 러시아의 주요 경제지표, 1995-2001 (전년 대비, %)

	1995	1996	1997	1998	1999	2000	2001
국내총생산(GDP)	-4.2	-3.4	0.9	-4.9	5.4	9.0	5.0
공업생산	-3.0	-4.0	1.9	-5.2	10.8	11.9	4.9
고정자본 투자	-13.0	-18.0	-5.0	-12.0	5.3	17.4	8.7
농업생산			4.1	7.4	6.9		
소비자 물가(年)	131	22	11.0	84.4	36.5	20.2	18.6
실업률(연말 기준)	8.2	9.3	9.0	11.8	11.7	10.2	9.0
수출, 10억 달러	82.9	90.6	89.0	74.9	75.7	105.6	94.3
수입, 10억 달러	62.6	68.1	72.0	58.0	39.5	44.9	47.7

출처: 러시아 연방 국가통계위원회, http://www.gks.ru.

484

다. 흑자재정 시현

연방예산에서 세입은 GDP의 17% 수준으로 증가했다. 한편 세출은
2000년도 수준을 유지함으로써 재정흑자가 GDP의 3% 내외로 증가하
게 되었다.
하원은 2002년도 연방예산법안을 승인했는데(12.14), 이는 歲入과 세
출을 각각 21,257억 루블(GDP의 19.4%)과 19,474억 루블(655억 달러,
GDP의 17.8%)로, 예산흑자를 GDP의 1.6% 수준으로 책정한 것이다.

라. 법제 정비 및 금융개혁

土地法典이 채택됨으로써(발효 10.26) 마침내 토지의 사유 및 매매가
인정되었다. 그러나 농지와 국경 부근의 토지 등은 제외됨으로써 실제로
매매가 가능한 토지는 국토의 약 3% 정도에 머물렀다. 이와 함께 勞動
法典과 투자기금법, 자금세탁방지법(발효 8.7) 등이 채택되었으며, 司法
改革 법안과 年金制度 개혁법안(하원, 3개 관련 법안 채택 11.30)이 통과되
었다. 한편 年初 국영기업의 66%인 130,180개 기업이 私有化된 것으로
집계되었으며, 2001년 한 해에 국유재산의 民營化 수입은 400억 루블
(13억 달러)에 이를 것으로 관계 당국자는 예상했다(12.10). 금융부문과 관
련하여 연방정부와 중앙은행은 은행 분야의 구조조정에 합의했는데
(9.13), 정초 현재 러시아의 여신기관은 1,311개소로서 전년 한 해에 38
개가 정리된 것으로 집계되었다.

마 대외경제

(1) 국제통화기금(IMF)

러시아는 IMF와 2001년도 협력계획에 조인하는 것을 거부하고 IMF

가 더 이상 러시아 경제의 구조개혁에 관여하는 것을 받아들이지 않기로 한 것으로 보도되었다(3.29). 그러나 IMF와 정례적인 협의는 계속하기로 했으며, 이의 일환으로 카샤노프(Mikhail Kasyanov) 총리는 러시아의 경제 및 재정정책에 관해 쌍방간에 합의가 이루어졌다고 밝힌바 있다(4.13). 한편 쿠드린(Aleksei Kudrin) 부총리 겸 재무장관은 IMF에 대한 채무는 연말까지 IMF가 설정한 러시아에 대한 차관 공여 한도를 밑도는 76.9억 달러로 축소될 것이라고 말했는데(12.4), 차관의 조기 상환은 국제 高油 價로 인한 무역흑자에 힘입은 것이다.

(2) 대외채무의 반제

연방정부의 대외채무는 7월 1일 현재 1,378억 달러로 집계되었다. 이에 內國債 195억 달러를(29.11루블/달러 기준) 합산할 경우 러시아의 부채 총액은 1,573억 달러에 이르는 것으로 집계되었다. 재무부 당국자는 國債가 2002년 말까지 GDP의 48.2% 수준인 1,585억 달러에 달할 것으로 예측했다(8.10). 카샤노프 총리는 연초 파리 클럽(Paris Club, 主要債權 國 회의)과 채무 조정에 합의가 이루어졌다고 밝혔는데(2.26), 7월 1일 현재 파리 클럽에 대한 채무는 429억 달러를 기록했다.

(3) 무역 및 해외투자

러시아는 11월 말 현재 466억 달러의 무역흑자를 기록했다. 예년에 이어 원유와 천연가스의 수출이 外貨 收入의 70% 이상을 차지했다(The Moscow Times, 7.19). 이와 관련하여 러시아는 國際油價가 지지선으로 설정한 배럴 當 18.5달러 이하로 하락할 경우에 대비하여 11월 석유수출국기구(OPEC)의 原油 減産에 합의하기도 했다. 이외에 미국에 이어 세계 제2의 무기수출국인 러시아는 2000년 중 77억 달러 상당의 무기를 수출한 것으로 집계되었다.

당국은 정초를 기해 대외무역 업무에 새로운 외환관리 규칙을 시행하고, 뒤 이어 수입관세의 전반적 인하를 단행했다.

한편 외국투자는 첫 9개월간 97.2억 달러를 기록한 반면 러시아 기업들의 해외투자는 같은 기간 중 134.1억 달러로 나타났다(11.30). 끝으로 世界銀行 전문가들은 러시아에서 첫 6개월간 약 100억 달러의 자금이 해외 도피된 것으로 추정했으며(10.25), 이에 앞서 그레프 경제발전·무역부 장관은 연말까지 200-250억 달러의 자금이 해외로 유출될 것으로 추산했다(9.20). 2000년에는 280억 달러가 해외 도피된 것으로 추산되었다.

바. 생활수준

11월 말 현재 可處分 貨幣所得은 6.3% 증가했으며, 월 3,000루블(100달러) 이상의 소득자는 2000년 15.9%에서 2001년에는 30.8%로 증가한 것으로 발표되었다(10.30).

活況에도 불구하고 滯拂 賃金이 계속해서 누적되어 9월의 경우 滯賃이 전월에 비해 4.4%가 늘어난 341.7억 루블(12억 달러)을 기록했다. 한편 1,800만 연금자에 대한 年金이 4월에 월 평균 2,300루블(80달러)로 인상되었다. 8월에는 연금 최저액이 10% 증가한 660루블(23달러)로 인상되었다.

3. 사회 동향

"법과 질서"가 강조된 가운데 사법개혁이 시도되었으며, 勞動의 효율적 관리를 지향하는 勞動法典이 채택됨으로써 사회 안정화의 장치가 또 하나 마련되었다.

한편 사회 전반에 걸쳐 애국주의가 고취되고, 이에 비례하여 소수민족과 외국인에 대한 인종차별 및 배척이 증가했다.

가. 인구

인구는 1-11월 중 0.5%(781,800명) 감소하여 12월 1일 현재 14,400만
명을 기록했으며, 구 소련 지역에서의 移民도 감소일로에 있어 자연 감
소의 8.3% 정도를 충당하는 데 그쳤다. 연초 현재 지난 10년간 유입된
이민자는 800여 만 명으로 집계되고 있다(1.4). 2050년까지 인구가
8,000-12,000만 명으로까지 축소될 것으로 예측되고 있는 가운데 푸틴
대통령을 비롯한 당국자들은 인구 減少勢를 反轉시키는 방안을 찾는 데
비상한 관심을 보였다.

나. 법과 질서

러시아 전역에서 1-11월 중 270여 만 건의 범죄가 발생했으며, 이중
절반 이상이 重犯인 것으로 발표되었다(12.25). 첫 9개월간 인구 10만 명
당 殺人에 있어서 러시아는 세계 2위를 차지하는 것으로 보도되었다. 끝
으로 러시아 경제의 절반 이상이 조직범죄와 직·간접적으로 연관되고 있
는 것으로 추정되었다(1993년의 경우 27%). 우스티노프 검찰총장은 러시
아 은행 1/3 이상을 비롯하여 4만 여 개의 기업들이 범죄집단의 지배하
에 있다고 밝혔다(3.23).

司法改革과 관련하여 하원은 법관의 자격 요건을 강화하고, 2003년까
지 陪審制를 도입하며, 형사소송에 있어서 피고인의 변호인 면회권을 보
장하는 것을 골자로 하는 일괄 법안을 채택했다(11.28). 한편 死刑制의
유지를 지지하는 백만인 서명의 訴願이 하원에 전달된(6.13) 것을 전후하
여 이를 둘러싼 찬반 공방이 치열했으나, 푸틴 대통령은 사형제에 반대
했다(7.9).

끝으로 국제투명성지수(Transparency International)에 의하면(6.28), 러시아는 부패 순위에 있어서 세계 79위를 차지했는데, 뇌물의 규모는 국내 총생산(GDP)의 4%에 달할 것으로 추산되었다(*Segodnya*, 1.18).

다. 소수민족, 소수종교

카프카스 출신 상인들이 모스크바의 한 시장에서 러시아 계 청년들의 습격을 받고 17명의 사상자를 내는(10.30) 등 카프카스 출신과 타타르(Tatar)인을 비롯한 소수민족 및 아프리카와 아시아 출신자들에 대한 인종차별적 폭행행위가 빈발했다. 극우 민족주의 세력들은 또한 反回教 색채를 선명히 했다(*Trud*, 11.3). 한편 러시아 내 佛教徒들은 망명 중인 티베트 지도자 달라이 라마(Dalai Lama)에 대해 러시아 당국이 通過査證의 발급을 거부한 데 항의했다(*Nezavisimaya gazeta*, 9.12). 끝으로 모두 13,922개의 종교단체가 2000년 연말까지 관계 당국에 재등록을 마쳤으며, 나머지 2,000여 개는 등록 미필로 자격을 상실한 것으로 보도되었다(5.29).

라. 기타

하원은 국내 永久貯藏을 위해 외국 廢棄 核燃料의 반입을 허용하는 내용의 3개 관련 법안을 채택했으며(6.6), 이로써 러시아는 연 20억 달러의 수입을 얻을 수 있을 것으로 기대되었다. 그러나 국외로부터 핵폐기물을 반입하는 데 반대하는 시위가 모스크바를 비롯하여(7.12) 전국 각지에서 계속되었다.

이외에 勞動法典의 채택에 항의하여 최대 100만 명 이상이 참가한 가운데 시위가 있었으며(11.14), 급료 인상을 요구하는 교사 45만 여 명의 시위(2.27), 滯賃에 대한 항의(5.14), 그리고 극동지방에서 斷電 등 에너지 위기에 항의하는 시위(1.15)가 계속되었다. 그러나 항의에도 불구하고 하원은 정부가 발의한 노동법전을 채택했다(12.21, 贊289-反131). 한편 연해주를 비롯한 극동지방은 극심한 동절기 한파(섭씨 영하 40-45도) 속에 난방유 부족과 斷電 사태 등 에너지 위기에 시달렸으며, 5-7월에는 레나 (Lena) 등 하천의 범람으로 홍수 피해가 심각했다.

2002

1. 정치 동향

가. 대통령 푸틴

(1) 국정 방향

푸틴 대통령은 年次敎書 연설에서(4.18) 경제 번영이야말로 정치 안정을 보장하는 담보가 될 것이라는 논지 하에 경제발전의 加速化를 최우선 과업으로 제시했다. 그는 관료주의적 규제를 철폐하고 경제활동을 지원할 법적 기반의 정비를 강조했다.

모스크바 극장 인질사건(10.23-26) 직후 푸틴 대통령은 테러와의 전쟁을 위한 새로운 국가안보 개념을 준비하도록 지시했다. 그에게 테러와의 전쟁은 인질사건을 자행하는 등 연방정부에 저항을 계속하고 있는 체츠니야 독립파 무장집단을 분쇄하는 것이었다.

한편 차기 대통령 선거가 2004년 3월로 예정된 가운데 푸틴 대통령에 대한 국민의 지지는 여전히 높았다. 대통령 취임 2주년을(3.26) 맞아 실시한 여론조사에서 그의 활동에 만족하는 응답자는 61%를 기록했으며, 극장 인질사건 직후 실시된 조사에서는 85%의 응답자가 사건 기간 중 대통령의 대응을 적절하다고 평가했다.

(2) 내각

카샤노프(Mikhail Kas'yanov) 총리의 제청에 따라 푸틴 대통령은 클레바노프(Il'ya Klebanov) 부총리를 해임하고(2.18) 그가 겸임 중이던 공업·과학·기술부 장관직에 專任토록 했다. 그의 좌천은 업무와 관련한 문책성

인사로 알려졌는데, 이 결과로 카샤노프 총리의 권한은 더욱 확대된 것
으로 관찰되었다.

이 밖에 파데예프(Gennadii Fadeev) 鐵道部 장관의 임명과(1.5) 2개 國
家委員會 위원장의 교체가 있었다. 끝으로 내각 밖의 주요 인사로서 신
임 러시아 中央銀行 總裁에 재무부 제1부장관 이그나티에프(Sergei
Ignati'ev)가 임명되었다(3.20).

나. 의회

(1) 국가회의: '통일 로시야' 창당

'統一'과 '祖國,' '全러시아'의 3개 친정부 정파가 '統一 로시
야'(Edinaya Rossiya, 본명 통일과 조국)라는 신당으로 합당했으며, 전국대회
에서(4.25) 대통령 연차교서에 입각한 활동방침을 채택했다. 신당은 합의
에 따라 國家會議(下院)의 2개 친정부 교섭단체인 '러시아 지역' 및 '인
민대의원 집단'과 협력하여 원내에서 親與 안정세력을 구성하게 되었다.

힘겨루기의 일환으로 친정부 세력은 원내 위원장 직의 안배에 관한 종
전의 합의를 번복하고 共産黨派에게 배정되었던 9개 위원회(komitet) 위
원장 직 중 7개 위원장 직에서 공산당파를 배제하기로 결의했다(4.3, 贊
251-反136-기권7). 이 과정에서 공산당파는 1개 특별위원회(komissiya) 위
원장 직을 추가로 상실했으며, 자매 정파인 '農工代議員 集團'도 농업문
제위원회 위원장 직을 상실하게 되었다.

이에 앞서 친정부 세력은 공산당파 출신 하원의장 셀레즈뇨프(Gennadii
Seleznev)의 의장직 박탈을 위한 동의안을 발의했다(3.22). 이와 관련하여
공산당 중앙위원회 총회는 그의 의장직 사임을 권고했으며(4.10), 이에 불
응하자 그를 제명하게 되었다(5.25). 친정부 세력은 셀레즈뇨프 의장에게
의장직을 유지하려면 공산당을 탈퇴하도록 종용했던 것으로 전해졌었다.

492

하원의 원내 교섭단체는 다음과 같다(2003. 1. 22. 현재).

농공대의원 집단:	43
인민대의원(Narodnyi deputat) 집단:	54
러시아 지역(Regiony Rossii) 집단:	47
통일(Edinstvo)파:	82
러시아 연방 공산당(KPRF)파:	82
조국-전러시아(Otechestvo-Vsya Rossiya)파:	52
우파세력 동맹(Soyuz Pravykh Sil)파:	32
야블로코(Yabloko)파:	17
러시아 자유민주당(LDPR)파:	13
무소속:	21

(총 443명)

(2) 연방회의: 임명제 상원 출범

연방회의(상원) 대의원의 常任制化(2000. 7.)에 따라 지방지도자들의 상원 代議員 兼任制를 뒤로 하고 임명직 상근 대의원으로 충원된 새로운 연방회의가 출범하게 되었다(1.16). 대의원들은 규칙을 신설하고 신임 부의장(4명)과 위원회(23개) 위원장들을 선출했다(1.30). 제1부의장에는 고레글랴드(Valerii Goreglyad, 사할린州)가 선출되었다.

다. 중앙-지방관계

(1) 지방의 통제

연방헌법과 연방법률에 저촉되는 지방 법규를 정비하는 운동이 계속되었으며, 이의 일환으로 바슈코르토스탄(Bashkortostan) 공화국이 마침내 신 헌법을 채택하게 되었는데(12.3), 새 공화국 헌법에는 중앙정부가 연방헌법에 위배된다고 주장해 온 "主權"이라는 용어가 삭제되었다.

이 밖에 연방정부는 지방정부와 체결했던 權力 分擔에 관한 협정 중
— 대부분 1994-98년에 체결 — 연방법규에 위배되는 협정은 7월 28일 이
후 모두 무효화 되며, 이 시한까지 지방 법규를 연방 법규에 맞게 수정하
지 않는 책임자 및 기관은 처벌되거나 행정조치 될 것이라고 경고했다.
이에 앞서 푸틴 대통령은 4월 상트 페테르부르그 등 7개 지방정부와 체
결했던 分權協定을 취소했다.

한편 하원은 일부 민족공화국의 반대에도 불구하고 소수민족들의 언어
를 모두 키릴 문자(러시아語 字母)로 표기할 것을 의무화 한 民族言語法
을 채택했는데(11.15), 타타르스탄 공화국은 2001년 타타르語의 로마字
표기를 공식 채택한바 있다.

끝으로 대통령 선거에 출마했던 거물급 정치인 레베지(Lebed') 크라스
노야르스크(Krasnoyarsk) 州知事가 헬리콥터 추락 사고로 사망했다(4.28).
그의 사망으로 공석이 된 크라스노야르스크 주지사 선거에 홀로포닌
(Aleksandr Khloponin) 타이미르(Taimyr) 自治管區 知事가 당선되었다
(9.22). 그러나 유세와 관련한 선거법 위반 혐의로 州 선거위원회는 선거
무효를 선언하고(9.29), 2003년 3월 재선거를 실시하기로 결정했으며, 이
로써 사상 처음으로 주지사를 임시로 대통령이 임명하는 사태가 발생했
는데, 푸틴 대통령은 최다 득표자인 홀로포닌을 그대로 주지사 대행으로
임명하게 되었다(10.3). 한편 사하(Sakha, 야쿠치야) 공화국 대통령에는 슈
티로프(Vyacheslav Shtyrov) 알로사(Alrosa) 다이아몬드 회사 사장이 당선되
었다(1.13).

(2) 체츠니야 내전

체츠니야의 독립을 둘러싼 내전이 네 해째로 접어든 가운데 연방정부
군(8만)의 독립파 소탕작전과 이에 맞선 독립파 무장집단의 遊擊戰이 계

속되었다. 연방군은 주로 수도 그로즈니 이남 지역에서 獨立派 戰士에 대한 토벌작전을 전개했는데, 아흐마도프(Ilyas Akhmadov) 독립파 외무장 관은 9. 11 對美 테러사건(2001)이래 연방군이 "소탕작전"을 확대하고 있다고 말했다(3.19). 한편 마스하도프(Aslan Maskhadov) 독립파 대통령은 9월 독립파 전사들은 종전의 유격전 대신 연방군에 대해 대규모 정규전 을 전개할 것이라고 선언하기도 했다. 다음은 내전과 관련한 체츠니야 내외의 주요 사건들이다.

1. 14: 연방군, 2001. 11월 이래 지속된 토벌작전에서 독립파 戰士 1,000여 명 사살 발표.

4. 18: 러시아 내무부 경찰특수부대(OMON) 차량 2대 폭탄 공격. 21명 사망.

5. 9: 체츠니야 인접 다게스탄(Daghestan) 공화국의 항구도시 카스피스크 (Kaspiisk)에서 제2차 세계대전 對獨 전승기념일 축하행사에 체츠니야 독립 파가 장치한 것으로 주장된 폭탄이 폭발하여 42명 사망, 130여 명 부상.

8. 6: 연방군 차량 폭파. 장병 18명 사상.

8. 19: 연방군 헬리콥터(Mi-26)가 그로즈니 부근 한칼라(Khankala) 기지 에서 추락, 장병 119명이 사망하는 개전이래 최악의 헬기 추락사고 발생. '애도의 날'(8.22) 선포. 사고가 독립파 전사에 의한 것인지는 미확인.

9. 26: 연방군, 인접 잉구시(Ingushetia) 공화국에 침입한 300여 명의 무 장세력과 접전 끝에 9월 30일 현재 100명 이상 사살 발표.

10. 11: 그로즈니 경찰서 폭파 사건으로 경찰 25명 사망.

10. 23-26: 모스크바 극장 인질사건("社會動向" 참조).

10. 29: 연방군 헬기(Mi-26), 한칼라 기지에서 피격, 5명 사망. 이로써 개전이래 연방군 헬기 37대가 추락했으며, 2002년 들어 6대가 격추되었음.

11. 3: 이바노프(Sergei Ivanov) 국방장관, 체츠니야 전역에서 독립파 무 장세력에 대한 대규모 소탕작전 전개 중이라고 밝힘.

12. 27: 그로즈니 공화국 정부청사에 폭탄 차량 2대가 돌진하여 80명 사망, 150여 명 부상.

연방군은 내전에서(1999. 10. 1. - 2002. 12. 15.) 모두 4,705명이 전사하고 13,040명이 부상한 것으로 연방 당국이 발표했으며, 같은 기간에 체츠니야 "叛徒"는 14,113명이 피살된 것으로 추산되었다. 이로써 연방군은 2001, 2002년에 각각 800여 명과 1,200여 명, 그리고 독립파 전사는 각각 1,600여 명과 3,000여 명이 전사한 것으로 추정되고 있다. 독립파는 3월 야전 지휘관 하탑(Khattab)이 독살된 데 이어 12월에는 종신형을 복역 중이던 또 다른 야전 지휘관 라두에프(Salman Raduev)가 疑問死 하는 등 야전지휘관 다수를 잃었다.

한편 내전이래 체츠니야에서 민간인 6-8만 명이 피살된 것으로 추정되었다. 이와 관련하여 카디로프(Akhmed-hadji Kadyrov) 체츠니야 행정장관은 11월 연방군이 소탕작전에서 불법 수색과 약탈, 가옥 폭파 및 양민학살을 자행하고 있으며, "사실상 체츠니야 민족 전체를 몰살하고 있다"고 공개적으로 비난을 가한바 있다(chechenpress.com, 11.22).

실제로 연방군의 잔혹행위에 항의하는 시위가 끊이지 않았다. 체츠니야 주민 400여 명이 그로즈니의 체츠니야 공화국 검찰청 앞에서 시위를 벌이는가 하면(2.9), 5,000여 주민이 베데노-그로즈니 고속도로를 점거하고 이들 거주지를 향한 연방군의 무차별 포격에 항의했다(9.1). 이와 함께 이들은 민간인 암매장지의 발굴을 국제사회에 호소하기도 했다(4.25). 끝으로 내전 이래 체츠니야 난민 17-20만 명이 인접한 잉구시 공화국에 피신 중인 것으로 추산되고 있다.

한편 마스하도프(Aslan Maskhadov) 체츠니야 독립파 대통령은 내전의 평화적 해결을 위해 국제사회의 협력을 호소하고, 이러한 노력의 일환으로 독립파 정부는 체츠니야의 독립을 더 이상 고집하지 않을 용의가 있음을 시사하기도 했다(9.20). 그러나 푸틴 러시아 대통령은 "국민과의 대화" 방송에서(12.19) 체츠니야 독립파를 "테러분자"로 지칭한 가운데 이들과 협상하는 일은 결코 없을 것이라고 거듭 강조했다. 러시아 정부는 체츠니야의 러시아 귀속을 인정하는 체츠니야 공화국 헌법안을 확정하고

(8.5), 이를 2003년 3월 주민투표에 회부하기로 결정했다.

끝으로 러시아는 1월 워싱턴에서 美 國務部 관리들이 아흐마도프 독립파 외무장관을 만난 것을 러시아에 비우호적인 처사라고 비난했으며, 10월에는 덴마크에서 체츠니야 독립파를 지지하는 세계 체츠니야 민족대회가 개최된 것을 비난하고 대회에 참석 중이던 독립파 부총리 자카에프(Akhmed Zakaev)를 전범자로 송환해주도록 요구했었다.

라. 국가와 시민사회

(1) 과두재벌

포브스(Forbes)誌는 러시아 최대의 富豪로 두 해 연속하여 석유재벌 호도르코프스키(Mikhail Khodorkovskii)를 선정했다(3.1). 한편 추코트카(Chukotka) 自治區 知事이기도 한 석유재벌 아브라모비치(Roman Abramovich)가 부호 제2위를 차지했는데 이들은 모두 러시아 당국과 "친밀한" 관계를 유지하고 있는 것으로 알려지고 있다.

재벌의 정치활동과 관련하여 두 경쟁집단이 특히 주목을 받았다. 하나는 인테로스(Interros) 그룹 총수 포타닌(Vladimir Potanin)이고, 다른 편은 알루미늄 재벌 데리파스카(Oleg Deripaska)와 석유재벌 아브라모비치로서 이들 파벌은 이미 크라스노야르스크 州知事 선거에서 競合한바 있으며, 차기 總選에서 본격적으로 격돌하게 될 것으로 관측되었다.

푸틴 대통령이 취임한 직후 이른바 寡頭財閥 길이기의 첫 대상에 올랐던 베레조프스키(Boris Berezovskii)와 관련하여 당국은 그가 공동의장으로 있던 '自由 로시야'의 정당 등록을 黨憲 등을 문제 삼아 접수하지 않다가 그가 제명된 뒤에야 정당 신청을 받아들였다(10.17). 한편 공금 횡령의 혐의로 수배를 받고 해외에 머물고 있는 베레조프스키는 1999년 가을 발생한 일련의 아파트 폭파사건은(300여 명 사망) 푸틴의 대통령 당선

을 위해 당시 연방보안국(FSB)이 조작한 사건이라고 주장하기도 했다
(3.5). 끝으로 법원의 폐쇄 판정(2001)을 받았던 베레조프스키 소유의 민
영 텔레비전 TV-6의 주파수 사용권이 러시아 공업가·기업가 동맹
(RSOO)과 상공회의소가 공동 설립한 비영리 단체 메디아-소치움
(Media-Sotsium)에 競落 되었다(3.27).

  (2) 언론과 시민단체

  당국은 財閥 베레조프스키가 소유하고 있는 민영 텔레비전 TV-6의 방
영을 법원의 폐쇄 판정(2001)을 근거로 정지시켰으며(1.22), 이어 방송의
주파수 사용권을 처분하였다. 당시 방영 중단과 관련하여 한 有力紙는
푸틴 대통령이 특정 재벌과의 갈등으로 수백만 러시아 시민의 "보고 즐
길" 권리를 희생시키고 있다고 논평했다(Komsomolskaya Pravda, 1.23). 한편
베레조프스키 소유의 자유주의 논조의 노바야 가제타(Novaya gazeta)紙도
압류되었으며(6.7), 이에 앞서 대표적 자유주의 언론으로서 체츠니야 및
인권에 관한 정부 정책에 비판적이던 옵샤야 가제타(Obshchaya gazeta)紙
가 매각된 직후(5월) 정간되었다.
  푸틴 대통령은 "自由 言論"이란 재벌로부터 독립된 언론이라고 규정
했으며(4.7), 언론 개혁에 관한 크렘린 회의에서(6.18) 언론의 경제적 독립
을 거듭 강조했다. 한편 레신(Mikhail Lesin) 大衆報道媒體部 長官은 하원
에서(2.6) 전국적으로 인쇄매체 303,318개, 방송매체가 3,805가 있으며,
이중 10%만이 國營이라고 증언했다. 그러나 그는 이 10% 안에 중앙 텔
레비전 전부와 중앙 日刊紙의 대부분이 속하고 있다는 사실은 언급하지
않았다.
  한편 푸틴 대통령은 위기적 상황에서 언론의 활동을 제한하는 내용의
言論媒體法 개정법안이(11.1 하원 채택, 11.13 상원 승인) 테러에 효과적으
로 대처하기 보다는 오히려 檢閱制를 도입하게 되는 위험이 있음을 들어

거부권을 발동했다고 밝혔는데(11.25), 이에 앞서 언론계 인사들은 개정
안이 언론 활동을 심각하게 위축시킬 우려가 있음을 들어 그에게 이를
서명하지 않도록 호소했었다(11.20). 개정안은 모스크바 극장 인질사건에
(10월) 대한 일부 언론의 "과잉" 보도를 문제 삼아 입안된 것이다.

사회단체와 관련하여 전직 공보장교로서 태평양 함대의 핵폐기물 투척
행위를 폭로했던 파스코(Grigorii Pasko)가 군사법정에서 국가기밀 누설 혐
의로 2001년 말 유죄를 선고 받은 것과 관련하여 러시아 내외에서 항의
가 이어졌다. 그럼에도 불구하고 러시아 최고재판소 군사부는 파스코의
國家叛逆罪 유죄판결을 지지하고 그에 대한 형을 확정했다(6.25). 이 밖
에 적어도 두 명의 과학자가 간첩 혐의로 기소되었다.

끝으로 하원은 대통령이 제출한 '過激主義 對策 法案'을 채택했다
(6.27).

2. 경제 동향

가. 경제정책

카샤노프 총리는 年初(1.15) 경제정책의 최우선 과제로 거시경제의 안
정을 내세웠으며, 5월 하원 연설에서도 경제의 안정을 강조했다(5.15). 한
편 푸틴 대통령은 年次敎書 연설에서 경제발전 "加速化"의 일환으로 世
界貿易機構(WTO) 가입을 위한 환경 정비 등을 과제로 열거했으며, 안
보위원회 회의에서(7.8) 인구 변동과 불법이민 등 경제여건의 변화에 대
응하여 新 經濟安保 政策을 수립할 것을 강조했다.

나. 실물경제

國內總生産(GDP)은 前年 對比 4.3% 증가함으로써 러시아 경제는 전

표1: 러시아의 주요 경제지표, 1995-2002 (전년 대비, %)

	1995	1996	1997	1998	1999	2000	2001	2002
국내총생산(GDP)	-4.0	-3.4	0.9	-4.9	5.4	9.0	5.0	4.3
공업생산	-3.0	-4.5	2.0	-5.2	11.0	11.9	4.9	3.7
농업생산								1.7
고정자본 투자	-10.0	-18.0	-5.0	-12.0	5.3	17.4	8.7	2.6
소비자 물가 (年)	131	22	11.0	84.4	36.5	20.2	18.6	15.1
실업률(연말 기준)	8.2	9.3	9.0	11.8	11.7	10.2	9.0	7.1
수출 (10억 $)	82.4	89.7	86.9	74.4	75.6	105.0	101.6	106.1[*]
수입 (10억 $)	62.6	68.1	72.0	58.0	39.5	44.9	53.8	60.8[*]

* 러시아 재무부, http://www.minfin.ru.
자료: 러시아 국가통계위원회, http://www.gks.ru; 러시아 재무부, http://www.minfin.ru.

해에 비해 다소 둔화는 되었으나 여전히 성장세를 견지했다. 공업생산은 3.7% 증가를 기록했다. 그러나 석유 등 자원 생산이 活況인 것과 달리 內需産業 부문이 상대적으로 침체를 보이는 등 불균형이 노정되었다. 농업생산도 豊作에도(곡물수확고 8,700만 톤) 불구하고 1.7% 증가하는 데 그쳤으며, 특히 固定資産 投資는 2.6% 증가에 그쳐 두 해 연속으로 성장이 둔화되었다.

消費者 物價는 前年 연말 對比 15.1%로 전해에 비해 증가세가 둔화는 되었으나, 목표 상한인 14% 수준을 초과하게 되었다. 끝으로 루블貨는 달러貨 對比 5.5% 切下되어 연말 현재 달러 當 31.8루블을 기록했다.

다. 재정

물가와 환율의 안정은 일관성 있는 재정정책에 따른 것으로서 특히 중앙은행의 역할이 컸던 것으로 관찰되었다. 러시아의 金·外貨 準備高는 7월 초 현재 436억 달러로 사상 최고를 기록했다(7.4).

한편 하원은 2003년도 聯邦 豫算法案을 승인했는데(12.11), 이는 歲入과 歲出을 각각 24,178억 루블(GDP의 18.5%)과 23,456억 루블(GDP의

17.7%), 그리고 예산흑자를 GDP의 0.6% 수준으로 책정한 것이다.

끝으로 러시아 기업의 60%가 여전히 脫稅를 하고 있는 것으로 聯邦 國稅警察局이 추정했으며(1. 8), 비슷한 맥락에서 世界銀行(World Bank) 은 러시아 경제의 40-50%가 여전히 暗經濟로 남아있다고 추산했다 (newsru.com, 11.11).

라. 개혁

(1) 은행

푸틴 대통령은 중앙은행을 정부에 종속시키는 내용의 中央銀行法에 서명했다(7.10). 이로써 중앙은행에 대한 국가은행평의회(정부)의 권한이 대폭 확대되었는데, 앞서 게라셴코(Viktor Gerashchenko) 중앙은행 총재는 이 법안에 반대하여 사임했다(3.15). 게라셴코 하에서 중앙은행은 루블貨 의 안정과 상업은행에 대한 감독을 강화하여 왔었다.

한편 이그나티에프 신임 중앙은행 총재는 금융기관이 金融危機(1998) 의 후유증을 완전히 회복했다고 말했다(6.25). 그러나 금융기관에 대한 개혁은 외국인 持分의 12% 上限制를 폐지하는 정도에 그쳤다.

(2) 농지

하원은 農地 取得法案을 채택함으로써(6.26, 贊258-反149-棄5) 마침내 농지의 자유로운 소유와 매매가 가능하게 되었다. 土地法典이 2001년 채택되었으나 당시 공산당 등 在野의 반대로 농지의 거래와 소유는 여전 히 금지되고 있었다. 신 농지법은 외국인과 외국자본의 경우 이들의 소 유 비율이 50%를 초과하는 기업에 대해 농지 취득을 금지하고 대신 1949년 상한의 賃借를 인정하고 있다.

(3) 민영화

정부는 석유회사 슬라브네프쩨(Slavneft')의 국가 保有株 중 74.95%를 십네프치(Sibneft')에 18.6억 달러에 매각했다(12.18). 이로써 러시아의 석유기업은 십네프치와 유코스(Yukos), 루크오일(LUKoil), 수르구트네프쩨가스(Surgutneftegaz)의 4개 대기업으로 재편되었다.

하원은 정부가 발의한 鐵道 改革 관련 4개 법안을 채택했다(12.24). 이로써 민영화의 일환으로 주식회사 '러시아 鐵道'가 설립되고 철도부에서 기능을 이전 받게 되었다.

한편 하원은 국영 독점 대기업인 '러시아 統一 電力體系'(EES)를 개혁하고 發電과 전력 판매의 민간 이관 등을 골자로 하는 전력산업 개혁 관련 법안을 정부 내 異見 때문인 것으로 풀이된 가운데 처리하지 못하고 2003년으로 이월하게 되었다(12.19).

끝으로 정부는 2010년까지의 농촌 발전을 위한 연방 특별계획을(약 1,800억 루블 투입 예정) 승인했다(12.6). 이 밖에 勞動法典과(2. 1) 仲裁法典이(9.1) 발효되었다.

마. 대외경제

(1) 경제협력

美國 商務部는 러시아에게 "市場經濟國"의 지위를 부여한다고 발표했다(6.6). 이로써 러시아는 미국에 대한 수출을 연 15억 달러 정도 증가할 수 있게 되었는데, 이러한 조치는 이라크 사태와 관련하여 러시아를 달래기 위한 노력의 일환으로 풀이되었다. 이어 유럽聯合(EU)도 러시아를 "시장경제국"으로 인정하고(11.7), 이에 상응하게 反덤핑 관련법을 수정했다.

502

한편 EU는 러시아의 WTO 가입 조건으로 이 기구의 제반 법규에 배
치되는 법률의 통과 중지, 서방 航空社의 러시아 영공 通航料 징수 중지
및 러시아 항공산업과 知的所有 산업에 보조금 지급 중지를 요건으로
제시했다(1.25).

(2) 무역, 투자

러시아는 國際高油價에 힘입어 1,061억 달러라는 기록적 수출 신장을
이룩하고 453억 달러의 무역흑자를 거두게 되었다. 예년에 이어 연료 및
에너지 산품이 수출의 56.5%를(1-10월) 차지했다. 이외에 무기 수출도
42억 달러를 초과할 것으로 예상됐다(ntvru.com, 7.28).

한편 外國投資는 197.8억 달러를 기록, 전해에 비해 38.7% 증가를 이
룩했다. 끝으로 러시아에서 첫 9개월간 약 163억 달러의 자금이 해외로
도피된 것으로 추정되어(11.15) 前年 同期에 비해 21.5% 증가한 것으로
推計되었다.

(3) 대외채무

카샤노프 총리는 10월 1일 현재 대외채무는 1,200억 달러에 달한다고
밝혔다. 이에 앞서(5.13) 재무부는 2002년 중 142억 달러의 외채를 상환
하게 될 것으로 전망했었다. 獨逸은 舊 東獨에 대한 舊 蘇聯의 채무 65
억 루블(硬貨 루블)을 5억 유로(4.4억 달러)로 환산, 삭감한 것으로 발표되
었다(4.10).

바. 생활수준

러시아 국민의 생활수준은 마침내 1998년의 金融危機 이전 수준으로

회복되었다고 국가통계위원회가 발표했다(*RosBalt*, 8.1). 實質 可處分 貨幣 所得은 금융위기 직전 수준을 5.4%, 실질임금은 18.7% 초과하게 되었다.

3. 사회 동향

가. 모스크바 극장 인질사건

체츠니야 독립파 무장집단이 모스크바 동남부의 한 극장을 점거하는 사건이 발생했다(10.23). 약 50여 명의 범인들은 자신들의 신체와 극장 내에 대량의 폭약을 장착하고 관객과 극단원 약 800명을 인질로 잡은 가운데 러시아 연방군이 체츠니야에서 군사작전을 중지할 것을 요구했다. 러시아 정부의 발표에 의하면, 범인들이 인질을 사살하기 시작했으며 (10.26 새벽), 이에 따라 당국은 불가피하게 特殊部隊를 투입하여 범인들을 제압하게 되었다. 범인 50명이 살해되고 수 명이 구속되었다. 인질은 약 750명이 해방되었으며, 129명이 사망했는데 이들은 거의 모두 특수 부대가 살포한 睡眠가스에 中毒死한 것으로 판명되었다. 푸틴 대통령은 10월 28일을 애도의 날로 선포했다.

당국은 인질구출 작전에 사용된 특수 가스의 성분은 밝히지 않았는데, 가스 중독자들에 대해 解毒劑 투입이 신속히 이루어지지 않은 것과 관련하여 논란이 지속되었다. 이와 함께 당국은 일부 언론의 인질사건 "과잉" 보도에 비판을 가했으며, 푸틴 대통령의 지시로(10.29) 國家安保 敎理(槪念)를 수정하게 되었다.

나. 국세 조사

러시아는 소련 말기인 1989년 이래 처음으로 國勢調査를(10.9-16) 실시했으며, 국가통계위원회는 이를 토대로 러시아 인구를 약 143.3백만

명으로 잠정 집계했다(10.21). 모스크바 시민은 약 1,040만 명이고 분리
주의 체츠니야 인구는 108만 여 명으로 조사되었다.

다. 법과 질서

令狀制度를 강화하고 피의자의 인권 보장을 강조한 신 刑事訴訟法이
발효되었다(7.1).

범죄와 관련하여, 츠베트코프(Valentin Tsvetkov) 마가단(Magadan) 州知
事가 모스크바에서 총격을 받고 살해되었다(10.18). 그는 마가단 州政府
에 제공된 借款이 증발된 사건을 조사 중 변을 당했는데 지방 지도자가
암살되기는 소련이 붕괴된 이래 이번이 처음이다.

푸틴 대통령은 안전보장회의에서(11.27) 러시아령 극동지방의 안보 문
제를 토의한 가운데 多國籍 犯罪와 국제 테러조직의 활동이 極東地方
의 안정과 발전을 위협하고 있다고 강조했다. 한편 러시아에서 中國과
베트남 출신의 폭력조직이 少數民族 系 범죄조직 중 가장 활동적인 것
으로 전해졌다(8.20).

라. 인종주의, 과격주의

예년에 이어 유태인 등 少數民族과 아프리카 및 아시아 출신자들에
대한 인종차별적 폭력행위가 빈발했다. 極右 러시아 청년들이 아제르바
이잔人(3.28), 아프가니스탄人(4.15)을 구타하여 살해하는가 하면, 反아르
메니아人 시위와(모스크바주, 7.12) 아제르바이잔 상인들에 대한 난동이(모
스크바, 8.2) 계속되었다.

외국 외교관들에 대한 폭력행위도 잇달아 보고되고 있어 러시아의 外
國人 嫌惡에 대해 우려의 목소리가 높아지고 있는 가운데 이바노프(Igor'
Ivanov) 외무장관은 모스크바 주재 외교단 대표들에게 인종주의 및 과격

주의에 대한 당국의 대책을 설명했다(5.18). 이러한 대책의 하나로 마련된 過激主義 對策法案(6.27 채택)은 과격단체를 구성하거나 이에 가담할 경우 2-4년의 징역에 처할 수 있도록 규정하고 있다.

4. 군사 동향

가. 국가안보 개념

모스크바 극장 인질사건 직후(10.29) 푸틴 대통령은 테러의 위협에 대처하여 군사력 사용 계획에 필요한 변경을 가하고, 이를 토대로 새로운 "國家 安全保障의 槪念"을 준비하도록 지시했다. 이로써 테러에 대처하여 군대의 역할이 제고될 것으로 관측되었는데, 실제로 이바노프 국방장관은 신 안보 개념에는 러시아 군대가 國外의 테러 위협에 대해 豫防攻擊을 행할 권리까지 인정하게 될 것이라고 밝혔다(11.5).

나. 군 개혁

푸틴 대통령은 年次教書 연설에서 러시아 군대를 "精銳 機動軍"으로 탈바꿈시키기 위해 징집병의 복무기간 단축과 궁극적인 직업군대로의 이행을 위한 준비가 필요하다고 언급했다(6.28). 이의 일환으로 空挺部隊 제76 프스코프(Pskov)師團에 대해 지원병제로 이행하는 실험이 개시되었는데(9.1), 이바노프 국방장관은 2004-2007년 기간 중 92개 부대(166,000명)가 지원병으로 충원될 것이라고 말했다(11.21).

한편 크바슈닌(Anatolii Kvashnin) 참모총장은 2002년에 계획대로 병력이 100만 명 이하로 감축될 것이라고 재확인했다(7.26). 그러나 그는 앞서(5.30) 장교들의 集團退役에 우려를 나타내고, 봉급이 인상되지 않으면 앞으로 3-5년 내에 將校團이 사라지게 될지 모른다고 경고했었다.

2003

1. 정치 동향

가. 대통령 푸틴

(1) 차기 집권 포석

푸틴 대통령은 추측대로 마침내 볼로신(Aleksandr Voloshin) 大統領府 長官을 해임했다(10.30). 그의 퇴진은 러시아 최대 재벌의 구속으로 이어진 이른바 유코스(Yukos) 사건을 마무리 짓는 手順이자, 다른 한편으로 푸틴 정권에서 권력의 이동을 상징하는 것으로 풀이되었다.

대통령에 이어 제2인자로 정무에 임해 온 볼로신은 옐친(Boris Yeltsin) 전 대통령의 측근으로서 "一家"(sem'ya)로 통칭되는 옐친 시대의 세력과 푸틴이 임명한 내무, 국방, 보안부서 실력자들간에 — 이들은 자주 "權府 派"(siloviki)로 지칭되고 있음 — 균형과 공존을 관리해 온 것으로 알려지고 있다. 옐친 전 대통령 집권 중 私有化 과정에서 축재를 한 이른바 "寡頭 財閥"은 대부분이 一家의 성원으로서 유코스 사건과 볼로신의 퇴진은 一家의 퇴장과 權府 세력의 득세를 의미하는 것이다.

볼로신의 후임으로 푸틴 대통령의 측근인 大統領府 第1副長官 메드베데프(Dmitrii Medvedev, 38)가 임명되었으며, 코자크(Dmitrii Kozak) 부장관이 제1부장관으로 승진했다(10.30).

끝으로 차기 대통령 선거일이 2004. 3. 14일로 공고되고 선거운동이 12월에 공식적으로 시작된 직후 푸틴 대통령이 출마를 선언했다(12.21). 11월 말 현재 여론조사에서 응답자의 78%가 그를 지지하는 것으로 나타났다.

(2) 내각

내각 인사는 예년에 비해 정치적 성격이 짙었다. 마트비엔코(Valentina Matvienko) 부총리가 西北部 聯邦管區 大統領 全權代表로 옮긴 뒤 (3.11), 상트 페테르부르그(Sankt Petersburg) 시장에 출마하여 당선되었다 (10.5). 이에 앞서 야코블레프(Vladimir Yakovlev) 상트 페테르부르그 시장 이 푸틴의 조언에 따라 三選 출마를 포기하고 연방정부 부총리(주택·공공 사업 담당) 직을 맡게 되었다(6.16). 끝으로 친정부 정당 '통일 로시야'를 이끌던 그리즐로프(Boris Gryzlov) 내무장관이 신임 下院議長에 선출되어 내무장관 직을 사퇴했다(12.30).

한편 공산당과 '야블로코' 두 야당은 개혁의 부진을 이유로 카샤노프 (Mikhail Kas'yanov) 총리와 내각에 대한 불신임을 공동으로 제청했으나 부결되었다(6.18).

푸틴 대통령은 公安機關의 재편 및 관련 인사를 단행했는데(3.11), 이 의 일환으로 연방통신·정보국(FAPSI)과 연방국경경비국(FSP)을 해체하고 이들을 聯邦保安局(FSB)에 합쳤으며, 연방세무경찰국(FSNP)을 폐지하고 그 기능을 內務部로 이관했다.

나. 의회

(1) 국가회의: 총선

국가회의(Gosudarstvennaya Duma, 하원) 선거가 12월 7일 실시되어 447 명의 대의원이 선출되었다. 총선에 모두 29개 정당 및 정파가 경합을 벌 였으며, 55.75%의 — 60,712,299명 — 투표율을 기록했다.

총선 결과는 이미 예측되었던 것이나, 그럼에도 불구하고 친정부 세력 의 득세는 예상을 뛰어넘는 것이었다. 대통령의 黨으로 지칭되는 '統一

로시야'(Edinaya Rossiya)는 전체 의석의 거의 절반을 차지하는 압승을 거두었으며, 이에 더해 러시아 민족주의를 대변하는 '자유민주당'(LDPR)과 '祖國'(Rodina) 政派도 약진을 이룩했다.

대조적으로 共産黨은 비록 원내 제2위를 계속해서 확보하기는 했으나, 그 세력은 대폭 약화되었다. 공산당은 1999년 총선에서 113석을 차지했으나 금번 총선에서 52석을 차지하는 데 그친 것이다. 親西方, 자유주의 세력은— '야블로코'와 '右派勢力同盟' — 회복이 불가능할 정도로 참패를 당했다. 이들은 단지 지역구에서 6석을 확보하는 데 그쳤다.

총선에 이어 신임 대의원으로 구성된 제4대 의회가 개원했으며(12.29), '統一 로시야'가 改憲線인 대의원 전체의 2/3를 차지하는 원내 최대의

표1: 2003. 12월 총선 결과, 정당/정파별 구성* (단위: 의석수)

정당/정파	연방선거구 (비례대표구)		1인 선거구 (소선거구)	총 의석수
	의석수	득표율, %		
統一 로시야 (Edinaya Rossiya)	120	37.57	103	223
러시아 연방 공산당 (KPRF)	40	12.61	12	52
자유민주당 (LDPR)	36	11.45	0	36
祖國 (Rodina) 정파	29	9.02	8	37
인민당		1.18	17	17
야블로코 (Yabloko)		4.30	4	4
右派勢力同盟 (SPS)		3.97	2	2
기타 정당/정파		13.62	9	9
무소속			67	67
모두 거부		4.70	(3)	(3)
합 계	225		222	447

* 유권자들은 선호하는 정당에 기표하고, 동시에 지역 차원에서 지지 후보에 투표하게 되는데, 정당 별 득표를 기준으로 하는 연방선거구(전국구)의 경우 225개 의석이 의석 배분에 참여할 수 있는 하한선인 득표율 5%를 넘은 4개 정당 및 정파에 분배되었다. 한편 최다 득표자를 대의원으로 선출하는 1인 선거구(지역구) 중 3곳에서 후보 "모두에 대한 거부" 표가 최다 득표자의 득표보다 많아 선거 무효가 선언되었으며, 2004년 3월 대통령 선거와 병행하여 이들 선거구에서 재선거가 실시될 예정이다.

자료: 러시아 연방 중앙선거위원회 (2003. 12. 29. 현재), http://www.cikrf.ru.

표2: 제4대 하원의 원내 교섭단체 현황 (2003. 12. 29. 현재)

계 파	지 도 자	대의원 수
統一 로시야	그리즐로프 (Boris Gryzlov)	300
러시아 공산당	쥬가노프 (Gennadii Zyuganov)	52
자유민주당	레베데프 (Igor' Lebedev)	36
祖國	글라지에프 (Sergei Glaz'ev)	36
기타*		23
		447

* '기타' 23명은 교섭단체 결성에 불참한 무소속 대의원들임.
자료: 러시아 연방 하원, http://www.duma.gov.ru.

교섭단체를 구성하게 되었다. 이에 더해 '統一 로시야'의 동반자로서 '祖
國'은 적극적으로, 그리고 '자유민주당'은 事案에 따라 푸틴 정부를 지
지하여 왔으며, 이들을 포함하여 친정부 세력의 의회 장악은 푸틴에게
국정을 사실상 백지 위임한 것이나 다름없는 것으로 풀이되었다(*Rosbalt*,
2003. 12. 10.). 개원식에서 신임 하원의장에 '統一 로시야' 지도자 그리
즐로프가 선출되었다.

(2) 연방회의 (상원)

미로노프(Sergei Mironov) 상원의장이 再選되었다(1.29). 地方을 대표하
는 상원은 60여 건의 정부 발의 법안을 일사천리로 통과시키는(6.25) 등
친정부 성향을 유감없이 과시했는데, 이중에는 지방의 권한 약화 및 地
方 歲入의 축소에 관한 것도 포함되고 있었다.

다. 중앙-지방관계

(1) 지방자치 개혁

푸틴 대통령이 "가히 혁명적"이라고 自讚한 가운데 연초 발의했던 地

方自治 개혁법안이 하원을 통과했다(9.16). 그의 서명을 거친(10.6) 법안은 2006년에 발효된다. 이 법안은 지방자치단체의 — 도시와 농촌거주지역 등 — 행정능률 제고를 목적으로 했으나, 이로써 市長을 비롯한 地方自治 團體長의 임면에 관한 상급 국가기관의 권한 강화 및 地自體 재정의 상급 기관에 대한 의존의 심화 등 결과적으로 중앙집권화가 강화된 것으로 지적되었다.

페름(Perm) 州와 인접 코미-페르먀크(Komi-Permyak) 自治區가 주민투표를(12.7) 통해 합병했다. 푸틴 정부는 연방 구성주체들의 — 州와 共和國 등 — 합병을 장려했으나, 루슈코프 모스크바(Yurii Luzhkov) 시장은 모스크바市와 주변 모스크바州의 합병에 반대했다(6.15).

모두 15개 연방주체에서 州知事와 共和國 大統領 선거가 실시되었는데, 당선자들은 루슈코프 모스크바 시장을(12.7) 비롯하여 현직 首長으로서 3選이 대부분이었다.

이 밖에 타타르스탄(Tatarstan) 공화국 헌법재판소는 공화국이 타타르語를 표기할 字母를 스스로 결정할 권한이 있다고 판결했다(12.24). 공화국 정부는 2001년 타타르語의 로마字 표기를 공식 채택했으나, 러시아 연방 하원은 2002년 소수민족들의 언어를 모두 키릴 문자(러시아語 字母)로 표기할 것을 의무화 한바 있다.

끝으로 파르후트디노프(Igor' Farkhutdinov) 사할린(Sakhalin)州 知事가 헬리콥터 추락 사고로 사망했다(8.20).

(2) 체츠니야 내전

內戰 다섯째 해를 맞은 가운데 체츠니야의 독립을 요구하는 무장집단과 이에 맞선 연방정부군(8만여 명) 사이에 충돌이 계속되었으며, 특히 首都 그로즈니(Grozny) 동남부의 샬리(Shali) 地區에서는 2000년 여름 이래 최대의 전투가 벌어졌다. 독립파 전투원은 8월 현재 1,200명에서(연방정

부군 발표) 많게는 2,000-3,000명 규모로(체츠니야 행정당국 발표) 추산되고
있다. 다음은 내전과 관련한 주요 사건들이다.

3. 23: 체츠니야를 러시아의 일부로 규정한 신 체츠니야 공화국 헌법,
주민투표로 채택.

4. 15: 독립파 전투원, 그로즈니 외곽에서 버스 공격으로 경찰 등 17명
피살.

5. 12: 북부 즈나멘스코에(Znamenskoe) 地區 정부 청사에 폭탄차량 폭
발로 최소 59명 사망.

5. 14-18: 남부 일리스한-유르트(Iliskhan-Yurt)에서 자살폭탄 테러를 비
롯하여 두 차례 폭탄 테러로 70명 이상 피살.

6. 5: 북부 오세티아(Ossetian)의 모즈도크(Mozdok)시 근교 공군기지로
향하던 버스에서 자살폭탄 테러로 17명 피살.

6. 7-8.31: 체츠니야 내전 가담자 중 투항자에 대한 사면 실시.

7. 5: 모스크바 투시노(Tushino) 근교의 야외 음악제 입구 부근에서 자살
폭탄 테러로 17명 피살. 당국, 체츠니야 전투원의 소행으로 주장.

7. 21: 마스하도프 독립파 대통령, 잠정 단계로 국제관할 하에 체츠니야
의 "조건부 독립"案의 수용 촉구.

8. 1: 북부 오세티아의 모즈도크市 소재 러시아군 병원에 폭탄차량 폭파
로 50명 피살.

8. 20-21: 그로즈니 동남부 샬리 地區에서 2000년 여름 이래 최대 전투.

10. 5: 체츠니야 공화국 대통령 선거에서 카디로프 행정부 장관 당선.

12. 5: 스타브로폴州 예센투키(Yessentuki)市에서 통근 전동차 폭파로
47명 사망. 당국, 체츠니야 전투원의 소행으로 주장.

독립파 무장집단에 대한 토벌작전 중 민간인에 대해 자행되는 연방군
의 잔혹행위가 예년에 이어 문제로 제기되었다. 카디로프(Akhmed-hadji
Kadyrov) 체츠니야 행정장관은 체츠니야에서 2002년에 매달 민간인 100
여 명씩 처형되었으며, 약 3,000구의 시신이 집단 매장된 것이 발견되었
다는 外紙(Le Monde) 보도를 사실과 다르다고 부인했으나(4.14), '국경 없
는 의사회'(MSF)는 인접 잉구시 공화국으로 도피 중인 체츠니야 난민의

98%가 귀향을 두려워하고 있다고 발표했다(4.28).

체츠니야 내 인권 침해와 관련하여, 유럽 인권재판소는 러시아 정부군의 잔학상을 심리해주도록 체츠니야인들이 제출한 청원을 수락했으며(1.16), 유럽회의 총회(PACE)는 체츠니야 인권침해를 다룰 전범재판소 설치 결의안을 채택했다(4.2). 그러나 이 결의안은 유엔 인권위원회에서 부결되었다(4.16). 한편 푸틴 대통령은 연말 회견에서 서방국가들이 체츠니야 테러분자들과 대결하는 데 러시아를 지원하는 것을 회피하고 있다고 비난했으며(11.5), 러시아 정부는 2002년 말로 종료된 체츠니야 내 유럽 安保·協力機構(OSCE) 사무소의 주재 기간 연장을 거부했다(1.23).

러시아 정부는 독립파 소탕작전과 함께 체츠니야에서 宣撫作業 및 親모스크바 정부의 수립을 병행하여 추진했다. 당국은 유럽聯合(EU)을 비롯하여 체츠니야 내외의 반대에도 불구하고 체츠니야를 러시아의 일부로 규정한 신 체츠니야 공화국 헌법에 대한 주민투표를 실시하게 되었다(3.23). 마스하도프(Aslan Maskhadov) 독립파 대통령의 호소에도 불구하고 투표율은 89.5%, 찬성 95.4%의 압도적 지지로 헌법이 채택된 것으로 공식 발표되었는데, 푸틴 대통령은 이로써 러시아의 영토 보전에 관한 최후의 문제가 해결되었다고 평가했다.

푸틴은 체츠니야 분규 가담자들에 대한 赦免法案을 발표했으나(6.7) 자수 시한까지(8.31) 투항한 독립파 전투원은 170여 명으로 당국의 기대에는 미치지 못한 것으로 알려졌다. 당국은 또한 체츠니야에서 분규로 인해 주택과 재산을 상실한 자에 대한 보상금을 9월부터 지급하기로 했다(7.7).

끝으로 체츠니야 의회는 마스하도프 독립파 대통령을 탄핵했으며(9.5, 贊43-反42), 이어 공화국 대통령 선거에서(10.5) 카디로프 행정장관이 신임 대통령으로 당선되었다(투표율 87.7%, 카디로프 지지율 80.84%). 카디로프는 2000년부터 체츠니야의 임명직 首班을 역임하여 왔다.

라. 국가와 시민사회

(1) 과두재벌: 유코스 사건

聯邦保安局은 러시아 최대의 석유회사인 유코스(Yukos)의 호도르코프스키(Mikhail Khodorkovskii) 회장을 전격 체포했다(10.25). 러시아 제1의 재벌인 호도르코프스키는 私有化 과정에서 株價를 불법 조작하는 등 사기와 탈세 혐의가 있다고 당국은 그의 구속 사유를 밝혔다. 이에 앞서 당국은 유코스와 연관이 있는 또 다른 재벌 레베데프(Platon Lebedev) 메나테프(Menatep) 은행장을 1994년 사유화 과정에서 국가 보유의 주식을 횡령한 혐의로 구속했다(7.3).

호도르코프스키는 옥중에서 유코스 회장직을 사임했으며(11.3), 이어 연초부터 추진되어 왔던 유코스와 십네프치(Sibneft') 석유회사간의 합병 계획도 백지화되었다(11.28).

푸틴 대통령은 오랜 침묵 끝에 유코스 사건과 관련하여 수사는 정부의 부패 척결 노력과 연관된 것으로서 적절한 것이었다고 말했다(11.6). 그는 지난 십여 년에 걸친 사유화 결과를 번복할 계획은 없으나, 다만 이러한 방침이 법을 준수하지 않는 사람들에게는 해당되지 않는다고 말함으로써 일부 재벌에 대한 조치가 추가로 취해질 가능성을 비치기도 했다(12.23).

푸틴 대통령의 해명에도 불구하고 호도르코프스키의 구속은 정치적 고려에 따른 것으로 풀이되었다. 그는 푸틴 정권에 반대하는 '야블로코'와 '우파세력동맹,' 그리고 공산당을 후원한 것으로 지목되었으며, 그 자신도 정치적 야망을 갖고 있었던 것으로 알려졌다. 이로써 그는 푸틴을 정점으로 하는 러시아의 권력 기반을 위협하는 존재로 부각된 것으로 관측되었다.

한편 푸틴 정부의 이른바 寡頭財閥 길들이기의 첫 대상이었던 베레조프스키(Boris Berezovskii)는 영국에서 망명을 허용 받았으며(9.10), 구신스키(Vladimir Gusinskii)는 그리스(Greece) 법원이 그에 대한 러시아 정부의 송환 요구를 거부한 뒤 석방되었다.

(2) 언론

정부는 경영 부실을 이유로 민영 텔레비전 TVS의 방송을 정지시켰으며(6.22), 이와 관련하여 볼스키(Arkadii Volskii) 러시아 상공인 연맹(RSPP) 회장은 이는 민주주의 국가에서 취할 방식이 아니라는 입장을 피력했다(7.10). 한편 당국은 또 다른 民放 TV-6에 대해 취했던 영업정지 조치를 (2002. 1.) 법원의 판결에 따라 취소하게 되었다(4.22).

한편 국영 언론매체, 특히 3대 텔레비전 방송은 — ORT, RTR, NTV — 12월 총선 유세 중 '統一 로시야'와 '祖國' 등 친정부 진영에 유리한 편파적 보도를 일삼은 것으로 지적되었다(12.1, OSCE). 이외에도 당국은 관련 법을 수정하여 선거 유세 중 후보자에 대한 평가 보도를 금지하는 등 언론 활동에 제한을 가하려 했으나, 헌법재판소는 이러한 취지의 연방법을 違憲으로 판결했다(10.30).

2. 경제 동향

가. 경제정책

카샤노프 총리는 지난 십여 년에 걸친 私有化의 결과를 되돌리는 일은 없을 것이며 정부는 사유화를 기본정책으로 계속해서 추진할 것이라고 말함으로써(7.17) 유코스 사건으로 야기되고 있는 재산 몰수에 대한 불안을 해소하는 데 진력했다. 푸틴 대통령도 연말 텔레비전 회견에서(12.18) 사유화는 지속되어야 할 것이라고 재삼 강조했다.

러시아 정부는 2020년까지의 에너지 戰略을 승인하고(5.22), 상이한 경제 예측에 기초하여 에너지 개발을 위한 국책사업의 추진 방안을 확정했다.

나. 실물경제

러시아 경제는 國內總生産(GDP)이 前年 對比 7.3% 증가하는 活況勢를 지속했다. 공업생산은 7% 증가를 기록했다. 특히 연료, 기계제작, 금속공업 등 原油 생산과 관련된 부문이 9%의 높은 성장을 이룩하여 성장의 견인차 역할을 담당했다. 그러나 경공업을— 2% 성장 — 비롯한 內需産業 부문은 전해에 이어 상대적으로 침체를 보였다. 原油 생산은 年中日産 846만 배럴 규모로 2002년 對比 11% 증가했다. 농업생산은 1.5% 增産에 그쳤다.

한편 솔타가노프(Vyacheslav Soltaganov) 안전보장회의 부서기는 暗經濟가 러시아 GDP의 20-25% 정도를 차지하고 있는 것으로 추정했다(9.16).

표3: 러시아의 주요 경제지표, 1995-2003 (전년 대비, %)

	1996	1997	1998	1999	2000	2001	2002	2003
국내총생산(GDP)	-3.6	1.4	-5.3	6.4	10.0	5.1	4.7	7.3
공업생산	-4.5	2.0	-5.2	11.0	11.9	4.9	3.7	7.0
농업생산				4.1	7.7	7.5	1.7	1.5
고정자본 투자	-18.0	-5.0	-12.0	5.3	17.4	10.0	2.6	12.5
소비자 물가 (年)	22	11.0	84.4	36.5	20.2	18.6	15.1	12.0
실업률, 연말 기준	9.3	9.0	11.8	11.7	10.2	9.0	7.1	8.9
수출 (10억 $)	89.7	86.9	74.4	75.6	105.0	101.9	107.2	134.4
수입 (10억 $)	68.1	72.0	58.0	39.5	44.9	53.8	61.0	74.8

자료: 러시아 연방 국가통계위원회, http://www.gks.ru.

다. 재정, 예산

消費者 物價는 前年 연말 對比 12%로 전해에 비해 증가세가 둔화되었다. 한편 루블貨는 연말 현재 달러 當 29.45루블을 기록하여 前年 同期 대비 7% 이상 환율이 인하되었다. 러시아의 金·外貨 準備高는 12월 초 현재 682억 달러로 사상 최고를 기록했다.

한편 하원은 2004년도 聯邦 豫算法案을 승인했는데(11.28), 이는 歲入과 歲出을 각각 2.74兆 루블(GDP의 17.9%)과 2.66兆 루블(GDP의 17.4%), 그리고 예산흑자를 GDP의 0.5% 수준으로 책정한 것이다. 예산안은 5% 이상의 경제성장과 10% 수준의 소비자 물가 상승을 감안한 것이다.

라. 개혁: 사유화

철도 민영화의 일환으로 주식회사 '러시아 鐵道'가 설립되었으며(10.1), 鐵道部 자산의 일부가 신설 회사로 이전되었다. 푸틴 대통령은 철도회사의 설립을 시발로 수송 부문에서 민영화를 앞당기도록 촉구했다(10.29).

이에 앞서 6개 전력사업의 개혁에 관한 법안이 하원에서 채택되었다(2.21). 이로써 러시아의 전력산업은 기존의 '러시아 統一 電力體系'(EES)를 모체로 하되 관리 및 송전을 담당하는 회사를 설립할 수 있게 되었다.

연초에(2.27) 정부는 2003년도 사유화의 추가 목록을 승인했다. 메드베데프(Yurii Medvedev) 財産關係部 제1부장관은 이로써 1,000억 루블 이상의 수입을 ─ 민영화 510억 루블(16.5억 달러), 자산운용 400억 루블 포함 ─ 기대한다고 말했다. 그는 아직도 9,000여 개의 국영기업이 가동 중이며, 이들이 GDP의 약 30%를 담당하고 있다고 밝혔다. 이 밖에 3,000여 개 회사에 國家保有株가 운용되고 있다고 그는 덧붙였다. 한편 정부는 사유화의 일환으로 2004년에 항공기 제작사 미그(MiG)를 매각할 계획임을 밝혔다(8.22).

끝으로 석유회사 유코스와 십네프치의 합병 계획이 취소되었다(11.28). 당국은 앞서(8.14) 러시아 사상 최대의 합병이 될 이들 두 회사의 합병 신청을 승인했었다.

마. 대외경제

러시아가 세계무역기구(WTO)에 가입하는 데 있어서 러시아의 국내외 에너지 가격의 차이가 걸림돌로 제기되었다. EU는 이러한 연료 가격의 차이는 결국 보조금의 지급과 다를바 없다는 입장을 취했다.

국제 신용평가 기관 스탠다드-푸어즈(Standard & Poor's)는 1월 말 外貨 標示 長期 政府借款의 경우 러시아의 신용등급을 BB⁺로 한 등급 상향 조정했으며, 무디스(Moody's)도 러시아의 신용 등급을 "투자적격"으로 인상했다(10.8).

무역: 러시아는 國際油價의 계속된 강세 덕분에 1,344억 달러라는 기록적인 수출 신장을 이룩하고 596억 달러의 무역흑자를 거두게 되었다. 원유와 천연가스의 수출로 인한 수입이 연방예산 세입의 35%를 차지했다.

이외에 푸틴 대통령은 러시아가 첫 7개월간 30억 달러 이상의 武器를 수출했다고 밝혔다(11.4). 러시아는 2002년에 59억 달러 상당의 무기를 판매, 美國을 제치고 세계 최대의 무기 수출국이 되었다.

외채, 기타: 울랴카에프(Aleksei Ulyukaev) 재무 부장관은 연방정부의 對外債務가 연초 현재 1,236억 달러라고 밝혔다(3.6). 이에 內國債 213억 달러를 합산하면 러시아의 부채 총액은 1,449억 달러에 이르는 것으로 집계되었다. 러시아는 2003년 중 대외채무 105억 달러와 이자 60억 달러를 상환한 것으로 재무부는 발표했다.

한편 그리즐로프 내무장관은 2003년 중 적어도 90억 달러의 자금이 러시아 은행들을 통해 해외로 불법 유출되었다고 말했다(10.22). 솔타가노프 안전보장회의 부서기는 2002년 중 120억 달러의 자금이 해외로 도피된 것으로 추산했다(9.16).

바. 생활수준

實質 可處分 貨幣所得은 전년 대비 14.5%, 실질임금은 10.4% 증가했다. 다만, 소득 배분에 있어서는 상위권 10%의 평균소득이 하위권 10%보다 14.3배로서 2002년의 14.1배보다 증가하는 등 貧富隔差가 심화된 것으로 나타났다. 포치노크(Aleksandr Pochinok) 노동·사회발전부 장관은 인구의 1/4인 약 3,400만 명이 최저생활 수준 이하의 소득을— 1,500루블(48.39달러) 이하 — 갖는 빈곤계층이라고 밝혔다(2.19).

3. 사회 동향

가. 인구 동태

2002년 말 실시된 國勢調査의 잠정 집계에 의하면, 러시아 인구는 145,181.9천 명으로 나타났는데 이는 1989년 조사에 비해 184만 명이 줄어든 것으로서 인구 감소가 계속되고 있음을 보여주었다. 러시아 국민의 평균연령은 37.7세로서 1989년 조사보다 3세가 증가했으며, 인종적으로는 약 80%가 러시아인이며 나머지는 168개의 소수민족으로 구성되고 있는 것으로 나타났다. 인구 감소의 주된 요인으로 높은 사망률이 지적되었는데, 2002년 중 남자의 평균수명은 58.6세로 집계되었다.

나. 법과 질서

하원 대의원 유셴코프(Sergei Yushenkov)가 청부살인으로 추정된 가운데 피살됨으로써(4.17) 1994년이래 살해된 아홉째 대의원이 되었다.

당국은 모스크바 경찰 관계자들이 가담한 것으로 발표된 범죄집단 소 탕작전을 실시하여 緊急事態部 보안국장 등 모두 11명을 구속했는데 (6.23, 8.21), 이들은 직책을 이용하여 뇌물과 "보호비"를 갈취한 것으로 알려졌다.

陪審制가 1월 현재 레닌그라드州 등 61개 지방에 도입되었으며, 新 民事訴訟法이 2월 발효되었다.

다. 파업, 기타

전국적으로 33개 지역에서 공공부문 노동자 31만 명이 低賃과 滯拂에 항의하여 파업을 벌였다(2.26-28). 이에 앞서 이르쿠츠크(Irkutsk) 州에서 는 교사 2,000여 명이 참가한 가운데 체임에 항의하여 1-3월 중 파업을 계속했다. 한편 포치노크 노동·사회발전부 장관은 2002년 말 현재 공공 부문에서 未拂 給與가 약 300억 달러로서 이로써 600여 만 명이 피해를 입었다고 확인했다(2.19).

상트 페테르부르그 建都 300주년 축하행사가(5.23-6.1) 진행되었다. 끝 으로 모스크바 소재 루뭄바(Patrice Lumumba) 기념 민족우호대학 기숙사 에 화재로(11.24) 외국 학생 43명이 사망했다.

4. 군사 동향

가. 안보 개념의 수정

푸틴 대통령은 기자회견에서(10.9) 러시아軍의 현대화 계획을 언급하면서 러시아는 필요할 경우 외국에 대한 先制攻擊을 행할 권리를 유보한다고 강조했다. 그는 러시아가 원치는 않으나 다른 국가가 세계 도처에서 선제 공격행위를 계속한다면 러시아도 이러한 권리를 유보하게 될 것이라고 밝혔다. 관측통들은 "다른 국가"가 미국을 지칭하는 것으로 풀이했다. 이에 앞서 이바노프 국방장관은 러시아군 개혁에 관한 회의에서 (10.2) 核武器의 중요성을 강조하고 필요할 경우 핵무기의 선제 사용을 배제하지 않을 것임을 분명히 했다.

나. 군 현대화

이바노프 국방장관은 軍 改革 회의에서(10.2) 러시아군 현대화에 관한 기본 계획을 제시했다. 그는 이제 군대의 급격한 개편은 끝났다고 선언하고, 현재 러시아군 병력은 약 100만 명이라고 밝혔다. 그는 향후 군 건설의 최우선 목표는 臨戰 태세를 갖춘 부대의 숫자를 늘리는 것이라고 말했다. 계획에 따르면, 러시아군은 2007년까지 機動打擊軍을 완비하고 장병의 절반 정도를 계약제로 전환하게 된다. 러시아군은 1992년 이래 병력의 절반 이상이 감축되는 일대 "시련"을 겪어왔다.

푸틴 대통령은 군 개혁 회의에서 핵 억지력이 러시아 국방의 토대라고 말하고, 전략 미사일 전력의 강화를 군 개혁의 주요한 부분으로 강조했다. 그는 年次敎書 연설에서(5.16) 군 현대화를 3대 국정과제의 하나로 제시한바 있는데, 군 개혁 회의에 이어 소집된 軍 幹部 회의에서(11.18) 2007년 말까지 병력의 반수 이상을 계약제 장병으로 보충할 방침을 재확인했으며, 軍의 복지 문제를 해결할 필요성을 지적했다.

2004

1. 개황

푸틴 대통령은 초봄 대통령 선거에서 승리를 거두고 집권 2기를 시작
했다. 그는 당선 후 年次教書 연설에서 정치 안정과 경제 발전을 제일의
과업으로 제시했다. 다만, 그에게 정치 안정이란 국가 이외의 독립적인
권력을 제거하거나 약화시키고, "국가"를 강화하는 것을 뜻했다. 푸틴 대
통령은 이러한 정치관에 입각하여 지방정부 지도자들의 直選制를 폐지했
으며, 하원 대의원의 선출에도 직선제를 比例代表制로 바꾸고, 국가에
"위협적인" 신흥재벌 소유의 러시아 최대 석유회사를 파산으로 내몰았다.
한편 체츠니야 내전은 여전히 終戰의 기미를 보이지 않는 가운데 독립
파가 주도한 대규모 인질 사건과 체츠니야 주둔 연방정부군의 잦은 인권
유린으로 러시아 사회에 긴 그늘이 드리워졌다.
경제는 전해에 이어 活況을 유지했으나 성장세는 다소 둔화되었다. 끝
으로 사회보장 개혁은 졸속으로 인해 수혜자들의 반발만을 불러일으켰다.

2. 정치 동향

가. 대통령

(1) 대통령 선거: 푸틴의 재선

푸틴(Vladimir Putin) 대통령은 3월 14일 실시된 대통령 선거에서 大勝
을 거두고, 제4대 대통령에(임기 4년) 취임했다(5.7). 그는 후보 6명이 경
합을 벌인 선거에서(투표율 64.3%) 투표자 71.3%의 압도적 지지를 얻었

표1: 대통령 후보별 득표 실태

후 보	득표 (1,000명)	득표율 (%)
푸틴(Vladimir Putin)	49,565.2	71.31
하리토노프(Nikolai Kharitonov, 共産黨)	9,513.3	13.69
글라지에프(Sergei Glaz'ev, 하원 대의원, '祖國')	2,850.1	4.10
하카마다(Irina Khakamada, 전 '右派勢力同盟' 공동의장)	2,671.3	3.84
말리슈킨(Oleg Malyshkin, 自由民主黨)	1,405.3	2.02
미로노프(Sergei Mironov, 上院 議長)	524.3	0.75
모두 거부	2,396.2	3.45

출처: 러시아 연방 중앙선거위원회. http://pr2004.cikrf.ru.

다. 푸틴은 2000년 대선에서 52.9%의 지지를 받았었다.

이번 선거는 역대 대선 중 가장 공정하지 못한 선거로 평가되었다. 유세 중 정부기관들은 앞다투어 푸틴 현직 대통령을 편파적으로 지원하고 나섰으며, 이와 대조적으로 다른 후보들에 대해서는 매스컴의 보도 제한을 비롯하여 각종 제약이 가해졌다. 푸틴은 다른 후보들과 공동 텔레비전 토론을 벌이는 것조차 거부했다.

이미 선거 전부터 푸틴 대통령에 대한 支持는 경제 활황 등에 힘입어 70% 내외를 유지함으로써 그의 당선은 旣定化되고 있었다. 다만, 9월 베슬란(Beslan) 인질사건 이후 그에 대한 지지는 지난 4년간 최하 수준인 66%로 하락하기도 했다(*Moskovskii komsomolets*, 7.26).

(2) 내각 교체

푸틴 대통령은 大選 직전 카샤노프(Mikhail Kas'yanov) 총리가 이끌던 내각을 해산하고(2.24), 프라드코프(Mikhail Fradkov, 53) 유럽聯合(EU) 주재 러시아 대표를 차기 총리로 지명했다(3.1). 하원은 즉각 그의 임명을 승인했으며(3.5), 다시 푸틴의 再任에 맞추어 인준하게 되었다(5.12, 찬 356-반 72-기권 8).

　프라드코프는 전문관료로서 2003년 3월 EU 특사로 봉직하기 앞서 연방세무경찰국장 등을 역임한바 있으나 푸틴의 측근인 이른바 "權府派"(siloviki)의 일원은 아닌 것으로 알려졌다. 이에 비추어 그가 이끄는 신 내각은 전시용에 불과하며, 앞으로 푸틴의 親政이 강화될 것으로 러시아 조야에서 전망이 이루어졌다. 한편 2000년 5월이래 총리로 봉직해 왔던 카샤노프는 옐친(Boris Yeltsin) 전직 대통령 시절의 마지막 주요 인사로 꼽혀왔으며, 그의 퇴진은 정치의 일선에서 옐친 "一家"(sem'ya)의 퇴장을 상징하는 것으로 풀이되었다.

　푸틴 대통령은 총리를 경질한 데 이어 새로운 정부기구와 각료 명단을 발표했다(3.9). 다음은 그의 주요 진용이다. (기구 개편에 관해서는 아래 '조직 정비' 참조):

부총리
쥬코프(Aleksandr Zhukov), 신임, 전 하원 제1부의장
주요 각료
내무장관: 누르갈리에프(Rashid Nurgaliev), 유임, 전 내무장관 서리
외무장관: 라브로프(Sergei Lavrov), 신임, 전 유엔주재 대사
국방장관: 이바노프(Sergei Ivanov), 유임
법무장관: 차이카(Yurii Chaika), 유임
긴급사태부 장관: 쇼이구(Sergei Shoigu), 유임
재무장관: 쿠드린(Aleksei Kudrin), 유임
경제발전·무역장관: 그레프(German Gref), 유임

안전보장회의 서기
이바노프(Igor Ivanov), 신임, 전 외무장관
정부관방장관
코자크(Dmitrii Kozak), 신임, 전 대통령부 제1부장관

(3) 조직 정비

푸틴 대통령의 정부기구 개혁에 따라 연방정부의 部署는 연초 14개로
축소되었다. 이중 5개 부서(내무부, 외무부, 국방부, 법무부, 긴급사태부)와 5
개 聯邦局(연방보안국, 연방경찰국 등), 2개 聯邦處(대통령 특별계획처, 대통
령 총무처)는 대통령 직할로 바뀌었다.

이어 코자크 政府官房長官 주재 하에 부장관 및 하위 조직의 대폭적
인 축소 계획이 발표되었으며(4.1), 이에 준해 거의 모든 부처에서 조직
통폐합과 인력 정비가 이루어졌다. 연방정부의 220개 省間委員會는 14
개로 축소되었으며, 이 과정에서 두 부처를 합쳐 신설되었던 운수·통신
부가 다시 분할되기도 했다. 이 밖에 地域發展部의 창설(9.13)로 연말 현
재 연방 부서는 16개로 조정되었다. 한편 연방정부의 부서장(장관)은 각
기 두 명의 부장관만을 두도록 재편되었다. 종전에는 대개 제1부장관과
몇 명의 부장관이 장관을 보좌하고 있었다. 조직 정비는 내무와 국방 등
이른바 권력 부서에서도 단행되었는데 연방보안국의 경우 부장관 급을
종전의 12명에서 4명으로 축소했다.

大統領府에 대한 기구 개편도 단행되어 종전의 제1부장관 1인과 부장
관 7인 대신에 부장관 2인만이 남게 되었다.

(4) 정치개혁

푸틴 대통령은 베슬란 인질사건 직후 테러에 대처한다는 명분하에 연
방 기구의 首長들과 89개 지방 지도자들이 참가한 확대각료회의에서
(9.13) 정치개혁안을 발표했다. 이에 따르면, (1) 모스크바 시장과 주지사
를 포함한 연방 구성주체(지방)의 수장은 종전의 直選制 대신에 대통령이
추천하는 자를 지방 의회가 인준하는 방식으로 선출하고, (2) 하원(두마)
대의원의 절반을 선출하는 小選擧區制를 폐지하고 모든 대의원을 정당

의 득표에 기초하여 선출하는 政黨別 比例代表制로 전면 이행하며, (3) 모든 법안을 의회에 제출하기 앞서 社會院으로 지칭될 신설 특별기구에서 먼저 심의할 것을 제의했다.

그러나 자유주의 인사들은 즉각 푸틴 대통령의 "개혁"을 민주주의와 러시아 연방주의를 말살하려는 것이라고 비판하고 이를 위헌이라고 항의했다(9.30).

나. 의회

(1) 국가회의 (하원)

원내 동향: 2003년 12월 총선에서 대승을 거둔 親政府 '統一 로시야'는 하원의 29개 위원장 직을 독차지했다(1.16). 연초 원내 최대의 교섭단체인 '統一 로시야' 政派 소속의 대의원은 306명으로 집계되었으며(하원의 전체 의석수는 450), 이중 222명이 동일한 명칭의 정당에 소속하고 있는 것으로 나타났다(*Moskovskii komsomolets*, 1.20).

제1야당인 러시아 공산당(KPRF)은 지도부의 내분 끝에 급기야는 쥬가노프(Gennadii Zyuganov) 의장 반대파의 除名과(5.18) 뒤 이은 分黨 사태를 겪게 되었으며(9.11), 이로써 공산당 政派는 48 의석으로 축소되었다. 한편 '祖國' 政派도 이에 참여 중이던 3개 정당의 하나인 '러시아의 지역'당이 당명을 '祖國'으로 개명하여(2.15) 반발을 사는가 하면, 정당간 정책 조율이 이루어지지 않는 등 내분을 겪었다.

선거법 개정: 하원은 푸틴 대통령이 정치개혁의 일환으로 제출한 하원 대의원 선거법을 연말 제1독회에서 심의했다(12.24). 이제까지 하원 대의원 중 절반은(225명) 최다 득표자를 대의원으로 선출하는 1인 선거구(지역구) 내지 소선거구에서, 나머지 대의원은 政黨別 득표에 기초한 연방선

526

거구(전국구)에서 선출되었다. 그러나 새로운 법안에 따르면 소선거구가 없어지고 앞으로는 유권자들이 선호하는 정당에 기표하고 이를 토대로 정당이 의석을 배분 받는 연방선거구제 내지는 비례대표제로 이행하게 된다. 이와 함께 연말 하원은 정당이 의석 배분에 참여할 수 있는 下限을 기존의 5% 得票에서 7%로 상향 조정했다.

푸틴 대통령은 이로써 정당의 영향력이 확대되고 多黨制의 정착을 촉진하여 민주주의가 신장될 것이라고 주장했는데, 중앙선거위원회 위원장 베슈냐코프(Aleksandr Veshnyakov)는 새 선거법이 2005년 봄까지는 최종 채택될 수 있도록 기대했다(12.24).

사회원 창설: 하원은 제1독회에서 푸틴 대통령의 정치개혁의 하나로 발의된 러시아 연방 社會院(obshchestvennaya palata) 설치에 관한 법안을 채택했다(12.22, 贊344-反66-棄權1). 사회원은 주요 법안과 관련된 이해관계를 조정하는 기구로서 그 결정은 법적 구속력은 없고, 다만 권고의 기능을 갖는다. 임기 2년의 사회원 대의원은 대통령과 사회단체들이 추천하는 인물로 구성되며, 연 2회 이상 소집될 것이다.

정당 요건의 강화: 하원은 정당의 당원수의 下限을 현재의 1만 명에서 5만 명으로 증가하는 법안을 채택했다(12.3). 또한 정당 支部의 절반은 500명 이상의 당원을 유지할 것이며, 나머지 지부도 최소 250명의 당원을 충원하도록 정당 승인의 요건을 강화했다.

국민투표법 개정: 하원은 發議 要件을 까다롭게 하여 사실상 非政府 차원의 발의를 불가능하게 만들고 있다는 비판에도 불구하고 새 국민투표법안을 채택했다(6.11). 개정법안에 따르면 연방 구성주체의 절반 이상에(최소한 45개 지방) 등록된 대표를 주재시키고 각 支部에는 최소한 100명의 회원이 있는 단체만이 200만 명의 서명을 받아 국민투표를 발의할

수 있다. 푸틴 대통령은 같은 달 법안에 서명했다(6.29).

(2) 연방회의 (상원)

대의원 20명이 '統一 로시야' 黨에 가입함으로써(11.11) '統一 로시야' 당 소속의 대의원은 상원 전체 대의원의 절반인 89명으로 증가했다.

다. 중앙-지방관계

(1) 지방 지도자의 직선제 폐지

푸틴 대통령이 제안한 정치개혁의 하나인 '연방 구성주체 首長의 새로운 선출 방식에 관한 법안'이 의회에서 채택되었으며(12.3, 贊358-反68), 푸틴 대통령의 서명을 거쳐 바로 발효되었다(12.15). 이에 따르면, 모스크바 시장과 주지사, 공화국 대통령을 포함하는 모든 연방 구성주체의 수장은 종전의 直選制 대신에 대통령이 추천하는 자를 지방 의회가 인준하는 방식으로 선출하게 된다. 被推薦者는 지방의회에서 대의원 과반수가 지지하면 수장으로 선출될 것이나, 거부되면 대통령은 다른 후보를 추천한다. 제2의 피추천인이 다시 거부되면 대통령은 수장 서리를 반년 내 임기로 임명하든가, 아니면 지방의회를 해산할 수 있다.

이로써 러시아는 11년 전 시작된 지방지도자 직선제를 폐지하게 되었으며, 대통령의 지방지도자 임명제의 도입으로 사실상 聯邦制가 폐지되고 대통령의 이른바 "垂直的 執行體制"(ispolnitel'naya vertikal')가 강화되고 있다는 해석이 나돌았다.

(2) 중앙집권 강화

지하자원과 水資源 등 천연자원의 이용에 관한 결정에 지방의 참여를 배제하는 수정 법안이 하원에서 채택되었다(8.5). 하원은 또한 연방정부와 지방정부간 예산 이전 및 租稅 세입의 배분에 관한 수정 법안을 승인했다.

러시아 헌법재판소는 타타르語를 라틴 文字로 표기하도록 한 타타르스탄(Tatarstan) 공화국의 조치를 違憲으로 결정했으며(11.16), 이어 러시아 연방 최고재판소도 이러한 취지의 공화국 법을 뒤집는 판결을 내렸다(12.28). 공화국 정부는 2001년 타타르語의 로마字 표기를 공식 채택했으나, 러시아 연방 하원은 2002년 소수민족들의 언어를 모두 키릴 文字(러시아語 字母)로 표기할 것을 의무화했으며, 이에 맞서 공화국 의회가 위헌 심사를 청구했었다. 러시아 인구의 5% 정도가 타타르語를 사용하고 있는 것으로 집계되고 있는데, 러시아語 字母의 강요는 다수민족 국가인 러시아에서 현재 민족간 관계가 "불안정"하다는 전문가 진단이 나오고 있는 가운데 이루어졌다(*Izvestiya*, 3.25).

끝으로 하원은 페름(Perm') 邊方州(krai)의 창설을 승인했다(3.19). 이로써 페름 州(oblast')와 코미-페르먀크(Komi-Permyak) 自治管區(okrug)는 2003년 말의 주민투표 결과를 토대로 2005년 12월 신설 변방주로 통합을 앞두게 되었다. 한편 현재 89개인 연방 구성주체는 궁극적으로 28개 행정구역으로 재편이 검토되고 있는 것으로 보도되기도 했다(*Argumenty i fakty*, 6.9).

(3) 체츠니야 내전

獨立派 武裝集團과 연방정부군 사이의 충돌이 예년에 이어 계속되었다. 내전은 체츠니야 밖으로 확산되었으며, 푸틴 대통령은 체츠니야 "叛

徒"의 "테러"에 대처한다는 명분 아래 자신의 정치개혁을 합리화했다. 다음은 내전과 관련한 주요 사건들이다.

2.6 모스크바 지하철 자살폭탄으로 39명 피살, 140여 명 부상.

2.13 얀다르비에프(Zelimkhan Yandarbiev) 前 체츠니야 대통령 서리(독립파)가 콰타르(Qatar)에서 폭탄 테러로 피살. 이와 관련, 콰타르 경찰은 러시아 특수 요원 두 명 체포.

5.9 카디로프(Akhmed-hadji Kadyrov) 공화국 대통령(親 모스크바)이 수도 그로즈니(Grozny)에서 제2차 세계대전 승전일 기념식 참석 중 爆死. 모두 6명 사망, 40명 부상.

6.21-22 잉구셰티야에서 독립파 무장집단이 연방정부군을 공격. 92명 사망 (민간인 25명 포함). 독립파는 6명 손실 주장. 무장집단에는 체첸인뿐만 아니라 잉구시 청년들 다수 가담.

7.28 그로즈니 동쪽 아르군(Argun)에서 연방정부군, 대규모 소탕작전 전개.

8.21 독립파, 그로즈니에서 경찰 초소 공격. 42명 피살, 78명 부상.

8.24 모스크바 출발 국내선 여객기 2대 거의 동시 공중 폭파. 모두 89명 사망.

8.29 연방정부 후원 하의 체츠니야 내무장관 알하노프(Alu Alkhanov) 장군이 폭사한 카디로프 대통령의 후임 선거에서 승리. 입후보자 7명. 유권자 85.24% 투표, 투표자의 73.48% 알하노프 지지. 유럽 會議(Council of Europe) 선거 참관단(8.29)과 美 國務部(8.30)는 각각 선거가 비민주적이었다고 비판.

8.31 모스크바 지하철역 입구에서 자살폭탄으로 9명 사망, 50여 명 부상.

9.1-3 베슬란(Beslan) 인질사건 (아래 참조).

9.28-29 체츠니야 동남부에서 전투.

11.8 카디로프(Ramzan Kadyrov, 폭사한 카디로프의 아들) 체츠니야 제1부총리, 대통령 보안수비군이 남부 베데노(Vedeno)에서 독립파 22명 사살 주장.

베슬란 인질사건: 무장집단이 北오세티야(Ossetiya) 공화국의 베슬란(Beslan) 마을에 있는 한 중학교에 침입하여 개학 첫 날 학생과 교사들을

인질로 삼고, 연방정부군의 체츠니야 철수와 인접 잉구셰티야에서 6월 공세 중 체포된 독립파 전투원 30여 명을 석방하도록 요구하는 사건이 발생했다. 이들 武裝員은 32명으로 체첸인과 잉구시인, 그리고 오세티야 인(기독교)으로 구성되고 있었다.

연방군 당국은 무장집단과 대치 끝에 정예 타격대를 투입하여(9.3) 인 질극을 진압할 수 있었다. 그러나 피해는 쌍방 모두 매우 커서 9월 6일 현재 볼모와 군인 335명, 무장괴한 31명이(생존자 1명) 피살되었으며, 411명이 입원 중이고 100여 명이 실종된 상태였다. 무장집단이 진입했 을 당시 적어도 1,156명 이상이 볼모로 붙잡혔던 것으로 추산됐었다. 연 방군은 특히 빔펠(Vympel) 및 알파(Alfa) 정예 테러진압군 요원 20명이 전 사하고, 다른 20여 명이 부상당하는 피해를 입었다.

한편 일부 언론은 사망자가 335명 보다 더 많은 것으로 보도했으며, 무장집단 소속원도 13명이 도피한 것으로 보도되기도 했다(*Komsomolskaya pravda*, 11.4).

사건 즉시 푸틴 대통령은 터키를 방문하려던 계획을(9.2-3 예정) 취소하 고 사태 진압에 나섰다. 그는 南部 聯邦管區에 全 보안부서의 反테러 활동을 조정할 비상군 본부를 설치하는 등 대비책을 서둘렀으나, 인질사 건에 대한 독립적인 조사에는 반대했다(9.9).

인질사건은 독립파 야전지휘관 바사에프(Shamil Basaev)가 자신이 주도 한 것이라고 주장했다(9.17). 독립파 내에서 독자노선을 견지하고 있는 그는 이외에도 카디로프 체츠니야 대통령의 爆死, 국내선 여객기 2대 폭 파, 모스크바 지하철 폭탄 공격 등도 자신이 주도한 것이라고 자인한바 있다.

이바노프(Sergei Ivanov) 국방장관은 北카프카스 反테러 작전에서 2004 년 들어 첫 10개월간 장병 148명이 전사했다고 밝혔다(11.17). 이는 이전 의 전사자 수 499명(2001), 480명(2002), 291명(2003)에 비해 감소된 것이다. 그러나 독립파는 같은 기간 러시아 군 장병 5,000여 명이 피살되었다고 반박했다.

체츠니야에 주둔 중인 연방정부군은 연말 현재 5만여 명에 이르는 것으로 집계되고 있다. 한편 마스하도프(Aslan Maskhadov) 독립파 대통령은 자신 휘하의 武裝員이 3,000명에 이른다고 밝힌바 있다(8.1).

베슬란 인질사건 직후(9.13) 푸틴 대통령은 자신의 "정치개혁" 방안을 제시한 가운데 카프카스 지역에서 사회·경제적 여건의 개선을 통해 "테러리즘"의 뿌리를 근절할 것이라고 강조함으로써 지역경제의 발전과 복지 증진을 통한 민심 잡기로 정책을 전환할 것임을 시사했다.

그럼에도 불구하고 독립파 무장집단에 대한 토벌작전 중 민간인에 대해 자행되는 연방군의 잔혹행위는 여전히 문제로 부각되었다. 恣意的인 주민 連行과 납치에 항의하여 國道를 점거하고 농성을 벌이는 사태가 연초(2.9) 아시노프스카야(Assinovskaya) 마을에서부터 연말(12.16) 인접 다게스탄(Daghestan) 공화국의 하사뷰르트(Khasavyurt)에 이르기까지 계속되었다. 인권단체 메모리알(Memorial)에 의하면 2004년 상반기에만 연방군에 의해 체츠니야 주민 194명이 납치되었으며, 이중 15명이 피살되고 82명이 실종 상태인 것으로 집계되었다. 한편 인접 잉구세티야 공화국에 설치되었던 체츠니야 難民收容所가 모두 폐쇄되었는데(6.7) 잉구세티야로 피난 중인 체츠니야 난민은 약 5만 명으로 추산되고 있다. 끝으로 모스크바에서는 모스크바 극장 인질사건(2002. 10) 2주년을 맞아 체츠니야 내전의 종식을 요구하며 3,000여 명이 시위를 벌였다(10.23). 이들은 푸틴 대통령이 내전을 시민권 파괴의 빌미로 삼고 있다고 비난했다.

라. 국가와 시민사회

(1) 과두재벌: 유코스 사건

러시아 최대의 석유회사인 유코스(Yukos)社의 회장 호도르코프스키 (Mikhail Khodorkovskii)가 사기와 탈세 혐의로 체포된 지(2003. 10.) 일년 여 만에 主力 子會社인 유간스크네프쩨가스(Yuganskneftegaz)가 경매로 넘어감으로써 유코스社가 사실상 해체되었다(12.19). 경매는 2000년 이 후 유코스가 체납했다는 세금과 벌금 등 34억 달러를 7월 7일까지 완납 하도록 명령한 법원의 시한을 넘김으로써 집행되었다. 법원은 이미 유코 스의 국내 은행 구좌 및 자산에 대한 동결 조치를 취함으로써 사실상 체 납금을 청산할 방법을 차단한 상태였다.

모스크바에서 진행된 경매에서는 예상을 뒤엎고 無名의 바이칼 피난 스 그룹(Baikalfinansgrup)이 競落을 받게 되었다. 이 회사는 2,607억 루블 (93.5억 달러)을 제시해 최종 낙찰을 받게 되었으며, 유간스크네프쩨가스 의 持分 76.9%를 매입했다.

한편 경매에 참여한 러시아 최대의 에너지 회사인 국영 가스프롬 (Gazprom)은 최초 응찰가로 88억 달러를 제시한 뒤 바이칼 피난스에 대 응하지 않아 숱한 의혹을 낳았었다. 바이칼 피난스는 러시아 중심부 트 베르(Tver) 시에 등록돼 있다는 것 이외에는 알려진 것이 없는 회사로서 가스프롬 내지는 러시아 정부의 간판 회사일 가능성이 큰 것으로 추측되 었다.

실제 예상과 같이 국영 석유회사 로스네프찌(Rosneft')가 곧 이어 바이 칼 피난스 그룹을 100% 인수했으며, 이의 일환으로 유간스크네프쩨가스 에 대한 보유 지분 모두를 인계 받게 되었다고 발표했다(12.22). 전액 국 가 소유인 로스네프찌는 연말 현재 가스프롬과 합병을 앞두고 있는 것으 로 전해졌는데, 앞서 7월 푸틴 대통령의 측근인 세친(Igor' Sechin) 대통령부 부장관이 로스네프찌 사장으로 임명된바 있다.

경매에 앞서 유코스는 러시아 정부가 유간스크네프쩨가스를 매각하는 것을 막기 위해 미국 破産法院(텍사스주 南地區)에 경매의 일시 중지를 신청했었다(12.15). 유코스는 중지 사유로서 모스크바의 銀行間 외환거래소에서 自社 주식이 10% 이상 하락한 것을 들었다. 미국 법원은 다음 날 유코스 자산에 관한 모든 거래를 잠정 중지하는 명령을 발부했으나, 러시아는 이 명령의 관할권을 인정하지 않았다.

유코스社가 2000-2003년 중 체납한 것으로 주장된 세금 추징액은 총 279억 달러로서 — 이는 러시아의 국방 및 교육 예산을 초과하는 액수임 — 이를 완납하기 위해서는 사마라네프쩨가스(Samaraneftegaz), 톰스크네프쩨가스(Tomskneftegaz) 등 유코스의 나머지 자회사들도 경매가 불가피한 것으로 예상됐다. 유간스크네프쩨가스는 러시아 원유 매장량의 17%(116억 배럴)를 차지하고 있으며, 유코스 원유 생산의 60%를 담당하고 있었다.

유코스 경영진은 유간스크네프쩨가스의 매도를 "불법적 資産 占奪"로 규정하고 필요한 모든 법정 투쟁을 벌일 것이라고 강조했는데(12.31), 이에 앞서(12.20) 前 유코스 회장 호도르코프스키는 옥중 성명을 통해 이로써 "정부는 러시아에서 가장 건실한 기업을 부수고 스스로 聖誕節 선물을 챙기게 되었다"고 비평을 가했다.

한편 푸틴 대통령은 獨逸 방문 중 경매는 적법하게 이루어졌으며, 무엇보다도 이는 러시아 국내문제라고 주장했다(12.21). 그러나 일라리오노프(Andrei Illarionov) 대통령 경제고문은 국영 로스네프찌의 유간스크네프쩨가스 인수와 가스프롬의 로스네프찌 합병을 "올해의 일대 詐欺劇"이라고 이례적으로 비난을 가했다(12.28).

유코스의 파산은 푸틴 정부가 이른바 寡頭財閥을 완전히 장악했음을 상징하는 사건으로서, 한 러시아 분석자는 이로써 "대통령 지도 하에 정부가 수립한 사회적으로 주요한 임무를 경제적으로 성공리에 수행하는 데 앞으로 (러시아) 기업들의 장래가 좌우될 것"이라고 전망했다(Nikolai

Pakhomov, politcom.ru 8.9). 이와 같이 유코스 사건은 러시아에서 "경제에 대한 정치의 우위"를 확인했을 뿐만 아니라, 앞으로 이러한 방식으로 재산의 재분배가 되풀이 이루어질 가능성을 예고한 것으로도 풀이되었다. 다시 말해, 종전의 私有化 과정에서 탄생한 과두재벌은 이제 푸틴 대통령의 측근인 이른바 "權府派 과두재벌"로 대체되기 시작한 것이다 (*RosBalt*, 3.3).

세무당국은 연말 러시아 제2의 통신회사 빔펠콤(VympelCom)에 체납 세금 44억 루블(157.8백만 달러)을 추징함으로써(12.8) 이 회사가 유코스의 전철을 밟게 될지 여부에 관심이 모아지기도 했다.

(2) 언론

연방보안국(FSB)은 週刊 베르시야(Versiya)의 記事와 관련하여 연초 (1.29) 수사를 벌였으며, 신임 문화·매스컴부 장관 소콜로프(Aleksandr Sokolov)는 언론매체와 관련하여 왜곡된 정보를 바로잡는 것이 자신의 주된 임무라고 언급했다(3.11).

이를 배경으로 베슬란 인질사건 당시 텔레비전을 비롯한 언론의 보도가 늦은데 대해 사회의 비난이 고조되었으나, 3대 텔레비전 방송의 하나인 러시아 독립 텔레비전(NTV) 사장 쿨리스티코프(Vladimir Kulistikov)는 "우리는 법을 엄격히 준수하고 있으며, 검증되지 않았거나 비공식적인 정보는 방영하지 않는다"고 말했다(*Kommersant-Daily*, 9.4). 오직 당국의 허가만을 기다리고 있었다는 것이다.

인권단체인 모스크바 헬싱키(Helsinki) 그룹의 알레크세예바(Lyudmila Alekseeva) 의장은 러시아 언론이 점차 소련 시절의 언론을 닮아가고 있다고 말했으며(1.13), 미국의 민간단체인 프리덤 하우스(Freedom House)는 러시아 언론을 "자유롭지 못한" 범주에 포함시키고 언론 자유에 있어서 러시아를 세계 193개 국가 중 148위로 분류했다(4.30).

(3) 시민단체, 기타

푸틴 대통령은 人權團體들에 대한 국가의 재정 지원에 관한 대통령령
에 서명했다(9.28). 이제까지 러시아의 많은 인권단체들은 미국의 백만장
자 자선사업가인 소로스(George Soros)나 미국 정부 및 유엔 등으로부터
지원을 받아왔다.

정부는 민간단체(NGO)에 대한 국내외 후원자의 등록을 요건으로 하는
법안을 하원에 제출했는데(7.22), 푸틴 대통령은 앞서 연차교서 연설에서
(5.26) 러시아에 많은 시민단체가 있으나 그중 일부는 국가의 이익을 지
키기보다는 특정 집단이나 특정 이익을 감싸는 데 더 관심을 갖고 있다
고 비난함으로써 오직 "국가만이 건설적이고 非國家 집단의 영향은 나
쁜 것"이라는 인상을 준바 있다. 인권단체들에 대한 재정 지원은 결국
國家 啓導 하의 시민사회의 활성화라는 모순된 목표를 추구하는 노력인
것으로 풀이되었다.

美國·캐나다 연구소 연구원인 정치학자 슈챠긴(Igor Sutyagin)이 美國
을 위해 간첩활동을 한 혐의로 최고재판소에서 15년 징역형을 확정 받았
으며(8.17), 물리학자 다닐로프(Valentin Danilov)도 中國에 러시아 인공위
성에 관한 기밀을 누설한 혐의로 14년 징역형을 선고 받았다(11.5).

아프리카 출신 유학생 被襲과 — 상트 페테르부르그(10.20), 모스크바
(12.4) 등 — 베트남인을 비롯한 아시아系와 猶太人에 대한 인종차별적
공격이 예년에 이어 급증했으며, 누르갈리에프 내무장관 서리는 이와 관
련하여 극단주의와 극우 파시스트 운동이 고개를 들고 있다고 우려를 나
타냈다(3.2).

3. 경제 동향

가. 경제정책

푸틴 대통령은 연차교서 연설에서 향후 10년 내 國內總生産(GDP)을 倍增할 것임을 재차 강조했으며, 이에 필요한 모든 조치를 강구할 것이라고 다짐했다. 그의 지시에 따라 경제 당국은 中期 經濟計劃을 재조정하여 GDP의 倍加를 2014년에 이룩하도록 경제발전 지침을 확정했다 (7.28). 이를 위해 무엇보다도 지금과 같이 천연자원의 채굴에 과도하게 의존하는 경제발전은 지양할 것이며, 연평균 성장률을 7-8% 수준을 유지하도록 계획되었다.

경제계획을 조정함에 있어서 중요한 문제의 하나는 경제에 있어서 국가의 역할이었다. 貿易·經濟發展部 장관 그레프(German Gref)는 國有部門의 축소를 주장했으나, 푸틴 대통령의 집권 2기 중 경제에 대한 국가의 역할은 증대될 것이라는 전망이 우세했다(*Izvestiya*, 4.16).

나. 실물경제

國內總生産(GDP)은 前年 對比 7.1% 증가했다. 이로써 전년에 이어 活況은 지속되었으나, 成長勢는 후반기로 들어서면서 둔화되는 모습을 보였다. 성장의 動因은 무엇보다도 消費 需要의 증가였다. 도소매 및 건설이ー특히 주택 건설ー각각 10% 이상의 성장을 기록했다. 수송 및 통신도 9.5% 증가했으며 공업생산도 6.1% 증가했다. 그러나 농업생산은 1.6% 增産에 그쳤다. 고정자본 투자는 10.9%의 증가를 이룩했으나, 2003년의 12.5%에 비해서는 신장세가 둔화되었다. 消費者 物價는 前年 연말 對比 11.7%로 안정을 유지했다.

표2: 러시아의 주요 경제지표, 1997-2004 (전년 대비, %)

	1997	1998	1999	2000	2001	2002	2003	2004
국내총생산(GDP)	1.4	-5.3	6.4	10.0	5.1	4.7	7.3	7.1
공업생산	2.0	-5.2	11.0	11.9	4.9	3.7	7.0	6.1
농업생산	-	-	4.1	7.7	7.5	1.7	1.5	1.6
고정자본 투자	-5.0	-12.0	5.3	17.4	10.0	2.6	12.5	10.9
소비자 물가(年)	11.0	84.4	36.5	20.2	18.6	15.1	12.0	11.7
실업률, 연말기준	9.0	13.2	12.4	9.9	8.7	9.0	8.7	7.6
수출 (10억 $)	86.9	74.4	75.6	105.0	101.9	107.3	135.9	183.2
수입 (10억 $)	72.0	58.0	39.5	44.9	53.8	61.0	75.4	94.8

자료: 러시아 국가통계위원회, http://www.gks.ru.

다. 재정, 예산

중앙은행은 12월 외환시장에서 루블貨 방어에 나서 달러 當 28.12-28.18루블 수준을 유지했다. 金·外貨 準備高는 11월에 94억 달러가 증가한 1,174.34억 달러로 사상 최대의 증가를 기록했다고 중앙은행이 발표했다(12.8).

하원은 2005년도 聯邦 豫算法案을 승인했는데(12.8), 이는 歲入과 歲出을 각각 3.326兆 루블(1,180억 달러, GDP의 17.7%)과 3.047兆 루블, 그리고 예산흑자를 GDP의 1.5% 수준으로 책정한 것이다. 예산안은 6.3%의 경제성장과 7.5-8.5% 수준의 소비자 물가 상승을 예상한 것이다.

라. 개혁: 사유화

사유화: 2004년은 러시아 재계에 再國有化의 망령이 떠돈 한 해였다. 2003년 말 푸틴 대통령이 1990년대 중 이루어졌던 사유화를 조사하도록 會計監査院에 지시한 이래 1993-2003년에 이루어진 140개의 대규모 사유화가 適法하게 이루어졌는지에 대한 조사가 진행된 것으로 알려졌다. 그러나 감사 결과는 원래 7월 하원 심의를 위해 제출될 예정이었으

나, 몇 차례의 연기 끝에 해를 넘기게 되었다.

"러시아 사상 최대의 사유화"라고 지칭된 가운데 석유회사 루크오일 (LUKoil)의 정부 保有株 7.59%가 美國 석유회사 코노코 필립스 (ConocoPhillips)의 방계회사에 19.88억 달러에 낙찰되었다(9.29).

연말로 예정되었던 천연가스회사 가스프롬(Gazprom)과 국영 석유회사 로스네프찌(Rosneft')의 합병은 연기되었다. 합병을 위해 정부는 이미 로스네프찌의 民營化를 승인한바 있다(12.15).

개혁: 世界銀行은 23개 산업·금융 그룹이 러시아 산업의 1/3 이상, 그리고 금융 부문의 17%를 지배하고 있다는 조사를 발표하고 러시아 정부는 경제발전을 저해하는 이러한 경제력의 偏在를 축소해야 할 것이라고 권고했다(4.7).

신용공황: 예금자들이 예금을 다투어 인출하는 신용 위기가 5월 이래 일부 은행들을 강타했다. 이로써 소형 은행 6개에 이어 대형 은행인 구타(Guta) 은행도 예금 지급 불능으로 일시 영업을 정지했으며(7.6) 급기야는 국영 브네슈토르그(Vneshtorgbank) 은행에 매각되었다. 위기는 중앙은행이 10억 달러 이상의 돈세탁을 한 것으로 의심이 되는 소드비즈네스 (Sodbiznesbank) 은행의 면허를 취소한 것이(5.13) 발단이 되었던 것으로 알려졌다.

신용 불안에 대처하여 중앙은행은 상업은행의 의무적 예금 인출 준비금을 7%에서 3.5%로 인하했으며(7.7), 하원은 예금보험제도에 가입하지 않은 은행의 예금자 보호법안을 채택했다(7.10).

이러한 가운데서도 중앙은행은 프롬엑심방크(Promeksimbank) 등 4개 군소 상업은행의 면허를 취소했으며(7.28), 이어 10월까지 5개 은행이 추가로 면허 취소되었다.

흥미있는 것은 일라리오노프 대통령 경제고문이 위기는 중앙은행이 취한 "금융부문의 國有化"로 이어질 수 있는 조치들로 촉발되었다고 비난한 것으로서(7.10), 이러한 입장은 금융 불안정이 근본적으로 유코스 사태 등에 따른 재산권에 대한 불안감에 기인한다는 해석과 맥을 같이했다.

사회보장 개혁: 전국적으로 노동조합을 중심으로 반대가 빗발치고 있음에도 불구하고 사회보장 혜택을 종전의 現物 지급에서 現金 지급으로 전환하려는 이른바 特典 現金化 법안이 하원에서 채택되었으며(8.5, 贊 309-反118-棄權3), 푸틴 대통령의 서명을 거쳐 확정되었다(8.28). 이로써 傷痍軍警은 2005년부터 월 1,550루블(53 달러)을 현금으로 지급받게 되었으며, 장애자도 905-350루블을 매달 받게 되었다. 사회복지의 대상자는 또한 공공 교통시설의 무료 이용과 의약품 무료 수수 등 現物 受益 대신 이를 현금으로 일괄하여 월 450루블을 추가로 받게 되었다.

정부가 발의하고 의회가 一瀉千里로 통과시킨 특전 현금화 법안은 새로운 사회보장 개념의 모호성과 지방정부에 사회보장의 부담 떠넘기기, 그리고 무엇보다도 현금화 과정에서 기존의 많은 혜택이 현금화되지 못하고 폐지되었거나 受惠者가 축소된 점 등이 문제로 제기되었다. 이 법안으로 적어도 3,500만 은퇴자와 장애인 등이 영향을 받는 것으로 집계되었다.

마. 대외경제

(1) 무역

러시아는 高油價 덕분에 1,832억 달러의 수출 신장을 이룩하고 884억 달러라는 사상 최대의 무역흑자를 기록하게 되었다. 舊 蘇聯 지역 밖의 국가들에 대한 수출에서 原油와 천연가스의 수출이 차지하는 비중은 첫 10개월 중 60.4%를 차지했다. 러시아는 또한 2004년에 모두 57억 달러에 상당하는 武器를 수출했는데, 이중 절반 이상이 전투기를 주축으로

한 항공기 수출이었다.

세계무역에서 러시아의 비중은 주로 고유가에 힘입어 1/4분기 중 2%로 미증유의 속도로 영국과 프랑스의 수준에 도달한 것으로 보도되었다 (*Izvestiya*, 8.3).

WTO 가입: 러시아는 EU와 러시아의 世界貿易機構(WTO) 가입 조건을 협의했는데(5.21), 전년에 이어 여전히 러시아의 국내 에너지 가격 지원 및 농업과 철강, 항공, 자동차 업계에 대한 補助金이 문제로 지적되었다. 이 밖에 러시아는 中國(10월), 브라질(11월), 韓國(11월), 泰國(12월)과 WTO 가입을 위한 兩者協商을 마쳤다.

하원은 溫室 가스의 배출을 규제하는 교토(京都) 議定書를 제1단계 (2008-2012) 중 의정서가 國益에 반한다고 판단될 경우 러시아의 참가를 중지한다는 조건을 첨부한 가운데 비준했다(10.22). 푸틴 대통령은 즉각 비준서에 서명했는데(11.5), 러시아의 의정서 비준은 WTO 가입을 촉진할 의도에 따른 것으로 풀이되었다.

기타: 프라드코프 총리는 동부 시베리아의 타이셰트(Taishet)-태평양 연안의 나호드카를 잇는 석유 수출용 送油管 건설을 발표했다(12.30). 이 송유관은 全長 4,200km로서 연 8천만 톤(5.03억 배럴)의 석유 수송 능력을 구비하며 180억 달러의 건설비가 소요될 것으로 계상되었다.

(2) 외채, 기타

러시아의 공공부문 對外債務는 9월 말 현재 1,129억 달러(GDP의 약 20%)로 집계되었다. 이에 민간부문을 추가할 경우 總外債는 GDP의 35% 수준으로서 국제적으로 '中級의 債務國'으로 분류되었다. 1998년 경제위기 당시 러시아의 대외채무 비율은 GDP 대비 69.8%를 기록했었다.

국제 신용평가 기관인 스탠다드-푸어즈(Standard & Poor's)는 1월 말 外貨標示 長期 政府借款의 경우 러시아의 신용등급을 BB⁺로 한 등급 상향 조정했다.

바. 생활수준

實質 可處分 貨幣所得은 前年 對比 8.2%, 실질임금은 10.9% 증가했다. 소득 배분에 있어서는 2004년 전반기 중 상위권 20%가 전체 소득의 46.6%를 차지한 반면 하위권 20%는 5.4% 수준에 그쳤다. 이들 두 집단간의 소득격차는 위 기간 중 8.6:1로서 전년의 같은 기간에 기록된 8.4:1에 비해 더 벌어졌다.

4. 사회 동향

가. 인구 동태

국가통계위원회(Goskomstat)는 2004년 첫 8개월간 인구 504,000명이 줄어 러시아의 인구는 총 143.7백만 명으로 집계되었다고 발표했다(10.21). 이러한 인구의 급격한 감소는 제2차 세계대전 중 기록되었던 최악의 민간인 消耗率과 비견되는 것인데, 러시아의 자살률은 구 소련 국가들 중 리투아니아(Lithuania)에 이어 2위를 차지하고 있으며(Izvestiya, 2.12), 保健·社會發展部에 따르면 후천성 면역결핍증 보균자(HIV)가 인구의 0.7-0.8% 수준으로 가히 전염병 수준(인구의 1%)에 근접하고 있는 것으로 나타났다(10.14).

나. 법과 질서, 부패

러시아語 版 포브스(Forbes) 잡지의 편집장 클레브니코프(Paul Klebnikov)가

피살되었는데(7.9), 그는 3월 러시아의 100대 부호에 관한 기사를 게재하여 이들 중 일부로부터 항의를 받았었다. 러시아에서는 매년 인구 10만 명당 29명이 살해됨으로써 러시아의 殺人率은 콜롬비아(Colombia)에 이어 세계 2위를 차지하고 있다(*Izvestiya*, 2.12).

한편 여론조사 기관 브찌옴-A(VTsIOM-A)가 실시한 조사에서(1.23-26) 응답자의 75%가 腐敗 수준이 전해에 비해 같거나 더 높아졌다고 응답했다. 國際透明性指數(Transparency International)에 따르면(10.20), 러시아는 부패 순위에 있어서 세계 146개국 중 印度, 감비아(Gambia)와 함께 90위를 차지했는데, 뇌물의 규모는 적어도 400억 달러에 이르는 것으로 추산되며, 특히 이 돈의 절반 가량이 세관 업무와 관련된 것으로 추정되고 있다(*Rossiiskaya gazeta*, 10.27).

다. 파업, 기타

러시아 각지에서 노동조합의 항의행동이 벌어졌다(6.10). 노조는 社會保障 特典을 현금 지급으로 바꾸려는 정책을 중지하고 滯拂 임금 지불 및 공공부문 종사자에 대한 50% 임금 인상을 요구했다. 독립노조연맹(FNPR)은 약 100만 명이 항의에 참가한 것으로, 내무부는 214개 도시와 촌락에서 단지 98,800명이 가담한 것으로 발표했다.

특히 特典 現金化에 대한 항의는 약 8만 명이 連書한 법안 거부를 요구한 탄원서가 푸틴 대통령에게 전달되는(8.9) 등 모스크바에서 지방 각지에 이르기까지 연말까지 이어졌으며, 카렐리아(Karelia) 공화국에서는 항의가 거의 폭동 사태로 발전하기도 했다(11.17). 이 법안은 여론조사에서 응답자의 58%가 반대한 데서 보듯 푸틴 대통령이 집권한 이래 가장 인기 없는 정책인 것으로 나타났다(*Vremya novostei*, 7.5).

滯拂에 항의하는 파업과 항의도 계속되었다. 슈마코프(Mikhail Shmakov) 독립노조연맹 의장은 500만 명 이상의 노동자들이 체임에 시달리고 있다고 말했다(4.28). 그는 체임이 2003년 20% 정도 감소되어 244억 루블(8.13억 달러)로 되었으나, 2004년 3월까지는 다시 280억 루블로 크게 증가했다고 밝혔다. 하카시아(Khakasia)공화국에서는 5월 170여 鑛夫가 700만 루블의 체임에 대해 항의하여 단식농성을 벌였으며, 8월에는 로스토프(Rostov) 州에서 200여 기업에 근무하던 수천여 명의 노동자가 5억 루블(1,720만 달러)의 급여를 받지 못해 사회긴장이 고조되고 있는 것으로 보도되었다. 울랴노프스크(Ulyanovsk) 州의 한 군수공장에서는 역시 8월 700-2,000명의 노동자들이 체임에 항의하여 도로를 점거하는 일이 벌어졌으며, 10월에는 교사와 의사를 비롯하여 공공부문 종사자들이 러시아 전역에서 임금 인상을 요구하며 파업에 들어갔는데 파업 조직위원회는 참가자가 400만 명에 달한 것으로 발표했다.

하원은 논쟁을 불러일으킨 '집회와 행진, 시위에 관한 법안'을 채택했다(6.4, 贊336-反97-棄權2). 이에 따라 집회는 최소한 10일 전에 당국에 고지해야 하며, 집회시간과 집회 구역도 제한이 가해졌다. 하원은 또한 맥주 광고를 규제하는— 오전 7시부터 밤 10시 사이에 광고 금지— 법안을 마련했다(8.5).

5. 군사 동향: 정-군관계

參謀本部의 역할 축소에 관한 國防法 개정안이 하원을 통과함으로써 (6.11) 국방장관은 더 이상 참모본부를 경유하지 않고 직접 군대를 통솔하게 되었다. 이어 이바노프 국방장관과 자주 갈등을 빚던 總參謀長 크바슈닌(Anatolii Kvashnin)이 해임되고 후임에 총참모장 제1대리 발루에프스키(Yurii Baluevskii) 장군이 임명되었다(7.19).

푸틴 대통령은 국방과 관련된 核 部門을 원자력 에너지 부서에서 국방부로 이관한다고 발표했다(8.9). 이로써 국방부는 核武器 제작에서 처분,

그리고 노바야 젬랴(Novaya Zemlya) 핵실험 기지의 관리에 이르기까지 핵무기 정책의 모든 부문을 관장하게 되었다. 끝으로 국방 부장관을 종전의 10인에서 4인으로 축소하는 등 부서 개편이 이루어졌다(8.16).

1월 1일 현재 러시아軍 將兵은 120만 명, 군사 부문의 민간인 종사자는 80만 명으로 집계되었다.

찾아보기

546

■ 지은이

정한구

연세대학교 정치외교학과 졸업
런던대학 졸업(London School of Economics, 정치학 박사)
케난 연구소(Kennan, 미국) 방문연구원
외무부 외교안보연구원 연구교수
현재 세종연구소 연구위원

저서
Interest Representation in Soviet Policymaking: A Case Study of a West Siberian Energy Coalition, (Boulder, CO.: Westview Press, 1987)
『러시아 정치의 이해』, 정한구·문수언 (편) (서울: 나남출판, 1995)
『러시아 극동지방: 개발과 발전 전망』, 정한구 (편) (서울: 세종연구소, 1995) 외 논문 다수

한울아카데미 767

러시아 국가와 사회
새 질서의 모색, 1985-2005

ⓒ 정한구, 2005

지은이 | 정한구
펴낸이 | 김종수
펴낸곳 | 도서출판 한울

편집 책임 | 안광은
편집 | 서혜영

초판 1쇄 인쇄 | 2005년 6월 30일
초판 1쇄 발행 | 2005년 7월 5일

주소 | 413-832 파주시 교하읍 문발리 507-2(본사)
       121-801 서울시 마포구 공덕동 105-90 서울빌딩 3층(서울 사무소)
전화 | 영업 02-326-0095, 편집 02-336-6183
팩스 | 02-333-7543
홈페이지 | www.hanulbooks.co.kr
등록 | 1980년 3월 13일, 제406-2003-051호

Printed in Korea.
ISBN 89-460-3415-7 94300
ISBN 89-460-3405-X(세트)

* 가격은 겉표지에 표시되어 있습니다.